FRIEDRICH HEBBEL
WERKE IN ZWEI BÄNDEN

Erster Band

Hanser

Herausgegeben von Karl Pörnbacher
Textauswahl von Gerhard Fricke
Anmerkungen von Karl Pörnbacher
unter Mitwirkung von Werner Keller
Nachwort von Werner Keller

ISBN 3-446-12642-2
Hanserbibliothek

Umschlag: Klaus Detjen
Druck und Bindung:
Mohndruck Reinhard Mohn GmbH, Gütersloh
Printed in Germany

INHALT

ERSTER BAND

Gedichte VII
Lyrische Gedichte 1
Balladen und Verwandtes 39
Epigramme und Verwandtes 57
Dramen 67
Judith 69
Genoveva 137
Maria Magdalene 271
Herodes und Mariamne 327
Der Rubin 433
Agnes Bernauer 485
Gyges und sein Ring 573
Die Nibelungen 637
Der gehörnte Siegfried 640
Siegfrieds Tod 661
Kriemhilds Rache 736
Anhang 833
Anmerkungen 834
Überschriften und Anfänge der Gedichte 880

ZWEITER BAND

Dramen 1
Moloch 1
Demetrius 47
Erzählungen 163

Matteo 165
Eine Nacht im Jägerhause 179
Anna 191
Mutter und Kind 201
Dramaturgische Schriften 271
Autobiographische Schriften 329
Tagebücher 381
Briefe 489
Anhang 655
Anmerkungen 656
Nachwort 693
Lebenstafel 727
Personenregister 733
Verzeichnis der Briefe 745

GEDICHTE

LYRISCHE GEDICHTE

Nachtlied

Quellende, schwellende Nacht,
Voll von Lichtern und Sternen:
In den ewigen Fernen,
Sage, was ist da erwacht!

Herz in der Brust wird beengt,
Steigendes, neigendes Leben,
Riesenhaft fühle ichs weben,
Welches das meine verdrängt.

Schlaf, da nahst du dich leis,
Wie dem Kinde die Amme,
Und um die dürftige Flamme
Ziehst du den schützenden Kreis.

Sturmabend

Rausche nur vorüber, Wind!
Wühl im Laub und knicke,
Während ich mein süßes Kind
An die Brust hier drücke!
Nestle aus dem dunklen Haar
Ihr die junge Rose,
Wirf sie ihr zu Füßen dar,
Während ich hier kose.

Eine Todesgöttin, tritt
Sie die zarte Schwester

In den Staub mit stolzem Schritt
Und umschlingt mich fester;
Läßt dir willig gar das Tuch,
Das ihr, wenn ich neckte,
Sonst noch niemals dicht genug
Hals und Busen deckte.

Rausche, Wind! Wir sehn die Zeit
So wie dich entfliehen,
Doch bevor sie Asche streut,
Wagen wir zu glühen!
Lockend vor mir, rund und rot,
Ihre Feuerlippe!
Zwei Schritt hinter mir der Tod
Mit geschwungner Hippe.

Der junge Schiffer

Dort bläht ein Schiff die Segel,
Frisch saust hinein der Wind;
Der Anker wird gelichtet,
Das Steuer flugs gerichtet,
Nun fliegts hinaus geschwind.

Ein kühner Wasservogel
Kreist grüßend um den Mast;
Die Sonne brennt herunter,
Manch Fischlein, blank und munter,
Umgaukelt keck den Gast.

Wär gern hineingesprungen,
Da draußen ist mein Reich!
Ich bin ja jung von Jahren,
Da ists mir nur ums Fahren,
Wohin? Das gilt mir gleich!

Requiem

Seele, vergiß sie nicht,
Seele, vergiß nicht die Toten!

Sieh, sie umschweben dich,
Schauernd, verlassen,
Und in den heiligen Gluten,
Die den Armen die Liebe schürt,
Atmen sie auf und erwarmen
Und genießen zum letztenmal
Ihr verglimmendes Leben.

Seele, vergiß sie nicht,
Seele, vergiß nicht die Toten!

Sieh, sie umschweben dich,
Schauernd, verlassen,
Und wenn du dich erkaltend
Ihnen verschließest, erstarren sie
Bis hinein in das Tiefste.
Dann ergreift sie der Sturm der Nacht,
Dem sie, zusammengekrampft in sich,
Trotzten im Schoße der Liebe,
Und er jagt sie mit Ungestüm
Durch die unendliche Wüste hin,
Wo nicht Leben mehr ist, nur Kampf
Losgelassener Kräfte
Um erneuertes Sein!

Seele, vergiß sie nicht,
Seele, vergiß nicht die Toten!

Scheidelieder

1.

Kein Lebewohl, kein banges Scheiden!
Viel lieber ein Geschiedensein!
Ertragen kann ich jedes Leiden,
Doch trinken kann ichs nicht wie Wein.

Wir saßen gestern noch beisammen,
Von Trennung wußt ich selbst noch kaum!
Das Herz trieb seine alten Flammen,
Die Seele spann den alten Traum.

Dann rasch ein Kuß vom lieben Munde,
Nicht schmerzgetränkt, nicht angstverkürzt!
Das nenn ich eine Abschiedsstunde,
Die leere Ewigkeiten würzt.

2.

Das ist ein eitles Wähnen!
Sei nicht so feig, mein Herz!
Gib redlich Tränen um Tränen,
Nimm tapfer Schmerz um Schmerz!

Ich will dich weinen sehen,
Zum ersten- und letztenmal!
Will selbst nicht widerstehen,
Da löscht sich Qual in Qual!

In diesem bittren Leiden
Hab ich nur darum Mut,
Nur darum Kraft zum Scheiden,
Weil es so weh uns tut.

Bubensonntag

Wenn ich einst, ein kleiner Bube,
Sonntags früh im Bette lag
Und die helle Kirchenglocke
All das Schweigen unterbrach:

O, wie schlüpft ich dann so hurtig
Aus dem Bett ins Kleid hinein,
Und wie gern ließ ich das Frühstück,
Um zuerst bei Gott zu sein!

Ein Gesangbuch unterm Arme,
Eh ichs Lesen noch verstand,
Ging ich fort, gebeugten Hauptes,
Fromm verschränkend Hand in Hand.

Kam mein Hündchen froh gesprungen,
Schalt ich: »Komm mir nicht zu nah!«
Kaum, daß ich, zur Seite schielend,
Nach der Vogelfalle sah.

Fiel die Kirchentür nun knarrend
Hinter meinem Rücken zu,
Sprach ich furchtsam-zuversichtlich:
Jetzt allein sind Gott und du!

Längst mit ganzem, vollem Herzen,
Hing ich ja an meinem Gott;
Doch, daß niemand ihn erblicke,
Hielt ich stets für eitel Spott.

Und so hofft ich jeden Morgen,
Endlich einmal ihn zu sehn;
Wars denn nichts in meinen Jahren
Stets um fünfe aufzustehn?

Auf dem hohen Turm die Glocke
War schon lange wieder stumm,
Der Altar warf düstre Schatten,
Gräber lagen ringsherum.

Drang ein Schall zu mir herüber,
Dacht ich: Jetzt wirst du ihn schaun!
Aber meine Augen schlossen
Sich zugleich vor Angst und Graun.

Und dies Zittern, dies Erbangen,
Und mein kalter Todesschweiß –
Daß der Herr vorbeigewandelt,
Galt mir alles für Beweis.

Still und träumend dann zu Hause
Schlich ich mich in süßer Qual,
Und mein klopfend Herz gelobte
Sich mehr Mut fürs nächste Mal.

Liebesprobe

Laß den Jüngling, der dich liebt,
Eine Lilie pflücken,
Eh dein Herz sich ihm ergibt,
Um ihn zu beglücken.

Wird kein Tropfe von dem Tau
Dann durch ihn vergossen,
Der sie tränkte auf der Au,
Sei der Bund geschlossen.

Wer so zart die Blume bricht,
Daß sie nicht entwallen,
Sorgt auch, daß die Tränen nicht
Deinem Aug entfallen.

Einziges Geschiedensein

Schlummernd im schwellenden Grün
  Liegst du, wo Lüfte dich fächeln!
  Mädchen, was spiegelt dies Lächeln,
Spiegelt dies zarte Erglühn?

Ach, wie beschleicht es mit Schmerz
  Kalt mir den innersten Frieden!
  Gänzlich, wie nie noch, geschieden
Fühlt sich von deinem mein Herz.

Was, wie ein göttlicher Hauch,
  Jetzt dich durchzittert, das Leben,
  Eh du erwachst, wirds entschweben,
Nimmer erfreut es mich auch.

Sie sehn sich nicht wieder

Von dunkelnden Wogen
Hinunter gezogen,
  Zwei schimmernde Schwäne, sie schiffen daher,
Die Winde, sie schwellen
Allmählich die Wellen,
  Die Nebel, sie senken sich finster und schwer.

Die Schwäne, sie meiden
Einander und leiden,
  Nun tun sie es nicht mehr, sie können die Glut
Nicht länger verschließen,
Sie wollen genießen,
  Verhüllt von den Nebeln, gewiegt von der Flut.

Sie schmeicheln, sie kosen,
Sie trotzen dem Tosen
  Der Wellen, die zweie in eines verschränkt,

Wie die sich auch bäumen,
Sie glühen und träumen
In Liebe und Wonne zum Sterben versenkt.

Nach innigem Gatten
Ein süßes Ermatten,
Da trennt sie die Woge, bevor sies gedacht.
Laßt ruhn das Gefieder!
Ihr seht euch nicht wieder,
Der Tag ist vorüber, es dämmert die Nacht.

Ich und du

Wir träumten voneinander
Und sind davon erwacht,
Wir leben, um uns zu lieben,
Und sinken zurück in die Nacht.

Du tratst aus meinem Traume,
Aus deinem trat ich hervor,
Wir sterben, wenn sich eines
Im andern ganz verlor.

Auf einer Lilie zittern
Zwei Tropfen, rein und rund,
Zerfließen in eins und rollen
Hinab in des Kelches Grund.

Abendgefühl

Friedlich bekämpfen
Nacht sich und Tag.
Wie das zu dämpfen,
Wie das zu lösen vermag!

Der mich bedrückte,
Schläfst du schon, Schmerz?
Was mich beglückte,
Sage, was wars doch, mein Herz?

Freude wie Kummer,
Fühl ich, zerrann;
Aber den Schlummer
Führten sie leise heran.

Und im Entschweben,
Immer empor,
Kommt mir das Leben
Ganz wie ein Schlummerlied vor.

Nachtgefühl

Wenn ich mich abends entkleide,
Gemachsam, Stück für Stück,
So tragen die müden Gedanken
Mich vorwärts oder zurück.

Ich denke der alten Tage,
Da zog die Mutter mich aus;
Sie legte mich still in die Wiege,
Die Winde brausten ums Haus.

Ich denke der letzten Stunde,
Da werdens die Nachbarn tun;
Sie senken mich still in die Erde,
Dann werd ich lange ruhn.

Schließt nun der Schlaf mein Auge,
Wie träum ich so oftmals das:
Es wäre eins von beidem,
Nur wüßt ich selber nicht was.

Sommerbild

Ich sah des Sommers letzte Rose stehn,
Sie war, als ob sie bluten könne, rot;
Da sprach ich schauernd im Vorübergehn:
So weit im Leben ist zu nah am Tod!

Es regte sich kein Hauch am heißen Tag,
Nur leise strich ein weißer Schmetterling;
Doch ob auch kaum die Luft sein Flügelschlag
Bewegte, sie empfand es und verging.

Ein Bild aus Reichenau

Auf einer Blume, rot und brennend, saß
Ein Schmetterling, der ihren Honig sog
Und sich in seiner Wollust so vergaß,
Daß er vor mir nicht einmal weiterflog.

Ich wollte sehn, wie süß die Blume war,
Und brach sie ab: er blieb an seinem Ort;
Ich flocht sie der Geliebten in das Haar:
Er sog, wie aufgelöst in Wonne, fort!

Herbstgefühl

Grünen, Blühen, Duften, Glänzen,
Reichstes Leben ohne Grenzen,
Alles steigernd, nirgends stockend,
Selbst die kühnsten Wünsche lockend:

Ja, da kann ich wohl zerfließen,
Aber nimmermehr genießen;
Solche Flügel tragen weiter,
Als zur nächsten Kirschbaumleiter.

Doch, wenn rot die Blätter fallen,
Kühl die Nebelhauche wallen,
Leis durchschauernd, nicht erfrischend,
In den warmen Wind sich mischend:

Dann vom Endlos-Ungeheuren
Flücht ich gern zum Menschlich-Teuren,
Und in einer ersten Traube
Sieht die Frucht der Welt mein Glaube.

Spaziergang am Herbstabend

Wenn ich abends einsam gehe
Und die Blätter fallen sehe,
Finsternisse niederwallen,
Ferne, fromme Glocken hallen:

Ach, wie viele sanfte Bilder,
Immer inniger und milder,
Schatten längst vergangner Zeiten,
Seh ich dann vorübergleiten!

Was ich in den fernsten Stunden,
Oft nur halb bewußt, empfunden,
Dämmert auf in Seel und Sinnen,
Mich noch einmal zu umspinnen.

Und im inneren Zerfließen
Mein ichs wieder zu genießen,
Was mich vormals glücklich machte
Oder mir Vergessen brachte.

Doch, dann frag ich mich mit Beben:
Ist so ganz verarmt dein Leben?
Was du jetzt ersehnst mit Schmerzen,
Sprich, was war es einst dem Herzen?

Völlig dunkel ists geworden,
Schärfer bläst der Wind aus Norden,
Und dies Blatt, dies kalt benetzte,
Ist vielleicht vom Baum das letzte.

Herbstbild

Dies ist ein Herbsttag, wie ich keinen sah!
Die Luft ist still, als atmete man kaum,
Und dennoch fallen raschelnd, fern und nah,
Die schönsten Früchte ab von jedem Baum.

O stört sie nicht, die Feier der Natur!
Dies ist die Lese, die sie selber hält,
Denn heute löst sich von den Zweigen nur,
Was vor dem milden Strahl der Sonne fällt.

Höchstes Gebot

Hab Achtung vor dem Menschenbild
Und denke, daß, wie auch verborgen,
Darin für irgendeinen Morgen
Der Keim zu allem Höchsten schwillt!

Hab Achtung vor dem Menschenbild,
Und denke, daß, wie tief er stecke,
Ein Hauch des Lebens, der ihn wecke,
Vielleicht aus deiner Seele quillt!

Hab Achtung vor dem Menschenbild,
Die Ewigkeit hat eine Stunde,
Wo jegliches dir eine Wunde,
Und, wenn nicht die, ein Sehnen stillt!

Mahnung

Schilt nimmermehr die Stunde hart,
Die fort von dir was Teures reißt!
Sie schreitet durch die Gegenwart
Als ferner Zukunft dunkler Geist;
Sie will dich vorbereiten, ernst,
Auf das, was unabwendbar droht,
Damit du heut entbehren lernst,
Was morgen sicher raubt der Tod.

An die Jünglinge

Trinkt des Weines dunkle Kraft,
Die euch durch die Seele fließt
Und zu heilger Rechenschaft
Sie im Innersten erschließt!
Blickt hinab nun in den Grund,
Dem das Leben still entsteigt,
Forscht mit Ernst, ob es gesund
Jedem Höchsten sich verzweigt.

Geht an einen schaurgen Ort,
Denkt an aller Ehren Strauß,
Sprecht dann laut das Schöpfungswort,
Sprecht das Wort: es werde! aus.
Ja, es werde! spricht auch Gott,
Und sein Segen senkt sich still,
Denn, den macht er nicht zum Spott,
Der sich selbst vollenden will.

Betet dann, doch betet nur
Zu euch selbst, und ihr beschwört
Aus der eigenen Natur
Einen Geist, der euch erhört.

Leben heißt, tief einsam sein;
In die spröde Knospe drängt
Sich kein Tropfe Taus hinein,
Eh sie innre Glut zersprengt.

Gott dem Herrn ists ein Triumph,
Wenn ihr nicht vor ihm vergeht,
Wenn ihr, statt im Staube dumpf
Hinzuknieen, herrlich steht,
Wenn ihr stolz, dem Baume gleich,
Euch nicht unter Blüten bückt,
Wenn die Last des Segens euch
Erst hinab zur Erde drückt.

Fort den Wein! Wer noch nicht flammt,
Ist nicht seines Kusses wert,
Und wer selbst vom Feuer stammt,
Steht schon lange glutverklärt.
Euch geziemt nur *eine* Lust,
Nur ein Gang durch Sturm und Nacht,
Der aus eurer dunklen Brust
Einen Sternenhimmel macht.

Adams Opfer

Die schönsten Früchte, frisch gepflückt,
Trägt er zum grünen Festaltar
Und bringt, mit Blumen reich geschmückt,
Sie fromm als Morgenopfer dar.

Erst blickt er froh, dann wird er still:
O Herr, wie arm erschein ich mir!
Wenn ich den Dank dir bringen will,
So borge ich selbst den von dir!

Der Baum in der Wüste

Es steht ein Baum im Wüstensand,
Der einzige, der dort gedieh;
Die Sonne hat ihn fast verbrannt,
Der Regen tränkt den durstgen nie.

In seiner falben Krone hängt
Gewürzig eine Frucht voll Saft,
Er hat sein Mark hineingedrängt,
Sein Leben, seine höchste Kraft.

Die Stunde, wo sie, überschwer,
Zu Boden fallen muß, ist nah,
Es zieht kein Wanderer daher,
Und für ihn selbst ist sie nicht da.

In das Album meiner Frau

In deiner Seele unbeflecktem Adel,
In ihrer Unschuld, wurzeln deine Schwächen,
Und was die meisten vor gemeinem Tadel
Bewahrt, das ist ihr innerstes Gebrechen.

Es könnte einer dir das Leben rauben,
Und wäre dir schon halb dein Blut entquollen,
So würdest du ihm noch im Sterben glauben,
Er hätt dir bloß die Ader öffnen wollen.

Will die Natur die Schönheit rein entfalten,
So darf sie nichts von ihrem Feind ihr sagen,
Sie kann nur dann das Herrlichste gestalten,
Doch muß sie seinen Untergang auch wagen.

Oft wünscht ich dir zu deinem vollen Frieden,
Du möchtest in der Brust des Feindes lesen,
Doch weiß ich wohl, es wird dir nicht beschieden,
Denn dieser Mangel trägt dein ganzes Wesen!

Zwei Wandrer

Ein Stummer zieht durch die Lande,
Gott hat ihm ein Wort vertraut,
Das kann er nicht ergründen,
Nur einem darf ers verkünden,
Den er noch nie geschaut.

Ein Tauber zieht durch die Lande,
Gott selber hieß ihn gehn,
Dem hat er das Ohr verriegelt,
Und jenem die Lippe versiegelt,
Bis sie einander sehn.

Dann wird der Stumme reden,
Der Taube vernimmt das Wort,
Er wird sie gleich entziffern,
Die dunkeln göttlichen Chiffern,
Dann ziehn sie gen Morgen fort.

Daß sich die beiden finden,
Ihr Menschen, betet viel.
Wenn, die jetzt einsam wandern,
Treffen einer den andern,
Ist alle Welt am Ziel.

Erleuchtung

In unermeßlich tiefen Stunden
Hast du, in ahnungsvollem Schmerz,
Den Geist des Weltalls nie empfunden,
Der niederflammte in dein Herz?

Jedwedes Dasein zu ergänzen
Durch ein Gefühl, das ihn umfaßt,
Schließt er sich in die engen Grenzen
Der Sterblichkeit als reichster Gast.

Da tust du in die dunklen Risse
Des Unerforschten einen Blick
Und nimmst in deine Finsternisse
Ein leuchtend Bild der Welt zurück;

Du trinkst das allgemeinste Leben,
Nicht mehr den Tropfen, der dir floß,
Und ins Unendliche verschweben
Kann leicht, wer es im Ich genoß.

Dämmerempfindung

Was treibt mich hier von hinnen?
Was lockt mich dort geheimnisvoll?
Was ists, das ich gewinnen,
Und was, womit ichs kaufen soll?

Trat unsichtbar mein Erbe,
Ein Geist, ein luftger, schon heran,
Und drängt mich, daß ich sterbe,
Weil er nicht eher leben kann?

Und winkt mir aus der Ferne
Die Traube schon, die mir gereift
Auf einem andern Sterne,
Und will, daß meine Hand sie streift?

An den Tod

Halb aus dem Schlummer erwacht,
Den ich traumlos getrunken,
Ach, wie war ich versunken
In die unendliche Nacht!

Tiefes Verdämmern des Seins,
Denkend nichts, noch empfindend!
Nichtig mir selber entschwindend,
Schatte mit Schatten zu eins!

Da beschlichs mich so bang,
Ob auch, den Bruder verdrängend,
Geist mir und Sinne verengend,
Listig der Tod mich umschlang.

Schaudernd dacht ichs und fuhr
Auf und schloß mich ans Leben,
Drängte in glühndem Erheben
Kühn mich an Gott und Natur.

Siehe, da hab ich gelebt!
Was sonst, zu Tropfen zerflossen,
Langsam und karg sich ergossen,
Hat mich auf einmal durchbebt.

Oft noch berühre du mich,
Tod, wenn ich in mir zerrinne,
Bis ich mich wieder gewinne
Durch den Gedanken an dich!

Auf ein schlummerndes Kind

Wenn ich, o Kindlein, vor dir stehe,
Wenn ich im Traum dich lächeln sehe,
Wenn du erglühst so wunderbar,
Da ahne ich mit süßem Grauen:
Dürft ich in deine Träume schauen,
So wär mir alles, alles klar!

Dir ist die Erde noch verschlossen,
Du hast noch keine Lust genossen,
Noch ist kein Glück, was du empfingst;
Wie könntest du so süß denn träumen,
Wenn du nicht noch in jenen Räumen,
Woher du kamest, dich ergingst?

Gebet

Die du, über die Sterne weg
Mit der geleerten Schale
Aufschwebst, um sie am ewgen Born
Eilig wieder zu füllen:
Einmal schwenke sie noch, o Glück,
Einmal, lächelnde Göttin!
Sieh, ein einziger Tropfen hängt
Noch verloren am Rande,
Und der einzige Tropfen genügt,
Eine himmlische Seele,
Die hier unten in Schmerz erstarrt,
Wieder in Wonne zu lösen.
Ach! sie weint dir süßeren Dank
Als die anderen alle,
Die du glücklich und reich gemacht;
Laß ihn fallen, den Tropfen!

Meeresleuchten

Aus des Meeres dunklen Tiefen
Stieg die Venus still empor,
Als die Nachtigallen riefen
In dem Hain, den sie erkor.

Und zum Spiegel, voll Verlangen,
Glätteten die Wogen sich,
Um ihr Bild noch aufzufangen,
Da sie selbst auf ewig wich.

Lächelnd gönnte sie dem feuchten
Element den letzten Blick,
Davon blieb dem Meer sein Leuchten
Bis auf diesen Tag zurück.

Die Weihe der Nacht

Nächtliche Stille!
Heilige Fülle,
Wie von göttlichem Segen schwer,
Säuselt aus ewiger Ferne daher.

Was da lebte,
Was aus engem Kreise
Auf ins Weitste strebte,
Sanft und leise
Sank es in sich selbst zurück
Und quillt auf in unbewußtem Glück.

Und von allen Sternen nieder
Strömt ein wunderbarer Segen,
Daß die müden Kräfte wieder
Sich in neuer Frische regen,

Und aus seinen Finsternissen
Tritt der Herr, so weit er kann,
Und die Fäden, die zerrissen,
Knüpft er alle wieder an.

Dem Schmerz sein Recht

1.

Ewiger, der du in Tiefen wohnest,
Die der jüngst geborene Gedanke,
Der, weil du allein Gedanken sendest,
Kaum den Weg von dir zu mir durchmessen,
Wenn er rückwärts blickt, nur schwindelnd nachmißt,
Ewiger, vernimm in dieser Stunde
Meines bang bewegten Herzens Flehen!

Träumt vielleicht in einer niedern Hütte
Irgendwo ein Kind, in dessen Seele
Jene Kraft des schöpferischen Bildens,
Die du, auf dein höchstes Recht verzichtend,
Deinen Menschen liehest, heimlich schlummert,
Und der Jüngling, der dies Kind geworden,
Schlägt, von Armut hart bedrängt und Roheit,
Einst ein Auge, das vor starren Tränen
Deine Sterne längst nicht mehr gesehen,
Auf zu dir und stammelt ohne Worte:
Luft, mein Vater, daß ich nicht ersticke,
Eh ich für mein Leben dich bezahlte!
Send ihm dann den Edelsten entgegen,
Der, zufrieden, ein geweihtes Leben
Aus dem Bann zu lösen, ihm die Hand reicht,
Und belohnt ist, wenn er wieder atmet,
Wie ein Wandrer die verstopfte Quelle
Freundlich reinigt, und für seine Mühe
Als der erste trinkt und weiter schreitet.
Kannst du aber keinen solchen senden,

So verschließe dich vor seinem Stammeln;
Denn die Kraft, die eine Welt beleben
Oder eine Welt verjüngen könnte,
Wird, in seiner Brust zurückgehalten,
Langsam, aber sicher ihn verzehren,
Und dann mag er mit dem All sich mischen,
Bis, verstärkt in langer Ruhepause,
Ihn die eigne Schwere wieder ablöst
Und ihm neu das Tor zum Dasein aufsprengt.

Also bet ich; weil ich schmerzlich wünsche,
Daß für mich, als ich geboren wurde,
So ein edler Mensch gebetet hätte.

2.

Liegt einer schwer gefangen
In öder Kerkernacht,
So töt er das Verlangen
Nach Freiheit, wenns erwacht.
Wenn auch sein ernstes Streben
Zuletzt das Ziel erringt,
Wer gibt ihm Mut und Leben
Zurück, die es verschlingt?

Tritt er hinaus ins Freie
Und fühlt sich ganz zerstört,
Da fragt er sich mit Reue,
Warum er sich empört.
Und stärker, immer stärker,
Wird er sein eigner Feind,
Bis ihm zuletzt sein Kerker
Als seine Welt erscheint.

Wie der Gedank auch brenne,
  Doch wünsch ich, menschlich-mild,
Daß keiner sich erkenne
  In diesem dunklen Bild.
Die eigne Qual wirds dämpfen,
  Wenn ihr es nimmer wißt,
Welch Leben dies mein Kämpfen
  Um eine Grabschrift ist.

3.

Alle Wunden hören auf zu bluten,
  Alle Schmerzen hören auf zu brennen,
Doch, entkrochen seines Jammers Fluten,
  Kann der Mensch sich selbst nicht mehr erkennen,
Mund und Auge sind ihm zugefroren,
  Selbst des Abgrunds Tiefe ist vergessen,
Und ihm ist, als hätt er nichts verloren,
  Aber auch, als hätt er nichts besessen.

Denn das ewige Gesetz, das waltet,
  Will die Harmonie noch im Verderben,
Und im Gleichmaß, wie es sich entfaltet,
  Muß ein Wesen auch vergehn und sterben.
Alle Teile stimmen nach dem einen
  Sich herunter, den der Tod beschlichen,
Und so kann es ganz gesund erscheinen,
  Wenn das Leben ganz aus ihm gewichen.

Ja, ein Weh gibts, das man nicht ertrüge,
  Wenn es nicht sein eignes Maß zerbräche,
Und, wie einer abgeschmackten Lüge,
  Der Erinnrung selber widerspräche.
Dann, vergessend in der innern Öde,
  Daß einst frisch das Herz geschlagen habe,
Ist ein Mensch der Nessel gleich, die schnöde
  Wuchert über seinem eignen Grabe.

4.

Schlafen, schlafen, nichts als schlafen!
Kein Erwachen, keinen Traum!
Jener Wehen, die mich trafen,
Leisestes Erinnern kaum,
Daß ich, wenn des Lebens Fülle
Niederklingt in meine Ruh,
Nur noch tiefer mich verhülle,
Fester zu die Augen tu!

5.

Gott weiß, wie tief der Meeresgrund,
Gott weiß, wie tief die Wunde ist!
Auf ewig schließ ich drum den Mund,
Ich werde dadurch nicht gesund,
Daß, die sie schlug, sie auch ermißt.

Doch sie, die Welt, die das verbrach,
Sie schändet meinen stummen Schmerz,
Sie wagt die allerhöchste Schmach
Und ruft, nachdem sies selbst durchstach,
Mir höhnend zu: Du hast kein Herz!

6.

Natur, du kannst mich nicht vernichten,
Weil es dich selbst vernichten heißt,
Du kannst auf kein Atom verzichten,
Das einmal mit im Weltall kreist;

Du mußt sie alle wieder wecken,
Die Wesen, die sich, groß und klein,
In deinem dunklen Schoß verstecken
Und träumen, nun nicht mehr zu sein;

Natur, ich will dich nicht beschwören:
Verändre deinen ewgen Lauf!

Ich weiß, du kannst mich nicht erhören,
  Nur wecke mich am letzten auf!

Ich will nicht in die Luft zerfließen,
  Ich will, auf langen Schlaf entbrannt,
Gestorben, mich im Stein verschließen,
  Im härtesten, im Diamant.

Ob der in einer Krone gaukle,
  Ob er bei heller Kerzen Licht
Auf einer Mädchenbrust sich schaukle,
  Ich schlafe tief, ich fühl es nicht.

Er wird bei tausend Festestänzen,
  Als Mittelpunkt im Strahlenkranz
Vielleicht wie nie ein andrer glänzen,
  Doch keiner ahnt, woher der Glanz.

Erst, wenn ich mich erwachend dehne,
  Sag ich dem Träger still ins Ohr,
Daß einst ein Mensch zerrann zur Träne
  Und die zum Edelstein gefror!

7.

Und mußt du denn, trotz Kraft und Mut,
  In jedem Dorn dich ritzen,
So hüt dich nur mit deinem Blut
  Die Rosen zu bespritzen.

8.

Geht stumm an dir vorbei die Welt,
  So fühle stolz und andachtsvoll:
Ich bin ein Kelch, für Gott bestellt,
  Der ihn allein erquicken soll!

9.

Es grüßt dich wohl ein Augenblick,
Der ist so überschwellend voll,
Als ob er dich mit selgem Glück
Für alle Zukunft tränken soll.

Du aber wehrst, eh dus vermeinst,
Ihn scheu und zitternd selber ab,
Und jene Träne, die du weinst,
Gibt ihm den Glanz, doch auch das Grab.

Uns dünkt die Freude Altarwein,
Am Heiligsten ein sündger Raub;
Zieht Gottes Hauch durch unser Sein,
So fühlen wir uns doppelt Staub.

10.

Unergründlicher Schmerz!
Knirscht ich in vorigen Stunden:
Jetzt, mit noch blutenden Wunden,
Segnet und preist dich mein Herz.

Alles Leben ist Raub;
Funken, die Sonnen entstammen,
Lodern, das All zu durchflammen,
Da verschluckt sie der Staub.

Nun ein heiliger Krieg!
Höchste und tiefste Gewalten
Drängen in allen Gestalten!
Trotze, so bleibt dir der Sieg.

Tatst du in Qual und in Angst
Erst genug für dein Leben,
Werden sie selbst dich erheben,
Wie du es hoffst und verlangst.

Greife ins All nun hinein!
  Wie du gekämpft und geduldet,
  Sind dir die Götter verschuldet,
Nimm dir, denn alles ist dein!

Nun versagen sie nichts
  Als den letzten der Sterne,
  Der dich in dämmernder Ferne
Knüpft an den Urquell des Lichts.

Ihm entlocke den Blitz,
  Der dich, dein Irdsches verzehrend,
  Und dich mit Feuer verklärend,
Löst für den ewigen Sitz!

11.

Den bängsten Traum begleitet
  Ein heimliches Gefühl,
Daß alles nichts bedeutet,
  Und wär uns noch so schwül.
Da spielt in unser Weinen
  Ein Lächeln hold hinein,
Ich aber möchte meinen,
  So sollt es immer sein!

Die Freiheit der Sünde

O glaube nicht, daß du durch deine Sünde
  Die Welt verwirrst! Wie du auch freveln mögest,
  Und ob du Gott dein Ich auch ganz entzögest,
Du hinderst nicht, daß sie zum Kreis sich ründe!

Ja, ob du, in des innern Abgrunds Schlünde
  Hinunter taumelnd, völlig dich betrögest
  Und dich hinauf zur Götterfreiheit lögest,
Doch trifft dich das Gericht, das ich verkünde!

Wir leben nur im Ewigen und Wahren,
Und ihm entfliehen wollen, würde heißen,
In unsrer Brust den Odem anzuhalten;

Wir könnens, doch es wird sich offenbaren,
Daß wir das eigne Lebensband zerreißen
Und nichts dadurch im Äther umgestalten.

An Christine Engehausen

Du tränkst des Dichters dämmernde Gestalten,
Die ängstlich zwischen Sein und Nichtsein schweben,
Mit deinem Blut, und gibst den Schatten Leben,
In denen ungeborne Seelen walten.

Ich aber möchte nicht zu früh erkalten,
Der Zeit die Form zu dem Gehalt zu geben
Und über sie hinaus sie zu erheben
Durch neuer Schönheit schüchternes Entfalten.

Doch dieses Deutschland wird uns schwer erwarmen,
Und eh wirs denken, stehn wir ab, verdrossen,
Drum laß uns eins das andere belohnen.

Wo treu und fest sich Mann und Weib umarmen,
Da ist ein Kreis, da ist der Kreis geschlossen,
In dem die höchsten Menschenfreuden wohnen.

Unsere Zeit

Es ist die Zeit des stummen Weltgerichts;
In Wasserfluten nicht und nicht in Flammen:
Die Form der Welt bricht in sich selbst zusammen,
Und dämmernd tritt die neue aus dem Nichts.

Der Dichter zeigt im Spiegel des Gedichts,
Wie Tag und Nacht im Morgenrot verschwammen,
Doch wird er nicht beschwören, nicht verdammen,
Der keusche Priester am Altar des Lichts.

Er soll mit reiner Hand des Lebens pflegen,
Und wie er für des Frühlings erste Blüte
Ein Auge hat und sie mit Liebe bricht:

So darf er auch des Herbstes letzten Segen
Nicht übersehn und die zu spät erglühte
Nicht kalt verschmähen, wenn den Kranz er flicht.

Welt und Ich

Im großen ungeheuren Ozeane
Willst du, der Tropfe, dich in dich verschließen?
So wirst du nie zur Perl zusammenschießen,
Wie dich auch Fluten schütteln und Orkane.

Nein! Öffne deine innersten Organe
Und mische dich im Leiden und Genießen
Mit allen Strömen, die vorüberfließen;
Dann dienst du dir und dienst dem höchsten Plane.

Und fürchte nicht, so in die Welt versunken,
Dich selbst und dein Ur-Eignes zu verlieren:
Der Weg zu dir führt eben durch das Ganze!

Erst wenn du kühn von jedem Wein getrunken,
Wirst du die Kraft im tiefsten Innern spüren,
Die jedem Sturm zu stehn vermag im Tanze!

Mann und Weib

Dem Weibe ist ein schönes Los beschieden,
Was sie auch hat, sie hat es ganz und immer,
Sie freut sich an des fernsten Sternes Schimmer,
Allein sie schließt sich ab in klarem Frieden.

Der Mann wird nie so sehr vom Glück gemieden,
Als er es meidet, denn er faßt es nimmer,
Gleichgültig, wird es besser, wird es schlimmer,
Er hört nicht auf, das Dasein umzuschmieden.

Ihr ist es wie ein zugeworfner Faden,
Sie hält sich dran und schaudert vor den Wogen,
Die unten dräun, und trinkt des Himmels Lüfte.

Er widersteht nicht, sich im Meer zu baden,
Und forscht, vom hellen Leben abgezogen,
Ob Gott sich nicht verbirgt im Schoß der Grüfte.

Das Heiligste

Wenn zwei sich ineinander still versenken,
Nicht durch ein schnödes Feuer aufgewiegelt,
Nein, keusch in Liebe, die die Unschuld spiegelt,
Und schamhaft zitternd, während sie sich tränken;

Dann müssen beide Welten sich verschränken,
Dann wird die Tiefe der Natur entriegelt,
Und aus dem Schöpfungsborn, im Ich entsiegelt,
Springt eine Welle, die die Sterne lenken.

Was in dem Geist des Mannes, ungestaltet,
Und in der Brust des Weibes, kaum empfunden,
Als Schönstes dämmerte, das muß sich mischen;

Gott aber tut, die eben sich entfaltet,
Die lichten Bilder seiner jüngsten Stunden
Hinzu, die unverkörperten und frischen.

An den Äther

Allewiger und unbegrenzter Äther!
Durchs Engste wie durchs Weiteste Ergoßner!
Von keinem Ring des Daseins Ausgeschloßner!
Von jedem Hauch des Lebens still Durchwehter!

Des Unerforschten einziger Vertreter!
Sein erster und sein würdigster Entsproßner!
Von ihm allein in tiefster Ruh Umfloßner!
Dir gegenüber werd auch ich ein Beter!

Mein schweifend Auge, das dich gern umspannte,
Schließt sich vor dir in Ehrfurcht, eh es scheitert.
Denn nichts ermißt der Blick als seine Schranken.

So auch mein Geist vor Gott, denn er erkannte,
Daß er, umfaßt, sich nie so sehr erweitert,
Den Allumfasser wieder zu umranken.

Die Sprache

Als höchstes Wunder, das der Geist vollbrachte,
Preis ich die Sprache, die er, sonst verloren
In tiefste Einsamkeit, aus sich geboren,
Weil sie allein die andern möglich machte.

Ja, wenn ich sie in Grund und Zweck betrachte,
So hat nur sie den schweren Fluch beschworen,
Dem er, zum dumpfen Einzelsein erkoren,
Erlegen wäre, eh er noch erwachte.

Denn ist das unerforschte Eins und Alles
In nie begriffnem Selbstzersplittrungsdrange
Zu einer Welt von Punkten gleich zerstoben:

So wird durch sie, die jedes Wesenballes
Geheimstes Sein erscheinen läßt im Klange,
Die Trennung völlig wieder aufgehoben!

Juno Ludovisi

Du lässest uns die Blüte alles Schönen
Und seines Werdens holdes Wunder sehen;
Die Stirn ist streng, man siehts in ihr entstehen,
Wo es noch ringen muß mit herben Tönen.

Die Wange will sich schon mit Anmut krönen,
Doch darf sie noch im Lächeln nicht zergehen,
Der Mund jedoch zerschmilzt in süßen Wehen,
Daß Ernst und Milde sich im Reiz versöhnen.

Erst keusches Leben, wurzelhaft gebunden,
Dann scheuer Vortraum von sich selbst, der leise
Hinüberführt zur wirklichen Entfaltung;

Und nun ist auch der Werdekampf verwunden,
Man sieht nicht Anfang mehr, noch Schluß im Kreise,
Und dieses ist der Gipfel der Gestaltung.

Das Geheimnis der Schönheit

Was ist es, das an alle deine Schritte
Uns fesselt und das Herz uns schwellt,
Und uns zugleich in diese reine Mitte
Von heilger Scheu und süßer Neigung stellt?

Zwar scheinst du wie aus einer lichtern Sphäre
  In unsre Nacht hinab getaucht,
Als ob der Duft in dir verleiblicht wäre,
  Den still der Lotos in die Lüfte haucht.

Doch ists nicht dieser Zauber, der uns bindet,
  Uns trifft ein höherer durch ihn,
Bei dem die Seele schauernd vorempfindet,
  Wie alle Welten ihre Bahnen ziehn.

Du magst dein Auge senken oder heben,
  Den Reigen führen oder ruhn,
So spiegelt sich das allgemeine Leben,
  Dir selbst Geheimnis, ab in deinem Tun.

Du bist der Schmetterling, der auf den Flügeln
  Den Schlüssel zu der Schöpfung trägt
Und sie im Gaukeln über Aun und Hügeln
  Vorm Strahl der Sonne auseinander schlägt.

Du folgst nur einem flüchtigen Verlangen,
  Nur einer Wallung der Natur,
Wenn wir mit trunknen Blicken an dir hangen,
  Als zög ein neuer Stern die erste Spur.

Du pflückst in einer kindlich-leichten Regung
  Die Blüte oder Frucht vom Baum
Und weckst durch eine liebliche Bewegung
  In uns den frühsten Paradiesestraum.

Heil uns, daß du in unbewußtem Walten,
  Wenn du auch selbst nur spielen willst,
Durch deiner Schönheit leuchtendes Entfalten
  In uns das ewige Bedürfnis stillst.

Der letzte Baum

So wie die Sonne untergeht,
Gibts einen letzten Baum,
Der wie in Morgenflammen steht
Am fernsten Himmelssaum.

Es ist ein Baum und weiter nichts,
Doch denkt man in der Nacht
Des letzten wunderbaren Lichts,
So wird auch sein gedacht.

Auf gleiche Weise denk ich dein,
Nun mich die Jugend läßt,
Du hältst mir ihren letzten Schein
Für alle Zeiten fest.

Aus dem Wiener Prater

Horch, die geigenden Zigeuner!
Wie vom Teufel selbst gepackt!
Die Gesichter immer bräuner,
Immer wilder Ton und Takt.

Was vor vielen tausend Jahren
Einst am Ganges schon erscholl,
Macht die ungrischen Husaren
Und die deutschen Mädchen toll.

Bald zerreißt die erste Saite,
Bald zerspringt die erste Brust,
Denn der Tod ist im Geleite
Einer so dämonschen Lust.

Instrument und Musikanten
Sind dem Untergang geweiht,
Wie die rasenden Bacchanten,
Die sich hier zum Tanz gereiht.

Und im ganzen Taumelkreise
Ist auch nichts, was übrigbleibt,
Als die dunkle Zauberweise,
Die sie in den Abgrund treibt.

Stammbuchblatt

(für Emil Rousseau)

Ins Unermeßliche verschweben,
Das ist kein Trost für all die Leere;
Der Tropfe muß als Tropfe leben,
Im Meer verschwimmt er mit dem Meere;
Du kannst die Grenzen nicht erweitern,
Die dich zum Ich zusammendrängen,
Verschütten heißts den Trank, nicht *läutern*,
Die zwängende Retorte sprengen!

Liebesgeheimnis

Du nennst die Liebe ein entzückend Träumen,
Ich nenne sie ein schmerzliches Erwachen;
Wir fühlen uns in öden Schlummers Räumen
Gekettet an unwürdig-nichtge Sachen,
Wir schauern, es ergreift uns, ohne Säumen
Frei für das hohe Leben uns zu machen,
Allein wir Armen sind gar fest gebunden,
Bald ist der Mut, das Sehnen auch, entschwunden.

Ein müder Pilger kommt aus weiter Ferne,
Er streckt sich hin, zu dumpfem Schlaf ermattet.
Durch milden Blütenregen weckt ihn gerne
Der Baum, der still und freundlich ihn beschattet;
Halb wacht er schon. Da leuchten alle Sterne,
Ihn kühlt ein Hauch, mit dem ein Duft sich gattet;
Der ganze Himmel neigt sich auf ihn nieder,
Er seufzt: ein Traum! und schließt die Augen wieder.

Licht in der Nacht

Ich bin in der Nacht gegangen;
Wie dunkel und wie still!
Kein Hauch in den schweren Lüften,
Kein Stern, der leuchten will!

Vom Felsenhang herunter
Neigt sich ein einsam Haus,
Es fiel aus dem schmalen Fenster
Ein zitternd Licht heraus.

Der Pfad führt hart vorüber,
Da lauscht ich denn hinein;
Ich sah einen Toten liegen,
Vom Leichlicht kam der Schein.

Vor dem Wein

Dunkler, heiliger Wein!
Sieh, ich dürfte dich trinken,
Doch in dein mystisches Blinken
Schau ich mit Andacht hinein.

O, wie schauerts mich an,
All dies Quellen und Weben,
Das zum glühendsten Leben
Wecken und steigern mich kann!

Das bist du, o Natur,
Deiner gewaltigsten Kräfte,
Deiner verborgensten Säfte
Überfließende Spur!

Wein, ich trinke dich! Bald
Wirbeln nun Stürme und Fluten,
Blitze und mildere Gluten
Mir durch die Brust mit Gewalt.

Der blinde Orgelspieler

In andächtiger Stille
Stehn wir; dein frommes Spiel
Weckt in unendlicher Fülle
Uns das tiefste Gefühl.

Meinen, hinüber zu treten
In den reinsten Kreis;
Mancher mag jetzt beten,
Welcher es selbst nicht weiß.

Ist Gott dir aufgegangen
In der ewigen Nacht?
Ward dir darum verhangen
Dunkel der Erde Pracht?

Eine der Tränen doch, eine
Lasse der Herr dich sehn,
Die in himmlischem Scheine
Jetzt im Auge uns stehn!

Winterlandschaft

Unendlich dehnt sie sich, die weiße Fläche,
Bis auf den letzten Hauch von Leben leer;
Die muntern Pulse stocken längst, die Bäche,
Es regt sich selbst der kalte Wind nicht mehr.

Der Rabe dort, im Berg von Schnee und Eise,
Erstarrt und hungrig, gräbt sich tief hinab,
Und gräbt er nicht heraus den Bissen Speise,
So gräbt er, glaub ich, sich hinein ins Grab.

Die Sonne, einmal noch durch Wolken blitzend,
Wirft einen letzten Blick aufs öde Land,
Doch, gähnend auf dem Thron des Lebens sitzend,
Trotzt ihr der Tod im weißen Festgewand.

Kleist

Er war ein Dichter und ein Mann, wie einer,
Er brauchte selbst dem Höchsten nicht zu weichen,
An Kraft sind wenige ihm zu vergleichen,
An unerhörtem Unglück, glaub ich, keiner.

Er stieg empor, die Welt ward klein und kleiner,
Und auf der Höhe, die wir nicht durch Schleichen,
Die wir nur fliegend, oder nie erreichen,
Ward über ihm der Äther immer reiner.

Doch als er nun die Welt nicht mehr erblickte,
Da hatte sie ihn längst nicht mehr gesehen
Und frech ihm selbst das Dasein abgesprochen!

Nun mußt er darben, wie er einst erstickte,
Ihm blieb nichts übrig, als zurückzugehen,
Doch lieber hat er seine Form zerbrochen.

BALLADEN UND VERWANDTES

Liebeszauber

Schwül wird diese Nacht. Am Himmelsbogen
Ziehn die Wolken dichter sich zusammen,
Breit begrenzt von Wetterleuchtens Flammen,
Und von roten Blitzen scharf durchzogen.

Alles Leben ist in sich verschlossen,
Kaum nur, daß ich mühsam Atem hole;
Selbst im Beete dort die Nachtviole
Hat den süßen Duft noch nicht ergossen.

Jedes Auge wär schon zugefallen,
Doch die Herzen sind voll Angst und zittern
Vor den zwei sich kreuzenden Gewittern,
Deren Donnergrüße bald erschallen.

Jene Alte schleppt sich zur Kapelle,
Doch sie wird den Heilgen nicht erblicken,
Eh die Wolken ihre Blitze schicken.
Betend kauert sie sich auf der Schwelle.

Ist das nicht des Liebchens taube Muhme?
Ja! So will ich hier nicht länger weilen,
Will zu ihr, zu ihrem Fenster eilen
Und dort lauschen, statt am Heiligtume.

Weiß ichs denn? Kann nicht ein Blitz da zünden?
Kann ich, wenn ich aus der Glut sie rette,
Nicht – o daß er schon gezündet hätte! –
Ihr mein süß Geheimnis endlich künden?

Sieh, da bin ich schon! Beim Lampenlichte
  Sitzt sie, in die weiße Hand das Köpfchen
  Stützend, mit noch aufgeflochtnen Zöpfchen,
Stillen Schmerz im blassen Angesichte.

Horch, der erste Donnerschlag! Es krachen
  Tür und Tor! Sie scheint es nicht zu hören!
  Wessen denkt sie? Wüßt ichs, würd ich schwören:
Heut noch will ich den Garaus ihm machen.

Sie erhebt sich. Willst du dich entkleiden?
  Gute Nacht! Warum? Zur rechten Stunde
  Löscht sie selbst das Licht und gibt dir Kunde:
Mehr ist nicht erlaubt! Dann magst du scheiden!

Was? Sie knüpft ein Tuch um ihre Locken?
  Hüllt sich in der Muhme alten Mantel?
  Ist sie – oder stach mich die Tarantel?
Wird sie – Die Besinnung will mir stocken!

Ja, schon knarrt die Tür. Da kommt sie. Nimmer
  Würd ich selbst sie, so vermummt, erkennen,
  Hätt ich nicht – – Die Lampe läßt man brennen,
Daß es scheint, man sei im frommen Zimmer.

Rasch an mir vorbei! Sie ist wie alle!
  Folg ich ihr? Ja freilich! Um zu schauen,
  Ob man ihr mit braunen oder blauen
Augen – schwarze hab ich selbst – gefalle.

Waldhornklänge aus dem Jägerhäuschen!
  Beim Gewitter? O, das ist ein Zeichen!
  So ist das der Jüngling sondergleichen?
Wohl! Doch nächstens pflücken wir ein Sträußchen.

Und weshalb? Hat sie dir was versprochen?
  Nein! Und dennoch muß ich sie verklagen,
  Daß sie, ja so darf, so darf ich sagen,
Einen stillen Bund mit mir gebrochen.

Weiter! Weiter? So vergib, Geliebte!
  Doch wohin? Hier zieht der Wald sich düster,
  Und dort wohnt die Alte an der Rüster,
Die in mancher dunklen Kunst geübte.

Gilt es der? Halt ein! Dein Herz muß klopfen!
  Rastlos donnerts ja, zur Feuergarbe
  Schwillt der Blitz, blutrot wird seine Farbe,
Und noch immer fällt kein milder Tropfen.

Fort! Und fort! Und unter falschen Bäumen,
  Die der Blitz – – Ihr näher! daß sie keiner
  Treffen kann, der mich verschont, nicht einer!
Schritt auf Schritt ihr nach! Wer würde säumen!

Ist sie nun am Ziel? Da ist die Hütte!
  Ja, sie pocht. Man öffnet ihr. Ich spähe
  Durch den Ritz. Wer weiß, was ihr geschähe,
Wenn ich nicht – – Ein Kreis! Sie in der Mitte!

Wie sie da steht, fast zum Schnee erbleichend,
  Und die Alte, in der Ecke kauernd,
  Dreht ein Bild aus Wachs. Sie sieht es schauernd.
Jetzt spricht die zu ihr, das Bild ihr reichend:

»Zieh dir nun die Nadel aus den Haaren,
  Rufe den Geliebten, laut und deutlich,
  Und durchstich dies Bild, dann wirst du bräutlich
Ihn umfangen und ihn dir bewahren.«

Schweigt, ihr Donner! Praßle noch nicht, Regen,
Daß ich noch den einen Laut vernehme,
Ob er auch des Herzens Schlag mir lähme
Und der Pulse feuriges Bewegen!

Wie sie zögert! Wie sie mit Erröten
In die Locken greift und eine Nadel
Auszieht auf der Alten stummen Tadel
Und noch säumt, als gelte es, zu töten!

Endlich zückt sie die, und – meine Sinne
Reißen! – ruft – hinein! Zu ihren Füßen! –
Ruft mich selbst mit Worten, stammelnd-süßen,
Als den einen, den sie heimlich minne! – –

Und dem Zagen kommt der Mut, behende
Weicht die Tür. Wer durfte sich erfrechen,
Ruft die Alte, und den Zauber brechen? –
Ohne Furcht! Hier kommt nur, der ihn ende!

Sie entweicht mit holden Scham-Gebärden;
Da umschließt er sie, und Glut und Sehnen
Löst bei beiden sich in linden Tränen,
Die der Mensch nur einmal weint auf Erden.

Und so stehn sie, wechseln keine Küsse,
Still gesättigt und in sich versunken,
Schon berauscht, bevor sie noch getrunken,
In der Ahnung dämmernder Genüsse.

Und auch draußen löst sich jetzt die Schwüle,
Die zerrißnen Wolken, regenschwanger,
Schütten ihn herab auf Hain und Anger,
Und hinein zur Hütte dringt die Kühle.

Als nun auch der Regen ausgewütet,
  Wallen sie, die Alte gern verlassend,
  Kinderfromm sich an den Händen fassend,
Wieder heim, von Engeln still behütet.

Als sie aber scheiden will, da ziehen
  Glühendheiß die Nachtviolendüfte
  An ihm hin im sanften Spiel der Lüfte,
Und nun küßt er sie noch im Entfliehen.

Ein Dithmarsischer Bauer

Der warme Sommer scheidet
  Mit seinem letzten Strahl;
Der Sohn des Südens schneidet
  Das Korn zum zweitenmal;
Man bäckts am Donaustrande,
  Man mahlts am Rhein und Main,
Und führts am fernsten Rande
  Des Reichs zum Dreschen ein.

Hier liegt nun, rings umflossen
  Vom Elb- und Eiderfluß,
Ein Freiland, wohl verschlossen,
  Dem Kaiser zum Verdruß,
Ders längst dem Kronenträger
  Von Dänemark verliehn,
Doch, wie den Leu dem Jäger:
  Fang ihn, so hast du ihn!

Dort gilt es sich zu rühren,
  Daß nicht der Hagelschlag,
Den manche Ernten spüren,
  Die Frucht noch zehnten mag;
Drum rücken alle Hände
  Dithmarschens auch ins Feld,

Und zur Quatemberwende
Ist stets das Werk bestellt!

Nun spricht ein greiser Bauer
In seiner Knechte Kreis:
»Wir habens heute sauer,
Es gilt den letzten Schweiß;
Auf morgen fürcht ich Regen,
Die Wolken sind zu kraus,
Drum muß der Gottessegen
Mir noch vor Nacht ins Haus!«

Er sprichts im barschen Tone
Und fügt kein Wort hinzu
Von doppelt großem Lohne
Und langer Sonntagsruh;
Doch hört man keinen fluchen,
Denn durch das Weihnachtsbrot
Und durch den Osterkuchen
Vergilt er das Gebot.

Nun geht die Arbeit wacker
Und fröhlich ihren Gang,
Der Weg vom Hof zum Acker
Scheint nur noch halb so lang,
Die vollen Wagen fliegen,
Wie sonst die leeren kaum,
Und ganze Felder schmiegen
Sich unterm Windelbaum.

Doch immer dunkler türmen
Die Wolken sich empor;
Der erste von den Stürmen
Des Herbstes steht bevor.
Die weißen Möwen wagen
Sich kreischend übern Deich;

Die Krähen fliehn mit Zagen,
  Die Spatzen folgen gleich.

Der Junge bringt das Essen:
  »Zurück! Noch fehlt die Zeit!
Der Mittag sei vergessen,
  Der Abend ist nicht weit!
Die Pferde selbst gedulden
  Sich heut und springen froh,
Auch zahl ich meine Schulden
  In Hafer, nicht in Stroh!«

Und trüber wirds und trüber,
  Je mehr die Dämmrung naht;
Wie pfeift es schon herüber
  Vom hohlen Seegestad!
Hinan zum Deiche trabend,
  Denkt jetzt der Alte still:
Die haben Feierabend,
  Ich – Nun, wie Gott es will!

Jetzt muß das Wetter brechen!
  Gleichviel, wir sind gedeckt,
Denn schon wird mit dem Rechen
  Die letzte Fuhr besteckt!
Sie kommt auch ohne Schaden
  Noch vor der Scheune an,
Doch gar zu hoch beladen,
  Klemmt sie im Tor sich dann!

Vorwärts! Die Pferde beißen
  In ihr Geschirr vor Wut,
Die dicken Stränge reißen,
  Zum Schweiße fließt schon Blut!
Doch hilft nicht Kraft noch Schnelle,
  Die Scheune selber rückt

Wohl eher von der Stelle,
  Als daß die Durchfuhr glückt!

Und plötzlich bricht das Rasen
  Der Elemente los,
Der Winde scharfes Blasen
  Zerschlitzt der Wolken Schoß,
Da kann ihn nichts mehr stopfen,
  Den neuen Sintflut-Born,
Und jeder Wassertropfen
  Fällt wie ein Hagelkorn.

Nun speit der Alte Flammen:
  »Der Pferde sind nur zwei,
Der Kerle fünf beisammen,
  So tretet selbst herbei!
Gebt acht, wir werdens zwingen,
  Wenn ihr die Räder packt
Und ich vor allen Dingen
  Die Deichsel, bis sie knackt.«

Die Knechte aber denken:
  Ein Tor ist, wer so spricht,
Auch darf mans ihm nicht schenken,
  Er kennt die Grenze nicht!
Man muß ihm einmal geigen,
  Sonst ist er toll genug
Und spannt uns noch als eigen
  Im Frühling vor den Pflug.

Sie schweigen zwar und nicken,
  Als wär es ihnen recht,
Doch merkt man wohl, sie schicken
  In den Befehl sich schlecht.
Sie glotzen dumm und dämisch,
  Wie er die Deichsel faßt,

Und grinsen mehr als flämisch
  Bei seinem: Aufgepaßt!

Und doch! Es ist gelungen
  Auf einen einzgen Ruck! –
»Habt Dank, ihr braven Jungen!
  Nun gibts auch einen Schluck!
Ich geb euch eine Tonne
  Hamburger Bier zur Nacht,
So zecht denn, bis die Sonne
  Dem Spaß ein Ende macht!«

Die Knechte aber stehen
  Mit offnem Munde da,
Als hätten sie gesehen,
  Was nie noch einer sah;
Dann rufen sie: »Sie nennen
  Euch längst den Goliath,
Ihr dürft Euch wohl bekennen:
  Ich mach auch den noch matt!«

»Was rühmt ihr meine Stärke?
  Seid ihr nicht selbst erhitzt?
Ihr habt ja teil am Werke,
  Bin ich es denn, der schwitzt?«
»Wir dürfen Euch schon loben
  Für dieses Teufelsstück:
Wir haben nicht geschoben,
  Wir hielten bloß zurück!«

»So will ich kurz mich fassen:
  Ich bin dem Spaß nicht hold,
Doch mögt ihr heute prassen,
  So toll ihr immer wollt,
Auch sei auf eure Mühe
  Euch nicht die Rast verwehrt,

Nur, daß ihr in der Frühe
  Euch gleich vom Hof mir schert!«

Jetzt naht sich aus der Küche
  Die Frau mit stolzem Schritt
Und bringt die Wohlgerüche
  In ihren Röcken mit;
Sie ruft mit krauser Stirne:
  »Ei, Wirt, was säumt Ihr noch?
Den Stall versieht die Dirne
  Und fertig ist der Koch!«

»Frau, mich soll Gott behüten
  Vor Speis und auch vor Trank
Bei solcher Stürme Wüten,
  Doch habt für diese Dank!
Die können ruhig trinken,
  Es wird darum kein Schiff
Auf finstrer See versinken
  Am Helgolander Riff!«

Nun nickt er ihr, dann reitet
  Er eilig wieder fort
Zum Deich zurück und leitet
  Die Strand- und Schiffswacht dort;
Er hat dafür zu sorgen,
  So wills das Schlüteramt,
Daß hell bis an den Morgen
  Die Feuertonne flammt.

Der Heideknabe

Der Knabe träumt, man schicke ihn fort
Mit dreißig Talern zum Heideort,
  Er ward drum erschlagen am Wege
  Und war doch nicht langsam und träge.

Noch liegt er im Angstschweiß, da rüttelt ihn
Sein Meister und heißt ihm, sich anzuziehn
Und legt ihm das Geld auf die Decke
Und fragt ihn, warum er erschrecke.

»Ach Meister, mein Meister, sie schlagen mich tot,
Die Sonne, sie ist ja wie Blut so rot!«
Sie ist es für dich nicht alleine,
Drum schnell, sonst mach ich dir Beine!

»Ach Meister, mein Meister, so sprachst du schon,
Das war das Gesicht, der Blick, der Ton,
Gleich greifst du« – zum Stock, will er sagen,
Er sagts nicht, er wird schon geschlagen.

»Ach Meister, mein Meister, ich geh, ich geh,
Bring meiner Frau Mutter das letzte Ade!
Und sucht sie nach allen vier Winden,
Am Weidenbaum bin ich zu finden!«

Hinaus aus der Stadt! Und da dehnt sie sich,
Die Heide, nebelnd, gespenstiglich,
Die Winde darüber sausend,
»Ach, wär hier *ein* Schritt wie tausend!«

Und alles so still und alles so stumm,
Man sieht sich umsonst nach Lebendigem um,
Nur hungrige Vögel schießen
Aus Wolken, um Würmer zu spießen.

Er kommt ans einsame Hirtenhaus,
Der alte Hirt schaut eben heraus,
Des Knaben Angst ist gestiegen,
Am Wege bleibt er noch liegen.

»Ach Hirte, du bist ja von frommer Art,
Vier gute Groschen hab ich erspart,
Gib deinen Knecht mir zur Seite,
Daß er bis zum Dorf mich begleite.

Ich will sie ihm geben, er trinke dafür
Am nächsten Sonntag ein gutes Bier,
Dies Geld hier, ich trag es mit Beben,
Man nahm mir im Traum drum das Leben!«

Der Hirt, der winkte dem langen Knecht,
Er schnitt sich eben den Stecken zurecht,
Jetzt trat er hervor – wie graute
Dem Knaben, als er ihn schaute!

»Ach Meister Hirte, ach nein, ach nein,
Es ist doch besser, ich geh allein!«
Der Lange spricht grinsend zum Alten:
Er will die vier Groschen behalten.

»Da sind die vier Groschen!« Er wirft sie hin
Und eilt hinweg mit verstörtem Sinn.
Schon kann er die Weide erblicken:
Da klopft ihn der Knecht in den Rücken.

»Du hältst es nicht aus, du gehst zu geschwind,
Ei, Eile mit Weile, du bist ja noch Kind,
Auch muß das Geld dich beschweren,
Wer kann dir das Ausruhn verwehren?

Komm, setz dich unter den Weidenbaum,
Und dort erzähl mir den häßlichen Traum,
Mir träumte – Gott soll mich verdammen,
Triffts nicht mit deinem zusammen!«

Er faßt den Knaben wohl bei der Hand,
Der leistet auch nimmermehr Widerstand,
    Die Blätter flüstern so schaurig,
    Das Wässerlein rieselt so traurig!

Nun sprich, du träumtest – »Es kam ein Mann –«
War ich das? Sieh mich doch näher an,
    Ich denke, du hast mich gesehen!
    Nun weiter, wie ist es geschehen?

»Er zog ein Messer!« – War das wie dies? –
»Ach ja, ach ja!« – Er zogs? – »Und stieß –«
    Er stieß dirs wohl so durch die Kehle?
    Was hilft es auch, daß ich dich quäle!

Und fragt ihr, wies weiter gekommen sei?
So fragt zwei Vögel, sie saßen dabei,
    Der Rabe verweilte gar heiter,
    Die Taube konnte nicht weiter!

Der Rabe erzählt, was der Böse noch tat
Und auch, wies der Henker gerochen hat,
    Die Taube erzählt, wie der Knabe
    Geweint und gebetet habe.

Das Kind am Brunnen

Frau Amme, Frau Amme, das Kind ist erwacht!
  Doch die liegt ruhig im Schlafe,
Die Vöglein zwitschern, die Sonne lacht,
  Am Hügel weiden die Schafe.

Frau Amme, Frau Amme, das Kind steht auf,
  Es wagt sich weiter und weiter!
Hinab zum Brunnen nimmt es den Lauf,
  Da stehen Blumen und Kräuter.

Frau Amme, Frau Amme, der Brunnen ist tief!
  Sie schläft, als läge sie drinnen!
Das Kind läuft schnell, wie es nie noch lief,
  Die Blumen lockens von hinnen.

Nun steht es am Brunnen, nun ist es am Ziel,
  Nun pflückt es die Blumen sich munter,
Doch bald ermüdet das reizende Spiel,
  Da schauts in die Tiefe hinunter.

Und unten erblickt es ein holdes Gesicht,
  Mit Augen, so hell und so süße.
Es ist sein eignes, das weiß es noch nicht,
  Viel stumme freundliche Grüße!

Das Kindlein winkt, der Schatten geschwind
  Winkt aus der Tiefe ihm wieder.
Herauf! Herauf! So meints das Kind;
  Der Schatten: Hernieder! Hernieder!

Schon beugt es sich über den Brunnenrand,
  Frau Amme, du schläfst noch immer!
Da fallen die Blumen ihm aus der Hand
  Und trüben den lockenden Schimmer.

Verschwunden ist sie, die süße Gestalt,
  Verschluckt von der hüpfenden Welle,
Das Kind durchschauerts fremd und kalt,
  Und schnell enteilt es der Stelle.

Das abgeschiedene Kind an seine Mutter

Zu Weihnacht

O meine Mutter, schwer war unser Scheiden,
  Drum muß ich mich noch einmal zu dir wenden,
Dich zu beschwichtigen in deinem Leiden!

Und ob mich auch die tausend Sonnen blenden,
Die still und groß an mir vorüberwallen,
Doch find ich sie, der sie die Strahlen senden –
Denn deine Tränen leuchten mir vor allen! –
Die Erde noch heraus, die dämmernd-kleine,
Die, sonst verschwimmend in den blauen Hallen,
Jetzt heller aufglänzt, wie im eignen Scheine,
Denn fröhlich sind der Menschen Angesichter,
Und keines ist verdüstert als das deine!
Die Kinder hüpfen um die Weihnachtslichter,
Die ihre Mütter ihnen angezündet,
Du siehst es und verhüllst dich dicht und dichter.
Ich aber will, geheimnisvoll verbündet
Mit meines Vaters Geist, nicht von dir lassen,
Bis ich das Wort der Worte dir verkündet,
Das, kannst dus auch nicht ungestorben fassen,
Doch all dein Sinnen fesselt und dein Denken,
Bis es sich ganz dir aufschließt im Erblassen.
Ich will in meinen Vater mich versenken,
Ich will mein tiefstes Ahnen ihm entdecken,
Ich will ihm Bilder und Gedanken schenken,
Die selbst vor einem Dichter sich verstecken.
Und faßt er sie so wenig, wie die Harfe
Den Ton, den Abendlispel in ihr wecken,
So wird er doch nach innerstem Bedarfe
Sie fromm in deine Brust hinüberleiten,
Dann löst in ihr der Mißlaut sich, der scharfe,
Da ewge Harmonieen ihn bestreiten.

O hadre nimmer mit den Urgewalten,
Die, ruhig thronend über allen Zeiten,
In festen Händen jeglich Schicksal halten!
Des Lebens Schönheit wollt ich dir erschließen,
Des Todes Schrecken mußt ich dir entfalten,
Die irdschen Wonnen brannt ich zu genießen,
Doch zu den höhern ward ich abgerufen.

Dir war, als sähst du mich in Nichts zerfließen,
  Als michs erhob zur letzten aller Stufen,
Ich selber sträubte mich, obgleich mein Beben
  Und Säumen einzig so viel Qual mir schufen.
Ich glich in meinem eitlen Widerstreben
  Dem Eingekerkerten, der das Gefängnis,
Wenn es zusammenstürzt in Windes Weben,
  Nicht lassen will in seines Herzens Bängnis,
Es fällt kein Stein, der ihm nicht Wunden schlüge,
  Bis er entspringt, dann faßt er das Verhängnis
Und tut im Freien frische Atemzüge.
  Mir war, wie ich da lag in meinen Wehen,
Als könnt ichs nie verwinden, was ich trüge;
  Jetzt ist es mir, als wärs mir nie geschehen,
Und wie du meines Friedens reine Fülle,
  So kann ich deinen Schmerz nicht mehr verstehen.
Mich schauderts vor der abgeworfnen Hülle,
  Auch fürchte ich, es würde dich nicht heilen,
Sonst zeigte ich in mitternächtger Stille
  Mich, wie ich war, in Träumen dir zuweilen.
Jetzt hält ja keine Form mich mehr gefangen,
  Kann ich auch jede, wolkengleich, zerteilen,
Ich bin, was meinem innersten Verlangen
  Entspricht, und bins nicht mehr, sobald mich ekelt,
Wer alle, bis zur höchsten, durchgegangen,
  Der wird in keine wieder eingehäkelt,
Er wird, und obs ihn auch noch rückwärts triebe,
  Doch nicht mehr schnöde an den Staub vermäkelt.

Denn alles Leben ist gefrorne Liebe,
  Vereister Gotteshauch, in tausend Flocken
Erstickt, und Zacken, drin er starren bliebe,
  Wenn nicht, obgleich die Wechselkräfte stocken,
Im Tiefsten ihn ein dunkler Drang erregte,
  Ihn fort und immer weiter fort zu locken,
Bis er den Kreis, in dem er sich bewegte,

Den weitern Ring stets um den engern tauschend,
Zurück bis auf der Ringe letzten legte,
Und nun, hinaus ins Unbegrenzte lauschend,
Dem Odemzug, durch den sich Gott die Wesen
Einst wieder mischt, in Ahnung sich berauschend,
Entgegenharrt, mit Guten und mit Bösen,
Die sich auf Erden darin unterschieden:
Daß jene, groß und klar, sich als erlesen
Von Gott erkennend, ihm sich schon darnieden
Entgegen drängten aus der toten Zacke,
Wenn diese, dumpf und klein, zu ewgem Frieden
Sich gern verschlossen hätten in die Schlacke,
Damit er, den sie nur mit Schaudern ahnten,
Sie nicht, vorüberwandelnd, plötzlich packe!
O daß sich, die noch leben, hieran mahnten,
Und so, durch eigne Kraft heraus sich schälend,
Den Weg zur Welt- und Selbsterlösung bahnten!
Denn auf den letzten, wie den ersten, zählend,
Kann Gott das Liebeswerk erst dann vollbringen,
Wenn dieser auch, sich mühsam aufwärts quälend,
Gekräftigt ist, mit uns emporzudringen.
So lange aber müssen wirs entbehren,
Und ob Äonen noch darob vergingen.
Auch wird uns erst der Übergang erklären,
Wozu im Ewig-Einen dies Zersplittern;
Ob einzig, um das Böse zu verzehren,
Das, wenn es sich in tausend Ungewittern
Entlud, vor seiner eignen Ohnmacht endlich
Erschrecken wird und still in sich zerzittern;
Ob mit, weil Gott, sich selber unverständlich,
Wie unser Geist in Worte, in Figuren
Zerfließen mußte, um sich dadurch kenntlich
Zu werden und aus allen Signaturen
Die eigene zusammen sich zu stellen,
So daß die Welt, trotz ihrer finstern Spuren,
Ihm Fackel war, sein Innres aufzuhellen,

  Und daß nicht unsre Schuld, nur sein Bedürfen
Den Gegensatz, dem Trotz und Haß entquellen,
  Hervorrief, der nach mystischen Entwürfen
Uns, die wir leiden, quält, als ob wir täten,
  Um so, indem wir all sein Bittres schlürfen,
In uns ihn, bis zur Wurzel, auszujäten
  Und das Geheimnis erst zu offenbaren,
Wenn wir zurück in ihn, den Urgrund, treten
  Und wieder werden, was wir einst schon waren,
Den Tropfen gleich, die, in sich abgeschlossen,
  Doch in der Welle rollen, in der klaren,
So rund für sich, als ganz mit ihr verflossen.

EPIGRAMME UND VERWANDTES

Bilder, wie sie im Fluge sich haschen lassen, Gedanken,
Welche sich runden in sich, mancher geschichtliche Strich,
Auch zuweilen ein Hauch, der, leise schwellend, den Busen
Hebt und wieder verläßt, eh er ein Lied noch beseelt,
Und dazwischen, doch selten, die Köpfe von Schelmen und Wichten,
Wie man, genagelt ans Tor, Eulen und Dohlen erblickt,
Alles aber im Vers, wie Schiller und Goethe ihn bauten,
Schmähn ihn auch Platen und Voß, weil er der deutscheste ist!

Auf den Dom zu Sankt Stephan in Wien

Altehrwürdges Symbol der wahren Einheit und Eintracht,
Welch ein gewaltges Bild stellst du mir hin vor den Geist!
Mehr erhebt es mich fast, dich werden zu sehn in Gedanken,
Als mich, gesättigten Blicks, deiner Vollendung zu freun.
Welch ein harmonisches Leben! Welch fröhlicher Austausch der Kräfte!
Und von Geschlecht zu Geschlecht schlingt sich das heilige Band.
Kaum entfaltet der Meister, des Genius irdischer Herold,
Fromm und begeistert den Plan, als sich auch alles ihm beugt:
Nicht das Handwerk bloß, das nur durchs Dienen sich adelt,
Auch die stolzere Kunst horcht nur auf seinen Befehl.
Einer greift zur Kelle, der andre zum Meißel, und freudig
Fängt nun jeglicher an, was er nicht endigen soll.
Wer als kräftiger Jüngling die luftgen Gerüste erklommen,
Steigt erst herunter als Greis, doch es ersetzt ihn sein Sohn,
Diesen wieder sein Enkel, und als nun endlich der letzte
Für die Spitze des Turms windet den schimmernden Kranz,

Siehe, da kann er die Blumen auf dessen Grabe schon pflücken,
  Welcher den Grundstein einst, gläubig vertrauend, gelegt!
Aber nun stehst du auch da, ein Fels, von menschlichen Händen,
  Und verkündest der Welt, wie man das Dauernde schafft!

Der Lorbeer in Italien

Alles Herrliche trieb in diesem Lande die Erde,
  Darum hat sie sich selbst hier mit dem Lorbeer gekrönt.

In Albano

Unvergeßliches Bild! Ein Esel wollte verschmachten,
  Zwar, der Brunnen war nah, aber es war ihm zu viel,
Zwanzig Schritte zu machen, und es bedurfte des Führers,
  Ihn zu bestimmen; gepeitscht, trank er mit Gier und mit Lust.

Villa reale a Napoli

Unter duftigen Bäumen, vom Hauch des Abends durchsäuselt,
  Sammelt von reizenden Fraun still sich ein glänzender Flor;
Leise ergießt sich der Strom melodischer Klänge und schaukelt
  Zwischen Wonne und Weh jedes empfängliche Herz;
Aber die Wogen des Meers, am nahen Gestade sich brechend
  Und vom Winde geschwellt, donnern verhalten darein,
An die gewaltgen Akkorde der rollenden Sphären uns mahnend,
  Welche fürs menschliche Ohr sanft zur Musik sich gedämpft.

Der Lorbeer um ein Menschenhaupt

Unverwelklicher Lorbeer in schnell erbleichender Locke!
  Welch ein gewaltiges Bild menschlicher Größe und Kraft!

Das Höchste und das Tiefste

Kein Gewissen zu haben, bezeichnet das Höchste und Tiefste,
  Denn es erlischt nur im Gott, doch es verstummt auch im Tier.

Der Wirbel des Seins

Denke dir einmal das Nichts! Du denkst es dir neben dem Etwas!
Aber, da denkst du's dir nicht! Hier ist der Wirbel des Seins!

An die Erde

Gönne dem Baum die Freude, gen Himmel zu wachsen, o Erde:
Was er an Früchten erzeugt, wirft er dir doch in den Schoß!

Jedermann ins Album

Was ich dir wünsche, mein Freund? Ich wünsche allen dasselbe:
Finde jeglicher den, der ihm im Innersten gleicht!
Bist du ein Guter, so kann dich der Himmel nicht besser belohnen,
Bist du ein Schlimmer, so straft ärger die Hölle dich nicht.

Bedingtes Vertrauen

Heute trau ich dir noch, doch morgen nimmer, du bist nur
Darum gut, weil du glaubst, daß es die anderen sind.

An den Menschen

Wünsche dir nicht zu scharf das Auge, denn wenn du die Toten
In der Erde erst siehst, siehst du die Blumen nicht mehr!

Blumen und Dornen

Blumenkränze entführt dem Menschen der leiseste Westwind,
Dornenkronen jedoch nicht der gewaltigste Sturm.

Der Weg zur Bildung

Mensch, ergründe die Welt und nicht die Bücher, wieviel sie
Auch enthalten, es ward stets aus der Welt ja geschöpft,
Und, du magst es mir glauben, ich habe es selber erfahren,
Sagt sie dir es nicht auch, ist es für dich nicht gesagt.

Selbsterkenntnis

Ob du dich selber erkennst? Du tust es sicher, sobald du
Mehr Gebrechen an dir als an den andern entdeckst.

Idee und Gestalt

Blumen nur hätt ich gemalt und Bäume und Kräuter, nichts weiter?
Lieber Tadler, nur so wird ja die Sonne gemalt!

Die deutsche Sprache

Schön erscheint sie mir nicht, die deutsche Sprache, doch schön ist
Auch die französische nicht, nur die italische klingt,
Aber ich finde sie reich, wie irgendeine der Völker,
Finde den köstlichsten Schatz treffender Wörter gehäuft,
Finde unendliche Freiheit, sie so und anders zu stellen,
Bis der Gedanke die Form, bis er die Färbung erlangt,
Bis er sich leicht verwebt mit fremden Gedanken und dennoch
Das Gepräge des Ichs, dem er entsprang, nicht verliert.
Denn der Genius, welcher im ganzen und großen hier waltet,
Fesselt den schaffenden Geist nicht durch ein strenges Gesetz,
Überläßt ihn sich selbst, vergönnt ihm die freiste Bewegung
Und bewahrt sich dadurch ewig lebendigen Reiz.
Hütet euch nur, ihr Dichter, in dieser edlen Verleugnung
Ihn zu kränken, zerbrecht nicht mit dem Joche das Maß,
Glaubt nicht zu gewinnen, wenn, kindisch zerstochen, die Dämme
Bersten und reißen; es führt wieder nach Babel zurück;
Oder wer setzte Barbaren im Ungebundnen die Grenze?
Paßt doch am Ende: er haßt! für das gewohnte: er liebt!
Viel sind der Sprachen auf Erden, schon dieses sollte uns lehren,
Daß kein inneres Band Dinge und Zeichen verknüpft;
Darf sich aber darum ein jeder die eigene bilden?
Besser wäre der Mensch stumm, wie die Fische im Meer!
Seien die Stempel uns heilig, die alle Jahrhunderte brauchten,
Sei es die Weise sogar, die sie bedächtig gewählt;

Fand ein Goethe doch Raum in diesen gemessenen Schranken,
Wären sie plötzlich zu eng für die Heroen von heut?
Gleichen wir der Natur, die nie das Wunder der Schöpfung
Wiederholt und doch jährlich im Lenz sich erneut:
Alt sind die Formen, es kehren die Lilien wieder und Rosen,
Frisch ist der Duft und im Kranz tut sich der Meister hervor!

Die Regel

Regel, wie gleichst du der Kette, die Benjamin Franklin erfunden!
Freilich beschützt sie das Haus, doch sie verschluckt auch den Blitz.

Vor einem Rembrandt

Wilde, riesige Züge, hervor aus der Finsternis brechend,
Als bekäme die Nacht plötzlich hier selbst ein Gesicht.

Grundbedingung des Schönen

Nur vom Überfluß lebt das Schöne, dies merke dir, Dichter;
Hast du nicht etwas zu viel, hast du mitnichten genug.

Schiller in seinen ästhetischen Aufsätzen

Unter den Richtern der Form bist du der erste, der einzge,
Der das Gesetz, das er gibt, gleich schon im Geben erfüllt.

Goethes Biographie

Anfangs ist es ein Punkt, der leise zum Kreise sich öffnet,
Aber, wachsend, umfaßt dieser am Ende die Welt.

Platen

Vieles hast du getan, man soll es mit Liebe dir danken,
Hast der äußeren Form streng, wie kein Zweiter, genügt,
Hast die innre erkannt und alle Reifen der Sprache,
Welche der Leichtsinn sprengt, wieder zusammengeschweißt.
Eines fehlt dir jedoch, die sanfte Wallung des Lebens,
Die in ein reizendes Spiel gaukelnder Willkür den Ernst
Des Gesetzes verwandelt und das im Tiefsten Gebundne
So weit löst, bis es scheint, daß es sich selbst nur gehorcht.
Dennoch verschmilzt nur dies die äußere Form mit der innern,
Und man erreicht es nur so, daß die Gebilde der Kunst
Wirken wie die der Natur, und daß, wie Blumen und Bäume,
Keiner sich auch ein Gedicht anders noch denkt, als es ist.

Die Komödie

Was die Komödie sei? Die höchste und reichste der Formen!
Jede geringere wird ihr ja aufs neue zum Stoff!

Lüge und Wahrheit

Was du teurer bezahlst, die Lüge oder die Wahrheit?
Jene kostet dein Ich, diese doch höchstens dein Glück!

Letzter Wunsch

Mancherlei Wünsche hatt ich, und mancherlei hab ich fürs Leben,
Einen einzigen nur spar ich mir auf für den Tod:
Daß sich in Flammen mein Geist entbinden möge, noch glühend
Von dem letzten Gedicht, daß sich in Flammen mein Leib
Wandeln dürfe in Asche, bevor noch völlig das Antlitz
Sich zur Larve verstellt, das der Geliebten gefiel!
Jenes geb ich den Göttern anheim und dieses den Freunden,
Die es wissen, wie sehr stets vor Gewürm ich gebebt;
Mögen sie still mir den Holzstoß errichten und rasch ihn entzünden,
Ein gefälliger Wind bläset wohl freundlich hinein!

An die Götter

Fromm verlangt ihr mich, Götter? So macht mich glücklich! Ich werd euch
Niemals fürchten, ihr wißts, aber ich liebte euch gern!

Conditio sine qua non

Götter, ich fordre nicht viel! Ich will die Muschel bewohnen,
Aber ich kann es nur dann, wenn sie der Ozean rollt.

Zwölf Jahre später

Götter, öffnet die Hände nicht mehr, ich würde erschrecken,
Denn ihr gabt mir genug; hebt sie nur schirmend empor!

Verschiedene Konsequenzen

Tugend, du bist nur ein Name! spricht Brutus und tötet sich selber;
Cajus merkt sichs, bricht ein, raubt und betrinkt sich fürs Geld.

Das Vaterunser

Wollt ihr beten, so betet, wie Jesus die Jünger es lehrte!
Manches Gebet zwar gibts, welches zur Läuterung führt:
Dieses setzt sie voraus: wills einer, ohne zu heucheln,
Beten, so muß er sich erst völlig vollenden als Mensch.

Eine Antwort sondergleichen

»Finden Sie selber sie gut?« So frug ich in Hamburg den Jüngling,
Der mir den schwellenden Band seiner Gedichte gebracht.
»Freilich!« versetzt er mit Ruhe, »denn fänd ich sie anders, so hätt ich
Sie ja besser gemacht!« Ist es nicht einzig, dies Wort?

Cäsar und sein Schneider

Cäsar wurde ermordet, da schrie sein Schneider nach Waffen:
Wer ist noch sicher in Rom, rief er, wenn der es nicht war!

Die Sonne und mein Kind

Ewige Sonne, empfingst du je ein reineres Opfer?
Ich, der Wandelnde, sah dir, der Versinkenden, nach,
Auf dem Arme mein Kind; ich nickte dir grüßend, doch dieses
Hauchte den brünstigsten Kuß in die vergoldete Luft.

Das Urgeheimnis

Wie der Schmerz entsteht? Nicht anders, mein Freund, als das Leben:
Tut der Finger dir weh, schied er vom Leibe sich ab,
Und die Säfte beginnen, im Gliede gesondert, zu kreisen;
Aber so ist auch der Mensch, fürcht ich, ein Schmerz nur in Gott.

Ausgleichung

Einem warf ich im Schiffbruch ein Brett zu. Vom Tode gerettet,
Sprach er: »Was kostet das Brett? Dankbar bezahl ich das Holz!«

Zur Erinnerung

Danke den Göttern, o Mensch, wenn das, warum du am Morgen
Kämpftest auf Leben und Tod, dich nicht am Abend erdrückt.

An die Exakten

Rasselt nur nicht zu viel mit Kette und Messer und Waage,
Machte der Himmel euch stolz, den ihr berechnet und meßt,
Nun so schaut auf die Frau und werdet wieder bescheiden,
Denn ihr fragt euch umsonst, was euch gefesselt an sie,

Und die Linie, so, nicht anders, gezogen im Antlitz,
Trägt, ihr erkennt es, das Haus, trägt gar den Staat und die Welt.

An den Tragiker

Packe den Menschen, Tragöde, in jener erhabenen Stunde,
Wo ihn die Erde entläßt, weil er den Sternen verfällt,
Wo das Gesetz, das ihn selbst erhält, nach gewaltigem Kampfe,
Endlich dem höheren weicht, welches die Welten regiert;
Aber ergreife den Punkt, wo beide noch streiten und hadern,
Daß er dem Schmetterling gleicht, wie er der Puppe entschwebt.

Auf das Nibelungenlied

Taubstumm scheinst du mir zwar, du redest öfter durch Zeichen
Oder Gebärden als durch unser geschmeidiges Wort,
Ja, du bedienst dich auch dann noch des schlichtesten, das du nur findest,
Aber ich nenne dich doch unser unsterblichstes Lied.
Kommen werden die Zeiten, wo Asiens grimmige Horden
Uns aufs neue den Kampf bieten am goldenen Horn,
Und wie die Väter gesiegt, so können die Enkel erliegen,
Denen der gläubige Mut fehlt, wie das riesige Mark.
Dann ergießt sich der Schwarm, geführt von Attilas Schatten,
Über den Stolz der Kultur ohne Erbarmen daher,
Bilder werden zerfetzt und Statuen werden zerbrochen,
Bücher in Bänden verbrannt oder von Pferden zerstampft.
Selbst die Sprachen zerschellen und schmelzen am Ende zusammen,
Aber wenn dieses geschieht, ist auch die Brücke gebaut,
Die den ersten Mongolen verlockt, sich hinüber zu wagen
In die verschüttete Welt, welche noch stammelt für ihn.
Trifft er unter den Trümmern den »Faust« dann oder den »Tasso«,
Wirft er sie lachend zurück in das durchstöberte Grab,

Denn was hätt ihm der Doktor im schwarzen Talare zu sagen,
Oder der weiche Poet, welcher den Kränzen erliegt?
Aber die Helden Burgunds versteht er, den grimmigen Hagen
Und das rächende Weib, wenn auch das liebende nicht,
Und so schlagen die Recken, die unsre ältesten Schlachten
Durchgefochten, dereinst auch noch die jüngste für uns.

Das Glück

Halte das Glück, wie den Vogel: so leise und lose, wie möglich!
Dünkt er sich selber nur frei, bleibt er dir gern in der Hand.

Unterschied der Lebensalter

Hat dir der Tag was gebracht? So fragt sich am Abend der Jüngling;
Hat dir der Tag was geraubt? Fragt sich der Mann und der Greis.

DRAMEN

JUDITH

Eine Tragödie in fünf Akten

Personen

JUDITH
HOLOFERNES
HAUPTLEUTE DES HOLOFERNES
KÄMMERER DES HOLOFERNES
GESANDTE VON LIBYEN
GESANDTE VON MESOPOTAMIEN
SOLDATEN UND TRABANTEN
MIRZA, die Magd Judiths
EPHRAIM
DIE ÄLTESTEN VON BETHULIEN
PRIESTER IN BETHULIEN
BÜRGER IN BETHULIEN, darunter
AMMON
HOSEA
BEN
ASSAD UND SEIN BRUDER
DANIEL, stumm und blind, gottbegeistert
SAMAJA, Assads Freund
JOSUA
DELIA, Weib des Samaja
ACHIOR, der Hauptmann der Moabiter
ASSYRISCHE PRIESTER
WEIBER, KINDER
SAMUEL, ein uralter Greis, und sein Enkel

Die Handlung ereignet sich vor und in der Stadt Bethulien

ERSTER AKT

Das Lager des Holofernes

Vorn, zur rechten Hand, das Zelt des Feldhauptmanns. Zelte. Kriegsvolk und Getümmel. Den Hintergrund schließt ein Gebirge, worin eine Stadt sichtbar ist

Der Feldhauptmann Holofernes tritt mit seinen Hauptleuten aus dem offnen Zelt hervor. Musik erschallt. Er macht nach einer Weile ein Zeichen. Die Musik verstummt

HOLOFERNES. Opfer!

OBERPRIESTER. Welchem Gott?

HOLOFERNES. Wem ward gestern geopfert?

OBERPRIESTER. Wir losten nach deinem Befehl, und das Los entschied für Baal.

HOLOFERNES. So ist Baal heut nicht hungrig. Bringt das Opfer einem, den ihr alle kennt und doch nicht kennt!

OBERPRIESTER *(mit lauter Stimme).* Holofernes befiehlt, daß wir einem Gott opfern sollen, den wir alle kennen und doch nicht kennen!

HOLOFERNES *(lachend).*
Das ist der Gott, den ich am meisten verehre.

(Es wird geopfert)

HOLOFERNES. Trabant!

TRABANT. Was gebietet Holofernes?

HOLOFERNES. Wer unter meinen Kriegern sich über seinen Hauptmann zu beschweren hat, der tret hervor! Verkünd es!

TRABANT *(durch die Reihen der Soldaten gehend).* Wer sich über seinen Hauptmann zu beschweren hat, der soll hervortreten. Holofernes will ihn hören.

EIN KRIEGER. Ich klage meinen Hauptmann an.

HOLOFERNES. Weshalb?

DER KRIEGER. Ich hatt mir im gestrigen Sturm eine Sklavin erbeutet, so schön, daß ich schüchtern vor ihr ward und sie nicht anzurühren wagte. Der Hauptmann kommt gegen

Abend, da ich abwesend bin, in mein Zelt, er sieht das Mägdlein und haut sie nieder, da sie sich ihm widersetzt.

HOLOFERNES. Der angeklagte Hauptmann ist des Todes! *(Zu einem Reisigen)* Schnell. Aber auch der Kläger. Nimm ihn mit! Doch stirbt der Hauptmann zuerst.

DER KRIEGER. Du willst mich mit ihm töten lassen?

HOLOFERNES. Weil du mir zu keck bist. Um euch zu versuchen, ließ ich das Gebot ausgehen. Wollt ich deinesgleichen die Klage über eure Hauptleute gestatten: wer sicherte mich vor den Beschwerden der Hauptleute!

DER KRIEGER. Deinetwegen verschont ich das Mädchen; dir wollt ich sie zuführen.

HOLOFERNES. Wenn der Bettler eine Krone findet, so weiß er freilich, daß sie dem König gehört. Der König dankt ihm nicht lange, wenn er sie bringt. Doch ich will dir deinen guten Willen lohnen, denn ich bin heut morgen gnädig. Du magst dich in meinem besten Wein betrinken, bevor man dich tötet. Fort!

(Der Soldat wird von dem Reisigen abgeführt in den Hintergrund)

HOLOFERNES *(zu einem der Hauptleute).*
Laß die Kamele zäumen!

HAUPTMANN. Es ist bereits geschehen.

HOLOFERNES. Hatt ichs denn schon befohlen?

HAUPTMANN. Nein, aber ich durfte erwarten, daß dus gleich befehlen würdest.

HOLOFERNES. Wer bist du, daß du wagst, mir meine Gedanken aus dem Kopfe zu stehlen? Ich will es nicht, dies zudringliche, zuvorkommende Wesen. Mein Wille ist die Eins und euer Tun die Zwei, nicht umgekehrt. Merk dir das!

HAUPTMANN. Verzeihung! *(Geht ab)*

HOLOFERNES *(allein).* Das ist die Kunst, sich nicht auslernen zu lassen, ewig ein Geheimnis zu bleiben! Das Wasser versteht diese Kunst nicht; man setzte dem Meer einen Damm und grub dem Fluß ein Bett. Das Feuer versteht sie auch nicht, es ist so weit heruntergekommen, daß die Küchenjungen seine Natur erforscht haben, und nun muß es jedem Lump den Kohl gar machen. Nicht einmal die Sonne versteht sie, man hat ihr ihre Bahnen abgelauscht, und Schuster und Schneider messen nach ihrem Schatten die Zeit ab. Aber ich versteh sie. Da lauern sie um mich herum und gucken in die Ritzen und Spalten meiner Seele hinein und suchen aus jedem Wort meines Mundes einen Dietrich für meine Herzenskammer zu schmieden. Doch mein Heute paßt nie zum Gestern, ich bin keiner von den Toren, die in feiger Eitelkeit vor sich selbst niederfallen und einen Tag immer zum Narren des andern machen, ich hacke den heutigen Holofernes lustig in Stücke und gebe ihn dem Holofernes von morgen zu essen; ich sehe im Leben nicht ein bloßes langweiliges Füttern, sondern ein stetes Um- und Wiedergebären des Daseins; ja es kommt mir unter all dem blöden Volk zuweilen vor, als ob ich allein da bin, als ob sie nur dadurch zum Gefühl ihrer selbst kommen können, daß ich ihnen Arm und Bein abhaue. Sie merkens auch mehr und mehr, aber statt nun näher zu mir heranzutreten und an mir hinaufzuklettern, ziehn sie sich armselig von mir zurück und fliehn mich, wie der Hase das Feuer, das ihm den Bart versengen könnte. Hätt ich doch nur einen Feind, nur *einen,* der mir gegenüberzutreten wagte! Ich wollt ihn küssen, ich wollte, wenn ich ihn nach heißem Kampf in den Staub geworfen hätte, mich auf ihn stürzen und mit ihm sterben! Nebukadnezar ist leider nichts als eine hochmütige Zahl, die sich dadurch die Zeit vertreibt, daß sie sich ewig mit sich selbst multipliziert. Wenn ich mich und Assyrien abziehe, so bleibt nichts übrig als eine mit Fett ausgestopfte Menschenhaut. Ich will ihm die Welt unterwerfen, und wenn er sie hat, will ich sie ihm wieder abnehmen!

EIN HAUPTMANN. Von unserm großen König trifft soeben ein Bote ein.

HOLOFERNES. Führe ihn augenblicklich zu mir. *(Für sich)* Nakken, bist du noch gelenkig genug, dich zu beugen? Nebukadnezar sorgt dafür, daß dus nicht verlernest.

BOTE. Nebukadnezar, vor dem die Erde sich krümmt und dem Macht und Herrschaft gegeben ist vom Aufgang bis zum Niedergang, entbietet seinem Feldhauptmann Holofernes den Gruß der Gewalt.

HOLOFERNES. In Demut harr ich seiner Befehle.

BOTE. Nebukadnezar will nicht, daß fernerhin andre Götter verehrt werden neben ihm.

HOLOFERNES *(stolz).* Wahrscheinlich hat er diesen Entschluß gefaßt, als er die Nachricht von meinen neuesten Siegen empfing.

BOTE. Nebukadnezar gebietet, daß man ihm allein opfern und die Altäre und Tempel der andern Götter mit Feuer und Flamme vertilgen soll.

HOLOFERNES *(für sich).* Einer statt so vieler, das ist ja recht bequem! Niemand aber hats bequemer als der König selbst. Er nimmt seinen blanken Helm in die Hand und verrichtet seine Andacht vor seinem eigenen Bilde. Nur vor Bauchgrimmen muß er sich hüten, damit er nicht Gesichter schneide und sich selbst erschrecke. *(Laut)* Nebukadnezar hat gewiß im letzten Monat kein Zahnweh mehr gehabt?

BOTE. Wir danken den Göttern dafür.

HOLOFERNES. Du willst sagen, ihm selbst.

BOTE. Nebukadnezar gebietet, daß man ihm jeden Morgen bei Sonnenaufgang ein Opfer darbringen soll.

HOLOFERNES. Heute ists leider schon zu spät, wir wollen seiner bei Sonnenuntergang gedenken!

BOTE. Nebukadnezar gebietet endlich noch dir, Holofernes, daß du dich schonen und dein Leben nicht jedem Unfall preisgeben sollst.

HOLOFERNES. Ja, Freund, wenn die Schwerter ohne die Männer nur etwas Erkleckliches ausrichten könnten. Und dann – sieh, ich greife mein Leben durch nichts so sehr an, als durch Trinken auf des Königs Gesundheit, und das kann ich doch unmöglich einstellen.

BOTE. Nebukadnezar sagte, keiner seiner Diener könne dich ersetzen, und er habe noch viel für dich zu tun.

HOLOFERNES. Gut, ich werde mich selbst lieben, weil mein König es befiehlt. Ich küsse den Schemel seiner Füße.

(Bote ab)

HOLOFERNES. Trabant!

TRABANT. Was gebietet Holofernes?

HOLOFERNES. Es ist kein Gott außer Nebukadnezar. Verkünd es.

TRABANT *(geht durch die Reihen der Soldaten).* Es ist kein Gott außer Nebukadnezar.

(Ein Oberpriester geht vorüber)

HOLOFERNES. Priester, du hast gehört, was ich ausrufen ließ?

PRIESTER. Ja.

HOLOFERNES. So gehe hin und zertrümmre den Baal, den wir mit uns schleppen. Ich schenke dir das Holz.

PRIESTER. Wie kann ich zertrümmern, was ich angebetet habe?

HOLOFERNES. Baal mag sich wehren. Eins von beidem: du zertrümmerst den Gott, oder du hängst dich auf.

PRIESTER. Ich zertrümmre. *(Für sich)* Baal trägt goldene Armbänder.

HOLOFERNES *(allein)*. Verflucht sei Nebukadnezar! Verflucht sei er, weil er einen großen Gedanken hatte, einen Gedanken, den er nicht zu Ehren bringen, den er nur verhunzen und lächerlich machen kann! Wohl fühlt ichs längst: die Menschheit hat nur den *einen* großen Zweck, einen Gott aus sich zu gebären; und der Gott, den sie gebiert, wie will er zeigen, daß ers ist, als dadurch, daß er sich ihr zum ewigen Kampf gegenüberstellt, daß er all die törichten Regungen des Mitleids, des Schauderns vor sich selbst, des Zurückschwindelns vor seiner ungeheuren Aufgabe unterdrückt, daß er sie zu Staub zermalmt und ihr noch in der Todesstunde den Jubelruf abzwingt? – Nebukadnezar weiß sichs leichter zu machen. Der Ausrufer muß ihn zum Gott stempeln, und ich soll der Welt den Beweis liefern, daß ers sei!

(Der Oberpriester geht vorüber)

HOLOFERNES. Ist Baal zertrümmert?

PRIESTER. Er lodert in Flammen; mög ers vergeben.

HOLOFERNES. Es ist kein Gott als Nebukadnezar. Dir befehl ich, die Gründe dafür aufzufinden. Jeden Grund bezahl ich mit einer Unze Goldes, und drei Tage hast du Zeit.

PRIESTER. Ich hoffe, dem Befehl zu genügen. *(Ab)*

EIN HAUPTMANN. Gesandte eines Königs bitten um Gehör.

HOLOFERNES. Welches Königs?

HAUPTMANN. Verzeih! Man kann die Namen all der Könige, die sich vor dir demütigen, unmöglich behalten.

HOLOFERNES *(wirft ihm eine goldene Kette zu)*. Die erste Unmöglichkeit, die mir gefällt. Führe sie vor.

GESANDTE *(werfen sich zu Boden)*. So wird der König von Libyen sich vor dir in den Staub werfen, wenn du ihm die Gnade erzeigst, in seiner Hauptstadt einzuziehn.

HOLOFERNES. Warum kamt ihr nicht schon gestern, warum nicht vorgestern?

GESANDTE. Herr!

HOLOFERNES. War die Entfernung zu groß oder die Ehrfurcht zu klein?

GESANDTE. Weh uns!

HOLOFERNES *(für sich)*. Grimm füllt meine Seele, Grimm gegen Nebukadnezar. Ich muß schon gnädig sein, damit dies Wurmgeschlecht sich nicht überhebt und sich für den Quell meines Grimmes hält. *(Laut)* Stehet auf und sagt eurem König –

HAUPTMANN *(tritt auf)*. Gesandte von Mesopotamien!

HOLOFERNES. Führe sie herein.

MESOPOTAMISCHE GESANDTE *(werfen sich zur Erde)*. Mesopotamien bietet dem großen Holofernes Unterwerfung, wenn es dadurch seine Gnade erlangen kann.

HOLOFERNES. Meine Gnade verschenk ich, ich verkauf sie nicht.

MESOPOTAMISCHE GESANDTE. Nicht so. Mesopotamien unterwirft sich unter jeder Bedingung, es hofft bloß auf Gnade.

HOLOFERNES. Ich weiß nicht, ob ich diese Hoffnung erfüllen darf. Ihr habt lange gezögert.

MESOPOTAMISCHE GESANDTE. Nicht länger als es der weite Weg mit sich brachte.

HOLOFERNES. Einerlei. Ich habe geschworen, daß ich das Volk, welches sich zuletzt vor mir demütigen würde, vertilgen will. Ich muß den Schwur halten.

MESOPOTAMISCHE GESANDTE. Wir sind die letzten nicht. Unterwegs hörten wir, daß die Ebräer, unter allen die einzigen, dir trotzen wollen und sich verschanzt haben.

HOLOFERNES. Dann bringt eurem König die Botschaft, daß ich die Unterwerfung annehme. Auf welche Bedingungen: das wird er durch denjenigen meiner Hauptleute erfahren, den ich wegen der Erfüllung an ihn absenden werde. *(Zu den libyschen Gesandten)* Sagt eurem König dasselbe. *(Zu den mesopotamischen Gesandten)* Wer sind die Ebräer?

MESOPOTAMISCHE GESANDTE. Herr, dies ist ein Volk von Wahnsinnigen. Du siehst es schon daraus, daß sie sich dir zu widersetzen wagen. Noch mehr magst du es daran erkennen, daß sie einen Gott anbeten, den sie nicht sehen noch hören können, von dem niemand weiß, wo er wohnt, und dem sie doch Opfer bringen, als ob er wild und drohend, wie unsre Götter, vom Altar auf sie herabschaute. Sie wohnen im Gebirge.

HOLOFERNES. Welche Städte haben sie, was vermögen sie, welcher König herrscht über sie, wieviel Kriegsvolk steht ihm zu Gebot?

MESOPOTAMISCHE GESANDTE. Herr, dies Volk ist versteckt und mißtrauisch. Wir wissen von ihnen nicht viel mehr wie sie selbst von ihrem unsichtbaren Gott wissen. Sie scheuen die Berührung mit fremden Völkern. Sie essen und trinken nicht mit uns, höchstens schlagen sie sich mit uns.

HOLOFERNES. Wozu redest du, wenn du meine Frage nicht beantworten kannst? *(Macht ein Zeichen mit der Hand; die Gesandten, unter Kniebeugungen und Niederfallen, gehen ab)* Die Hauptleute der Moabiter und Ammoniter sollen vor mir erscheinen. *(Trabant ab)* Ich achte ein Volk, das mir Widerstand leisten will. Schade, daß ich alles, was ich achte, vernichten muß.

(Die Hauptleute treten auf, unter ihnen Achior)

HOLOFERNES. Was ist das für ein Volk, das im Gebirge wohnt?

ACHIOR. Herr, ich kenn es wohl, dies Volk, und ich will dir sagen, wie es damit bestellt ist. Dies Volk ist verächtlich, wenn es auszieht mit Spießen und Schwertern, die Waffen sind eitel Spielwerk in seiner Hand, das sein eigener Gott zerbricht, denn er will nicht, daß es kämpfen und sich mit Blut beflecken soll, er allein will seine Feinde vernichten; aber furchtbar ist dies Volk, wenn es sich demütigt vor seinem Gott, wie er es verlangt, wenn es sich auf die Kniee wirft und sich das Haupt mit Asche bestreut, wenn es Wehklagen ausstößt und sich selbst verflucht; dann ist es, als ob die Welt eine andre wird, als ob die Natur ihre eigenen Gesetze vergißt, das Unmögliche wird wirklich, das Meer teilt sich, also, daß die Gewässer fest auf beiden Seiten stehen wie Mauern, zwischen denen eine Straße sich hinzieht, vom Himmel fällt Brot herab, und aus dem Wüstensand quillt ein frischer Trunk!

HOLOFERNES. Wie heißt ihr Gott?

ACHIOR. Sie halten es für Raub an ihm, seinen Namen auszusprechen und würden den Fremden, der dies tun wollte, gewiß töten.

HOLOFERNES. Was haben sie für Städte?

ACHIOR *(deutet auf die Stadt im Gebirge).* Bethulien heißt die Stadt, die uns zunächst liegt und die du dort siehst. Diese haben sie verschanzt. Ihre Hauptstadt aber heißt Jerusalem. Ich war dort und sah den Tempel ihres Gottes. Er hat auf Erden seinesgleichen nicht. Mir wars, wie ich bewundernd vor ihm stand, als ob sich mir etwas auf den Nacken legte und mich zu Boden drückte; ich lag mit einmal auf den Knien und wußte selbst nicht, wie das kam. Fast hätten sie mich gesteinigt, denn als ich mich wieder erhob, fühlt ich einen unwiderstehlichen Drang, in das Heiligtum einzutreten, und darauf steht der Tod. – Ein schönes Mädchen vertrat mir den Weg und sagte mir das; ich weiß nicht, wars aus Mitleid mit meiner Jugend oder aus Furcht vor der Verunreinigung des Tempels durch einen Heiden. Nun höre auf mich, o Herr, und achte meine Worte nicht gering! Laß forschen, ob dies Volk sich versündigt hat wider seinen Gott; ist das, so laß uns hinaufziehn, dann gibt ihr Gott sie dir gewiß in die Hände, und du wirst sie leicht unter deine Füße bringen. Haben sie sich aber nicht versündigt wider ihren Gott, so kehre um! Denn ihr Gott wird sie beschirmen, und wir werden zum Spott dem ganzen Lande. Du bist ein gewaltiger Held, aber ihr Gott ist zu mächtig; kann er dir niemand entgegenstellen, der dir gleicht, so kann er dich zwingen, daß du dich wider dich selbst empörst und dich mit eigener Hand aus dem Wege räumst.

HOLOFERNES. Weissagest du mir aus Furcht oder Arglist des Herzens? Ich könnte dich strafen, weil du dich erfrechst, neben mir noch einen andern zu fürchten. Aber ich wills nicht tun, du sollst dir selbst zum Gericht gesprochen haben. Was die Ebräer erwartet, das erwartet auch dich! Ergreift ihn und führt ihn ungefährdet hin! *(Es geschieht)* Und wer ihn bei Einnahme der Stadt niedermacht und mir sein Haupt bringt, dem wäg ichs auf mit Gold! *(Mit erhobener Stimme)* Nun auf gen Bethulien!

(Der Zug setzt sich in Bewegung)

ZWEITER AKT

Gemach der Judith

Judith und Mirza am Webstuhl

JUDITH. Was sagst du zu diesem Traum?

MIRZA. Ach, höre lieber auf das, was ich dir sagte.

JUDITH. Ich ging und ging, und mir wars ganz eilig, und doch wußt ich nicht, wohin michs trieb. Zuweilen stand ich still und sann nach, dann wars mir, als ob ich eine große Sünde beginge; fort! fort! sagt ich zu mir selbst und ging schneller wie zuvor.

MIRZA. Eben ging Ephraim vorbei. Er war ganz traurig.

JUDITH *(ohne auf sie zu hören).* Plötzlich stand ich auf einem hohen Berg, mir schwindelte, dann ward ich stolz, die Sonne war mir so nah, ich nickte ihr zu und sah immer hinauf. Mit einmal bemerkt ich einen Abgrund zu meinen Füßen, wenige Schritte von mir, dunkel, unabsehlich, voll Rauch und Qualm. Und ich vermochte nicht zurückzugehen noch stillzustehen, ich taumelte vorwärts; »Gott! Gott!« rief ich in meiner Angst, – »Hie bin ich!« tönte es aus dem Abgrund herauf, freundlich, süß; ich sprang, weiche Arme fingen mich auf, ich glaubte, einem an der Brust zu ruhen, den ich nicht sah, und mir ward unsäglich wohl, aber ich war zu schwer, er konnte mich nicht halten, ich sank, sank, ich hört ihn weinen, und wie glühende Tränen träufelte es auf meine Wange. –

MIRZA. Ich kenne einen Traumdeuter. Soll ich ihn zu dir rufen?

JUDITH. Leider ists gegen das Gesetz. Aber das weiß ich, solche Träume soll man nicht gering achten! Sieh, ich denke mir das so. Wenn der Mensch im Schlaf liegt, aufgelöst, nicht mehr zusammengehalten durch das Bewußtsein seiner selbst, dann verdrängt ein Gefühl der Zukunft alle Gedanken und Bilder der Gegenwart, und die Dinge, die kommen sollen, gleiten als Schatten durch die Seele, vorbereitend, warnend, tröstend. Daher kommts, daß uns so selten oder nie etwas wahrhaft überrascht, daß wir auf das Gute schon lange vorher so zuversichtlich hoffen und vor jedem Übel unwillkürlich zittern. Oft hab ich gedacht, ob der Mensch wohl auch noch kurz vor seinen Tode träumt.

MIRZA. Warum hörst du nie, wenn ich dir von Ephraim spreche?

JUDITH. Weil michs vor Männern schaudert.

MIRZA. Und hast doch einen Mann gehabt!

JUDITH. Ich muß dir ein Geheimnis anvertrauen. Mein Mann war wahnsinnig.

MIRZA. Unmöglich! Wie wäre mir das entgangen?

JUDITH. Er war es, ich muß es so nennen, wenn ich nicht vor mir selbst erschrecken, wenn ich nicht glauben soll, daß ich ein grauenhaftes, fürchterliches Wesen bin. Sieh, keine vierzehn Jahr war ich alt, da ward ich dem Manasses zugeführt. Du wirst des Abends noch gedenken, du folgtest mir. Mit jedem Schritt, den ich tat, ward mir beklommener, bald meint ich, ich sollte aufhören zu leben, bald, ich sollte erst anfangen. Ach, und der Abend war so lockend, so verführerisch, man konnt ihm nicht widerstehen; der warme Wind hob meinen Schleier, als wollt er sagen: nun ists Zeit; aber ich hielt ihn fest, denn ich fühlte, wie mein Gesicht glühte, und ich schämte mich dessen. Mein Vater ging an meiner Seite, er war sehr ernsthaft und sprach manches, worauf ich nicht hörte, zuweilen schaut ich zu ihm auf, dann dacht ich: Manasses sieht gewiß anders aus. Hast du denn all das nicht bemerkt? Du warst ja auch dabei.

MIRZA. Ich schämte mich mit dir.

JUDITH. Endlich kam ich in sein Haus, und seine alte Mutter trat mir mit einem feierlichen Gesicht entgegen. Es kostete mir Überwindung, sie Mutter zu nennen; ich glaubte, meine Mutter müsse das in ihrem Grabe fühlen und es müsse ihr weh tun. Dann salbtest du mich mit Narden und Öl, da hatt ich doch wahrlich eine Empfindung, als wäre ich tot und würde als Tote gesalbt; du sagtest auch, ich würde bleich. Nun kam Manasses, und als er mich anschaute, erst schüchtern, dann dreist und immer dreister, als er zuletzt meine Hand faßte und etwas sagen wollte und nicht konnte, da war mirs ganz so, als ob ich in Brand gesteckt würde, als ob es lichterloh aus mir herausflammte. Verzeih, daß ich dies sage.

MIRZA. Du preßtest dein Gesicht erst einige Augenblicke in deine Hände, dann sprangst du schnell auf und fielst ihm um den Hals. Ich erschrak ordentlich.

JUDITH. Ich sah es und lachte dich aus, ich dünkte mich mit einmal viel klüger als du. Nun höre weiter, Mirza. Wir gingen in die Kammer hinein; die Alte tat allerlei seltsame Dinge und sprach etwas wie einen Segen; mir ward doch wieder schwer und ängstlich, als ich mich mit Manasses allein befand. Drei Lichter brannten, er wollte sie auslöschen. »Laß, laß«, sagte ich bittend. »Närrin!« sagte er, und wollte mich fassen – da ging eins der Lichter aus, wir bemerktens kaum; er küßte mich – da erlosch das zweite. Er schauderte und ich nach ihm, dann lacht' er und sprach: »Das dritte lösch ich selbst.« – »Schnell, schnell«, sagte ich, denn es überlief mich kalt; er tats. Der Mond schien hell in die Kammer, ich schlüpfte ins Bett, er schien mir gerade ins Gesicht. Manasses rief: »Ich sehe dich so deutlich wie am Tage« und kam auf mich zu. Auf einmal blieb er stehen; es war, als ob die schwarze Erde eine Hand ausgestreckt und ihn von unten damit gepackt hätte. Mir wards unheimlich. »Komm, komm!« rief ich und schämte mich gar nicht, daß ichs tat. »Ich kann ja nicht«, antwortete er dumpf und bleiern; »ich kann nicht!« wiederholte er noch einmal und starrte schrecklich mit weit aufgerissenen Augen zu mir herüber, dann schwankte er zum Fenster und sagte wohl zehnmal hintereinander: »Ich kann nicht!« Er schien nicht mich, er schien etwas Fremdes, Entsetzliches zu sehen.

MIRZA. Unglückliche!

JUDITH. Ich fing an, heftig zu weinen, ich kam mir verunreinigt vor, ich haßte und verabscheute mich. Er gab mir liebe, liebe Worte, ich streckte die Arme nach ihm aus, aber statt zu kommen, begann er leise zu beten. Mein Herz hörte auf zu schlagen, mir war, als ob ich einfröre in meinem Blut; ich wühlte mich in mich selbst hinein wie in etwas Fremdes, und als ich mich zuletzt nach und nach in Schlaf verlor, hatt ich ein Gefühl, als ob ich erwachte. Am andern Morgen stand Manasses vor meinem Bett, er sah mich mit unendlichem Mitleid an, mir wards schwer, ich hätte ersticken mögen; da wars, als ob etwas in mir riß, ich brach in ein wildes Gelächter aus und konnte wieder atmen. Seine Mutter blickte finster und spöttisch auf mich, ich merkte, daß sie gelauscht hatte, sie sagte kein Wort zu mir und trat flüsternd mit ihrem Sohn in eine Ecke. »Pfui!« rief er auf einmal laut und zornig; »Judith ist ein Engel!« setzte er hinzu und wollte mich küssen, ich weigerte ihm meinen Mund, er nickte sonderbar mit dem Kopf, es schien ihm recht zu sein. *(Nach einer langen Pause)* Sechs Monate war ich sein Weib – er hat mich nie berührt.

MIRZA. Und –?

JUDITH. Wir gingen so eins neben dem andern hin, wir fühlten, daß wir zueinander gehörten, aber es war, als ob etwas zwischen uns stände, etwas Dunkles, Unbekanntes. Zuweilen ruhte sein Auge mit einem Ausdruck auf mir, der mich schaudern machte; ich hätte ihn in einem solchen Moment erwürgen können, aus Angst, aus Notwehr, sein Blick bohrte wie ein Giftpfeil in mich hinein. Du weißt, es war vor drei Jahren in der Gerstenernte, da kam er krank vom Felde zurück und lag nach drittehalb Tagen im Sterben. Mir wars, als wollt er sich mit einem Raub an meinem Innersten davonschleichen, ich haßte ihn, seiner Krankheit wegen, mir schiens, als ob er mich mit seinem Tode wie mit einem Frevel bedrohte. Er darf nicht sterben – riefs in meiner Brust – er darf sein Geheimnis nicht mit ins Grab hinunternehmen, du mußt Mut fassen und ihn endlich fragen. Manasses – sprach ich und beugte mich über ihn – was war das in unsrer Hochzeitsnacht? – Sein dunkles Auge war schon zugefallen, er schlug es mühsam wieder auf, ich schauderte, denn er schien sich aus seinem Leibe wie aus einem Sarge zu erheben. Er sah mich lange an, dann sagte er: »Ja, ja, ja, jetzt darf ichs dir sagen, du – –« Aber schnell, als ob ichs nimmermehr wissen dürfte, trat der Tod zwischen mich und ihn und verschloß seinen Mund auf ewig. *(Nach einem großen Stillschweigen)* Sag, Mirza, muß ich nicht selbst wahnsinnig werden, wenn ich aufhöre, Manasses für wahnsinnig zu halten?

MIRZA. Ich schaudere.

JUDITH. Du hast oft gesehen, daß ich manchmal, wenn ich still am Webstuhl oder bei sonst einer Arbeit zu sitzen scheine, plötzlich ganz zusammenfalle und zu beten anfange. Man hat mich deswegen fromm und gottesfürchtig genannt. Ich sage dir, Mirza, wenn ich das tue, so geschiehts, weil ich mich vor meinen Gedanken nicht mehr zu retten weiß. Mein Gebet ist dann ein Untertauchen in Gott, es ist nur eine andere Art von Selbstmord, ich springe in den Ewigen hinein, wie Verzweifelnde in ein tiefes Wasser – –

MIRZA *(mit Gewalt ablenkend).* Du solltest lieber in solchen Augenblicken vor einen Spiegel treten. Vor dem Glanz deiner Jugend und Schönheit würden die Nachtgespenster scheu und geblendet entweichen.

JUDITH. Ha, Törin, kennst du die Frucht, die sich selber essen kann? Du wärest besser nicht jung und nicht schön, wenn du es für dich allein sein mußt. Ein Weib ist ein Nichts; nur durch den Mann kann sie etwas werden: sie kann Mutter durch ihn werden. Das Kind, das sie gebiert, ist der einzige Dank, den sie der Natur für ihr Dasein darbringen kann. Unselig sind die Unfruchtbaren, doppelt unselig bin ich, die ich nicht Jungfrau bin und auch nicht Weib!

MIRZA. Wer verbietets dir, auch für andere, auch für einen geliebten Mann jung und schön zu sein? Hast du nicht unter den Edelsten die Wahl?

JUDITH *(sehr ernst).* Du hast mich in nichts verstanden. Meine Schönheit ist die der Tollkirsche; ihr Genuß bringt Wahnsinn und Tod!

EPHRAIM *(tritt hastig herein).* Ha, ihr seid so ruhig, und Holofernes steht vor der Stadt!

MIRZA. So sei Gott uns gnädig!

EPHRAIM. Wahrlich, Judith, wenn du gesehen hättest, was ich sah, du würdest zittern. Man möchte schwören, alles, was Furcht und Schrecken einflößen kann, sei im Solde des Heiden. Diese Menge von Kamelen und Rossen, von Wagen und Mauerbrechern! Ein Glück, daß Wälle und Tore keine Augen haben! Sie würden vor Angst einstürzen, wenn sie all den Greuel erblicken könnten!

JUDITH. Ich glaube, du sahest mehr wie andere.

EPHRAIM. Ich sage dir, Judith, es gibt keinen in ganz Bethulien, der jetzt nicht aussieht, als ob er das Fieber hätte. Du scheinst wenig vom Holofernes zu wissen, ich weiß um so mehr von ihm. Jedes Wort aus seinem Munde ist ein reißendes Tier. Wenn es des Abends dunkel wird – –

JUDITH. So läßt er Lichter anzünden.

EPHRAIM. Das tun wir, ich und du! Er läßt Dörfer und Städte in Brand stecken und sagt: »Dies sind meine Fackeln! Ich hab sie billiger wie andere.« Und er meint sehr gnädig zu sein, wenn er bei der Glut einer und derselben Stadt sein Schwert putzen und seinen Braten schmoren läßt. Als er Bethulien erblickte, soll er gelacht und seinen Koch spöttisch gefragt haben: »Meinst du, daß du ein Straußenei dabei rösten kannst?«

JUDITH. Ich möcht ihn sehen! *(Für sich)* Was sagt ich da!

EPHRAIM. Wehe dir, wenn du von ihm gesehen würdest! Holofernes tötet die Weiber durch Küsse und Umarmungen wie die Männer durch Spieß und Schwert. Hätte er dich in den Mauern der Stadt gewußt: deinetwegen allein wäre er gekommen!

JUDITH *(lächelnd)*. Möcht es so sein! Dann braucht ich ja nur zu ihm hinauszugehen und Stadt und Land wäre gerettet!

EPHRAIM. Du allein hast das Recht, diesen Gedanken auszudenken!

JUDITH. Und warum nicht? Eine für alle, und eine, die sich immer umsonst fragte: Wozu bist du da? Ha, und wenn er nicht meinetwegen kam, wär er nicht dahin zu bringen, daß er meinetwegen gekommen zu sein glaubte? Ragt der Riese mit seinem Haupt so hoch in die Wolken hinein, daß ihr ihn nicht erreichen könnt, ei, so werft ihm einen Edelstein vor die Füße. Er wird sich bücken, um ihn aufzuheben, und dann überwältigt ihr ihn leicht.

EPHRAIM *(für sich)*. Mein Plan war einfältig. Was ihr Angst einjagen und sie mir in die Arme treiben sollte, macht sie kühn. Ich komme mir wie gerichtet vor, wenn ich ihr ins Auge schaue. Ich hoffte, sie sollte in dieser allgemeinen Not sich nach einem Beschützer umsehen, und wer war ihr näher wie ich. *(Laut)* Judith, du bist so mutig, daß du aufhörst, schön zu sein.

JUDITH. Wenn du ein Mann bist, so darfst du mir das sagen!

EPHRAIM. Ich bin ein Mann und darf dir mehr sagen. Sieh, Judith, es kommen schlimme Zeiten, Zeiten, in denen niemand sicher ist als die in den Gräbern wohnen. Wie willst du sie bestehen, die du nicht Vater, nicht Bruder, nicht Gatten hast?

JUDITH. Du willst doch den Holofernes nicht zu deinem Freiwerber machen?

EPHRAIM. Spotte nur, aber höre! Ich weiß, daß du mich verschmähst, und hätte sich die Welt um uns her nicht so drohend verändert, ich wäre dir nicht wieder unter die Augen getreten. Siehst du dies Messer?

JUDITH. Es ist so blank, daß ich mein eigenes Bild darin erblicken kann.

EPHRAIM. Ich schliff es den Tag, an dem du mich hohnlachend von dir stießest, und wahrlich, stünden jetzt die Assyrier nicht vor dem Tor, so stäke es schon in meiner Brust! Dann hättest du es nicht als Spiegel gebrauchen können, denn mein Blut würde es rostig gemacht haben!

JUDITH. Gib her. *(Sie sticht nach seiner Hand, die er zurückzieht)* Pfui! Du wagst von Selbstmord zu reden und zitterst vor einem Stich in die Hand?

EPHRAIM. Du stehst vor mir, ich sehe dich, ich höre dich, jetzt lieb ich mich selbst, denn ich fühle mich nicht mehr, ich bin voll von dir! So etwas gelingt nur in finstrer Nacht, wo im Herzen nichts mehr wacht als der Schmerz, wo der Tod die Seele zusammendrückt, wie der Schlaf die Augen, und wo man nur willenlos auszuführen glaubt, was eine unsichtbare Macht gebietet. O, ich kenns, denn ich war so weit, daß ich selbst nicht weiß, warum ich nicht weiterging! Das hat mit Mut und Feigheit nichts zu tun, es ist wie ein Abriegeln der Tür, wenn man schlafen will!

JUDITH *(reicht ihm die Hand).*

EPHRAIM. Judith, ich liebe dich, du liebst mich nicht. Du kannst für das eine nicht, ich kann nicht für das andere. Aber weißt du, was das heißt, zu lieben und verschmäht zu werden? Das ist nicht wie sonst ein Leid. Nimmt man mir heute etwas, so lern ich morgen, daß ichs entbehren kann. Schlägt man mir eine Wunde, so hab ich Gelegenheit, mich im Heilen zu versuchen. Aber behandelt man meine Liebe wie eine Torheit, so macht man das Heiligste in meiner Brust zur Lüge. Denn wenn das Gefühl, was mich zu dir hinzieht, mich betrügt, welche Bürgschaft hab ich, daß das, was mich vor Gott darniederwirft, Wahrheit ist?

MIRZA. Fühlst dus nicht, Judith?

JUDITH. Kann Liebe Pflicht sein? Muß ich diesem meine Hand reichen, damit er seinen Dolch fallen läßt? Fast glaub ichs!

EPHRAIM. Judith, ich werb noch einmal um dich! Das heißt, ich werb um die Erlaubnis, für dich zu sterben. Ich will nichts als der Schild sein, an dem die Schwerter, die dich bedrohen, sich stumpfhacken!

JUDITH. Ist dies derselbe Mensch, den ein Blick auf das Lager der Feinde entseelt zu haben schien? Der mir vorkam wie einer, dem ich einen von meinen Röcken borgen müsse? Sein Auge flammt, seine Faust ballt sich! O Gott, ich achte so gern, mir ist, als schnitt ich in mein eignes Fleisch hinein, wenn ich jemanden verachten muß! Ephraim, ich habe dir weh getan! Es schmerzt mich! Ich wollte aufhören, in deinen Augen liebenswert zu sein, denn ich konnte dir nichts gewähren, darum spottete ich dein. Ich will dich belohnen, ich kanns! Aber weh dir, wenn du mich jetzt nicht verstehst, wenn, so wie ich das Wort ausspreche, die Tat nicht, gebietend wie die Notwendigkeit selbst, vor deine Seele hintritt, wenn dirs nicht ist, als lebtest du nur, um sie zu vollbringen. Geh hin und töte den Holofernes! Dann – dann fordere von mir den Lohn, den du willst!

EPHRAIM. Du rasest! Den Holofernes töten in der Mitte der Seinen? Wie wärs möglich!

JUDITH. Wie es möglich ist? Weiß ichs? Dann tät ichs selbst! Ich weiß nur, daß es nötig ist.

EPHRAIM. Ich sah ihn nie, aber ich seh ihn!

JUDITH. Ich auch, mit dem Antlitz, das ganz Auge ist, gebietendes Auge, und mit dem Fuß, vor dem die Erde, die er tritt, zurückzubeben scheint. Aber es gab eine Zeit, wo er nicht war, darum kann eine kommen, wo er nicht mehr sein wird!

EPHRAIM. Gib ihm den Donner und nimm ihm sein Heer, und ich wags, aber jetzt –

JUDITH. Wolle nur! Und aus den Tiefen des Abgrunds herauf und von der Veste des Himmels herunter rufst du die heiligen, schützenden Kräfte, und sie segnen und schirmen dein

Werk, wenn nicht dich! Denn du willst, was alles will; worüber die Gottheit brütet in ihrem ersten Zorn und worüber die Natur, die vor der Riesengeburt ihres eigenen Schoßes zittert und die den zweiten Mann nicht erschaffen wird, oder nur darum, damit er den ersten vertilge, knirschend sinnt in qualvollem Traum!

EPHRAIM. Nur weil du mich hassest, weil du mich töten willst, forderst du das Undenkbare.

JUDITH *(glühend)*. Ich hab dir recht getan! Was? solch ein Gedanke begeistert dich nicht? Er berauscht dich nicht einmal? Ich, die du liebst, ich, die ich dich über dich selbst erhöhen wollte, um dich wieder lieben zu können, ich leg ihn dir in die Seele, und er ist dir nichts als eine Last, die dich nur tiefer in den Staub drückt? Sieh, wenn du ihn mit Jauchzen empfangen, wenn du stürmisch nach einem Schwert gegriffen und dir nicht einmal zum flüchtigen Lebewohl die Zeit genommen hättest, dann, o, das fühl ich, dann hätt ich mich dir weinend in den Weg geworfen, ich hätte dir die Gefahr ausgemalt mit der Angst eines Herzens, das für sein Geliebtestes zittert, ich hätte dich zurückgehalten oder wäre dir gefolgt. Jetzt – ha! ich bin mehr als gerechtfertigt; deine Liebe ist die Strafe deiner armseligen Natur, sie ward dir zum Fluch, damit sie dich verzehre; ich würde mir zürnen, wenn ich mich auch nur auf einer Regung des Mitleids mit dir ertappte. Ich begreife dich ganz, ich begreife sogar, daß das Höchste dir sein muß wie das Gemeinste, daß du lächeln mußt, wenn ich bete!

EPHRAIM. Verachte mich! Aber erst zeig mir den, der das Unmögliche möglich macht!

JUDITH. Ich werd ihn dir zeigen! Er wird kommen! Er muß ja kommen! Und ist deine Feigheit die deines ganzen Geschlechts, sehen alle Männer in der Gefahr nichts als die Warnung, sie zu vermeiden – dann hat ein Weib das Recht erlangt auf eine große Tat, dann – ha, ich hab sie von dir gefordert, ich muß beweisen, daß sie möglich ist!

DRITTER AKT

Gemach der Judith

JUDITH *(in schlechten Kleidern, mit Asche bestreut, sitzt zusammengekauert da).*

MIRZA *(tritt ein und betrachtet sie).* So sitzt sie nun schon drei Tage und drei Nächte. Sie ißt nicht, sie trinkt nicht, sie spricht nicht. Sie seufzt und wehklagt nicht einmal. »Das Haus brennt!« schrie ich ihr gestern abend zu und stellte mich, als hätt ich den Kopf verloren. Sie veränderte keine Miene und blieb sitzen. Ich glaube, sie will, daß man sie in einen Sarg packen, den Deckel über sie nageln und sie forttragen soll. Sie hört alles, was ich hier rede, und doch sagt sie nichts dazu. Judith, soll ich den Totengräber bestellen?

JUDITH *(winkt ihr mit der Hand, fortzugehen).*

MIRZA. Ich gehe, aber nur um gleich wiederzukommen. Ich vergesse den Feind und alle Not über dich. Wenn einer den Bogen auf mich anlegte, ich würds nicht bemerken, solange ich dich dort lebendig-tot sitzen sehe. Erst hattest du so viel Mut, daß die Männer sich schämten, und nun – Ephraim hatte recht; er sagte: Sie fordert sich selbst heraus, um ihre Furcht zu vergessen. *(Ab)*

JUDITH *(stürzt auf die Knie).* Gott, Gott! Mir ist, als müßt ich dich am Zipfel fassen wie einen, der mich auf ewig zu verlassen droht! Ich wollte nicht beten, aber ich muß beten, wie ich Odem schöpfen muß, wenn ich nicht ersticken soll! Gott! Gott! Warum neigst du dich nicht auf mich herab? Ich bin ja zu schwach, um zu dir emporzuklimmen! Sieh, hier lieg ich, wie außer der Welt und außer der Zeit; ich harre mit Angst eines Winkes von dir, der mich aufstehn und handeln heißt! Mit Frohlocken sah ichs, als die Gefahr uns nahetrat, denn mir war sie nichts als ein Zeichen, daß du dich unter deinen Auserwählten verherrlichen wollest. Mit schaudernder Wonne erkannt ich, daß das, was mich erhob, alle andern zu Boden warf, denn mir kam es vor, als ob dein Finger gnadenvoll auf mich deutete, als ob dein Triumph von mir ausgehen solle! Mit Entzücken sah ichs, daß jener, dem ich das große Werk abtreten wollte, um in Demut das höchste Opfer zu bringen, sich davor feig und zitternd wie ein

Wurm in dem Schlamm seiner Armseligkeit verkroch. »Du bists, du bists!« rief ich mir zu und warf mich vor dir nieder und schwur mir mit einem teuren Eid, niemals wieder aufzustehen, oder erst dann, wenn du mir den Weg gezeigt, der zum Herzen des Holofernes führt. Ich lauschte in mich selbst hinein, weil ich glaubte, ein Blitz der Vernichtung müsse aus meiner Seele hervorspringen; ich horchte in die Welt hinaus, weil ich dachte: Ein Held hat dich überflüssig gemacht; aber in mir und außer mir bleibts dunkel. Nur *ein* Gedanke kam mir, nur einer, mit dem ich spielte und der immer wiederkehrt; doch der kam nicht von dir. Oder kam er von dir? – *(Sie springt auf)* Er kam von dir! Der Weg zu meiner Tat geht durch die Sünde! Dank, Dank dir, Herr! Du machst mein Auge hell. Vor dir wird das Unreine rein; wenn du zwischen mich und meine Tat eine Sünde stellst: wer bin ich, daß ich mit dir darüber hadern, daß ich mich dir entziehen sollte! Ist nicht meine Tat soviel wert, als sie mich kostet? Darf ich meine Ehre, meinen unbefleckten Leib mehr lieben wie dich? O, es löst sich in mir wie ein Knoten. Du machtest mich schön; jetzt weiß ich, wozu. Du versagtest mir ein Kind; jetzt fühl ich, warum, und freu mich, daß ich mein eigen Selbst nicht doppelt zu lieben hab. Was ich sonst für Fluch hielt, erscheint mir nun wie Segen! – *(Sie tritt vor einen Spiegel)* Sei mir gegrüßt, mein Bild! Schämt euch, Wangen, daß ihr noch nicht glüht; ist der Weg zwischen euch und dem Herzen so weit? Augen, ich lob euch, ihr habt Feuer getrunken und seid berauscht! Armer Mund, dir nehm ichs nicht übel, daß du bleich bist, du sollst das Entsetzen küssen. *(Sie tritt vom Spiegel weg)* Holofernes, dieses alles ist dein; ich habe keinen Teil mehr daran; ich hab mich tief in mein Innerstes zusammengezogen. Nimms, aber zittre, wenn du es hast; ich werde in einer Stunde, wo dus nicht denkst, aus mir herausfahren, wie ein Schwert aus der Scheide, und mich mit deinem Leben bezahlt machen! Muß ich dich küssen, so will ich mir einbilden, es geschieht mit vergifteten Lippen; wenn ich dich umarme, will ich denken, daß ich dich erwürge. Gott, laß ihn Greuel begehen unter meinen Augen, blutige Greuel, aber schütze mich, daß ich nichts Gutes von ihm sehe!

MIRZA *(kommt).* Riefst du mich, Judith?

JUDITH. Nein – ja. Mirza, du sollst mich schmücken.

MIRZA. Willst du nicht essen?

JUDITH. Nein, ich will geschmückt sein.

MIRZA. Iß, Judith! Ich kanns nicht länger aushalten!

JUDITH. Du?

MIRZA. Sieh, als du gar nicht essen und trinken wolltest, da schwur ich: dann will ich auch nicht! Ich tats, um dich zu zwingen; wenn du nicht Mitleid mit dir selbst hattest, so solltest dus mit mir haben. Ich sagte es dir, aber du hasts wohl nicht gehört. Es sind nun drei Tage.

JUDITH. Ich wollt, ich wäre soviel Liebe wert.

MIRZA. Laß uns essen und trinken! Es wird bald zum letztenmal sein, wenigstens das Trinken. Die Röhren zum Brunnen sind abgehauen; auch zu den kleinen Brunnen an der Mauer kann niemand mehr kommen, denn sie werden von den Kriegsleuten bewacht. Doch sind schon welche hinausgegangen, die sich lieber töten lassen als noch länger dursten wollten. Von einem sagt man, daß er, schon durchstoßen, sterbend zum Brunnen kroch, um sich noch einmal zu letzen; aber eh er das Wasser, das er schon in der Hand hielt, an die Lippen brachte, gab er den Geist auf. Keiner versah sich dieser Grausamkeit vom Feind, darum ward der Wassermangel in der Stadt gleich so allgemein. Wer auch noch ein wenig hat, hälts geheim wie einen Schatz.

JUDITH. O, greulich, statt des Lebens, das man nicht nehmen kann, die Bedingung des Lebens zu nehmen! Schlagt tot, sengt und brennt, aber raubt dem Menschen nicht mitten im Überfluß der Natur seine Notdurft! O, ich habe schon zu lange gesäumt!

MIRZA. Mir hat Ephraim Wasser für dich gebracht. Du magst die Größe seiner Liebe daran erkennen. Seinem eignen Bruder hat ers versagt!

JUDITH. Pfui! Dieser Mensch gehört zu denen, die sogar dann sündigen, wenn sie etwas Gutes tun wollen!

MIRZA. Das gefiel mir auch nicht, aber dennoch bist du zu hart gegen ihn.

JUDITH. Nein, sag ich dir, nein! Jedes Weib hat ein Recht, von jedem Mann zu verlangen, daß er ein Held sei. Ist dir nicht, wenn du einen siehst, als sähst du, was du sein möchtest, sein solltest? Ein Mann mag dem andern seine Feigheit vergeben, nimmer ein Weib. Verzeihst dus der Stütze, daß sie bricht? Kaum kannst du verzeihen, daß du der Stütze bedarfst!

MIRZA. Konntest dus denn erwarten, daß Ephraim deinem Befehl gehorchen werde?

JUDITH. Von einem, der Hand an sich selbst gelegt, der dadurch sein Leben herrenlos gemacht hatte, durfte ichs erwarten. Ich schlug an ihn wie an einen Kiesel, von dem ich nicht weiß, ob ich ihn behalten oder wegwerfen soll; hätt er einen Funken gegeben – der Funke wäre in mein Herz hineingesprungen. Jetzt tret ich den schnöden Stein mit Füßen!

MIRZA. Wie aber sollt ers ausführen?

JUDITH. Der Schütz, welcher frägt, wie er schießen soll, wird nicht treffen. Ziel – Auge – Hand – da ists! *(Mit einem Blick gen Himmel)* O, ich sahs über der Welt schweben wie eine Taube, die ein Nest sucht zum Brüten, und die erste Seele, die in der Erstarrung erglühend aufging, mußte den Erlösungsgedanken empfangen. Doch, Mirza, geh und iß, dann schmücke mich!

MIRZA. Ich warte so lange als du wartest!

JUDITH. Du siehst mich so traurig an. Nun, ich geh mit dir! Aber nachher nimm all deinen Witz zusammen und schmücke mich, wie zur Hochzeit. Lächle nicht! Meine Schönheit ist jetzt meine Pflicht! *(Geht ab)*

Öffentlicher Platz in Bethulien

Viel Volk. Eine Gruppe junger Bürger, bewaffnet

EIN BÜRGER *(zum andern)*. Was sagst du, Ammon?

AMMON. Ich frage dich, Hosea, was besser ist, der Tod durchs Schwert, der so schnell kommt, daß er dir gar nicht die Zeit läßt, ihn zu fürchten und zu fühlen, oder dies langsame Verdorren, das uns bevorsteht?

HOSEA. Wenn ich dir antworten sollte, müßte mir der Hals nicht so trocken sein. Man wird durstiger durchs Sprechen.

AMMON. Du hast recht.

BEN *(ein dritter Bürger).* Man kommt so weit, daß man sich selbst wegen der paar Blutstropfen beneidet, die einem noch in den Adern sickern. Ich möchte mich anzapfen wie ein Faß. *(Steckt den Finger in den Mund)*

HOSEA. Das beste ist, daß man über den Durst den Hunger vergißt.

AMMON. Nun, zu essen haben wir noch.

HOSEA. Wie lange wirds dauern? Besonders wenn man Leute wie dich unter uns duldet, die mehr Viktualien im Magen als auf den Schultern tragen können.

AMMON. Ich zehre vom Eigenen. Das geht keinen was an.

HOSEA. In Kriegszeiten ist alles allgemein. Man sollte dich und deinesgleichen dahin stellen, wo die meisten Pfeile fallen. Man sollte überhaupt die Unmäßigen immer vorausschieben; siegen sie, so braucht man nicht ihnen, sondern den Ochsen und Mastkälbern zu danken, deren Mark in ihnen rumort; kommen sie um, so ist auch das ein Vorteil.

AMMON *(gibt ihm eine Ohrfeige).*

HOSEA. Glaube nicht, daß ich wiedergebe, was ich empfange. Aber das merk dir: wenn du in Gefahr kommst, so erwarte nicht von mir, daß ich dir beispringe. Ich trags dem Holofernes auf, mich zu rächen.

AMMON. Undankbarer! Einen prügeln, heißt, ihm einen Panzer aus seiner eigenen Haut schmieden. Die Ohrfeige von heute macht dich unempfindlich gegen die, welche dich morgen erwartet.

BEN. Ihr seid Narren. Zankt euch und vergeßt, daß ihr gleich den Wall beziehen sollt.

AMMON. Nein, wir sind kluge Leute; solange wir miteinander hadern, denken wir nicht an unsre Not.

BEN. Kommt, kommt! wir müssen fort.

AMMON. Ich weiß nicht, ob es nicht besser wäre, wenn wir dem Holofernes öffneten. Den, der das täte, tötete er gewiß nicht!

BEN. So tötete ich ihn. *(Sie gehen ab)*

Zwei ältere Bürger im Gespräch

DER EINE. Hast du wieder einen neuen Greuel vom Holofernes gehört?

DER ANDERE. Freilich.

DER EINE. Wie treibst dus nur auf? Aber erzähl mir doch!

DER ANDERE. Er steht und spricht mit einem seiner Hauptleute. Allerlei Heimlichkeiten. Auf einmal bemerkt er in der Nähe einen Soldaten. »Hast du gehört«, fragt er den, »was ich sprach?« – »Nein«, antwortet der Mensch. »Das ist ein Glück für dich«, sagt der Tyrann, »sonst ließe ich dir den Kopf herunterschlagen, weil Ohren daran sitzen!«

DER EINE. Man sollte glauben, man müßte leblos niederfallen, wenn man so etwas vernimmt. Das ist das Niederträchtigste an der Furcht, daß sie einen nur halb tötet, nicht ganz.

DER ANDERE. Mir ist die Langmut Gottes unbegreiflich. Wenn er einen solchen Heiden nicht haßt, wen soll er noch hassen?

(Gehen vorüber)

SAMUEL *(ein uralter Greis, von seinem Enkel geführt, tritt auf)*.

ENKEL. Singet dem Herrn ein neues Lied, denn seine Güte währet ewiglich!

SAMUEL. Ewiglich! *(Er setzt sich auf einen Stein)* Samuel dürstet. Enkel, warum gehst du nicht und holst ihm einen frischen Trunk?

ENKEL. Ahn, der Feind steht vor der Stadt! – Wieder vergaß ers!

SAMUEL. Den Psalm! Lauter! Was stockst du!

ENKEL. Zeuge von dem Herrn, o Jüngling, denn du weißt nicht, ob du ein Greis wirst! Rühm ihn, o Greis, denn du wurdest nicht alt, um das zu verhehlen, was der Barmherzige an dir getan hat!

SAMUEL *(zornig)*. Hält der Brunnen nicht mehr so viel Wasser, als Samuel braucht, wenn er zum letztenmal trinken will? Kann der Enkel nicht schöpfen, ob der Mittag gleich heiß ist?

ENKEL *(sehr laut)*. Schwerter halten den Brunnen bewacht, Speere starren, die Heiden haben große Gewalt über Israel.

SAMUEL *(steht auf)*. Nicht über Israel! Wen suchte der Herr, als er Wellen und Winden Macht gab über das Schifflein, daß es hinauf und hinunter flog? Nicht den, der am Steuer saß, noch sonst einen anderen, den trotzigen Jonas allein, der ruhig schlief. Vom sichern Schiff trieb er ihn in die tobende Meerflut hinein, aus der Meerflut in des Leviathans Rachen, aus dem Rachen des Untiers durch die Klippen der Zähne in den finstern Bauch. Aber als Jonas nun Buße tat, war der Herr da nicht stark genug, ihn noch aus dem Bauch des Leviathans wieder zu erretten? Stehet auf, ihr heimlichen Missetäter, die ihr in euch selber schlaft, wie Jonas schlief! Wartet nicht, bis man das Los über euch wirft, tretet hervor und sprecht: Wir sinds, damit nicht der Unschuldige vertilgt werde mit dem Schuldigen! *(Er faßt seinen Bart)* Samuel schlug den Aaron, spitz war der Nagel, weich war das Hirn, tief war Aarons Schlummer in seines Weibes Schoß. Samuel nahm des Aaron Weib und zeugte den Ham mit ihr, aber sie starb vor Entsetzen, als sie das Kind erblickte, denn des Kindes Haupt trug das Zeichen des Nagels, wie des Toten Haupt, und Samuel ging in sich und kehrte sein Angesicht gegen sich selbst!

ENKEL. Ahn! Ahn! Du selbst bist Samuel, und ich bin der Sohn des Ham!

SAMUEL. Samuel schor sich das Haupt und stellte sich vor seine Tür und harrte der Rache, wie man des Glückes harrt, siebzig Jahre und länger, bis er seine Tage nicht mehr zu zählen vermochte. Aber die Pest ging vorüber, und ihr Atem traf ihn nicht, und das Elend ging vorüber und kehrte nicht bei ihm ein, und der Tod ging vorüber und rührte ihn nicht an. Die Rache kam nicht von selbst, und er hatte nicht den Mut, sie zu rufen.

ENKEL. Komm, komm! *(Er führt ihn auf die Seite)*

SAMUEL. Aarons Sohn, wo bist du, oder seines Sohnes Sohn, oder sein Bruder, daß Samuel den Stoß eurer Hand nicht fühlt, noch den Tritt eurer Füße? Auge um Auge, sprach der Herr, Zahn um Zahn, Blut um Blut!

ENKEL. Aarons Sohn ist tot und seines Sohnes Sohn und sein Bruder, der ganze Stamm.

SAMUEL. Blieb kein Rächer? Sind dies die letzten Zeiten, daß der Herr die Sünde aufgeschossen stehen läßt und die Sicheln zerbricht? Wehe! Wehe!

(Der Enkel führt ihn ab)

ZWEI BÜRGER

ERSTER. Wie ich dir sage, nicht allenthalben fehlts an Wasser. Es gibt Leute unter uns, die sich nicht allein vollsaufen, sondern die sich sogar täglich mehrere Male waschen.

ZWEITER. O, ich glaubs. Ich will dir doch etwas vertrauen. Mein Nachbar Assaph hatte eine Ziege, die in seinem Gärtlein lustig weidete. Ich sehe gerade ins Gärtlein hinab, und mir wurde jedesmal zumute wie einer schwangeren Frau, wenn ich das Tier mit seinen vollen Eutern erblickte. Gestern ging ich zu Assaph und bat ihn um ein wenig Milch. Als er mirs abschlug, griff ich zum Bogen, tötete die Ziege mit einem raschen Schuß und schickte ihm, was sie wert ist! Ich tat recht, denn die Ziege verleitete ihn zur Hartherzigkeit gegen seinen Nächsten.

ERSTER. Von dir konnte man den Streich erwarten! Du hast ja schon als ganz kleines Kind eine Jungfrau zur Mutter gemacht!

ZWEITER. Was!

ERSTER. Ja! ja! Bist du nicht der Erstgeborne? *(Gehen vorüber)*

(Einer der Ältesten tritt auf)

DER ÄLTESTE. Hört, hört, ihr Männer von Bethulien! *(Das Volk versammelt sich um ihn)* Hört, was euch durch meinen Mund der fromme Hohepriester Jojakim zu wissen tut!

ASSAD *(ein Bürger, seinen Bruder Daniel, der stumm und blind ist, an der Hand).* Gebt acht, der Hohepriester will, daß wir Löwen sein sollen. Dann kann er um so besser Hase sein.

EIN ANDERER. Lästere nicht!

ASSAD. Ich lasse keine Trostgründe gelten, als die ich aus dem Brunnen schöpfen kann.

DER ÄLTESTE. Ihr sollt gedenken an Moses, den Diener des Herrn, der nicht mit dem Schwert, sondern mit Gebet den Amalek schlug. Ihr sollt nicht zittern vor Schild und Speer, denn ein Wort der Heiligen macht sie zuschanden.

ASSAD. Wo ist Moses? Wo sind Heilige?

DER ÄLTESTE. Ihr sollt Mut fassen und gedenken, daß das Heiligtum des Herrn in Gefahr ist.

ASSAD. Ich meinte, der Herr wolle uns schützen. Nun läufts darauf hinaus, daß wir ihn schützen sollen!

DER ÄLTESTE. Und vor allem sollt ihr nicht vergessen, daß der Herr, wenn er euch umkommen läßt, euch euren Tod und eure Marter in Kindern und Kindeskindern bis zum zehnten Glied hinab vergüten kann!

ASSAD. Wer sagt mir, wie meine Kinder und Kindeskinder ausschlagen? Könnens nicht Bursche sein, deren ich mich schämen muß, die mir zum Spott herumlaufen! *(Zum Ältesten)* Mann, deine Lippe zittert, dein Auge irrt unstät, deine Zähne möchten die klingenden Worte zerreißen, hinter denen sich deine Angst versteckt. Wie kannst du den Mut von uns verlangen, den du selbst nicht hast? Ich will einmal im Namen dieser aller zu dir reden. Gib Befehl, daß die Tore der Stadt geöffnet werden. Unterwürfigkeit findet Barmherzigkeit! Ich sags nicht meinetwegen, ich sags dieses armen Stummen wegen, ich sags wegen der Weiber und Kinder. *(Umstehende geben Zeichen des Beifalls)* Gib Befehl, augenblicklichen, oder wir tuns ohne deinen Befehl.

DANIEL *(reißt sich von ihm los).* Steiniget ihn! Steiniget ihn!

VOLK. War dieser Mann nicht stumm?

ASSAD *(seinen Bruder mit Entsetzen betrachtend).* Stumm und blind. Er ist mein Bruder. Dreißig Jahre ist er alt und sprach nie ein Wort.

DANIEL. Ja, das ist mein Bruder! Er hat mich erquickt mit Speis und Trank. Er hat mich gekleidet und ließ mich bei sich wohnen! Er hat mich gepflegt bei Tag und bei Nacht. Gib mir die Hand, du treuer Bruder. *(Als er sie faßt, schleudert er sie wie von Entsetzen gepackt von sich)* Steiniget ihn, steiniget ihn!

ASSAD. Wehe! Wehe! Der Geist des Herrn spricht aus des Stummen Mund! Steiniget mich!

(Das Volk verfolgt ihn, ihn steinigend)

SAMAJA *(ihnen bestürzt nacheilend).* Was wollt ihr? *(Ab)*

DANIEL *(begeistert).* Ich komme, ich komme, spricht der Herr, aber ihr sollt nicht fragen woher? Meint ihr, es sei Zeit? Ich allein weiß, wann es Zeit ist!

VOLK. Ein Prophet, ein Prophet!

DANIEL. Ich ließ euch wachsen und gedeihen, wie das Korn zur Sommerzeit! Meinet ihr, daß ich den Heiden meine

Ernte überlassen werde? Wahrlich, ich sage euch, das wird nimmermehr geschehen!

Judith mit Mirza erscheint unter dem Volk

VOLK *(wirft sich zu Boden).* Heil uns!

DANIEL. Und ob euer Feind noch so groß ist, so brauche ich doch nur ein kleines, um ihn zu vernichten! Heiliget euch! Heiliget euch! denn ich will wohnen bei euch und will euch nicht verlassen, wenn ihr mich nicht verlaßt! – *(Nach einer Pause)* Bruder, deine Hand!

SAMAJA *(zurückkehrend).* Tot ist dein Bruder! Du hast ihn getötet! Das war dein Dank für all seine Liebe! O, wie gern hätt ich ihn gerettet! Wir waren ja Freunde von Jugend auf! Was aber konnt ich ausrichten gegen so viele, die deine Torheit verrückt gemacht hatte. »Nimm dich Daniels an!« rief er mir zu, als mich sein brechendes Auge erkannt. Ich leg dir dies Wort als ein glühendes Vermächtnis in die Seele!

DANIEL *(will sprechen und kanns nicht; er wimmert).*

SAMAJA *(zum Volk).* Schämet euch, daß ihr auf den Knien liegt, schämet euch noch mehr, daß ihr einen edlen Mann, der es mit euch allen wohl meinte, gemordet habt! Ha, ihr verfolgtet ihn so wütend, als könntet ihr in ihm eure eigenen Sünden zu Tode steinigen! Alles, was er hier gegen den Ältesten, nicht aus Feigheit, sondern aus Mitleid mit eurem Elend vorbrachte, war zwischen uns heute morgen verabredet; dieser Stumme saß dabei zusammengekauert und teilnahmlos wie immer; er verriet seinen Abscheu mit keiner Miene. – *(Zum Ältesten)* Alles, was mein Freund verlangte, verlang ich noch: schleuniges Öffnen der Tore, Unterwerfung auf Gnad und Ungnade. – *(Zu Daniel)* Nun zeige, daß der Herr aus dir sprach. Fluche mir, wie du dem Bruder fluchtest!

DANIEL *(in höchster Angst will reden und kann nicht).*

SAMAJA. Sehet ihr den Propheten? Ein Dämon des Abgrunds, der euch verlocken wollte, entsiegelte seinen Mund, aber Gott verschloß ihn wieder und verschloß ihn auf ewig. Oder könnt ihr glauben, daß der Herr die Stummen reden macht, damit sie Brudermörder werden?

DANIEL *(schlägt sich).*

JUDITH *(tritt in die Mitte des Volkes).* Lasset euch nicht versuchen!

Hat es euch nicht gepackt wie Gottesnähe und euch in heiliger Vernichtung zu Boden geworfen? Wollt ihr es jetzt dulden, daß man euer tiefstes Gefühl der Lüge zeiht?

SAMAJA. Weib, was willst du? Siehst du nicht, daß dieser verzweifelt? Ahnst du nicht, daß er verzweifeln muß, wenn er ein Mensch ist? *(Zu Daniel)* Reiß dir die Haare aus, zerstoß dir den Kopf an der Mauer, daß die Hunde dein Gehirn lecken; das ist das einzige, was du noch auf der Welt zu tun hast! Was gegen die Natur ist, das ist gegen Gott!

STIMMEN IM VOLK. Er hat recht!

JUDITH *(zu Samaja).* Willst du dem Herrn den Weg vorschreiben, den er wandeln soll? Reinigt er nicht jeden Weg dadurch, daß er ihn wandelt?

SAMAJA. Was gegen die Natur ist, das ist gegen Gott! Der Herr tat Wunder unter den Vätern; die Väter waren besser wie wir. Wenn er jetzt Wunder tun wollte, warum läßt er nicht regnen? Und warum tut er nicht ein Wunder im Herzen des Holofernes und bewegt ihn zum Abzug?

EIN BÜRGER *(dringt auf Daniel ein).* Stirb, Sünder, der du uns verleitet hast, uns mit dem Blute eines Gerechten zu beflecken!

SAMAJA *(tritt zwischen ihn und Daniel).* Niemand darf den Kain töten! So sprach der Herr. Aber Kain darf sich selbst töten! So spricht in mir eine Stimme! Und Kain wirds tun! Dies sei euch ein Zeichen: lebt dieser Mensch noch bis morgen, kann er seine Tat einen ganzen Tag und eine ganze Nacht tragen, so tut nach seinen Worten und harret, bis ihr tot hinsinkt oder bis euch ein Wunder erlöst! Wo nicht, so tut, was Assad euch sagte: öffnet die Tore und ergebt euch. Und wenn ihr im Druck eurer Sünden nicht zu hoffen wagt, daß der Herr das Herz des Holofernes rühren wird, so legt Hand an euch selbst! Tötet euch untereinander und laßt nur die Kinder am Leben! Die werden die Assyrier verschonen, denn sie haben selbst Kinder oder wünschen Kinder zu haben. Macht ein großes Morden daraus, wo der Sohn den Vater niedersticht und wo der Freund dem Freunde dadurch seine Liebe beweist, daß er ihm die Gurgel abschneidet, ohne sich erst bitten zu lassen. *(Faßt den Daniel bei der Hand)* Den Stummen nehm ich in mein Haus. *(Für sich)* Wahrlich, die Stadt, die sein Bruder retten wollte, soll nicht durch seine Raserei zugrunde gehen! Ich will ihn in eine Kammer einschließen, ich will ihm ein blankes Messer in die Hand drücken, ich will ihm in die Seele reden, bis er vollbringt, was ich im Namen der Natur und als ihr Prophet voraus verkündigt habe. Gott Lob, daß er nur stumm und blind ist, daß er nicht auch taub ist. *(Er geht mit Daniel ab)*

VOLK *(durcheinander)*. Warum gehen uns die Augen so spät auf! Wir wollen nicht länger warten. Keine Stunde! Wir wollen die Tore öffnen. Kommt!

JOSUA *(ein Bürger)*. Wer war schuld, daß wir uns nicht demütigten wie die übrigen Völker? Wer verführte uns, daß wir die schon gebeugten Nacken trotzig emporhoben? Wer hieß uns in die Wolken blicken und die Erde darüber vergessen?

VOLK. Wer anders als Priester und Älteste?

JUDITH *(für sich)*. O Gott, jetzt hadern die Unseligen mit denen, die sie aus nichts zu etwas machten! – *(Laut)* Seht ihr im Unglück, das euch trifft, nur eine Aufforderung, es euch durch Gemeinheit zu verdienen?

JOSUA *(geht unter den Bürgern umher)*. Als ich vom Zug des Holofernes hörte, da war mein erster Gedanke, daß wir ihm entgegengehen und seine Gnade erflehen sollten. Wer unter euch dachte anders? *(Alle schweigen)* Warum kam Holofernes? Nur, um uns zu unterwerfen; hätte er die Unterwerfung auf der Hälfte des Weges angetroffen, er hätte den ganzen nicht gemacht und wäre umgekehrt, denn er hat genug zu tun. Dann säßen wir jetzt in Frieden und labten uns an Speis und Trank; nun ist unser kümmerliches Leben nichts als eine Anweisung auf alle Martern, die möglich sind.

VOLK. Wehe! Wehe!

JOSUA. Und wir sind unschuldig, wir haben nie getrotzt, wir haben immer gezittert. Aber Holofernes war noch fern, und Älteste und Priester waren nah und bedrohten uns! Da vergaßen wir die eine Furcht über die andere. Wißt ihr was? Wir wollen Älteste und Priester aus der Stadt heraustreiben und zum Holofernes sagen: Da sind die Empörer. Mag er sich ihrer erbarmen, so ists gut; wo nicht, so wollen wir doch lieber um *sie* klagen als um uns selbst!

VOLK. Wird das uns retten?

JUDITH. Das ist, als ob einer mit dem Schwert, womit er sich nicht zu verteidigen vermag, den Waffenschmied, der es ihm gab, ermorden wollte.

VOLK. Hilft es wohl?

JOSUA. Wie sollt es nicht? Kopf ab, heißts, nicht Fuß ab oder Hand ab.

VOLK. Du hast recht! Das ist der Weg!

JOSUA *(zu dem Ältesten, der den Auftritt ernst angesehen hat).* Was sagst du dazu?

DER ÄLTESTE. Ich würde selbst dazu raten, wenns helfen könnte. Ich bin heute gerade dreiundsiebzig Jahr alt geworden und möchte wohl zu den Vätern eingehen; auf ein paar Atemzüge mehr oder weniger kommts nicht an. Zwar glaube ich ein ehrliches Grab verdient zu haben und möchte lieber in der Erde als im Magen eines wilden Tieres ruhen; doch wenn ihr meint, daß ich für euch alle genug tun kann, so bin ich bereit. Ich schenk auch diesen grauen Kopf. Macht aber schnell, damit der Tod euch nicht zuvorkomme und das Geschenk hohnlachend in eine Grube hineinwerfe. Nur einmal erlaubt mir noch, diesen Kopf, der nun euch gehört, zu brauchen. Nicht von mir allein, von allen Ältesten und allen Priestern ist die Rede. Wollt ihr euch, bevor ihr zu opfern beginnt, nicht die Mühe nehmen, die Opfer zu zählen?

JUDITH *(wild).* Das hört ihr an und schlagt nicht an eure Brust und werft euch nicht nieder und küßt dem Greis die Füße? Bei der Hand fassen möcht ich jetzt den Holofernes und ihn hereinführen und ihm selbst das Schwert schleifen, wenn es stumpf würde, ehe es jeden dieser Köpfe abgemäht hätte!

JOSUA. Der Älteste sprach klug, sehr klug. Widersetzen konnt er sich nicht, das sah er, da gab er sich denn drein und auf eine Weise – ich wette, wenn die Lämmer sprechen könnten, es würde kein einziges geschlachtet. *(Zu Judith)* Gewiß hat er dich nicht allein gerührt.

JUDITH. Widersetzen konnt er sich nicht, aber er konnte euren schlechten Plan doch zuschanden machen, er konnte sich töten! Und er griff krampfhaft nach dem Schwert, ich bemerkt es wohl und trat ihm näher, um ihn zu hindern; aber gleich brachs wie innerer Sieg aus seinem Angesicht hervor, er zog die Hand wie beschämt zurück und blickte nach oben.

Der Älteste. Du denkst zu edel von mir. Nicht mir selbst galt das, es galt dem da!

Volk. Dein Rat ist schlecht, Josua, wir wollen dir nicht folgen!

Judith. Habt Dank!

Josua. Aber darauf, daß die Tore geöffnet werden, besteht ihr doch? Bedenkt, daß ein Feind, dem ihr öffnet, nie so grausam sein kann wie einer, der sich selbst öffnen muß. – *(Zum Ältesten)* Gib Befehl! Wegen meines Vorschlags will ich dich um Verzeihung bitten, das heißt morgen, wenn ich dann noch lebe.

Judith *(zum Ältesten).* Sag nein!

Der Älteste. Ich sage ja, denn ich sehe selbst nicht, woher uns Hilfe kommen soll.

Achior *(tritt unter das Volk).* Öffnet, nur erwartet keine Gnade vom Holofernes! Er hat geschworen, das Volk, welches sich ihm zuletzt unterwerfen würde, von der Erde zu vertilgen, daß auch seine Spur nicht bleibe. Ihr seid die letzten.

Judith. Das hat er geschworen?

Achior. Ich stand dabei. Und ob er seinen Schwur halten wird, mögt ihr daran erkennen: er ergrimmte über mich, als ich von der Macht eures Gottes sprach, und sein Zorn ist Tod. Aber statt mich niederzuhauen, befahl er, wie ihr wißt, daß ich zu euch geführt werde. Ihr seht, so wenig zweifelt er an eurem Untergang, daß er den Mann, den er haßt und dessen Kopf er mit Gold aufwiegen will, aus der Hand gibt, weil er sich an ihm erst dann rächen mag, wenn er sich zugleich an euch rächen kann. Und so fern ist ihm jeder Gedanke an Gnade, daß er für seinen Feind keine härtere Strafe auszusinnen weiß, als diejenige ist, die er euch zugedacht hat!

Volk. Es soll nicht geöffnet werden. Wenn wir durchs Schwert umkommen wollen, so haben wir ja selbst Schwerter!

Josua. Lasset uns eine Zeit bestimmen. Alles muß ein Ende haben.

Volk. Eine Zeit! eine Zeit!

Der Älteste. Lieben Brüder, so habt noch fünf Tage Geduld und harrt der Hilfe des Herrn!

Judith. Und wenn der Herr nun noch fünf Tage länger braucht?

Der Älteste. Dann sind wir tot! Will der Herr uns helfen,

so muß es in diesen fünf Tagen geschehen; wir werden ohnehin ihr Ende nicht alle erleben!

JUDITH *(feierlich, als ob sie ein Todesurteil spräche).* Also in fünf Tagen muß er sterben!

DER ÄLTESTE. Wir müssen das Äußerste tun, um uns nur noch so lange zu halten. Wir müssen das Opfer des Herrn, den heiligen Wein und das Öl, unter uns verteilen! Wehe mir, daß ich einen solchen Rat geben muß!

JUDITH. Ja, wehe dir! Warum rätst du nicht lieber ein anderes Äußerstes? – *(Zum Volk)* Ihr Männer von Bethulien, wagt einen Ausfall! Die kleinen Brunnen liegen dicht an der Mauer. Teilt euch in zwei Hälften! Die eine muß den Rückzug und das Tor decken, während die andere in Masse anstürmt; es kann gar nicht fehlen, ihr bringt Wasser herein!

DER ÄLTESTE. Du siehst, keiner antwortet.

JUDITH *(zum Volk).* Wie soll ich das verstehen? *(Nach einer Pause)* Doch es freut mich. Wenn ihr nicht das Herz habt, es mit ein paar hundert Soldaten aufzunehmen, so werdet ihr noch weniger so vermessen sein, die Rache des Herrn herauszufordern und eure Hand frevelnd nach der Speise des Altars auszustrecken!

DER ÄLTESTE. Dies ist nötig, und hundertfältig soll es ersetzt werden. Das andere ist zu bedenklich; ein offenes Tor wäre die Todeswunde der Stadt. Auch David aß die heiligen Brote, und er aß sich nicht den Tod.

JUDITH. David war ein Geweihter des Herrn. Wollt ihr essen wie David, so werdet zuvor wie David. Esset und trinket, aber heiliget euch erst!

EINER IM VOLK. Warum hören wir auf die!

EIN ANDERER. Schäme sich, wer es nicht tut. Ist sie nicht wie ein Engel?

EIN DRITTER. Sie ist das gottesfürchtigste Weib in der Stadt! Solange es uns wohl ging, saß sie still in ihrem Kämmerlein; hat jemand sie öffentlich gesehen, außer, wenn sie beten oder opfern wollte? Aber nun, da wir verzweifeln wollen, verläßt sie ihr Haus und wandelt mit uns und spricht uns Trost ein!

DER VORIGE. Sie ist reich und hat viele Güter. Aber wißt ihr, was sie einmal sagte? »Ich verwalte diese Güter nur, sie gehören den Armen.« Und sie sagts nicht bloß, sie tuts. Ich glaube, sie nimmt nur darum keinen Mann wieder, weil sie dann aufhören müßte, die Mutter der Bedürftigen zu sein! Wenn der Herr uns hilft, so geschiehts ihretwegen!

JUDITH *(zu Achior).* Du kennst den Holofernes. Sprich mir von ihm!

ACHIOR. Ich weiß, daß er nach meinem Blut dürstet, aber glaube nicht, daß ich ihn schmähe! Wenn er mit dem erhobenen Schwerte vor mir stände und mir zuriefe: »Töte mich, sonst töt ich dich« – ich weiß nicht, was ich täte!

JUDITH. Das ist dein Gefühl. Er hatte dich in seiner Gewalt und ließ dich frei!

ACHIOR. O, es ist nicht das! Das könnte mich eher empören. Das Blut steigt mir in die Wangen, wenn ich bedenke, wie gering er einen Mann achten muß, den er selbst, die Waffen in der Hand, zu seinem Feind hinüberschickt.

JUDITH. Er ist ein Tyrann!

ACHIOR. Ja, aber er wurde geboren, es zu sein. Man hält sich und die Welt für nichts, wenn man bei ihm ist. Einmal ritt ich mit ihm im wildesten Gebirg. Wir kommen an eine Kluft, breit, schwindlig tief. Er spornt sein Pferd, ich greif ihm in die Zügel, deute auf die Tiefe und sage »Sie ist unergründlich!« – »Ich will ja auch nicht hinein, ich will hinüber!« ruft er und wagt den grausigen Sprung. Ehe ich noch folgen kann, hat er kehrtgemacht und ist wieder bei mir. »Ich meinte dort eine Quelle zu sehen« – sagt er – »und wollte trinken, aber es ist nichts. Verschlafen wir den Durst.« Und wirft mir die Zügel zu und springt herab vom Pferd und schläft ein. Ich konnte mich nicht halten, ich stieg gleichfalls ab und berührte sein Kleid mit meinen Lippen und stellte mich gegen die Sonne, damit er Schatten habe. Pfui über mich! Ich bin so sehr sein Sklave, daß ich ihn lobe, wenn ich von ihm spreche.

JUDITH. Er liebt die Weiber?

ACHIOR. Ja, aber nicht anders wie Essen und Trinken.

JUDITH. Fluch ihm!

ACHIOR. Was willst du? Ich hab eine meines Volks gekannt, die verrückt ward, weil er sie verschmähte. Sie schlich sich in sein Schlafgemach und trat plötzlich, als er sich eben ins Bett gelegt hatte, mit gezücktem Dolch drohend vor ihn hin.

JUDITH. Was tat er?

ACHIOR. Er lachte und lachte so lange, bis sie sich selbst durchstach!

JUDITH. Hab Dank, Holofernes! Nur an diese brauch ich zu denken, und ich werde Mut haben wie ein Mann!

ACHIOR. Was ist dir?

JUDITH. O, steigt vor mir empor aus euern Gräbern, ihr, die er morden ließ, daß ich in eure Wunden schaue! Tretet vor mich hin, ihr, die er geschändet hat, und schlagt die auf ewig zugefallenen Augen noch einmal wieder auf, daß ich drin lese, wieviel er euch schuldig ward! Ihr alle sollt bezahlt werden! Doch warum denk ich eurer, warum nicht der Jünglinge, die sein Schwert noch fressen, der Jungfrauen, die er in seinen Armen noch zerdrücken kann! Ich will die Toten rächen und die Lebendigen beschirmen. – *(Zu Achior)* Ich bin doch für ein Opfer schön genug?

ACHIOR. Niemand sah deinesgleichen.

JUDITH *(zu dem Ältesten).* Ich hab ein Geschäft bei dem Holofernes. Wollt Ihr mir das Tor öffnen lassen?

DER ÄLTESTE. Was hast du vor?

JUDITH. Niemand darf es wissen als der Herr unser Gott!

DER ÄLTESTE. So sei er mit dir! Das Tor steht dir offen!

EPHRAIM. Judith! Judith! Nimmer vollbringst dus!

JUDITH *(zu Mirza).* Hast du den Mut, mich zu begleiten?

MIRZA. Ich hätte noch weniger den Mut, dich allein ziehen zu lassen.

JUDITH. Und du tatest, was ich dir befahl?

MIRZA. Wein und Brot ist hier. Es ist nur wenig!

JUDITH. Es ist zuviel!

EPHRAIM *(für sich).* Hätt ich das geahnt, so hätt ich nach ihren Worten getan! Grausam werd ich gestraft!

JUDITH *(geht ein paar Schritte, dann wendet sie sich noch einmal zum Volk).* Betet für mich wie für eine Sterbende! Lehrt die kleinen Kinder meinen Namen und lasset sie für mich beten!

(Sie geht auf das Tor zu, es wird geöffnet; sowie sie heraus ist, fallen alle, außer Ephraim, auf die Knie)

EPHRAIM. Ich will nicht beten, daß Gott sie schützen soll. Ich will sie selbst schützen! Sie geht in des Löwen Höhle – ich glaube, sie tuts nur, weil sie erwartet, daß alle Männer ihr folgen werden. Ich folge; wenn ich sterbe, so sterb ich ja nur etwas früher als alle die andern. Vielleicht kehrt sie um!

(Ab)

DELIA *(tritt in größter Bewegung unter das Volk).* Wehe! Wehe!

EINER DER ÄLTESTEN. Was hast du?

DELIA. Der Stumme! Der furchtbare Stumme! Er hat meinen Mann erwürgt!

EINER AUS DEM VOLKE. Das ist des Samaja Weib!

DER VORIGE ÄLTESTE *(zu Delia).* Wie konnte das geschehen?

DELIA. Samaja kam mit dem Stummen zu Hause. Er ging mit ihm in die hintere Kammer und riegelte hinter sich zu. Ich hörte Samaja laut reden und den Stummen ächzen und schluchzen. Was ists? denk ich und schleiche mich an die Kammertür und lausche hinein durch einen Spalt. Der Stumme sitzt und hält ein scharfes Messer in der Hand, Samaja steht neben ihm und macht ihm schwere Vorwürfe. Der Stumme kehrt das Messer gegen seine Brust, ich stoß einen Schrei aus und entsetze mich, da ich sehe, daß Samaja ihn nicht in seiner Raserei zu hindern sucht. Aber auf einmal wirft der Stumme sein Messer weg und fällt über Samaja her; er reißt ihn, wie mit übermenschlicher Gewalt, zu Boden und packt ihn bei der Kehle. Samaja kann sich seiner nicht erwehren, er ringt mit ihm; ich rufe um Hilfe. Nachbarn kommen herbei, die Tür, die von innen verriegelt ist, wird eingerannt. Zu spät. Der Stumme hat Samaja schon erwürgt; wie ein Tier wütet er noch gegen den Toten und lacht, da er uns eintreten hört. Als er mich an der Stimme erkennt, wird er still und rutscht auf den Knien zu mir heran; Mörder! ruf ich; da weist er mit dem Finger gen Himmel, dann sucht er das Messer am Boden, hebt es auf, reicht es mir und deutet auf seine Brust, als ob er wolle, daß ich ihn durchstoßen solle.

EIN PRIESTER. Daniel ist ein Prophet. Der Herr hat den Stummen reden lassen; er hat ein Wunder getan, damit ihr an die Wunder, die er noch tun will, glauben könnt! Samaja ist zuschanden worden mit seiner Prophezeiung! An Daniel hat er gefrevelt, durch Daniels Hand hat er seinen Lohn empfangen.

STIMMEN IM VOLK. Hin zu Daniel, damit ihm kein Leid geschehe!

DER PRIESTER. Der Herr hat ihn gesandt, der Herr wird ihn schützen. Gehet hin und betet!

(Das Volk zerstreut sich zu verschiedenen Seiten)

DELIA. Weiter haben sie keinen Trost für mich, als daß sie sagen: er, den ich liebte, sei ein Sünder gewesen. *(Sie geht ab)*

VIERTER AKT

Zelt des Holofernes

Holofernes und zwei seiner Hauptleute

EINER DER HAUPTLEUTE. Der Feldhauptmann sieht aus wie ein Feuer, das ausgehen will.

DER ZWEITE. Vor solch einem Feuer muß man sich in acht nehmen. Es verschlingt alles, was ihm nahe kommt, um sich zu ernähren.

DER ERSTE. Weißt du, daß Holofernes in der letzten Nacht nahe daran war, sich selbst zu töten?

DER ZWEITE. Das ist nicht wahr!

DER ERSTE. Doch! Ihn drückt der Alp, und er glaubt im Schlafe, daß sich jemand auf ihn wirft und ihn würgen will. Er greift, in seinen Traum verstrickt, nach dem Dolch und meint den Feind hinterrücks zu durchbohren und stößt ihn in die eigne Brust. Glücklicherweise gleitet das Eisen an den Rippen ab. Er erwacht und siehts und ruft, als der Kämmerer ihn verbinden will, lachend aus: »Laß laufen, mich kühlts, ich hab des Blutes zuviel!«

DER ZWEITE. Es klingt fabelhaft.

DER ERSTE. Frag den Kämmerer!

HOLOFERNES *(wendet sich rasch)*. Fragt mich selbst! *(Sie erschrecken)* Ich rufs euch zu, weil ich euch gern hab und nicht mag, daß zwei Helden, die ich brauchen kann, sich aus Langeweile durch allerlei schnöde Betrachtungen und Vergleiche um den Hals reden. *(Für sich)* Sie wundern sich, daß ich ihr Gespräch hörte; Schande genug für mich, daß ich Zeit und Aufmerksamkeit dafür hatte! Ein Kopf, der sich nicht selbst mit Gedanken auszufüllen weiß, der für die Grillen und Einfälle andrer Platz übrig hat, ist nicht wert, daß man ihn füttert; die Ohren sind Almosensammler des Geistes, nur Bettler und Sklaven bedürfen ihrer, und man wird eins von beiden, wenn man sie braucht. *(Zu den Hauptleuten)* Ich hadere nicht mit euch; es ist meine Schuld, daß ihr nichts zu tun habt und daß ihr Worte machen müßt, um euch vorlügen zu können: ihr lebt. Was gestern Speise war, ist heute Kot; weh uns, daß wir darin wühlen müssen! Aber sagt mir doch, was hättet ihr getan, wenn ihr mich nun wirklich heute morgen tot im Bette gefunden?

Die Hauptleute. Herr, was hätten wir tun sollen?

Holofernes. Wenn ichs auch wüßte, so würd ichs nicht sagen. Wer sich aus der Welt wegdenken und seinen Ersatzmann nennen kann, der gehört nicht mehr hinein! Ich danks doch meinen Rippen, daß sie von Eisen sind. Das wär ein Tod gewesen wie eine Posse! Und gewiß hätte dieser Irrtum meiner Hand irgendeinen magern Gott, zum Beispiel den der Ebräer, fett gemacht. Wie würde Achior sich mit seiner Vorherverkündigung gebrüstet und Respekt vor sich selbst bekommen haben! – Eins möcht ich wissen: Was ist der Tod?

Einer der Hauptleute. Ein Ding, um dessentwillen wir das Leben lieben!

Holofernes. Das ist die beste Antwort! Jawohl, nur weil wir es stündlich verlieren können, halten wirs fest und pressens aus und saugens ein bis zum Zerplatzen. Gings ewig so fort wie gestern und heut, so würden wir in seinem Gegenteil seinen Wert und Zweck sehen; wir würden ruhen und schlafen und in unsern Träumen vor nichts zittern wie vor dem Erwachen. Jetzt suchen wir uns durchs Essen gegen das Gegessenwerden zu schützen und kämpfen mit unsern Zähnen gegen die Zähne der Welt. Darum ists auch so einzig schön, durchs Leben selbst zu sterben! den Strom so anschwellen zu lassen, daß die Ader, die ihn aufnehmen soll, zerspringt! die höchste Wollust und die Schauder der Vernichtung ineinander zu mischen! Oft kommts mir vor, als hätt ich einmal zu mir selbst gesagt: Nun will ich leben! Da ward ich losgelassen wie aus zärtlichster Umschlingung, es ward hell um mich, mich fröstelte, ein Ruck, und ich war da! So möcht ich auch einmal zu mir selbst sagen: Nun will ich sterben! Und wenn ich nicht, sowie ich das Wort ausspreche, aufgelöst in alle Winde verfliege und eingesogen werde von all den durstigen Lippen der Schöpfung, so will ich mich schämen und mir eingestehen, daß ich Wurzeln aus Fesseln gemacht habe. Möglich ists; es wird sich noch einer töten durch den bloßen Gedanken!

EINER DER HAUPTLEUTE. Holofernes!

HOLOFERNES. Du meinst, man muß sich nicht berauschen! Das ist wahr, denn wer den Rausch nicht kennt, weiß auch nichts davon, wie schal die Nüchternheit ist! Und doch ist der Rausch der Reichtum unserer Armut, und ich mags so gern, wenns wie ein Meer aus mir hervorbricht und alles, was Damm und Grenze heißt, überflutet! Und wenns einmal in allem, was lebt, so drängte und strömte, sollte es dann nicht durchbrechen und zusammenkommen und wie ein großes Gewitter in Donner und Blitz über die nassen, kalten, fetzenhaften Wolken triumphieren können, die der Wind nach Lust und Laune herumjagt? O gewiß! *(Zu den Hauptleuten)* Ihr wundert euch über mich, daß ich aus meinem Kopf eine Spindel mache und den Traum- und Hirnknäuel darin Faden nach Faden abzwirne wie ein Bündel Flachs. Freilich, der Gedanke ist der Dieb am Leben; der Keim, den man aus der Erde ans Licht hervorzerrt, wird nicht treiben! das weiß ich recht gut, doch heute, nach einem Aderlaß, mags gehen! Wir haben jetzt ja Zeit, denn die in Bethulien scheinen nicht zu wissen, daß der Soldat sein Schwert so lange schärft, als sie ihn hindern, es zu brauchen.

EIN HAUPTMANN *(tritt herein)*. Herr, ein ebräisch Weib, das wir auf dem Berg aufgegriffen haben, steht vor der Tür.

HOLOFERNES. Was für eine Art Weib?

DER HAUPTMANN. Herr, jeder Augenblick, daß du sie nicht siehst, ist ein verlorener. Wär sie nicht so schön, ich hätte sie nicht zu dir geführt. Wir lagen am Brunnen und harrten, ob sich jemand heranwagte. Da sahen wir sie kommen; ihre Magd hinterdrein, wie ihr Schatten. Sie war verschleiert und ging anfangs so schnell, daß die Magd ihr kaum zu folgen vermochte; dann hielt sie plötzlich inne, als wollte sie umkehren, und wandte sich gegen die Stadt und warf sich zu Boden und schien zu beten. Nun kam sie auf uns zu und ging zum Brunnen. Einer der Wächter trat ihr entgegen, ich dachte schon, er wollte ihr ein Leides tun, denn die Soldaten sind grimmig ob dem langen Müßiggang, aber er bückte sich und schöpfte und reichte ihr das Gefäß. Sie nahm es, ohne zu danken, und führte es an ihre Lippen, doch bevor sie noch getrunken hatte, setzte sie es wieder ab und goß es langsam aus. Dies verdroß den Wächter, er zog sein Schwert und zückte es gegen sie; da schlug sie ihren Schleier zurück und sah ihn an. Es fehlte wenig, so hätt er sich ihr zu Füßen geworfen; sie aber sprach: »Führt mich zum Holofernes! Ich komme, weil ich mich vor ihm demütigen und ihm die Heimlichkeiten der Meinigen offenbaren will.«

HOLOFERNES. Führe sie herein! *(Der Hauptmann ab)* Alle Weiber der Welt seh ich gern, ausgenommen eins, und das hab ich nie gesehen und werd es nie sehen.

EINER DER HAUPTLEUTE. Welche ist das?

HOLOFERNES. Meine Mutter! Ich hätt sie so wenig sehen mögen, als ich mein Grab sehen mag. Das freut mich am meisten, daß ich nicht weiß, woher ich kam! Jäger haben mich als einen derben Buben in der Löwenhöhle aufgelesen, eine Löwin hat mich gesäugt; darum ists kein Wunder, daß ich den Löwen selbst einst in diesen meinen Armen zusammendrückte. Was ist denn auch eine Mutter für ihren Sohn? Der Spiegel seiner Ohnmacht von gestern oder von morgen. Er kann sie nicht ansehen, ohne der Zeit zu gedenken, wo er ein erbärmlicher Wurm war, der die paar Tropfen Milch, die er schluckte, mit Schmätzen bezahlte. Und wenn er dies vergißt, so sieht er ein Gespenst in ihr, das ihm Alter und Tod vorgaukelt und ihm die eigene Gestalt, sein Fleisch und Blut, zuwider macht.

JUDITH *(tritt herein; sie wird von Mirza und dem Hauptmann, die beide an der Tür stehenbleiben, begleitet; sie ist anfangs verwirrt, faßt sich aber schnell, geht auf Holofernes zu und fällt ihm zu Füßen).*

Du bist der, den ich suche, du bist Holofernes.

HOLOFERNES. Du denkst, der muß hier der Herr sein, auf dessen Kleid das meiste Gold schimmert.

JUDITH. Nur einer kann so aussehen!

HOLOFERNES. Fänd ich den zweiten, so würd ich ihm den Kopf vor die Füße legen, denn auf mein Gesicht glaub ich allein ein Recht zu haben.

EINER DER HAUPTLEUTE *(zum andern).* Ein Volk, das solche Weiber hat, ist nicht zu verachten.

DER ZWEITE. Man sollt es allein der Weiber wegen bekriegen. Nun hat Holofernes einen Zeitvertreib. Vielleicht erstickt sie mit Küssen seinen ganzen Zorn.

HOLOFERNES *(in ihre Betrachtung verloren).* Ists einem nicht, solange man sie anschaut, als ob man ein köstlich Bad nähme? Man wird das, was man sieht! Die reiche, große Welt ging in das bißchen ausgespannte Haut, worin wir stecken, nicht hinein; wir erhielten Augen, damit wir sie stückweise einschlucken könnten! Nur die Blinden sind elend! Ich schwörs, ich will nie wieder jemand blenden lassen. *(Zu Judith)* Du liegst noch auf den Knieen? Steh auf! *(Sie tuts; er setzt sich auf seinen Fürstenstuhl unter den Teppich)* Wie heißt du?

JUDITH. Ich heiße Judith.

HOLOFERNES. Fürchte dich nicht, Judith! Du gefällst mir, wie mir noch keine gefiel.

JUDITH. Dies ist das Ziel aller meiner Wünsche.

HOLOFERNES. Nun sag an, warum hast du die in der Stadt verlassen und bist zu mir gekommen?

JUDITH. Weil ich weiß, daß dir niemand entgehen kann! Weil unser eigner Gott dir die Meinigen in die Hand geben will.

HOLOFERNES *(lachend).* Weil du ein Weib bist, weil du dich auf dich selbst verlässest, weil du weißt, daß Holofernes Augen hat, nicht wahr?

JUDITH. Höre mich gnädig an! Unser Gott ist erzürnt über uns, er hat längst durch seine Propheten verkündigen lassen, daß er das Volk strafen wolle um seiner Sünde willen.

HOLOFERNES. Was ist Sünde?

JUDITH *(nach einer Pause).* Ein Kind hat mich das einmal gefragt. Dies Kind hab ich geküßt. Was ich dir antworten soll, weiß ich nicht.

HOLOFERNES. Sprich weiter!

JUDITH. Nun stehen sie zwischen Gottes Zorn und deinem Zorn und zittern sehr. Dazu leiden sie Hunger und müssen verschmachten vor Durst. Und ihre große Not verleitet sie zu neuem Frevel. Sie wollen das heilige Opfer essen, das auch nur anzurühren ihnen verboten ist. Es wird in ihrem Eingeweide zu Feuer werden!

HOLOFERNES. Warum ergeben sie sich nicht?

JUDITH. Sie haben nicht den Mut! Sie wissen, daß sie das Ärgste verdient haben; wie könnten sie glauben, daß Gott es von ihnen abwenden werde! *(Für sich)* Ich will ihn versuchen. *(Laut)* Sie gehen weiter in ihrer Angst, als du in deinem Grimm gehen kannst. Deine Rache würde mich zermalmen, wollt ich dir sagen, wie ihre Furcht den Helden und den Mann in dir zu beflecken wagt! Ich schaue zu dir empor, ich erspähe in deinem Angesicht die edlen Grenzen deines Zornes, ich finde den Punkt, über den er in seiner wildesten Flamme gar nicht hinauslodern kann. Da muß ich erröten, denn ich erinnre mich dabei, daß sie sich erfrechen, jeden Greuel von dir zu erwarten, den ein schuldiges Gewissen in feiger Selbstpeinigung nur irgend auszusinnen vermag, daß sie sich erkühnen, in dir einen Henker zu sehen, weil sie selbst des Todes würdig sind. *(Sie fällt vor ihm nieder)* Auf meinen Knieen bitt ich dich wegen dieser Beleidigung meines verblendeten Volks um Vergebung.

HOLOFERNES. Was machst du? Ich will nicht, daß du vor mir knien sollst.

JUDITH *(steht auf).* Sie meinen, daß du sie alle töten willst! Du lächelst, statt empört zu sein? O, ich vergaß, wer du bist! Du kennst die Gemüter der Menschen, dich kann nichts überraschen, dich reizt es nur noch zum Spott, wenn dein Bild in einem trüben Spiegel entstellt und verzerrt erscheint. Aber, dies muß ich doch zum Ruhm der Meinigen sagen: sie selbst hätten einen solchen Gedanken nimmermehr gefaßt. Sie wollten dir das Tor öffnen, da trat Achior, der Moabiterhauptmann, unter sie und erschreckte sie. »Was wollt ihr tun«, rief er, »wißt ihr auch, daß Holofernes euch allen den Untergang geschworen hat?« Ich weiß, du hast ihm Leben und Freiheit geschenkt; du hast, weil du dich an einem Unwürdigen nicht rächen mochtest, ihn zu uns hinübergesandt, ihn großmütig in die Reihen deiner Feinde gestellt. Er dankt es dir dadurch, daß er dein Bild in Blut malt und dir jedes Herz abwendig macht. Nicht wahr, mein kleines Volk bildet sich zuviel ein, wenn es sich deines Zorns würdig dünkt? Wie könntest du hassen, die du gar nicht kanntest, die du nur zufällig auf deinem Wege antrafst und die dir nur darum nicht auswichen, weil die Angst sie erstarrte und ihnen Leben und Besinnung raubte? Und wenn wirklich etwas wie Mut sie beseelt hätte, könnte das dich reizen, von dir selbst abzufallen? Könnte Holofernes *sich selbst*, alles, was ihn groß und einzig macht, in anderen anfeinden und verfolgen? Das ist wider die Natur und geschieht nimmermehr! *(Sie sieht ihn an. Er schweigt)* O, ich möchte du sein! Nur einen Tag, nur eine Stunde! Dann wollt ich dadurch, daß ich das Schwert einsteckte, einen Triumph feiern, wie ihn noch keiner durch das Schwert gefeiert hat. Tausende zittern jetzt vor dir in jener Stadt. »Ihr habt mir getrotzt«, würd ich ihnen zurufen, »doch eben, weil ihr mich beleidigt habt, schenk ich euch das Leben; ich will mich rächen an euch, aber durch euch selbst; ich lasse euch frei ausgehen, damit ihr ganz meine Sklaven seid!«

HOLOFERNES. Weib, ahnst du auch, daß du mir dies alles unmöglich machst, indem du mich dazu aufforderst? Wäre der Gedanke in mir selbst aufgestiegen, vielleicht hätt ich ihn ausgeführt. Nun ist er dein und kann nimmer mein werden. Es tut mir leid, daß Achior recht behält!

JUDITH *(bricht in ein wildes Gelächter aus).* Vergib; gestatte mir, daß ich mich selbst verhöhne! Es sind Kinder in der Stadt, so unschuldig, daß sie lächeln werden, wenn sie das Eisen blinken sehen, das sie spießen soll. Es sind Jungfrauen in der Stadt, die vor dem Lichtstrahl zittern, der durch ihren Schleier dringen will. Ich dachte an den Tod, der diese Kinder erwartet, ich dachte an die Schmach, die diese Jungfrauen bedroht; ich malte mir das Gräßliche aus, und ich glaubte, niemand könne so stark sein, daß er vor solchen Bildern nicht zusammenschauderte. Verzeih, daß ich dir meine eigne Schwäche unterlegte!

HOLOFERNES. Du wolltest mich schmücken, und das verdient meinen Dank, wenn die Art mir auch nicht ansteht. Judith, wir müssen nicht miteinander rechten. Ich bin bestimmt, Wunden zu schlagen, du, Wunden zu heilen. Wär ich in meinem Beruf lässig, so hättest du keinen Zeitvertreib. Auch mit meinen Kriegern mußt dus nicht so genau nehmen. Leute, die heute nicht wissen, ob sie morgen noch da sind, müssen schon dreist zugreifen und sich den Magen etwas überladen, wenn sie ihren Teil von der Welt haben wollen.

JUDITH. Herr, du übertriffst mich an Weisheit ebenso weit wie an Mut und Kraft. Ich hatte mich in mir selbst verirrt, und nur dir dank ichs, daß ich mich wieder zurechtfand. Ha, wie töricht war ich! Ich weiß, daß sie alle den Tod verdient haben, daß er ihnen längst verkündigt worden ist; ich weiß, daß der Herr, mein Gott, dir das Rächeramt übertragen hat, und dennoch werf ich mich, von erbärmlichem Mitleid überwältigt, zwischen dich und sie. Heil mir, daß deine Hand das Schwert festhielt, daß du es nicht fallen ließest, um die Tränen eines Weibes zu trocknen. Wie würden sie in ihrem Übermut bestärkt worden sein! Was bliebe ihnen noch zu fürchten, wenn Holofernes an ihnen vorüberzöge wie ein Gewitter, das nicht zum Ausbruch kommt! Wer weiß, ob sie nicht Feigheit in deiner Großmut sehen und Spottlieder auf deine Barmherzigkeit machen würden! Jetzt sitzen sie im Sack und in der Asche und tun Buße, aber für jede Stunde der Enthaltsamkeit würden sie sich vielleicht durch einen Tag wilder Lust und Raserei entschädigen! Und all ihre Sünden würden auf meine Rechnung kommen, und ich müßte vergehen vor Reue und Scham. Nein, Herr, gedenk deines Schwurs und vertilg sie! Dies läßt der Herr, mein Gott, dir gebieten durch meinen Mund; er will dein Freund sein, wie du ihr Feind bist!

HOLOFERNES. Weib, es kommt mir vor, als ob du mit mir spieltest. Doch nein, ich beleidige mich selbst, indem ich dies für möglich halte. *(Nach einer Pause)* Du klagst die Deinigen hart an.

JUDITH. Meinst du, daß es mit leichtem Herzen geschieht? Es ist die Strafe meiner eignen Sünden, daß ich sie wegen der ihrigen verklagen muß. Glaube nicht, daß ich bloß darum von ihnen geflohen bin, weil ich dem allgemeinen Untergang, den ich vor Augen sah, entgehen wollte. Wer fühlte sich so rein, daß er, wenn der Herr ein großes Gericht hält, sich ihm zu entziehen wagte? Ich kam zu dir, weil mein Gott es mir gebot. Ich soll dich nach Jerusalem führen, ich soll dir mein Volk in die Hand geben wie eine Herde, die keinen Hirten hat. Dies hat er mir geheißen in einer Nacht, wo ich im verzweifelnden Gebet vor ihm auf den Knien lag, wo ich tausendfaches Verderben auf dich und die Deinigen von ihm herabflehte, wo jeder meiner Gedanken dich zu umschnüren und zu erwürgen suchte. Seine Stimme erscholl, und ich jauchzte hoch auf, aber er hatte mein Gebet verworfen, er sprach über mein Volk das Todesurteil, er lud auf meine Seele das Henkeramt. O, das war ein Wechsel! Ich erstarrte, aber ich gehorchte, ich verließ eilig die Stadt und schüttelte den Staub von meinen Füßen, ich trat vor dich hin und ermahnte dich, die zu vertilgen, für deren Rettung ich kurz zuvor noch Leib und Blut geopfert hätte. Siehe, sie werden mich schmähen und meinen Namen brandmarken für immer; das ist mehr als der Tod, dennoch beharr ich und wanke nicht!

HOLOFERNES. Sie werdens nicht tun. Kann dich einer schmähen, wenn ich keinen am Leben lasse? Wahrlich, wenn dein Gott ausrichten wird, was du gesagt hast, so soll er auch mein Gott sein, und dich will ich groß machen wie noch nie ein Weib! *(Zum Kämmerer)* Führe sie in die Schatzkammer und speise sie von meinem Tisch.

JUDITH. Herr, ich darf noch nicht essen von deiner Speise, denn ich würde mich versündigen. Ich kam ja nicht zu dir, um von meinem Gott abzufallen, sondern um ihm recht zu dienen. Ich habe etwas mit mir genommen, davon will ich essen.

HOLOFERNES. Und wenn das auf ist?

JUDITH. Sei gewiß, bevor ich dies wenige verzehren kann, wird mein Gott durch mich ausführen, was er vor hat. Auf fünf Tage hab ich genug, und in fünf Tagen bringt ers zu Ende. Noch weiß ich die Stunde nicht, und mein Gott wird sie mir nicht eher sagen, als bis sie da ist. Darum gib Befehl, daß ich, ohne von den Deinigen gehindert zu werden, hinausgehen darf ins Gebirg bis vor die Stadt, damit ich anbete und der Offenbarung harre.

HOLOFERNES. Die Erlaubnis hast du. Ich ließ die Schritte eines Weibes noch nie bewachen. Also in fünf Tagen, Judith!

JUDITH *(wirft sich ihm zu Füßen und geht zur Tür).* In fünf Tagen, Holofernes!

MIRZA *(die ihr Entsetzen und ihren Abscheu längst durch Gebärden zu erkennen gab).* Verfluchte, so bist du gekommen, dein Volk zu verraten?

JUDITH. Sprich laut! Es ist gut, wenn alle hören, daß auch du an meine Worte glaubst!

MIRZA. Sag selbst, Judith, muß ich dir nicht fluchen?

JUDITH. Wohl mir! Wenn du nicht zweifelst, so kann Holofernes gewiß nicht zweifeln!

MIRZA. Du weinst?

JUDITH. Freudentränen darüber, daß ich dich täuschte. Ich schaudere vor der Kraft der Lüge in meinem Munde. *(Ab)*

FÜNFTER AKT

Abend. Das erleuchtete Zelt des Holofernes. Hinten ein Vorhang, der das Schlafgemach verdeckt

Holofernes. Hauptleute. Kämmerer

HOLOFERNES *(zu einem der Hauptleute).* Du hast gekundschaftet? Wie steht es in der Stadt?

DER HAUPTMANN. Es ist, als ob sich alle darin selbst begraben hätten. Diejenigen, welche die Tore bewachen, sind wie aus dem Grabe emporgestiegen. Auf einen legte ich an, doch bevor ich noch abdrückte, fiel er schon von selbst tot zu Boden.

HOLOFERNES. Also Sieg ohne Krieg. Wär ich jünger, so mißfiele mirs. Da glaubt ich mein Leben zu stehlen, wenn ichs mir nicht täglich neu erkämpfte; was mir geschenkt wurde, meinte ich gar nicht zu besitzen.

DER HAUPTMANN. Priester sieht man stumm und ernsthaft durch die Gassen schleichen. Lange, weiße Gewänder, wie bei uns die Toten tragen. Hohle Augen, die den Himmel zu durchbohren suchen. Krampf in den Fingern, wenn sie die Hände falten.

HOLOFERNES. Daß man mir solche Priester nicht tötet! Die Verzweiflung in ihrem Gesicht ist mein Bundesgenosse.

DER HAUPTMANN. Wenn sie jetzt zum Himmel emporschauen, so gilt es nicht dem Gott, den sie dort suchen, es gilt einer

Regenwolke. Aber die Sonne zehrt die dünnen Wolken auf, die einen Tropfen der Erquickung versprechen, und auf die zerspringenden Lippen fällt ihr heißer Strahl. Dann ballen sich Hände, dann rollen Augen, dann zerstoßen sich Köpfe an den Mauern, daß Blut und Gehirn fließt!

HOLOFERNES. Wir sahen das öfter. *(Lachend)* Haben wir doch selbst eine Hungersnot erlebt, wo der eine scheu zurückwich, wenn der andre ihn küssen wollte, aus bloßer Furcht vor einem Biß in die Backe. Hallo, bereitet das Mahl, laßt uns lustig sein! *(Es geschieht)* Ist nicht morgen der fünfte Tag?

DER HAUPTMANN. Ja.

HOLOFERNES. Da wird sichs entscheiden! Übergibt sich Bethulien, wie diese Ebräerin verkündigte, kommt sie von selbst herangekrochen, die halsstarrige Stadt, und legt sich mir zu Füßen . . .

DER HAUPTMANN. Holofernes zweifelt?

HOLOFERNES. An allem, was er nicht befehlen kann. Aber geschiehts, wie das Weib verhieß, wird mir aufgemacht, ohne daß ich mit dem Schwerte anzuklopfen brauche, dann . . .

DER HAUPTMANN. Dann?

HOLOFERNES. Dann bekommen wir einen neuen Herrn. Wahrlich, ich habe geschworen, daß der Gott Israels, wenn er mir einen Gefallen tut, auch mein Gott sein soll, und bei allen, die schon meine Götter sind, beim Bel zu Babel und beim großen Baal, ich werds halten! Hier, diesen Becher mit Wein bring ich ihm dar, dem Je . . . Je . . . *(Zum Kämmerer)* Wie sagtest du doch, daß er heiße?

KÄMMERER. Jehova.

HOLOFERNES. Laß dir das Opfer gefallen, Jehova. Ein Mann bringts dir und ein solcher, der es nicht nötig hätte.

DER HAUPTMANN. Und wenn Bethulien sich nicht ergibt?

HOLOFERNES. Schwur gegen Schwur! Dann laß ich den Jehova auspeitschen, und die Stadt – doch ich will meinen Zorn nicht schon jetzt die Grenze abmessen! Es heißt den Blitz schulmeistern. Was macht die Ebräerin?

DER HAUPTMANN. O, sie ist schön. Aber sie ist auch spröde!

HOLOFERNES. Hast du sie versucht?

DER HAUPTMANN *(schweigt verlegen)*.

HOLOFERNES *(mit wildem Blick)*. Du wagtest das und wußtest, daß sie mir wohlgefällt? Nimm das, Hund! *(Er haut ihn nieder)* Schafft ihn weg und führt mir das Weib her. Es ist eine Schande, daß sie unberührt unter uns Assyriern einhergeht! *(Der Körper wird fortgeschafft)* Weib ist Weib, und doch bildet man sich ein, es sei ein Unterschied. Freilich fühlt ein Mann nirgends so sehr, wieviel er wert ist, als an Weibesbrust. Ha, wenn sie seiner Umarmung entgegenzittern, im Kampf zwischen Wollust und Schamgefühl; wenn sie Miene machen, als ob sie fliehen wollten, und dann mit einmal, von ihrer Natur übermannt, an seinen Hals fliegen, wenn ihr letztes bißchen Selbständigkeit und Bewußtsein sich aufrafft und sie, da sie nicht mehr trotzen können, zum freiwilligen Entgegenkommen antreibt; wenn dann, durch verräterische Küsse in jedem Blutstropfen geweckt, ihre Begierde mit der Begierde des Mannes in die Wette läuft und sie ihn auffordern, wo sie Widerstand leisten sollten – ja, das ist Leben, da erfährt mans, warum die Götter sich die Mühe gaben, Menschen zu machen, da hat man ein Genügen, ein überfließendes Maß! Und vollends, wenn ihre kleine Seele noch den Moment zuvor von Haß und feigem Groll erfüllt war, wenn das Auge, das jetzt in Wonne bricht, sich finster schloß, als der Überwinder hereintrat, wenn die Hand, die jetzt schmeichelnd drückt, ihm gern Gift in den Wein gemischt hätte! Das ist ein Triumph, wie keiner mehr, und den hab ich schon oft gefeiert. Auch diese Judith – zwar ist ihr Blick freundlich und ihre Wangen lächeln wie Sonnenschein; aber in ihrem Herzen wohnt niemand als ihr Gott, und den will ich jetzt vertreiben! In meinen Jugendtagen hab ich wohl, wenn ich einem Feind begegnete, statt mein eignes Schwert zu ziehen, ihm das seinige aus der Hand gewunden und ihn damit niedergehauen. So will ich auch diese vernichten; sie soll vor mir vergehen durch ihr eignes Gefühl, durch die Treulosigkeit ihrer Sinne!

JUDITH *(tritt mit Mirza ein)*. Du hast befohlen, hoher Herr, und deine Magd gehorcht.

HOLOFERNES. Setze dich, Judith, und iß und trink, denn du hast Gnade vor mir gefunden!

JUDITH. Das will ich, Herr, ich will fröhlich sein, denn ich bin mein Lebelang nicht so geehrt worden!

HOLOFERNES. Warum zögerst du?

JUDITH *(schaudernd, indem sie auf das frische Blut deutet).* Herr, ich bin ein Weib.

HOLOFERNES. Betrachte es recht, dies Blut. Es muß deiner Eitelkeit schmeicheln, denn es ist geflossen, weil es für dich entzündet war.

JUDITH. Wehe!

HOLOFERNES *(zu dem Kämmerer).* Andere Teppiche her! *(Zu den Hauptleuten)* Entfernt euch!

(Die Teppiche werden gebracht. Die Hauptleute gehen ab)

JUDITH *(für sich).* Mein Haar sträubt sich, aber doch dank ich dir, Gott, daß du mir den Entsetzlichen auch in dieser Gestalt zeigtest. Den Mörder kann ich leichter morden.

HOLOFERNES. Nun laß dich nieder! Du bist blaß geworden, dein Busen fliegt. Bin ich dir schrecklich?

JUDITH. Herr, du warst freundlich gegen mich!

HOLOFERNES. Sei aufrichtig, Weib!

JUDITH. Herr, du müßtest mich verachten, wenn ich –

HOLOFERNES. Nun?

JUDITH. Wenn ich dich lieben könnte.

HOLOFERNES. Weib, du wagst viel. Vergib! Du wagst nichts. Solch ein Wort hört ich noch nicht. Nimm die goldne Kette für dies Wort.

JUDITH *(verlegen).* Herr, ich verstehe dich nicht!

HOLOFERNES. Wehe dir, wenn du mich verstündest! Der Leu blickt ein Kind, das ihn verwegen an der Mähne zupft, weil es ihn nicht kennt, mit Freundlichkeit an. Wollte das Kind, nachdem es groß und klug geworden, dasselbe versuchen, der Leu würde es zerreißen. Setz dich zu mir, wir wollen plaudern. Sag mir, was dachtest du, als du zuerst vernahmst, daß ich mit Heeresmacht dein Vaterland bedrohte?

JUDITH. Ich dachte nichts.

HOLOFERNES. Weib, man denkt an manches, wenn man von Holofernes hört.

JUDITH. Ich dachte an den Gott meiner Väter.

HOLOFERNES. Und fluchtest mir?

JUDITH. Nein, ich hoffte, mein Gott werde es tun.

HOLOFERNES. Gib mir den ersten Kuß. *(Er küßt sie)*

JUDITH *(für sich).* O, warum bin ich Weib!

Holofernes. Und als du nun das Rollen meiner Wagen hörtest und das Stampfen meiner Kamele und das Klirren meiner Schwerter, was dachtest du da?

Judith. Ich dachte, du wärest nicht der einzige Mann in der Welt und aus Israel würde einer hervorgehen, der dir gleich sei.

Holofernes. Als du nun aber sahest, daß mein Name allein hinreichte, dein Volk in den Staub zu werfen, daß euer Gott das Wundertun vergaß und daß eure Männer sich Weiberkleider wünschten –

Judith. Da rief ich pfui aus und verhüllte mein Angesicht, sobald ich einen Mann erblickte, und wenn ich beten wollte, so empörten sich meine Gedanken gegen mich selbst und zerfleischten sich untereinander und ringelten sich wie Schlangen um das Bild meines Gottes herum. O, seit ich das empfand, schaudere ich vor meiner eigenen Brust; sie kommt mir vor wie eine Höhle, in die die Sonne hineinscheint, und die dennoch in heimlichen Winkeln das schlimmste Gewürm beherbergt.

Holofernes *(betrachtet sie von der Seite).* Wie sie glüht! Sie erinnert mich an eine Feuerkugel, die ich einst in dunkler Nacht am Himmel aufsteigen sah. Sei mir willkommen, Wollust, an den Flammen des Hasses ausgekocht! Küsse mich, Judith! *(Sie tuts)* Ihre Lippen bohren sich ein wie Blutigel und sind doch kalt. Trink Wein, Judith! Im Wein ist alles, was uns fehlt!

Judith *(trinkt, nachdem ihr Mirza eingeschenkt hat).* Ja, im Wein ist Mut, Mut!

Holofernes. Also Mut bedarfst du, um mit mir an meiner Tafel zu sitzen, um meine Blicke auszuhalten und meinen Küssen entgegenzukommen? Armes Geschöpf!

Judith. O du – *(Sich fassend)* Vergib! *(Sie weint)*

Holofernes. Judith, ich schaue in dein Herz hinein. Du hassest mich. Gib mir deine Hand und erzähle mir von deinem Haß!

Judith. Meine Hand? O Hohn, der die Axt an die Wurzeln meiner Menschheit legt!

Holofernes. Wahrlich, wahrlich, dies Weib ist begehrungswert!

JUDITH. Spring auf, mein Herz! Halte nichts mehr zurück! *(Sie richtet sich auf)* Ja, ich hasse dich, ich verfluche dich, und ich muß es dir sagen, du mußt wissen, wie ich dich hasse, wie ich dich verfluche, wenn ich nicht wahnsinnig werden soll! Nun töte mich!

HOLOFERNES. Dich töten? morgen vielleicht; heute wollen wir erst miteinander zu Bett gehen.

JUDITH *(für sich)*. Wie ist mir auf einmal so leicht! Nun darf ichs tun!

KÄMMERER *(tritt ein)*. Herr, ein Ebräer harret draußen vor dem Zelt. Er bittet dringend, vor dich gelassen zu werden. Dinge von höchster Wichtigkeit – – –

HOLOFERNES *(erhebt sich)*. Vom Feind? Führ ihn herein! *(Zu Judith)* Ob sie sich ergeben wollen? Dann nenne mir doch schnell die Namen deiner Vettern und Freunde! Die will ich verschonen!

EPHRAIM *(stürzt ihm zu Füßen)*. Herr, sicherst du mir mein Leben?

HOLOFERNES. Ich sichre es dir!

EPHRAIM. Wohlan! *(Nähert sich ihm, zieht rasch sein Schwert und haut nach ihm. Holofernes weicht aus)*

KÄMMERER *(tritt hastig herein)*. Schurk, ich will dir zeigen, wie man Männer niederhaut! *(Will Ephraim niederhauen)*

HOLOFERNES. Halt!

EPHRAIM *(will sich selbst in sein Schwert stürzen)*. Das sah Judith! Ewige Schande über mich!

HOLOFERNES *(verhindert ihn)*. Untersteh dichs nicht zum zweitenmal! Willst du mir das Halten meines Worts unmöglich machen? Ich sicherte dir dein Leben, ich muß dich also auch gegen dich selbst schützen! Ergreift ihn! Ist nicht mein Lieblingsaffe verreckt? Steckt ihn in dessen Käfig und lehrt ihn die Kunststücke seines schnurrigen Vorgängers! Der Mensch ist eine Merkwürdigkeit, er ist der einzige, der sich berühmen kann, nach dem Holofernes gehauen zu haben und mit heiler Haut davongekommen zu sein. Ich will ihn bei Hofe zeigen. *(Kämmerer mit Ephraim ab. Zu Judith)* Gibts viele Schlangen in Bethulien?

JUDITH. Nein, aber manchen Rasenden.

HOLOFERNES. Den Holofernes töten; auslöschen den Blitz, der

mit dem Weltbrande droht; eine Unsterblichkeit im Keim erdrücken, einen kühnen Anfang zum großmaulichten Prahler machen, indem man ihn um sein Ende verkürzt – o, das mag verlockend sein! Das heißt eingreifen in die Zügel des Geschicks! Dazu könnt ich mich selbst verführen lassen, wenn ich nicht wäre, der ich bin! Aber das Große auf kleine Weise tun wollen, dem Löwen erst ein Netz aus seinem eignen Edelmut spinnen und ihm dann mit dem Mord auf den Leib rücken, die Tat wagen und die Gefahr feig und klug vorher abkaufen: nicht wahr, Judith, das heißt Götter machen aus Dreck? Dazu wirst du doch pfui! sagen müssen, und wenns dein bester Freund gegen deinen ärgsten Feind versucht?

JUDITH. Du bist groß und andere sind klein *(Leise)* Gott meiner Väter, schütze mich vor mir selbst, daß ich nicht verehren muß, was ich verabscheue! Er ist ein Mann.

HOLOFERNES *(zum Kämmerer)*. Bereite mir das Lager! *(Kämmerer ab)* Siehe, Weib, diese meine Arme sind bis an den Ellenbogen in Blut getaucht, jeder meiner Gedanken gebiert Greuel und Verwüstung, mein Wort ist Tod; die Welt kommt mir jämmerlich vor, mir deucht, ich bin geboren, sie zu zerstören, damit was Besseres kommen kann. Die Menschen verfluchen mich, aber ihr Fluch haftet nicht an meiner Seele, sie rührt ihre Schwingen und schüttelt ihn ab wie ein Nichts; ich muß also wohl im Recht sein. »O, Holofernes, du weißt nicht, wie das tut!« ächzte einmal einer, den ich auf glühendem Rost braten ließ. »Ich weiß das wirklich nicht«, sagte ich und legte mich an seine Seite. Bewundere das nicht, es war eine Torheit!

JUDITH *(für sich)*. Hör auf, hör auf! Ich muß ihn morden, wenn ich nicht vor ihm knien soll.

HOLOFERNES. Kraft! Kraft! Das ists. Er komme, der sich mir entgegenstellt, der mich darniederwirft. Ich sehne mich nach ihm! Es ist öde, nichts ehren können als sich selbst. Er mag mich im Mörser zerstampfen und, wenns ihm so gefällt, mit dem Brei das Loch ausfüllen, das ich in die Welt riß. Ich bohre tiefer und immer tiefer mit meinem Schwert; wenn das Zetergeschrei den Retter nicht weckt, so ist keiner da. Der Orkan durchsaust die Lüfte, er will seinen Bruder kennenlernen. Aber die Eichen, die ihm zu trotzen scheinen, entwurzelt er, die Türme stürzt er um, und den Erdball hebt er aus den Angeln. Da wirds ihm klar, daß es seinesgleichen nicht gibt, und vor Ekel schläft er ein. Ob Nebukadnezar mein Bruder ist? Mein Herr ist er ganz gewiß. Vielleicht wirft er meinen Kopf noch einmal den Hunden vor. Wohl bekomm ihnen die Speise! Vielleicht füttre ich mit seinen Eingeweiden noch einmal die Tiger Assyriens. Dann – ja dann weiß ich, daß ich das Maß der Menschheit bin, und eine Ewigkeit hindurch stehe ich vor ihrem schwindelnden Auge als unerreichbare, schreckenumgürtete Gottheit! O, der letzte Moment, der letzte! wäre er doch schon da! »Kommt her, alle, denen ich wehe tat«, ruf ich aus, »ihr, die ich verstümmelte, ihr, denen ich die Weiber aus den Armen und die Töchter von der Seite riß, kommt und ersinnt Qualen für mich! Zapft mir mein Blut ab und laßt michs trinken, schneidet mir Fleisch aus den Lenden und gebt mirs zu essen!« Und wenn sie das Ärgste mir getan zu haben glauben und ich ihnen doch noch etwas Ärgeres nenne und sie freundlich bitte, es mir nicht zu versagen, wenn sie mit grausendem Erstaunen umherstehen und ich sie, trotz all meiner Pein, in Tod und Wahnsinn hineinlächle, dann donnre ich ihnen zu: »Kniet nieder, denn ich bin euer Gott«, und schließe Lippen und Augen und sterbe still und geheim.

JUDITH *(zitternd)*. Und wenn der Himmel seinen Blitz nach dir wirft, um dich zu zerschmettern?

HOLOFERNES. Dann reck ich die Hand aus, als ob ich selbst es ihm geböte, und der Todesstrahl umkleidet mich mit düstrer Majestät.

JUDITH. Ungeheuer! Grauenvoll! Meine Empfindungen und Gedanken fliegen durcheinander wie dürre Blätter. Mensch, entsetzlicher, du drängst dich zwischen mich und meinen Gott! Ich muß beten in diesem Augenblick und kanns nicht!

HOLOFERNES. Stürz hin und bete mich an!

JUDITH. Ha, nun seh ich wieder klar! Dich? Du trotzest auf deine Kraft. Ahnst du denn gar nicht, daß sie sich verwandelt hat? daß sie dein Feind geworden ist?

HOLOFERNES. Ich freue mich, etwas Neues zu hören.

JUDITH. Du glaubst, sie sei da, um gegen die Welt Sturm zu laufen; wie, wenn sie da wäre, um sich selbst zu beherrschen?

Du aber hast sie zum Futter deiner Leidenschaft gemacht, du bist der Reiter, den seine Rosse verzehren.

HOLOFERNES. Ja, ja, die Kraft ist zum Selbstmord berufen, so spricht die Weisheit, die keine Kraft ist. Kämpfen mit mir selbst, aus meinem linken Bein den Knochen machen, über den das rechte stolpert, damit es nur ja den benachbarten Ameisenhaufen nicht zertrete. Jener Narr in der Wüste, der mit seinem Schatten focht und der, als die Nacht hereinbrach, ausrief: »Nun bin ich geschlagen, nun ist mein Feind so groß wie die Welt« – jener Narr war eigentlich sehr gescheut, nicht wahr? O, zeigt mir doch das Feuer, das sich selbst ausgießt! Findet ihrs nicht? So zeigt mir das, das sich durch sich selbst ernährt! Findet ihrs auch nicht? So sagt mir, steht dem Baum, den es verzehrt, der Richterspruch über das Feuer zu?

JUDITH. Ich weiß nicht, ob man dir was antworten kann. Wo der Sitz meiner Gedanken war, da ist jetzt Öde und Finsternis. Selbst mein Herz versteh ich nicht mehr.

HOLOFERNES. Du hast ein Recht, über mich zu lachen. Man muß einem Weibe so etwas nicht begreiflich machen wollen.

JUDITH. Lerne das Weib achten! Es steht vor dir, um dich zu ermorden! Und es sagt dir das!

HOLOFERNES. Und es sagt mir das, um sich die Tat unmöglich zu machen! O Feigheit, die sich für Größe hält! Doch du willsts auch wohl nur, weil ich nicht mit dir zu Bette gehe! Um mich vor dir zu schützen, brauch ich dir bloß ein Kind zu machen!

JUDITH. Du kennst kein ebräisch Weib! Du kennst nur Kreaturen, die sich in ihrer tiefsten Erniedrigung am glücklichsten fühlen.

HOLOFERNES. Komm, Judith, ich will dich kennenlernen! Sträube dich immerhin noch ein wenig, ich will dir selbst sagen, wie lange. Noch einen Becher! *(Er trinkt)* Nun stell das Sträuben ein, es ist genug! - *(Zum Kämmerer)* Fort mit dir! Und wer mich in dieser Nacht stört, den kostets den Kopf! *(Er führt Judith mit Gewalt ab)*

JUDITH *(im Abgehen)*. Ich muß – ich will – pfui über mich in Zeit und Ewigkeit, wenn ich nicht kann!

KÄMMERER *(zu Mirza)*. Du willst hierbleiben?

MIRZA. Ich muß meiner Gebieterin warten!

KÄMMERER. Warum bist du nicht ein Weib wie Judith? Dann könnt ich ebenso glücklich sein wie mein Herr!

MIRZA. Warum bist du nicht ein Mann wie Holofernes?

KÄMMERER. Ich bin, der ich bin, damit Holofernes seine Bequemlichkeit habe. Damit der große Held sich nicht selbst die Speisen aufzutragen und den Wein einzuschenken braucht. Damit er einen hat, der ihn zu Bett bringt, wenn er betrunken ist. Nun aber gib auch du mir Antwort! Wozu sind die häßlichen Weiber in der Welt?

MIRZA. Damit ein Narr sie verspotten kann.

KÄMMERER. Jawohl, und damit man ihnen bei Licht ins Gesicht speie, wenn man das Unglück hatte, sie im Dunkeln zu küssen. Holofernes hat einmal ein Weib, das zur ungelegenen Zeit vor ihn trat, niedergehauen, weil er es nicht schön genug fand. Der trifft immer das Rechte. Verkriech dich in eine Ecke, ebräische Spinne, und sei still. *(Er geht ab)*

MIRZA *(allein)*. Still! Ja, still! Ich glaube, dort *(sie deutet auf das Schlafgemach)* wird jemand ermordet; ich weiß nicht, ob Holofernes oder Judith! Still! still! Ich stand einmal an einem Wasser und sah, wie ein Mensch darin ertrank. Die Angst trieb mich, ihm nachzuspringen; die Angst hielt mich wieder zurück. Da schrie ich, so laut ich konnte, und ich schrie nur, um sein Schreien nicht zu hören. So red ich jetzt! O Judith! Judith! Als du zum Holofernes kamst und ihm mit einer Verstellung, die ich nicht faßte, dein Volk in die Hände zu liefern versprachst, da hielt ich dich einen Augenblick für eine Verräterin. Ich tat dir unrecht, und ich fühlte es gleich. O, möchte ich dir auch jetzt unrecht tun! Möchten deine halben Worte, deine Blicke und Gebärden mich auch jetzt täuschen, wie damals! Ich habe keinen Mut, ich fürchte mich sehr; aber nicht die Furcht spricht jetzt aus mir, nicht die Angst vor dem Mißlingen. Ein Weib soll Männer gebären, nimmermehr soll sie Männer töten!

JUDITH *(stürzt mit aufgelöstem Haar schwankend herein. Ein zweiter Vorhang wird zurückgeschlagen. Man sieht den* Holofernes *schlafen. Zu seinen Häupten hängt sein Schwert)*. Es ist hier zu hell, zu hell! Lösch die Lichter, Mirza, sie sind unverschämt!

MIRZA *(aufjauchzend)*. Sie lebt und er lebt! – *(Zu Judith)* Wie ist dir, Judith? Deine Wangen glühen, als wollte das Blut herausspringen! Dein Auge blickt scheu!

JUDITH. Sieh mich nicht an, Mädchen! Niemand soll mich ansehen! *(Sie schwankt)*

MIRZA. Lehne dich an mich, du schwankst!

JUDITH. Wie, ich wäre so schwach? Fort von mir! Ich kann stehen, o, ich kann noch mehr als stehen, ich kann unendlich viel mehr!

MIRZA. Komm, laß uns fliehen von hier!

JUDITH. Was? Bist du in seinem Solde? Daß er mich mit sich fortzerrte, daß er mich zu sich riß auf sein schändliches Lager, daß er meine Seele erstickte, alles dies duldetest du? Und nun ich mich bezahlt machen will für die Vernichtung, die ich in seinen Armen empfand, nun ich mich rächen will für den rohen Griff in meine Menschheit hinein, nun ich mit seinem Herzblut die entehrenden Küsse, die noch auf meinen Lippen brennen, abwaschen will, nun errötest du nicht, mich fortzuziehen?

MIRZA. Unglückliche, was sinnst du?

JUDITH. Elendes Geschöpf, das weißt du nicht? Das sagt dir dein Herz nicht? Mord sinne ich! – *(Da Mirza zurücktritt)* Gibts denn noch eine Wahl? – Sag mir das, Mirza! Ich wähle den Mord nicht, wenn ich – was red ich da! Sprich kein Wort mehr, Magd! Die Welt dreht sich um mich.

MIRZA. Komm!

JUDITH. Nimmermehr! Ich will dich deine Pflicht lehren! Sieh, Mirza, ich bin ein Weib! O, ich sollte das jetzt nicht fühlen! Höre mich, und tu, worum ich dich bitte. Wenn meine Kraft mich verlassen, wenn ich ohnmächtig hinsinken sollte, dann bespritz mich nicht mit Wasser. Das hilft nicht. Ruf mir ins Ohr: »Du bist eine Hure!« Dann spring ich auf, vielleicht pack ich dich und will dich würgen. Dann erschrick nicht, sondern ruf mir zu: »Holofernes hat dich zur Hure gemacht, und Holofernes lebt noch!« O, Mirza, dann werd ich ein Held sein, ein Held wie Holofernes!

MIRZA. Deine Gedanken wachsen über dich hinaus!

JUDITH. Du verstehst mich nicht! Aber du mußt, du sollst mich verstehen. Mirza, du bist ein Mädchen. Laß mich hineinleuchten in das Heiligtum deiner Mädchenseele! Ein Mädchen ist ein törichtes Wesen, das vor seinen eigenen Träumen zittert, weil ein Traum es tödlich verletzen kann, und das doch nur von der Hoffnung lebt, nicht ewig ein Mädchen zu bleiben. Für ein Mädchen gibt es keinen größeren Moment als den, wo es aufhört, eins zu sein, und jede Wallung des Bluts, die es vorher bekämpfte, jeder Seufzer, den es erstickte, erhöht den Wert des Opfers, das es in jenem Moment zu bringen hat. Es bringt sein Alles – ist es ein zu stolzes Verlangen, wenn es durch sein Alles Entzücken und Seligkeit einflößen will? Mirza, hörst du mich?

MIRZA. Wie sollt ich dich nicht hören!

JUDITH. Nun denk es dir in seiner ganzen nackten Entsetzlichkeit, nun mal es dir aus bis zu dem Punkt, wo die Scham sich mit aufgehobenen Händen zwischen dich und deine Vorstellungen wirft, und wo du eine Welt verfluchst, in der das Ungeheuerste möglich ist!

MIRZA. Was denn? Was soll ich mir ausmalen?

JUDITH. Was du dir ausmalen sollst? Dich selbst in deiner tiefsten Erniedrigung – den Augenblick, wo du an Leib und Seel ausgekeltert wirst, um an die Stelle des gemißbrauchten Weins zu treten und einen gemeinen Rausch mit einem noch gemeineren schließen zu helfen – wo die einschlafende Begier von deinen eigenen Lippen so viel Feuer borgt, als sie braucht, um an deinem Heiligsten den Mord zu vollziehen – wo deine Sinne selbst, wie betrunken gemachte Sklaven, die ihren Herrn nicht mehr kennen, gegen dich aufstehen –, wo du anfängst, dein ganzes voriges Leben, all dein Denken und Empfinden, für eine bloße hochmütige Träumerei zu halten, und deine Schande für dein wahres Sein!

MIRZA. Wohl mir, daß ich nicht schön bin!

JUDITH. Das übersah ich, als ich hierher kam. Aber, wie sichtbar trat es mir entgegen, als ich *(sie zeigt auf die Kammer)* dort einging, als mein erster Blick auf das bereitete Lager fiel. Auf die Kniee warf ich mich nieder vor dem Gräßlichen und stöhnte: »Verschone mich!« Hätte er auf den Angstschrei meiner Seele gehört, nimmer, nimmer würd ich ihn – – doch seine Antwort war, daß er mir das Brusttuch abriß und meine Brüste pries. In die Lippen biß ich ihn, als er mich küßte. »Mäßige deine Glut! du gehst zu weit!« hohnlachte er und – o, mein Bewußtsein wollte mich verlassen, ich war nur noch ein Krampf, da blinkte mir was Glänzendes ins Auge. Es war sein Schwert. An dies Schwert klammerten sich meine schwindelnden Gedanken an, und hab ich in meiner Entwürdigung das Recht des Daseins eingebüßt: mit diesem Schwert will ichs mir wieder erkämpfen! Bete für mich! jetzt tu ichs!

(Sie stürzt in die Kammer und langt das Schwert herunter)

MIRZA *(auf den Knien).* Weck ihn auf, Gott!

JUDITH *(sinkt in die Knie).* O Mirza, was betest du?

MIRZA *(erhebt sich wieder).* Gott sei gelobt, sie kanns nicht!

JUDITH. Nicht wahr, Mirza, der Schlaf ist Gott selbst, der die müden Menschen umarmt; wer schläft, muß sicher sein! *(Sie erhebt sich und betrachtet Holofernes)* Und er schläft ruhig, er ahnt nicht, daß der Mord sein eignes Schwert wider ihn zückt. Er schläft ruhig – ha, feiges Weib, was dich empören sollte, macht dich mitleidig? Dieser ruhige Schlaf nach einer solchen Stunde, ist er nicht der ärgste Frevel? Bin ich denn ein Wurm, daß man mich zertreten und als ob nichts geschehen wäre, ruhig einschlafen darf? Ich bin kein Wurm. *(Sie zieht das Schwert aus der Scheide)* Er lächelt. Ich kenn es, dies Höllenlächeln; so lächelte er, als er mich zu sich niederzog, als er – – Töt ihn, Judith, er entehrt dich zum zweitenmal in seinem Traum, sein Schlaf ist nichts als ein hündisches Wiederkäuen deiner Schmach. Er regt sich. Willst du zögern, bis die wieder hungrige Begier ihn weckt, bis er dich abermals ergreift und – *(sie haut des Holofernes Haupt herunter)* Siehst du, Mirza, da liegt sein Haupt! Ha, Holofernes, achtest du mich jetzt?

MIRZA *(wird ohnmächtig).* Halte mich!

JUDITH *(von Schauern geschüttelt).* Sie wird ohnmächtig – ist denn meine Tat ein Greuel, daß sie dieser hier das Blut in den Adern erstarren macht und sie wie tot daniederwirft? *(Heftig)* Wach auf aus deiner Ohnmacht, Törin, deine Ohnmacht klagt mich an, und das duld ich nicht!

MIRZA *(erwachend).* Wirf doch ein Tuch darüber!

JUDITH. Sei stark, Mirza, ich flehe dich, sei stark! Jeder deiner Schauer kostet mich einen Teil meiner selbst; dies dein

Zurückschwindeln, dies grausame Abwenden deiner Blicke, dies Erblassen deines Gesichts könnte mir einreden, ich habe das Unmenschliche getan, und dann müßt ich ja mich selbst ... *(Sie greift nach dem Schwert)*

MIRZA *(wirft sich ihr an die Brust).*

JUDITH. Juble, mein Herz, Mirza kann mich noch umarmen! Aber weh mir, sie flüchtet sich wohl nur an meine Brust, weil sie den Toten nicht ansehen kann, weil sie vor der zweiten Ohnmacht zittert. Oder kostet dich die Umarmung die zweite Ohnmacht? *(Stößt sie von sich)*

MIRZA. Du tust mir weh! und dir noch mehr!

JUDITH *(faßt ihre Hand, sanft).* Nicht wahr, Mirza, wenns ein Greuel wäre, wenn ich wirklich gefrevelt hätte, du würdest mich das ja nicht fühlen lassen? Du würdest ja, und wollt ich selbst über mich zu Gericht sitzen und mich verdammen, freundlich zu mir sagen: »Du tust dir unrecht, es war eine Heldentat!«

MIRZA *(schweigt).*

JUDITH. Ha! bild dir nur nicht ein, daß ich schon als Bettlerin vor dir stehe, daß ich mich schon verdammt habe und von dir die Begnadigung erwarte. Es *ist* eine Heldentat, denn jener war Holofernes, und ich – ich bin ein Ding wie du! Es ist mehr als eine Heldentat; ich möchte den Helden sehen, den seine größte Tat nur halb soviel gekostet hat wie mich die meinige.

MIRZA. Du sprachst von Rache. Eins muß ich dich fragen: Warum kamst du im Glanz deiner Schönheit in dies Heidenlager? Hättest du es nie betreten, du hättest nichts zu rächen gehabt.

JUDITH. Warum ich kam? Das Elend meines Volkes peitschte mich hierher, die dräuende Hungersnot, der Gedanke an jene Mutter, die sich ihren Puls aufriß, um ihr verschmachtendes Kind zu tränken. O, nun bin ich wieder mit mir ausgesöhnt. Dies alles hatt ich über mich selbst vergessen!

MIRZA. Du hattest es vergessen. Das also wars nicht, was dich trieb, als du deine Hand in Blut tauchtest!

JUDITH *(langsam, vernichtet).* Nein – nein – du hast recht – das wars nicht – nichts trieb mich, als der Gedanke an mich selbst. O, hier ist ein Wirbel! Mein Volk ist erlöst, doch wenn ein Stein den Holofernes zerschmettert hätte – es wäre dem Stein mehr Dank schuldig als jetzt mir! Dank? Wer will den? Aber jetzt muß ich meine Tat allein tragen, und sie zermalmt mich!

MIRZA. Holofernes hat dich umarmt. Wenn du ihm einen Sohn gebierst: was willst du antworten, wenn er dich nach seinem Vater fragt?

JUDITH. O, Mirza, ich muß sterben, und ich wills. Ha! ich will durch das schlafende Lager eilen, ich will das Haupt des Holofernes emporheben, ich will meinen Mord ausschreien, daß Tausende aufstehen und mich in Stücke zerreißen! *(Will fort)*

MIRZA *(ruhig)*. Dann zerreißen sie auch mich.

JUDITH *(bleibt stehen)*. Was soll ich tun! Mein Hirn löst sich in Rauch auf, mein Herz ist wie eine Todeswunde. Und doch kann ich nichts denken als mich selbst. Wär das doch anders! Ich fühl mich wie ein Auge, das nach innen gerichtet ist. Und wie ich mich so scharf betrachte, werd ich kleiner, immer kleiner, noch kleiner, ich muß aufhören, sonst verschwind ich ganz ins Nichts.

MIRZA *(aufhorchend)*. Gott, man kommt!

JUDITH *(verwirrt)*. Ruhig! Ruhig! Es kann niemand kommen! Ich hab die Welt ins Herz gestochen *(lachend)*, und ich traf sie gut! Sie soll wohl stehenbleiben! Was Gott nur dazu sagt, wenn er morgen früh herunterschaut und sieht, daß die Sonne nicht mehr gehen kann und daß die Sterne lahm geworden sind. Ob er mich strafen wird? O nein, ich bin ja die einzige, die noch lebt; wo käme wieder Leben her? Wie könnt er mich töten?

MIRZA. Judith!

JUDITH. Au, mein Name tut mir weh!

MIRZA. Judith!

JUDITH *(unwillig)*. Laß mich schlafen! Träume sind Träume! Ists nicht lächerlich? Ich könnte jetzt weinen! Hätt ich nur einen, der mir sagte, warum.

MIRZA. Es ist aus mit ihr! Judith, du bist ein Kind!

JUDITH. Jawohl, Gott Lob! Denk dir nur, das wußt ich nicht mehr, ich hatte mich ordentlich in die Vernunft hineingespielt, wie in einen Kerker, und es war hinter mir zugefallen, schrecklich, fest wie eine eherne Tür. *(Lachend)* Nicht wahr, ich bin morgen noch nicht alt, und übermorgen auch noch nicht? Komm, wir wollen wieder spielen, aber was Besseres. Eben war ich ein böses Weib, das einen umgebracht hatte! Hu! Sag mir, was ich nun sein soll!

MIRZA *(abgewandt)*. Gott! Sie wird wahnsinnig.

JUDITH. Sag mir, was ich sein soll! Schnell! Schnell! sonst werd ich wieder, was ich war.

MIRZA *(deutet auf Holofernes)*. Sieh!

JUDITH. Meinst du, daß ichs nicht mehr weiß? O doch! doch! Ich bettle ja bloß um den Wahnsinn, aber es dämmert nur hin und wieder ein wenig in mir, finster wirds nicht. In meinem Kopf sind tausend Maulwurfslöcher, doch sind sie alle für meinen großen dicken Verstand zu klein, er sucht umsonst, hineinzukriechen.

MIRZA *(in höchster Angst)*. Der Morgen ist nicht mehr fern; sie martern mich und dich zu Tode, wenn sie uns hier finden; sie reißen uns Glied nach Glied ab.

JUDITH. Glaubst du wirklich, daß man sterben kann? Ich weiß wohl, daß alle das glauben und daß mans glauben soll. Sonst glaubt ichs auch, jetzt scheint mir der Tod ein Unding, eine Unmöglichkeit. Sterben! Ha! Was jetzt in mir nagt, wird ewig nagen, das ist nicht wie Zahnweh oder ein Fieber, es ist schon eins mit mir selbst, und es reicht aus für immer. O, man lernt was im Schmerz. *(Sie deutet auf Holofernes)* Auch der ist nicht tot! Wer weiß, ob nicht er es ist, der mir dies alles sagt, ob er sich nicht dadurch an mir rächt, daß er meinen schaudernden Geist mit dem Geheimnis seiner Unsterblichkeit bekannt macht!

MIRZA. Judith, hab Erbarmen und komm!

JUDITH. Ja, ja, ich bitte dich, Mirza, sag du mir immer, was ich tun soll, ich hab eine Angst, noch selbst etwas zu tun.

MIRZA. So folge mir.

JUDITH. Ach, du mußt aber das Wichtigste nicht vergessen. Steck den Kopf dort in den Sack, den laß ich hier nicht zurück. Du willst nicht? Dann geh ich keinen Schritt! *(Mirza tuts mit Schaudern)* Sieh, der Kopf ist mein Eigentum, den muß ich mitbringen, damit man mirs in Bethulien glaubt, daß ich – – weh, weh, man wird mich rühmen und preisen, wenn ichs nun verkünde, und noch einmal wehe, mir ist, als hätt ich auch daran vorher gedacht!

MIRZA *(will gehen).* Jetzt?

JUDITH. Mir wirds hell. Hör, Mirza, ich will sagen, du hasts getan!

MIRZA. Ich?

JUDITH. Ja, Mirza! Ich will sagen, mir sei in der Stunde der Entscheidung der Mut abtrünnig geworden, aber über dich sei der Geist des Herrn gekommen und du habest dein Volk von seinem größten Widersacher erlöst. Dann wird man mich verachten wie ein Werkzeug, das der Herr verworfen hat, und dir wird Preis und Lobgesang in Israel.

MIRZA. Nimmermehr!

JUDITH. O, du hast recht! Es war Feigheit. Ihr Jubelruf, ihr Zimbelklang und Paukenschlag wird mich zerschmettern, und dann hab ich meinen Lohn. Komm!

(Beide ab)

Die Stadt Bethulien wie im dritten Akt

Öffentlicher Platz mit Aussicht auf das Tor. Wachen am Tor
Viel Volk, liegend und stehend, in mannigfaltigen Gruppen
Es wird Morgen
Zwei Priester von einer Gruppe Weiber, Mütter usw. umringt

EIN WEIB. Habt ihr uns betrogen, als ihr sagtet, daß unser Gott allmächtig sei? Ist er wie ein Mensch, daß er nicht halten kann, was er verspricht?

PRIESTER. Er ist allmächtig. Aber ihr selbst habt ihm die Hände gebunden. Er darf euch nur helfen, wie ihrs verdient.

WEIBER. Wehe, wehe, was wird mit uns geschehn?

PRIESTER. Sehet hinter euch, dann wisset ihr, was vor euch steht!

EINE MUTTER. Kann eine Mutter sich so versündigen, daß ihr unschuldiges Kind verdursten muß? *(Hält ihr Kind empor)*

PRIESTER. Die Rache hat keine Grenzen, denn die Sünde hat keine.

MUTTER. Ich sage dir, Priester, eine Mutter kann sich nicht so versündigen! In ihrem Schoß mag der Herr, wenn er zürnt, ihr Kind noch ersticken; ists geboren, so solls leben. Darum gebären wir, daß wir unser Selbst doppelt haben, daß wirs im Kinde, wo es uns rein und heilig anlacht, lieben können, wenn wirs in uns hassen und verachten müssen.

PRIESTER. Du schmeichelst dir! Gott läßt dich gebären, damit er dich in deinem Fleisch und Blut züchtigen, dich noch übers Grab hinaus verfolgen kann!

DER ZWEITE PRIESTER *(zum ersten).* Gibts nicht schon genug Verzweifelte in der Stadt?

ERSTER PRIESTER. Willst du müßig sein, da du säen solltest? Treib deine Wurzel, da der Boden locker ist!

MUTTER. Mein Kind soll nicht für mich leiden. Nimms hin! ich will mich in meine Kammer verschließen und mich auf all meine Sünden besinnen und mir für jede eine zweifache Marter antun; ich will mich peinigen, bis ich sterbe oder bis Gott selbst vom Himmel herunterruft: »Hör auf!«

ZWEITER PRIESTER. Behalt dein Kind und pflegs! Das will der Herr, dein Gott!

DIE MUTTER *(drückt es an die Brust).* Ja, ich will es so lange ansehen, bis es bleich wird, bis sein Wimmern in sich selbst erstickt und sein Atem stockt; ich will keinen Blick von ihm verwenden, sogar dann nicht, wenn die Qual sein Kindesauge vor der Zeit klug macht und mich wie ein Abgrund von Elend daraus anschauert. Ich wills tun, um zu büßen, wie keine. Aber wenn es nun noch klüger wird und nach oben blickt und die Hände ballt?

ERSTER PRIESTER. Dann sollst du sie falten! Und sollst mit Schaudern erkennen, daß auch ein Kind sich gegen Gott empören kann.

DIE MUTTER. Moses' Stab schlug an den Felsen und ein kühler Quell sprang hervor. Das war ein Fels! *(Schlägt sich an die Brust)* Verfluchte Brust, was bist du? Von innen drängt die glühendste Liebe; von außen pressen dich heiße, unschuldige Lippen, doch gibst du keinen Tropfen! Tus! tus! Saug mir jede Ader aus und gib dem Wurm noch einmal zu trinken!

ZWEITER PRIESTER *(zum ersten).* Rührts dich nicht?

ERSTER PRIESTER. Ja. Aber ich sehe in der Rührung immer nur eine Versuchung zur Untreue an mir selbst und unterdrücke sie. Bei dir löst sich der Mann in Wasser auf, du kannst ihn im Schnupftuch auffangen oder ein Veilchen damit erquicken.

Zweiter Priester. Tränen, von denen man selbst nichts weiß, sind erlaubt.

Ein anderes Weib *(auf die Mutter deutend).* Hast du keinen Trost für die?

Erster Priester *(kalt).* Nein!

Das Weib. Dann sitzt dein Gott nirgends als auf deinen Lippen!

Erster Priester. Dies Wort allein verdient, daß Bethulien dem Holofernes in die Hände fällt. Dir auf die Seele wälz ich den Untergang der Stadt. Du fragst, warum *die* leidet! Weil du ihre Schwester bist! *(Gehen vorüber)*

Zwei Bürger *(die den Auftritt ansahen, treten hervor).*

Erster. Durch mein eigenes Leid hindurch fühl ich dieses Weibes Leid. O, es ist entsetzlich!

Zweiter. Es ist das Entsetzlichste noch nicht. Das tritt erst dann ein, wenn es dieser Mutter einfällt, daß sie ihr Kind essen kann! *(Er schlägt sich vor die Stirn)* Ich fürchte, meinem Weibe ist das schon eingefallen.

Erster. Du rasest!

Zweiter. Um sie nicht totschlagen zu müssen, bin ich aus dem Hause geflohen. Lüg nicht! Ich rannte fort, weil michs schauderte vor der unmenschlichen Speise, nach der sie lüstern schien und weil ich mich doch fürchtete, daß ich mitessen könnte. Unser Söhnlein lag im Verscheiden; sie, in ungeheurem Jammer, war zu Boden gestürzt. Auf einmal erhob sie sich und sagte leise, leise: »Ists denn ein Unglück, daß der Knabe stirbt?« Dann beugte sie sich zu ihm nieder und murmelte wie unwillig: »Noch ist Leben in ihm!« Mir wards gräßlich klar; sie sah in ihrem Kinde nur noch ein Stück Fleisch.

Erster. Ich könnte hingehen und dein Weib niederstechen, ob sie gleich meine Schwester ist!

Zweiter. Du kämst zu früh oder zu spät. Wenn sie sich nicht tötete, bevor sie aß, so tat sies gewiß, als sie gegessen hatte.

Ein dritter Bürger *(tritt hinzu).* Vielleicht kommt uns noch Rettung. Heut ist der Tag, an welchem Judith wiederkehren wollte!

Zweiter. Jetzt noch Rettung? Jetzt noch? Gott! Gott! Ich widerrufe alle meine Gebete! Daß du sie erhören könntest, nun es zu spät ist, das ist ein Gedanke, den ich noch nicht dachte, den ich nicht ertrage. Ich will dich rühmen und preisen, wenn du deine Unendlichkeit auch am wachsenden Elend dartun, wenn du meinen starrenden Geist über sein Maß hinaustreiben, wenn du einen Greuel vor mein Auge stellen kannst, der mich die Greuel, die ich schon erblickte, vergessen und verlachen macht. Aber ich werde dich verfluchen, wenn du nun noch zwischen mich und mein Grab trittst, wenn ich Weib und Kind begraben und sie mit Erde, statt mit dem Lehm und Moder meines eigenen Leibes bedecken muß! *(Gehen vorüber)*

MIRZA *(vor dem Tor).* Macht auf, macht auf!

WACHEN. Wer da?

MIRZA. Judith ists. Judith mit dem Kopf des Holofernes.

WACHEN *(rufen in die Stadt hinein, während sie öffnen).* Hallo! Hallo! Judith ist wieder da!

(Volk versammelt sich. Älteste und Priester kommen, Judith und Mirza treten ins Tor)

MIRZA *(wirft den Kopf hin).* Kennt ihr den?

VOLK. Wir kennen ihn nicht!

ACHIOR *(tritt herzu und fällt auf die Kniee).* Groß bist du, Gott Israels, und es ist kein Gott außer dir! *(Er steht auf)* Das ist des Holofernes Haupt! *(Er faßt die Hand der Judith)* Und dies ist die Hand, in die er gegeben ward? Weib, mir schwindelt, wenn ich dich ansehe!

DIE ÄLTESTEN. Judith hat ihr Volk befreit! ihr Name werde gepriesen!

VOLK *(sammelt sich um Judith).* Judith Heil!

JUDITH. Ja, ich habe den ersten und letzten Mann der Erde getötet, damit du *(zu dem einen)* in Frieden deine Schafe weiden, du *(zu einem zweiten)* deinen Kohl pflanzen und du *(zu einem dritten)* dein Handwerk treiben und Kinder, die dir gleichen, zeugen kannst!

STIMMEN IM VOLK. Auf! Hinaus ins Lager! Jetzt sind sie ohne Herrn!

ACHIOR. Wartet noch! Noch wissen sie nicht, was in der Nacht geschah! Wartet, bis sie uns selbst das Zeichen zum Angriff geben! Wenn ihr Geschrei erschallt, dann wollen wir unter sie fahren.

JUDITH. Ihr seid mir Dank schuldig, Dank, den ihr mir nicht

durch die Erstlinge eurer Herden und eurer Gärten abtragen könnt! Mich triebs, die Tat zu tun; an euch ists, sie zu rechtfertigen! Werdet heilig und rein, dann kann ich sie verantworten!

(Man hört ein wildes, verworrenes Geschrei)

ACHIOR. Horcht, nun ists Zeit!

EIN PRIESTER *(deutet auf den Kopf)*. Steckt den auf einen Spieß und tragt ihn voran!

JUDITH *(tritt vor den Kopf)*. Dies Haupt soll sogleich begraben werden!

WACHEN *(rufen von der Mauer herunter)*. Die Wächter am Brunnen fliehen in wilder Unordnung. Einer der Hauptleute tritt ihnen in den Weg – sie zücken das Schwert gegen ihn. Einer der Unsrigen kommt ihnen entgegengerannt. Es ist Ephraim. Sie sehen ihn gar nicht.

EPHRAIM *(vorm Tor)*. Öffnet, öffnet!

(Das Tor wird geöffnet. Ephraim stürzt herein. Das Tor bleibt offen. Man sieht vorüberfliehende Assyrer)

EPHRAIM. Spießen, auf dem Rost braten hätten sie mich können. All dem bin ich entgangen. Nun Holofernes kopflos ist, sind sies alle. Kommt, kommt! Ein Narr, der sich noch fürchtet!

ACHIOR. Auf! auf!

(Sie stürmen aus dem Tor; man hört Stimmen rufen: Im Namen Judiths!)

JUDITH *(wendet sich mit Ekel)*. Das ist Schlächtermut!

(Priester und Älteste schließen um sie einen Kreis)

EINER DER ÄLTESTEN. Du hast die Namen der Helden ausgelöscht und den deinigen an ihre Stelle gesetzt!

DER ERSTE PRIESTER. Du hast dich um Volk und Kirche hoch verdient gemacht. Nicht mehr auf die dunkle Vergangenheit, auf *dich* darf ich von jetzt an deuten, wenn ich zeigen will, wie groß der Herr unser Gott ist!

PRIESTER UND ÄLTESTE. Fordre deinen Lohn!

JUDITH. Spottet ihr mein? *(Zu den Ältesten)* Wenns nicht heilige Pflicht war, wenn ichs lassen durfte, ists dann nicht Hochmut und Frevel? *(Zu den Priestern)* Wenn das Opfer verröchelnd am Altar niederstürzt, quält ihrs mit der Frage, welchen Preis es auf sein Blut und Leben setzt? *(Nach einer*

Pause, wie von einem plötzlichen Gedanken erfaßt) Und doch, ich fordre meinen Lohn! Gelobt mir zuvor, daß ihr ihn nicht weigern wollt!

ÄLTESTE UND PRIESTER. Wir gelobens! Im Namen von ganz Israel!

JUDITH. So sollt ihr mich töten, wenn ichs begehre!

ALLE *(entsetzt).* Dich töten?

JUDITH. Ja, und ich hab euer Wort.

ALLE *(schaudernd).* Du hast unser Wort!

MIRZA *(ergreift Judith beim Arm und führt sie vorwärts, aus dem Kreis heraus).* Judith! Judith!

JUDITH. Ich will dem Holofernes keinen Sohn gebären! Bete zu Gott, daß mein Schoß unfruchtbar sei! Vielleicht ist er mir gnädig!

GENOVEVA

Eine Tragödie in fünf Akten

Personen

Der Pfalzgraf Siegfried
Genoveva
Golo
Katharina
Die alte Margareta
Ritter Hildebrant
Ritter Tristan

Drago Kaspar Konrad, Jäger Balthasar Hans	niedere Dienerschaft im Schloß

Edelknecht, Siegfrieds Knappe
Der tolle Klaus

Ein Maler. Ein alter Jude. Der Geist des Drago

Zeit: die poetische

ERSTER AKT

Saal im Schloß

Man sieht durch die nach hinten geöffneten Fenster einen steil emporragenden Turm. In der Ferne Landschaft

Erste Szene

Siegfried mit seinen Rittern, gerüstet. Im Hintergrund die Diener Kaspar, Hans, Balthasar, Konrad. Ihm zur Seite Golo und Hildebrant

SIEGFRIED *(tritt vom offenen Fenster zurück).*
Frisch ists und kühl. Ein Schütteln, wie vor Frost,
In allen Bäumen. Und der Sonne Licht
So welk, so matt! Ein Morgen ists, wo man
Zu Pferd muß. Ist denn alles jetzt bereit?
HILDEBRANT. Nichts fehlt als Ihr. Mit ungeduldgem Huf
Scharrt Euer Roß den Boden. Laufen wirds,
Wenn Ihr es auch nicht spornen mögt. Es friert.
Im Sattel sitzt schon Reisiger wie Knecht,
Nur, daß der Arm der Liebe hie und da
Noch einen wieder sucht herabzuziehn.
Allein im Bügel hält der Bursch sich fest
Und lacht, um nicht zu weinen, beißt auch wohl
Die Zähn zusammen oder schilt und flucht.
SIEGFRIED. Ein Beispiel für mich selbst. Dazu gehört
Der Mannskraft mehr als zu dem wildsten Kampf.
Ich komm mir hier wie festgewachsen vor.
HILDEBRANT. Des schämt Euch nimmermehr, vieledler Graf!
Wenn ich mein Weib verließ, so war mirs stets,
Als würd ich mitten durchgehaun. Zwar pfiff
Ich nach dem Abschied oft ein lustig Lied,
Doch so wie jener, der die Geige strich,
Da man ihn führte in den bittren Tod.
SIEGFRIED. Ihr, Golo, steht abseits?

GOLO. Ich sinne nach,
Worin ich schlechter als die andern bin
Und kanns nicht finden, Herr.
SIEGFRIED. Das glaub ich Euch!
GOLO. Ich reit wie einer –
SIEGFRIED. Ja, und stürzt dein Pferd,
So stehst du eher auf noch als das Tier
Und lachst. Wir andern brechen Hals und Bein.
GOLO. Ich fecht –
SIEGFRIED. Wie keiner. Edelherzig lehrst
Du jeden Gegner, wie ers machen soll.
Nur, leider, frommt die Lektion ihm nicht,
Weil er sie mit dem Tod bezahlen muß.
GOLO. Ich ziele –
SIEGFRIED. Ja, und triffst, was niemand gern
Getroffen sieht: im Aug das Weiße und
Zugleich das Hirn mit, das dahinterliegt.
GOLO. Ihr zwingt mich, Herr, mich selbst zu loben. Kann
Ich alles das – warum denn bleib ich hier?
Meint Ihr vielleicht, ich sei ein schlechtrer Christ
Wie andre, weil ich besser sing als sie?
Ich sage Euch, ich mag auf gar kein Wild
Anlegen mehr, seit ich von Mohren weiß.
Schien nicht der Eber, den ich gestern schoß,
Ein trotzger, ausgemachter Heide mir:
Er blieb verschont, so feist und dick er war.
Denn billig spart man gegen Christi Feind
Die Pfeile die man zu verschießen hat.
Ich bitt Euch, laßt mich nicht zurück. Denn seht:
Durch Fasten und durch Beten werd ich nie
Die Himmelstür mir öffnen. Dazu fehlts
An Gaben mir. Ich schickte aber gern
Für jede Sünde, welche ich beging,
Zur Hölle einen Mohren. Nehmt mich mit!
Verzug gibts meinetwegen nicht. Ich bin
Bereit wie Ihr, hab zeitig vorgesorgt.
Könnt Ihr mich denn nicht brauchen? Scheint mein Arm
Euch überflüssig, daß Ihr ihn verschmäht,
Ich laß es mir gefallen, wenn Ihr nur

Bedenkt, wie meine Kehl Euch taugen kann.
Ei! Wenn Ihr abends liegt in Eurem Zelt:
So finster ists, als würd es nie mehr Tag,
Müd sind die Glieder, doch es wacht das Herz
Und tritt nach Haus die lange Reise an –
Dann will ich meinen Harnisch von mir tun,
Den rasselnden, und will mich jüngferlich
Euch nahn und Euch mit Genovevas Ton
Zulispeln: Lieber Siegfried! Greift Ihr dann
Nach meiner Hand, so lach ich, doch nicht laut,
Und sing von ihren Augen Euch ein Lied,
Und sing so lange, bis Ihr sprecht: Du Schelm,
Meinst du, das Feuer brennt nicht hell genug?
Nicht wahr, ich bleibe nicht zurück? Ihr habt
Mich oft gescholten wegen Übermuts:
Wohlan, Herr, nehmt mich mit ins Feld, daß ich
Bescheidenheit erlerne, wenn ich Euch
Zu Dutzenden die Mohren mähen seh
Und selbst als Stümper Euch zur Seite steh.

SIEGFRIED *(für sich).*
Der ist ein Mann geworden über Nacht
Und blieb ein Kind dabei. Wie lieb ich das!
Zu jung zum Bruder und zu alt zum Sohn,
Gilt er als Sohn und Bruder mir zugleich,
Drum halt ich ihn, wie keinen andern, hoch.
Doch eben darum laß ich ihn zurück.

(Zu Golo)

Golo, dem Besten nur vertraut der Mann
Sein Bestes an, und der seid Ihr. Ihr bleibt
Und nehmt mein Weib in Obacht und in Schutz.

(Zu den Dienern)

Sobald das Burgtor hinter mir sich schloß,
Seht ihr in ihm den unumschränkten Herrn
Und dient ihm so, wie ihr mir selbst gedient!

(Zu Golo)

Wenn mir zuliebe Ihr auf Taten jetzt
Verzichtet, ists nicht Eure schlechtste Tat,
Und seid gewiß, es kommt auch Euer Tag!

GOLO. Ich dank Euch dies Vertrauen, edler Graf,
Nur wüßt ich gern, wie ich – jetzt beten soll.
»Gib mir, o Gott, Gelegenheit, daß ichs
Verdiene?« Nein, das geht nicht, denn das heißt:
Stürz die Gebieterin in Not und Tod,
Damit ihr Knecht sie draus befreien kann.
»Nimm sie in deine Hut?« Zum Teufel, nein!
Das geht noch weniger. Das heißt: nimm mir
Die Mühe ab und laß mich schlafen gehn,
Ich tat ja schon genug, ich aß und trank,
Bis ich fünf Fuß maß und mein Schatten zwölf!
SIEGFRIED. Ich lächle deinen Reden, junger Tor,
Obgleich das Herz mir in der Brust fast springt.
Doch jetzt verlaßt mich! Einen Augenblick!
Gleich bin ich bei Euch!

(Alle entfernen sich; er ruft ihnen nach:)

Zögre ich zu sehr,
So ruft mich mit Trompetenklängen ab.
Ich glaub ein Mann zu sein, was es auch gilt,
Nur, wenns zum Scheiden geht, bin ich es nicht,
Da geiz ich nach dem tiefsten Schmerz, wie nie
Nach Lust, da bohr ich mich in Leid und Qual
Hinein, wie Bienen in den Blütenkelch,
Und dann erst, wenn ich, zwischen meinem Weh
Und dem des andern stehend, wählen kann,
In welchem Abgrund ich versinken will,
Besinne ich mich wieder auf mich selbst
Und reiße mich, als wärs vom Leben, los.

Zweite Szene

Genoveva tritt auf

GENOVEVA. Weh, mein Gemahl!
SIEGFRIED. Was ist dir, teures Weib?
GENOVEVA. Du bist schon ganz gerüstet!
SIEGFRIED. Es ist Zeit!
GENOVEVA. Den Helm nimm ab!
SIEGFRIED. Warum?

GENOVEVA. Und auch des Schwerts
Entgürte dich!
SIEGFRIED. Mißfällt dir Helm und Schwert?
GENOVEVA. O nein! Ich will nur so viel arme Zeit
Noch für mich retten, als du brauchen wirst,
Die beiden ab- und wieder anzutun!
SIEGFRIED *(legt Helm und Schwert ab).*
Du Liebliche, wie steht es dir so schön,
Daß du dich menschlich sorgst ums Menschliche.
Mir deucht, in dieser Angst, die sich nicht mehr
Verbergen kann noch will, vollendet sich
Dein Bild, indem sie rührend es umgrenzt.
Daß ich die Schwäche dir bekenne: oft
Hab ich gewünscht, auf einen Augenblick
Der Ungeduld, des Zorns, der Leidenschaft
Dich zu ertappen, aber stets umsonst.
Als deiner Mutter Tod so plötzlich uns
Ward angesagt und du zusammenbrachst,
Bewußtlos niedersinkend, aber erst
Die Händ noch faltend – sieh, da weint ich still,
Weil ichs verehren mußte, was ich sah,
Und doch verflucht ich fast die Möglichkeit.
Ein holdes Wunder schienst du mir zu sein,
Das, wie ein Vogel wohl die Flügel netzt,
Nur gaukelnd sich in Fleisch und Blut versenkt,
Und das, in unverlornen Adels Kraft,
Mit allem Ernst der Zeitlichkeit nur spielt,
Weil es sich schwingen kann, sobald es mag.
GENOVEVA. Ich bin ein Weib. Ein Weib verhüllt den Schmerz,
Denn er ist häßlich und befleckt die Welt.
Ich bin ein Mensch. Nicht jammern darf ein Mensch,
Seitdem am Kreuz der Heiland stumm verblich.
Drum in der Brust begrab ich still mein Weh,
Wie man mich selbst, bin ich einst tot, begräbt.
SIEGFRIED. Mir deucht, ich tu ins Allerheiligste
Mit aufgeschloßnen Augen einen Blick.
Dies fehlt dem Mann noch, wenn ihm nichts mehr fehlt,
Daß er das Weib nicht kennt, so wie sie ist.
Sie bildet aus sich selbst, was er umsonst

Aus äußerm Lebensstoff zu bilden sucht,
Drum ist sie auch sich selbst nur untertan,
Er jedem Element, das ihn umgibt.

GENOVEVA. Mein Siegfried! Deine Reden faß ich wohl,
Doch Tränen sinds, die mir ihr Sinn entpreßt.
Du scheidest jetzt und nimmst in deinem Schmerz
Den Kranz dir ab und drückst ihn mir aufs Haupt.
Mir aber fällt dabei mit Schaudern ein,
Daß man die Toten so bekränzt und schmückt,
Weil man es weiß, daß man sie nie mehr sieht.
(Ein Trompetenstoß)

SIEGFRIED. Sie rufen mich!

GENOVEVA *(fällt ihn um den Hals).* Gefangen nehm ich dich!
Sag, hast dus wohl gefühlt, wie ich dich stets
Geliebt? Nur selten hab ichs dir gezeigt,
Hab oft den Kuß noch, den du raubtest, halb
Zurückgehalten und ihn Gott geweiht,
Als Zoll des Danks für unsern schönen Bund.
Die ganze Ewigkeit, so schien es mir,
Stand vor uns, um uns in einander tief
Und immer tiefer zu verlieren. Sieh,
Da zögert ich, wie einer, der am Quell
Den heißen Durst zu löschen sich noch wehrt.
Jetzt aber krampft gewaltsam sich mein Herz,
Mir ist, als wäre dieser Augenblick,
Der schwindet, wie ich rede, nur noch mein,
Als müßt ich all mein Lieben, alles, was
Auch jetzt ins Innre noch zurückweicht, schnell
Dir bieten, wie den Abschiedskuß, und ach,
Dazu ist solch ein Augenblick zu kurz!

SIEGFRIED. Verstumme nicht! Laß mich ihn ganz und voll
Genießen, diesen köstlichen Moment!
Verbirg errötend nicht an meiner Brust
Dein Angesicht, es ist der Widerstrahl
Von allem, was auf Erden göttlich ist.
Drück nicht mit deinem Mund den meinen zu,
Ich habe keinen Raum für dies Gefühl,
Ausatmen muß ichs, wie die Luft, die mich
Erquickt, doch festgehalten mich erstickt.

Mir deucht, erst heut hast du dich mir vermählt!
Wie preis ich diesen Tag, der alles mir
Zu nehmen drohte und mir alles bringt!
Wie, wenn die Erd in ihren Festen bebt,
Wenn Feuerflammen fahren aus dem Grund,
Zugleich ein Quell hervorbricht, der sie löscht
Und der nun ewig unversiegbar fließt,
So ist es mir geschehn! Ich danke dir!

GENOVEVA. Ich aber fühl mich jetzt so arm, so arm!
Als ein Geheimnis, kaum mir selbst bekannt,
Durchs Leben tragen wollte ich mein Herz!
Erst in der dunklen Stunde, wo mein Grab
Sich auftut, wollt ichs öffnen gegen dich,
Da wollt ich sprechen: Sieh, so liebt ich dich
Und habs dir nie gesagt, nun kann ich auch
Beim letzten Abschied dich erfreun wie nie.
Dann wollt ich dich umarmend zu mir ziehn,
Und, eine Braut, die Weib geworden ist
Und sichs noch selbst verhehlt, hinüberfliehn
Und denken: sei getrost, nun folgt er bald.
In diesem meinem Ringen mit der Macht
Der starken Stunden um mein heimlich Gut
Hab ich mich schmerzlich glücklich stets gefühlt.
Ich habs bewahrt, wenn deine Zärtlichkeit
Die Seel schon auf die Lippen mir gelockt,
Ich habs zurückgehalten, als du jüngst
An einer Wunde still daniederlagst
Und deinen Schmerz bezwingend lächeltest,
Damit ich nur nicht weinte. Wehe mir!
Nun habe ich im Tod nichts mehr für dich,
Nun hab ich nichts mehr, das dich in die Nacht
Mir nachziehn wird, wenn mich ihr Schatten deckt.

SIEGFRIED. Mit Wollust hör ich dich, doch auch mit Angst,
Du bist wie eine Ader, die zerspringt:
Heiß stürzt der rote Lebensstrom hervor,
Doch er erstarrt, so wie er sich befreit.
Von innrem Frost wird deine Wange blaß,
Dein Auge brennt, erlöschend flammst du selbst
Drin auf, als wärs in Scheiterhaufens Glut.

O Böse! Daß du noch im Tod mich liebst,
Du willst mirs doch nicht zeigen durch den Tod?
Viel lieber will ich, zweifelnd für und für,
Noch um dich werben, wie ich lange warb,
Mich mit den Helden messen, die man preist,
Und mir von dem, der deiner würdger ist,
Den Tod ertrotzen im Verzweiflungskampf.
(Trompetenstoß. Golo tritt auf. Er bleibt im Hintergrund stehen)

GENOVEVA. Du ziehst hinaus jetzt in den blutgen Streit,
Jedwedes Eisen, das ein Heide schliff,
Jedweder Pfeil kann deine Brust bedrohn,
Und dennoch, dennoch fürcht ich nicht für dich,
Ich fürcht nur für mich selbst – nur für mein Kind!
Geh, Siegfried, geh, was hab ich da gesagt!
Sonst ward ich in der Dämmrung glühend heiß,
Dacht ich: die Stunde kömmt, wo er dich fragt;
Jetzt sprech ichs aus, und es ist lichter Tag.

SIEGFRIED. O Genoveva, wende dich nicht ab!
Willst dus bereun, daß du mich selig machst?

GENOVEVA. Und machts dich selig, daß dein armes Kind,
Wenn es nun ein ins kalte Dasein tritt,
Des Vaters ersten Blick, den segnenden,
Entbehren muß, der es mit aller Glut
Der tiefsten Liebe überströmen soll?
O, wie die Taufe für den Himmel weiht,
Das Böse bannend, das uns rings umspinnt,
So weiht, mit Wunderkraft geheimnisvoll
Begabt, fürs irdsche Leben solch ein Blick.
Weh mir! Ein Auge, fremd und lieblos, wird
Mein Kind begrüßen, ja, ich weiß vielleicht
Nicht einmal, obs noch einen Vater hat.
O Siegfried, geh! Geh, teurer Freund! Der Schmerz
Ringt um mein Selbst mit mir. Noch halt ichs fest!
Doch zögerst du, so fleh ich dich vielleicht,
Auf meine Kniee stürzend: nimm mich mit!

SIEGFRIED *(umarmt sie).*

GOLO *(im Hintergrund).*
Von Bildern spricht man, heilig-fremd und kalt,
Wovor man alle Sünden doppelt fühlt,

Daß sie, die Gläubgen sahn es schaudernd an,
Geseufzt, geweint, geächzt und Blut geschwitzt.
Mir deucht, ein solches Wunder seh ich hier,
Denn Genoveva, der ich selten nur
Ins Aug zu schauen wagte, weil, so oft
Ichs tat, ein Licht durch meine Seele fuhr,
Das mich erröten machte vor mir selbst;
Ja, weil ihr Auge mir ein Spiegel schien,
So rein, daß alles drin zum Flecken ward;
Dieselbe Genoveva liebt und weint,
Sie ist ein Weib! Sie ist ein Weib wie keins!

(Drei heftige Trompetenstöße)

SIEGFRIED. Ich bins, der geht. So muß denn ichs auch sein,
Der diesen Abschied endet. Lebe wohl!

(Für sich)

Ein Mann muß scheiden, eh ins Auge ihm
Die Tränen treten. Das geschieht wohl bald.

GOLO *(im Hintergrund).*
Ich werd dich hassen, wenn dir das gelingt!
Ha! Willst du sie erniedrigen? Soll sie
Erkennen, daß du kälter bist als sie
Und drob erstarren, wie ein Quell erstarrt,
Der sich, wenns draußen friert, ans Licht getraut?
Kein Mann zu sein, das ist jetzt deine Pflicht,
Nun sie gewagt hat, ganz ein Weib zu sein!
Läg ich wie du an ihrer keuschen Brust,
Ich schiede nie, und spottete man mein,
Ich würd es lächelnd dulden, mir wärs recht,
Ihr meinen Wert und meine Würdigkeit
Durch Opfer darzutun, die keiner bringt.
O Liebe, niemals hab ich dich erkannt,
Doch jetzt erkenne ich dein heilig Recht!
Du bists, die diese kalte, spröde Welt
Durchflammen, schmelzen und verzehren soll!
Du bist nicht Leben, du bist Tod, ja Tod!
Du bist des Todes schönste, höchste Form,
Die einzige, die gibt, indem sie nimmt!
Dir widerstehen, heißt den Kampf mit Gott
Und mit dem Weltgeheimnis einzugehn,

Du sollst vertilgen, was nicht ewig ist,
Doch nie wird Märtrer, wer den Holzstoß löscht!

SIEGFRIED. Ein Baum ist besser dran doch wie ein Mensch:
Man reißt ihn aus, vom Menschen wird verlangt,
Daß er es selber tu! Was sinnest du?

GENOVEVA. Ich denk, daß es im Krieg viel Wunden gibt
Und daß ich Wunden gut verbinden kann.

GOLO *(im Hintergrund).*
Ich möchte gleich mich hauen in den Arm.

SIEGFRIED. Ich aber sinne nach, was besser ist:
Ein letztes Wort, ein letzter Kuß. Man kann
Von beiden eins nur haben. Wähle du!

GENOVEVA *(umarmt und küßt Siegfried).*

GOLO. O, wie sie küßt! Man fühlts, indem mans sieht.
Ich trenne sie, denn ihm gebührt kein Kuß!

(Er tritt hervor)

SIEGFRIED *(setzt den Helm auf).*

GENOVEVA *(fällt in Ohnmacht; Golo und Siegfried springen hinzu, Golo fängt sie auf).*

GOLO. Ihr hattet recht, Herr Graf, es muß von uns
Hier einer bleiben!

SIEGFRIED *(will Genoveva küssen).*

GOLO *(wehrt ihn ab).* Laßt! Ihr weckt sie auf.
Dann hält sie Euch!

SIEGFRIED. Und hat noch einmal ihn,
Den Schmerz, dem jetzt die Ohnmacht sie entzieht.
Ich geh!

GOLO. Ihr seid ein Held!

SIEGFRIED. Bei Gott, dies ist
Ein Heldenstück, wie ich noch keins bestand.
Leb wohl und schütze sie! Leb wohl, mein Weib!

(Mit einem Blick auf Genoveva ab. Bald hört man hinter der Szene lustiges Trompetengeschmetter)

GOLO. Sie liegt im Arm mir, wie im Sarg. Er schleicht
Sich, wie ein Mörder, von der Toten weg.
O, ganz zurückgewichen ist sie jetzt
In die bewußtlos-fromme Majestät
Der Kindlichkeit, der sie ihr Schmerz entriß!
O weiße Ros, die von der roten träumt,

Und die der Traum mit sanfter Glut durchhaucht!
Erwachend wirds ihr sein, als ob sie sich
Geflüchtet hätt aus einer Feuersbrunst,
Die sie im Beten unterbrach!
Jetzt steht sie zweifelnd zwischen dieser Welt
Und zwischen jener; gastlich offen sind
Die Pforten beider, jede wirbt um sie
Und zeigt ihr alles, was sie Schönes hat.
Stirbt sie – ich will nicht knirschen! Doch, sie seufzt,
Das holde Fieber, das man Leben nennt,
Es kehrt zurück, der dunkle Born des Seins
Entläßt aufs neu die innern Strömungen,
Und auf die Lippen tritt das erste Rot.
O Lippen, süße Lippen! Wer euch küßt,
Der stiehlt sich hier die ewge Seligkeit,
Denn nie, o nie! verglüht ein solcher Kuß.
Ich könnt es tun! Die heilgen Augen stehn
Noch nicht, wie Cherubime mit dem Schwert,
Abwehrend vor dem roten Paradies.
Ich muß, ich will sie küssen und mich dann,
Vor Wonne zitternd, von dem steilsten Hang
Hinunterstürzen in des Abgrunds Nacht. *(Er küßt sie)*

GENOVEVA *(umarmt ihn)*. Mein Siegfried!

GOLO. Siegfried!

GENOVEVA *(stößt ihn fort)*. Weg! Wer bist du, Mensch?

GOLO. Ich glaube, ich bin Golo.

GENOVEVA. Golo – Ihr?
Wie kam ich denn in Euren Arm?

GOLO. Der Graf,
Herr Siegfried, Eur Gemahl, legt' Euch hinein.

GENOVEVA. So ist er fort!

GOLO. Ja wohl, als Ihr vor Schmerz
In Ohnmacht sankt, da eilt' er schnell hinweg.
Euch zu erwecken, hatt er nicht die Zeit.
(Für sich) Wer spricht aus mir? Ich nicht! Schweig, böser Geist!

GENOVEVA. Mir war, als weckt' er mich mit einem Kuß.

GOLO. Ich schwör Euch zu, er hat Euch nicht geküßt.
Er wagt' es nicht, er hatte Angst, daß Ihr
Zu früh erwachtet, und das wollt er nicht.

(Für sich) Ich hab ihm nichts geraubt, der Kuß ist sein!
(Zu ihr) Vielleicht, daß er in Ohnmacht fiel, wie Ihr,
Und daß die Geister, aus der Leiber Haft
Fortstürmend, feurig sich begegneten.
(Leise und verschämt)
War er denn heiß, der Kuß, den Ihr gefühlt?
(Für sich) Ha, er war so, wie morgens ihn ein Kind
Mit glühndem Mund auf junge Rosen drückt,
Schnell abgebrochen, keinen Tropfen Taus
Verschüttend, heilig, wie nur je ein Kuß!

GENOVEVA. O schwache Sinne, daß ihr rißt, bevor
Euch noch das Bitterste geboten ward!
Nun hört ich nicht des Liebsten letzten Gruß.

GOLO. Wohl Euch! Ihr hörtet auch den Hufschlag nicht
Des Rosses, das ihn rasch von dannen trug!
(Für sich) Und saht nicht, daß er ohne Tränen schied.

GENOVEVA. Der soll der Wertste mir vor allen sein,
Der ihn zuletzt gesehn. Seid Ihrs?

GOLO. Ich sah
Ihm durch dies Fenster nach. Er hatte Eil!
Er schaute nicht zu Euch und mir hinauf.

GENOVEVA. Er hat es nicht gewagt. Er hat gedacht,
Ich könnt am Fenster stehn und, gar zu schwach,
Zurück ihn winken. Doch ich kenne mich,
Das hätt ich nimmer, nimmermehr getan!

Dritte Szene

Drago tritt ein

DRAGO. Verzeiht mir, daß ich komme, edle Frau,
Ich bringe Euch den letzten Gruß des Herrn.

GENOVEVA. So bist du mir von jetzt der Werteste!

DRAGO. Ich schlich mich früh am Morgen aus der Burg,
Ging eine Viertelstund und harrte sein,
Am Wege, hinter ein Gebüsch versteckt.
Und als er nun dahergezogen kam,
Der letzte, all die andern weit voraus,
Da trat ich vor und sprach: Vieledler Graf,
Habt Ihr an Genoveva noch ein Wort?

Vielleicht vergaßt Ihr etwas; tragt mirs auf,
Damit ich es bestellte, kam ich her.
Er sprang vom Roß, und hätt ich nicht gewehrt,
Er hätte mich geküßt, mein schlechter Mund
War ihm durch Euren Namen wie geweiht.
Nun rief er: Sag ihr, sag ihr – was du siehst,
Und wandte sich und schwang sich auf sein Roß;
Ich aber sah die große Träne wohl,
Die sich verschämt aus seinem Auge schlich.
Dann sprach er: Sag ihr dieses noch einmal:
Sie soll in allem Golo sich vertraun!
Er führt an meiner Statt das Regiment,
Denk ich an ihn, so wird mir leicht ums Herz.
Nun trocknet' er sein Aug und sprengte fort.

GOLO. Er sprach: Dächt er an mich, so würd ihm leicht,
Und trocknete sein Aug und sprengte fort?

DRAGO. Er tats!

GENOVEVA. Schon gestern abend sprach er so,
Auch weiß ich es ja längst, wie Ihr ihn liebt,
Und wer ihn liebt, den lieb auch ich!

GOLO *(will abgehen)*. Verzeiht!

GENOVEVA. Ist Euch nicht wohl?

GOLO. Recht wohl! *(Für sich)* Ich will nur sehn,
Ob nicht das Tor der Hölle offen steht.
(Laut) Es haust da drüben in und an dem Turm,
Verwünscht und häßlich, eine Dohlenbrut,
Durch Teufelsfarbe und Gestalt den Tag
Entweihend, durch Gekrächz die stille Nacht.
Längst hat der Graf das finstre Volk verflucht,
Doch hoffte er, daß wohl einmal der Sturm
Herunterfegen würde Nest für Nest.
Seit gestern siedeln sich auch Eulen an,
Es wird 'ne Wirtschaft, wie Beelzebubs,
Wenn man beizeiten nicht zu steuern sucht.
Der Sturm, so ernstlich ers auch meint, vermag
Nichts dran zu tun, drum muß ein Mensch hinauf.
Heut ist der Tag dazu, heut führ ichs aus.
Wenn Eur Gemahl nach Hause kommt, so muß
Doch ihm zuliebe was geschehen sein.

DRAGO. Herr Golo, wer den Schwindelrand des Turms
Umwandeln will, der bricht gewiß den Hals!
GOLO. Das denk ich auch! Ei, Narr, das denk ich nicht!
Und wer es tut, verdient kein beßres Los,
Warum denn hat ers Klettern nicht erlernt?
DRAGO. Nur einer hats bis diesen Tag versucht;
Noch sieht man an dem bröckelnden Gestein
Sein Blut, das seit Jahrhunderten der Wut
Des Wetters trotzt, weil es uns warnen soll.
Ihr kennt die Sage, daß ein grausam Weib
Einst einen Freier, der ihr lästig war,
Die Höh erklimmen hieß, um dort für sie –
Ich weiß nicht was, zu tun. Den Knaben zeigt
Man früh den Ort, wo er zerschmettert sank,
Damit ihr Übermut sich zeitig bricht.
GOLO. Mein Freund, man hat auch mir den Ort gezeigt;
Doch jener Ungeschickte, der den Turm
Verrufen machte, soll im Grabe heut
Erröten! *(Will abgehen)*
DRAGO. Gnädge Frau, erlaubt es nicht!
GENOVEVA. Ihr werdet das nicht tun!
GOLO. Ich muß! Ich muß!
O Heilige, halt du mich nur nicht ab!
Bloß deinetwegen solls geschehn! *(Sich fassend)* Das heißt:
Dein holdes Auge soll nicht länger mehr
Beleidigt werden durch das Nachtgezücht;
Nein, weiße Tauben, morgenrot-beglänzt,
Sie sollen niederschaun vom Turm auf dich,
Wenn in der Früh du zur Kapelle gehst,
Um für uns alle, die wir sündigten,
Durch dein Gebet dem Herrn genug zu tun!
GENOVEVA. Wenn Ihr nicht ablaßt – nie verzeih ichs Euch!
GOLO
(für sich). Das heißt: sie will das Beste, was ich tat,
Das Beste, was ich tun kann, nie verzeihn!
(Zu ihr) Es ist gar nichts. Bedenkt: dem Drago hier
Ist alles Wunder, was er selbst nicht kann!
Lebt wohl!
(Im Abgehen) Du aber, Gott, beschirm mich nicht!

Ich fürcht mich selbst, drum wend ich mich an dich!
Brech ich nicht Hals und Bein zu dieser Stund,
So leg ichs aus: ich soll ein Schurke sein.

(Er geht schnell ab. Drago folgt ihm. Genoveva eilt mit einer Gebärde der Angst auf das Fenster zu, durch das man auf den Turm sieht)

ZWEITER AKT

Halle im Schloß

Kapelle im Hintergrund, deren offenen Eingang nebst der ewigen Lampe man sieht

Erste Szene

Kaspar und Balthasar, einander begegnend

KASPAR. Habt Ihrs gesehn?
BALTHASAR. Ich sahs. Doch werde ich
Mir morgen nicht mehr glauben, daß ichs sah.
Kaum einer Fliege hätt ichs zugetraut,
Daß sie auf so abschüssig-steilem Rand
Sich halten könnt!
KASPAR. Ich hab es nicht gesehn.
Ich hab den Golo lieb wie meinen Sohn,
Drum eilt ich schnell ins Haus hinein, der Sturz
Schien unvermeidlich mir.
BALTHASAR. Die alte Frau,
Die Katharina, die ihm Amme war,
Und, nichts von allem wissend, eben ihn
Zum Frühtrunk rufen wollte, kreischte laut,
Als sie ihn hoch in Lüften schweben sah;
Er strauchelte, als er den Schrei vernahm,
Sie aber rief: Nimm, Teufel, meine Seel,
Nur führ mir ungefährdet ihn zurück!
Dann ballte sie die Hand und schrie hinauf:
Du Bösewicht, bist du dir selbst so gram,
Daß du durchaus den Hals dir brechen willst,

So warte doch, bis ich begraben bin!
Dann wieder: Komm herab, mein liebes Kind,
Es soll die Untat dir verziehen sein!
Dann ward sie still und blaß und ging ins Haus.

KASPAR. Warum ers doch wohl tat?

BALTHASAR. Warum! Um nichts!
Ja, stand der Kaiser unten mit der Kron
Und sprach: Wer das vollführt, dem schenk ich sie –
Da würde alles mir begreiflich sein!
Doch er – er riß die Dohlennester ab,
Weil ihm zu schwarz die öde Brut bedünkt.
Der Tor! Sie bauen neue, eh ers denkt.
Ich haß den Menschen, der sich selbst nicht liebt.

KASPAR. Da kommt er!

Zweite Szene

Golo, sehr erhitzt, tritt auf

GOLO. Luft! *(Er bemerkt die beiden)*
Was starrt ihr mich so an?
Zwei Beine und zwei Arme bracht ich mit
Herunter, nahm ich deren mehr hinauf?
Geht! Habt ihr nichts zu tun?

KASPAR. Wir gehen schon. *(Ab mit Balthasar)*

GOLO. Luft! Luft! Ich möchte fluchen! Denn mir scheint,
Ich tat doch alles, was ein Mensch vermag.
Im Vorgefühl des Ungeheuersten
Stellt ich mich selbst vors oberste Gericht.
Nicht eines Stoßes von des Höchsten Arm
Bedurft es noch, nur, daß er mich nicht hielt!
Er aber tat ein Wunder – und warum?
Damit in mir der Schurke reifen kann.
Als ich hinaufstieg, wo noch keiner stand,
Da drängten mich die Winde schier zurück,
Die Eule aber sah so trotzig drein,
Als dächte sie: Du kehrst wohl wieder um,
Und schwer an meine Fersen hängt es sich,
Wie eine Welt, die abzuschütteln war.
Ich wollte beten, doch ein Fenster klang,

Und Genoveva winkte mit der Hand,
Und sie, die Tote stören könnt im Schlaf,
Wenn sie vorüberwallt an ihrer Gruft,
Daß durch vermoderndes Gebein aufs neu
Ein Angedenken aller Seligkeit
Hinzittert, die auf Erden möglich ist,
Mich lockte sie vergebens aus dem Tod,
Den ich erwählt, ins helle Sein zurück,
Ich sah sie schwindeln und beharrte doch.
Zurufen wollt ich ihr: Ich liebe dich!
Doch in der Brust hielt ich es fest, das Wort,
Und jenes Kusses denkend, den ich stahl,
Wie einer, der vor Fieberdurst verglüht,
Von einer Lilie den Tropfen Tau,
Schwang ich mich zu des Turmes Rand empor
Und seufzt und sprach: Nun ist er gleich bezahlt!
Mein Blick zerrann im Unermeßlichen,
Kaum fühlt ichs noch, daß mich ein Leib umschloß,
Doch leicht und fest, wie man die Erde tritt,
Und ohne Straucheln, wandelte mein Fuß,
Und in der Seele klang mirs, wie zum Hohn:
Du stürzest nimmermehr, du bist gefeit!
Ich will! So dacht ich, und zum Sprung bereit
Hob ich den Fuß, dann aber rief ich: Nein!
Ich tat genug! Wirft Gott mich nicht herab,
So will ich auch nicht selbst mein Henker sein!

Dritte Szene

Katharina tritt eilig auf, die rechte Hand ist ihr verbunden

KATHARINA. Mein Golo, lebst du?
GOLO. Freilich, Mutter; doch
Was fehlt denn dir? Dir blutet ja die Hand!
KATHARINA. Das kam, als sie vorhin mir mit Gewalt
Das Messer nehmen wollten.
GOLO. Mit Gewalt?
KATHARINA. Zu deiner Strafe höre, was ich tat.
Als ich mit Grauen dich dort oben sah,
Da war mirs ganz, als säh ich dich schon tot.

Drum ging ich in die Küch, nahm aus dem Schrank
Das breitste Messer, riß den Brustlatz ab
Und horchte, um beim ersten Weheruf
Die Spitze tief zu stoßen in mein Herz.

GOLO. Ich schaudre, Mutter.

KATHARINA. Sohn, versprichst du mir,
Daß du den Turm nicht mehr besteigen willst?

GOLO. Nie, Mutter, nie!

KATHARINA. Nun will ich beichten gehn.

GOLO. Was macht die Gräfin?

KATHARINA. Einen Starmatz lehrt
Sie Siegfrieds Namen.

GOLO. Würg mir diesen Star!

KATHARINA. Du meinst, weil er so dumm ist!

GOLO. Ist er dumm?
Dann laß ihn leben!

KATHARINA. Unverständig glotzt
Er sie mit gelb beringten Augen an
Und guckt umher, ob sich nicht irgendwo
Ein Körnlein in der Nähe finden läßt.
Ich hätt ihm längst die Kehle umgedreht,
Sie aber lispelt mit dem kleinen Mund
Ihm fort und fort den Namen Siegfried vor,
Als wäre jegliche Musik der Welt
In die zwei Silben: Sieg! und Fried! gebannt.

GOLO. Sie muß doch fürchten, daß sie ihn vergißt,
Weil sie schon jetzt in einem Vogel sich
Den Warner und Erinnerer bestellt.
Sag, liebe Mutter, meinst du das nicht auch?

KATHARINA. Mein junger Herr, ich bin zwar alt und grau,
Doch werd ich nie verraten mein Geschlecht.

Ab in die Kapelle

GOLO. Kein Vaterunser will ich sprechen mehr,
Kein Ave, wie ich sonst doch gerne sprach,
Wenn morgens eine erste Lerche stieg,
Wenn abends eine ferne Glocke klang.
Von jetzt an soll mir zum Legendenbuch
Das Leben Siegfrieds dienen, meines Herrn,
Gedenken will ich all der Tugenden,

Der Tapferkeit, des hohen Edelmuts,
Wodurch er seinen Feinden selbst so oft
Die Tränen in die Augen hat gelockt,
Will mich der Zeit erinnern, wo kein Held,
Kein Heiliger, mir anders denkbar war
Als nur in seiner herrlichen Gestalt,
Will seine Taten, seine Worte mir,
Wie Perlen, die er, wo er ging, gesät,
Zusammenreihn zu einem Rosenkranz,
Und, den beschämt abbetend Tag für Tag,
Ersticken mein Gefühl, damit ich bald,
Von dem Gedanken seiner Trefflichkeit
Durchbohrt, verschwinde in das leere Nichts.

Vierte Szene

Genoveva tritt auf

Golo. Da naht sie! Blicke weg, ruhmredger Tor!
Wozu? Ich seh sie doch! Und wenn mein Geist
Ihr Bild sich malt, so blickt es sanft und mild,
Doch sie blickt ernst. Drum schau sie immer an!
(Er wendet sich und stürzt ihr, wie niedergeworfen, zu Füßen)
Verzeiht Ihr?
Genoveva. Niemals, daß Ihr vor mir kniet!
Golo *(sich erhebend und sie von der Seite betrachtend, für sich).*
Ich kniee nur, damit sie zögern muß!
O, jeder Blick in dieses Angesicht
Ist ein Gewinn, und jedes Wort, entlockt
Dem rührend-süßen Mund, bereichert mich
Und weckt die Ahnung einer Seligkeit,
Fremd und geheim, in meiner tiefsten Brust;
Wie wenn Musik erklingt, Entzückungen
Durch alle Nerven, leise schwellend, ziehn.
Und soll der Durstge, wenn ein voller Strom
Umflutend ihn erfaßt, die Lippen feig
Zusammenpressen, daß kein Tropfe ihm,
Durchdringend, kühlt den heißen Herzensbrand?
Wenn das die Tugend ist, verfluch ich sie!
Genoveva. Ihr weint!
Golo. Tu ichs? Dann ists das erste Mal,

Und wie Gewitterregen, der umsonst
Den Blitz, nachstürzend, auszulöschen sucht.
(Er faßt sich ans Auge)
Weg, Sündflut vor der Sünd! Du kömmst zu früh!
O Genoveva, seht, mir fehlt ein Tuch,
Und Tränen stehen einem Mann so schlecht;
Ich bitt Euch, trocknet mir die Tränen ab.

GENOVEVA. Wie rot er wird! O echte Männerscham!
Ei, Eurer Wangen Glut ersparte mir
Die Mühe schon, sie sog die Tränen ein.

GOLO *(für sich)*.
Ich hatt als Knabe einst ein Saitenspiel
Und liebt es sehr und übte viel und gern
Die heitre Kunst, die aus Metall und Holz
Mit edler Müh den holden Wohllaut lockt.
Doch eines Abends, als ich einsam mich,
Die Saiten rührend, im Gewäld erging,
Da schnitten mir die Töne mördrisch-tief
Ins Herz, das Auge ward mir feucht, und kalt
Schlich Schauer mir nach Schauer durch das Mark.
Wohl war das süß, und lange sog ich still
Die wunderbare Todeswollust ein,
Dann aber zuckt ich knirschend auf, zerriß
Die Saiten und zerschlug das Instrument,
Und nie ein andres nahm ich in die Hand.
(Mit einem zornigen Blick auf sie)
Mir deucht, ich sollte heut dasselbe tun!
O, Sünde ists, so liebenswürdig sein,
Daß man durch einen Blick, durch einen Ton,
Ja, durch ein Lächeln selbst, das ihm nicht gilt,
Den Mann im Innersten in Fesseln legt,
Die Kraft ihm bricht, den stolzen Mut ihm raubt.
Was ist wohl süßer? Plötzlich an den Hals
Ihr fliegend, alles, was man ist und war,
Zu setzen an den räuberischen Kuß,
In dem man Zeit und Ewigkeit vergißt,
Und dem ein Fluch folgt, welcher vierfach trifft:
Von Gott, von ihr, von ihm und von mir selbst –
Wie, oder zieh in grimmger Notwehr ich

Mein Schwert und – Ha, Verfluchter, zieh dein Schwert,
Doch kehr es reuig-wütend gegen dich!
Welt-End ist da, nachdem du dies gedacht;
Gott, aufgestört aus seiner ewgen Ruh,
Erhebt sich schaudernd und versiegelt stumm
Den Schöpfungsborn, damit nicht einst ein Mensch
Geboren wird, der, was du denkst, vollbringt.
Auf deine Knie! *(Er kniet)* Verzeiht mir, edle Frau! *(Für sich)*
Schurk! Schurk! Du greifst zugleich nach ihrer Hand,
Wie jener, der dem Muttergottesbild,
Vor dem er beichtete, ein Kleinod stahl.

GENOVEVA. Ihr ängstigt mich! Was soll ich Euch verzeihn?

GOLO. Daß ich – o, daß ich nicht den Hals mir brach.

GENOVEVA. Ihr frevelt, Golo, daß Ihr also sprecht!
Steht auf! Steht auf! Und wollt Ihr knien durchaus –
In der Kapelle ist dazu der Ort.

GOLO *(erhebt sich).* Gebt Euer Buch mir, und ich folg Euch gern
Zu Beichtstuhl und Altar.

GENOVEVA. Ich geh allein!
Doch wißt, mich wunderts sehr, daß Ihr von mir
Vergebung Euch erfleht und nicht von Gott.
Leicht habt Ihr mich, Gott habt Ihr schwer gekränkt.
Viel edle Güter hat er Euch vertraut:
Kraft, Jugend, einen ritterlichen Arm!
Dies alles, wie ein trunkner Steuermann
Mutwillig zwischen Klippen treibt sein Schiff,
Statt es vorbeizulenken, setztet Ihr
Um eine Torheit tollkühn auf das Spiel.
Der Atem stockte mir, als ich zum Turm
Empor Euch klimmen sah, ich winkte Euch,
Denn rufen konnt ich nicht, Ihr ließt nicht ab,
Ich glaube gar, Ihr lachtet, häßlich klangs,
Kaum wußt ich, durft ich beten, durft ich nicht.

GOLO. Sie hat für dich gebetet. Freue dich!
Nein, sei kein Tor! Sie tats nur, daß dein Bild
Sich nicht zerschmettert, blutig und entstellt,
Zu ihrem Herzen schleiche, und, sie kalt
Berührend, weck aus linder Seligkeit.
O, sei gewiß, den schwarzen Mörder selbst

Verschont in ihrer heilgen Näh der Blitz,
Damit er fallend nicht ein Blumenbeet
Beflecke, das ihr Düfte senden soll.
In Lächeln wandelte sich Gottes Zorn,
Als sie in Angst um mich emporgeschaut,
Und wie ein Vater, wenn sein Kind sich naht,
Vergißt, daß er den Diener strafen will,
So streut' er Lilien mit der rechten Hand
Auf sie herab, und mit der linken gab
Er seinem Engel einen stummen Wink,
Mir, ihretwegen, Schutz und Schirm zu sein.
Ich kann es ihr nicht danken, ihr Gebet;
Läg ich zu ihren Füßen jetzt, ein Klump,
Ein rauchender, von Knochen, Fleisch und Blut,
Sie würde weinen und im Schmerz um mich,
Wär es auch nur auf einen Augenblick,
Vergessen, daß sie eines andern ist;
Ja, fühlen würde sies in tiefster Brust,
Daß ich ein Opfer ihrer Schönheit sei,
Und Liebe, welche stumm den Tod erwählt,
Sie wird verziehn, erwidert, nie verdammt.

GENOVEVA. Ihr redet, Golo, warum nicht mit mir?
Ich sah Euch niemals so, Ihr seid wohl krank.

GOLO. Ich bin ganz Wunde, und mich heilen, heißt
Mich töten!

GENOVEVA. Seine ganze Krankheit ist
Die Jugend, die in ihrer Kraft erstickt,
Weil noch die Welt sie nicht zum Dienst berief.
Ei, Golo, blickt doch freudig auf und fühlt,
Was ich gefühlt, als ich aus sichrem Tod
Euch stolz und trotzig wiederkehren sah.
Wenn Gott den Frevelmut des Jünglings schützt,
So ists ein Zeichen, daß er schon den Tag
Im Auge hat, wo er des Manns bedarf.
Erkennt dies still und beugt Euch demutvoll
Und harrt, bis er Euch winkt, er winkt gewiß!

GOLO *(erschüttert)*. O!

GENOVEVA *(lächelnd)*. Habt Ihrs heute doch mit Gott gemacht,
Wie einst mit Eurer Amme, wißt Ihrs wohl?

Herr Siegfried hat es mir erzählt, es kam,
Ich weiß nicht wie, mir oft schon in den Sinn.
Als die einmal mit Euch am tiefen Rhein
Vorüberging, da rieft Ihr, plötzlich Euch
Von ihr losreißend und dem blanken Strom
Zueilend: Bin ich wirklich dir so wert,
Wie du mir sagst, so zeigs! und sprangt hinein.
Sie stürzt' Euch nach, und –

GOLO. Noch erröte ich!
Ich konnte schwimmen, und sie wußt es nicht,
Sie konnt es nicht und sank. Ich ward bezahlt.
Ein Fischer kam zuletzt und zog für tot
Sie aus den Wellen. In erstarrter Hand
Hielt sie mein Käpplein fest, als wär ichs selbst.
Das ging ans Herz mir. Ja, sie zeigte mir,
Was ich ihr galt.

GENOVEVA. Gott hats Euch auch gezeigt!
Er hätt Euch seinen Engel nicht gesandt,
Wär Euch nicht eine Tat bestimmt, so groß,
So schwer, daß sie jedweden anderen
Zum Feigling machen wird, zum Helden Euch.
Und kommt dereinst ein Tag, der das verlangt,
Was Ihr verweigern könnt und doch ein Mann
Noch bleiben und ein tapfrer Mann dazu,
Dann denkt: Gott bin ichs schuldig! und vollbringts.

GOLO *(für sich)*. Dem heilgen Fluß ist ihre Seele gleich,
Aus dem Aussätzge, niedertauchend, rein
Und leuchtend sich erhoben. Sünde kann
Sie sich nicht denken; was sie dafür hält,
Ist schlackig Gold, das gleich geläutert wird,
Sobald es ihr Gedanke nur erfaßt.
(In plötzlicher Bewegung sein Schwert ziehend)
O Genoveva, weihe du mein Schwert!

GENOVEVA. Am liebsten dazu, daß es immerdar
In seiner Scheide bleibe. Doch es will
Geschwungen sein. So weih ichs denn, als Weib
Gedenkend meines eigenen Geschlechts,
Das, schwach und waffenlos, in seinem Feind
Zugleich den Freund und den Beschützer sieht,

Gedenkend dessen, was von Jugend auf
Als aller Greuel höchster mir erschien.
Wenn irgendwo ein edles Frauenbild,
Von einem ehrvergeßnen Mann verfolgt,
Nur kaum sich schnöder Übermacht erwehrt;
Wenn sie, durch wilde Wünsche, halb verhehlt,
Halb ausgesprochen, schon befleckt sich dünkt,
Und fort und fort sich nun in Tränen wäscht;
Wenn alle Heilgen ferne sind, von Gott
Zurückgehalten, der den Himmlischen
Verbot, den irdschen Helden eine Tat
Zu rauben, die sie jenen zugesellt:
Dann hat dies Schwert *(sie berührt es)* ein Recht auf Blut, [dann solls,
Der hartbedrängten Unschuld letzter Hort,
Dräuen, verwunden, töten, wenn es muß.
Ist doch das Schwert ein rächerischer Blitz,
Der, statt aus Himmelshöhn, aus dunklem Schoß
Der Erde kommt, die, innerlich ergrimmt
Ob all dem Frevel, den sie tragen muß,
Ihn sendet, daß er ihn bestraft und tilgt.

GOLO. Ein Schauer faßt mich. Ist es nicht Gott selbst,
Der also zu mir spricht durch ihren Mund?
(Zu Genoveva) Wie kommt Ihr darauf?

GENOVEVA. Habt Ihr nie gehört,
Was für ein Ende meine Schwester nahm?
In ernstem Kloster sah von ungefähr
Ein Ritter sie bei einem Kirchenfest.
Erglüht verfolgt' er Gottes reine Braut
Mit ungestümem Werben, plötzlich ihr
Zu Füßen stürzend, als sie ahnungslos
Bei Mondenlicht im Garten sich erging,
Sie floh entsetzt; er aber rief ihr nach:
Du sollst heraus aus dieser Mauern Kreis,
Und muß ich auch mit meiner eignen Hand
In Brand sie stecken, daß des Feuers Glut
Dich scheuche; der Äbtissin sagte sies,
Und in derselben Nacht noch ging des Herrn
Geweihtes Haus in düstern Flammen auf.

GOLO. Und Eure Schwester?
GENOVEVA. Keiner sah sie mehr.
Man meinte, daß sie in der Finsternis
Wohl nicht den Weg fand, der ins Freie führt.
Das glaub ich nicht. Sie wollte nur den Weg
Nicht wandeln, welcher sie mit Schmach bedroht.
GOLO. Entsetzlich!
GENOVEVA. Wenn ich meines Herzens Trieb
Nicht folgte, der auch mich ins Kloster zog,
So war es nur, weil ich die Schwester dort
An jedem Ort in Flammen sterben sah.
Gern stellt ich sie mir nur mit Palmen vor,
Die Himmelskrone in dem goldnen Haar
Und stimmend in den Halleluja-Ruf.
Doch oft verwandelt sich vor meinem Blick
Ihr edles Bild, ich sehe sie verzerrt,
In Rauch und Qualm, ich höre ihren Schrei!
(Sie geht in die Kapelle)
GOLO. O, daß sie eine goldne Wolke jetzt
Dem trüben Kreis, wo man verlangt und wünscht,
Enthöbe! Denn was auf die Erde sich
Herniederläßt, das will die Erde auch
Mit Banden, schwer und unrein wie sie selbst,
Festketten, daß es adle ihren Staub.
Darum gebiert sie nichts Geflügeltes
Als nur den Vogel, und der Vogel selbst,
Sobald er edel ist, kehrt nie zu ihr
Zurück, selbst dann nicht, wenn der Lenz die Flur
Mit allen seinen Blumen überdeckt.
Von ferne nur, von einem Blütenbaum,
Sieht er sich Lilien und Rosen an
Und schwingt sich dann zur Sonne wieder auf.
Nimm, Ewiger, nimm sie zu dir empor!
Nur, weil es Edelsteine gibt und Gold,
Gibts Räuber. O, ich fühl es, dieses Weib,
Wenn du nicht schnell sie unserm Blick entziehst,
Ruft Sünd ins Dasein, außerordentlich,
Wie ihre Schönheit, einzig, wie sie selbst!

Fünfte Szene

Ein alter Jude stürzt herein, vom Gesinde verfolgt

MEHRERE STIMMEN. Ein Jud! Ein Jud!
GOLO. Was hat der Jud getan?
BALTHASAR. Getrunken aus dem Brunn!
GOLO. Hat er ihn auch
Vergiftet?
BALTHASAR. Das gilt gleich. Wer trinkt wohl noch
Aus einem Brunn, woraus der Jude trank!
KATHARINA. Reiß dir den Leib auf, wenn du durstig bist,
Du Hund, und saug die eigne Galle aus!
Habt ihr doch Galle unserm Herrn zum Hohn
Gereicht, als er vor Durst am Kreuz verging.
BALTHASAR. Was meint ihr, wenn wir den hier kreuzigten?
Es steht im äußern Hof ein steinern Bild,
Der Heiland mit der Dornenkron, das Haupt
Geneigt, die Seite von dem Speer durchbohrt.
Ich denk doch, lächeln muß das Schmerzensbild,
Wenn wir ihm gegenüber an die Wand
Den Juden nageln und verdreifacht ihm
Die Marter antun, die der Herr erlitt!
HANS *(dringt mit dem Messer auf den Juden ein).*
Fürs erste wäre hier der Seitenstich!
GOLO. Halt! *(Für sich)* Jedem Sünder fühl ich mich verwandt!
JUDE. Nein! Laß sie, Christ! Noch keinem deines Volks
Ward Dank ich schuldig, würds auch dir nicht gern!
Fluch! Fluch der Feigheit! Warum wandt ich mich,
Daß ihre schweren Steine nur die Brust
Mir trafen, nicht die Schläfe. Wenn ein Greis,
Halb blind, elendiglich, in Fiebers Glut
Aus einem Brunnen trinkt, wo er vorher –
Sonst hätt ers nicht gewagt – den grindigsten
Der Hunde trinken sah und man den Greis,
Bloß, weil er trinkt, zu Tode steiniget:
Dann ist das Maß der Zeit erfüllt, dann dreht
Der Herr die Welt, daß unten oben wird,
Dann tut er unsre Sünden aus und spricht:

Sie sind bezahlt! Auf, Christen, steinigt mich,
Doch schnell, schnell, schnell! Ich sterbe sonst von selbst.
(Man sieht in der Kapelle Messe lesen. Der Geistliche, Chorknaben mit Rauchfässern werden erblickt)

GOLO. Dir wird kein Haar gekrümmt!

JUDE. Ich spei nach dir,
Damit dus widerrufst! Wenn auch mein Leib
Dem Schlage zittert, der von fern ihm droht,
Wenn sich mein Auge furchtsam schließt, mein Fuß
Zur Flucht sich hebt, so lechzt doch meine Brust
Nach Schimpf und Schmach und unverdienter Qual.
Sie sind mein Schatz, mein einzger, letzter Schatz,
Sind meines Volkes Schatz, wodurch es einst
Zurück erkauft, was es an Rom verlor:
Die heilge Stadt, das hochgelobte Land.
Für jeden Stein in Zion will der Herr
Ein Herz, das brach, und eine Wunde, die
Nicht heilt und nicht verharscht. Ich bin schon reich.
Siehst du die Narbe von dem Pfeilschuß hier?
Ein Ritter schoß den Bolzen mir ins Haupt,
Weil just kein Tier daherkam, sein Geschoß
Zu prüfen, das er niemals noch versucht.
Ich jauchzt, ich ächzte auch, doch flucht ich nicht!
Siehst du, daß links das Ohr mir fehlt? Ein Knapp
Hieb mirs herunter, bloß zum Zeitvertreib,
Weil ich gerad am Wege saß und aß.
Als nach dem blutgen Läpplein Fleisch sein Hund
Verhungert sprang, da trat ers mit dem Fuß,
Sprach: Pfui! Hei, dies Pfui hör ich noch!
Ich jauchzt, ich ächzte auch, doch flucht ich nicht.
Siehst du –

GOLO. Schweig, wenn du nicht die Wunde mir,
Die ich dir selbst schlug, zeigen kannst.

BALTHASAR. Ob wir
Den Bart ihm scheren?

HANS. Seine Augen glühn,
Als legte drin ein Teufel Feuer an.

KATHARINA. Ich fürcht ihn fast. Er richtet sich empor,
Wie eine blaue Schlange, die man tritt.

JUDE. Ich habe nie geflucht! Ich habs gespart!
Jetzt sterb ich. Soll ich beten oder soll
Ich fluchen? Ich will fluchen. Herr der Welt,
Für alles, was ich litt, leg jetzt den Fluch
Mir auf die Lipp, der sie am ärgsten trifft!
GOLO. Schweig oder stirb!
JUDE. Gleich beides! Doch zugleich!
Fluch! Fluch! Mir deucht, es wirkt! Sie werden blaß!
Fluch! Hei, die Mauern wanken! Fluch! der Turm
Erzittert, er begräbt sie. Fluch! 's wird Nacht!
Ich blas die Sonn aus mit dem letzten Hauch!
GOLO *(haut mit dem Schwert nach ihm).*
JUDE. Fluch! Fluch! Man schlägt die Sterbenden! Ich will
Doch sterbend einen würgen!

(Er tastet umher und faßt Balthasar)

BALTHASAR *(stößt ihn zurück).* Fort, du Aas!
JUDE. Aas bin ich bald! Dann werd ich eure Luft
Verpesten, hei, denn ihr begrabt mich nicht!
Fluch! Donnerts nicht? Es donnert! Ja! hör auf!
Nun flucht Gott selbst! O weh, ich fürcht mich doch!

(Er stürzt fort)

Hinab! Hinab! Wos finster ist und still!
KATHARINA *(sieht ihm nach).* Er fällt!
BALTHASAR. Zum Teufel! Innerhalb des Tors?
KATHARINA. Nein, außerhalb!
BALTHASAR. Da mag er liegen, bis
Die Raben ihn fortschleppen. Freilich sinds
Langsame Leichenträger. Doch was tuts?

(Das Gesinde zerstreut sich)

GOLO. Die ewge Lampe brennt noch ruhig fort!
Man sieht sie heller, weil es dunkel wird.
Kommt das vom nahen Abend, oder will
Die Sonne nicht mehr leuchten über uns?
Jud! Jud! Ich wollte, daß dein Fluch die Welt
Zersprengte! Nicht zum zweiten Male wird
Sie Gott erschaffen, nur sein Mitleid hält
Sie noch zusammen mit dem blutgen Kitt,

Den ihm vom Kreuz herunter bot sein Sohn.
Mich schauderts. Denn mir ist, als wär ich nur
Ein Wurm in einem Körper, der verfault.

(Er tritt der Kapelle näher und blickt hinein. Die Messe ist beendigt. Man sieht Genoveva am Beichtstuhl. Der Geistliche wird nur wenig gesehen)

Sie beichtet. O, nun lauscht Gott selbst herab
Vom Himmel. Ob er gleich allwissend ist,
Doch kennt er ihre Sünden nicht und horcht
Auf ihres Mundes Stammeln, daß er jetzt
Erfahre, wes sie selbst sich lieblich zeiht.
So wäscht ein Kind sich wohl in Maientau,
Nicht, daß es reiner, daß es schöner wird.
Doch hier ist beides gleich unmöglich. Ernst,
Beschämt fast schaut der Pfaff auf sie herab,
Denn ihre Beichte fällt ihm so ins Herz,
Wie Diamantenstaub in schlechten Sand.
Er sinnt umsonst auf eine Buße, wie
Auf Sünden sie. Doch sie erglüht und gibts
Für Sünde aus, daß sie von keiner weiß.
Pfaff, leg zur Buße ihr die Sünde auf,
Wie du dem Mägdlein, das sein weißes Kleid
So liebte und in Unschuld dirs gestand,
Befahlst, es zu beflecken. Er ist stumm.
Jetzt flüstert er. Sie neigt sich still und geht.

GENOVEVA *(verläßt die Kapelle und geht ins Schloß).*

GOLO *(sieht ihr nach).*

Sie kehrt zurück, erleichtert um ein Nichts,
Das ihr doch viel dünkt. – Ob sie wohl aufs neu
Jetzt ihren Starmatz unterweisen wird?
Die einzge Sünde, die sie je beging,
Die, wett ich, hat sie nie gebeichtet. Ists
Doch Sünde, daß dies Himmelsbild
Aus goldnem Rahm' in eines Mannes Arm,
Um seinen Hals sich flechtend, niederstieg.
Nur, weil die Heilge Weib ward, lieb ich sie,
Nur, weil ich sah, wie süß sie küssen kann!
O, wie verstrick ich mich! Unglückliche!

Vom stillen Kloster wies die Schwester dich,
Ein jammervoller Schatten, dich zurück,
Und von des starken Gatten Brust, an die
Du dich geflüchtet vor dem Drang der Welt,
Zerrt Leidenschaft, entzündet durch den Strahl,
Den nur der Abschied dir entlockt, dich fort.
Doch nein! Zu schlimm bedrohter Frauen Schutz
Hast du mein Schwert geweiht; ich will für dich
Es zücken auf mich selbst, wenn – dus gebeutst! *(Ab)*

DRITTER AKT

Erste Szene

Schloßraum

Links ein Garten. Rechts ein gewölbter Gang mit Aussicht auf das Tor

Margareta und Katharina begegnen einander, jene aus dem Gang, diese aus dem Schlosse kommend

MARGARETA. Frau Katharina? Guten Tag!
KATHARINA. Weg! Weg!
Wer bist du? *(Beiseite)* Scheusal!
MARGARETA. Keine Elster, die
Den eignen Namen nennt. Besinne dich!
KATHARINA. Ich kenn dich nicht, und hab dich nie gekannt!
MARGARETA. Auch diese Narbe nicht auf meiner Stirn?
KATHARINA. Margreta! Schwester!
MARGARETA. Hi! Es ist doch gut,
Daß du als Kind mich schon gezeichnet hast!
Du weißt doch noch? Du warfst mir einen Stein
Ins Angesicht, weil ich den Apfel aß,
Der dir gehörte. Strömend floß mein Blut.
Ich weinte sehr, du weintest auch, weil du
Die Schläge fürchtetest von Vaters Hand,
Der, weil ich ihm so glich, mein Antlitz nicht
Entstellt sehn wollte. Damals war ich schön.
KATHARINA. Wie oft hab ich gewünscht, noch einmal dich
Zu sehn, und nun –

MARGARETA. Nun freut dichs nicht, nicht wahr?
O, sprichs nur aus! Es kann nicht anders sein!
Ich nehms nicht krumm!
KATHARINA. Nun kommts so unverhofft!
MARGARETA. Ja, etwas früher als im Beinhaus, wo
Geripp sich findet zum Geripp, wenns glückt,
Das heißt, wenn nicht der Teufel mit der Seel
Zugleich den Leib entführt.
KATHARINA. Mir graust vor dir!
MARGARETA. Ich habe mich verändert, das ist wahr.
Wir sahn uns, glaub ich fast, zum letztenmal,
Als ich dir deinen roten Müllerknecht
An deinem eigenen Geburtstag still
Abspenstig machte und mit ihm entfloh.
Wie lang ist das! Man wird doch wirklich alt!
Willst du den Galgen wissen, wo er hängt?
KATHARINA. Pfui! Pfui!
MARGARETA. Du mußt doch hören, wie er starb,
Damit du weißt, was du an ihm verlorst.
Tot schlug er einen, für des Toten Geld
Betrank er sich, und in der Trunkenheit,
Besinnungslos, erzählt' er selbst den Mord,
Wie wohl ein Held von seinen Taten spricht,
Jedweden Schlag, den er mit seiner Faust
Geführt, beschreibend und mit manchem Fluch
Beteuernd, daß dies alles Wahrheit sei.
Ist das nicht lustig?
KATHARINA. Still! Ich bitte dich!
MARGARETA. Nicht wahr, ich bin ein greulich Weib? *(Beiseite)*
Man wirds,
Wenn man sein Kind erst umgebracht, wie ich!

Zweite Szene

Genoveva tritt auf

MARGARETA. Ist das die Gräfin, der du dienst?
KATHARINA. Ja wohl!
MARGARETA. Hochedle Gräfin! Wenn Ihr mich nicht ganz
Geblendet seht von Eurer Schönheit Licht,

So ists, weil ich im Traum Euch schon erblickt,
Doch eine goldne Krone trugt Ihr da.

GENOVEVA *(zu Katharina).*
Wer ist die Alte?

MARGARETA *(schnell).* Eine Pilgerin,
Seit zwanzig langen Jahren auf dem Weg
Zum Heilgen Grabe nach Jerusalem.
Jedoch der Böse, welcher mächtig ist,
Schlug mich mit Gliedergicht und Knochenpein,
So daß ich selten von der Stelle kann!
(Heimlich zu Katharina)
Der Graf zog in den Heidenkrieg, nicht wahr?

KATHARINA *(nickt).*

MARGARETA *(küßt Genoveva die Hand).*
Heil mir! nun kann ich sagen, daß mein Mund
Die schönste aller Hände hat geküßt.
Darf ich hineinschaun in die Hand? *(Sie tuts)* O weh!
Ich nannt Euch Gräfin! Ihr seid Königin!
Ihr staunt? Ja, ja! So ists! Versteht mich nur!
Erst stirbt der Graf, dann wirbt der König.
(Mit Gebärden) Ha!
Ihr seid schon Witwe! Sarg hinab mit dir!
Dem Hochzeitsreigen stehst du breit im Weg!

GENOVEVA. Abscheuliche, du lügst!

MARGARETA. Ich sehs! Ich sehs!
Doch freilich sehe ich die Tränen auch,
Die züchtig Ihr um den Gemahl vergießt.
Sie werden strömen, bis der erste Blick
Euch zündend aus des Königs Auge trifft.
Vor dem vertrocknen sie.

GENOVEVA. Ich sag dir: Schweig!
Mein Herz erbebte schon, denn sterben kann
Herr Siegfried, kann es doppelt leicht im Krieg.
Doch sähest du ihn eingesargt und tot,
So sähst du auch der Witwe ewgen Gram.
Den zweiten Gatten wählen? Ganz so leicht
Den zweiten Vater, wenn es möglich wär!
Nein, ist das Schwerste über mich verhängt,
So schau ich von der Erde, die ihn deckt,

Nur noch zu Gott auf, der ihn einst erweckt.
Mir graut in deiner Nähe. *(Zu Katharina)* Gib ihr schnell,
Was sie begehrt, und laß sie weiterziehn! *(Ab)*

MARGARETA. Das Alter, schöne Gräfin, steckt nicht an!
Die Jugend, leider, tut es auch nicht, sonst
Verfolgt ich Euch. Die ist ja wie ein Glas,
Worin ein Licht steht: hell und blank und rein.

KATHARINA. Sie ist dazu gemacht, daß man sich schämt,
Wenn man sie hört und sieht. Doch mir gefällt
Das nicht besonders. Wen ich lieben soll,
Der muß mit mir verwandt sein. Engel sind
Gar unbequeme Vettern.

MARGARETA *(reicht ihr die Hand)*. So ists recht.

KATHARINA. Wo kommst du her?

MARGARETA. Ich komm von Heidelberg,
Und wenn ich lügen wollte, sagt ich jetzt:
Ich komme, weil mein Herz zu dir mich trieb.
Doch nein, mein Schatz, ich komme gar nicht gern,
In jener kleinen Bergstadt ging mirs wohl,
Der Teufel hole die, die mich verjagt.

KATHARINA. Wer wars?

MARGARETA. Ei, wer? Es war die ganze Stadt.
Natürlich trieb ich mancherlei Gewerb,
Zitierte Geister, stand Verliebten bei,
Verkaufte Tote an Lebendige,
Leichname an Doktoren, die mir gut
Bezahlten, was ich nachts dem Kirchhof stahl.
Verflucht! Ein totes Kind erwachte jüngst
Bei mir, die Augen riß es mächtig auf
Und griff mit seinen Händchen nach dem Kranz
Von kalten Blumen auf dem fahlen Haupt
Und stammelte mit schwerer Lipp ein Wort.
Das war mir doch zuviel, ich floh entsetzt
Aus meiner Hütte, schrie das Wunder aus
Und faselte von Gott und Jüngstem Tag.
Was folgte drauf? Die Nachbarn drangen ein,
Sie sahen, was sie längst geahnt, man zog
Als Leichenräuberin mich vor Gericht.
Dann – doch was gehts dich an! Jetzt ziehe ich

Hinauf nach Straßburg! Wär ich nur erst dort!
Man hats von da zum Blocksberg freilich weit.
Was tuts, man kommt wohl hin. Ich reite gut.
Und du, ehrwürdge Schwester? Nun, du bist
Dem Kätzchen gleich, das nie das Haus verläßt,
Wo es geworfen ward. Ich wußte stets,
Wo du zu finden seiest, wenn ich gleich
In dreißig Jahren nichts von dir vernahm.

Dritte Szene

Genoveva tritt wieder auf

KATHARINA *(zu Margareta).*
Fort! Spute dich! Die Gräfin kehrt zurück!
Wir sehn uns wohl zur Nacht noch.
MARGARETA. Meine Saat
Ist aufgegangen. Sei gewiß, sie will
Jetzt bei mir fragen nach dem Wie und Wo.
KATHARINA. Du irrst dich!
GENOVEVA *(für sich).* Sie ist schlecht. Doch – sie ist alt.
Ich übereilte mich. Ich mach es gut.
Sie soll, die erste, nicht von dannen ziehn,
Der ich nicht Speis und Trank und Herberg bot.

(Sie nähert sich Margareten und bleibt unentschlossen stehen)

MARGARETA *(zu Katharina).*
Siehst du? Sie ist verlegen. Nun, ich will
Es ihr erleichtern. Wie sie mit sich kämpft!

(Sie faßt Genovevas Hand)

Soll ich noch einmal lesen, edle Frau?
GENOVEVA *(entreißt ihr die Hand).*
Nein! Diesem Weibe bitte ich nichts ab!

(Sie wendet sich stolz und geht)

DRAGO *(begegnet ihr).*
GENOVEVA *(bleibt vor Drago stehen).*
KATHARINA. Da hast dus!
MARGARETA. Meinst du, daß es mich verdrießt?

Das nicht! Das nicht! Doch freilich merk ichs mir.
Mich kitzelts, wenn man schaudernd vor mir weicht,
Ich denke dann: du hast ein Angesicht,
Das einst die Häscher dir verscheuchen wird,
Wenn sie zur Nacht mit ihren Stricken nahn.

(Auf Genoveva und Drago deutend)

Ei, wie vertraulich!
KATHARINA. Was denn?
MARGARETA. Weißt du nicht,
Warum ein Schwan so weiß ist? Daß man ihn
Mit Kot bewirft. Dann dient der Flügelschnee
Dazu, daß dunkler ihm die Flecken stehn,
Wie der gemeinen Gans!
GENOVEVA *(zu Drago).* Ihr geht zu Bett,
Wenn ich nicht zürnen soll. Das Fieber hat
Euch zwar verlassen, doch Ihr seid noch schwach.
Tuts, Drago!
DRAGO. Wenn Ihr es durchaus so wollt!
(Für sich) Ich steh doch wieder auf!

Vierte Szene

Golo tritt auf

GENOVEVA *(ruft ihm entgegen).* Seht, Golo, doch
Auf diesen Kranken, dessen Arzt ich bin,
Und der mir nicht gehorchen will.
GOLO. Das ist
Gar große Sünde. *(Er zerpflückt eine Blume)*
GENOVEVA. Was zerreißt Ihr da?
GOLO. Das erste Veilchen, das ich draußen fand.
Euch wollt ichs bringen. Besser macht ichs so!
Der Frühling macht das Leben wieder frei,
Nun regt sichs in der Erde, in der Luft,
Und wie man atmet, zieht mans ein: ich bin
Wie einer, welchen man zum Trinken zwingt,
Und der im Rausch sich und die Welt verflucht.
Ich wollt, ich wär der Tod!
GENOVEVA. So zieht das Schwert!

Dies in der Hand, ist jeder Mann der Tod.
Nun, Drago?

DRAGO *(geht ab; Genoveva ebenfalls).*

MARGARETA *(auf Golo deutend).* Diesen Jüngling zög ich vor!
Doch freilich, mit dem Jungen hats Gefahr,
Und mit den Alten treibt mans, wie man mag.

KATHARINA. Du sprichst hier Dinge, die du selbst nicht glaubst.

MARGARETA. Ich zeig dir nur, wie man die Unschuld würgt,
Wenn sie hochmütig ist. Und sei gewiß:
Die Tugend ist ganz wie ein andrer Staat,
In den der eitle Mensch sich spreizend hüllt;
Beflecke ihn: der Träger wirft ihn weg.

GOLO *(tritt herzu).* Wer seid Ihr?

KATHARINA. Meine Schwester ist es, Sohn!

GOLO. So hängt die noch nicht?

KATHARINA *(verlegen).* Golo!

MARGARETA. Schadet nichts.
Ich seh, des Guten sprachst du viel von mir.
Gib mir die Hand! *(Zu Golo)* Herr Ritter, schämt Euch nicht!
Ich koch Euch dennoch einen Liebestrank,
Wenn Ihr ihn brauchen könnt!

GOLO. Einen Liebestrank!
Gebt einen Trank mir, der zum Haß mich zwingt.
(Er tritt zurück)
Des Lebens schlimmste Krankheit ists, daß wir
Noch wissen, was wir waren, wenn wir längst
Es nicht mehr sind. Da wollen wir zurück
In unsre Wurzeln kriechen, doch umsonst.
O Torheit! Ich auch möchte gar zu gern
Des Grafen Siegfried treuer Diener sein
Und doch zugleich sein Weib ihm rauben! Narr,
Dies oder das! Entschließe dich! Und schnell!
Was ists denn auch! Der Funk, der in dir schlief,
Schlug über Nacht in lichten Flammen auf,
Und die Natur des Feuers ist bekannt:
Es macht ein andres aus jedwedem Ding,
Ein beßres oder schlechtres, wie es kömmt;
Keins bleibt dasselbe. Sieh nun, was du bist! *(Ab)*

MARGARETA. Ist das dein Sohn? Dann ists ein Bastard auch!

KATHARINA. Ich lieb ihn wie mein eignes Kind, doch war
Ich seine Amme nur.
MARGARETA. Er scheint mir sehr
In Trübsinn und Melancholie versenkt.
KATHARINA. O, wüßt ich nur, was ihn bekümmert! Sonst
War er ganz anders.
MARGARETA. Dir vertraut er nicht?
KATHARINA. Zum ersten Mal nicht.
MARGARETA. Dann ist er verliebt.
KATHARINA. Gewiß nicht. Denn er kommt nicht aus der Burg.
MARGARETA. Und in der Burg?
KATHARINA. Ist nur die gnädge Frau!
MARGARETA. Wenns die nun wäre?
KATHARINA. Das verhüte Gott!
MARGARETA. Warum?
KATHARINA. Warum? Sie ist ein ehlich Weib!
MARGARETA. Liebt sie den Grafen sehr?
KATHARINA. Du fragst und hast
Es selbst gehört?
MARGARETA. Seis, wie es sei, er soll
Sie haben!
KATHARINA. Wer?
MARGARETA. Dein Sohn!
KATHARINA. Du faselst!
MARGARETA. Nein!
Hast dus denn nicht bemerkt, wie rot er ward,
Als sie zwei Worte mit ihm sprach? Sie ists!
Ich bitt dich, laß mich hier!
KATHARINA. Zum Kuppeln? Nein!
MARGARETA. Zum Beten, wenn du willst! Du kannst mich ja
Bekehren. Doch im Ernst, ich bin zu sehr
Ermüdet, sechzig Jahre tragen sich
Nicht leicht.
KATHARINA. Es sei für heut. Mein Kämmerlein
Ist abgelegen. Dort versteck ich dich.
MARGARETA *(für sich)*. Wie einen Feuerbrand im Stroh!
KATHARINA. So komm!

(Beide ab)

Fünfte Szene

Man hört das Horn des Burgwarts. Golo kommt von der einen Seite, Kaspar von der andern

KASPAR. Der Ritter Tristan kommt mit Brief und Gruß
Von unserm Herrn!
GOLO. So öffnet ihm das Tor!
Ich melde ihn der Gräfin!
KASPAR. Nach Befehl! *(Ab nach der Seite, wo das Tor ist)*
GOLO. Ein Bote! Wohl! Dem Boten folgt er selbst!
Ein Brief! Du wirst es sehn, sie küßt den Brief,
Weil sie ihn selbst nicht küssen kann. Sei still,
Sei still, mein Herz! Wenn du gesündigt hast,
Jetzt wirst dus büßen. Ha! Er kommt! Er schleicht
Sich nachts zu ihrer Kammer! Schleicht? O nein!
Ein Licht, ein unverschämtes, in der Hand,
Naht er, mit Schritten, die man hören soll,
Scheucht sie ins Bett, und – du, du stehst derweil,
Gehorsam, wie sichs für den Diener ziemt,
Und wisperst: pst! wenn einer stören will! *(Ab)*

Sechste Szene

Genovevas Gemach

Genoveva sitzt am Tisch. Ein aufgeschlagenes Buch liegt vor ihr

GENOVEVA. Weh! Weh! Die Seele kreuziget sich selbst,
Wenn sie der Kreuzigung des Herrn gedenkt.
Viel kann ich fassen, Eins doch faß ich nicht,
Nicht faß ichs, wie das menschliche Geschlecht
Die Sündenschuld, die lastend es bedrückt,
Durch aller Sünden ungeheuerste
Hat tilgen können: durch den Mord an Gott!

Siebente Szene

Golo tritt ein

GOLO. Der Ritter Tristan kommt mit Brief und Gruß!
GENOVEVA *(erhebt sich)*.
Von meinem Herrn? Willkommen ist er mir!

Golo *(ab).*
Genoveva. O Gott, führ mir ihn bald zurück! Ich darf
So beten, denn ich bete ja zugleich:
Vertilge bald den Feind der Christenheit!

Achte Szene

Golo tritt mit Ritter Tristan ein

Tristan. Gott grüß euch, edle Frau!
Genoveva. Er sei mit Euch!
Tristan *(halb für sich).*
Ein echtes deutsches Weib! Vor jedem Blick
Aus eines Mannes Aug wird sie aufs neu
Zur Jungfrau und verschließt sich in sich selbst!
Genoveva. Saht Ihr noch niemals eine deutsche Frau?
Tristan. Verzeiht. Ich komme aus dem Morgenland
Und grüße drum die Heimat doppelt warm.
Mich sendet Eur Gemahl, mein würdger Freund,
Mit seinem wärmsten Gruß und diesem Brief.
(Er überreicht Genoveva einen Brief)
Genoveva. O sprecht, wann kommt er selbst?
Tristan. Dies weiß nur Gott,
Der uns bis jetzt erst halben Sieg vergönnt.
Golo. Wie, Ritter? Ist der Krieg nicht aus? Und doch
Seh ich Euch hier? Verzeiht, dies wundert mich.
Tristan. Mir fesselte ein Schwur den Arm.
Golo. Ein Schwur?
Ein Schwur, daß Ihr nicht kämpfen wollt? Bei Gott,
Das Wunderbarste, das ich je vernahm.
Tristan. Ich spare bis nachher die Antwort mir.
Genoveva *(die inzwischen gelesen hat).*
Der Brief ist gut. Allein was seh ich hier?
Ein roter Fleck! Und offenbar von Blut!
Tristan. Verzeiht! Ich ritzte neulich mir die Hand
An meinem neuerkauften Schwert.
Genoveva. Nein! Nein!
Inwendig ist der Fleck. Das ist das Blut
Von meinem Siegfried. Euer Ritterwort,
Daß Ihr mir nichts verhehlen wollt!

TRISTAN. Ich gebs!
GENOVEVA. Mir meldet er, er sei gesund und wohl.
Ists wahr?
TRISTAN. Darf ich ihn Lügen strafen?
GENOVEVA. Sprecht!
TRISTAN. Daß er verwundet wurde, schreibt er nicht?
Dann hat ers wohl vergessen. Ja, so gehts,
Wenn eine Wund so klein ist, daß sie dem
Zum Schimpf gereicht, der sie geschlagen hat.
Ich hatte auch einmal ein solches Ding:
Eh mans betrachten konnte, wars geheilt.
GENOVEVA. Bedenkt, Ihr sprecht zu einer Frau!
TRISTAN. Nun ja!
Ich sag auch nicht, es sei ein Nadelstich,
Das wär gewissermaßen falsch. Doch glaubt,
Die Narbe dieser Ritze wird sich sehr
Zu schämen haben, wenn sie sich dereinst
Mit ihren Schwestern auf der Brust vergleicht.
Der Pfalzgraf Siegfried ist ein reicher Mann,
Was Wunden anbetrifft, ihm tuts nicht not,
Daß er die Schrammen mitzählt wie ein Knapp.
GENOVEVA. Wo ist die Wunde?
TRISTAN. Wo das Herz nicht ist
Und auch die Lunge nicht: im Oberarm.
Ich sah sie, als sie frisch war, denn ich kam
Den Tag ins Lager, wo er sie erhielt.
Mein Ritterwort: jetzt ist sie längst geheilt!
GENOVEVA. Ich darf nicht zweifeln, und ich zweifle doch!
TRISTAN *(für sich)*.
Verfluchter Blutfleck! Warum schrieb er auch,
Als ihm gerad der Arm verbunden war!
Ich sollte schweigen. Ei, ich tats. Der Brief,
Der unvernünftge, ward zum Plauderer. *(Laut)*
Nun fällt mirs ein. Geschrieben war der Brief,
Bevor der Graf die Wunde noch erhielt.
Gesiegelt ward er später. Als ich ging,
Rief er mir noch mit muntrer Stimme nach:
Wenn über andern, die Euch selbst vielleicht
Betreffen, Euch mein Unfall nicht entfällt,

So sagt doch meiner Frau davon ein Wort.
Doch – setzt' er schnell hinzu – sagt ihr zugleich,
Die kleine Wunde sei ihr bester Freund,
Sie sei ein Schild, der mich vor größern schützt,
Denn aus dem Feld hält sie mich doch entfernt,
Ich kann jetzt tanzen, aber fechten nicht.
GENOVEVA. Herr Siegfried wird den Tod mit einem Scherz
Empfangen, daß ich mich nicht ängstige.
Nicht diese Reden, muntrer als er selbst,
Mich tröstet Euer ritterliches Wort.
TRISTAN. Das kanns.
GENOVEVA. Ich dank Euch, Ritter. Golo, sorgt
Für unsern Gast!
TRISTAN. Nicht weil' ich, edle Frau.
Fünf Jahre sinds, seit ich mein Weib nicht sah.
Ich weiß nicht, lebt sie oder ist sie tot.
Nun mein Geschäft bestellt ist, eile ich,
Sie aufzusuchen. *(Zu Golo)* Doch zuvor ein Wort
Mit Euch noch, junger Herr. *(Zu Genoveva)* Verzeihet mir,
Es muß in Eurer Gegenwart geschehn.
Ich tat, wie ich gesagt, den Schwur, mein Schwert
Nie gegen einen Heiden mehr zu ziehn,
Entscheidet Ihr, ob ich ihn halten darf. –
Als ich vor Jahren mit dem großen Heer
Auszog ins Morgenland, das Heilge Grab
Von seinen Drängern zu befrein, da fiel
Mit andern ich den Feinden in die Hand,
Weil wir zu ungestüm uns vorgewagt.
Umsonst ertrotzt' ich mir den Tod, ich ward
Zum Sklaven erst, zum Gärtner dann gemacht,
Und in der Hoffnung auf den künftgen Tag
Trug ich des gegenwärtgen Schmach und Leid.
Mein Herr, der König, kam zum Garten nie,
Doch seine junge Tochter, ernst und tief
In Schleier eingehüllt, betrat ihn oft.
Lang wandelte das Mägdlein an mir hin
Und schien mich nicht zu sehen, während ich,
Wie es die Sitte dort erheischt, sie floh.
Doch plötzlich ward sie anders, stand mir oft

Zur Seite, eh ich sie noch kommen sah,
Verlangte Blumen oder eine Frucht,
Und wenn sie fortging, lag ein Edelstein
Zu meinen Füßen, auch wohl rotes Gold. –
In einer stummen Mitternacht, wo mich
Der Schlaf auf meinem Lager floh, trat sie
Mit leisen Schritten, zögernd bald und bald
Zum Vorwärtsgehn sich zwingend, bei mir ein.
Sie wähnte, daß ich schliefe, lüftete
Den Schleier, seufzte, schlug ihn ganz zurück
Und trat mit ihrer Fackel an mein Bett.
Sie war so schön, daß ich, zum erstenmal
Ihr Antlitz unverhüllt erblickend, mich
Als Wachenden durch einen hastgen Laut
Des Staunens, der Bewundrung ihr verriet.
Den schien sie zu mißdeuten, beugte sich
Auf mich herab und sprach: Ich wußt es ja,
Daß du mich lieben mußtest, nun gereut
Michs nimmer, daß ich kühn mich zu dir schlich.
Wie eine Kohle fühlt ich ihren Mund
Auf meinem, heiße Zähren doch dabei
Entstürzten ihren Augen, Wang und Stirn
Mir netzend, warmen Regentropfen gleich.
Ich wand mich ernst aus ihren Armen, sie
Stand regungslos und starrte nach mir hin,
Als wär das Ungeheuerste geschehn.
Dann ward ihr Angesicht zur Flamme, stolz
Hob sich ihr Busen, drohend rief sie aus:
Was lebst du denn, wenn du nicht lieben kannst!
»Ich habe längst ein Weib«, versetzt ich sanft,
»Und keine lieb ich, als die Eine nur!« –
Er hat ein Weib! – sie wiederholt' es dumpf –
Und keine liebt er, als die Eine nur!
Sie ward zu Stein, ich nahte ihr, da stieß
Sie mich zurück und schwankte aus der Tür.
Bald kehrte sie, drei Schwarze folgten ihr,
Von denen einer einen Becher trug.
Sie sah mich nicht mehr an, sie zitterte
Und sprach, wie eine Tote spricht: Trink aus!

»Ich trinke!« rief ich, heftete den Blick
Auf sie und trank und hielt den Trank für Gift,
Von der Verschmähten rächend mir gereicht,
Damit ich nie verriete, was sie tat.
Bald schwand mir das Bewußtsein, kalt wie Eis
Auf meinen Lippen fühlte ich den Druck
Der ihren, von mir stoßen wollt ich sie,
Doch schon versagte meinem Arm die Kraft.
(Nach einer langen Pause)
Wo wacht ich auf? Auf einem schnellen Schiff,
Das mich gerades Wegs zur Heimat trug!
Nicht Gift: sie hatte einen Schlaftrunk mir
Gemischt, der Hirn und Sinne still betäubt,
Und schlummernd durch verschwiegne Diener mich
Hinunterbringen lassen an den Strand.
Von solchem hohen Edelmut besiegt,
Schwur ich mir unter Tränen glühnder Scham,
In einem Heiden nie jetzt noch den Feind,
In ihm Fatimens Bruder nur zu sehn.
Darf ich ihn halten? – Edle Frau, lebt wohl!
(Er geht rasch ab. Golo folgt ihm)

Neunte Szene

Katharina tritt ein

KATHARINA. Der Maler, der Euch malte!
GENOVEVA. Führ ihn her!
KATHARINA. Dort kommt er schon mit Golo. *(Ab)*

Zehnte Szene

Golo und der Maler treten ein

GENOVEVA. Mein Bild?
MALER. Verzeiht, daß ich nicht längst erschien!
Ich war inzwischen krank, und, daß ichs nur
Bekenne, unzufriedner wie noch je
Mit meiner Arbeit, fing ich viermal sie,
Vernichtend das Geschaffne, wieder an.
(Er hat inzwischen das Bild aufgestellt)

GOLO *(vor dem Bilde).*
O, welch ein Bild! Ich möcht ein Maler sein
Und ins Geheimnis ewger Schönheit mich
Versenkend, diese Züge fort und fort
Nachbilden, bis der öden Qual mein Herz
Erläge, daß es mir unmöglich sei.
MALER. Wohl ist das Qual! *(Zu Genoveva)* Ich bitt Euch,
edle Frau,
Nur einen Blick – ob Ihr zufrieden seid.
GENOVEVA. Mich schmerzt, daß mir von meiner Schwester nicht
Ein Konterfei verblieb, wie dieses hier.
Man sieht die Toten wie im Nebel nur,
Und immer weiter weichen sie zurück.
GOLO. Hier seh ich Tod und Leben wunderbar
In eins gemischt, die Unbeweglichkeit
Des Todes und des Lebens frischen Reiz,
Der sich verändern möchte und nicht kann.
Bild, lächle! Denn ich sehe, daß dus willst.
GENOVEVA. Zufrieden würd ich sein, wenn dies das Bild
Von meinem Herrn wär und das meine nicht.
MALER. Ich mal ihn Euch, obgleich er ferne ist.
Doch wie? Zu Pferd? In kriegerischem Kleid?
Das Auge vorwärts dringend wie ein Pfeil?
GENOVEVA. So ist er, wenn er auszieht. Malt ihn mir,
Wie er zurückkehrt, sei es vom Gefecht,
Seis von der Jagd.
MALER. Nachlässig sitzt er da,
Wie Herkules, der ausruht, und sein Blick –
GENOVEVA. Ist auf die Burg gerichtet, wo ich ihm
Entgegenharre.
MALER. Deutlich drückt er aus,
Daß alles eitel, nur die Liebe nicht.
Die Finsternis verhüllt die Welt, doch hell
Winkt ihm ein Licht ins trauliche Gemach –
GENOVEVA. Das angezündet ward von meiner Hand.
MALER. Ich mal ihn so! *(Ab)*
GENOVEVA. Was soll mir nun dies Bild?
Wenns Flügel hätt, so spräch ich: eil ihm nach
Ins ferne Land.

GOLO *(der die ganze Zeit vor dem Bilde stand, wie im Traum).* Gebt mir es!

GENOVEVA. Euch mein Bild?

GOLO *(für sich, aber von Genoveva beobachtet).*
Halte dich! Sieh nicht mehr hin! Wie Funken springts
Mir aus dem Bild entgegen, Funken strömt
Der Boden aus, die hellen Funken zieht
Mein Aug aus allem, was mich rings umgibt.
Dort steht ein Stuhl – ich trat hier einmal ein,
Sie saß darauf, und er stand neben ihr,
Verwirrt und rot erhob sie sich, er sprach
Mit mir, doch war die Stimme ihm bedeckt.
Ich ging und träumte in der Nacht – Still! Still!
Hier steht ihr Bett. Dort schläft sie. Er dabei!
Das ist doch – – Ha, ich sehe sie, die zwei,
Zu eins verstrickt im Wollustknoten! Er
Will plaudern, sie versiegelt ihm den Mund
Mit einem Kuß, und trotz der tiefen Nacht
Erglüht sie – – *(Er blickt nach Genoveva, die starr zu ihm hinübersieht)* Sie erglüht? Nein, sie ist bleich,
Bleich, kalt, ein Geist, mir zum Gericht bestellt!
Mich friert! *(Er kehrt sich wieder gegen das Bild)*
Ich wende mich zu dir zurück!
Du bist nicht blaß geworden, seit ich dich
Verschlang mit Blicken, du verfluchst mich nicht,
Wenn ich dir näher trete, wenn ich dir
Mein Herz verrate, wenn ich einen Kuß
Dir drücke auf den roten *(er küßt das Bild)* kalten Mund!
Dir will ich alles sagen und dabei
In jenen Spiegel schauen, der mir zeigt,
Ob sie zu meiner Beichte freundlich blickt,
Ob sie, das Weltgericht im Angesicht,
Die Hand erhebt und mich verdammt. Doch nein,
Das wäre feig!
(Er wendet sich rasch wieder zu Genoveva, die starr dasteht)
Sie steht, als wär sie Stein. Ihr Atem stockt,
Sie fürchtet sich, mit mir dieselbe Luft
Zu trinken; wenn sie nicht ohnmächtig jetzt
Hinsinkt, so unterbleibts aus Scheu vor mir,

Aus Angst, ich könnt – und könnt ichs denn nicht auch?
Weib, sprich! Ich bin gewiß, Gott legt ein Wort
Dir auf die Lippen, das mich wie ein Blitz
Zerschmettert dir zu Füßen niederwirft!
Sie schweigt! Mir schwindelt. Woran halt ich mich?
Woran? An ihr! Die Heidenjungfrau steht
Vor meinem Blick, sie lächelt stolz herab
Auf meinen Schwur. Ha! Edle Frau, ein Wort!

GENOVEVA *(tritt einen Schritt zurück).*

GOLO. Weicht nicht vor mir! Da ich vor Gottes Thron
Nicht treten kann, so wend ich mich an Euch.
Euch ruf ich auf zum Spruch, den Jüngsten Tag
Auf diesen Tag verlegend. Hört und sprecht!
(Dumpf und leise)
Wenn einer fühlt, daß ihn die nächste Stund
Zum ungeheuren Frevler stempeln wird;
Wenn ein Verbrechen, das die Hölle selbst
Auf neu entzünden könnt, wär sie verlöscht,
Aus seiner Brust hervorbricht, hat er dann
Das Recht, sich selbst zu töten? Sprecht für Gott!

GENOVEVA *(nach langem Stillschweigen).*
Bleibt ihm die Wahl noch zwischen Sünd und Tod,
So ist er edel und wird nimmermehr
Vollbringen, was er schaudernd selbst verdammt.

GOLO. Er wirds! Ich schwörs Euch! Doch, ich schwör Euch auch:
Er wird sich töten, sagt Ihr, daß ers darf.
Ich kann das wissen, denn ich bin es selbst.
Seht hier mein Schwert – ein Wort, ich geh sogleich
Und ruft Ihr mich zurück, so denke ich:
Zuerst sprach Gott aus ihr, nun spricht sie selbst,
Ein mitleidvolles Weib, und kehre nicht.
Ich suche einen Ort mir, wo mich nie
Ein Mensch, ein Rabe höchstens, finden wird,
Ihr werdet nicht den blutgen Leichnam schaun!
Ihr schweigt? Ich sag dir mehr noch, du bist schön,
O himmelschön! Du weißt doch? Sieh dies Bild!
Nicht weiß ich, ob die Schönheit von sich selbst
Ein Sklave sein muß, wie wir andern sind;
Ich – still! Sie zittert! Seht, Ihr habt mein Schwert

Geweiht zu schlimm bedrohter Frauen Schutz,
Ihr seid bedroht, wie keine noch, von mir. –
Darf ich mich töten? Haltets nicht zurück,
Das Ja, das Gott Euch in die Seele legt!
Aus seinem Munde wärs ein Donner mir,
Aus Eurem ists ein letzter süßer Laut.

GENOVEVA. Verstummen will ich eh auf immerdar,
Als daß ich Euch erwiderte ein Wort.
O Golo!

GOLO. Schweigst du? Wohl! Mir gilts für ja. *(Er geht)*

GENOVEVA *(in höchster Verwirrung).*
Halt ein!

GOLO *(bleibt stehen).* So sagst du nein? Das ist ein Ja
Zu bösen Dingen. Noch einmal!

GENOVEVA *(zögert; Golo geht; da sagt sie):* Halt ein!

GOLO *(schleudert das Schwert, das er gezogen hatte, von sich).*

GENOVEVA *(erfaßt ein Kruzifix).*
Allmächtger Gott, tritt zwischen mich und ihn!

GOLO. Nun bist du mein! *(Er tritt ihr nah, sie hält ihm das Kruzifix entgegen, er entreißt es ihr und schleudert es fort)*
Und ob der Heiland selbst
Sich stellen wollte zwischen dich und mich:
Zu seinen sieben Wunden gäb ich ihm
Die achte – du erstarrst, das tu ich auch,
Und doch, ich täts, und wärs ein Stich zum Tod.
Weißt du, was Liebe ist? Und wenn dus weißt –
Von deinem Siegfried hast dus nicht gelernt.
Der liebt – ja, ihn verklag ich! Als du bleich,
Geschloßnen Augs, dahingesunken warst,
Des tiefsten Schmerzes stummes Monument:
Mir war, als würd es Nacht, als öffnete
Die uralt-ewge Finsternis den Schlund,
Als schluckte sie die Schöpfung wieder ein;
Doch er, erwägend, daß es rühmlich sei,
Der Erste aller in das Feld zu ziehn,
Er nahm den Vorteil wahr und schlich sich fort.
Held! Dieser Abschied kostet dich dein Weib!
Muß man sich trennen, sei es, wie ein Glied
Vom Leib sich trennt: Schmerz – Blut – und ein Gefühl,

Daß das uns fehlt, was unersetzlich ist!
Er schied so kalt von dir! Da warf er dir
Dein Herz vor deine Füße, und du mußt
Es wieder nehmen, seis dir noch so schwer!
Weißt du, was Liebe ist? Ha, weiß ichs selbst?
Noch weiß ich nur, wie sie mich elend macht,
Mir alle Lebensbrunnen rings verstopft,
So daß der tausendfach gespaltne Strahl
Nur einen Weg noch findet: den durch dich!
Doch wissen will ich auch, wie sie beglückt!
Umarmen will ich dich! Ich schwörs bei Gott!

GENOVEVA *(stürzt auf ihre Kniee).*
Aus Asche schufst du mir den armen Leib,
Zu Asche wandle, Ewiger, ihn schnell,
Daß dieser, wenn ich still vor deinem Hauch
Zerstäube, mit der Asche, die ihn jetzt
So frech empört, sein Haupt bestreuen kann!

GOLO. In diesem Augenblick empfängt der Tod
Von Gott Befehl, daß er mit kalter Hand
Dich nimmermehr berühre, weil die Zeit,
Die allen nimmt, dir ewig geben soll.
O, zweifle nicht! Die bildende Natur
Hat sich bisher im Schaffen nur versucht
Und Form nach Form zerbrochen, weil ihr nie
Gelang, was wert war der Unsterblichkeit.
Du bist wie keine noch, und dürfte dir
Der Tod sich nahen, o, da würde sie
Dem Maler gleichtun, dessen Meisterstück
Der hämsche Neid zerfetzte: starr und stumm
Hieb er den Arm sich ab und schuf nichts mehr.

GENOVEVA. Nur zu! Nur zu! Des Opfrers Weihrauch zieht
Aufs Götzenbild des Himmels Blitz herab!
Gott wird dir zeigen, daß ich sterben kann.

GOLO. Und kannst du sterben, warum mahnst du mich?
Die Rose sagts nicht selbst, wenn sie ihr Feind
Entzückt betrachtet, daß sie morgen welkt,
Sie weiß es, daß er dann schon heut sie pflückt.
Ja, es ist wahr, und weil es wahr ist, will
Ich gleich mein volles Maß der Seligkeit.

Der unsichtbare Hauch, der dich und mich
Ins Nichts hineinbläst, facht in mir zugleich
Die Lebensglut zur höchsten Flamme an.
O komm! und stirb mit mir den Liebestod!
Ha, Aug in Auge wurzelnd, Mund in Mund
Einwachsend, drängen wir, bis sie zerspringt,
In unsre Brust den Odem still zurück.

GENOVEVA *(tritt zum Fenster).*
Seht, Golo, Ritter Tristan zieht erst fort.
Ein Ruf aus diesem Fenster – er vernimmt
Und eilt herbei! *(Sie tritt weit vom Fenster weg)*
Ich rufe nicht. Nun geht!

GOLO. Wer jetzt noch bleibt, der muß ein Schurke sein.
Ich *(er nimmt sein Schwert auf und steckt es ein)* bin ein Schurk!
Nun hab ich Schurkenrecht!
Denn auch ein Schurk hat Recht. Er kann nicht mehr
Zurück, drum muß er vorwärts. Wie es sich
Vergessen läßt, daß man ein Räuber war?
Man wird ein Mörder, Vatermörder dann,
Weltmörder! Gottesmörder! Schüttelts dich?
O Genoveva, halte mich! Du siehst,
Ich habe nichts als dich! O, einmal nur,
Nur einmal gib mir, was du geben kannst!
Nur einmal laß mich ruhn an deiner Brust!
Wohl ist das viel! Doch biete ich noch mehr:
Aus meinem Arm entlassen will ich dich,
Sobald ich dich umschlang. Das sei der Preis.
Wenns Sünde ist, so ists die kleinste doch;
Begehe denn die kleinste Sünde, Weib,
Damit du vor der größten mich bewahrst.
Denn rauben muß ichs, wenn du mirs versagst,
Und rauben will ichs. *(Er umschlingt sie)* Wohl! Nun hab ich
Nun halt ich dich! In Flammen tauch ich dich! [dich!

KATHARINA *(tritt ein).*

GENOVEVA *(stößt ihn von sich).*
Zurück! Und ehrst du nicht das Weib in mir,
So ehr in mir die Mutter, denn ich bins!

GOLO. Die Mutter! Ha, sie glüht, indem sies sagt!
Dies Wort – Weicht, Bilder!

GENOVEVA. Gott!

GOLO *(in höchster Raserei).* Was hält mich noch?
Wer stürzt hinunter in des Abgrunds Nacht,
Und reißt die letzte rote Beere nicht,
Die sich im Fallen bietet, noch im Fallen ab?
(Er dringt wieder auf sie ein)

GENOVEVA. Jetzt ruf ich!

KATHARINA. Golo!

GOLO *(zieht das Schwert gegen Katharina).* Weib, was willst du hier?

KATHARINA. Komm, Bösewicht, durchstoße meine Brust!
Sie wars, die dir die Kraft gab, daß dus kannst.

GENOVEVA *(zu Katharina).* Habt Ihrs gesehn?

KATHARINA. Ich – habe nichts gesehn!

GOLO *(zerbricht sein Schwert).*

GENOVEVA *(zu Golo).* Wohl Euch, daß keiner kam. Ich schweige!

GOLO. Weib!
Du siehst, was Liebe ist! So sag mir an:
Trieb es dich je zu ihm, wie mich zu dir?
Sprich nicht zu schnell dein Ja! Dies eine Ja
Stößt Gottes Welt in Nacht und Graus zurück.
Wenn das, worauf mein ganzes Sehnen geht,
Was ich nicht missen kann, ein anderer
Mit gleichem, ja mit größerm Recht besitzt,
Dann raste die Natur, als sie mich schuf.
Trieb es dich nicht zu ihm, wie mich zu dir?
Dann wars ein Mord, den du an mir begingst,
Als du den Schauder, der dich warnte, feig
Erstickend, ihm, weil er der erste warb,
Die Hand gereicht zu einem ewgen Bund,
Dann, Ehweib, sei verflucht! *(Er hält schaudernd inne)*
Verflucht? *(Stark)* Verflucht! *(Ab)*

KATHARINA. Wenn das der Graf erfährt – ich muß ihm nach. *(Ab)*

GENOVEVA *(drückt ihre Hände erst gegen das Haupt, dann gegen die Brust. Darauf nimmt sie das Kruzifix und geht ab).*

Elfte Szene

Große Gesindestube im Schloß

Man sieht Jagdhörner, Spindeln usw. An der Wand ein großes Kruzifix

Margareta sitzt am Tisch und legt Kräuter auseinander. Golo lehnt starr und schweigend gegen die Wand. Katharina steht vor ihm

KATHARINA *(nach einer langen Pause).*
Du zücktest gegen mich dein Schwert. Ich steh
Und wills verzeihn. Doch bitten sollst du erst.
GOLO. Fort! Stört den Teufel nicht, der bei mir ist!
KATHARINA. Er wird verrückt! O Weib! Verfluchtes Weib!
Er wollte einen Kuß! Was ist ein Kuß?
MARGARETA *(lacht).*
KATHARINA. Was lachst du?
MARGARETA. Immer gibts der Toren doch,
Die so weit gehn, daß sies zum Galgen führt,
Doch nicht so weit, daß es sie glücklich macht.
KATHARINA. Er ging nur zu weit.
MARGARETA *(erhebt sich).* Nein! Nicht weit genug.
Der Ritter ist noch jung! Ach Gott! Ein Kuß!
Ein Kuß ist ein Versprechen. Gibt man erst
Versprechen ab, wenn man schon halten will?
Er war zu ungeschickt! War das Gemach
Denn abgeriegelt? Nein! Du drangst ja ein!
Das arme Weib! Mir schelte keiner sie!
Wer wagte das bei unverschloßner Tür!
Sie wurde rot, nicht? Oder ward sie bleich?
Nun, das ist gleich! Der einen dringt das Blut
Zum Herzen und der andern zum Gehirn.
Sie sprach von ihrem Mann? Das tut man wohl.
Man ruft ihn an wie einen Heiligen,
Sobald man weiß, daß er nicht hören kann.
Sprach sie nicht auch von Gott? Ach, daß ihr dies
So falsch verstanden habt! Ich denke doch,
Ein Weib ist weit genug, wenn sie erklärt,
Daß nur die Allmacht sie noch schützen kann.
Dort geht sie zur Kapelle! Engelschön!
Wär ich ein Mann, ich setzte alles dran!

Doch Männer gibts vielleicht, die dem Gemahl
Das Licht vortragen, wenn er sie besucht.
Nun, die sind brav. Gott segne sie und Euch.

GOLO. Was sprach sie?

KATHARINA. Gings wie Wind an deinem Ohr
Vorbei? So höre mich. Wenn der Herr Graf
Zurückkommt und erfährt, was du gewagt –
Meinst du, er kanns verzeihn?

GOLO. Das kann er nicht,
Doch zweifle nicht, sie schweigt.

MARGARETA. Sie schweigt? Ei! Ei!
Ist die ein braves Weib, die das verhehlt,
Was ihres Mannes Ritterehre mehr
Noch kränkt als ihre Frauenehre? Die
Sich der Gefahr aussetzt, zum zweitenmal
Den Bock zum Gärtner sich bestellt zu sehn?
Nein, junger Herr, ist sie ein braves Weib,
So muß sies beichten, beichtet sie es nicht,
So ist sie so, wie Ihr sie brauchen könnt.
Nun wär mein Rat: versucht den zweiten Weg!
Ihr müßt zum Ziel, und treibt Euch nicht die Glut,
So treibe Euch die Sorge um Euch selbst.
Ihr habt da einen hübschen Lockenkopf,
Es wär doch schade, wenn ein Henker dran
Beweisen müßte, daß er Meister ist.

GOLO. Was meint Ihr mit dem zweiten Weg?

MARGARETA. Ja, seht:
Wenn sie Euch abwies, denk ich, so geschahs,
Weil ihrem Sinn die Ehre höher galt
Als das Vergnügen, das sie Sünde nennt.
Kehrt einmal das Verhältnis um und nehmt
Die Ehre ihr, die Sünde aber stellt
Als Preis, um den sie, wenn sie willig ist,
Den Leumund sich zurückerkaufen kann.

GOLO. Der Teufel selbst ersinnt nichts Besseres.
Doch – wie versteht Ihr das?

MARGARETA. Gibts hier im Schloß
Nicht einen Diener, dem sie Gunst beweist?

KATHARINA. Da ist der Drago!

MARGARETA. Den ich draußen sah?
»Ihr seid noch krank!« – »Ihr geht zu Bett!« Zu Bett! *(Lacht)*
KATHARINA. Das ist ihr Mann! Den zieht sie allen vor!
Man weiß nicht recht, warum!
GOLO. Ich weiß es! Gott!
KATHARINA. Die andern sind ihm alle neidisch.
MARGARETA. So?
KATHARINA. Doch häßlich ist er wie die Nacht!
MARGARETA. Was tuts!
Nun weiter. Diesen Drago schiebt ihr still
Ins Schlafgemach. Es könnte gleich geschehn,
Sie ist noch vom Gebete nicht zurück.
GOLO. Wozu?
MARGARETA. Daß man ihn finde, wo man nie
Ein Mannsbild finden darf. Nur fragt es sich:
Wie bringt man ihn hinein?
GOLO. Ich hab es schon! *(Für sich)*
Ich laß ihn Wache stehn!
MARGARETA. Dann brecht Ihr ein,
Nehmt Zeugen mit, stürzt auf den Menschen zu,
Ergreift ihn, führt ihn, eh er reden kann,
Von hinnen, werft ihn ins Verlies hinab
Und macht mit ihm, was Euch gefällt. Will er
Nicht sprechen, wie er sprechen muß, so ists
Genug, wenn er nur gar nicht wieder spricht.
Die Dienerschaft ist überzeugt, sie gilt
Für eine Ehebrecherin, und Ihr
Habts in der Macht, wie lang es dauern soll;
So lange, denk ich, bis sies wirklich wird.
Sobald sie sich im stillen Euch ergab,
Erklärt Ihr, daß sie rein und schuldlos ist
Und straft den Drago, wenn er dann noch lebt,
Für dies und das, was sich erfinden läßt,
Mit ewgem Kerker oder schnellem Tod.
GOLO. Satanisch!
MARGARETA. Ei, warum? Wenn sie besteht,
Wer wehrt Euch dann, der neuen Heiligen
Mit eigner Hand als erstes Opfertier
Euch selbst zu schlachten? Doch – versucht sie erst

Und seht, ob sies verdient. Das tut Gott selbst.
Er reichte keiner noch die Palme dar,
Die er zuvor in Flammen nicht geprüft.
GOLO. Da habt Ihr recht.
KATHARINA. Der Drago kommt!
DRAGO *(tritt still ein).*
GOLO. So geht!
MARGARETA. Schnell! Schnell!
KATHARINA. Vorsichtig, Sohn!
GOLO. Ist ihr Gemach
Auch offen?
KATHARINA. Ja, denn sie verschließt es nie.
(Beide ab)

Zwölfte Szene

GOLO. Ich treib die Sünde bis zum äußersten,
Nur um zu sehen, obs auch Sünde war.
Ha! Kann sies tun um irgendeinen Preis,
So bot ich schon den höchsten, und ich darf
Verachten, was ich jetzt verehren muß.
Wars nicht die innerste Unmöglichkeit,
Wars nur die Ebb im Blut, nur feige List,
Die niemals spricht: Ich will! Doch oft: Ich muß!
Dann ist die Welt, als deren Stern sie glänzt,
Nicht wert, daß man von Unrecht in ihr träumt!
Dann wird sie mir wie eine Fackel sein,
Die Gottes Schöpfung schrecklich mir erhellt,
Und diese Fackel, fürcht ich, blas ich aus,
Bevor sie alles noch erleuchtet hat.
Wohlan! Ihr Höllenhunde, Schmach und Not,
Euch hetz ich auf sie ein! Wenn sie erliegt,
So hatt ichs Recht zur Jagd! Wenn sie besteht,
So werd ich um nichts schlechter sein als jetzt!
Das merk dir, Freund! Du bist ein Schuft! Was schont
Der Schuft sich noch? Willst du den Tugendriß
Mit Selbstverachtung flicken? Schäme dich!
Als ob dies schnöde Selbstverachten nicht
Noch ein Sich-Achten wäre, ein Asyl

Der Eitelkeit, worin sie keiner sucht.
Drum vorwärts! Immer vorwärts! Und wer weiß!
Sie ist mit dir aus gleichem Stoff gemacht,
Der Stoff, du siehsts an dir, hälts Feur nicht aus!
Vielleicht ward dir in deiner Fieberglut
Der Lindrungstropfe darum nur versagt,
Weil du auf einmal und in einem Zug
Den Becher leeren, weil du, Lieb und Haß
Zugleich empfindend, sie in deinem Arm
Erniedrigen und dann erwürgen sollst!
(Er wendet sich rasch zu Drago)
Sprecht, Drago, liebt Ihr unsern Herrn?
DRAGO. Ihr wißts!
GOLO. Und liebt Ihr unsre Frau?
DRAGO. Was fragt Ihr doch!
GOLO. Wen liebt Ihr wohl am meisten?
DRAGO. Immer den,
Für den ich just das meiste tun kann.
GOLO. Wie?
DRAGO. Ja, darin bin ich schwach. Wer mich nicht braucht,
Mir meinen Dienst erläßt, mich seitwärts schiebt,
Mir sagt: Geh, ruh dich aus! den lieb ich nicht,
Der macht mich ja zum Nichts. Doch wer mich plagt,
Wer mir den Schweiß aus allen Poren treibt,
Wer mich so müd macht, daß die Ofenbank
Ein Himmelreich mir scheint, den liebe ich,
Denn der gibt mir ein Recht auf das Gefühl:
Der Drago ist doch nötig in der Welt!
Und ohne dies Gefühl halt ichs nicht aus.
GOLO. Ich will Euch brauchen, Drago.
DRAGO. Das ist recht.
GOLO. Schwört mir zuvor, daß Ihr nicht weigern wollt,
Was ich verlange an des Grafen Statt.
DRAGO. Ich einen Dienst verweigern?
GOLO. Schwört!
DRAGO. Ich schwörs!
GOLO. So schleicht Euch in der Gräfin Schlafgemach,
Versteckt Euch dort – wo nur? – Nun, hinters Bett –
Und –

DRAGO. Nein, Herr Golo, nimmer tu ich das!
GOLO. Bist du der Schuft, der Gott die Schwüre bricht?
DRAGO. Der bin ich nicht!
GOLO. So tu, was ich befahl.
Doch hör zuvor. Es steckte einer mir,
Daß Nacht für Nacht zu Genoveva sich
Der fromme Mann, der Burgpfaff, schleichen soll.
DRAGO. Und Ihr, Herr Golo, hättet das geglaubt?
Seht! Seht! Ihr werdet rot und bleich! Bei Gott,
Zehn Meineid wiegen nicht die Sünde auf,
Daß Ihr den Schelm nicht gleich erstochen habt.
Herr, fordert einen andern Dienst von mir:
Nennt mir den Buben, der so niedrig sprach –
Ich zeig noch heut Euch, daß ich morden kann!
GOLO *(für sich)*.
Schurk! Schurk! Sie ist jedwedem wie ein Licht.
Man kann es löschen, doch beflecken nicht! *(Laut)*
Wer sagt Euch, daß ichs glaubte? Doch mein Amt
Erheischt die Untersuchung des Verdachts.
Die Gräfin ist ein Schatz, mir anvertraut,
Und wenn man mir von Diebstahl spricht und Raub,
Wer schilt mich, wenn ich auch zu ängstlich bin?
Ich will ja den Beweis nicht ihrer Schuld,
Ich will den Zeugen ihrer Unschuld nur,
Damit ich den Verleumder strafen kann.
Ihr seid der Mann, dem ich vertrauen darf,
Ihr müßt es tun, der Graf verlangts durch mich,
Zeit ists, die Nacht bricht ein, versteckt Euch, fort!
DRAGO. Ich bitt Euch, laßt erst forschen, ob der Schelm,
Der seinen Mund so frech gemißbraucht hat,
Nicht stumm geworden ist, ich hoffs zu Gott
Und seinem Zorn, die Zung ist ihm verdorrt.
GOLO. Du hörst, mein Freund, er braucht sie ganz wie du.
Und wenn du zögerst, macht er das, was ich
Bis jetzt allein nur weiß, im ersten Rausch
Der ganzen Dienerschaft im Schloß bekannt.
DRAGO. Ich tus. Doch, wenn ich Euch nun morgen früh
Beschwören kann, daß alles Lug und Trug,
Laßt Ihr den Schelm dann hängen?

GOLO. Hängen bloß?
Ich laß ihn foltern! Macht!
DRAGO *(geht, kehrt aber wieder um).* Nur noch ein Wort.
Es ist doch kaum für eine Mannsperson,
Was Ihr mir auftragt, sendet doch ein Weib.
GOLO. Hier handelt sichs um Leben oder Tod,
Da kann ich nicht auf Weiberzeugnis baun!
DRAGO. Das ist wohl wahr. In Gottes Namen denn! *(Ab)*

Dreizehnte Szene

Katharina und Margareta treten von einer andern Seite ein

GOLO *(zu Katharina, auf Drago deutend).*
Ihm nach! *(Zu Margareta)* Lacht nicht! Ihr irret Euch in mir!
MARGARETA. Das wär mir leid um Euch. Man könnte jetzt
Die Leute vorbereiten.
GOLO. Tut das nicht!
Es muß sie treffen wie ein Donnerschlag.

Vierzehnte Szene

Es ist nach und nach dunkel geworden; von einer Magd wird eine große Lampe angezündet, Krüge werden auf den langen Tisch gestellt, Brot wird gebracht. Kaspar, Balthasar und Hans kommen durch verschiedene Eingänge, einer nach dem andern

GOLO *(im Vordergrund, geht unruhig auf und ab).*
KONRAD *(kommt singend).*
GOLO. Der singt! Wie seltsam, daß in dieser Welt
Noch einer singt.
KONRAD *(tritt singend ein; zu einem Hunde, den man nicht sieht).*
Zurück mit dir! Ist hier
Dein Stall? *(Er singt)*
Der Jäger zog – wo zog er doch?
Der Jäger schoß – was schoß er doch?
Wer fragen kann, der zog nicht mit,
Ich denke auch, er aß nicht mit,
Vom –
(Er bemerkt Golo) Ich biet Euch guten Abend, Herr!
Zum Singen hat der Jäger heut kein Recht,

Denn was er schoß, ließ er zurück im Wald.
Daß man ihn mitnahm, war der Has nicht wert!
(Zu Margareta)
Ist Käthchen untreu oder treu? Ihr seid
Doch eine weise Frau, nicht wahr?

MARGARETA. So treu
Wie Genoveva!

KONRAD. Freue dich, mein Herz!

GOLO *(immer für sich)*.
Wie lange bleibt die Mutter! Ward der Narr
Ertappt? Ging er vorüber an der Tür?
Recht! Wechsle Frag und Antwort mit dir selbst,
Mach Worte, daß dich kein Gedanke stört!
(Der tolle Klaus kommt herein, ein langes geschliffenes Jagdmesser in der Hand, und eilt auf Hans zu)

KLAUS. Blank – scharf – sieh! *(Er schneidet sich in die Hand)*

HANS *(entreißt ihm das Messer)*. Ists erlaubt, so toll zu sein?
Der schneidet, um zu zeigen, daß er mir
Mein Messer gut geschärft, sich in die Faust.
Klaus Ohnegrund, warum nicht in den Hals?

KONRAD. Wer gibt dem Tollen auch zum Schleifen wohl
Sein Messer?

HANS. Wer? Ihr fragt ja wie ein Graf!
Der tuts, der selbst nicht Zeit hat. Soll man Euch
Erst um Erlaubnis bitten?

KONRAD. Wie man will.

HANS *(erhebt sein Messer)*.
Es scheint, Ihr zweifelt, ob des Tollen Hand
Die Arbeit gut gemacht: Wollt Ihr Beweis?

GOLO. Halt Frieden, Hans!

HANS. Noch ists vorm Beten, Herr.
Und den da – nun, steck ein! Sein Wams ist fein!
Nicht um den Kerl wärs schad, doch um das Wams.

KONRAD *(dringt auf Hans ein)*. Was?

GOLO. Hans, du bist im Unrecht. Klaus ist toll.
Doch der ists auch, der ihm ein Messer gibt.

HANS. Klaus ist nicht toll, wenn er den Hundestall
Verläßt und aufrecht wandelt wie ein Mensch.
Ja, wenn er kriecht, dann geb ichs zu. Klaus, komm!

Das Vaterunser lehrt ich dir! Sags her!
(Klaus hat sich inzwischen in eine Ecke gekauert)
Wo ist er?
MARGARETA. Dort! Er schläft!
HANS. Er hat den Platz
Beim Ofen sich gewählt. Ja *(er lacht)* der ist toll!
KONRAD. Noch gestern biß er mit dem Philax sich.
HANS. So?
MARGARETA. Nun, dann tat er, was nicht jeder tut. *(Zu Hans)*
Wie kommt es nur, daß solch ein Halbmensch sich
Aus Busch und Wald in dieses Schloß verirrt,
Um die hochadelige Dienerschaft
Durch seine Torheit zu entzwein?
HANS. Ja wißt:
Von Bettlern, Tollen, *(mit einem Blick auf sie)* alten Weibern [wirds
Bei uns nicht leer, denn die Barmherzigkeit
Wohnt unter uns in eigener Person.
Nicht wir: die Gräfin herbergt jenen Klaus,
Sie traf ihn 'nmal, ich glaub, in einem Sumpf.
Klaus mag es ihr vergelten, wenn sie selbst
Einst toll geworden ist und er ein Graf.
MARGARETA. Ein wahres Ungetüm! Schneeweißes Haar
Und rote, runde Backen, wie ein Kind.
HANS. Man sagt, er hat im Wald zur Nacht einmal
Ein Schreckgesicht gesehn, da ward das Haar
Ihm weiß, Gott steh ihm und uns allen bei!
(Die andern haben sich, mit Ausnahme des schlafenden Klaus, um den Tisch gestellt, jetzt treten auch Hans und Margareta hinzu)
KONRAD. Wo bleibt der Küster denn?
KASPAR. Noch immer krank.
Ihr meint den Drago?
KONRAD. Wen wohl sonst, als ihn,
Der sichs zur Essenszeit nicht nehmen läßt,
Uns vorzubeten.
BALTHASAR. Wenn der Narr nicht kommt,
So ist er mehr als krank noch, ist halb tot.
Er stand schon mitten aus dem Fieber auf
Und sprach den Segen zähneklappernd her.

KASPAR. Was spottet Ihr? Es ist sein Amt im Schloß,
Von seinem Vater hat er es geerbt,
Sein Ältervater hat es schon versehn.
Wenn Ihr vergönnt, so bet ich heut für ihn.

(Kaspar faltet die Hände, alle übrigen tun es auch, nur Margareta nicht)

KASPAR *(betet)*. Gott segne unser Brot und Wein,
Laß es dem Braven wohl gedeihn,
Doch dem, der Böses sinnt und schafft,
Dem stärk es dazu nicht die Kraft.

(Sie wollen sich setzen)

HANS. Ein stumm Gebet für eine Seele noch,
Für eine arme Seele!

(Sie beten still, dann setzen sie sich)

HANS *(zu Konrad)*. Trinke mit
Von meinem Wein und iß von meinem Brot!

KONRAD. Das tu ich gern. Wer mir zu leben gibt,
Der zeigt mir, daß er mir das Leben gönnt.

KASPAR. Das ist der Grund, weshalb man trinken muß,
Wenn man entzweit war und sich dann versöhnt.

HANS *(für sich)*. *Ein* Mord ist wohl genug. Dem zweiten war
Ich heute nah. Ich mag nicht essen. Faust,
Du bist schon röter als du sein sollst.

KONRAD. Wars
Für Euren Vater, das Gebet? Mir hats
Gefallen, daß Ihr fromm seid.

HANS. Nein! Nein! Nein!
Auch nicht für meine Mutter. *(Er pfeift)*

KLAUS *(erwacht)*. Ja?

HANS. Schlaf zu!
Dir gilts nicht immer, Klaus, wenn einer pfeift.

KONRAD *(am Tisch)*. Der Graf! der edle Graf! Er lebe hoch!

KASPAR. Herr Hof- und Schloßverwalter, hört Ihr nicht?
Es gilt dem Herrn!

GOLO. So? Nun, da trinkt man mit!

(Er geht langsam auf den Tisch zu)

KATHARINA *(kommt und macht Golo ein Zeichen)*.

GOLO. Doch fürcht ich sehr, wir müssen mehr für ihn
Heut nacht noch tun als daß wir trinken!

(Alle werden aufmerksam)

GOLO *(zu Katharina).* Nun?
Du bliebst ja lange!

KATHARINA. Sohn, ich zittre sehr!
Es ist doch Sünd!

GOLO. Die größte auf der Welt!
Allein, was hilfts? Hat Drago sich versteckt?

KATHARINA. Ja, Sohn!

GOLO. Und sie?

KATHARINA. Ist krank und zieht sich aus.

MARGARETA. Sie zieht sich aus? Da hat man, was man braucht!

GOLO *(tritt zum Tisch).* Ihr Leute, hört!

KASPAR. Du ewger Gott! Was ists?

GOLO *(zu Katharina).*
Sprich du! *(Er setzt sich nieder)*

MARGARETA. Ja, tus. Ihr aber – glaubt ihr nicht,
Auch ihm, auch mir nicht, nur euch selber glaubt!
Vielleicht ists Augentrug. Drum rat ich: geht
Und überzeugt euch!

KLAUS *(spricht die Worte nach).* Trug – Drum – rat – ich – geht –
Und *(schnell)* überzeugt euch!

HANS *(zu Klaus).* Schweig!

KLAUS *(spricht nach).* Schweig!

HANS *(will ihn fortjagen).* Fort, du Narr!

KONRAD. Laßt doch den Klaus, er hört schon wieder auf!

KLAUS *(spricht nach).*
Laßt doch den Klaus, er hört schon wieder auf!

KONRAD. Hört er die Hunde bellen, bellt er mit.
Und hört er Menschen reden, spricht ers nach,
Weil ihms an Worten wie Gedanken fehlt!
Doch gleich ermüdet, schläft er wieder ein.

BALTHASAR. Wir stehen alle starr. Herr Golo, sprecht:
Was ists?

HANS. Ein Mord?

KASPAR. Die Gräfin starb doch nicht?
Ists das? Du armer Graf! Dann trinken wir
Ein andermal auf deinen Tod!

MARGARETA *(zu Katharina).* Sprich! Sprich!
Dein Sohn, du siehst es, ist zu sehr bewegt.

Das redliche Gemüt! Ihn greift es an,
Als wärs ihm selbst geschehn! Das ist doch Treu!
Ja, Menschen gibts, wie Edelsteine. *(Heimlich zu Katharina)*
Sprich!
Sein Kopf steht auf dem Spiel, verrät er sich.
(Zu den andern)
Kein Mord! Kein Todesfall! Bloß Ehebruch!
Die Krankheit und die Unschuld paarten sich
In süßer Sünde!

KATHARINA. Ja, die Gräfin liegt
In Dragos Armen!

MARGARETA. Oder lag darin.

KONRAD. Das ist doch wohl nicht wahr!

KASPAR *(zu Katharina)*. Weib, kennt ich dich
Als lügenhaft – drei Finger gäb ich drum!

BALTHASAR. Je nun, warum nicht? Aber, find ich auch
Die Tat begreiflich – niemals den Geschmack!
Der Drago, ei – – *(Auf Golo deutend)* Das wär ein andrer
Mann!

GOLO *(springt auf)*. Was soll das heißen?

BALTHASAR. Nichts! *(Zu Margareta)* Der ist noch jung!

KASPAR *(wild)*. Ich glaubs nicht, eh ichs sehe. Sehe ichs –
(Er hebt drei Finger in die Höhe)
Ich schwör zu Gott, den Drago bring ich um,
Den Heuchler! *(Zu Hans)* Leiht doch Euer Messer mir!
Mit rechten Dingen ging das nimmer zu,
Der Schurke gab ihr Zaubertränke ein.
(Zu Golo) Nun, Herr Verwalter? Euer Schmerz gereicht
Euch zwar zur Ehre, aber Euer Amt
Verlangt die Untersuchung. Geht voran!

MARGARETA *(zu Kaspar)*. Ihr schwurt da –

KASPAR. Was ich halte!

KATHARINA *(zu Golo)*. Mach, mein Sohn!
Sie spricht zuweilen mit sich selbst! Wenn sies
Auch heute tät, und Drago –

GOLO. Sei es denn!

(Alle ab. Katharina und Balthasar mit Lichtern)

Funfzehnte Szene

Genovevas Schlafgemach
Das Bett. Hinter dem Bett Drago, den man nicht sieht

GENOVEVA *(sich entkleidend).*
Ich bin mir heute selbst zu schwer. Mir ist,
Als würd ich in die Erde mit Gewalt
Von einer ehrnen Hand hineingedrückt.
So sehnt ich mich noch nie nach Schlaf wie heut.
Nun, wünsch dir selber gute Nacht! Das Licht
Zeigt dir, daß du zu Bett sollst; es verlischt.
(Geräusch vor der Tür)
Wer kommt? Wer es auch immer sei: zurück!

Sechzehnte Szene

Golo, Kaspar, Balthasar, Hans, Konrad, Margareta, Katharina treten ungestüm mit Lichtern ein

GOLO. Verzeiht! Wir glaubten, daß hier Feuer sei.
GENOVEVA *(wirft ein Tuch über).*
Ihr seht, hier ist kein Feuer. Geht denn! Nun?
HANS. Sie drängt ja sehr!
BALTHASAR. Wir kommen ihr nicht recht.
KONRAD. Nun, nun! Käm man um diese Zeit ihr recht,
So wär sie, was sie nicht ist, wie wir sehn.
GENOVEVA. Ich sagte: geht! Vergaßt ihr, wer ich bin?
KASPAR *(zückt gegen Katharina das Messer).*
Kniet vor dem Engel nieder, schlechtes Weib!
KATHARINA. Guckt erst mal hinters Bett!
KASPAR. Ha, was ist das? *(Er tuts. Zu Katharina)*
Ich bitt Euch um Verzeihung! *(Zu dem versteckten Drago)*
Hund, hervor!
DRAGO *(kommt, in höchster Verwirrung).*
Herr Golo –
KASPAR. Wär Herr Golo auch so schwach,
Dir zu vergeben, eh er noch das Wort
Aussprechen kann, stehst du vor Gottes Thron!
(Er sticht Drago nieder)
Frau Gräfin, mit Erlaubnis: das ist schlecht!

GOLO. Freund, du bist rasch!
KASPAR. Ho!
MARGARETA *(zu Golo).* Freut Euch! Ihr habt Glück!
Wenn ers nicht tat, so mußtet Ihr es tun!
BALTHASAR. Was sagt Ihr nun, Frau Gräfin?
GENOVEVA. Nichts zu euch.
BALTHASAR. Das glaub ich. Nichts zu uns, die wir es sahn!
Was aber wohl zu dem, ders hört von uns?
(Heimlich)
Was mich betrifft, mich macht der Goldring blind!
Dann deute ichs auf einen Mordplan aus,
Den mir der Tote vorlängst schon verriet,
Durch Winke freilich, die ich nicht verstand.
GENOVEVA *(tritt mit Würde unter sie alle).*
Glaubt, was ihr seht. Nur bitt ich, glaubt nichts mehr,
Als was ihr seht. Ihr brachtet Lichter mit,
Gebt mir ein Licht! *(Sie leuchtet gegen das Bett)*
KONRAD. Das Bett ist unberührt.
MARGARETA. Nun, das beweist: unschuldig ist das Bett!
Wer hat das Bett verklagt?
GENOVEVA *(tritt vor Golo hin).* Euch ruf ich auf!
Sagt Ihr, Herr Golo, was Ihr denkt und glaubt.
GOLO. Ich heiß nicht Siegfried, bin der Richter nicht.
GENOVEVA. Ihr mahnt mich recht!
BALTHASAR. Die ist ja nach dem Fall
Viel stolzer noch als Bessere vorher.
Doch bräche sich der Stolz vielleicht im Turm.
Wär ich der Herr – *(Zu Golo)* Ihr seids – sie müßte gleich
Hinunter; – wenn dem Grafen dann der Schmuck,
Den der ihm aufgesetzt, gefiele, nun –
So holt' er sie mit leichter Mühe ja
Zurück ins Bett, ich aber spuckte aus
Und kündigte zur Stunde ihm den Dienst.
GENOVEVA. Führt mich, wohin es sei, nur führt mich hin,
Wo ich dies Blut nicht seh.
GOLO. Zum Turm mit ihr!
(Alle ab bis auf Golo)
GOLO *(sich gegen Dragos Leichnam wendend).*
Ein Mord! Was ist ein Mord? Was ist ein Mensch?

Ein Nichts! So ist denn auch ein Mord ein Nichts!
Und wenn ein Mord ein Nichts ist, dien er mir
Als Sporn für das, was wen'ger als ein Mord,
Und also wen'ger als ein Nichts noch ist!
(Er folgt den übrigen)

VIERTER AKT

Erste Szene

Halle im Schloß, wie im zweiten Akt

KATHARINA *(tritt auf).*
Er ging zum Turm! Es ist das erste Mal!
Wie wirds ihm sein, wenn er sie wieder sieht!
GOLO *(kommt von der andern Seite).*
Weib! Ist sie tot?
KATHARINA. Tot?
GOLO. War es ihr Gespenst,
Das ich erblickte oder war sies selbst?
KATHARINA. Mich überläufts. Sie wird doch nicht – – Du machst
Mir angst – –
GOLO. Ich spähte durch den Mauerspalt
Hinein. O! O! So stand sie! *(Mit einer Pantomime)* Übers Kind
Gebeugt, ein Geist, der eine letzte Pflicht
Erfüllen möchte und nicht kann; die Brust
Dem stummen Bettler reichend, der sie nicht
Ergriff, weil sie verwelkt und trocken war;
Doch sie nicht weichend, starr und regungslos
Verharrend, nicht einmal den Augenstern
Bewegend, wie versteinert durch den Blick
Des abgezehrten Säuglings und ihn selbst
Versteinernd durch den ihrigen – – ich hielts
Nicht aus, sie anzusehn, ich wandte scheu
Das Auge ab, statt ihrer sah ich nun
Ein schlechtes Brot und einen Wasserkrug
Und in der Ecke eine Schütte Stroh.
KATHARINA. Tratst du nicht ein?

GOLO. Du meinst, um ihr den Kopf
Herabzuhaun und ihrer Qual das Ziel
Zu setzen? Nein! Ich stürzte schaudernd fort.
So mag der Mörder, der den letzten Blick
Aufs blutge Opfer warf, von dannen fliehn;
Er denkt nicht mehr ans Plündern und vergißt
Des Mordes Zweck, nun er den Mord vollbracht.
KATHARINA. Du selbst befahlst das alles. Hör mich an.
Des Abends spät warfst du sie in den Turm,
Am nächsten Morgen stieg ich, in der Hand
Den Becher Wein, den ich für sie gezapft,
Zu ihr hinab. Als ich der ehrnen Tür,
Die in die Tiefe führt, mich näherte,
Flog sie mit Krachen auf, du tratst heraus,
Dein Antlitz glühte, schrecklich war dein Blick,
Und düstre Schauer des Entsetzlichsten
Durchzuckten eiskalt mir Gehirn und Brust.
»Was soll das noch?« So riefst du, mir den Wein
Entreißend und den Becher an der Wand
Zerschmetternd. »Brot und Wasser ziemt sich hier,
Dazu ein Bett von Stroh und weiter nichts.«
Ich sah dich an. »Du zweifelst?« riefst du dann,
»Sie selbst hats mir gesagt, nun glaubst dus doch?
Drum bring ihr Brot und Wasser, bring ihr Stroh,
Und bei dem Teufel, der den Meineid rächt,
Dem, der ihr mehr gibt, geb ich weniger!«
GOLO. Ich weiß. Du aber weißt nicht, was im Turm
Vorher geschah. Vernimm es jetzt. Ein Traum
Hat mir in jener Nacht mein Innerstes
Enthüllt, wie wohl ein Licht, ins Schlangennest
Gestellt, den grausen Würmerknäul erhellt.
O, welch ein Traum! Mir war, als säh ich sie
Mit aufgeschnittnen Adern vor mir stehn,
Bleich, totenbleich; ich hatt ihr das getan,
Dieweil sie schlief, sie aber wußt es nicht;
Aus allen Adern blutete ich selbst,
Denn mir, wie ihr, riß ich sie auf; sie sah
Nur meine Wunden, ihre nur sah ich,
Mitleidig trat sie auf mich zu und schloß

die Ader, die am stärksten sprudelte,
Mir mit der Hand, ich drückte meinen Mund
Auf ihren aufgeschlitzten Puls, den Strom
Des Lebens rückwärtsdrängend in sein Bett.
Doch für uns beide wars zu spät, sie sank,
Ich sank mit ihr und sah ihr ins Gesicht
Und sparte meinen letzten Odemzug,
Bis sie den letzten Odemzug getan.

KATHARINA. Ha! Fürchterlich! Mir ist, als säh ich das!

GOLO. Nun waren Haß und Liebe ausgesöhnt,
Der Haß fand in der Wunde, die er schlug,
Sein süßes Grab, die Liebe, die umsonst
Zu heilen suchte, was unheilbar war,
Verging in Tränen, und ein höheres
Gefühl, das alle beide lind vereint,
Ein uranfänglich-allumfassendes,
Zog, wie auf Wogen, tief und tiefer mich
Hinunter in die Nacht, wo man vergißt.
So war mein Traum. Mit Wollust hatt ich ihn,
Mit schaudriger Befriedigung, geträumt,
Doch namenlose Angst erfaßte mich,
Als ich erwachte und das düstre Bild
Beleuchtet sah von des Bewußtseins Strahl.
Mir war, als würd ich dies tun, wenn ich schnell
Nicht etwas andres täte. Ich sprang auf
Und eilte in den Turm. »Sie soll von ihm« –
Rief ich zu mir – »sich trennen, wie von mir,
Damit sie keinem angehört als Gott!«
Ich trat vor sie. Sie wich entsetzt zurück,
Als wär ich, was ich damals nicht mehr war,
Was ich erst wieder ward, als ich sie so
Mit stiller Angst vor mich entweichen sah.
Ich stand und schwieg, die Furcht, die sie verriet,
Die ausgestreckte Hand, erfüllte mich
Mit dumpfem Grimm, doch ihre Schönheit drang
Wie Licht in meine tiefste Seele ein.
Und sie war schön wie nie. Nur kaum vom Schlaf
Erwacht, erst halb bekleidet, drängte sich
Jedweder Reiz, den unter ernster Tracht

Sie sonst gefangen hielt, mutwillig vor.
Sie war der Juwelier, dem eben jetzt
Das Kästchen, drin er Gold und Edelstein
Vor fremder Blicke Neid verwahrt, zerbrach,
Und ich der Räuber, der ihn überrascht.
Sie wandte ihr Gesicht, da sagte ich:
»Mißfällts dir, daß du mir gefällst? Was gibst
Du für ein Mittel, das dich häßlich macht?«
,O nenn es!' rief sie. »Rede mir von ihm!«
Versetzt ich spöttisch. ,Siegfried, reite schnell!'
Rief sie, als säh sie ihn. Ich sah ihn auch,
Gemächlich schreitend und den Stern der Welt
Ans Knopfloch heftend wie'n Vergißmeinnicht.
Ich knirschte, und nicht ruhig-ernst, wie ichs
Beschlossen, als ich ging, nein, rasend, wild
Beschwor ich sie, durch einen teuren Eid
Von ihm sich abzuscheiden wie von mir.
Sie kehrte sich entrüstet ab. Ich sprach:
»Gleichviel! Wenn dus nicht tust, so tut ers selbst,
Denn Drago steht schon zwischen dir und ihm!«
,Du wagst es?' rief sie – doch dann hielt sie ein
Und schien zu sinnen, nun mit einem Blick
Voll stolzen Mitleids sah sie auf zu mir
Und sprach halblaut: ,Es gibt nur einen Mann,
Der mir vertrauen muß, denn einen nur
Ließ ich hinab in meine Seele schaun!'
Doch dann, als ob sie das Gefühl der Schmach
Jetzt übermannte, trat sie vor mich hin,
Erhob die Hand und rief erglühend aus:
,Auf deine Knie! Noch kann ich dir verzeihn!
Du säumst, als ob dich nicht dein Innerstes
Der Lüge ziehe? O dann zeig es kühn
Mir durch die Tat, daß du mich schuldig glaubst.
Bin ich ein schändlich, ehebrechrisch Weib,
Wie ziemte mir ein Bett und Frucht und Wein?
Kaum Brot und Wasser, kaum ein Bündel Stroh!'
Nicht Hochmut wars, nicht Trotz, der aus ihr sprach,
Nur das Vertraun, das Menschliche in mir
Zu wecken, nur kindliche Zuversicht,

Ich würde, vor des Frevels Äußerstem
Erzitternd, ihn bereun. Ich aber sprach:
»Das kann geschehn, und wenn dus müde bist,
So laß mirs sagen; durch den ersten Kuß
Kaufst du von Schmach und Not dich wieder los!«
Dann – doch du sahst, wie ich den Turm verließ!
KATHARINA. Ich sah dich, ich vernahm dein hartes Wort
Und widersprach dir nicht. Bald hört ich dich
Von dannen sprengen in den Wald hinein.
Nun füllt ich einen anderen Pokal
Und bracht ihr den. Ich war nur kaum zurück,
Da kam ein trauervoller Zug ins Tor:
Vier Knechte trugen einen Sterbenden,
Verhüllt, auf einer Bahre, in die Burg.
»Wer ist es?« fragt ich. ‚Golo!' sprach der Hans
Dumpf und gedämpft. »Tot?« – ‚Noch nicht, aber gleich!'
GOLO. Als ich ins Freie kam, als mich die Luft
Umspielte, als die ewge Sonne mir
Ins Auge schien, von Laub und Blumen mir
Der Tau entgegenglänzte, alles rein
Und keusch und heilig schön, da preßte ich
Die Lippen zu, als wollte ich der Luft
Den Eingang wehren in die heiße Brust,
Nach Gottes Sonne hätt ich einen Pfeil
Verschießen mögen, und ins grüne Laub
Hieb ich hinein, als säh ich einen Feind.
Blut mußt ich sehn, ein Hirsch kam vor mir auf,
Ich hinterdrein, mir war, als jagt ich sie,
Ich warf den Spieß nach ihm und traf ihn gut,
Im Grimm des Schmerzes wandte sich das Tier
Und stellte sich, ich sprang vom Roß herab,
Da strauchelt ich, der Hirsch drang auf mich ein,
Hei, Kühlung! rief ich –
KATHARINA. Ja, und breitetest
Die Arme, als das spitzige Geweih
Den Leib dir aufriß, wie umschlingend, aus
Und fielst dem Ungetüm wie um den Hals.
Hans sahs und riß dich los.
GOLO. Ich danks ihm nicht.

KATHARINA. Doch ich. »O, würde ihr der Wein zu Gift!«
Rief ich, als ich in deinem Blut dich sah,
Als ich von Hans erfuhr, was du getan.
Margreta kam herbei, sie schüttelte
Den Kopf, verband dich, seufzte still und schwieg.
»Ist Hoffnung?« fragt ich. ‚Wenn auch', sagte sie,
‚Was hilfts? Die Kunst ist groß! Solange er
Bewußtlos liegt, wie jetzt, verbürge ich
Mich für sein Leben, doch wenn er erwacht,
Erwacht sein Liebesgram mit ihm und schleift
Dem Tod die Sense. Hätt das Weib ein Herz,
So – – doch sie hat ja keins!' – »Wir wollen sehn!«
Rief ich und eilte fort, zum Turm hinab,
Auf deinen bleichen, zugekrampften Mund
Das Auge richtend, in verbißnem Grimm
Der letzten Worte denkend, die er sprach,
Und schwörend, sie aufs treuste zu vollziehn.
Auf meinen Knieen sank ich vor ihr hin
Und flehte laut: Die Feder regt sich nicht
Auf Golos Lippen, die den Odem prüft,
Und seine Finger zupfen schon am Bett.
So sagt denn, ruf ich jetzt ihm noch ins Ohr,
Daß Ihr ihn lieben, ihm gewähren wollt?
Ihn zu erretten, kommt das Wort zu spät,
Doch einmal lächeln, denk ich, wird er noch.
GOLO. Und sie? Was sprach sie?
KATHARINA. Was sie sprach? Nicht ja!
Nicht ja! Da ballt ich grimmig meine Faust
Und rief ihr zu: Stirbt er, so stirbst du auch!
Sein Leben soll die Uhr des deinen sein!
Zu Margareten aber sagte ich:
Sie hat auch dich gekränkt, geh, räch dich jetzt,
Dir stell ich alles heim. – Die triebs so weit,
Daß keine Umkehr möglich ist!

(Man hört des Burgwarts Horn)

GOLO. Das Horn!
KATHARINA. Mich schüttelts, wenn ichs höre!

Zweite Szene

KASPAR *(tritt im Reiseanzug auf).* Einen Gruß
Von Frau Margreta!
KATHARINA. Ihr seid schnell zurück!
Habt Ihr sie ganz nach Straßburg – –
KASPAR. Nein, verzeiht!
Doch bis zur Rheinbrück hab ich sie gebracht.
KATHARINA. Warum nicht weiter?
KASPAR. Weil ein Reisiger
Mich dort durch eine Nachricht schlimmer Art
Zur Umkehr zwang. Blickt nicht so bös auf mich.
Nicht eben gern hab ich das alte Weib
Geleitet, denn, vergebt, sie taugt nicht viel,
Doch weil sie einmal Eure Schwester ist,
So übernahm ich das verhaßte Amt,
Und seid gewiß, daß ich nicht eher sie
Verließ, als bis sie völlig sicher war.
Allein in Straßburg selbst konnt ich sie nicht
Hineinbegleiten, nein, ich war zu feig,
Den kranken Herrn, wie mir die Pflicht gebot,
Zu töten durch die Zung in meinem Mund.
GOLO. Was heißt das?
KASPAR. Nun, das heißt, ich wollte nicht
Der sein, der ihm den Todesstreich versetzt,
Obgleich ich weiß, daß er ihm nicht entgeht.
Ritt ich in Straßburg ein, so mußt ichs tun,
Ich bin sein Knecht, mußt ich nicht zu ihm gehn?
Und wenn er frug: Wie stehts mit meinem Weib?
So konnt ich doch nicht sagen: Es steht gut!
GOLO. Ist denn der Graf in Straßburg?
KATHARINA. Ist ers? Sprich!
KASPAR. Ja, freilich. Würd ichs sagen, wär ers nicht?
Der Krieg ist aus, der Heide ist verjagt
Und hat, wies heißt, auf hundert Jahr genug.
Nun flog denn jeder, der was Liebes hat,
Zu Haus und allen unser Herr voran.
Die Wunde hatte ihn nicht aus der Schlacht
Entfernt gehalten, noch viel weniger

Hielt sie, obgleich noch immer ungeheilt,
Beim alten Juden-Doktor ihn zurück.
Das lief schlecht ab; zwar hielt er lange sich
Im Bügel fest und achtete das Blut,
Das ihm entging, nicht mehr, als wär es Schweiß,
Doch fühlt' er sich am Ende todesmatt,
Und sank in Straßburg, einem Leichnam gleich,
Vom Roß; der Landsknecht, der mir das erzählt,
Hatt ihn in seiner Herberg selbst gesehn.

KATHARINA *(ängstlich)*. Hat Margareta all dies auch gehört?

KASPAR. Was fragt Ihr doch? Versteht sichs nicht von selbst?
Es war am Mittag, von dem scharfen Ritt
War Eure Schwester müde, durstig ich,
Und ob wir gleich schon klar den Münster sahn,
So hatten wir es doch noch weit zur Stadt.
Da trafen wir ein kleines Haus, worin
Die Gastfreundschaft auf eine neue Art
Geübt wird, Trank und Speise reicht man dort
Und andres, was der Wandrer braucht, für Geld.

KATHARINA. Für Geld!

KASPAR. Es wohnt kein Edelmann im Haus,
Auch kein gesunder Mensch, ein Krüppel nur,
Der von den Reichen sich bezahlen läßt,
Daß er umsonst den Armen geben kann.
Wir kehrten ein, der Landsknecht saß am Tisch,
Fest eingeschlafen, auf den leeren Krug,
Der vor ihm stand, sein schweres Haupt geneigt.
Wir setzten uns, der Krüppel hinkt' herbei
Und bracht uns Wein. Da fuhr der Schläfer auf.
Ich grüßte ihn und reicht' ihm einen Trunk,
Er gab zum Dank mir von dem Krieg Bericht.

KATHARINA *(lauernd)*. Margreta ist, was Wunden anbetrifft,
Geschickt wie keine; brach sie nicht sogleich,
Als sie erfuhr, wies um den Grafen steht,
Mit Eifer auf, um ihm zu Dienst zu sein?

KASPAR. Sie tats.

KATHARINA *(zu Golo, heimlich)*. Nun bin ich ruhig. Sie ist klug
Und haßt die Gräfin, wie die Nacht den Tag.
Gewiß, sie baut uns vor. Sie tats schon hier.

Hats doch kein Mensch im Schloß, kaum nur ich selbst,
Erfahren, wann die Schwangre niederkam.
(Zu Kaspar)
Und trug sie Euch nichts auf?

KASPAR. Ich hätt es bald
Vergessen. Ja, als ich von dannen ritt,
Rief sie mir nach: Schickt mir Herrn Golo zu,
Er darf nicht länger krank sein!

KATHARINA. Sie hat recht!

KASPAR. Wenn mein Wort gilt, so senden wir ihm nicht
Den Raben übern Rhein. Wir schlagens Schloß
Mit schwarzem Tuch aus, stellen ins Gemach,
Das sie bewohnte, einen leeren Sarg,
Der schweigend mahnt, daß er zu füllen ist,
Und kleiden sie in Grabgewande ein.
Dies wird er gleich verstehn, ich bürge Euch,
Ein altes Märchen schließt so, das er kennt.

GOLO. Mein Pferd!

KASPAR. Ihr wollt –

GOLO. Sogleich! Hans reitet mit!

KASPAR *(ab)*.

GOLO. Ich wälze meine Tat wie einen Stein
Bergan, und mir ists recht, wenn sie zuletzt,
Herunterrollend, mich zermalmt!

KATHARINA. Getrost!
Wenn dus nur klug machst, geht noch alles gut!

GOLO. Was kann noch gut gehn, Weib? Ich wollte sie
Erniedrigen. Das war der einzge Weg,
Der mir noch blieb, mich wieder zu erhöhn.
Sie aber hat, wie jener edle Stein,
Für jeden Schlag durch einen Funken sich
Gerächt, der sie verklärt. So hab ich nichts
Durch all mein Tun erreicht, als daß ich selbst
Vor Gott mich ihrer unwert nennen muß,
Daß ich bekennen muß: Du bist ein Schuft,
Und nur, daß du erführest, welch ein Schuft,
Ward dir dies Weib versagt und doch gezeigt!
Nun sollt ich gehn und ihr die Kerkertür
Aufriegeln und mit einem Stierkopf mich

Einmauern lassen in den Hungerturm.
Mich aber lockts, mit einem blanken Schwert
Vor sie zu treten und in bittrem Hohn
Zu sprechen: Edle Frau, dies schickt der Mann,
Den Ihr in Eure Seele schauen ließt,
Er zeigt Euch jetzt, wie fest er Euch vertraut! *(Ab)*

Dritte Szene

Straßburg

Siegfrieds Herberge

Später Abend. Hinten Siegfrieds Schlafgemach. Edelknecht putzt einen Helm

EDELKNECHT. Verdammt! schon morgen! Gestern war mirs recht!
Doch heute – – gar zu lieblich ist das Kind,
Das ich im Münster sah. Er hörts doch nicht?
(Horcht am Schlafgemach)
O nein! Er schläft! Warum auch schäm ich mich?
Ich denke doch, wer mit zu Felde zieht
Der darf wohl auch nach einem Mädchen schaun!
Wüßt ich nur, wo sie wohnt. Dann müßt er mir
An ihren Fenstern morgen mit vorbei,
Ich tummelte mein Roß, sie säh hinaus,
Ich grüßte sie, sie würde rot. Verdammt!
Heut trug ich just den alten Federhut,
Und in dem Helm hier, der so gut mir steht,
Wird sie mich nicht mehr sehn. Verzeih mirs Gott,
Ich wollt, er würde kränker, als er war,
Damit er bliebe! *(Er legt den Helm weg und nimmt einen andern)* Nun den seinen noch.
Ein wenig nur! Denn ihm gilt alles gleich.

Vierte Szene

Golo tritt ein im Reitermantel und mit Sporen

GOLO. Sieh, Edelknecht!
EDELKNECHT. So spät noch?
SIEGFRIED *(inwendig).* Wer ist da?
EDELKNECHT *(geht in Siegfrieds Schlafgemach).*

Golo. Nun gilts! Er haut vielleicht mich in den Sand!
Dann nutz ich meinen letzten Odemzug
Und decke sterbend den Verrat ihm auf.

Fünfte Szene

Siegfried *(kommt halb entkleidet).*
Ihr, Golo? In der Nacht noch? Und so bleich
Und abgehärmt, als kämt Ihr aus der Gruft?
Golo. Sprecht lieber so: als wollte ich hinein!
Ich fürchte sehr, Ihr seht in mir Euch selbst,
Wie Euch mein Auge gleich erblicken wird,
Sobald mein Mund ein einzig Wort noch sprach.
Siegfried. Mein Weib ist tot! Du sagst nicht nein? Sprich nie
Zu mir ein Wort mehr, oder sprich dies Nein!
Golo. Sie lebt!
Siegfried. Sie lebt? dann sei es, was es sei,
Nimm im voraus mein Wort: ich trag es leicht.
Golo. Ihr Kind lebt auch!
Siegfried. Mein Kind!
Golo. Das sagt ich nicht!
Siegfried. Ha!
Golo *(feierlich).* Edler Herr, ich fühl mich nicht geschickt,
Durch eine Meldung ungeheurer Art
Eur Herz zu spalten und den Riß zugleich
Zu heilen durch ein weich gewähltes Wort.
Drum, wie man Mord ruft in das Ohr der Nacht,
Den Schlaf zerreißend, wie man, wenn die Stadt
In Flammen steht, den Strang der Glocke zieht,
Nicht an die Fenster klopft, so ruf auch ich:
Ihr trefft es nicht zu Hause, wie Ihr sollt!
(Pause)
Wie schwer es sei, der treuen Gattin Tod
Dem Gatten anzusagen, kinderleicht
Ists gegen das, was ich Euch künden muß.
Ich traf Eur Weib im Ehbruch mit dem Knecht,
Dem Drago, und der Knab, den sie gebracht,
Kam vor drei Tagen erst, Ihr selber müßt
Am besten wissen, ob zur rechten Zeit.

SIEGFRIED *(dumpf, langsam).*
Eins - zwei - zehn Monde bin ich fort! - Erst jetzt?
Und als ich zog, da sagte sie – – Erst jetzt!
(Er lacht)
Ich ging ja schon zu Bett! Was quäl ich mich!
Von allen Träumen ists der dümmste Traum
Und auch der sündlichste. Gib acht! Gib acht!
Gleich kommts dir vor, die Lilie sei schwarz.
(Er schließt die Augen)
Woher nur nimmt die Seele, die doch wohl
Geordnet ist und nicht im Irren schweift,
Zum reinen Widerspruch den Stoff im Schlaf?
Ei nun! Man kann ja auf dem Turme stehn,
Den festen Boden unter sich, und hat
Doch schwindelnd ein Gefühl, als ob man stürzt.
(Er sieht Golo an)
Du bist noch da? Dann bist du ein Gespenst,
Das mir die Hölle schickt, und trügest du
Nicht Züge, die mir wert und teuer sind,
Ich dränge mit dem Schwerte auf dich ein,
Obgleich ich weiß, daß man die Schatten nicht
Verletzen kann.
GOLO *(als ob er gehen wollte).* Ich komme morgen früh.
SIEGFRIED. So wach ich, und du bist es wirklich?
GOLO. Ja!
Doch überrascht michs nicht, daß Ihrs nicht glaubt.
Denn leichter ist es, einen Lebenden
Für ein Gespenst zu halten, als ein Weib,
Wie Euer Weib, für eine Sünderin.
SIEGFRIED *(richtet sich stolz auf).*
Ja wohl! ja wohl! Ich bin ein Mann und hab
Als Mann ein Recht auf ein getreues Weib!
Und faß ich dies mein Recht und ihre Pflicht
In ein Gefühl zusammen: frei und stolz
Möcht ich da sagen: Wer so sprach, der log.
GOLO. Ich log vielleicht schon einmal.
SIEGFRIED. O, das ists!
An dir zu zweifeln hab ich nicht das Recht,
An ihr zu zweifeln hab ich nicht den Mut.

Wie in zwei Waageschalen sehe ich
Die höchsten Güter, die ich mein genannt,
Gleichschwebend kämpfen einen stillen Kampf;
Nicht weiß ich, wohin werf ich mein Gewicht.
(Pause)
Und doch! Ich weiß! Ich frage nicht mein Herz!
Wenns bricht, so tut es seine Schuldigkeit!
Ich stelle mich als Mann zum Mann. Ich kann
Nur stehn für mein Geschlecht, für ihres nicht.
Was einem Weibe möglich ist, wer hats
Erforscht! Doch was ein Mann zu tun vermag,
Das sagt die Ahnung in der Brust mir an,
Und die spricht jetzt mit tausend Zungen: Nein!
Nun aber sei nicht unbarmherzig, Freund,
Rett vor dem Wahnsinn mich und mach mir klar,
Wie das geschehen konnte, was geschah.
Mir deucht, du nanntest – doch das kann nicht sein!
Ich hörte falsch! Nicht wahr, ein Sänger kam,
Ein goldgelockter, in mein stilles Schloß.
Er sang – er sang vielleicht von mir! Und sie
Verwechselte in süßem Rausch den Mund,
Der ihr mein Angedenken sanft erneut,
Mit meinem eignen Mund und küßte ihn,
So daß die Liebe, die sie zu mir trug,
Doch noch zum neuen Brand den Funken gab.
Wars so? Die Schande ist für mich gleich groß,
Doch nicht für sie.
GOLO. Den Sängern hätt ich wohl
Das Tor verschlossen, wie es sich gebührt.
Ihr hörtet recht. Kein Sänger: Drago wars!
SIEGFRIED. Mann, treu wie Gold! Jetzt schwöre ich für dich,
Daß alles sich verhält, wie du gesagt.
Auf einen Drago fällt die Lüge nicht
Und käme sie aus eines Tollen Hirn.
Das Herz ist listig! Satisfaktion!
Ja, ja! Nur darum darfs der Knecht nicht sein!
Nun, Freund, das Nähere. Ergötze mich!
Du hast gewiß den Drago mitgebracht.
Ruf ihn herbei! Ich will dem Schuft verzeihn,

Wenn er die Schnurre gut erzählen kann.
Auf Gottes Kosten möcht ich über Nacht
Ein wenig lachen; bis zum sechsten Tag
War er ein Meister, ich begreif es kaum,
Wie er zuletzt noch solch ein Stümper ward.
Nun? Nun?

GOLO. Den Drago stach der Kaspar tot.
Doch ist der Hans hier. Ist es Euch genehm,
Den zu befragen?

SIEGFRIED. Aus des Reitknechts Mund
Ein Siegel mir erbetteln für den Schimpf?
Nein, Golo!

GOLO. Ihr vergebt. Es fällt mir schwer,
Euch Pfeil nach Pfeil ins Herz zu bohren.

SIEGFRIED. Tus!
Ich sterbe nicht davon. Nur schnell und kurz.
(Zum Edelknecht)
Du kleid mich an! Dann führ mich hin! Du weißt
Ja, wo sie wohnt.

EDELKNECHT. Wer denn?

SIEGFRIED. Die alte Frau,
Die meiner Wunde pflegte. Unbesorgt!
Ich werde sie nicht töten, weil sies tat.

GOLO. Was sinnet Ihr?

SIEGFRIED. Mit eignen Augen will
Ichs Wunder schaun! *(Zum Edelknecht, der ihn ankleidet)*
Mein Schwert! Vergiß es nicht!

GOLO *(für sich)*.
Er will zu Margareta! Seltsam ists!
Wie scharf der Teufel sieht! Sie hat es mir
Vorausgesagt und hält sich schon bereit.

SIEGFRIED. Nun, Golo?

GOLO. Gleich nach Eurem Abzug ward
Die unbegreifliche Vertraulichkeit
Bemerkt, die Drago an die Gräfin band.
Ging sie zur Messe – Drago folgte ihr,
Rief sie, und wars auch aus dem Schlafgemach,
So rief sie meine Mutter nicht, noch sonst
Der Dienerinnen eine, immer ihn.

Doch weiß ich dies nur, weil man mirs erzählt,
Ich selbst hab nichts davon gesehn.
SIEGFRIED. Ich glaubs!
Dir lag der Argwohn fern!
GOLO. Am Ende zwar
Ward das Geflüster, das im Schlosse lief,
Das schlimme Deuteln, mancher freche Witz
Auch mir bekannt. Nun paßte ich mit Ernst.
Doch – nichts entdeckt ich!
SIEGFRIED *(setzt sich den Helm auf).* Nichts?
GOLO. Kaum fiel mirs auf,
Daß sie ein paarmal ihre Tür verschloß,
Wenn Drago drinnen war.
SIEGFRIED. Du warst ein Kind!
GOLO. An einem Morgen sprach die Mutter mir
Von Händedrücken.
SIEGFRIED. Ha!
GOLO. Da dachte ich:
Du schickst auf gute Art den Burschen fort.
Ich rief ihn zu mir. »Drago«, sagte ich,
»Im Bergschloß wurde der Verwalter krank,
Nun hab ich keinen, dem ich trauen darf,
Als Euch, drum macht noch heut Euch auf den Weg,
Damit Ihr seine Stelle dort verseht.«
‚Weiß sies?' versetzt' er plump. Ich fragte: »Wer?«
‚Ei, sie, die Gräfin!' – »Nein!« – ‚So fragt sie erst,
Ob sie mich ziehen läßt!' Ich tats. Da griff
Sie mir ans Kinn -
SIEGFRIED. Ans Kinn?
GOLO. Und sprach: Mein Sohn,
Es gibt wohl andre, die du schicken kannst;
Geh lieber selbst, den Drago brauch ich hier.
SIEGFRIED. Wozu? *(Er drückt sich den Helm tief ins Gesicht)*
GOLO. So fragt ich auch. Da aber ward
Sie zornig, wie ein Mensch denn zornig wird,
Wenn ihm die Antwort fehlt. So ging es fort.
SIEGFRIED. Ich war im Krieg. Im Krieg, da stirbt sichs leicht,
Und Tote fordern keine Rechenschaft.
Was deucht dir, Freund, hat sie nicht so gedacht?

GOLO. Was sie gedacht hat, davon weiß ich nichts.
An einem Abend, als die Dienerschaft
Beim Essen saß – ich stand und härmte mich,
Weil ich nicht mit am Tisch den Drago sah –
Da trat auf einmal, stier und totenbleich,
Die Mutter in die Tür und sprach zu mir:
Der Drago geht mit ihr zu Bett! Ich hielt
Es gleich für wahr und spie sie dennoch an.
Sie aber, drob erglühend, ging zum Tisch
Und riefs den Leuten zu, die sprangen auf,
Nach Lichtern griffen Balthasar und Hans,
Der Kaspar schwur dem Drago Mord und Tod,
Ich ward vorangedrängt –

SIEGFRIED *(fühlt sich mit der Hand nach der Stirn).* Genug! Genug!
Komm, Edelknecht! – Das Weitre unterwegs!
Ich könnt es wissen! Warum schaute ich
Nicht längst ins Glas der Wahrheit! Ahnt ichs schon?
Du sahst, nicht wahr? der Kaspar und der Hans,
Der Balthasar, der Konrad, wer noch mehr?
Die ganze Welt, ihr sahet –

GOLO. Hinterm Bett
Versteckt den Drago und entkleidet sie!

SIEGFRIED *(grimmig).*
Ein Glück für dich, daß es so viele sahn!
Wärst dus allein – den Spiegel meiner Schmach
Haut ich in Stücke, eher noch als sie!

GOLO *(reißt sich die Brust auf und deutet auf Siegfrieds Schwert).*

SIEGFRIED *(reicht ihm die Hand).*
Still! Still! Nichts weiter! Wissen muß ich mehr,
Ja, alles! Denn ich muß ja alles tun!
Ja! Ja! Allein aus deinem Mund kein Wort.
Der schweigende Kristall, vor dem ich nicht
Erröten darf, soll mirs vertraun. Kommt! Kommt!
(Zum Edelknecht)
Du gehst sogleich, wenn du mich hingebracht,
Zurück und sattelst mein arabisch Roß! *(Ab)*

GOLO. Er ist ein Mann, wie sie ein Weib. Und ich? –
(Er folgt Siegfried)

Sechste Szene

Tiefe Mitternacht. Margaretens Zimmer, seltsam dekoriert und mit Zaubergerät erfüllt. Ein großer, runder Kristallspiegel, verhüllt. Sie sitzt schlafend an einem Tisch. Nach einer Weile erwacht sie

MARGARETA. Ich sah ein Kind im Traum, ein hübsches Kind,
Die Zähne weiß, die Backen rot und rund,
Die Augen – nein, die sah ich nicht so recht,
Zwei große, dicke Tränen standen drin.
»Zum Engel«, rief es, »war ich dir bestimmt,
Du warfst mich in den Bach!« – ‚Zum Engel, ei!
Ein Engel, den der Müllerknecht gemacht!' –
»Die kalten Fische fraßen all mein Fleisch!« –
‚Kind, an den Fischen kann ich nicht einmal
Dich rächen, denn ich esse keinen Fisch –'
»Und als der Bach vertrocknete, da kam
Ein magrer Wolf und nagte mein Gebein!« –
‚Laß nagen, Kind – wie heißt du doch? Je nun,
Ich gab dir keinen Namen!' Dummer Traum!
Kind, willst du bitten für das andre Kind?
Da bittest du umsonst! Man soll dereinst
Nicht von mir sagen, daß ich mitleidvoll
Gewesen gegen fremdes Fleisch und Blut,
Und gegen dich – – Es rasselt an der Tür!
Kommt Ihr, Herr Graf? Der Teufel ist schon da!
(Sie steht auf und schüttelt sich)
Ich bin doch schlecht! Da fällt mir eben ein:
Hätt ich das Mägdlein nicht ertränkt, und wär
Es schön geworden, wie ichs sah im Traum,
So klopfte jetzt vielleicht ein Freiersmann,
Ein solcher, der das Geld bringt bei der Nacht.
Laß ruhn die Toten, denn sie ruhen gut.
Ei nun, wer stört sie? Stören sie doch mich!

SIEGFRIED *(tappt draußen)*. Holla! Macht auf!

MARGARETA *(öffnet die Tür)*. Wer da? Herr Graf – – – –
(Stellt sich verwundert) So spät?
(Siegfried tritt mit Golo ein)

MARGARETA *(zu Golo, heimlich)*.
Tut unbekannt! Ihr habt mich nie gesehn!

Vergeßt es nicht! Er weiß kein Wort davon,
Daß ich auf seiner Burg gewesen bin!

SIEGFRIED. Verzeiht mir, Golo!

GOLO. Was denn, edler Herr?

SIEGFRIED. Gewiß, ich trau Euch. Einen Sessel her!
Ich will nur einen Augenblick hier ruhn,
So lange nur, bis ich ein einzig Mal
Mein Weib mir in des Knechtes Arm gedacht.
Es will nicht gehn. Ich seh den *Drago* stets
So vor ihr stehn, als wollt er eben knien,
Und sie mit Augen, wie vom Himmel her,
Auf den Elenden klar herunterschaun!
(Zu Margreten, die den Sessel bringt)
Laßt! Laßt! Wer sagt Euch, daß ich sitzen will?
Ich halte mich nicht lange bei Euch auf!
Was meint Ihr, Golo, hat denn Gott das Recht,
Geschehn zu lassen, was kein Mensch begreift?
O! O! Und doch! Wenn ichs nicht fassen kann,
Was zeigts denn an, als daß sie Meisterin
Im Heucheln, wie im frechen Laster war.
Der Drago! Ha! Ein Bursch, der nicht so viel
Des Muts besaß, ihr auf den halben Weg
Entgegenkommend, sich verliebt zu nahn,
Den sie nicht bloß durch Wink und stummen Blick,
O nein, durch offnes Wort, vielleicht, wer weiß,
Gar durch Befehl an ihre Brust gelockt,
Und der mit ekler Missetäterangst,
Die selbst im Rausch den Henker nicht vergißt,
Befleckend all ihr Süßestes genoß.
In meinen Armen war sie ganz wie tot,
Wenn ich – es schüttelte sie innrer Frost,
Sie schien ein Engel, der sein Flügelpaar
Abwehrend gegen irdschen Staub bewegt – –
Ist es denn möglich? Doch, was frag ich dich!
Du bist ein Mann! Wo find ich solch ein Ding,
Worin nichts Folge hat, ein Ding, wie sie,
Ein Weib! Ist hier ein Weib?

MARGARETA. Mein edler Herr?

SIEGFRIED. Du bists, die mehr sieht als wir andern, nicht?

MARGARETA. Und wenn ichs tu, so hab ichs nicht umsonst.
Im Scheiterhaufen zahl ich einst den Preis
Mit Leib und Seel für meine Wissenschaft.
Was steht zu Diensten?
SIEGFRIED. O, nicht viel! nicht viel!
Was meinst du, wird der Weinstock dieses Jahr
Wohl Trauben bringen? Setzt er Augen an?
Ich habe nicht darauf geachtet, doch
Ich wüßt es gern! Wie siehts am Himmel aus?
Die alte Wirtschaft noch mit Sonn und Mond?
Jetzt ist es Nacht. Kann man mit Sicherheit
Drauf bauen, daß es morgen wieder tagt?
MARGARETA. Gut Nacht! Gut Nacht!
SIEGFRIED. Steht alles so wie sonst?
Zerriß der Faden nicht, der Gott und Welt
Zusammenknüpft? Dreht sich die Schöpfung nicht
In tollen Wirbeln, losgelassen, um?
Dann, Genoveva, komme keiner mir,
Der dich entschuldige!
GOLO *(stürzt, tief erschüttert, auf die Knie).* Herr Graf, ich log!
SIEGFRIED. Du logst? *(Er reißt sein Schwert heraus)*
Steck ein, denn eben hört ich ja,
Daß alles noch im Weltall steht wie sonst.
Die schnöde Sünde, welche sie beging,
Schien kurz zuvor mir alles Frevels Maß,
Doch gegen eine solche Lüge wär
Sie schuldlos, wie ein neugebornes Kind.
Nein, Golo, wenn du dich verklagen willst,
So halte dich im Menschlich-Möglichen,
Dann helf ich dir vielleicht mit meinem Schwert
Aus diesem Leben mitleidvoll heraus.
Du logst! Steh auf! *(Er reicht ihm die Hand)*
Du bist ein Mann! *(Er umarmt ihn)* Ein Freund!
Du hättest gern für diese letzte Nacht
Mit deinem Leben einen letzten Traum
Von Liebe und von Treue mir erkauft.
Ich danke dir, und muß ich auch mein Weib
Verlorengeben und mit ihr zugleich
Das ganze halbe menschliche Geschlecht:

Ich fand in dir, in deiner Männerbrust,
Zu dieser Stunde, was mich trösten wird
Und was mich jetzt schon vor Verzweiflung schützt.

GOLO *(kaum hörbar)*.
Ich log.

SIEGFRIED. Ich bitt dich: sags nicht noch einmal!
Ein Mensch ist schwach, und was ein Weib vermag,
Das weißt du nicht, du hast noch nicht geliebt.
Blindwütend gegen besseres Gefühl
Könnt ich dich niederhauen in den Sand
Und gleich ins ferne Land zurück dann ziehn,
Um niemals zu erfahren, ob mein Weib
Die Sünderin, ob du der Lügner warst.
(Er setzt sich nieder und legt seinen Kopf in die Hände)

MARGARETA *(zu Golo)*.
Brav! Eins – zwei – drei! Drei? Nun, ich denk, nur zwei.
Den einen dingt Ihr ab. Mein alter Kopf
Und Katharinas Kopf sind wohl genug.
Ich log! Zum drittenmal! Nur fügt hinzu:
Ich log den andern beiden nach. Verschweigt,
Warum wir logen, sagt, es sei aus Haß
Der Unschuld, sei aus Tugendneid geschehn.
Dies wär, was mich betrifft, nicht einmal falsch.
Erzähle ich das Ding auch, wie es war,
Ihr straft mich Lügen. Schwöre ich – was hilfts?
Ich bin ein Weib, Ihr seid ein Mann, ein Freund!
Und, daß Ihr Euren Abscheu am Verrat
Recht gründlich dartut, schlagt Ihr mir zuerst
Das Haupt herunter, Eurer Mutter dann.
Was Mutter! Eure Mutter ists ja nicht!
Sie hatte keine Pflicht, tat, was sie tat,
Aus Liebe nur und aus Barmherzigkeit.
Wohlan! So gebt denn jetzt ihr den Beweis,
Worin ein Fremdling und ein echter Sohn
Sich unterscheiden. Ei! Ein altes Weib
Und eine schöne Frau – wer schwankte noch!
Nur zu! Ich log! Doch glaubt nicht, daß der Graf,
Wie Euch, auch uns verzeihen wird und kann.
Ihr wißt noch gar nicht alles, was geschah,

Als Ihr bewußtlos-krank daniederlagt,
Was, als sie kreißend ihrem nahen Tod
Entgegensah, die Gräfin von uns litt.
Erfährt das ihr Gemahl, so gibt er uns
Zu einem Vaterunser nicht die Frist.
Mir gleich! Ich betete ja dennoch keins.

GOLO. Ho! Ho! Mein Widerruf bewirkte nichts,
Als daß er mirs nur um so fester glaubt.
Nur darum, denk ich, ließ die Höll ihn zu!

MARGARETA. Wars so gemeint?

GOLO. O nein! Es kam nur so!

SIEGFRIED *(steht auf)*.
Mein innres Auge tut mir nicht den Dienst!
Die Nacht hält fest, was sie gebar. Kein Bild,
Wie ich es brauche, stellt sich meinem Geist.
Ich seh sie lächeln, weinen seh ich sie,
Ich seh die Engel, zart, wie Morgenrot,
Die ihre Tränen trinken, was den Tag
Sie schauen ließ, das alles schau ich auch,
Doch nichts von dem, was sie im Finstern trieb.
O Golo, mal mir solch ein Bild, daß ich,
Die Schmach erblickend, meiner Männerpflicht
Genüge und sie räche.

GOLO. Könntet Ihr –

SIEGFRIED. Ich weiß nicht, was ich kann, nur, was ich muß!
Kann sein, daß ich, wenn ichs nun tat, es schwach
Bereue, daß mein ganzes Leben dann
In Selbsthaß sich und Selbstverachtung teilt.
Kann sein – Was frag ich! Wenn ein Pfaff dir sagt,
Du sollst verzeihen, was den Gott in dir
Ermordet und dein Eingeweid zerreißt,
Dann lache ihn nicht aus, doch folg ihm nicht!
Nur Einer darf vergeben, er allein,
Der, unbegriffen nah und fern zugleich,
Von nichts verklärt wird und von nichts beschmutzt.
Was dich betrifft, so halt dich rein. Dies ist
Das erste der Gebote, und ein Mann
Erfüllt es so, als wärs das einzige.
Was ihn auch treffe – immer muß der Kraft

So viel ihm übrigbleiben, als er braucht,
Um dem Geschlecht in sich genug zu tun.
Ich will das Beil sein, das ein sündig Haupt
Vom Rumpfe trennt, und das der Blutfleck dann
Im Winkel, wo es rostet, still verzehrt.
Doch, ich bin hier, um – Alte, auf ein Wort!

MARGARETA. Mein edler Herr?

SIEGFRIED. Du schlägst im Buch der Zeit
Die Blätter, sagst du, um und wieder um,
Du scharrest Frevel, heimlich beigesetzt,
Aus der vergangnen Tage Gruft hervor
Und stellst sie vor des Richters Angesicht?

MARGARETA. Ich habe einen Spiegel, das ist wahr,
In dem man dies und das erblicken kann.
Ein teures Stück! ich wollt, ich hätt ihn nicht.
Ich selber sah noch nie hinein, mich plagt
Die Neugier selten, edlen Herren steht
Er zwar zu Diensten, doch, mir wär es lieb,
Wenn keiner käme, denn entweder sehn
Sie das, was niemand gern sieht, oder nichts.

SIEGFRIED. Sprich, weißt du, wer ich bin?

MARGARETA. Ihr seid ein Mann,
Den keiner zu belügen wagen wird,
Die Blinden, das versteht sich, nehm ich aus.
Hier Euer Freund hat Augen, wie ich seh,
Und dennoch mein ich, wenn man einem traut,
So traut man einem mehr schon, als man soll. *(Zu Golo)*
Verzeiht mir das!

SIEGFRIED. Laßt Eure Reden jetzt!
Und zeigt in Eurem Spiegel mir mein Weib
Und was sie vor neun Monden tat.

MARGARETA. Ja, seht:
Ich weiß nur so viel, als der Teufel weiß.
Das merkt Euch wohl. Ob Eure edle Frau
Zur rechten Zeit zur Beichte ging, ob sie
Almosen gab und Pilger kleidete,
Von diesem allen zeigt der Spiegel nichts.
Doch, ob sie etwa unerlaubt geküßt,
Ob sie – das, wenn es anders möglich wär,

Das könntet Ihr in meinem Spiegel schaun.
Doch, was man immer Euch berichtete –
Ich merk es wohl, Ihr seid ergrimmt auf sie –
Es ist erlogen! *(Zu Golo)* Nichts für ungut, Herr,
Ihr könnt ja selbst belogen sein! *(Zu Siegfried)* Ein Weib,
Das einen Mann besitzt, wie Ihr – ich will
Nicht schmeicheln – alte Frauen kleidets schlecht –
Ein solches Weib ist treu, sie fände ja
Den zweiten kaum, der ihrem Gatten gleicht,
Und nie den dritten, der ihn übertrifft.
Sie muß ja treu sein. Denn hinuntersteigt
Doch keiner, der sich auf der Höhe sieht.
Euch laß ich gern in meinen Spiegel schaun,
Nur bitt ich, schlagt mir, wenn Ihr nichts erblickt,
Ihn nicht entzwei und scheltet nicht die Kunst.

SIEGFRIED. Hör auf!

MARGARETA. Das heißt: fang an! Ich bin bereit!
Doch, die Bedingung! Denkt jetzt nicht an Ihn,
Der einst die Welt erschuf und sie erhält.
Denkt nur an Ihn, vor dem seit Anbeginn
Sie bebt und oft im Krampf zusammenzuckt,
Wenn er ihr Innerstes mit Krallen packt.

(Sie beschreibt einen weiten Kreis, in den sie Siegfried und Golo hineinnötigt. Dann reckt sie die Hand gen Himmel und spricht mit dumpfer Feierlichkeit:)

Du, dem der zittert, welcher mich beherrscht,
Ich weise dich heraus aus diesem Kreis!
Ihr Segenshauche menschlichen Gebets,
Die ihr vielleicht hier schwebt, euch blas ich fort!
Du Schaffend-Zeugendes, das regsam-still
In Lüften schwimmt, verirr dich nicht hieher!

(Lange Pause)

Nun sind wir einsam. Doch nicht lange mehr.

(Sie senkt den Arm, streckt die Hand gegen die Erde aus und spricht beschwörend:)

Du Zweiter, der dem Ersten Leiber macht,
Und in den Leibern seine Geister fängt;
Du Heimlichster, der alles Werdende
Im Ei beschleicht und alles Blut verdirbt,

Dich ruf ich auf! Verdopple mir dereinst
Die Höllenqual, nur sei mir heut zu Dienst!

(Sie reißt den den Spiegel verhüllenden Flor herunter; wild mit lebhaften Gebärden, in leidenschaftlichem Ton:)

Beim Wort der Worte, das zum Sieger den,
Zum ewgen Sieger krönt, der allererst
Es findet und den andern rufend stürzt:
Bei allem Bösen, das noch werden soll,
Zeig mir sogleich das Böse, das schon war,
Und *(leise)* zeig auch das, was nie gewesen ist!

(Vor dem Spiegel hüpft eine Flamme auf, die sogleich wieder verlischt. Margareta ergreift Siegfried beim Arm und führt ihn zum Spiegel)

SIEGFRIED *(schaut hinein).* Das ist sie. Ja!

MARGARETA *(tanzt).*

GOLO *(zu Margareta).* Du rasest. Höre mich!

MARGARETA. Wer kann! Mich treibts! Der Teufel fand das Wort!
Viktoria in alle Ewigkeit!
Denn bös ist gut und gut ist bös. Tanz mit!
Ich gönn es dir. Ich denk, man läßt dich zu!
Du bist ein Findling. Weißt dus ganz gewiß,
Daß du nicht deinen Vater schon erschlugst?

(Sie tanzt immer fort)

SIEGFRIED *(vor dem Spiegel).*
Sie blickt in stiller Sehnsucht vor sich hin.
Gilts mir? Gilts dir? Unartig Glas, du zeigst
Mir hie und da auf meinem Haupt zugleich
Ein graues Haar.

GOLO. Mich schauderts wie noch nie.
Ein Käfer, schwirrend, flog zum Kreis hinein.
Tot fiel er hin, als fehlt es hier an Luft.

MARGARETA *(tanzend, in höchster Ekstase).*
Sprichs aus! Sprichs aus! Schon lange horch ich auf!
Was säumst du? *(Zu Golo)* Kannst du beten? Bete doch!

(Sie fällt um)

SIEGFRIED *(vor dem Spiegel).*
Was? Habt Ihr keine Augen, schöne Frau?
Bursch, du bist keck! Ein Kuß auf ihre Hand!
Ich küß die Hand nicht wieder. Seid Ihr stumm,

Daß Ihr nicht scheltet, Genoveva? Ha!
Du neigst dich auf ihn nieder? Wie er grinst!
Sie – o Verfluchte! Er wird rot, sie nicht!
Nun, das ist deutlich! Merkt Ers nicht, mein Freund?
Er sieht sich um. Weshalb? Ich bin im Krieg!
Jetzt wieder solch ein Engelsangesicht?
Recht, Blattern-Drago, recht! Nun machst dus recht!

MARGARETA *(hat sich inzwischen wieder erhoben und sich hinter Siegfried gestellt).*
Ich gratulier Euch herzlich, edler Herr!
Ihr guckt umsonst. Grüßt Eure Frau von mir!
(Sie sieht ihm über die Schulter)
Was seh ich!

SIEGFRIED *(tritt vor sie).* Solch ein Bursche!

MARGARETA. Ja, das ist
Der Kaiser nicht!

SIEGFRIED *(wütend).* Und wärs der Kaiser auch –

MARGARETA. Nun, dann bezahlte sie den Fehltritt Euch
Mit einem Prinzen und das wär genug!
Wie stehts denn nun? *(Sie sieht ihm über die Schulter)* Hinweg!

SIEGFRIED *(tritt in starrer Wut vom Spiegel zurück).* Der Teufel hat
Es angestiftet. Gern vergeb ichs ihm.
Der Teufel ists ja auch, der mirs verrät!

MARGARETA. In Eurem Antlitz les ich nicht das Wort,
Das, spricht der Mensch es aus, zum Gott ihn macht.
Du armes Weib! Wer weiß! der Teufel ist
Der Mann der Wahrheit nicht. Ich prüfe ihn
Und riegele der Zukunft Pforten auf!
(Kurze, stumme Beschwörung, dann blickt sie in den Kristall)
Kristall! Verfluchter! Dich zerschlag ich noch!
Du zeigst die schöne Frau mir ohne Kopf!
Was? Gleich den ganzen Kopf herunterhaun,
Bloß, weil der Mund ein wenig sündigte?
Was taten denn die Augen, und was tat
Der schlanke weiße Hals, den man zerschnitt!
(Zu Siegfried)
Macht ihn zum Lügner, Herr! Die Zukunft hängt
Von Euch allein in diesem Fall ja ab!
Und wird die Zukunft anders als er sie

Gezeigt, was ist dann die Vergangenheit?

(Sie rast, von der dämonischen Gewalt ergriffen, umher)

Die Fenster auf! Die Türen auf! Hinaus!
Mich hebts! Mich trägts! Wohin? Ich fliege fort!

(Sie blickt in den Spiegel; statt ihres Bildes grinst ihr eine Teufelslarve entgegen)

Weh! Weh!
Das ist ja nicht mein Bild! Das ist er selbst!
Heraus! Heraus! Mein Leib ist nicht dein Haus! *(Sie schlägt sich)*
Ich tu mir weh, damit dus fühlst und weichst!

(Sie schaut wieder hinein)

Der Teufel! Noch der Teufel! O! O! O!

(Sie fällt leblos zu Boden; alle Lichter erlöschen; von Margareta geht ein rotes Leuchten aus)

GOLO *(will reden und kann nicht).*

SIEGFRIED *(hat von allem nichts bemerkt; schnallt sein Schwert ab und geht auf Golo zu).*
Nimm dies mein Schwert. Gib mir das deinige!
Du weißt, wozu!

GOLO. Herr!

SIEGFRIED. Töten sollst du sie,
Und widerruf ich den Befehl, mich selbst.
Mein schnellstes Roß, gesattelt und gezäumt,
Steht schon bereit. Besteigs und reite gut!
Eilt ich dir nach, und holte ich dich ein –
Ich hoffe, daß es nicht geschehen wird –
Dann zieh! – Du schweigst! Bei meinem Zorn! – Dann zieh,
Und haue, eh das Wort, das mich entehrt,
Der Lippe noch entflieht, mich in den Sand.

GOLO. Das Kind –

SIEGFRIED. Des Drago Bastard? Fragst du noch?
Und hätt ich selbst von ihr ein Kind – hinab!
Der Sohn, damit er nicht betrogen wird,
Die Tochter, daß sie nicht betrügen kann!
Ihr Quellen der Natur! Ich kann euch nicht
Verstopfen! *(Zu Golo)* Nimm den Siegelring! Doch auch
Auf mich ist mitgerechnet! Alter Ahn,
Vergib, in mir erlischt dein Nam und Stamm!

MARGARETA *(schüttelt sich; sie will sich erheben, aber sie fällt wieder zurück, sie will reden und kann nicht).*

SIEGFRIED *(zu Golo).*
Du bist noch da? Fort, sag ich, Knecht. Verzeih!

GOLO. Ich werde tun, was Euch gefallen wird.

SIEGFRIED. Zehn Worte sind zehn Todessünden! Fort!

GOLO *(ab).*

SIEGFRIED. Teufel, merk auf! Stellst du den Drago mir
Auf eine kleine halbe Stunde nur
In Fleisch und Blut leibhaftig wieder her,
Daß ich – mich selbst verschreib ich dir dafür
Mit Leib und Seel und ding kein Haar dir ab!
Mit Zähnen aus dem Grabe könnt ich ihn –
Warum? War ers nicht, wars ein anderer!
Schlaf, Bursche, schlaf! Wohin die Schlechteste
Sich kaum zuletzt verirrt, da fing sie an,
Ganz unten; tiefer sank noch nie ein Weib!
Und daß sies trug, als sie ihn wieder sah,
Daß sie sich nicht mit ihrer eignen Hand
Erwürgte, als der ekle Rausch entfloh!
Erbärmlich! Horch! Ein Roß! Das meine erst?
Schnell, Golo, schnell! Die Peitsche reich ich dir! *(Ab)*

MARGARETA *(erhebt sich halb und bleibt auf den Knieen liegen).*
Verstrickt! Erstickt! Die Gurgel zugedrückt!
Ein Aderlaß! Ein Aderlaß! *(Sie beißt sich eine Ader auf)* Ists Blut,
Ists Feuer, was hervorspringt? Wasser! Luft!
Noch lebe ich! Noch hab ich drauf ein Recht!
Trink! atme! weil du kannst, denn bald ists aus!
Dann kommts! Dann kommts! Du armes Menschenkind!
Von Flammen angezehrt! Nie aufgezehrt!
Die Ewigkeit hindurch! Die Ewigkeit!
Und selbst im Auge nicht den Tropfen mehr,
Der deine Wimper vor dem Glutbrand schützt!
O, wär ich noch einmal ein Kind! Ein Kind!
War ich denn wirklich einst ein Kind? *(Sie nickt)* Ein Kind!
Im Mutterarm ein Kind! Und jetzt? O Gott!

(Ein Donnerschlag. Der Geist des Drago steigt aus der Erde hervor)

MARGARETA *(springt auf).* Wer ruft dich, Geist?

GEIST. Mich sendet Gott an dich!
MARGARETA. Entweich! Ich hör ihn nicht!
GEIST. Du riefst ihn an!
Und er gebietet dir durch meinen Mund:
In sieben Jahren, keinen Tag zu früh,
Und keinen Tag zu spät, erhebst du dich,
Stellst dich dem Grafen Siegfried, mußt du auch,
Eh du ihn findest, hundert Meilen gehn,
Machst ihn, an dem zumeist du freveltest,
Zu deinem zorngen Richter und bekennst.
Du selbst verklagst dich jeder Missetat,
Die, schaust du rückwärts, dir entgegengrinst,
Du selber richtest dir den Holzstoß auf,
Du selber schürst ihn an und springst hinein!
MARGARETA *(schaudernd, sich am Tisch lehnend).*
Und – da – für?
GEIST. Dafür hast du keinen Dank!
MARGARETA. Das lügst du, denn du bist ergrimmt auf mich!
GEIST. Ich kenne die nicht mehr, die gegen mich
Gesündigt, die nur, die ich selbst gekränkt.
Wohl mir, wenn mir was zu vergeben blieb!
MARGARETA. Gehorchend trotz ich. Ja, ich wills gestehn,
Doch nicht nach sieben Jahren, morgen schon,
Damit Er, der mich zwingt, zum Lügner wird.
Warum auch nicht? Schon morgen ists zu spät,
Um sie zu retten, aber nicht zu früh,
Auch ihm ins Herz zu setzen einen Wurm.
Kenn ich ihn recht, so stürzt er, eh er sich
Noch an mir rächen kann, schon leblos hin,
Und machte er den Henker auch an mir,
Was tuts? Ein Feuer wird mir dann erspart.
GEIST. Die Zeit ist um, wo der befleckte Ball
Der Erde neu entsündigt werden muß,
Wenn nicht der Donner aus der Hand des Herrn,
Die schon sich hob, zermalmend fallen soll.
Er tat im Anbeginn den Gnadenschwur,
Daß er das arme menschliche Geschlecht
Nie tilgen will, wenn alle tausend Jahr
Auch nur ein einziger vor ihm besteht.

Auf Genoveva schaut sein Auge jetzt
Herab und sieht die andern alle nicht;
In sieben langen, langen Jahren wird
Sie dulden, was ein Mensch nur dulden kann.
Ich sehs mit Schaudern, und ich sah doch auch
Von fern die Krone schon, die ihrer harrt.
Dann endlich ist die Zeit der Prüfung aus,
Still geht sie ein zur ewgen Herrlichkeit,
Und ein Gefühl erneuter Zuversicht
Durchdringt belebend jede Menschenbrust.
Du aber reinigst ihr beflecktes Bild,
Damit die Welt die neue Heilige
Erkennt und preist, zu der sie beten soll.
Nicht früher tust dus, später tust dus nicht!
Eröffnest du aufrührerisch den Mund
Vor dem bestimmten Tag, so wirst du stumm,
Und lahm, wenn du durch Zeichen reden willst!

MARGARETA. Stumm! Lahm! Dann töt ich mich!

GEIST. Versuch es nicht!
In Flammen wirst du Salamander sein!
Im Wasser Fisch! Im Schoß der Erde Wurm!
Und gegen Stahl und Eisen wie von Stein!
Ein andrer kommt. Ich geh! *(Der Geist sinkt in die Erde)*

MARGARETA *(lacht)*. Noch sieben Jahr!
Triumph! Auf, Heilge, in den Kampf mit mir!
Schaut er auf dich – er soll auch schaun auf mich!
(Gegen die Erde)
Du! Du! Verschwende nichts! Zieh dich zurück
Aus allen, welche dein sind, außer mir,
Und mach aus mir der Hölle Mittelpunkt,
Den einzgen Schlund, wodurch du Feuer speist!
Laß all dein Denken gehn durch mein Gehirn,
Laß, was geschehen soll, durch mich geschehn,
Und spare nichts mehr für die Zukunft auf,
Daß Er, der sie und mich betrachtend wägt,
Die Waage von sich schleudert und zugleich
Den Blitz, der mehr als eine Welt vertilgt.

(Sie steht hoch aufgerichtet da. Flammen zucken und beleuchten sie)

FÜNFTER AKT

Erste Szene

Halle im Schloß
Es ist früher Morgen. Golo tritt mit Hans und Balthasar auf
Er trägt Mantel und Sporen

GOLO *(zieht Siegfrieds Siegelring ab).*
Kennt Ihr den Ring?
BALTHASAR. Es ist des Grafen Ring!
GOLO. Kennt Ihr das Schwert?
BALTHASAR. Es ist des Grafen Schwert!
GOLO. So wißt: das Schwert hier hat er mir gereicht,
Daß es durchhacke seines Weibes Hals.
Den Ring, damit an seines Willens Ernst
Nicht Vorwitz oder Mitleid zweifeln kann.
BALTHASAR. Klug tat er dran.
GOLO. Euch beide frag ich nun,
Ob ihr die Tat an ihr vollstrecken wollt.
BALTHASAR. Wir?
GOLO. Seid ihr Memmen, daß ihr um das Ja
Erst mit euch kämpfen müßt? Dann rat ich: geht
Und schert im stillen eure Bärter ab,
Die waren schuld, daß ich so lange euch
Für Männer hielt.
BALTHASAR. Warum tut Ihrs nicht selbst?
GOLO. Ich bin der Richter, doch der Henker nicht,
Und wollt euch ehren. Hans, was sagst denn du?
HANS. Ich bin bereit!
BALTHASAR. Bist dus? Dann bin ichs auch!
GOLO. Wohlan denn!
HANS *(halb für sich).* Ist sie doch die erste nicht!
BALTHASAR. Das wußt ich längst!
HANS. Du lügst!
BALTHASAR. Du tätest wohl,
Allein zu schlafen! Else!
HANS. Balthasar!
GOLO. Was tuts denn, Hans?

HANS. Wenn es nichts tut, so kann
Ichs beichten!
GOLO. Nun?
HANS. Ich tötete ein Weib,
Das, als ich warb, mich höhnend von sich wies.
Noch sehe ich des Schädels grausen Spalt,
Die starren Augen und die Hand, die sie,
Bevor sie hinsank, ballte.
BALTHASAR. Bösewicht!
GOLO *(zornig)*. Was wettest du, dir will ich von dir selbst
Ein Stück erzählen!
BALTHASAR. Höchstens einen Griff
In eine fremde Truhe!
GOLO. Allerdings!
In die des Grafen! Aus dem eignen Sack
Ersetzt ich, was du stahlst, damit ich dich
Nicht hängen lassen dürft am nächsten Baum.
Schäm dich nur nicht, doch reich dem Blutmann hier
Die Hand wie ich. Ich wußte damals nicht,
Warum ichs tat, jetzt aber weiß ichs wohl.
Ich hatte in das Edle mich verliebt,
Und nicht mit Worten bloß, mit Taten auch
Kann man sich schminken.
BALTHASAR. Nun, wenn Ihr es wißt,
So will ichs eingestehn. Doch glaubt nur nicht,
Daß ich mir eben viel daraus gemacht,
Wenn Ihr mich auch ertapptet. Konnt ich dann
Auch nicht den Diebstahl leugnen, hätt ich doch
Durch eine Absicht wundervoller Art
Ihn so vergoldet, daß Ihr ihn nicht bloß
Verziehen, nein, bewundert noch dabei.
GOLO. Das wäre viel.
BALTHASAR. Ich sprach den Tag zuvor
Beim Köhler ein, dem es so schlecht ergeht.
Heintz – sagt ich, als ich ging – merkt Euch mein Wort!
Um Euch zu helfen, tu ich, was ich kaum
Vor Gott und meinem Herrn vertreten kann:
Da trug ichs schon im Sinn. Ergrifft Ihr mich,
So wars aus Schwachheit des Gemüts geschehn,

Aus Mitleid mit dem Köhler, und der Mann
Hätts mir bezeugt.

GOLO. Du bist ein ganzer Schuft!
Zur Sache nun. In einer Viertelstund
Kommt Ihr zum Turm hinab und pfeift. Sogleich
Werd ich Euch öffnen und die Sünderin
Euch übergeben, der ich unterdes
Den Tod verkünden will.

BALTHASAR. Weiß sies noch nicht?

GOLO. Nein doch. Ich steig ja eben erst vom Pferd.
Ihr nehmt sie dann, samt ihrem Kind, und führt –

HANS. Verzeiht – das Kind stirbt mit?

GOLO. Er will es so.

HANS *(zu Balthasar)*. Töt du das Kind, ich töte sie dafür!

BALTHASAR. Wir losen, denk ich.

GOLO. Schweigt und hört auf mich!
Ihr führt sie in den Wald. Zur rechten Hand
Biegt ihr vom Fußsteig ab und schreitet vor,
Bis ihr an einen Quell gelangt –

BALTHASAR. Mir ist
Der Platz bekannt, ich habe dort für sie
Einst einen Rasensitz erhöht!

GOLO. Beim Quell
Macht halt und – *(Er hält schaudernd inne)*

BALTHASAR *(macht die Bewegung des Kopfabhauens)*.

GOLO. Richtig, lieber Balthasar!

HANS *(in Gedanken)*. Das Kind!

BALTHASAR. Läßt man sie beten?

HANS *(zornig)*. Fragst du noch?

GOLO. Ein Vaterunser!

BALTHASAR. Bis man hundert zählt?

GOLO. Jawohl.

BALTHASAR. Die Leichen?

GOLO. Werden gleich verscharrt!

BALTHASAR. Gut!

GOLO. Merkt euch! Rechts beim Quell!

HANS. Er kennt den Ort!

GOLO *(zu Balthasar)*.
Noch eins! Der Graf, als ich aus Straßburg ritt,

Rief dies mir nach: Ich folg dir, eh dus denkst,
Und treff ich sie zu Haus noch lebend an,
So hau ich dich in Stücke, wie sie selbst.
Wollt man dem Weib auch gnädig sein, man darfs
Nicht wagen, denn es kostete den Kopf.

HANS. Ich hört es selbst. Wir wollen ihr das Haar
Abschneiden, daß er den Gehorsam sieht.

BALTHASAR. Man löst wohl besser ihr die Augen aus.

HANS. Willst du es tun?

BALTHASAR. Sobald sie tot ist: ja!

GOLO. Auf eins bin ich begierig.

HANS. Und auf was?

GOLO. Ob sie in ihres Kerkers Dunkelheit
Nicht eine giftge Fabel gegen mich
Ersonnen hat, die mich verdächtig macht?

HANS. Wie könnte sie?

GOLO. Du zweifelst doch wohl nicht,
Daß sie mich hassen muß? Wer war es denn,
Der auf die Spur ihr kam, der sie verklagt?
Der, als sie alles, Herz und Hand ihm bot
Für einen einzgen Schuß, aus dem Gebüsch
Zu tun auf den heimkehrenden Gemahl,
Verachtend ihr den Rücken zugewandt?

HANS. War sie so schlecht? Bei allen Teufeln denn,
Der tut was Gutes, der sie niedersticht.

GOLO. Hans, wettest du? Du wirst der erste sein,
Der ihr die Fabel glaubt!

HANS. Um Haut und Haar,
Ums Wams!

GOLO. Wohlan, ums Wams. Kehrst du zurück
Und hast nicht einen Augenblick geschwankt,
So ist mein Tressenrock, mein neuer, dein.
Doch wenn du kindisch wirst, zieht Balthasar
Das Wams dir ab und nimmts. Ich schenk es ihm.
In einer Viertelstunde!

HANS und BALTHASAR *(abgehend).* Gut, beim Turm!

GOLO *(zieht eine Schreibtafel hervor, reißt ein Blatt heraus und schreibt mit Unterbrechungen).*
Weißt du gewiß, daß es dein Ernst nicht ist?

Daß du, sobald es not tut, aus dem Busch
Hervortrittst, ihr dies Blatt reichst, und dich selbst
An ihrer Statt dem Rächereisen beutst?
Besinne dich, und trau dir nicht zuviel! *(Er schreibt)*
Wie, wenns dich wie ein Wahnsinnswirbel packt,
Wenn du dem Mörder darum nur das Schwert,
Sobald ers zückt, entreißest, um an ihr
Mit eigner Faust die Bluttat zu vollziehn?
Wenns, wie belebt, in deiner Hand sich dreht,
Wenns auf dem Weg zu deinem Herzen sich
Verirrt und sich den Weg zu ihrem bahnt?
Je schrecklicher das ist, je eher kanns
Geschehn. In allen Sinnen drängts. Gott zieht
Umsonst den Faden an, der lose noch
Ans letzte Ende der Natur dich knüpft,
Du denkst: gleich bin ich frei! und haust ihn durch. *(Er schreibt)*
Da stehts! Und würd ich nicht in ihrem Blut
Für Zeit und Ewigkeit zugleich mich fein?
So mit Entsetzen bis ins Innerste
Die Seele tränken, so den kranken Geist
Ins Grausen bannen, daß der Lebensborn,
Einfrierend, stockte, des Bewußtseins Kreis
Zerbräche und das starrende Gefühl
Jedweder Regung trotzte? daß die Tat,
Die so, wie keine mehr, zum Himmel auf
Um Rache schriee, vor der Rache selbst
Mich schützte, weil sie mich versteinerte?
Ja, daß vielleicht das Unerhörte sich
Begäbe, daß ich selbst, das blutge Schwert
Erhebend, stumpf und unbewußt die Welt
Durchirrt und früge, wer ihr Mörder sei?
(Er faltet das Blatt und legt es in die Schreibtafel)

Zweite Szene

Katharina tritt auf

KATHARINA. Was wird denn nun?
GOLO. Bring einen Becher Wein
Und folge mir damit zum Turm!

KATHARINA. O sprich!
GOLO. Du hörst, ich rüste mich auf einen Trunk!
(Ab, Katharina folgt ihm)

Dritte Szene

Turm

Genoveva. In einer Nische, in einige Kleider der Mutter gewickelt, das Kind. Ein Wasserkrug

GENOVEVA. Kalt! Kalt! Und draußen muß doch Sommer sein!
Für mich ists nicht mehr Zeit, schon Ewigkeit!
Oft war mirs, wenn ich lag in dumpfem Schlaf,
Als hätt ich Tod und Leben, Welt und Grab
Und alles Wandelbare hinter mir,
Als braucht ich nur die Augen aufzutun,
Um das zu schauen, was kein Mensch noch sah.
Dann schrie mein Kind. O Gott!

Sie legt ihren Kopf auf den Tisch. Pause. Die Tür geht auf und Golo tritt ein. Ihm folgt Katharina mit einem Becher Wein, den sie auf den Tisch stellt

GOLO *(zu Katharina)*. Laß uns allein!
KATHARINA *(mit angstvollen Gebärden ab)*.
GENOVEVA *(bleibt in der vorigen Lage)*.
GOLO *(tritt ihr näher)*.
Schlaft Ihr? Erwacht! Ich komm von Eurem Herrn.
GENOVEVA. Was bringt Ihr mir?
GOLO. Ein Richtschwert! Seht!
GENOVEVA *(entsetzt)*. Sein Schwert! *(Legt den Kopf auf den Tisch)*
GOLO. Wie dünkt Euch das?
GENOVEVA. Still!
GOLO. Sprecht!
GENOVEVA. Ich faß es nicht!
GOLO. Was denkt Ihr über Dragos Nachtbesuch?
GENOVEVA. Nichts! Nichts! Was denkt Er?
GOLO. Was ein jeder denkt.
GENOVEVA. Und jeder –
GOLO. Denkt, daß Ihr die Ehe bracht!

GENOVEVA. Er hat mich so gesehn, wie Gott mich sieht.
In dieser Stunde fängt mein Elend an.
GOLO. In dieser Stunde hört dein Elend auf!
GENOVEVA *(kniet nieder)*.
Hier ist mein Hals! Macht schnell! Ich will es nicht
Erleben, daß mein Herz sich von ihm kehrt,
Und ach, ich fühls, daß dies geschehen kann.
GOLO. Wenn Ihr so mutig seid, daß Ihr den Tod
Erwählt – ich bin zu feig, dies schöne Haupt,
Das mir wie Sonn und Mond und Sterne war,
Ans Schwert zu liefern. Kommt und flieht mit mir!
GENOVEVA. Reiz ich Euch noch? Dann hat die Kerkernacht
Mir selbst den letzten armen Dienst versagt,
Des Leibes Schönheit, die zum Fluch mir ward,
Mir abzustreifen, wie sie sonst doch tut.
O, seht mich an! Ists nicht ein Totenkopf,
Der zu Euch redet? Ein Gerippe nicht,
Das fleischlos-magre Arme grausend hebt?
Mich selber müßt ich hassen, wärs nicht so.
Oft schrie mein Kind nach Nahrung und umsonst.
Wie? Hätt auch nur ein einzger Tropfen Bluts
Bei diesem Schrei gezögert, in die Brust
Sich zu ergießen? Den verfluchte ich!
GOLO. Flieht! Flieht!
GENOVEVA *(sieht scheu zu dem Kinde hinüber)*.
Heut ists so still! so gräßlich still!
Es schlief sich doch nicht in den ewgen Schlaf?
O Gott! Sieh eine Mutter gnädig an!
Sie bittet nicht um viel! Sie bittet nur
Um einen Schrei noch aus des Kindes Mund,
Um einen Schrei, der, wenn er auch ihr Herz
Zerreißt, ihr doch den Trost gibt, daß es lebt.
Wer bat um weniger! Erhör mich, Gott!
GOLO. Nehmt es und flieht mit mir!
GENOVEVA. Mit Euch! O, nie!
Wenn mein Gemahl Euch einen Auftrag gab,
So mahne ich Euch selbst, ihn zu vollziehn.
Tuts! Aber tuts in diesem Augenblick!
Leb ich nicht mehr, so wird der Säugling hier

Im ersten Menschen, welcher ihn erblickt,
Den Pfleger finden, und der schlechtste wird
Mehr für ihn tun als seine Mutter kann.
Kommt! Tötet mich! Es ist ein gutes Werk!
Auf meines Kindes Kosten leb ich jetzt,
Und leb ich fort, so werd ichs sterben sehn,
Denn, hülflos, wie ich bin, vertrete ich
Dem fremden Mitleid nur den Weg zu ihm! *(Sie tritt zu dem Kinde)* Noch atmets! Einen Kuß nur noch! Nein! Nein!
Es könnt erwachen! Schlaf! Wie wirds ihm sein,
Beim ersten Blick in dieses Angesicht!
Es ist sein Abbild! Glich es mir, wie ihm,
Ich hätte es nicht halb so sehr geliebt.

(Sie küßt des Kindes Hand)

Zum ewgen Abschied! Segen über dich!
Und daß du nie erfahrest, wie ich starb.

GOLO. Ich scheid Euch nicht! Das Kind stirbt mit! Er wills!

GENOVEVA *(wild, faßt Golo bei der Hand).*
Schau her und frag dich, ob dus töten kannst!

GOLO. Der Henker ist ein Mann, der alles kann.
Ich aber bin der Henker nicht.

GENOVEVA *(fällt ihm zu Füßen).*

GOLO. Die Welt
Ist umgekehrt. Sie kniet. Sie kniet vor mir!

GENOVEVA. Jetzt kann ich bitten.

GOLO. Kannst du küssen auch?

GENOVEVA *(steht auf und verhüllt ihr Angesicht).*

GOLO. Noch einen Pfeil. *(Er tritt vor sie hin und zieht den Siegelring ab)* Ist Euch der Ring bekannt?

GENOVEVA *(nickt).*

GOLO. So wißt Ihr, daß er Gift enthält. Wohlan!

(Er öffnet die inwendige Kapsel des Ringes und schüttet das Gift in den Becher; dann nimmt er das gefaltete Blatt aus der Schreibtafel)

Reicht mir den Wein! So geb ich Euch dies Blatt!

GENOVEVA. Dies Blatt?

GOLO. Lest! *(Er reicht ihr das Blatt)*

GENOVEVA. Meine Augen sind so trüb!
Es ist ein Brief!

GOLO. An Siegfried, meinen Herrn!

(Genoveva liest still, gibt aber ihre Überraschung und ihr Entsetzen durch Gebärden zu erkennen)

GENOVEVA *(nachdem sie gelesen).*
Entsetzlich! All dies hättet Ihr getan?

GOLO *(nimmt den Brief wieder).*
Ich sag nicht ja, nicht nein. Glaubt, was Ihr könnt,
Tut, was Ihr müßt. Obs wahr ist oder nicht,
Euch rettet es. Mich dürstet. Reicht den Wein!

GENOVEVA *(betend).*
Führ mich nicht in Versuchung, Herr, mein Gott!

GOLO *(für sich).* Man trifft sie, wie man eine Saite trifft!
Die Antwort ist ein wunderbarer Ton!
Durchs Foltern ward sie immer schöner noch,
Vielleicht ist sie am schönsten, wenn sie stirbt.

(Man hört Pfeifen)

Entscheidet Euch! Die Mörder stehn bereit.

GENOVEVA *(ergreift den Becher und gießt ihn mit einem Blick auf Golo aus).*

GOLO *(geht auf die Tür zu; mit erhobener Stimme).*
Auf solche Taten folgt ein solcher Lohn!

GENOVEVA. Mensch!

GOLO *(öffnet die Tür).* Ehrenwerte Männer, tretet ein!

Vierte Szene

Hans und Balthasar treten ein, Balthasar mit einem Grabscheit

HANS *(aufs Wams deutend).* Seht Ihr die Silberknöpfe?

GOLO. Nun, was solls?

HANS. Mich kränkte Eure Rede von vorhin.
Drum warf ich rasch mich in mein Sonntagswams.
Dies möge Euch beweisen, daß Ihr Euch
Auf mich verlassen könnt.

BALTHASAR. Wenn sie ihn rührt,
So sieht er rasch von ihr auf seinen Rock.

GOLO *(zeigt aufs Grabscheit).* Was soll denn das?

BALTHASAR. Wer sich die Nägel putzt,
Der wühlt mit Händen keine Gräber auf!

GOLO. Seid ihr bereit, den richterlichen Spruch

An Genoveva, wegen Ehebruchs
Zum Tod verurteilt, ehrlich zu vollziehn?
BALTHASAR. Wir sinds.
HANS. Ja wohl. Und umso eher zwar,
Als wir mit Augen fast die Sünde sahn.
GOLO. Und wollt ihr an dem Kind tun wie an ihr?
BALTHASAR. Eins ist nicht schwerer als das andere,
Es ist dasselbe Blut.
GOLO *(zu Genoveva).* Ich frag Euch:
Sind diese Männer, die ich auserkor,
Euch wegen Übertretung des Gebots,
Das Lust verbeut, zu strafen, Euch genehm?
GENOVEVA *(schweigt).*
GOLO. Ihr sagt nicht nein? Das ist ein stummes Ja.
Ich füg hier alles, wies der Herr gebot. *(Zu Hans)*
Zu ganz besonderer Genugtuung
Soll dieses hochnotpeinliche Gericht
Vollzogen werden durch sein eignes Schwert.
Nimms hin! Und trag es, wies dem Knecht gebührt.
HANS *(nimmt das Schwert unter den Arm).*
GENOVEVA. Nehmt doch ein andres Schwert! Wenn nichts ihn
So reut ihn dies! [reut,
GOLO. Es geht nicht. Er befahls.
Nehmt Euer Kind!
GENOVEVA *(außer sich).* Ihr Leute!
GOLO. Hans, merk auf!
HANS *(zu Genoveva).*
An jenem Abend waren wir nicht blind,
Nur deshalb sind wir heute morgen taub!
GOLO. Nimm du das Kind!
GENOVEVA *(stürzt auf das Kind zu und nimmt es).*
Ich sag Euch, rührts nicht an!
Sonst werd ich das tun, was die Löwin tut!
HANS. Es lächelt!
BALTHASAR. Ists ein Mägdlein oder ists
Ein Knabe?
GOLO. Fort! Ihr wißt doch noch? Beim Quell!
HANS. Links.
GOLO. Rechts! Zum Teufel, rechts!

HANS. Er weiß den Platz!
BALTHASAR. Kaum, daß sie gehen kann!
GOLO. Beim Quell!
BALTHASAR. Ja! Ja! *(Hans, Balthasar, Genoveva und das Kind ab)*
GOLO *(lacht, dann ergreift er den Wasserkrug).*
Sie hat hier Überfluß gehabt. Da steht
Noch Wasser. Sie und Er! Mein letzter Trunk!
Ich knirsche. Dennoch trink ich! *(Er trinkt, dann zerschmettert er den Krug)* Geist der Welt!
Machs jetzt mit mir, wie ich mit diesem Ton!
Nun auf! Zum Forst! *(Er will ab)*

Fünfte Szene

KATHARINA *(wirft sich ihm in den Weg).* O Golo!
GOLO. Laß mich los!
KATHARINA. Gnad! Gnad!
GOLO. Für wen?
KATHARINA. Für dich, für mich, für sie!
GOLO. Halt mich nicht auf!
KATHARINA. Wohin so schnell?
GOLO. Zum Wald!
KATHARINA. Was willst du dort?
GOLO. Ich – will sie sterben sehn!
KATHARINA. Unhold, die Höll ist heiß!
GOLO. Wie Liebesglut!
KATHARINA. Besteig dein Roß und jag mit ihr davon!
Wenn sie nicht will, so zwinge sie!
GOLO. Leb wohl!
KATHARINA. Willst dus nicht tun?
GOLO. Gewiß nicht!
KATHARINA. Sei verflucht!
GOLO. Nach Flüchen dürste ich. Vielleicht zerreißt
Der Ur den Hans, der Bär den Balthasar,
Der geizge Wolf teilt seinen Raub mit ihr,
Die scheue Hindin kommt und stillt ihr Kind.
KATHARINA. Unschuldig, wie sie ist, kanns wohl geschehn!
GOLO. Meinst du das wirklich? Nun, da muß ich fort,
Daß ich die Hindin töte und den Wolf! *(Ab)*

KATHARINA. Die den geboren hat, die wendet jetzt
Sich um im Grabe. Fliegt er doch zum Mord,
Wie nie ein andrer, wenn in finstrer Nacht
Ein Hülferuf erscholl, zur Rettung flog.
O! O! Ich trags nicht mehr. Wohin ich schau,
Da stiert es mich, als wärs mit Augen, an!
Was sitzt dort in der Ecke? In der Tür,
Was ists, das mir den Ausgang wehrt? Durch! Durch!
Nicht links, nicht rechts gesehn! Zum Brunn hinab!

(Sie stürzt fort)

Sechste Szene

Dicker Wald

Hans, Balthasar, Genoveva mit dem Kinde. Hinter ihnen drein schleicht der tolle Klaus

HANS. Hier schoß ich, deucht mir, eine Bache einst!
BALTHASAR. Ein grausam-wilder Platz!
HANS. Nun, überall
Ists wild in diesem Walde. Endlos zieht
Er sich hinunter; wer kein Jäger ist
Und sich hineinwagt, der verhungert leicht,
Eh er den Pfad trifft, der heraus ihn führt.
Ich fand einmal ein halbverfault Geripp
In einem Busch, das war das Scheußlichste,
Das ich noch jemals sah, der Kopf vom Fleisch
Entblößt und doch an Stellen noch behaart,
Der Bauch von Schlangen wimmelnd, groß und klein
Zu einem Klump verflochten –
BALTHASAR. Schauderhaft!
Besonders, wenn man denkt, daß diese hier
Bald einen gleichen Anblick bieten wird.
Erlaube mir – –
HANS. Was willst du?
BALTHASAR. Nicht umsonst
Hab ich den Umweg bis hierher gemacht.
Ich wollte, da wir ihr so nahe sind,
Zugleich doch nach der Bärengrube sehn!

HANS. Halbpart!
BALTHASAR *(abgehend).* Für heute gelt es!
HANS *(zu Genoveva).* Ruht Euch aus!
GENOVEVA *(setzt sich auf einen Baumstumpf).*
HANS. Sie ist so still, als wäre sie schon tot.
Das dauert mich.
KLAUS *(bringt dem Kinde eine Blume).* Da! Da!
BALTHASAR *(kehrt zurück).* Nur weiter, Hans!
Nichts sitzt im Loche als ein Fuchs!
HANS. Da hat
Der Bär ein Frühstück, welcher nach ihm kommt.
BALTHASAR *(zu Genoveva).*
Steht auf!
GENOVEVA *(versucht es).* Ich kann nicht mehr!
HANS. Hier oder dort,
Ich denke, es ist eins. Was quält man sie!
KLAUS *(deutet mit angstvollen Gebärden gen Himmel).*
Au weh! au weh!
BALTHASAR. Was hast du wieder, Narr? *(Er schaut in die Höhe)*
Nun, das ist grauserlich genug!
HANS *(schaut gleichfalls auf).* Was ists?
Ich sehe nichts!
BALTHASAR. Tritt hierher. Nun?
HANS. Daß Gott
Uns gnädig sei!
BALTHASAR. Ich schau nicht mehr hinauf.
Mir wird dabei ganz ängstiglich zumut!
HANS. Die Sonne blickt die Erde zornig an,
Als sähe sie, was sie nicht sehen mag.
BALTHASAR. Schwarzrot! Solang ich das seh, mord ich nicht!
HANS *(bekreuzt sich).* Ave Maria!
BALTHASAR. Welch ein Greuel sich
Denn wohl begibt?
HANS. Vielleicht vergeht die Welt.
BALTHASAR *(ergreift Hans beim Arm und führt ihn nach der andern Seite).* Was siehst du nun?
HANS. Nichts.
BALTHASAR. Nun, so gehts mir auch,
Drum denke ich, wir machens ab!

HANS. Es muß
Ja doch geschehn, und was es immer sei,
Worauf dies Zeichen deutet, niemals wirds
Verkünden sollen, daß der heilge Gott
Eins der Gebote von der Tafel strich.
Drum, ehebrecherisches Weib, fahr wohl!
BALTHASAR. Fahr wohl!
KLAUS *(spricht nach)*. Fahr wohl!
HANS. Ein Sturm erhebt sich auch,
Die Eichen werfen Zweig' auf uns herab!
BALTHASAR. Mir fällt was ein. Ein jeder hält die Hand,
Soweit er kann, von Blut sich rein. Der Graf
Schobs auf den Golo, der auf dich und mich,
Und wir – was meinst du? schiebens auf den Klaus.
Der tuts und weiß doch selbst nicht, was er tut,
Schläft ein und weiß von nichts, wenn er erwacht.
HANS. Ein trefflicher Gedanke, wärs auch nur
Des Kindes wegen, denn das sag ich dir:
Vor einem Mord der Unschuld schauderts mich.
BALTHASAR. Man zeigt dem Klaus den Fleck, wohin der Stoß
Zu richten ist, an Kraft gebrichts ihm nicht,
Du weißt, er würgte neulich einen Wolf.
(Zu Genoveva)
Erhebt Euch jetzt! Wir sind noch nicht am Ort.
GENOVEVA *(steht schweigend auf, sie taumelt)*.
HANS *(unterstützt sie)*. Du siehst, sie kann nicht weiter.
BALTHASAR. Wird uns das
Entschuldigen?
HANS. Wir gehn von hier zum Quell
Und bringen ihm die Augen und das Haar.
Unmöglichkeit ist stets Entschuldigung.
(Zu Genoveva)
Habt Ihr noch einen Wunsch auf dieser Welt,
So nennt ihn; wenn ich ihn erfüllen kann,
Soll es geschehen. Darauf nehmt mein Wort.
GENOVEVA. Verschont dies arme Kind!
HANS. Das geht nicht an.
GENOVEVA. Wollt ihr es schlachten und mit Händen, rot
Von seinem Blut, das Weltgericht bestehn?

Wenn Gott euch fragt, was es gesündigt hat,
Was sagt ihr dann?

BALTHASAR. Wir sagen: frag nicht uns,
Frag unsern Herrn!

HANS. Von solchen Dingen schweigt.

BALTHASAR. Ich zähle jetzt bis hundert, dann ists aus.

(Er fängt an, ein Grab aufzuwerfen, und zählt leise: eins, zwei, drei usw. Zuweilen hört man eine Zahl)

HANS. Habt Ihr nichts andres auf dem Herzen noch?

GENOVEVA. Wenn mein Gemahl zurückkehrt, sagt ihm dies,
Daß ich, wie hart er auch mit mir verfuhr,
Ihm alles doch, bevor ich starb, vergab.

HANS. Weib, heuchelt nicht im letzten Augenblick,
Denn mich empörts. Ich sah den Drago selbst
In Eurem Schlafgemach. Was sollt er da?
Wollt Ihr dem Mann, an dem Ihr freveltet,
Vergebung bieten? Wahrlich, das ist keck!
Kniet lieber hin, schlagt reuig Eure Brust
Und beichtet Euer schmähliches Vergehn,
Damit dies, wenn ers hört aus meinem Mund,
Ihn rührt und ihn bewegt, Euch zu verzeihn.

GENOVEVA. Ich sah den Drago erst, als ihr ihn saht!

HANS. So!

GENOVEVA. Golo, frevelhaft in mich entbrannt,
Und abgewiesen, wie es sich geziemt,
Spann Ränke.

HANS. Ei!

GENOVEVA. Den alten frommen Knecht
Betört er, daß er in mein Schlafgemach
Sich schlich –

HANS *(barsch)*. Wie konnt er das?

GENOVEVA. Das weiß ich nicht.

HANS. Hm! Hm! Er hats vorausgesagt. *(Zu Genoveva)* Ihr wollt
Das Blutwerk uns erleichtern.

GENOVEVA. Wie?

HANS. Ihr macht
Es wie die Schlange. Wenn man sie zertritt,
So sticht sie noch. Habt Dank! Ich bitt Euch sehr,
Errötet, wenn Ihr könnt, und hört mich an.

Wenn ihr den Drago gar nicht saht und spracht,
Wie könnt Ihr wissen, daß Herr Golo ihn
In Eur Gemach geschickt, und wenn Ihr ihn
Gesprochen: warum fand man ihn versteckt?

GENOVEVA. Mir sagt' es Golo selbst.

HANS. Sehr glaubhaft. Schweigt!

BALTHASAR *(zählend)*. Hundert!

HANS *(tastet nach dem Kinde)*. Gebt her!

GENOVEVA *(hält es fest)*. Erst mich!

HANS. Versteht sich. Gebt!

GENOVEVA *(drückt es an sich)*.
Stoßt zu! und wenn ich falle, nehmt mirs ab!

HANS. Klaus!

KLAUS. Ja!

HANS *(reicht ihm das Schwert)*. Nimm!

KLAUS. Ja!

HANS. Zieh!

KLAUS *(tut es)*. Ja!

HANS *(deutet auf Genovevas Brust)*. Ziel!

KLAUS. Ja!

HANS *(mit einer Bewegung)*. Stoß zu!

KLAUS *(stiert ihn an)*.

HANS *(heftig)*.
Stoß zu! Stoß zu! Wie ich aufs Wildschwein!

KLAUS. Nein!

HANS *(greift nach dem Schwert)*.

KLAUS *(hält es fest und erhebt sich in drohender Stellung)*.
Du sollst nicht töten!

HANS. Und was folgt darauf?

KLAUS. Du – sollst – – *(Er stockt)*

HANS. Nicht ehebrechen! *(Zu Genoveva)* Merkt Euch das!
Gib! *(Er will Klaus das Schwert entreißen)*

KLAUS *(durchstößt ihn)*.

HANS *(fallend)*.
Höll und Teufel! *(Er stirbt)*

GENOVEVA. Ewger Gott, bist dus?

KLAUS *(schwingt das Schwert über den Kopf und kehrt sich gegen Balthasar)*.

BALTHASAR. Du sollst nicht töten und du tötest selbst?

KLAUS *(dringt wütend auf Balthasar ein).*
GENOVEVA *(tritt zwischen beide).*
Halt ein! *(Zu Balthasar)* Ich rettete das Leben Euch –
Bringt Ihr mich um?
BALTHASAR. Hab ich das Schwert? Ihr seht,
Ich kann des Grafen Auftrag nicht vollziehn.
Allein was soll nun werden? Nimmermehr
Dürft Ihr ins Schloß zurück!
GENOVEVA. O nimmermehr!
Dort harret mein, was schlimmer ist als Tod.
Den Himmel rufe ich als Zeugen auf:
Nicht, weil ich sündigte, erleid ich dies,
Ich leide es, weil ich der Sünde mich
Geweigert habe. Schaut auf dieses Kind,
Und sagt mir, wem es ähnlich ist.
BALTHASAR. Dem Herrn!
Das hab ich längst bemerkt. Jedoch, was hilfts?
Unschuldig oder nicht – mir gilt es gleich.
Erfährt der Golo oder auch der Graf,
Daß ich Euch leben ließ, so kostets mir
Den Kopf!
GENOVEVA. Ich schwör Euch, daß ich niemals mich
Hier wieder blicken lassen, ja mich selbst
Des Namens abtun will, den ich geführt.
In dieser öden Wildnis such ich mir
Die ödeste der Höhlen auf, wohin
Sich selbst des Jägers Dogge nie verirrt!
Um Wurzeln spreche ich die Erde an,
Den Trunk beut gütig mir ein frommer Quell,
Das Lager macht ich mir aus Laub und Moos.
BALTHASAR. Ihr irrt Euch, Gräfin, das ertragt Ihr nicht!
GENOVEVA. So hat der erste Mensch gelebt, so wird
Der letzte nicht verderben.
BALTHASAR. Wenn Euch nun
Ein Wild zerreißt?
GENOVEVA. Ich zittre nicht davor.
Gott lenkt den Trieb des Tieres, wie er will,
Doch nicht des Menschen widerspenstig Herz.
BALTHASAR. Ihr konntet nicht mehr fort.

GENOVEVA. Als ich mein Kind
Dem Tod entgegentrug. Jetzt hab ich Kraft,
Zu fliehn, denn jetzt entführe ichs dem Tod.

BALTHASAR. So geht. Doch laßt mir Euer Haar!
(Er schneidet es ihr ab) Nun eilt!

GENOVEVA. Nimm du mich auf, für ewig auf, o Wald!
Wenn Gott dies Kind dem Mörderschwert entzieht,
So tut ers nicht, weil es verschmachten soll.
(Sie verschwindet im Gebüsch)

BALTHASAR *(sieht ihr nach).*
Ich nahm dem Wurm das Fleisch und gabs dem Wolf!
Beschwöre ichs heut abend, daß sie tot
Und kalt ist, werd ich keinen Meineid tun.
Dort liegt der Hans im Blut. Hier ist das Grab.
Ich machte es für sie, nun ists für ihn.
Erst geh ich jetzt zum Quell, dann kehr ich um
Und leg den Freund hinein. *(Zu Klaus, freundlich)*
Mein Klaus! Das Schwert !

KLAUS *(reicht Balthasar das Schwert).*

BALTHASAR *(dringt auf Klaus ein).*
Du sollst mich nicht verraten, Schuft!

KLAUS *(entspringend).* Au weh!

BALTHASAR *(eilt ihm mit gezücktem Schwert nach).*

Siebente Szene

Ein anderer Platz im Walde. Quell. Rasenbank

GOLO *(geht unruhig auf und ab).*
Das Maß des Grausens, statt der Seligkeit,
Hab ich geleert. Die höchste Reue schlägt
Den Weg nicht ein, der sie zur Gnade führt.
Nein, nein! Verzweifelnd an dem letzten Recht
Des Sünders, an dem Recht zur Umkehr selbst,
Nährt sie den Fluch, indem sie ihm erliegt,
Zwingt sich, die Missetat, die sie verdammt,
Nachdem sie halb getan ist, ganz zu tun,
Und bläst ins Höllenfeuer, statt es feig
Mit Tränen auszulöschen, selbst hinein.
Jetzt steh ich da, wo das Erbarmen mich

Nicht mehr erreicht, wo ich durch neue Schuld
Den innern Ekel nicht mehr steigern kann,
Drum lasse ich das Letzte ungetan.
Und wie ein Mensch im Ozean das Boot,
Das ihn getragen, wegstößt mit dem Fuß
Und sich im Meer begräbt, so stoß ich jetzt
Das Leben von mir und entriegle mir
Die Nacht der Nächte, wo ich nichts mehr bin
Als ein Gedanke meiner Missetat.
Das ist dein Ende, Trotz! Du darfst den Spruch,
Der dich verdammt, bekämpfen, weil du ihn
Bestätigen, weil du bekennen sollst:
Gott tat mir recht, und Gott allein hat recht!
Doch, Trotz, ich schelt dich darum nicht! Du hast
Mich mit mir selbst bekannt gemacht, ich weiß
Jetzt, wer ich bin, und was auch kommen mag:
Gott tut mir recht, und Gott allein hat recht!
Da sind sie!
(Er tritt ins Gebüsch; nach einer Weile kommt er wieder hervor)
Noch nicht? Fiel sie unterwegs
In Ohnmacht oder – Kniee, brecht nicht ein!
(Er setzt sich auf die Bank)
Das ist unmöglich. *(Er ruft)* Hans! Balthasar! Hier!
Man hört mich nicht. Der Wind bläst gar zu stark.
Ich will die Augen schließen *(er tuts)* und mir selbst
Ein Märchen vorerzählen, grauenvoll,
Wies nur ein Teufel, der in seiner Brust
Den letzten Schauder wecken will, ersinnt. *(Dumpf, gedehnt)*
Ich will mir denken, daß die Knechte sich
Verirrten, daß sie, während ich mit Angst
Auf ihre Ankunft harre, roh und stumpf
Das Schlächteramt vollziehn und blutbespritzt,
Wie ich die Augen öffne, vor mir stehn.
(Langsam kommt Balthasar. Wie Golo die Augen öffnet, erblickt er ihn mit dem blutigen Schwert)

Achte Szene

Golo *(springt auf, ihm entgegen).*
Ihr habt sie fliehen lassen!
Balthasar. Unbesorgt!
Ist dies hier *(er erhebt das Schwert)* Blut? Ist dies *(er zeigt die Locken)* ihr Haar?
Golo *(bedeckt das Gesicht).* Es ists!
Balthasar. So lobt mich!
Golo. Hund, ich sagte –
Balthasar. Sollten wir
Mit Ruten die Entkräftet-Taumelnde
Fortpeitschen, bis sie lautlos und entseelt
Zusammensank? Den toten Leichnam dann
Hätt man zerhacken, keine Lebende
Exekutieren können!
Golo *(wirft sich im höchsten Schmerz auf die Bank).*
Balthasar *(für sich).* Sprach sie wahr?
Es scheint mir fast! So sieht kein Richter aus,
Wenn man das Schwert ihm bringt. Ich prüfe ihn.
Bring ichs heraus, so nutz ichs, wie ichs kann. *(Laut)*
Es ist doch schad um sie!
Golo. Verruchter, schweig,
Wenn du das jetzt erst fühlst!
Balthasar. Hätt ichs gefühlt,
Als ich – *(Er macht die Bewegung des Kopfabhauens)* So starb sie nicht!
Golo. So starb sie nicht.
Balthasar. Zwar überliefs mich kalt, als ich das Schwert
Auszog und sie das Haupt, anstatt es feig
Zu senken, wie dies sonst geschieht, erhob.
(Er erzählt langsam und lauernd fort. Golo starrt ihn an)
Und sonderbar, ich muß es Euch gestehn,
Ward mir zumute, als sie manches sprach
Vom Drago und von Euch. Ihr werdet bleich.
Nun – nun – ich ward nicht irre wie der Hans.
Golo. Der Hans?
Balthasar *(einen Schritt zurücktretend).*
Rief laut: Herr Golo ist ein Schuft!

GOLO *(nickt).*

BALTHASAR. Verzeiht das Wort. Dann kehrt' er sich zu ihr
Und sprach: Ich schütze Euch!

GOLO. Und du?

BALTHASAR. Ja, ich!
Ich tat, was Ihr nicht denkt. Ihr habt in mir
Nicht eben viel gesucht, ich weiß es wohl.
Darum ergriff ich die Gelegenheit,
Euch darzutun, daß man mir trauen darf.
Ich sprach zu Hans: Du lügst! und stach ihn tot.
Nun drang der Klaus, der tolle, auf mich ein,
Von hinten mir das Schwert, eh ichs gedacht,
Entreißend, daß mir zur Verteidigung
Nichts als mein Grabscheit blieb. Dies Menschentier
Zu fällen, ward mir schwer. Zuletzt gelangs.
Den Bauch schlitzt ich ihm auf, dem Ungetüm.
Sprecht, ob das Eifer war in Eurem Dienst?
Zwiefacher Mörder ward ich, ehe ich
Ihr Henker werden konnte. Dankt Ihrs mir?

GOLO. Vergeh, wie ich! Unschuldig, wie das Kind,
Das sie geboren, war sie.

BALTHASAR *(für sich).* Hab ich dich? *(Frech)*
Das weiß ich!

GOLO. Wie?

BALTHASAR. Das wußt ich, eh ich ihr
Den Kopf herunterhieb. Sie war nicht stumm
Und ich nicht taub.

GOLO *(will sich erheben, aber starre Wut fesselt ihn an die Bank).*
Und doch?

BALTHASAR. Ja seht, so ist
Ein Mann. Ich hatt Euch feierlich gelobt,
Sie abzutun, und ehrlich hielt ich Wort.
Doch keineswegs versprach ich Euch, dem Herrn
Das zu verschweigen, was sie mir vertraut,
Und mein Gewissen, durch den letzten Schrei
Der Sterbenden geweckt aus seinem Schlaf,
Treibt mich –

GOLO *(springt auf, rasend).* Du wußtest, daß sie schuldlos war,
Und dennoch? Wehr dich deines Lebens, Knecht!

Du hast ein Schwert! Ich will dich adeln! Brauchs!
(Er reißt sein Jagdmesser heraus)
Komm an! Ich habe nur dies Messer! Komm!

BALTHASAR *(in Angst).*
Sie – ist –

GOLO. Unschuldig!

BALTHASAR. Ja – allein –

GOLO. Wicht! Wicht!
Kannst du nur ziehen auf ein Weib?

BALTHASAR *(wirft das Schwert weg und flieht).*

GOLO. Fahr hin! *(Er ersticht ihn)*

BALTHASAR *(fällt im Gebüsch nieder und stirbt).*

GOLO. Hätt ichs getan mit meiner eignen Hand,
Ich trüge es und wohnt in meiner Tat,
Wie Satan in der Hölle, die er schuf,
Indem er stürzte, einsam, unnahbar,
Doch jetzt! *(Gen Himmel knirschend)*
Du! Du! Ich nehm mein Wort zurück!
Das ist nicht recht!

Neunte Szene

KASPAR *(stürzt atemlos herbei).* Da ist er! Gott sei Dank!

SIEGFRIED *(Kaspar folgend; tonlos, aber ruhig).*
Ist es geschehn?

GOLO. Es ist!

KASPAR *(für sich).* Zu spät! zu spät!
Nun schweig auf ewig, mein Verdacht! Ich kann
Jetzt nichts mehr retten, auf die Folter nur
Den Herrn noch spannen. Die erspar ich ihm. *(Zu Golo heimlich)*
Was sagt Ihr dazu? Als der Graf ins Tor
Geritten kam, warf Eure Mutter sich,
Vom Brunnen, wo sie, wie im Wahnsinn, stand,
Hereilend, seinem Rappen in den Weg.
Das Tier zerspaltete mit ehrnem Huf
Den Schädel ihr, Gehirn und Blut flog auf,
Und in die Halle trug man sie für tot.

GOLO *(kalt).* So?

KASPAR. Warum tat sie das?
GOLO *(auf Siegfried deutend).* Ich sag es ihm.
KASPAR. Was du auch immer zu gestehen hast,
Behalts bei dir! Die Tote kannst du nicht
Erwecken, schone drum den Lebenden.
GOLO. Ich will es tun, wenn du mir eins beschwörst.
KASPAR. Was?
GOLO. Daß du so sie an mir rächen willst,
Wie er sie rächen würde, wenn ich ihm
Die Untat beichtete.
KASPAR. Das schwör ich dir!
SIEGFRIED. Golo!
GOLO. Herr Graf!
SIEGFRIED. Mir trat in meiner Burg
Ein Maler in den Weg. Er reichte mir
Ein Bild. Sie hatte es bei ihm bestellt,
Als er ihr Konterfei, für mich gemalt,
Ihr überbracht.
GOLO. Ich weiß.
SIEGFRIED. Der Buhle nicht,
Ich selbst bin abgemalt auf diesem Bild.
GOLO. Noch klingts mir in der Seele wie Musik,
Was sie an jenem Tag zum Maler sprach.
Sie war –
KASPAR *(unterbricht ihn mit Angst, zu Siegfried).*
Denkt nicht an das noch, was sie war,
An das nur, was sie ist! *(Er bemerkt den toten Balthasar)*
Wer liegt denn dort?
GOLO. Ich warf Euch diesen Knecht zu Boden, Herr,
Ich bin ein freier Mann! Macht Euch bezahlt!
KASPAR. Das tut! Hier ist ein Schwert! *(Er nimmt das Schwert auf)* Das Eurige!
SIEGFRIED *(ruhig).*
Ich strafe niemals einen Menschen mehr,
Seit ich ins Innre der Natur geschaut.
Auch sie, wenn sie noch lebte, stürbe nicht.
Was ist ein Wort! Ein Hauch von einem Hauch!
Sie war das schöne Zifferblatt der Welt,
Und ihre Schuld der schwarze Weiser, still

Durch das verborgne Triebrad fortgerückt
Und rasch vom Mittag auf die Mitternacht
Zusteuernd, die den Kreislauf schließen soll.
Weh mir, daß ich den schimmernden Kristall
Zerschlug, weil gar zu schnell der Weiser doch
Die Reise mir zurückzulegen schien.
Wer sagt mir nun, wieviel es an der Zeit!
(Er faßt Golo bei der Hand)
So ists, mein Freund! Verdamm auch du sie nicht!
Was hat *(er zeigt auf Balthasar)* der arme Narr getan, daß du
Ihn um das heutge Mittagsmahl gebracht?

GOLO. Er war es, der die Gräfin tötete.

SIEGFRIED. Konnt er so viele Schönheit, die ihn nie
Beleidigt hatte, würgen? Grause Tat!
Sie starb mit Recht, doch der mit größerm noch,
Der solch ein Weib kaltblütig schlachtete.
Ich lobe dich, daß du ihn niederstachst.
(Er stellt sich vor Golo und schaut ihm ins Gesicht)
Du Armer dauerst mich! Du warst ein Kind,
Als ich von hinnen zog. Was bist du jetzt?
Du bist wie jener, der zum Festmahl ging
Und den man unterwegs ergriff und zwang,
Scharfrichterdienst zu tun. Nun war sein Kleid
Mit Blut besprengt, als bleiche Schreckgestalt
Trat er ins Haus der Freude ein und sah,
Selbst ein Gespenst, ringsum Gespenster nur.
(Nach einer Pause)
Ich tadle mich. Wer eine solche Tat
Befiehlt, der muß sie auch mit eigner Hand
Vollziehn. Wem Gott die Kraft dazu versagt,
Dem zeigt er an, daß er den Spruch verwirft!

GOLO *(für sich)*.
Ich trag es nicht!

SIEGFRIED. Zieh in die Welt hinaus!
Die Welt ist groß und bunt. Vielleicht, daß du
Vergessen kannst!

GOLO. Gebt Ihr mir Urlaub?

SIEGFRIED. Ja!

GOLO. Ich zieh noch heute!

SIEGFRIED. Wenn du wiederkehrst,
So wirst du Pfalzgraf. Dir vererbe ich,
Wofür der Sohn mir fehlt, mein Hab und Gut,
Und durch des Kaisers Gnade auch den Stand!

(Er geht langsam ab)

GOLO *(sieht ihm nach).*
Kein Lebewohl! Daß ich aus seinem Mund
Nicht eins zurückerhalte! *(Als Siegfried nicht mehr gesehen wird)* Kaspar!

KASPAR *(der Siegfrieds Schwert noch immer in der Hand hielt, dringt mit demselben auf Golo ein).* Ja!

GOLO. Nicht so! Was wäre das! Der Rache Geist
Verlangt ein andres Opfer: jede Qual,
Die nur ein Mensch auf Erden dulden kann,
Und einen Tod, der kommt, als käm er nicht.

(Er tritt vor und erhebt die Hand)

Im Angesicht des Himmels heb ich jetzt
Die Hand als Richter auf, ich steh zugleich
Als Kläger und Beklagter da, du bist
Gezeuge, die Vollstrecker schickt der Wald.
Der Frevel ist bekannt, dies ist mein Spruch:
Die Augen hier, die viel zu viel auf sie
Und viel zu wenig auf den Herrn geschaut,
Sind auszustechen; diesem säumgen Arm,
Der, als mein falsches Herz ihr Bild sich stahl,
Es nicht sogleich durchbohrte, leg ich auf,
Die Strafe an den Augen zu vollziehn! *(Zu Kaspar)*
Ist das geschehn, so führst den Blinden du
Ins Innerste des Waldes, reißest ihm
Die Kleider ab und bindest nackt und bloß
Mit Stricken ihn an eine Eiche fest,
Damit der Eber und der zornge Bär,
Die Schlange, die von unten sticht, der Aar,
Der aus der Höhe schießt, sich in sein Fleisch
Mit Zahn und Kralle teilen. Wenn der Baum,
Vom Wind durchrauscht, auf den Verhungernden
Von seinen Eicheln eine niederwirft,
So darf er die nicht fangen mit dem Mund,

Doch, wenn er seine Zunge essen will,
So sei es ihm vergönnt. Und nun zum Werk!
(Er reißt sein Jagdmesser heraus, wendet sich waldeinwärts und sticht sich, ohne daß dies jedoch gesehen wird, die Augen aus)

KASPAR *(tritt ihm näher).*
Er blutet! Beide Augen!

GOLO *(tappend).* Führ mich jetzt,
Und wenn du wieder kehrst ins Schloß, so sprich,
Ich sei zu Roß, den Falken auf der Hand,
Ins Land hineingesprengt.

KASPAR *(für sich).* Ich töt ihn gleich!
(Sowie Kaspar sein Schwert erhebt, fällt rasch der Vorhang)

NACHSPIEL ZU GENOVEVA

Personen

Der Pfalzgraf SIEGFRIED
GENOVEVA
SCHMERZENREICH
CASPAR
CONRAD
Jäger

Die Handlung ereignet sich im tiefen Walde

Erste Szene

Tiefer Wald. Eine Höhle
Genoveva tritt aus der Höhle

GENOVEVA. Der strenge Winter ist vorbei, der Wald
Wird wieder grün, die Lüfte werden lau,
Die Blumen blühn, des Frühlings Macht ist groß,
So groß, daß ich sogar mich freuen muß!
Jetzt sind es sieben Jahr! Wie wunderbar
Ist doch der Mensch gemacht! In seinem Glück
Erträgt er nichts! Und alles in der Not!
Drei Elemente sind für ihn genug,
Er kommt mit Erde, Luft und Wasser aus,
Das Feuer braucht er schon nicht mehr, ich habs
Hier nicht gehabt und leb mit meinem Kind!
Ach! Und der arme Wurm! Wie freut er sich
Des Atemholens, denn was hat er sonst?
Wie sprang er heute immer ein und aus,
Und als ich fragte: Warum tust du das?
Ei, rief er, drinnen werd ich wieder kalt,
Dann tut der Sonnenschein mir doppelt wohl!
Jetzt sucht er Wurzeln und hat neue Lust,
Denn leichter gibt die Erde sie heraus,
Auch findet sich wohl eine Beere schon. *(Sie faltet die Hände)*
O Gott, ich danke dir für so viel Glück!
Und wenn du willst, daß auf der ganzen Welt
Auch nicht ein einziger mehr murren soll,
So zeige jeglichem im Traum dies Kind!

Zweite Szene

SCHMERZENREICH *(stürzt atemlos herbei).*
O Mutter, Mutter!
GENOVEVA. Fasse dich! Was ists?
(Man hört Jagdhörner in der Ferne)
SCHMERZENREICH. Hör doch! Hör doch!
GENOVEVA. O Gott!
SCHMERZENREICH. Das ist gewiß
Der Böse! Alle Tiere fürchten sich,

Die Vögel fliegen weg, denk dir, ein Bär
Lief hart an mir vorbei und noch ein Tier
Mit einem spitzen Horn, das wir im Wald
Noch niemals sahn! Wie zittern mir die Kniee!
Halt mich, ich fall sonst um!

GENOVEVA *(beugt sich auf ihn nieder).* Mein Kind, du weißt,
Daß dich dein Vater schützt! Als Auerochs
Und Bär hier einmal kämpften, schriest du auch
Und meintest zu vergehen. Dennoch wars
Nur unsrer Kleider wegen, daß der Herr
Sie hergetrieben hatte! Jeder fand
Den Tod durch seinen Feind, dann ward das Fell
Des Ochsen deins, das Fell des Bären meins.
Wer weiß, was heut geschieht, drum zag nicht so,
Bete ein Vaterunser!

SCHMERZENREICH *(betet still).*

GENOVEVA. Was ist das?
Jagdhörner! Hier?

SCHMERZENREICH. Du liebe Mutter, sprich!
Wer ist mein Schuldiger? So lange schon
Versprech ich im Gebet dem lieben Gott,
Daß ich ihm seine Schuld vergeben will!
Auch tät ichs ganz gewiß von Herzen gern,
Allein ich kenn ihn nicht!

(Man hört die Jagdhörner ganz in der Nähe)

GENOVEVA. Schau hin! Schau hin!
Die arme Hirschkuh, deine Amme! Gott,
Wie blickt sie wild und scheu! Sie wird gejagt.
Hieher, du frommes Tier! Sie schlüpft hinein,
Nun komm auch du! Wenn ihr nur keiner folgt!

(Flüchtet mit Schmerzenreich in die Höhle)

Dritte Szene

SIEGFRIED *(tritt in Jagdkleidern auf).*
Wo blieb die Hirschkuh?

KASPAR *(ihm folgend).* Fort, als hätte sich
Die Erde aufgetan –

SIEGFRIED. Die Erde tut

Sich niemals auf! Nun, gleichviel, wo sie blieb!
Wenns die nicht ist, wirds eine andre sein!
KASPAR. Gleichviel? Nicht doch, nicht doch, hochedler Herr!
Spricht so ein Jäger? Für den Jäger gibts
Nur ein Tier auf der Welt, das Tier nur gibts,
Das er gerade jagt. Was kümmern ihn
Die übrigen, eh das am Boden liegt!
SIEGFRIED. Mein treuer Knecht, man zieht den grünen Rock
Wohl einmal wieder über, wenn ein Mensch,
Wie du, ihn alle Morgen bringt und fragt,
Ob man ihn nicht verlange, doch das Herz –
Das Herz läßt sich nicht zwingen, und ich weiß,
Warum ich aus dem Totenschädel nur
Mein bißchen Wein noch trinken mag! Ich hab
Dir diesmal nachgegeben, wie ichs tat,
Als du mir, zur Erheitrung, auf mein Schloß
Die wilden Vettern ludest; nicht, weil ich
Dein Mittel gut fand, nur, weil ich dem Arzt
Beweisen wollte, daß mir nichts mehr hilft! –
Ich trags, ich fluche nicht, was soll ich mehr?
Daß ich es fühle, dafür kann ich nichts.
Auch Christus hat am Kreuz sich nur gebeugt,
Wo liest man denn, daß er gelächelt hat!
Ach, wüßtest du, wie mir zumute ist,
So sagtest du: es ist ein Heldenstück,
Daß er noch ißt und trinkt! Es ist nicht bloß
Der Schmerz um sie – den hielte ich geheim,
Wie Pest und Aussatz, fänd ich mich zu schwach,
Ihn zu ersticken – nein, mich plagt die Angst,
Ob ich ihr nicht zuviel getan, es blieb
Ja alles dunkel bis auf diesen Tag.
Kaspar, ich hab mich furchtbar übereilt!
KASPAR. Das ist gewiß!
SIEGFRIED. Wer eine solche Tat
Befiehlt, der soll sie auch mit eigner Hand
Vollziehn. Wem Gott die Kraft dazu versagt,
Dem zeigt er an, daß er den Spruch verwirft!
Ich schob sie auf den Golo. O, das hat
Sich fürchterlich an mir gerächt! Hätt ich

Sie auf dem letzten Wege noch gesehn,
So wäre alles anders! Ihre Furcht,
Ihr Zittern, hätte meinen Mut erhöht,
Ihr Mut ein Zittern in mir selbst erweckt,
Und wies auch immer kam, in meiner Brust
Wär Friede! Jetzt – Ha! Jeder Tote ist
Ein Vampir, ohne daß ers weiß, und saugt
Dem, der ihn liebt, das Herzblut aus, es steigt
Kein Schatten aus der dunklen Gruft herauf,
Der sich, bevor er sichtbar werden kann,
Mit diesem Rot nicht tränken muß! Und sie –
O meine Träume! Und bei Tage auch,
Ich hab sie stets vor Augen! Kaum, daß sie
Zurückweicht, wenn die Welt um mich vergeht,
Wenn ich am Hochaltare steh vor Gott,
Und wenn ich schaue in ein offnes Grab.
Sonst – Kaspar, hab Geduld, bald ist es aus!
Dann kannst du –

KASPAR. Schlafen gehn, nicht wahr? – Ein Reh!

SIEGFRIED. Wo nur der Golo bleibt! Ich hoffte stets,
Der sollte wiederkehren und von ihr
Noch manches mir erzählen, zwar zuviel
Für völliges Verzeihn, doch nicht genug
Für gänzliche Verdammung, so daß mir
Doch Aussicht bliebe für die Ewigkeit!

KASPAR. Auf Golo wartet nicht!

SIEGFRIED. Du meinst, er ist
Verunglückt?

KASPAR. O, gewiß, der lebt nicht mehr!

SIEGFRIED. Wohl ihm!

KASPAR. Ich habe nichts dagegen!

SIEGFRIED. Wie?

KASPAR. Ich wünsch ihm Glück zum Jüngsten Tag! Der scheint
Nicht fern zu sein.

SIEGFRIED. Wie meinst du das?

KASPAR. Ei was!
Wenn sich die Hexen selbst verbrennen, muß
Er vor der Tür stehn – und das alte Weib
Von gestern hat sich selbst verbrannt!

SIEGFRIED. Das wär
Ein grauses Zeichen!
KASPAR. Als ihrs nicht gelang,
Zu Euch zu dringen – Ich stieß sie zurück,
So sehr sie flehte –
SIEGFRIED. Schickte ich ihr nicht
Genug heraus?
KASPAR. Gewiß! Nur kam sie nicht
Um eine Münze, noch um Brot und Wein,
Sie kam um Pech und Schwefel, Hanf und Werg,
Und als man ihr das weigerte – ich nicht,
Ich hätt ihr dies Almosen gern gereicht
Und einen Wachsstock obendrein, denn mir
War sie von früher her bekannt –, da lief
Sie in den Wald und sammelte, was sich
An Reisig fand, dann türmte sie daraus
Sich einen Scheiterhaufen, kroch hinein,
Schlug Feuer mit zwei Kieseln, zündete
Die dürren Blätter an, und alles das
Mit einer Hast und Eil, als müßte sie
Auf die Sekunde damit fertig sein!
SIEGFRIED. Und wehrte niemand ihr?
KASPAR. Nein! Nicht einmal
Die Regenwolken, welche dick und schwarz
Am Himmel hingen. Keine ließ auch nur
Den kleinsten Tropfen fallen, später kam
Ein Wolkenbruch! – Hochedler Herr, sie sang
Ein andres Lied als jene Heiligen,
Die Gott im glühnden Ofen prüfen ließ!
Sie fluchte freilich nicht, sie beichtete,
Und das mit Ernst, denn mitten in der Glut
Der Flammen klapperten die Zähne ihr
Vor innerm Frost in ihrer Seelenpein.
Doch was zum Vorschein kam, war solcher Art,
Daß ich beim dritten Wort die Gaffer schon
Von hinnen trieb. Da aber rief sie aus:
Du jagst die Menschen fort? Das hilft dir nichts,
Die Vögel hören mich, und jeder fängt
Zu sprechen an, wenn er – *(Er unterbricht sich)*

Was such ichs noch
Zurückzuhalten? Sie hat recht, ich fühls;
Die Amseln plapperns aus, wenn ichs nicht tu
Es geht nicht mehr! Auch hab ich eine Angst,
Die gar nicht weicht! – *(Er fährt fort)*
Wenn er den Grafen sieht!

SIEGFRIED. Kaspar!

KASPAR. Ja, Herr! Mich selbst belud sie dann
Mit einem Morde – leichte Last, nicht wahr,
Für meine siebzig Jahre? – den ich einst,
Von ihr verhetzt, an einem frommen Knecht
Begangen habe!

SIEGFRIED. Ha!

KASPAR. Was Euch betrifft,
Euch bitt ich: wenn Ihr Euer Ehgemahl
Im Himmel antrefft, Gott zur rechten Hand,
So denkt nicht, daß der ewge Freudensaal
Auch Ehebrecherinnen offen steht! –
Nun vorwärts! Kommt! Die Tiere höhnen uns,
Schaut hin!

SIEGFRIED. Ein Wort! War dieses Weib einmal
In Straßburg?

KASPAR. Fragt nicht mehr!

SIEGFRIED. Allmächtger Gott,
Du sagst nicht nein?

KASPAR. War da die Hirschkuh nicht? –

(Er schreitet auf die Höhle zu)

Ich glaubte ihren scheckgen Hals zu sehn!
Nun ist sie wieder weg!

SIEGFRIED *(folgt ihm).* Du läufst vor mir!

KASPAR. Was das wohl ist? *(Er entdeckt die Höhle)*
Eine Höhle! Nun, da wär
Das Wunder ja erklärt!

SIEGFRIED. Sprich, Kaspar, sprich!
Tod oder Leben? Rasch!

KASPAR. Nun, wenn ich muß,
So wißt: der Teufel trieb sein Spiel mit Euch,
Ihr hieltet Weiß für Schwarz und Schwarz für Weiß!

SIEGFRIED. Doch Golo!
KASPAR. Hab ichs Euch nicht schon gesagt?
Ihr hieltet Schwarz für Weiß! Denn der war schwarz.
SIEGFRIED. Golo! *(Er hält sich an einem Baum)*
KASPAR. Hat Euch getäuscht!
SIEGFRIED. Versteh ich dich?
Er – Er –
KASPAR. So ists! Er war zu jung, und sie –
SIEGFRIED. Dann – *(Er tritt vom Baum weg)* Nieder!
(Er führt mit geballter Hand einen Schlag)
Kaspar, hör, wo er auch sei,
Im Arm der Liebe, in der Freunde Kreis,
Den Becher in der Hand, ja am Altar,
Jetzt fällt er um und steht nicht wieder auf!
KASPAR. Das tut er nicht! Es ist dafür gesorgt!
SIEGFRIED. O Genoveva! Genoveva!
KASPAR *(entfernt sich mit Entsetzen von der Höhle).* Herr,
Ein Ach kam aus dem Berg, ein Klageton,
Hier führts zur Höll hinab!
SIEGFRIED. O loderten
Die Flammen mir entgegen! *(Er will in die Höhle hinein, stürzt aber gleich wieder heraus)* Heilger Gott!
KASPAR *(bekreuzt sich).* Alle guten Geister –

Vierte Szene

GENOVEVA *(erscheint am Eingange).* Loben Gott den Herrn!
Ich bin kein Geist!
SCHMERZENREICH *(ohne sichtbar zu werden).*
Mutter, Mutter, geh nicht hinaus!
KASPAR. Eine Mutter ists? Ein Weib! Ein armes Weib!
(Tritt näher) In dieser Wüstenei!
SIEGFRIED. Ein Weib? So muß
Ich vor ihr knien, damit sie mir den Kopf
Zertreten kann!
GENOVEVA. Mein Siegfried, sagt
Dein Herz dir nichts? Dein Auge kann dir wohl
Nichts sagen, doch dein Herz –
(Mit ausgebreiteten Armen ihm entgegen) Ich bin es ja!

SIEGFRIED *(abwehrend).*
Nein! Nein! Und hätt ich schon Äonen lang
Im Schwefelpfuhl gebüßt, was ich verbrach,
Noch immer sagt ich: Nein!
GENOVEVA. So willst du mich
Nicht halten? Siehst du nicht? Ich fall ja um!
(Sie umschließt ihn).
So halt mich doch! – Du Armer hast wohl nicht
Geküßt, seit wir geschieden sind! Das ist
Gar lange Zeit! Dein Weib hat viel geküßt!
Komm, Schmerzenreich! Jetzt teilen wir! Doch nimm
Den letzten Kuß, den ich mir nahm, zurück! *(Sie küßt ihn)*
O, es wird Ernst! *(Sie taumelt)* Halt mich!
SCHMERZENREICH *(der schüchtern gekommen ist).*
Die Mutter stirbt!
Ach Gott! ich kenns! Schon einmal war sie so!
GENOVEVA *(sich wieder erholend).*
Und starb ich da? – Vater, dein Sohn!
SIEGFRIED. Zuviel!
Zuviel! *(Er tritt zurück)* Ich nehm nichts an!
GENOVEVA. Du willst dein Kind
Nicht küssen? Sieben Jahre wartets schon,
Und noch versagst dus ihm?
SIEGFRIED. Recht! Töte mich!
GENOVEVA. Ei, Schmerzenreich, so nimm dir mit Gewalt,
Was dir gehört! Du kannst ja klettern! Auf,
Und küß den Vater!
SCHMERZENREICH *(verbirgt sich hinter Genoveva).*
SIEGFRIED. Holdes Kind, du säumst?
Du fragst, wofür du ihn denn küssen sollst?
Ei, sieh auf dein Gewand, dann weißt du das!
Wer in ein Fell dich kleidete, wer dir
Ein Loch zur Wohnung anwies und den Tisch
Dir wie dem Bären deckte, der verdients!
GENOVEVA. Nicht so, mein Siegfried! Danke Gott mit mir,
Daß er uns dir erhielt! Wir haben schlecht
Gelebt, wir haben aber doch gelebt
Und wissen jetzt, warum! Dein Kind hat nie
Erfahren, daß es weichre Betten gibt

Als die von dürrem Laub, von Gras und Moos,
Und süßre Speise als die Wurzelkost;
Nun kann es das ja lernen!

SIEGFRIED *(reicht Kaspar die Armbrust).* Kaspar, nimm!
Dann blas dein Horn!

GENOVEVA. Was sinnst du, mein Gemahl?

SIEGFRIED. Ich muß doch wissen, wie es tut, wenn man
Allein in öder Wildnis haust und nichts
Als seine beiden Hände hat, ich will
Es selbst versuchen! *(Zu Kaspar)* Blase, daß mans hört!

KASPAR *(bläst, ihm wird aus der Ferne geantwortet).*

SIEGFRIED. Es ist der Rechnung wegen! Heilige,
Du kehrst ins Schloß zurück, ich bleibe hier!
Zwar heißt das nicht gar viel! Ich bin ein Mann,
Kein Weib und auch kein Kind! Doch wird der Mann
Ja einst zum Greis, und ich, ich werde jetzt,
Wie fühl ichs! nach der Stundenglocke alt!

GENOVEVA. Halt ein, halt ein!

SIEGFRIED. Ha, glaubst du, daß ich kann?

KASPAR *(wirft die Armbrust beiseite).*
Herr, Herr, nehmt Euren Sohn, das übrige
Stellt Gott anheim! Ei, meine Faust ist rot,
Und doch hoff ich auf Gnade! Finster wars,
Der Teufel hatt' sich quer vors Licht gestellt
Und hetzte uns, da stachen wir drauflos
Und trafen unsre Freunde: – Edle Frau,
Ich – *(Er bricht in ein konvulsivisches Lachen aus)*
Ja! Ich lache, wenn ich weinen will –
Verfluchte Art! – Je nun, Ihr sehts ja wohl,
Wie weh mirs tut, Euch so – – doch, glaubt mir das,
Auch er – auch er – Schaut ihn nur einmal an:
Ist dieses noch der Mann, der von Euch schied? *(Zu Siegfried)*
Ihr habts verdient, nun nehmt, was Gott Euch beut!
(Er bringt ihm Schmerzenreich)
Rasch, rasch, sonst komm ich Euch zuvor!

SIEGFRIED *(preßt Schmerzenreich in die Arme).* Mein Kind!

GENOVEVA. Ich habe viel gelitten, es ist wahr,
Doch dieser Augenblick macht alles gut!
Ich nehme dir die Schmerzen ab um mich,

Du mir die Angst, die Qualen um mein Kind:
Nur Gott weiß, wer am meisten tut!

SIEGFRIED. Mein Weib,
Mein armes blasses Weib, könnt ich das Blut
Aus meinen Adern in die deinen nur
Hinübergießen! Dann –

GENOVEVA. Dann stürb ich ja
In dir, und hätte nicht das Sterben bloß,
Nein, auch das Weinen! Nicht doch, teurer Freund,
Die letzte Arbeit teilen wir! Die ist
Zu schwer für einen!

SIEGFRIED. O, nicht mehr! Nicht mehr!
Ich peitschte einen Engel, er enthüllt
Sich mir und ahnt nicht, daß er mich dadurch,
Wenn er nicht einhält, töten muß! – Und die
Wollt er ermorden! *(Ausbrechend)* Golo!

KASPAR. Flucht ihm nicht,
Denn er hat mir geflucht, weil ich ihn nicht
Erst marterte, bevor ich ihn durchstach!
Ein andermal von ihm, nur so viel jetzt:
Ermorden wollte er sie nicht! Ich hab
Noch einen Brief für Euch von ihm!

GENOVEVA. Ihm sei
Die Erde leicht und leicht auch das Gericht!

SIEGFRIED. Amen! Und klammerte das Wort sich auch
Mit Krallen in der Kehle fest, es soll
Heraus! Noch einmal: Amen! Wer bin ich,
Daß ich ihm die Vergebung weigern will!

(Er faltet die Hände)

Ja, Herr, vergib mir meine Schuld, wie ich –
Nein, nein!

GENOVEVA *(betet fort)*. – Vergebe meinem Schuldiger!
Nicht wahr, mein Siegfried? O gewiß, du kannst
Das Vaterunser beten! Nicht?

SIEGFRIED. Es ist
Das schwerste Stück auf dieser Welt! – Doch seis!

(Faltet die Hände)

Wie ich dem Golo! Ja! – Nun hab ich Mut,
Dich und mein Kind zu küssen! *(Er tuts)*

KASPAR *(ruft).* Auf, herbei!
(Er stößt ins Horn, ihm wird aus der Nähe geantwortet)
SIEGFRIED. Ich hoff sogar, daß du mir bleiben wirst!
GENOVEVA. Dein Kind bleibt dir gewiß!
SIEGFRIED. Was sagst du da?
GENOVEVA. Wozu uns quälen! Heute will der Herr
Uns lächeln sehn, denn unsre Lust
Ist seine!
SIEGFRIED. Mach ers denn, wies ihm gefällt!

Fünfte Szene

KONRAD *(tritt mit vielen Jägern auf, sie blasen die Hörner).*
Habt Ihr die Hirschkuh? – Ha?
KASPAR. Die Knie gebeugt!
Die Toten stehen auf! Die edle Frau
Ist wieder da, schaut hin! und auch das Kind!
KONRAD. Sie lebe hoch in alle Ewigkeit!
KASPAR. Nun zäumt ein Roß für sie!
KONRAD *(mit ein paar Knechten ab).*
SIEGFRIED. Recht, Kaspar, recht! *(Zu Genoveva)*
Nicht wahr, an sieben Jahren wars genug?
Nun fangen andre sieben Jahre an!
Die sind das wenigste! – Du wankst?
GENOVEVA. Nein, nein!
Ich bitt nur noch um einen Augenblick,
Und den allein!
SIEGFRIED *(entfernt sich rasch mit den übrigen).*
GENOVEVA *(betend).* Nur sieben Tage noch!
Ein Mensch ist nicht so stark, wie ich gedacht,
Nur die! Dann winke, Herr!
SIEGFRIED *(erscheint).*
GENOVEVA *(ihm entgegen).* Ich bin bereit!
(Trompeten)

MARIA MAGDALENA

Ein bürgerliches Trauerspiel in drei Akten

Sr. Majestät, dem König

Christian dem Achten von Dänemark

in tiefster Ehrfurcht gewidmet

Dem Dichter ist es an- und eingeboren,
Daß er sich lange in sich selbst versenkt,
Und, in das innre Labyrinth verloren,
Des äußeren der Welt erst spät gedenkt;
Und dennoch hat ihn die Natur erkoren,
Zu zeigen, wie sich dies mit dem verschränkt,
Und es im klaren Bilde darzustellen,
Wie beide sich ergänzen und erhellen.

Denn nicht, wie wohl ein irdscher Künstler, spielend,
Wenn er zurück von seiner Tafel trat,
Dem Lieblingskind, das, lüstern darnach schielend,
Schon längst ihn still um seinen Griffel bat,
Ihn freundlich darreicht, auf nichts andres zielend,
Als daß es, träumend von gewaltger Tat,
Sein Meisterstück in toten, groben Zügen
Nachbilde, wie es kann, sich zu vergnügen;

Nur, weil sie selbst, ins einzelste zerfließend,
Sich endlich auch doch konzentrieren muß,
Und, in dem Teil als Ganzes sich genießend,
Den Anfang wiederfinden in dem Schluß,
Der, sich mit der Idee zusammenschließend,
Ihr erst verschafft den höchsten Selbstgenuß,
Den alle untern Stufen ihr verneinen:
Rein, ganz und unverworren zu erscheinen;

Nur darum hat sie, statt ihn zu zerbrechen,
Dem Menschen ihren Zauberstab vertraut,
Als sie, bereit, ihr: Es ist gut! zu sprechen,
Zum letztenmal das Weltall überschaut,
Und dieser stellt nun, das Gesetz zu rächen

Am plumpen Stoff, dem ewig davor graut,
In den geschloßnen ersten Kreis den zweiten,
Wo sie nur noch harmonisch sich bestreiten.

Und, anfangs schauernd vor der hohen Gabe,
Wird sich der fromme Künstler bald bewußt,
Daß er zum Dank sich selbst zu opfern habe,
Und steigt nun tief hinab in seine Brust;
Er fragt nicht, ob ihn auch die Nacht begrabe,
Er geht, soweit er kann, in banger Lust,
Und führt sein Narr im Wappen die Versöhnung,
Er hofft nur kaum auf sie, wie auf die Krönung!

Doch, wenn er lange so den roten Faden
Aus sich hervorspinnt, der ihn führen kann,
So wird er plötzlich durch den Geist geladen:
Nun lege ihn in der Geschichte an!
Dies ist ein wahrer Ruf von Gottes Gnaden,
Und wer nicht folgt, der zeigt, daß er zerrann!
Ich habe vorlängst diesen Ruf vernommen,
Da hab ich nicht gesäumt, ich bin gekommen.

Und wie mein Blick sich lenkte in das Weite,
War mir auch flugs die Sehnsucht eingeflößt,
Die äußre Welt zu schaun in ihrer Breite,
Allein der Mittel sah ich mich entblößt.
Doch gleich stand mir ein Genius zur Seite,
Und von der Scholle ward mein Fuß gelöst,
Und was dies hieß, das kann ich jetzt erst wägen,
Wo sich zur Frucht verdichten will der Segen.

Du warst es, Herr und Fürst! Laß dirs gefallen,
Daß ich zum Danke jetzt dies kleine Bild,
Vielleicht das einfach-schlichteste von allen,
Worin sich mir das Weltgeschick enthüllt,
Dir bringe, und wenn sichs für Königshallen
Auch schlecht nur eignet, sei ihm dennoch mild!
Es ist des neuen Frühlings erstes Zeichen,
Und als das *erste* durfte ichs dir reichen!

MARIA MAGDALENA

Personen

MEISTER ANTON, ein Tischler
SEINE FRAU
KLARA, seine Tochter
KARL, sein Sohn
LEONHARD
EIN SEKRETÄR
WOLFRAM, ein Kaufmann
ADAM, ein Gerichtsdiener
EIN ZWEITER GERICHTSDIENER.
EIN KNABE
EINE MAGD

Ort: eine mittlere Stadt

ERSTER AKT

Zimmer im Hause des Tischlermeisters

Erste Szene

Klara. Die Mutter

KLARA. Dein Hochzeitskleid? Ei, wie es dir steht! Es ist, als obs zu heut gemacht wäre!

MUTTER. Ja, Kind, die Mode läuft so lange vorwärts, bis sie nicht weiter kann und umkehren muß. Dies Kleid war schon zehnmal aus der Mode und kam immer wieder hinein.

KLARA. Diesmal doch nicht ganz, liebe Mutter! Die Ärmel sind zu weit. Es muß dich nicht verdrießen!

MUTTER *(lächelnd)*. Dann müßt ich du sein!

KLARA. So hast du also ausgesehen! Aber einen Kranz trugst du doch auch, nicht wahr?

MUTTER. Wills hoffen! Wozu hätt ich sonst den Myrtenbaum jahrelang im Scherben gepflegt!

KLARA. Ich hab dich so oft gebeten, und du hast es nie angezogen, du sagtest immer: Mein Brautkleid ists nicht mehr, es ist nun mein Leichenkleid, und damit soll man nicht spielen. Ich mocht es zuletzt gar nicht mehr sehen, weil es mich, wenn es so weiß dahing, immer an deinen Tod und an den Tag erinnerte, wo die alten Weiber es dir über den Kopf ziehen würden. – Warum denn heut?

MUTTER. Wenn man so schwer krank liegt, wie ich, und nicht weiß, ob man wieder gesund wird, da geht einem gar manches im Kopf herum. Der Tod ist schrecklicher, als man glaubt, o, er ist bitter! Er verdüstert die Welt, er bläst all die Lichter, eins nach dem andern, aus, die so bunt und lustig um uns her schimmern, die freundlichen Augen des Mannes und der Kinder hören zu leuchten auf, und es wird finster allenthalben, aber im Herzen zündet er ein Licht an, da wirds hell, und man sieht viel, sehr viel, was man nicht sehen mag. Ich bin mir eben nichts Böses bewußt, ich bin auf Gottes Wegen gegangen, ich habe im Hause geschafft, was ich konnte, ich habe dich und deinen Bruder in der Furcht des Herrn aufgezogen und den sauren Schweiß eures Vaters zusammengehalten, ich habe aber immer auch einen Pfenning für die Armen zu erübrigen gewußt, und wenn ich zuweilen einen abwies, weil ich gerade verdrießlich war oder weil zu viele kamen, so war es kein Unglück für ihn, denn ich rief ihn gewiß wieder um und gab ihm doppelt. Ach, was ist das alles! Man zittert doch vor der letzten Stunde, wenn sie hereindroht, man krümmt sich wie ein Wurm, man fleht zu Gott ums Leben, wie ein Diener den Herrn anfleht, die schlecht gemachte Arbeit noch einmal verrichten zu dürfen, um am Lohntag nicht zu kurz zu kommen.

Klara. Hör davon auf, liebe Mutter, dich greifts an!

Mutter. Nein, Kind, mir tuts wohl! Steh ich denn nicht gesund und kräftig wieder da? Hat der Herr mich nicht bloß gerufen, damit ich erkennen möchte, daß mein Feierkleid noch nicht fleckenlos und rein ist, und hat er mich nicht an der Pforte des Grabes wieder umkehren lassen und mir Frist gegeben, mich zu schmücken für die himmlische Hochzeit? So gnadenvoll war er gegen jene sieben Jungfrauen im Evangelium, das du mir gestern abend vorlesen mußtest, nicht! Darum habe ich heute, da ich zum heiligen Abendmahl gehe, dies Gewand angelegt. Ich trug es den Tag, wo ich die frömmsten und besten Vorsätze meines Lebens faßte. Es soll mich an die mahnen, die ich noch nicht gehalten habe!

Klara. Du sprichst noch immer wie in deiner Krankheit!

Zweite Szene

Karl *(tritt auf).* Guten Morgen, Mutter! Nun, Klara, möchtest du mich leiden, wenn ich nicht dein Bruder wäre?

Klara. Eine goldene Kette? Woher hast du die?

Karl. Wofür schwitz ich? Warum arbeit ich abends zwei Stunden länger als die anderen? Du bist impertinent!

Mutter. Zank am Sonntagmorgen? Schäme dich, Karl!

Karl. Mutter, hast du nicht einen Gulden für mich?

Mutter. Ich habe kein Geld, als was zur Haushaltung gehört.

KARL. Gib nur immer davon her! Ich will nicht murren, wenn du die Eierkuchen vierzehn Tage lang etwas magerer bäckst. So hast dus schon oft gemacht! Ich weiß das wohl! Als für Klaras weißes Kleid gespart wurde, da kam monatelang nichts Leckeres auf den Tisch. Ich drückte die Augen zu, aber ich wußte recht gut, daß ein neuer Kopfputz oder ein anderes Fahnenstück auf dem Wege war. Laß mich denn auch einmal davon profitieren!

MUTTER. Du bist unverschämt!

KARL. Ich hab nur keine Zeit, sonst – *(Er will gehen)*

MUTTER. Wohin gehst du?

KARL. Ich wills dir nicht sagen, dann kannst du, wenn der alte Brummbär nach mir fragt, ohne rot zu werden, antworten, daß dus nicht weißt. Übrigens brauch ich deinen Gulden gar nicht, es ist das beste, daß nicht alles Wasser aus einem Brunnen geschöpft werden soll. *(Für sich)* Hier im Hause glauben sie von mir ja doch immer das Schlimmste; wie sollt es mich nicht freuen, sie in der Angst zu erhalten? Warum sollt ichs sagen, daß ich, da ich den Gulden nicht bekomme, nun schon in die Kirche gehen muß, wenn mir nicht ein Bekannter aus der Verlegenheit hilft? *(Ab)*

Dritte Szene

KLARA. Was soll das heißen?

MUTTER. Ach, er macht mir Herzeleid! Ja, ja, der Vater hat recht, das sind die Folgen! So allerliebst wie er als kleiner Lockenkopf um das Stück Zucker bat, so trotzig fordert er jetzt den Gulden! Ob er den Gulden wirklich nicht fordern würde, wenn ich ihm das Stück Zucker abgeschlagen hätte? Das peinigt mich oft! Und ich glaube, er liebt mich nicht einmal. Hast du ihn ein einziges Mal weinen sehen während meiner Krankheit?

KLARA. Ich sah ihn ja nur selten, fast nicht anders als bei Tisch. Mehr Appetit hatte er als ich!

MUTTER *(schnell)*. Das war natürlich, er mußte die schwere Arbeit verrichten!

KLARA. Freilich! Und wie die Männer sind! Die schämen sich ihrer Tränen mehr als ihrer Sünden! Eine geballte Faust, warum die nicht zeigen, aber ein weinendes Auge? Auch der Vater! Schluchzte er nicht den Nachmittag, wo dir zur Ader gelassen wurde und kein Blut kommen wollte, an seiner Hobelbank, daß mirs durch die Seele ging! Aber als ich nun zu ihm trat und ihm über die Backen strich, was sagte er? Versuch doch, ob du mir den verfluchten Span nicht aus dem Auge herausbringen kannst, man hat soviel zu tun und kommt nicht vom Fleck!

MUTTER *(lächelnd).* Ja, ja! Ich sehe den Leonhard ja gar nicht mehr. Wie kommt das?

KLARA. Mag er wegbleiben!

MUTTER. Ich will nicht hoffen, daß du ihn anderswo siehst als hier im Hause!

KLARA. Bleib ich etwa zu lange weg, wenn ich abends zum Brunnen gehe, daß du Grund zum Verdacht hast?

MUTTER. Nein, das nicht! Aber nur darum hab ich ihm Erlaubnis gegeben, daß er zu uns kommen darf, damit er dir nicht bei Nebel und Nacht aufpassen soll. Das hat meine Mutter auch nicht gelitten!

KLARA. Ich seh ihn nicht!

MUTTER. Schmollt ihr miteinander? Ich mag ihn sonst wohl leiden, er ist so gesetzt! Wenn er nur erst etwas wäre! Zu meiner Zeit hätt er nicht lange warten dürfen, da rissen die Herren sich um einen geschickten Schreiber wie die Lahmen um die Krücke, denn sie waren selten. Auch wir geringeren Leute konnten ihn brauchen. Heute setzte er dem Sohn einen Neujahrswunsch für den Vater auf und erhielt allein für den vergoldeten Anfangsbuchstaben so viel, daß man einem Kinde eine Docke dafür hätte kaufen können. Morgen gab ihm der Vater einen Wink und ließ sich den Wunsch vorlesen, heimlich, bei verschlossenen Türen, um nicht überrascht zu werden und die Unwissenheit aufgedeckt zu sehen. Das gab doppelte Bezahlung. Da waren die Schreiber obenauf und machten das Bier teuer. Jetzt ists anders, jetzt müssen wir Alten, die wir uns nicht aufs Lesen und Schreiben verstehen, uns von neunjährigen Buben ausspotten lassen! Die Welt wird immer klüger, vielleicht kommt noch einmal die Zeit, wo einer sich schämen muß, wenn er nicht auf dem Seil tanzen kann!

KLARA. Es läutet!

MUTTER. Nun, Kind, ich will für dich beten! Und was deinen Leonhard betrifft, so liebe ihn, wie er Gott liebt, nicht mehr, nicht weniger. So sprach meine alte Mutter zu mir, als sie aus der Welt ging und mir den Segen gab, ich habe ihn lange genug behalten, hier hast du ihn wieder!

KLARA *(reicht ihr einen Strauß)*. Da!

MUTTER. Der kommt gewiß vom Karl!

KLARA *(nickt; dann beiseite)*. Ich wollt, es wäre so! Was ihr eine rechte Freude machen soll, das muß von ihm kommen!

MUTTER. O, er ist gut und hat mich lieb! *(Ab)*

KLARA *(sieht ihr durchs Fenster nach)*. Da geht sie! Dreimal träumt ich, sie läge im Sarg, und nun – o die boshaften Träume, sie kleiden sich in unsere Furcht, um unsre Hoffnungen zu erschrecken! Ich will mich niemals wieder an einen Traum kehren, ich will mich über einen guten nicht wieder freuen, damit ich mich über den bösen, der ihm folgt, nicht wieder zu ängstigen brauche! Wie sie fest und sicher ausschreitet! Schon ist sie dem Kirchhof nah – wer wohl der erste ist, der ihr begegnet? Es soll nichts bedeuten, nein, ich meine nur – *(Erschrocken zusammenfahrend)* Der Totengräber! Er hat eben ein Grab gemacht und steigt daraus hervor, sie grüßt ihn und blickt lächelnd in die düstre Grube hinab, nun wirft sie den Blumenstrauß hinunter und tritt in die Kirche. *(Man hört einen Choral)* Sie singen: Nun danket alle Gott! *(Sie faltet die Hände)* Ja! Ja! Wenn meine Mutter gestorben wäre, nie wär ich wieder ruhig geworden, denn – – *(Mit einem Blick gen Himmel)* Aber du bist gnädig, du bist barmherzig! Ich wollt, ich hätt einen Glauben wie die Katholischen, daß ich dir etwas schenken dürfte! Meine ganze Sparbüchse wollt ich leeren und dir ein schönes vergoldetes Herz kaufen und es mit Rosen umwinden. Unser Pfarrer sagt, vor dir seien die Opfer nichts, denn alles sei dein, und man müßte dir das, was du schon hast, nicht erst geben wollen! Aber alles, was im Hause ist, gehört meinem Vater doch auch, und dennoch sieht ers gar gern, wenn ich ihm für sein eigenes Geld ein Tuch kaufe und es sauber sticke und ihm zum Geburtstag auf den Teller lege. Ja, er tut mir die Ehre an und trägts nur an den höchsten Feiertagen, zu Weihnacht oder Pfingsten! Einmal sah ich ein ganz kleines katholisches Mädchen, das seine Kirschen zum Altar trug. Wie gefiel mir das! Es waren die ersten im Jahr, die das Kind bekam, ich sah, wie es brannte, sie zu essen! Dennoch bekämpfte es seine unschuldige Begierde, es warf sie, um nur der Versuchung ein Ende zu machen, rasch hin, der Meßpfaff, der eben den Kelch erhob, schaute finster drein, und das Kind eilte erschreckt von dannen, aber die Maria über dem Altar lächelte so mild, als wünschte sie aus ihrem Rahmen herauszutreten, um dem Kind nachzueilen und es zu küssen. Ich tats für sie! Da kommt Leonhard! Ach!

Vierte Szene

LEONHARD *(vor der Tür).* Angezogen?

KLARA. Warum so zart, so rücksichtsvoll? Ich bin noch immer keine Prinzessin.

LEONHARD *(tritt ein).* Ich glaubte, du wärst nicht allein! Im Vorübergehen kam es mir vor, als ob Nachbars Bärbchen am Fenster stände!

KLARA. Also darum!

LEONHARD. Du bist immer verdrießlich! Man kann vierzehn Tage weggeblieben sein, Regen und Sonnenschein können sich am Himmel zehnmal abgelöst haben, in deinem Gesicht steht, wenn man endlich wiederkommt, immer noch die alte Wolke!

KLARA. Es gab andere Zeiten!

LEONHARD. Wahrhaftig! Hättest du immer ausgesehen wie jetzt, wir wären niemals gut Freund geworden!

KLARA. Was lag daran!

LEONHARD. So frei fühlst du dich von mir? Mir kanns recht sein! Dann *(mit Beziehung)* hat dein Zahnweh von neulich nichts zu bedeuten gehabt!

KLARA. O Leonhard, es war nicht recht von dir!

LEONHARD. Nicht recht, daß ich mein höchstes Gut, denn das bist du, auch durch das letzte Band an mich festzuknüpfen suchte? Und in dem Augenblick, wo ich in Gefahr stand, es zu verlieren? Meinst du, ich sah die stillen Blicke nicht, die du mit dem Sekretär wechseltest? Das war ein schöner Freudentag für mich! Ich führe dich zum Tanz, und –

KLARA. Du hörst nicht auf, mich zu kränken! Ich sah den Sekretär an, warum sollt ichs leugnen? Aber nur wegen des Schnurrbarts, den er sich auf der Akademie hat wachsen lassen, und der ihm – *(Sie hält inne)*

LEONHARD. So gut steht, nicht wahr? Das wolltest du doch sagen? O ihr Weiber! Euch gefällt das Soldatenzeichen noch in der ärgsten Karikatur! Mir kam das kleine, lächerlich-runde Gesicht des Gecken, ich bin erbittert auf ihn, ich verhehle es nicht, er hat mir lange genug bei dir im Wege gestanden, mit dem Walde von Haaren, der es in der Mitte durchschneidet, wie ein weißes Kaninchen vor, das sich hinter den Busch verkriecht.

KLARA. Ich habe ihn noch nicht gelobt, du brauchst ihn nicht herabzusetzen.

LEONHARD. Du scheinst noch immer warmen Anteil an ihm zu nehmen!

KLARA. Wir haben als Kinder zusammen gespielt, und nachher – du weißt recht gut!

LEONHARD. O ja, ich weiß! Aber eben darum!

KLARA. Da war es wohl natürlich, daß ich, nun ich ihn seit so langer Zeit zum erstenmal wieder erblickte, ihn ansah und mich verwunderte, wie groß und – *(Sie unterbricht sich)*

LEONHARD. Warum wurdest du denn rot, als er dich wieder ansah?

KLARA. Ich glaubte, er sähe nach dem Wärzchen auf meiner linken Backe, ob das auch größer geworden sei! Du weißt, daß ich mir dies allemal einbilde, wenn mich jemand so starr betrachtet, und daß ich dann immer rot werde. Ist mirs doch, als ob die Warze wächst, solange einer darnach guckt!

LEONHARD. Seis wie es sei, mich überliefs, und ich dachte: noch diesen Abend stell ich sie auf die Probe! Will sie mein Weib werden, so weiß sie, daß sie nichts wagt. Sagt sie nein, so –

KLARA. O, du sprachst ein böses, böses Wort, als ich dich zurückstieß und von der Bank aufsprang. Der Mond, der bisher zu meinem Beistand so fromm in die Laube hineingeschienen hatte, ertrank kläglich in den nassen Wolken, ich wollte forteilen, doch ich fühlte mich zurückgehalten, ich glaubte erst, du wärst es, aber es war der Rosenbusch, der mein Kleid mit seinen Dornen, wie mit Zähnen, festhielt, du lästertest mein Herz, und ich traute ihm selbst nicht mehr, du standst vor mir wie einer, der eine Schuld einfordert, ich – ach Gott!

LEONHARD. Ich kanns noch nicht bereuen. Ich weiß, daß ich dich mir nur so erhalten konnte. Die alte Jugendliebe tat die Augen wieder auf, ich konnte sie nicht schnell genug zudrücken.

KLARA. Als ich zu Hause kam, fand ich meine Mutter krank, todkrank. Plötzlich dahingeworfen, wie von unsichtbarer Hand. Der Vater hatte nach mir schicken wollen, sie hatte es nicht zugegeben, um mich in meiner Freude nicht zu stören. Wie ward mir zumut, als ichs hörte! Ich hielt mich fern, ich wagte nicht, sie zu berühren, ich zitterte. Sie nahms für kindliche Besorgnis und winkte mich zu sich heran; als ich mich langsam nahte, zog sie mich zu sich nieder und küßte meinen entweihten Mund. Ich verging, ich hätte ihr ein Geständnis tun, ich hätte ihr zuschreien mögen, was ich dachte und fühlte: meinetwegen liegst du so da! Ich tats, aber Tränen und Schluchzen erstickten die Worte, sie griff nach der Hand meines Vaters und sprach mit einem seligen Blick auf mich: »Welch ein Gemüt!«

LEONHARD. Sie ist wieder gesund. Ich kam, ihr meinen Glückwunsch abzustatten, und – was meinst du?

KLARA. Und?

LEONHARD. Bei deinem Vater um dich anzuhalten!

KLARA. Ach!

LEONHARD. Ist dirs nicht recht?

KLARA. Nicht recht? Mein Tod wärs, wenn ich nicht bald dein Weib würde, aber du kennst meinen Vater nicht! Er weiß nicht, warum wir Eile haben, er kanns nicht wissen, und wir könnens ihm nicht sagen, und er hat hundertmal erklärt, daß er seine Tochter nur dem gibt, der, wie er es nennt, nicht bloß Liebe im Herzen, sondern auch Brot im Schrank für sie hat. Er wird sprechen: Wart noch ein Jahr, mein Sohn, oder zwei, und was willst du antworten?

LEONHARD. Närrin, der Punkt ist ja gerade beseitigt! Ich habe die Stelle, ich bin Kassierer!

KLARA. Du bist Kassierer? Und der andere Kandidat, der Neffe vom Pastor?

LEONHARD. War betrunken, als er zum Examen kam, verbeugte sich gegen den Ofen, statt gegen den Bürgermeister, und stieß, als er sich niedersetzte, drei Tassen vom Tisch. Du weißt, wie hitzig der Alte ist. Herr! fuhr er auf, doch noch bekämpfte er sich und biß sich auf die Lippen, aber seine Augen blitzten durch die Brille, wie ein Paar Schlangen, die springen wollen, und jede seiner Mienen spannte sich. Nun gings ans Rechnen und, haha! mein Mitbewerber rechnete nach einem selbsterfundenen Einmaleins, das ganz neue Resultate lieferte; der verrechnet sich! sprach der Bürgermeister und reichte mir mit einem Blick, in dem schon die Bestallung lag, die Hand, die ich, obgleich sie nach Tabak roch, demütig an die Lippen führte – hier ist sie selbst, unterschrieben und besiegelt!

KLARA. Das kommt –

LEONHARD. Unerwartet, nicht wahr? Nun, es kommt auch nicht so ganz von ungefähr. Warum ließ ich mich vierzehn Tage lang bei euch nicht sehen?

KLARA. Was weiß ich? Ich denke, weil wir uns den letzten Sonntag erzürnten!

LEONHARD. Den kleinen Zwist führte ich selbst listig herbei, damit ich wegbleiben könnte, ohne daß es zu sehr auffiele.

KLARA. Ich versteh dich nicht!

LEONHARD. Glaubs. Die Zeit benutzt ich dazu, der kleinen buckligen Nichte des Bürgermeisters, die soviel bei dem Alten gilt, die seine rechte Hand ist, wie der Gerichtsdiener die linke, den Hof zu machen. Versteh mich recht! Ich sagte ihr selbst nichts Angenehmes, ausgenommen ein Kompliment über ihre Haare, die bekanntlich rot sind, ich sagte ihr nur einiges, das ihr wohl gefiel, über dich!

KLARA. Über mich?

LEONHARD. Warum sollt ichs verschweigen? Geschah es doch in der besten Absicht! Als ob es mir nie im Ernst um dich zu tun gewesen wäre, als ob – Genug! Das dauerte so lange, bis ich dies in Händen hatte, und wies gemeint war, wird die leichtgläubige, manntolle Törin erfahren, sobald sie uns in der Kirche aufbieten hört!

KLARA. Leonhard!

LEONHARD. Kind! Kind! Sei du ohne Falsch wie die Taube,

ich will klug wie die Schlange sein, dann genügen wir, da Mann und Weib doch nur eins sind, dem Evangelienspruch vollkommen. *(Lacht)* Es kam auch nicht ganz von selbst, daß der junge Herrmann in dem wichtigsten Augenblick seines Lebens betrunken war. Du hast gewiß nicht gehört, daß der Mensch sich aufs Trinken verlegt!

KLARA. Kein Wort.

LEONHARD. Um so leichter glückte mein Plan. Mit drei Gläsern wars getan. Ein paar Kameraden von mir mußten ihm auf den Leib rücken. »Darf man gratulieren?« – ‚Noch nicht!' – »O, das ist ja abgemacht! Dein Onkel –« Und nun: trink, mein Brüderlein, trink! Als ich heute morgen zu dir ging, stand er am Fluß und guckte, übers Brückengeländer sich lehnend, schwermütig hinein. Ich grüßte ihn spöttisch und fragte, ob ihm etwas ins Wasser gefallen sei. »Jawohl«, sagte er, ohne aufzusehen, »und es ist vielleicht gut, wenn ich selbst nachspringe.«

KLARA. Unwürdiger! Mir aus den Augen!

LEONHARD. Ja? *(Macht, als wollt er gehen)*

KLARA. O mein Gott, an diesen Menschen bin ich gekettet!

LEONHARD. Sei kein Kind! Und nun noch ein Wort im Vertrauen. Hat dein Vater die tausend Taler noch immer in der Apotheke stehen?

KLARA. Ich weiß nichts davon.

LEONHARD. Nichts über einen so wichtigen Punkt?

KLARA. Da kommt mein Vater.

LEONHARD. Versteh mich! Der Apotheker soll nah am Konkurs sein, darum fragt ich!

KLARA. Ich muß in die Küche! *(Ab)*

LEONHARD *(allein)*. Nun müßte hier nichts zu holen sein! Ich kann es mir zwar nicht denken, denn der Meister Anton ist der Art, daß er, wenn man ihm aus Versehen auch nur einen Buchstaben zuviel auf den Grabstein setzte, gewiß als Geist so lange umginge, bis er wieder ausgekratzt wäre, denn er würde es für unredlich halten, sich mehr vom Alphabet anzueignen, als ihm zukäme!

Fünfte Szene

DER VATER, MEISTER ANTON *(tritt ein).* Guten Morgen, Herr Kassierer! *(Er nimmt seinen Hut ab und setzt seine wollene Mütze auf)* Ists einem alten Manne erlaubt, sein Haupt zu bedecken?

LEONHARD. Er weiß also –

MEISTER ANTON. Schon gestern abend. Ich hörte, als ich in der Dämmerung zum toten Müller ging, um dem Mann das Maß zur letzten Behausung zu nehmen, ein paar von Seinen guten Freunden auf Ihn schimpfen. Da dachte ich gleich: der Leonhard hat gewiß den Hals nicht gebrochen. Im Sterbehause hörte ich das Nähere vom Küster, der eben vor mir gekommen war, um die Witwe zu trösten und nebenbei sich selbst zu betrinken.

LEONHARD. Und Klara mußte es erst von mir erfahren?

MEISTER ANTON. Wenn es Ihn nicht trieb, der Dirne die Freude zu machen, wie sollt es mich treiben? Ich stecke in meinem Hause keine Kerzen an, als die mir selbst gehören. Dann weiß ich, daß niemand kommen kann, der sie wieder ausbläst, wenn wir eben unsre beste Lust daran haben!

LEONHARD. Er konnte doch von mir nicht denken –

MEISTER ANTON. Denken? Über Ihn? Über irgendeinen? Ich hoble mir die Bretter wohl zurecht mit meinem Eisen, aber nie die Menschen mit meinen Gedanken. Über die Torheit bin ich längst hinaus. Wenn ich einen Baum grünen sehe, so denk ich wohl: nun wird er bald blühen! Und wenn er blüht: nun wird er Früchte bringen! Darin sehe ich mich auch nicht getäuscht, darum geb ich die alte Gewohnheit nicht auf. Aber über Menschen denke ich nichts, gar nichts, nichts Schlimmes, nichts Gutes, dann brauch ich nicht abwechselnd, wenn sie bald meine Furcht, bald meine Hoffnung täuschen, rot oder blaß zu werden. Ich mache bloß Erfahrungen über sie und nehme mir ein Beispiel an meinen beiden Augen, die auch nicht denken, sondern nur sehen. Über Ihn glaubte ich schon eine ganze Erfahrung gemacht zu haben, nun finde ich Ihn hier und muß bekennen, daß es doch nur eine halbe gewesen ist!

LEONHARD. Meister Anton, Er macht es ganz verkehrt. Der

Baum hängt von Wind und Wetter ab, der Mensch hat in sich Gesetz und Regel!

MEISTER ANTON. Meint Er? Ja, wir Alten sind dem Tod vielen Dank schuldig, daß er uns noch so lange unter euch Jungen herumlaufen läßt, und uns Gelegenheit gibt, uns zu bilden. Früher glaubte die dumme Welt, der Vater sei dazu da, um den Sohn zu erziehen. Umgekehrt, der Sohn soll dem Vater die letzte Politur geben, damit der arme einfältige Mann sich im Grabe nicht vor den Würmern zu schämen braucht. Gottlob, ich habe in meinem Karl einen braven Lehrer, der rücksichtslos und ohne das alte Kind durch Nachsicht zu verzärteln gegen meine Vorurteile zu Felde zieht. So hat er mir noch heute morgen zwei neue Lehren gegeben und auf die geschickteste Weise, ohne auch nur den Mund aufzutun, ohne sich bei mir sehen zu lassen, ja, eben dadurch. Erstlich hat er mir gezeigt, daß man sein Wort nicht zu halten braucht, zweitens, daß es überflüssig ist, in die Kirche zu gehen und Gottes Gebote in sich aufzufrischen. Gestern abend versprach er mir, es zu tun, und ich verließ mich darauf, daß er kommen würde, denn ich dachte: er wird dem gütigen Schöpfer doch für die Wiederherstellung seiner Mutter danken wollen. Aber er war nicht da, ich hatte es in meinem Stuhl, der freilich für zwei Personen ein wenig eng ist, ganz bequem. Ob es ihm wohl ganz recht wäre, wenn ich mir die neue Lehre gleich zu eigen machte und ihm auch mein Wort nicht hielte? Ich habe ihm zu seinem Geburtstag einen neuen Anzug versprochen und hätte also Gelegenheit, seine Freude über meine Gelehrigkeit zu prüfen. Aber das Vorurteil, das Vorurteil! Ich werde es nicht tun!

LEONHARD. Vielleicht war er unwohl –

MEISTER ANTON. Möglich, ich brauche meine Frau nur zu fragen, dann hör ich ganz gewiß, daß er krank ist. Denn über alles in der Welt sagt sie mir die Wahrheit, nur nicht über den Jungen. Und wenn auch nicht krank – auch das hat die junge Welt vor uns Alten voraus, daß sie allenthalben ihre Erbauung findet, daß sie beim Vogelfangen, beim Spazierengehen, ja im Wirtshaus ihre Andacht halten kann. »Vater unser, der du bist im Himmel!« – »Guten Tag, Peter, sieht man dich beim Abendtanz?« – »Geheiliget werde dein Name!« – »Ja, lach nur, Kathrine, es findet sich!« – »Dein Wille geschehe!« – »Hol mich der Teufel, ich bin noch nicht rasiert!« – Und so zu Ende, und den Segen gibt man sich selbst, denn man ist ja ein Mensch, so gut wie der Prediger, und die Kraft, die vom schwarzen Rock ausgeht, steckt gewiß auch im blauen. Ich habe auch nichts dagegen, und wollt ihr sogar zwischen die sieben Bitten sieben Gläser einschalten, was tuts, ich kanns keinem beweisen, daß Bier und Religion sich nicht miteinander vertragen, und vielleicht kommts noch einmal als eine neue Art, das Abendmahl zu nehmen, in die Liturgie. Ich alter Sünder freilich, ich bin nicht stark genug, um die Mode mitzumachen, ich kann die Andacht nicht, wie einen Maikäfer, auf der Straße einfangen, bei mir kann das Gezwitscher der Spatzen und Schwalben die Stelle der Orgel nicht vertreten, wenn ich mein Herz erhoben fühlen soll, so muß ich erst die schweren eisernen Kirchtüren hinter mir zuschlagen hören und mir einbilden, es seien die Tore der Welt gewesen, die düstern hohen Mauern mit den schmalen Fenstern, die das helle freche Weltlicht nur verdunkelt durchlassen, als ob sie es sichteten, müßten sich um mich zusammendrängen, und in der Ferne muß ich das Beinhaus mit dem eingemauerten Totenkopf sehen können. Nun – besser ist besser!

LEONHARD. Er nimmts auch zu genau.

MEISTER ANTON. Gewiß! Ganz gewiß! Und heute, als ehrlicher Mann muß ichs gestehen, triffts nicht einmal zu, in der Kirche verlor ich die Andacht, denn der offene Platz neben mir verdroß mich, und draußen, unter dem Birnbaum in meinem Garten, fand ich sie wieder. Er wundert sich? Sieh Er, ich ging betrübt und niedergeschlagen zu Hause, wie einer, dem die Ernte verhagelt ist, denn Kinder sind wie Äcker, man sät sein gutes Korn hinein, und dann geht Unkraut auf. Unter dem Birnbaum, den die Raupen abgefressen haben, stand ich still. Ja – dacht ich – der Junge ist wie dieser da, leer und kahl! Da kam es mir auf einmal vor, als ob ich sehr durstig wäre und durchaus ins Wirtshaus müßte. Ich betrog mich selbst, mir war nicht um ein Glas Bier zu tun, nur darum, den Burschen aufzusuchen und auszuschmälen; im Wirtshaus, das wußte ich, hätte ich ihn ganz gewiß gefunden. Eben wollt ich gehen, da ließ der alte, vernünftige Baum eine saftige Birne zu meinen Füßen niederfallen, als wollt er sagen: Die ist für den Durst, und weil du mich durch den Vergleich mit deinem Schlingel verschimpfiert hast! Ich besann mich, biß hinein und ging ins Haus.

LEONHARD. Weiß Er, daß der Apotheker nah am Konkurs ist?

MEISTER ANTON. Was kümmerts mich?

LEONHARD. So gar nichts?

MEISTER ANTON. Doch! Ich bin ein Christ. Der Mann hat viele Kinder!

LEONHARD. Und noch mehr Gläubiger. Auch die Kinder sind eine Art von Gläubigern.

MEISTER ANTON. Wohl dem, der keins von beiden ist!

LEONHARD. Ich glaubte, Er selbst –

MEISTER ANTON. Das ist längst abgemacht.

LEONHARD. Er ist ein vorsichtiger Mann. Er hat sein Geld gewiß gleich eingefordert, als er sah, daß es mit dem Kräuterhändler rückwärts ging!

MEISTER ANTON. Ja, ich brauche nicht mehr zu zittern, daß ich es verliere, denn ich habe es längst verloren.

LEONHARD. Spaß!

MEISTER ANTON. Ernst!

KLARA *(sieht in die Tür).* Rief Er, Vater?

MEISTER ANTON. Klingen dir schon die Ohren? Von dir war die Rede noch nicht!

KLARA. Das Wochenblatt! *(Ab)*

LEONHARD. Er ist ein Philosoph!

MEISTER ANTON. Was heißt das?

LEONHARD. Er weiß sich zu fassen!

MEISTER ANTON. Ich trage einen *Mühlstein* wohl zuweilen als *Halskrause,* statt damit ins Wasser zu gehen – das gibt einen steifen Rücken!

LEONHARD. Wers kann, machts nach!

MEISTER ANTON. Wer einen so wackern Mitträger findet, als ich in Ihm zu finden scheine, der muß unter der Last sogar tanzen können. Er ist ja ordentlich blaß geworden! Das nenn ich Teilnahme!

LEONHARD. Er wird mich nicht verkennen!

MEISTER ANTON. Gewiß nicht! *(Er trommelt auf einer Kommode)* Daß das Holz nicht durchsichtig ist, wie?

LEONHARD. Ich versteh Ihn nicht!

MEISTER ANTON. Wie einfältig war unser Großvater Adam, daß er die Eva nahm, ob sie gleich nackt und bloß war und nicht einmal das Feigenblatt mitbrachte. Wir beide, Er und ich, hätten sie als Landstreicherin aus dem Paradies hinausgepeitscht! Was meint Er?

LEONHARD. Er ist ärgerlich auf Seinen Sohn. Ich kam, Ihn um Seine Tochter –

MEISTER ANTON. Halt Er ein! Vielleicht sag ich nicht nein!

LEONHARD. Das hoff ich! Und ich will Ihm meine Meinung sagen! Sogar die heiligen Erzväter verschmähten nicht den Mahlschatz ihrer Weiber, Jakob liebte die Rahel und warb sieben Jahre um sie, aber er freute sich auch über die fetten Widder und Schafe, die er in ihres Vaters Dienst gewann. Ich denke, es gereicht ihm nicht zur Schande, und ihn übertreffen, heißt ihn rot machen. Ich hätte es gern gesehen, wenn Seine Tochter mir ein paar hundert Taler zugebracht hätte, und das war natürlich, denn um so besser würde sie selbst es bei mir gehabt haben, wenn ein Mädchen das Bett im Koffer mitbringt, so braucht sie nicht erst Wolle zu kratzen und Garn zu spinnen. Es ist nicht der Fall – was tuts? Wir machen aus der Fastenspeise unser Sonntagsessen und aus dem Sonntagsbraten unsern Weihnachtsschmaus! So gehts auch!

MEISTER ANTON *(reicht ihm die Hand)*. Er spricht brav, und unser Herrgott nickt zu seinen Worten, nun – ich wills vergessen, daß meine Tochter vierzehn Tage lang des Abends vergeblich beim Teetrinken eine Tasse für ihn auf den Tisch gestellt hat. Und nun Er mein Schwiegersohn wird, will ich Ihm auch sagen, wo die tausend Taler geblieben sind!

LEONHARD *(beiseite)*. Also doch weg! Nun, so brauch ich mir von dem alten Werwolf auch nichts gefallen zu lassen, wenn er mein Schwiegervater ist!

MEISTER ANTON. Mir gings in jungen Jahren schlecht. Ich bin so wenig wie Er als ein borstiger Igel zur Welt gekommen, aber ich bin nach und nach einer geworden. Erst waren all die Stacheln bei mir nach innen gerichtet, da kniffen und drückten sie alle zu ihrem Spaß auf meiner nachgiebigen glatten Haut herum und freuten sich, wenn ich zusammenfuhr, weil die Spitzen mir in Herz und Eingeweide drangen. Aber das Ding gefiel mir nicht, ich kehrte meine Haut um, nun fuhren ihnen die Borsten in die Finger, und ich hatte Frieden.

LEONHARD *(für sich)*. Vor dem Teufel selbst, glaub ich!

MEISTER ANTON. Mein Vater arbeitete sich, weil er sich Tag und Nacht keine Ruhe gönnte, schon in seinem dreißigsten Jahre zu Tode, meine arme Mutter ernährte mich mit Spinnen so gut es ging, ich wuchs auf, ohne etwas zu lernen, ich hätte mir, als ich größer wurde und doch noch immer nichts verdienen konnte, wenigstens gern das Essen abgewöhnt, aber wenn ich mich auch des Mittags zuweilen krank stellte und den Teller zurückschob, was wollte es bedeuten? Am Abend zwang mich der Magen, mich wieder für gesund zu erklären. Meine größte Pein war, daß ich so ungeschickt blieb, ich konnte darüber mit mir selbst hadern, als obs meine eigene Schuld wäre, als ob ich mich im Mutterleibe nur mit Freßzähnen versehen und alle nützlichen Eigenschaften und Fertigkeiten wie absichtlich darin zurückgelassen hätte, ich konnte rot werden, wenn mich die Sonne beschien. Gleich nach meiner Konfirmation trat der Mann, den sie gestern begraben haben, der Meister Gebhard, zu uns in die Stube. Er runzelte die Stirn und verzog das Gesicht, wie er immer tat, wenn er etwas Gutes beabsichtigte, dann sagte er zu meiner Mutter: »Hat Sie Ihren Jungen in die Welt gesetzt, daß er Ihr Nase und Ohren vom Kopf fressen soll?« Ich schämte mich und legte das Brot, von dem ich mir gerade ein Stück abschneiden wollte, schnell wieder in den Schrank, meine Mutter ärgerte sich über das wohlgemeinte Wort, sie hielt ihr Rad an und versetzte hitzig, ihr Sohn sei brav und gut. Nun, das wollen wir sehen, sagte der Meister, wenn er Lust hat, kann er gleich, wie er da steht, mit mir in die Werkstatt gehen, Lehrgeld verlang ich nicht, die Kost bekommt er, für die Kleider will ich auch sorgen, und wenn er früh aufstehen und spät zu Bette gehen will, so solls ihm an Gelegenheit, hin und wieder ein gutes Trinkgeld für seine alte Mutter zu verdienen, nicht fehlen. Meine Mutter fing zu weinen an, ich zu tanzen, als wir endlich zu Worte kamen, hielt der Meister sich die Ohren zu, schritt hinaus und winkte mir. Den Hut braucht ich nicht aufzusetzen, denn ich hatte keinen, ohne der Mutter auch nur Adjes zu sagen, folgt ich ihm, und als ich am nächsten Sonntag zum erstenmal auf ein Stündchen zu ihr zurück durfte, gab er mir einen halben Schinken für sie mit. Gottes Segen in des braven Mannes Gruft! Noch hör ich sein halbzorniges: Tonerl, unter die Jacke damit, daß meine Frau es nicht sieht!

LEONHARD. Kann Er auch weinen?

MEISTER ANTON *(trocknet sich die Augen).* Ja, daran darf ich nicht denken, so gut der Tränenbrunnen auch in mir verstopft ist, das gibt jedesmal wieder einen Riß. Nun, auch gut; wenn ich einmal wassersüchtig werde, so brauche ich mir wenigstens diese Tropfen nicht mit abzapfen zu lassen. *(Mit einer plötzlichen Wendung)* Was meint Er? Wenn Er den Mann, dem Er alles verdankte, einmal an einem Sonntagnachmittag auf eine Pfeife Tabak besuchen wollte, und Er träfe ihn verwirrt und verstört, ein Messer in der Hand, dasselbe Messer, womit er Ihm tausendmal sein Vesperbrot abgeschnitten, blutig am Halse und das Tuch ängstlich bis ans Kinn hinaufziehend –

LEONHARD. So ging der alte Gebhard bis an sein Ende!

MEISTER ANTON. Der Narbe wegen. Und Er käme noch eben zur rechten Zeit, Er könnte retten und helfen, aber nicht bloß dadurch, daß Er ihm das Messer aus der Hand risse und die Wunde verbände, sondern Er müßte auch lumpige tausend Taler, die Er erspart hätte, hergeben und das müßte sogar, um den kranken Mann nur zur Annahme zu bewegen, ganz in der Stille geschehen, was würde Er tun?

LEONHARD. Ledig und los, wie ich bin, ohne Weib und Kind, würde ich das Geld opfern.

MEISTER ANTON. Und wenn Er zehn Weiber hätte, wie die Türken, und soviel Kinder, als dem Vater Abraham versprochen waren, und Er könnte sich auch nur einen Augenblick bedenken, so wär Er – nun, Er wird mein Schwiegersohn! Jetzt weiß Er, wo das Geld geblieben ist, heute konnt ich es Ihm sagen, denn mein alter Meister ist begraben, vor einem Monat hätt ichs noch auf dem Sterbebett bei mir behalten. Die Verschreibung hab ich dem Toten, bevor sie den

Sarg zunagelten, unter den Kopf geschoben, wenn ich schreiben könnte, hätt ich vorher ein: Ehrlich bezahlt! darunter gesetzt, unwissend, wie ich bin, blieb mir nichts übrig, als der Länge nach einen Riß ins Papier zu machen. Nun wird er ruhig schlafen, und ich hoffe, ich auch, wenn ich mich einst neben ihn hinstrecke.

Sechste Szene

Die Mutter *(tritt schnell ein).* Kennst mich noch?

Meister Anton *(auf das Hochzeitskleid deutend).* Den Rahmen, jawohl, der hat sich gehalten, das Bild nicht recht. Es scheint sich viel Spinnweb darauf gesetzt zu haben, nun, die Zeit war lang genug dazu!

Mutter. Hab ich nicht einen aufrichtigen Mann? Doch, ich brauch ihn nicht apart zu loben, Aufrichtigkeit ist die Tugend der Ehemänner.

Meister Anton. Tuts dir leid, daß du mit zwanzig Jahren besser vergoldet warst als mit fünfzig?

Mutter. Gewiß nicht! Wärs anders, so müßt ich mich ja für dich und mich schämen!

Meister Anton. So gibst du mir einen Kuß! Ich bin rasiert und besser, wie gewöhnlich!

Mutter. Ich sage ja, bloß um zu prüfen, ob du dich noch auf die Kunst verstehst. Das fiel dir lange nicht mehr ein!

Meister Anton. Gute Hausmutter! Ich will nicht verlangen, daß du mir die Augen zudrücken sollst, es ist ein schweres Stück, ich wills für dich übernehmen, ich will dir den letzten Liebesdienst erweisen, aber Zeit mußt du mir lassen, hörst du, daß ich mich stähle und vorbereite und nicht als Stümper bestehe. Noch wärs viel zu früh!

Mutter. Gott sei Dank, wir bleiben noch eine Weile beisammen.

Meister Anton. Ich hoffs auch, du hast ja ordentlich wieder rote Backen!

Mutter. Ein possierlicher Mensch, unser neuer Totengräber. Er machte ein Grab, als ich heute morgen über den Kirchhof ging, ich fragte ihn, für wen es sei. »Für wen Gott will«, sagte er, »vielleicht für mich selbst, es kann mir gehen, wie meinem Großvater, der auch mal eins auf den Vorrat gemacht hatte, und in der Nacht, als er aus dem Wirtshaus zu Hause kam, hineinfiel und sich den Hals brach.«

LEONHARD *(der bisher im Wochenblatt gelesen hat).* Der Kerl ist nicht von hier, er kann uns vorlügen, was ihm gefällt!

MUTTER. Ich fragte ihn: »Warum wartet Er denn nicht, bis man die Gräber bei Ihm bestellt?« – »Ich bin heute auf eine Hochzeit gebeten«, sprach er, »und da bin ich Prophet genug, um zu wissen, daß ichs morgen noch im Kopf spüren werde. Nun hat mir aber gewiß jemand den Tort angetan und ist gestorben. Da müßt ich morgen beizeiten heraus und könnte nicht ausschlafen.«

MEISTER ANTON. »Hans Wurst«, hätt ich gesagt, »wenn das Grab nun nicht paßt?«

MUTTER. Ich sagte es auch, aber der schüttelt die spitzen Antworten aus dem Ärmel, wie der Teufel die Flöhe. »Ich habe das Maß nach dem Weber Veit genommen«, sagte er, »der ragt, wie König Saul, um einen Kopf über uns alle hinaus, nun mag kommen, wer will, er wird sein Haus nicht zu klein finden, und wenns zu groß ist, so schadets keinem als mir, denn als ehrlicher Mann laß ich mir keinen Fuß über die Sarglänge bezahlen.« Ich warf meine Blumen hinein und sprach: »Nun ists besetzt!«

MEISTER ANTON. Ich denke, der Kerl hat bloß gespaßt, und das ist schon sündlich genug. Gräber im voraus machen, hieße vorwitzig die Falle des Todes aufstellen; den Halunken, der es täte, sollte man vom Dienst jagen. *(Zu dem lesenden Leonhard)* Was Neues? Sucht ein Menschenfreund eine arme Witwe, die ein paar hundert Taler brauchen kann? Oder umgekehrt die arme Witwe den Menschenfreund, der sie geben will?

LEONHARD. Die Polizei macht einen Juwelendiebstahl bekannt. Wunderbar genug. Man sieht daraus, daß trotz der schlechten Zeiten noch immer Leute unter uns leben, die Juwelen besitzen.

MEISTER ANTON. Ein Juwelendiebstahl? Bei wem?

LEONHARD. Beim Kaufmann Wolfram!

MEISTER ANTON. Bei – Unmöglich! Da hat mein Karl vor ein paar Tagen einen Sekretär poliert!

LEONHARD. Aus dem Sekretär verschwunden, richtig!

MUTTER *(zu Meister Anton).* Vergebe dir Gott dies Wort!

MEISTER ANTON. Du hast recht, es war ein nichtswürdiger Gedanke!

MUTTER. Gegen deinen Sohn, das muß ich dir sagen, bist du nur ein halber Vater.

MEISTER ANTON. Frau, wir wollen heute nicht darüber sprechen!

MUTTER. Er ist anders als du, muß er darum gleich schlecht sein?

MEISTER ANTON. Wo bleibt er denn jetzt? Die Mittagsglocke hat längst geschlagen, ich wette, daß das Essen draußen verkocht und verbrät, weil Klara heimliche Ordre hat, den Tisch nicht zu decken, bevor er da ist.

MUTTER. Wo sollt er bleiben? Höchstens wird er Kegel schieben, und da muß er ja die entfernteste Bahn aufsuchen, damit du ihn nicht entdeckst. Dann ist der Rückweg natürlich lang. Ich weiß auch nicht, was du gegen das unschuldige Spiel hast.

MEISTER ANTON. Gegen das Spiel? Gar nichts! Vornehme Herren müssen einen Zeitvertreib haben. Ohne den Kartenkönig hätte der wahre König gewiß oft Langeweile, und wenn die Kegel nicht erfunden wären, wer weiß, ob Fürsten und Barone nicht mit unsern Köpfen bosseln würden! Aber ein Handwerksmann kann nicht ärger freveln, als wenn er seinen sauer verdienten Lohn aufs Spiel setzt. Der Mensch muß, was er mit schwerer Mühe im Schweiß seines Angesichts erwirbt, ehren, es hoch und wert halten, wenn er nicht an sich selber irre werden, wenn er nicht sein ganzes Tun und Treiben verächtlich finden soll. Wie können sich alle meine Nerven spannen für den Taler, den ich wegwerfen will. *(Man hört draußen die Türklingel)*

MUTTER. Da ist er.

Siebente Szene

Gerichtsdiener Adam und noch ein Gerichtsdiener treten ein

ADAM *(zu Meister Anton).* Nun geh Er nur hin und bezahl Er Seine Wette! *Leute im roten Rock mit blauen Aufschlägen (dies betont er stark)* sollten Ihm nie ins Haus kommen? Hier sind wir unsrer zwei! *(Zum zweiten Gerichtsdiener)* Warum behält Er seinen Hut nicht auf wie ich? Wer wird Umstände machen, wenn er bei seinesgleichen ist?

MEISTER ANTON. Bei deinesgleichen, Schuft?

ADAM. Er hat recht, wir sind nicht bei unsresgleichen, Schelme und Diebe sind nicht unsresgleichen! *(Er zeigt auf die Kommode)* Aufgeschlossen! Und dann drei Schritte davon! Daß Er nichts herauspraktiziert!

MEISTER ANTON. Was? Was?

KLARA *(tritt mit Tischzeug herein)*. Soll ich – *(Sie verstummt)*

ADAM *(zeigt ein Papier)*. Kann er geschriebene Schrift lesen?

MEISTER ANTON. Soll ich können, was nicht einmal mein Schulmeister konnte?

ADAM. So hör Er! Sein Sohn hat Juwelen gestohlen. Den Dieb haben wir schon. Nun wollen wir Haussuchung halten!

MUTTER. Jesus! *(Fällt um und stirbt)*

KLARA. Mutter! Mutter! Was sie für Augen macht!

LEONHARD. Ich will einen Arzt holen!

MEISTER ANTON. Nicht nötig! Das ist das letzte Gesicht. Sahs hundertmal. Gute Nacht, Therese! Du starbst, als dus hörtest! Das soll man dir aufs Grab setzen!

LEONHARD. Es ist doch vielleicht – – *(Abgehend)* Schrecklich! Aber gut für mich! *(Ab)*

MEISTER ANTON *(zieht ein Schlüsselbund hervor und wirft es von sich)*. Da! Schließt auf! Kasten nach Kasten! Ein Beil her! Der Schlüssel zum Koffer ist verloren! Hei, Schelmen und Diebe! *(Er kehrt sich die Taschen um)* Hier find ich nichts!

ZWEITER GERICHTSDIENER. Meister Anton, faß Er sich! Jeder weiß, daß Er der ehrlichste Mann in der Stadt ist.

MEISTER ANTON. So? So? *(Lacht)* Ja, ich hab die Ehrlichkeit in der Familie allein verbraucht! Der arme Junge! Es blieb nichts für ihn übrig! Die da – *(er zeigt auf die Tote)* war auch viel zu sittsam! Wer weiß, ob die Tochter nicht – *(Plötzlich zu Klara)* Was meinst du, mein unschuldiges Kind?

KLARA. Vater!

ZWEITER GERICHTSDIENER *(zu Adam)*. Fühlt Er kein Mitleid?

ADAM. Kein Mitleid? Wühl ich dem alten Kerl in den Taschen? Zwing ich ihn, die Strümpfe auszuziehen und die Stiefel umzukehren? Damit wollt ich anfangen, denn ich hasse ihn, wie ich nur hassen kann, seit er im Wirtshaus sein Glas – Er kennt die Geschichte, und Er müßte sich auch beleidigt fühlen, wenn Er Ehre im Leibe hätte. *(Zu Klara)* Wo ist die Kammer des Bruders?

KLARA *(zeigt sie).* Hinten!

BEIDE GERICHTSDIENER *(ab).*

KLARA. Vater, er ist unschuldig! Er muß ja unschuldig sein! Er ist ja dein Sohn, er ist ja mein Bruder!

MEISTER ANTON. Unschuldig, und ein Muttermörder? *(Lacht)*

EINE MAGD *(tritt ein mit einem Brief, zu Klara).* Von Herrn Kassierer Leonhard. *(Ab)*

MEISTER ANTON. Du brauchst ihn nicht zu lesen! Er sagt sich von dir los! *(Schlägt in die Hände)* Bravo, Lump!

KLARA *(hat gelesen).* Ja! Ja! O mein Gott!

MEISTER ANTON. Laß ihn!

KLARA. Vater, Vater, ich kann nicht!

MEISTER ANTON. Kannst nicht? Kannst nicht? Was ist das? Bist du –

BEIDE GERICHTSDIENER *(kommen zurück).*

ADAM *(hämisch).* Suchet, so werdet ihr finden!

ZWEITER GERICHTSDIENER *(zu Adam).* Was fällt Ihm ein? Trafs denn heute zu?

ADAM. Halt Ers Maul! *(Beide ab)*

MEISTER ANTON. Er ist unschuldig und du – du –

KLARA. Vater, Er ist schrecklich!

MEISTER ANTON *(faßt sie bei der Hand, sehr sanft).* Liebe Tochter, der Karl ist doch nur ein Stümper, er hat die Mutter umgebracht, was wills heißen? Der Vater blieb am Leben! Komm ihm zu Hülfe, du kannst nicht verlangen, daß er alles allein tun soll, gib du mir den Rest, der alte Stamm sieht noch so knorrig aus, nicht wahr, aber er wackelt schon, es wird dir nicht zu viel Mühe kosten, ihn zu fällen! Du brauchst nicht nach der Axt zu greifen, du hast ein hübsches Gesicht, ich hab dich noch nie gelobt, aber heute will ichs dir sagen, damit du Mut und Vertrauen bekommst, Augen, Nase und Mund finden gewiß Beifall, werde – du verstehst mich wohl, oder sag mir, es kommt mir so vor, daß dus schon bist!

KLARA *(fast wahnsinnig, stürzt der Toten mit aufgehobenen Armen zu Füßen und ruft wie ein Kind).* Mutter! Mutter!

MEISTER ADAM. Faß die Hand der Toten und schwöre mir, daß du bist, was du sein sollst!

KLARA. Ich – schwöre – dir – daß – ich – dir – nie – Schande – machen – will!

MEISTER ANTON. Gut! *(Er setzt seinen Hut auf)* Es ist schönes Wetter! Wir wollen Spießruten laufen, straßauf, straßab!

(Ab)

ZWEITER AKT

Zimmer im Hause des Tischlermeisters

Erste Szene

MEISTER ANTON *(steht vom Tisch auf).*

KLARA *(will abräumen).*

MEISTER ANTON. Willst du wieder nicht essen?

KLARA. Vater, ich bin satt.

MEISTER ANTON. Von nichts?

KLARA. Ich aß schon in der Küche.

MEISTER ANTON. Wer keinen Appetit hat, der hat kein gut Gewissen! Nun, alles wird sich finden! Oder war Gift in der Suppe, wie ich gestern träumte? Einiger wilder Schierling aus Versehen beim Pflücken ins Kräuterbündel hineingeraten? Dann tatst du klug!

KLARA. Allmächtiger Gott!

MEISTER ANTON. Vergib mir, ich – Geh zum Teufel mit deiner blassen Leidensmiene, die du der Mutter des Heilands gestohlen hast! Rot soll man aussehen, wenn man jung ist! Nur einer darf Staat machen mit einem solchen Gesicht, und der tuts nicht! Hei! Jedem eine Ohrfeige, der noch Au sagt, wenn er sich in den Finger geschnitten hat! Dazu hat keiner das Recht mehr, denn hier steht ein Mann, der – Eigenlob stinkt, aber was tat ich, als der Nachbar über deiner Mutter den Sargdeckel zunageln wollte?

KLARA. Er riß ihm den Hammer weg und tats selbst und sprach: Dies ist mein Meisterstück! Der Kantor, der eben mit den Chorknaben vor der Tür das Sterbelied absang, meinte, Er sei verrückt geworden!

MEISTER ANTON. Verrückt! *(Lacht)* Verrückt! Ja, ja, das ist ein kluger Kopf, der sich selbst köpft, wenns Zeit ist. Der meinige muß dazu zu fest stehen, sonst – Man hockte in der Welt und glaubte in einer guten Herberge hinterm Ofen zu sitzen, da wird plötzlich Licht auf den Tisch gestellt, und siehe da, man ist in einem Räuberloch; nun gehts piff, paff von allen Seiten, aber es schadet nicht, man hat zum Glück ein steinernes Herz!

KLARA. Ja, Vater, so ists!

MEISTER ANTON. Was weißt du davon? Meinst du, du hast ein Recht, mit mir zu fluchen, weil dein Schreiber davongelaufen ist? Dich wird ein anderer sonntags nachmittags spazierenführen, ein anderer wird dir sagen, daß deine Backen rot sind und deine Augen blau, ein anderer wird dich zum Weibe nehmen, wenn dus verdienst. Aber wenn du nun dreißig Jahre lang in Züchten und Ehren die Last des Lebens getragen, wenn du nie gemurrt, sondern Leid und Tod und jedes Mißgeschick in Geduld hingenommen hast, und dann kommt dein Sohn, der dir für dein Alter ein weiches Kopfkissen stopfen sollte und überhäuft dich so mit Schande, daß du die Erde anrufen möchtest: Verschlucke mich, wenn dich nicht ekelt, denn ich bin kotiger als du! – dann magst du all die Flüche, die ich in meiner Brust zurückhalte, aussprechen, dann magst du dein Haar raufen und deine Brüste zerschlagen, das sollst du vor mir voraushaben, denn du bist kein Mann!

KLARA. O Karl!

MEISTER ANTON. Wundern soll michs doch, was ich tun werde, wenn ich ihn wieder vor mir sehe, wenn er abends vor Lichtanzünden mit geschorenem Kopf, denn im Zuchthaus sind die Frisuren nicht erlaubt, in die Stube tritt und einen Guten Abend herausstottert und die Klinke der Tür in der Hand behält. Tun werd ich etwas, das ist gewiß, aber was? *(Mit Zähneknirschen)* Und ob sie ihn zehn Jahre behalten, er wird mich finden, ich werde so lange leben, das weiß ich, merk dirs, Tod, ich bin von jetzt an ein Stein vor deiner Hippe, sie wird eher zerspringen, als mich aus der Stelle rücken!

KLARA *(faßt seine Hand).* Vater, Er sollte sich eine halbe Stunde niederlegen!

MEISTER ANTON. Um zu träumen, daß du in die Wochen gekommen seist? Um dann aufzufahren und dich zu packen und mich hinterdrein zu besinnen und zu sprechen: Liebe Tochter, ich wußte nicht, was ich tat! Ich danke. Mein Schlaf hat den Gaukler verabschiedet und einen Propheten in Dienst genommen, der zeigt mir mit seinem Blutfinger häßliche Dinge, und ich weiß nicht, wies kommt, alles scheint mir jetzt möglich. Hu, mich schauderts vor der Zukunft, wie vor einem Glas Wasser, das man durchs Mikroskop – ists richtig, Herr Kantor? Er hat mirs oft genug vorbuchstabiert! – betrachtet hat. Ich tats einmal in Nürnberg auf der Messe und mochte den ganzen Tag nicht mehr trinken! Den lieben Karl sah ich in der letzten Nacht mit einer Pistole in der Hand, als ich den Schützen näher ins Auge faßte, drückte er ab, ich hörte einen Schrei, aber vor Pulverdampf konnt ich nichts sehen, auch als der Dampf sich verzog, erblickte ich keinen zerschmetterten Schädel, aber mein Herr Sohn war inzwischen ein reicher Mann geworden, er stand und zählte Goldstücke von einer Hand in die andere, und er hatte ein Gesicht – hol mich der Teufel, man kanns nicht ruhiger haben, wenn man den ganzen Tag arbeitete und nun die Werkstatt hinter sich abschließt. Nun davor könnte man aufpassen! Man könnte Gericht halten und sich nachher selbst vor den höchsten Richter stellen.

KLARA. Werd Er doch wieder ruhig!

MEISTER ANTON. Werd Er doch wieder gesund! Warum ist Er krank! Ja, Arzt, reich mir nur den Trunk der Genesung! Dein Bruder ist der schlechteste Sohn, werde du die beste Tochter! Wie ein nichtswürdiger Bankrottierer steh ich vor dem Angesicht der Welt, einen braven Mann, der in die Stelle dieses Invaliden treten könne, war ich ihr schuldig, mit einem Schelm hab ich sie betrogen. Werde du ein Weib, wie deine Mutter war, dann wird man sprechen: An den Eltern hats nicht gelegen, daß der Bube abseits ging, denn die Tochter wandelt den rechten Weg und ist allen anderen vorauf. *(Mit schrecklicher Kälte)* Und ich will das meinige dazu tun, ich will dir die Sache leichter machen als den übrigen. In dem Augenblick, wo ich bemerke, daß man auch auf dich mit Fingern zeigt, werd ich – *(mit einer Bewegung an den Hals)* mich rasieren und dann, *das schwör ich dir zu,* rasier ich den ganzen Kerl weg, du kannst sagen, es sei aus Schreck geschehen, weil auf der Straße ein Pferd durchging oder weil die Katze auf dem Boden einen Stuhl umwarf oder weil mir eine Maus an den Beinen hinauflief. Wer mich kennt, wird freilich den Kopf dazu schütteln, denn ich bin nicht sonderlich schreckhaft, aber was tuts? Ich kanns in einer Welt nicht aushalten, wo die Leute mitleidig sein müßten, wenn sie nicht vor mir ausspucken sollen.

KLARA. Barmherziger Gott, was soll ich tun!

MEISTER ANTON. Nichts, nichts, liebes Kind, ich bin zu hart gegen dich, ich fühls wohl, nichts, bleib nur, was du bist, dann ists gut! O, ich hab so groß Unrecht erlitten, daß ich Unrecht tun muß, um nicht zu erliegen, wenns mich so recht anfaßt. Sieh, ich gehe vorhin über die Straße, da kommt der Pockenfritz daher, der Gaudieb, den ich vor Jahren ins Loch stecken ließ, weil er zum drittenmal lange Finger bei mir gemacht hatte. Früher wagte der Halunke nicht, mich anzusehen, jetzt trat er frech auf mich zu und reichte mir die Hand. Ich wollte ihm einen hinter die Ohren geben, aber ich besann mich und spuckte nicht einmal aus, wir sind ja Vettern seit acht Tagen, und es ist billig, daß Verwandte sich grüßen. Der Pfarrer, der mitleidige Mann, der mich gestern besuchte, meinte zwar, ein Mensch habe niemanden zu vertreten als sich selbst und es sei ein unchristlicher Hochmut von mir, daß ich auch noch für meinen Sohn aufkommen wolle; sonst müßte Adam es sich so gut zu Gemüte ziehen wie ich. Herr, ich glaubs gern, daß es den Frieden des Erzvaters im Paradiese nicht mehr stört, wenn einer seiner Ururenkel zu morden oder zu rauben anfängt, aber raufte er sich nicht die Haare über Kain? Nein, nein, es ist zu viel! Ich könnte mich zuweilen nach meinem Schatten umsehen, ob er nicht schwärzer geworden ist! Denn alles, alles kann ich ertragen und habs bewiesen, nur nicht die Schande! Legt mir auf den *Nacken,* was ihr wollt, nur schneidet nicht den *Nerv* durch, der mich zusammenhält!

KLARA. Vater, noch hat Karl ja nichts gestanden, und sie haben auch nichts bei ihm gefunden.

MEISTER ANTON. Was soll mir das? Ich bin in der Stadt herumgegangen und habe mich in den Schenken nach seinen Schulden erkundigt, da kam mehr zusammen, als er im nächsten Vierteljahr bei mir verdient hätte, und wenn er noch dreimal so fleißig wäre, als er ist. Nun weiß ich, warum er immer zwei Stunden später Feierabend machte als ich und warum er trotzdem auch noch vor mir aufstand, aber er sah ein, daß dies alles noch nichts half oder es war ihm zu mühevoll und dauerte ihm zu lange, da griff er zu, als die Gelegenheit sich bot.

KLARA. Er glaubt von Karl immer das Schlimmste. Er hat es stets getan! Weiß er wohl noch, wie –

MEISTER ANTON. Du sprichst, wie deine Mutter sprechen würde, ich will dir antworten, wie ich ihr zu antworten pflegte, ich will stillschweigen!

KLARA. Und wenn Karl doch freigesprochen wird? Wenn die Juwelen sich wiederfinden?

MEISTER ANTON. Dann würd ich einen Advokaten annehmen und mein letztes Hemd daransetzen, um zu erfahren, ob der Bürgermeister den Sohn eines ehrlichen Mannes mit Recht ins Gefängnis warf oder nicht. Wär es, so würd ich mich beugen, denn was jedem widerfahren kann, das muß auch ich mir gefallen lassen und mußte ich es zu meinem Unglück auch tausendmal teurer bezahlen als andere, es war ein Schicksal, und wenn Gott mich schlägt, so falte ich die Hände und spreche: »Herr, du weißt warum!« Wär es aber nicht, hätte der Mann mit der goldenen Kette um den Hals sich übereilt, weil er an nichts dachte als daran, daß der Kaufmann, der die Juwelen vermißt, sein Schwager ist, so würde sichs finden, ob das Gesetzbuch ein Loch hat und ob der König, der wohl weiß, daß er seinen Untertanen ihre Treu und ihren Gehorsam mit Gerechtigkeit bezahlen muß, und der dem Geringsten unter ihnen gewiß am wenigsten etwas schuldig bleiben will, dies Loch ungestopft ließe. Aber das sind unnütze Reden! Der Junge wird so wenig rein aus diesem Prozeß hervorgehen wie deine Mutter lebendig aus ihrer Gruft. Von dem kommt mir nun und nimmer ein Trost, darum vergiß du nicht, was du mir schuldig bist, halte du deinen Schwur, damit ich den meinigen nicht zu halten brauche! *(Er geht, kehrt aber wieder um)* Ich komme heut abend erst spät nach Hause, ich gehe zu dem alten Holzhändler ins Gebirge. Das ist der einzige Mann, der mir noch wie sonst in die Augen sieht, weil er noch nicht von meiner Schande weiß. Er ist taub, keiner kann ihm was erzählen, ohne sich heiser zu schreien, und auch dann hört er alles verkehrt, darum erfährt er nichts. *(Ab)*

Zweite Szene

KLARA *(allein).* O Gott, o Gott! Erbarme dich! Erbarme dich über den alten Mann! Nimm mich zu dir! Ihm ist nicht anders zu helfen! Sieh, der Sonnenschein liegt so goldig auf der Straße, daß die Kinder mit Händen nach ihm greifen, die Vögel fliegen hin und her, Blumen und Kräuter werden nicht müde, in die Höhe zu wachsen. Alles lebt, alles will leben, tausend Kranke zittern in dieser Stunde vor dir, o Tod, wer dich in der beklommenen Nacht noch rief, weil er seine Schmerzen nicht mehr ertragen konnte, der findet sein Lager jetzt wieder sanft und weich, *ich* rufe dich! Verschone den, dessen Seele sich am tiefsten vor dir wegkrümmt, laß ihm so lange Frist, bis die schöne Welt wieder grau und öde wird, nimm mich für ihn! Ich will nicht schaudern, wenn du mir deine kalte Hand reichst, ich will sie mutig fassen und dir freudiger folgen, als dir noch je ein Menschenkind gefolgt ist.

Dritte Szene

DER KAUFMANN WOLFRAM *(tritt ein).* Guten Tag, Jungfer Klara, ist Ihr Vater nicht zu Hause?

KLARA. Er ist eben fortgegangen.

WOLFRAM. Ich komme – – meine Juwelen haben sich wiedergefunden.

KLARA. O Vater, wärst du da! Er hat seine Brille vergessen, dort liegt sie! Daß ers bemerkte und umkehrte! Wie denn? – Wo? – Bei wem?

WOLFRAM. Meine Frau – Sag Sie mir aufrichtig, Jungfer, hat Sie nicht auch schon etwas Wunderliches über meine Frau gehört?

KLARA. Ja!

WOLFRAM. Daß sie – *(Er deutet auf die Stirn)* Nicht wahr?

KLARA. Daß sie nicht recht bei sich ist, freilich!

WOLFRAM *(ausbrechend)*. Mein Gott! Mein Gott! Alles umsonst! Keinen Dienstboten, den ich einmal in mein Haus nahm, hab ich wieder von mir gelassen, jedem habe ich doppelten Lohn gegeben und zu allen Nachlässigkeiten die Augen zugedrückt, um mir ihr Stillschweigen zu erkaufen, dennoch – die falschen, undankbaren Kreaturen! O meine armen Kinder! Bloß euretwegen suchte ichs zu verbergen!

KLARA. Schelt Er Seine Leute nicht! Die sind gewiß unschuldig! Seit das Nachbarhaus abbrannte und Seine Frau aus dem geöffneten Fenster dazu lachte und in die Hände klatschte, ja sogar mit vollen Backen ins Feuer hinüberblies, als wollte sie es noch mehr anfachen, seitdem hatte man nur die Wahl, ob man sie für einen Teufel oder für eine Verrückte halten wollte. Und das haben Hunderte gesehen.

WOLFRAM. Es ist wahr. Nun, da die ganze Stadt mein Unglück kennt, so wäre es töricht, wenn ich Ihr das Versprechen abfordern wollte, es zu verschweigen. Höre Sie denn! Den Diebstahl, wegen dessen Ihr Bruder im Gefängnis sitzt, hat der Wahnsinn begangen!

KLARA. Seine eigne Frau –

WOLFRAM. Daß sie, die früher die edelste, mitleidigste Seele von der Welt war, boshaft und schadenfroh geworden ist, daß sie jauchzt und jubelt, wenn vor ihren Augen ein Unglück geschieht, wenn die Magd ein Glas zerbricht oder sich in den Finger schneidet, wußte ich längst; daß sie aber auch Sachen im Hause auf die Seite bringt, Geld versteckt, Papiere zerreißt, das habe ich leider zu spät erfahren, erst heute mittag. Ich hatte mich aufs Bett gelegt und wollte eben einschlafen, da bemerkte ich, daß sie sich mir leise näherte und mich scharf betrachtete, ob ich schon schliefe. Ich schloß die Augen fester, da nahm sie aus meiner über den Stuhl gehängten Weste den Schlüssel, öffnete den Sekretär, griff nach einer Geldrolle, schloß wieder zu und trug den Schlüssel zurück. Ich entsetzte mich, doch ich hielt an mich, um sie nicht zu stören, sie verließ das Zimmer, ich schlich ihr auf den Zehen nach. Sie stieg zum obersten Boden hinauf und warf die Geldrolle in eine alte Kiste hinein, die noch vom Großvater her leer dasteht, dann sah sie sich scheu nach allen Seiten um und eilte, ohne mich zu bemerken, wieder fort. Ich zündete einen Wachsstock an und durchsuchte die Kiste, da fand ich die Spielgruppe meiner jüngsten Tochter, ein Paar Pantoffeln der Magd, ein Handlungsbuch, Briefe und leider oder gottlob, wie soll ich sagen, ganz unten auch die Juwelen!

KLARA. O meine arme Mutter! Es ist doch zu schändlich!

WOLFRAM. Gott weiß, ich würde den Schmuck darum geben, könnt ich ungeschehen machen, was geschehen ist! Aber nicht ich bin schuld! Daß mein Verdacht, bei aller Achtung vor Ihrem Vater, auf Ihren Bruder fiel, war natürlich, er hatte den Sekretär poliert, und mit ihm waren die Juwelen verschwunden, ich bemerkte es fast augenblicklich, denn ich mußte aus dem Fach, worin sie lagen, Papiere herausnehmen. Doch es fiel mir nicht ein, gleich strenge Maßregeln gegen ihn zu ergreifen, ich teilte die Sache nur vorläufig dem Gerichtsdiener Adam mit und ersuchte ihn, ganz in der Stille Nachforschungen anzustellen, aber dieser wollte von keiner Schonung wissen, er erklärte mir, er müsse und werde den Fall auf der Stelle anzeigen, denn Ihr Bruder sei ein Säufer und Schuldenmacher, und er gilt bei dem Bürgermeister leider so viel, daß er durchsetzen kann, was er will. Der Mann scheint bis aufs äußerste gegen Ihren Vater aufgebracht zu sein, ich weiß nicht warum, es war nicht möglich, ihn zu beschwichtigen, er hielt sich die Ohren zu und rief, als er fortrannte: Wenn Er mir den Schmuck geschenkt hätte, ich wäre nicht so vergnügt wie jetzt!

KLARA. Der Gerichtsdiener hat im Wirtshaus einmal sein Glas neben das meines Vaters auf den Tisch gestellt und ihm dabei zugenickt, als ob er ihn zum Anstoßen auffordern wolle. Da hat mein Vater das seinige weggenommen und gesagt: Leute im roten Rock mit blauen Aufschlägen mußten ehemals aus Gläsern mit hölzernen Füßen trinken, auch mußten sie draußen vor dem Fenster, oder wenns regnete, vor der Tür stehenbleiben und bescheiden den Hut abziehen, wenn der Wirt ihnen den Trunk reichte; wenn sie aber ein Gelüsten trugen, mit jemandem anzustoßen, so warteten sie, bis der Gevatter Fallmeister vorüberkam. Gott! Gott! Was ist alles möglich auf der Welt! Das hat meine Mutter mit einem jähen Tode bezahlen müssen!

WOLFRAM. Man soll keinen reizen und die Schlimmen am wenigsten! Wo ist Ihr Vater?

KLARA. Im Gebirg beim Holzhändler.

WOLFRAM. Ich reite hinaus und such ihn auf. Beim Bürgermeister war ich schon, leider traf ich ihn nicht daheim, sonst würde Ihr Bruder schon hier sein, aber der Sekretär hat sogleich einen Boten abgefertigt, Sie wird ihn noch vor Abend sehen. *(Ab)*

Vierte Szene

KLARA *(allein).* Nun sollt ich mich freuen! Gott, Gott! Und ich kann nichts denken, als: nun bist dus allein! Und doch ist mir zumut, als müsse mir gleich etwas einfallen, das alles wieder gutmacht!

Fünfte Szene

DER SEKRETÄR *(tritt ein).* Guten Tag!

KLARA *(hält sich an einem Stuhl, als sollte sie umfallen).* Der! O, wenn der nicht zurückgekommen wäre –

SEKRETÄR. Der Vater ist nicht zu Hause?

KLARA. Nein!

SEKRETÄR. Ich bringe eine fröhliche Botschaft. Ihr Bruder – Nein, Klara, ich kann in diesem Ton nicht mit dir reden, mir deucht, Tische, Stühle, Schränke, all die alten Bekannten – Guten Tag, du! *(Er nickt einem Schrank zu)* Wie gehts? Du hast dich nicht verändert! – um die wir als Kinder so oft herumgehüpft sind, werden die Köpfe zusammenstecken und den Narren ausspotten, wenn ich nicht schnell einen anderen anschlage. Ich muß du zu dir sagen wie ehemals, wenns dir nicht gefällt, so denke: der große Junge träumt, ich will ihn aufwecken und vor ihn hintreten und mich *(mit Gebärden)* hoch aufrichten, damit er sieht, daß er kein kleines Kind mehr vor sich hat – das war dein Maß im elften Jahr *(er deutet auf einen Schrammstrich in der Tür)* – sondern ein gehörig erwachsenes Mädchen, das den Zucker auch dann erreichen kann, wenn er auf den Schrank gestellt wird. Du weißt doch noch? Das war der Platz, die feste Burg, wo er auch unverschlossen vor uns sicher war. Wir vertrieben uns, wenn er dort stand, die Zeit gewöhnlich mit Fliegenklatschen, weil wir den Fliegen, die lustig ab- und zuflogen, das unmöglich gönnen konnten, was wir selbst nicht zu erlangen wußten.

Klara. Ich dächte, man vergäße solche Dinge, wenn man hundert und tausend Bücher durchstudieren müßte.

Sekretär. Man vergißts auch! Freilich, was vergißt man nicht über Justinian und Gajus! Die Knaben, die sich so hartnäckig gegen das ABC wehren, wissen wohl warum; sie haben eine Ahnung davon, daß, wenn sie sich nur mit der Fibel nicht einlassen, sie mit der Bibel nie Händel bekommen können! Aber schändlich genug, man verführt die unschuldigen Seelen, man zeigt ihnen hinten den roten Hahn mit dem Korb voll Eier, da sagen sie von selbst: Ah! und nun ist kein Haltens mehr, nun gehts reißend schnell bergunter bis zum Z und so weiter und weiter, bis sie auf einmal mitten im Corpus juris sind und mit Grausen innewerden, in welche Wildnis die verfluchten vierundzwanzig Buchstaben, die sich anfangs im lustigen Tanz nur zu wohlschmeckenden und wohlriechenden Worten, wie Kirsche und Rose zusammenstellten, sie hineingelockt haben!

Klara. Und wie wirds dann gemacht?

(Abwesend ohne allen Anteil)

Sekretär. Darin sind die Temperamente verschieden. Einige arbeiten sich durch. Die kommen gewöhnlich in drei bis vier Jahren wieder ans Tageslicht, sind dann aber etwas mager und blaß, das muß man ihnen nicht übelnehmen. Zu diesen gehöre ich. Andere legen sich in der Mitte des Waldes nieder, sie wollen bloß ausruhen, aber sie stehen selten wieder auf. Ich habe selbst einen Bekannten, der nun schon drei Jahre im Schatten der Lex Julia sein Bier trinkt, er hat sich den Platz des Namens wegen ausgesucht, der ruft ihm angenehme Erinnerungen zurück. Noch andere werden desparat und kehren um. Die sind die Dümmsten, denn man läßt sie nur unter der Bedingung aus dem einen Dickicht heraus, daß sie sich spornstreichs wieder in ein anderes hineinbegeben. Und da gibts einige, die noch schrecklicher sind, die gar kein Ende haben! *(Für sich)* Was man alles schwätzt, wenn man etwas auf dem Herzen hat und es nicht herauszubringen weiß!

KLARA. Alles ist heute lustig und munter, das macht der schöne Tag!

SEKRETÄR. Ja, bei solchem Wetter fallen die Eulen aus dem Nest, die Fledermäuse bringen sich um, weil sie fühlen, daß der Teufel sie gemacht hat, der Maulwurf bohrt sich so tief in die Erde ein, daß er den Weg zurück nicht mehr findet und jämmerlich ersticken muß, wenn er sich nicht bis zur anderen Seite durchfrißt und in Amerika wieder zum Vorschein kommt. Heute tut jede Kornähre einen doppelten Schuß, und jede Mohnblume wird noch einmal so rot wie sonst, wenn auch nur aus Scham, daß sies noch nicht ist. Soll der Mensch zurückbleiben? Soll er den lieben Gott um den einzigen Zins betrügen, den seine Welt ihm abwirft, um ein fröhlich Gesicht und um ein helles Auge, das all die Herrlichkeit abspiegelt und verklärt zurückgibt? Wahrhaftig, wenn ich des Morgens diesen oder jenen Hocker aus seiner Tür hervorschleichen sehe, die Stirn in Falten heraufgezogen und den Himmel anglotzend wie einen Bogen Löschpapier, dann denk ich oft: es gibt gleich Regen, Gott muß, er kann nicht umhin, den Wolkenvorhang niederzulassen, um sich nur über die Fratze nicht zu ärgern. Man sollte die Kerls als Hintertreiber von Lustpartien, als Verderber des Erntewetters vor Gericht belangen können. Wodurch willst du denn für das Leben danken als dadurch, daß du lebst! Jauchze, Vogel, sonst verdienst du die Kehle nicht!

KLARA. Ach, das ist so wahr, so wahr – ich könnte gleich zu weinen anfangen!

SEKRETÄR. Es ist nicht gegen dich gesagt; daß du seit acht Tagen schwerer atmest wie sonst, begreif ich wohl, ich kenne deinen Alten. Aber gottlob, ich kann deine Brust wieder freimachen, und ebendarum bin ich hier. Du wirst deinen Bruder noch heut abend wiedersehen, und nicht auf ihn, sondern auf die Leute, die ihn ins Gefängnis geworfen haben, wird man mit Fingern zeigen. Verdient das einen Kuß, einen schwesterlichen, wenns denn kein anderer sein darf? Oder wollen wir

Blindekuh darum spielen? Wenn ich dich nicht in zehn Minuten hasche, so geh ich leer aus und bekomm noch einen Backenstreich obendrein.

KLARA *(für sich).* Mir ist, als wär ich auf einmal tausend Jahr alt geworden, und nun stünde die Zeit über mir still, ich kann nicht zurück und auch nicht vorwärts. O, dieser festgenagelte Sonnenschein und all die Heiterkeit um mich her!

SEKRETÄR. Du antwortest mir nicht. Freilich, das vergaß ich, du bist Braut! O Mädchen, warum hast du mir das getan! Und doch – habe ich ein Recht, mich zu beklagen? Sie ist, wie alles Liebe und Gute, alles Liebe und Gute hätte mich an sie erinnern sollen, dennoch war sie jahrelang für mich wie nicht mehr in der Welt. Dafür hat sie – Wärs nur wenigstens ein Kerl, vor dem man die Augen niederschlagen müßte! Aber dieser Leonhard –

KLARA *(plötzlich, wie sie den Namen hört).* Ich muß zu ihm – Das ists ja, ich bin nicht mehr die Schwester eines Diebes – o Gott, was will ich denn noch? Leonhard wird und muß – Er braucht ja bloß kein Teufel zu sein, und alles ist wie vorher! *(Schaudernd)* Wie vorher! *(Zum Sekretär)* Nimms nicht übel, Friedrich! – Warum werden mir die Beine auf einmal so schwer?

SEKRETÄR. Du willst –

KLARA. Zu Leonhard, wohin denn sonst? Nur den einen Weg hab ich auf dieser Welt noch zu machen!

SEKRETÄR. So liebst du ihn? Dann –

KLARA *(wild).* Lieben? Er oder der Tod! Wunderts wen, daß ich ihn wähle? Ich täts nicht, dächt ich an mich allein!

SEKRETÄR. Er oder der Tod? Mädchen, so spricht die Verzweiflung, oder –

KLARA. Mach mich nicht rasend! Nenne das Wort nicht mehr! Dich! dich lieb ich! Da! Da! Ich rufs dir zu, als ob ich schon jenseits des Grabes wandelte, wo niemand mehr rot wird, wo sie alle nackt und frierend aneinander vorbeischleichen, weil Gottes furchtbare heilige Nähe in jedem den Gedanken an die anderen bis auf die Wurzel weggezehrt hat!

SEKRETÄR. Mich? Noch immer mich? Klara, ich habs geahnt, als ich dich draußen im Garten sah!

KLARA. Hast du? O, der andere auch! *(Dumpf, als ob sie allein wäre)* Und er trat vor mich hin! Er oder ich! O, mein Herz, mein verfluchtes Herz! Um ihm, um mir selbst zu beweisen, daß es nicht so sei, oder ums zu ersticken, wenns so wäre, tat ich, was mich jetzt – *(in Tränen ausbrechend)* Gott im Himmel, ich würde mich erbarmen, wenn ich du wäre und du ich!

SEKRETÄR. Klara, werde mein Weib! Ich kam zu dir, um dir noch einmal auf die alte Weise ins Auge zu sehen. Hättest du den Blick nicht verstanden, ich würde mich, ohne zu reden, wieder entfernt haben. Jetzt biet ich dir alles an, was ich bin und was ich habe. Es ist wenig, aber es kann mehr werden. Längst wäre ich hier gewesen, doch deine Mutter war krank, dann starb sie.

KLARA *(lacht wahnsinnig).*

SEKRETÄR. Fasse Mut, Mädchen. Der Mensch hat dein Wort. Das ängstigt dich. Und freilich ists verflucht. Wie konntest du –

KLARA. O frag noch, was alles zusammenkommt, um ein armes Mädchen verrückt zu machen. Spott und Hohn von allen Seiten, als du auf die Akademie gezogen warst und nichts mehr von dir hören ließest. Die denkt noch an den! – Die glaubt, daß Kindereien ernsthaft gemeint waren! – Erhält sie Briefe? – Und dann die Mutter! Halte dich zu deinesgleichen! Hochmut tut nimmer gut! Der Leonhard ist doch recht brav, alle wundern sich, daß du ihn über die Achsel ansiehst. Dazu mein eignes Herz. Hat er dich vergessen, zeig ihm, daß auch du – o Gott!

SEKRETÄR. Ich bin schuld. Ich fühls. Nun, was schwer ist, ist darum nicht unmöglich. Ich schaff dir dein Wort zurück. Vielleicht –

KLARA. O, mein Wort – da! *(Sie wirft ihm Leonhards Brief hin)*

SEKRETÄR *(liest).* Ich als Kassierer – dein Bruder – Dieb – sehr leid – aber ich kann nicht umhin, aus Rücksicht auf mein Amt – – *(Zu Klara)* Das schrieb er dir denselben Tag, wo deine Mutter starb? Er bezeigt dir ja zugleich sein Beileid über ihren jähen Tod!

KLARA. Ich glaube ja!

SEKRETÄR. Daß dich! Lieber Gott, die Katzen, Schlangen und sonstigen Scheusale, die dir bei der Schöpfung so zwischen den Fingern durchgeschlüpft sind, haben Beelzebubs Wohlgefallen erregt, er hat sie dir nachgemacht, aber er hat sie besser herausgeputzt, wie du, er hat sie in Menschenhaut gesteckt, und nun stehen sie mit deinem Menschen in Reih und Glied, und man erkennt sie erst, wenn sie kratzen und stechen! *(Zu Klara)* Aber es ist ja gut, es ist ja vortrefflich! *(Er will sie umarmen)* Komm! Für ewig! Mit diesem Kuß –

KLARA *(sinkt an ihn).* Nein, nicht für ewig, nur daß ich nicht umfalle, aber keinen Kuß!

SEKRETÄR. Mädchen, du liebst ihn nicht, du hast dein Wort zurück –

KLARA *(dumpf, sich wieder aufrichtend).* Und ich muß doch zu ihm, ich muß mich auf Knieen vor ihm niederwerfen und stammeln: Sieh die weißen Haare meines Vaters an, nimm mich!

SEKRETÄR. Unglückliche, versteh ich dich?

KLARA. Ja!

SEKRETÄR. Darüber kann kein Mann weg! Vor dem Kerl, dem man ins Gesicht spucken möchte, die Augen niederschlagen müssen? *(Er preßt Klara wild an sich)* Ärmste! Ärmste!

KLARA. Geh nun, geh!

SEKRETÄR *(für sich brütend).* Oder man müßte den Hund, ders weiß, aus der Welt wegschießen! Daß er Mut hätte! Daß er sich stellte! Daß man ihn zwingen könnte! Ums Treffen wär mir nicht bange!

KLARA. Ich bitte dich!

SEKRETÄR *(indem er geht).* Wenns dunkel wird! *(Er kehrt wieder um und faßt Klaras Hand)* Mädchen, du stehst vor mir – – *(Er wendet sich ab)* Tausende ihres Geschlechts hättens klug und listig verschwiegen und es erst dem Mann in einer Stunde süßer Vergessenheit in Ohr und Seele geschmeichelt! Ich fühle, was ich dir schuldig bin! *(Ab)*

Sechste Szene

KLARA *(allein).* Zu! Zu, mein Herz! Quetsch dich in dich ein, daß auch kein Blutstropfe mehr heraus kann, der in den Adern das gefrierende Leben wieder entzünden will. Da hatte sich wieder was wie eine Hoffnung in dir aufgetan!

Jetzt erst merk ichs! Ich dachte – *(Lächelnd)* Nein, darüber kann kein Mann weg! Und wenn – Könntest du selbst darüber hinweg? Hättest du den Mut, eine Hand zu fassen, die – Nein, nein, diesen schlechten Mut hättest du nicht! Du müßtest dich selbst einriegeln in deine Hölle, wenn man dir von außen die Türe öffnen wollte – Du bist für ewig – O, daß das aussetzt, daß das nicht immer so fortbohrt, daß zuweilen ein Aufhören ist! Nur darum dauerts lange! Der Gequälte glaubt auszuruhen, weil der Quäler einhalten muß, um Odem zu schöpfen; es ist ein Aufatmen wie des Ertrinkenden auf den Wellen, wenn der Strudel, der ihn hinunterzieht, ihn noch einmal wieder ausspeit, um ihn gleich wieder aufs neue zu fassen, er hat nichts davon als den zwiefachen Todeskampf!

Nun, Klara? Ja, Vater, ich gehe, ich gehe! Deine Tochter wird dich nicht zum Selbstmord treiben! Ich bin bald das Weib des Menschen, oder – Gott, nein! Ich bettle ja nicht um ein Glück, ich bettle um mein Elend, um mein tiefstes Elend – mein Elend wirst du mir geben! Fort – wo ist der Brief? *(Sie nimmt ihn)* Drei Brunnen triffst du auf dem Weg zu ihm – Daß du mir an keinem stehenbleibst! Noch hast du nicht das Recht dazu! *(Ab)*

DRITTER AKT

Erste Szene

Zimmer bei Leonhard

LEONHARD *(an einem Tisch mit Akten, schreibend).* Das wäre nun der sechste Bogen nach Tisch! Wie fühlt sich der Mensch, wenn er seine Pflicht tut! Jetzt könnte mir in die Tür treten, wer wollte, und wenns der König wäre – ich würde aufstehen, aber ich würde nicht in Verlegenheit geraten! Einen nehm ich aus, das ist der alte Tischler! Aber im Grunde kann auch der mir wenig machen! Die arme Klara! Sie dauert mich, ich kann nicht ohne Unruhe an sie denken! Daß der eine verfluchte Abend nicht wäre! Es war in mir wirklich mehr die Eifersucht als die Liebe, die mich zum Rasen brachte, und sie ergab sich gewiß nur darein, um meine Vorwürfe zu widerlegen, denn sie war kalt gegen mich wie der Tod. Ihr stehen böse Tage bevor, nun, auch ich werde noch viel Verdruß haben! Trage jeder das Seinige! Vor allen Dingen die Sache mit dem kleinen Buckel nur recht fest gemacht, damit die mir nicht entgeht, wenn das Gewitter ausbricht! Dann hab ich den Bürgermeister auf meiner Seite und brauche vor nichts bange zu sein!

Zweite Szene

KLARA *(tritt ein).* Guten Abend, Leonhard!

LEONHARD. Klara? *(Für sich)* Das hätt ich nun nicht mehr erwartet! *(Laut)* Hast du meinen Brief nicht erhalten? Doch – du kommst vielleicht für deinen Vater und willst die Steuer bezahlen! Wieviel ist es nur? *(In einem Journal blätternd)* Ich sollte es eigentlich aus dem Kopf wissen!

KLARA. Ich komme, um dir deinen Brief zurückzugeben! Hier ist er! Lies ihn noch einmal!

LEONHARD *(liest mit großem Ernst).* Es ist ein ganz vernünftiger Brief! Wie kann ein Mann, dem die öffentlichen Gelder anvertraut sind, in eine Familie heiraten, zu der *(er verschluckt ein Wort),* zu der dein Bruder gehört?

KLARA. Leonhard!

LEONHARD. Aber vielleicht hat die ganze Stadt unrecht? Dein Bruder sitzt nicht im Gefängnis? Er hat nie im Gefängnis gesessen? Du bist nicht die Schwester eines – deines Bruders?

KLARA. Leonhard, ich bin die Tochter meines Vaters, und nicht als Schwester eines unschuldig Verklagten, der schon wieder freigesprochen ist, denn das ist mein Bruder, nicht als Mädchen, das vor unverdienter Schande zittert, denn *(halblaut)* ich zittre noch mehr vor dir, nur als Tochter des alten Mannes, der mir das Leben gegeben hat, stehe ich hier!

LEONHARD. Und du willst?

KLARA. Du kannst fragen? O, daß ich wieder gehen dürfte! Mein Vater schneidet sich die Kehle ab, wenn ich – heirate mich!

LEONHARD. Dein Vater –

KLARA. Er hats geschworen! Heirate mich!

LEONHARD. Hand und Hals sind nahe Vettern. Sie tun einander nichts zuleide! Mach dir keine Gedanken!

KLARA. Er hats geschworen – heirate mich, nachher bring mich um, ich will dir für das eine noch dankbarer sein als für das andere!

LEONHARD. Liebst du mich? Kommst du, weil dich dein Herz treibt? Bin ich der Mensch, ohne den du nicht leben und sterben kannst?

KLARA. Antworte dir selbst!

LEONHARD. Kannst du schwören, daß du mich liebst? Daß du mich so liebst, wie ein Mädchen den Mann lieben muß, der sich auf ewig mit ihr verbinden soll?

KLARA. Nein, das kann ich nicht schwören! Aber dies kann ich schwören: ob ich dich liebe, ob ich dich nicht liebe, nie sollst dus erfahren! Ich will dir dienen, ich will für dich arbeiten, und zu essen sollst du mir nichts geben, ich will mich selbst ernähren, ich will bei Nachtzeit nähen und spinnen für andere Leute, ich will hungern, wenn ich nichts zu tun habe, ich will lieber in meinen eignen Arm hineinbeißen, als zu meinem Vater gehen, damit er nichts merkt. Wenn du mich schlägst, weil dein Hund nicht bei der Hand ist oder weil du ihn abgeschafft hast, so will ich eher meine Zunge verschlucken als ein Geschrei ausstoßen, das den Nachbarn verraten könnte, was vorfällt. Ich kann nicht versprechen, daß meine Haut die Striemen deiner Geißel nicht zeigen soll, denn das hängt nicht von mir ab, aber ich will lügen, ich will sagen, daß ich mit dem Kopf gegen den Schrank gefahren, oder daß ich auf dem Estrich, weil er zu glatt war, ausgeglitten bin, ich wills tun, bevor noch einer fragen kann, woher die blauen Flecke rühren. Heirate mich – ich lebe nicht lange. Und wenns dir doch zu lange dauert und du die Kosten der Scheidung nicht aufwenden magst, um von mir loszukommen, so kauf Gift aus der Apotheke und stells hin, als obs für deine Ratten wäre, ich wills, ohne daß du auch nur zu winken brauchst, nehmen und im Sterben zu den Nachbarn sagen, ich hätts für zerstoßenen Zucker gehalten!

LEONHARD. Ein Mensch, von dem du dies alles erwartest, überrascht dich doch nicht, wenn er nein sagt?

KLARA. So schaue Gott mich nicht zu schrecklich an, wenn ich komme, ehe er mich gerufen hat! Wärs um mich allein – ich wollts ja tragen, ich wollts geduldig hinnehmen als verdiente Strafe für, ich weiß nicht was, wenn die Welt mich in meinem Elend mit Füßen träte, statt mir beizustehen, ich wollte mein Kind, und wenns auch die Züge dieses Menschen trüge, lieben, ach, und ich wollte vor der armen Unschuld so viel weinen, daß es, wenns älter und klüger würde, seine Mutter gewiß nicht verachten noch ihr fluchen sollte. Aber ich bins nicht allein, und leichter find ich am Jüngsten Tag noch eine Antwort auf des Richters Frage: Warum hast du dich selbst umgebracht? als auf die: Warum hast du deinen Vater so weit getrieben?

LEONHARD. Du sprichst, als ob du die erste und letzte wärst! Tausende haben das vor dir durchgemacht, und sie ergaben sich darein, Tausende werden nach dir in den Fall kommen und sich in ihr Schicksal finden: sind die alle Nickel, daß du dich für dich allein in die Ecke stellen willst? Die hatten auch Väter, die ein Schock neue Flüche erfanden, als sies zuerst hörten und von Mord und Totschlag sprachen; nachher schämten sie sich und taten Buße für ihre Schwüre und Gotteslästerungen, sie setzten sich hin und wiegten das Kind oder wedelten ihm die Fliegen ab!

KLARA. O, ich glaubs gern, daß du nicht begreifst, wie irgendeiner in der Welt seinen Schwur halten sollte!

Dritte Szene

EIN KNABE *(tritt ein).* Da sind Blumen! Ich soll nicht sagen, wovon.

LEONHARD. Ei, die lieben Blumen! *(Schlägt sich vor die Stirn)* Teufel! Teufel! Das ist dumm! Ich hätte welche schicken sollen! Wie hilft man sich da heraus? Auf solche Dinge versteh ich mich schlecht, und die Kleine nimmts genau, sie hat an nichts anderes zu denken! *(Er nimmt die Blumen)* Alle behalt ich sie aber nicht! *(Zu Klara)* Nicht wahr, die da bedeuten Reue und Scham? Hast du mir das nicht einmal gesagt?

KLARA *(nickt).*

LEONHARD *(zum Knaben).* Merk dirs, Junge, die sind für mich, ich stecke sie an, siehst du, hier, wo das Herz ist! Diese, die dunkelroten, die wie ein düsteres Feuer brennen, trägst du zurück. Verstehst du? Wenn meine Äpfel reif sind, kannst du dich melden!

KNABE. Das ist noch lange hin! *(Ab)*

Vierte Szene

LEONHARD. Ja, siehst du, Klara, du sprachst von Worthalten. Eben weil ich ein Mann von Wort bin, muß ich dir antworten, wie ich dir geantwortet habe. Dir schrieb ich vor acht Tagen ab, du kannst es nicht leugnen, der Brief liegt da. *(Er reicht ihr den Brief, sie nimmt ihn mechanisch)* Ich hatte Grund, dein Bruder – du sagst, er ist freigesprochen, es freut mich! In diesen acht Tagen knüpfte ich ein neues Verhältnis an; ich hatte das Recht dazu, denn du hast nicht zur rechten Zeit gegen meinen Brief protestiert, ich war frei in meinem Gefühl wie vor dem Gesetz. Jetzt kommst du, aber ich habe schon ein Wort gegeben und eins empfangen, ja – *(für sich)* ich wollt, es wär so – die andere ist schon mit dir in gleichem Fall, du dauerst mich *(er streicht ihr die Locken zurück, sie läßt es geschehen, als ob sie es gar nicht bemerkte)*, aber du wirst einsehen – mit dem Bürgermeister ist nicht zu spaßen!

KLARA *(wie geistesabwesend)*. Nicht zu spaßen!

LEONHARD. Siehst du, du wirst vernünftig! Und was deinen Vater betrifft, so kannst du ihm keck ins Gesicht sagen, daß er allein schuld ist! Starre mich nicht so an, schüttle nicht den Kopf, es ist so, Mädchen, es ist so! Sags ihm nur, er wirds schon verstehen und in sich gehen, ich bürge dir dafür! *(Für sich)* Wer die Aussteuer seiner Tochter wegschenkt, der muß sich nicht wundern, daß sie sitzenbleibt. Wenn ich daran denke, so steift sich mir ordentlich der Rücken, und ich könnte wünschen, der alte Kerl wäre hier, um eine Lektion in Empfang zu nehmen. Warum muß ich grausam sein? Nur weil er ein Tor war! Was auch daraus entsteht, er hats zu verantworten, das ist klar! *(Zu Klara)* Oder willst du, daß ich selbst mit ihm rede? Dir zuliebe will ich ein blaues Auge wagen und zu ihm gehen! Er kann grob gegen mich werden, er kann mir den Stiefelknecht an den Kopf werfen, aber er wird die Wahrheit trotz des Bauchgrimmens, das sie ihm verursacht, hinunterknirschen und dich in Ruhe lassen müssen. Verlaß dich darauf! Ist er zu Hause?

KLARA *(richtet sich hoch auf).* Ich danke dir! *(Will gehen)*

LEONHARD. Soll ich dich hinüberbegleiten? Ich habe den Mut!

KLARA. Ich danke dir, wie ich einer Schlange danken würde, die mich umknotet hätte und mich von selbst wieder ließe und fortspränge, weil eine andere Beute sie lockte. Ich weiß, daß ich gebissen bin, ich weiß, daß sie mich nur läßt, weil es ihr nicht der Mühe wert scheint, mir das bißchen Mark aus den Gebeinen zu saugen, aber ich danke dir doch, denn nun hab ich einen ruhigen Tod. Ja, Mensch, es ist kein Hohn, ich danke dir, mir ist, als hätt ich durch deine Brust bis in den Abgrund der Hölle hinuntergesehen, und was auch in der furchtbaren Ewigkeit mein Los sei, mit dir hab ich nichts mehr zu schaffen, und das ist ein Trost! Und wie der Unglückliche, den ein Wurm gestochen hat, nicht gescholten wird, wenn er sich in Schauder und Ekel die Adern öffnet, damit das vergiftete Leben schnell ausströmen kann, so wird die ewige Gnade sich vielleicht auch mein erbarmen, wenn sie dich ansieht und mich, was du aus mir gemacht hast, denn warum *könnt* ichs tun, wenn ichs nimmer, nimmer tun *dürfte?* Nur eins noch: mein Vater weiß von nichts, er ahnt nichts, und damit er nie etwas erfährt, geh ich noch heute aus der Welt! Könnt ich denken, daß du – *(Sie tut wild einen Schritt auf ihn zu)* Doch, das ist Torheit, dir kanns ja nur willkommen sein, wenn sie alle stehen und die Köpfe schütteln und sich umsonst fragen: warum das geschehen ist!

LEONHARD. Es kommen Fälle vor! Was soll man tun? Klara!

KLARA. Fort von hier! Der Mensch kann sprechen! *(Sie will gehen)*

LEONHARD. Meinst du, daß ichs dir glaube?

KLARA. Nein!

LEONHARD. Du kannst gottlob nicht Selbstmörderin werden, ohne zugleich Kindesmörderin zu werden!

KLARA. Beides lieber als Vatermörderin! O, ich weiß, daß man Sünde mit Sünde nicht büßt! Aber was ich jetzt tu, das kommt über mich *allein!* Geb ich meinem Vater das Messer in die Hand, so triffts ihn wie mich! Mich triffts immer! Dies gibt mir Mut und Kraft in all meiner Angst! Dir wirds wohl gehen auf Erden! *(Ab)*

Fünfte Szene

LEONHARD *(allein).* Ich muß! Ich muß sie heiraten! Und warum muß ich? Sie will einen verrückten Streich begehen, um ihren Vater von einem verrückten Streich abzuhalten; wo liegt die Notwendigkeit, daß ich den ihrigen durch einen noch verrückteren verhindern muß? Ich kann sie nicht zugeben, wenigstens nicht eher, als bis ich denjenigen vor mir sehe, der mir wieder durch den allerverrücktesten zuvorkommen will, und wenn der ebenso denkt wie ich, so gibts kein Ende. Das klingt ganz gescheut, und doch – Ich muß ihr nach! Da kommt jemand! Gott sei Dank, nichts ist schmählicher, als sich mit seinen eigenen Gedanken abzanken müssen! Eine Rebellion im Kopf, wo man Wurm nach Wurm gebiert und einer den andern frißt oder in den Schwanz beißt, ist die schlimmste von allen!

Sechste Szene

SEKRETÄR *(tritt ein).* Guten Abend!

LEONHARD. Herr Sekretär? Was verschafft mir die Ehre –

SEKRETÄR. Du wirst es gleich sehen!

LEONHARD. Du? Wir sind freilich Schulkameraden gewesen!

SEKRETÄR. Und werden vielleicht auch Todeskameraden sein! *(Zieht Pistolen hervor)* Verstehst du damit umzugehen?

LEONHARD. Ich begreife Sie nicht!

SEKRETÄR *(spannt eine).* Siehst du? So wirds gemacht. Dann zielst du auf mich, wie ich jetzt auf dich und drückst ab! So!

LEONHARD. Was reden Sie?

SEKRETÄR. Einer von uns beiden muß sterben! Sterben! Und das sogleich!

LEONHARD. Sterben?

SEKRETÄR. Du weißt warum!

LEONHARD. Bei Gott nicht!

SEKRETÄR. Tut nichts, es wird dir in der Todesstunde schon einfallen!

LEONHARD. Auch keine Ahnung –

SEKRETÄR. Besinne dich! Ich könnte dich sonst für einen tollen

Hund halten, der mein Liebstes gebissen hat, ohne selbst etwas davon zu wissen, und dich niederschießen wie einen solchen, da ich dich doch noch eine halbe Stunde lang für meinesgleichen gelten lassen muß!

LEONHARD. Sprechen Sie doch nicht so laut! Wenn Sie einer hörte –

SEKRETÄR. Könnte mich einer hören, du hättest ihn längst gerufen! Nun?

LEONHARD. Wenns des Mädchens wegen ist, ich kann sie ja heiraten! Dazu war ich schon halb und halb entschlossen, als sie selbst hier war!

SEKRETÄR. Sie war hier, und sie ist wieder gegangen, ohne dich in Reue und Zerknirschung zu ihren Füßen gesehen zu haben? Komm! Komm!

LEONHARD. Ich bitte Sie – Sie sehen einen Menschen vor sich, der zu allem bereit ist, was Sie vorschreiben! Noch heut abend verlobe ich mich mit ihr!

SEKRETÄR. Das tu ich oder keiner. Und wenn die Welt daran hinge, nicht den Saum ihres Kleides sollst du wieder berühren! Komm! In den Wald mit mir! Aber wohl gemerkt, ich faß dich unter den Arm, und wenn du unterwegs nur einen Laut von dir gibst, so – *(er erhebt die Pistole)* du wirst mirs glauben! Ohnehin nehmen wir, damit du nicht in Versuchung kommst, den Weg hinten zum Hause hinaus durch die Gärten!

LEONHARD. Eine ist für mich – geben Sie mir die!

SEKRETÄR. Damit du sie wegwerfen und mich zwingen kannst, dich zu morden oder dich laufen zu lassen, nicht wahr? Geduld, bis wir am Platz sind, dann teil ich ehrlich mit dir!

LEONHARD *(geht und stößt aus Versehen sein Trinkglas vom Tisch)*. Soll ich nicht wieder trinken?

SEKRETÄR. Courage, mein Junge, vielleicht gehts gut, Gott und Teufel scheinen sich ja beständig um die Welt zu schlagen, wer weiß denn, wer gerade Herr ist! *(Faßt ihn unter den Arm, beide ab)*

Siebente Szene

Zimmer im Hause des Tischlers. Abend

KARL *(tritt ein).* Kein Mensch daheim! Wüßt ich das Rattenloch unter der Türschwelle nicht, wo sie den Schlüssel zu verbergen pflegen, wenn sie alle davongehen, ich hätte nicht hinein können. Nun, das hätte nichts gemacht! Ich könnte jetzt zwanzigmal um die Stadt laufen und mir einbilden, es gäbe kein größeres Vergnügen auf der Welt, als die Beine zu gebrauchen. Wir wollen Licht anzünden! *(Er tuts)* Das Feuerzeug ist noch auf dem alten Platz, ich wette, denn wir haben hier im Hause zweimal zehn Gebote. Der Hut gehört auf den dritten Nagel, nicht auf den vierten! Um halb zehn Uhr muß man müde sein! Vor Martini darf man nicht frieren, nach Martini nicht schwitzen! Das steht in einer Reihe mit: Du sollst Gott fürchten und lieben! Ich bin durstig! *(Ruft)* Mutter! Pfui! Als ob ichs vergessen hätte, daß sie da liegt, wo auch des Bierwirts Knecht sein Nußknackermaul nicht mehr mit einem Ja, Herr! aufzureißen braucht, wenn er gerufen wird! Ich habe nicht geweint, als ich die Totenglocke in meinem finstern Turmloch hörte, aber – Rotrock, du hast mich auf der Kegelbahn nicht den letzten Wurf tun lassen, obgleich ich die Boßel schon in der Hand hielt, ich lasse dir nicht zum letzten Atemzug Zeit, wenn ich dich allein treffe, und das kann heut abend noch geschehen, ich weiß, wo du um zehn zu finden bist. Nachher zu Schiff! Wo die Klara bleibt? Ich bin ebenso hungrig als durstig! Heut ist Donnerstag, sie haben Kalbfleischsuppe gegessen. Wärs Winter, so hätts Kohl gegeben, vor Fastnacht weißen, nach Fastnacht grünen! Das steht so fest, als daß der Donnerstag wiederkehren muß, wenn der Mittwoch dagewesen ist, daß er nicht zum Freitag sagen kann: Geh du für mich, ich habe wunde Füße!

Achte Szene

KLARA *(tritt ein).*

KARL. Endlich! Du solltest auch nur nicht soviel küssen! Wo sich vier rote Lippen zusammenbacken, da ist dem Teufel eine Brücke gebaut! Was hast du da?

KLARA. Wo? Was?

KARL. Wo? Was? In der Hand!

KLARA. Nichts!

KARL. Nichts? Sind das Geheimnisse? *(Er entreißt ihr Leonhards Brief)* Her damit! Wenn der Vater nicht da ist, so ist der Bruder Vormund!

KLARA. Den Fetzen hab ich festgehalten, und doch geht der Abendwind so stark, daß er die Ziegel von den Dächern wirft! Als ich an der Kirche vorbeiging, fiel einer dicht vor mir nieder, so daß ich mir den Fuß daran zerstieß. O Gott, dacht ich, noch einen! und stand still! Das wäre so schön gewesen, man hätte mich begraben und gesagt: sie hat ein Unglück gehabt! Ich hoffte umsonst auf den zweiten!

KARL *(der den Brief gelesen hat)*. Donner und – Kerl, den Arm, der das schrieb, schlag ich dir lahm! Hol mir eine Flasche Wein! Oder ist deine Sparbüchse leer?

KLARA. Es ist noch eine im Hause. Ich hatte sie heimlich für den Geburtstag der Mutter gekauft und beiseitegestellt. Morgen wäre der Tag – *(Sie wendet sich)*

KARL. Gib sie her!

KLARA *(bringt den Wein)*.

KARL *(trinkt hastig)*. Nun könnten wir denn wieder anfangen. Hobeln, sägen, hämmern, dazwischen essen, trinken und schlafen, damit wir immerfort hobeln, sägen und hämmern können, Sonntags ein Kniefall obendrein: Ich danke dir, Herr, daß ich hobeln, sägen und hämmern darf! *(Trinkt)* Es lebe jeder brave Hund, der an der Kette nicht um sich beißt! *(Er trinkt wieder)* Und noch einmal: er lebe!

KLARA. Karl, trink nicht so viel! Der Vater sagt, im Wein sitzt der Teufel!

KARL. Und der Priester sagt, im Wein sitzt der liebe Gott! *(Er trinkt)* Wir wollen sehen, wer recht hat! Der Gerichtsdiener ist hier im Hause gewesen – wie betrug er sich?

KLARA. Wie in der Diebsherberge. Die Mutter fiel um und war tot, sobald er nur den Mund aufgetan hatte!

KARL. Gut! Wenn du morgen früh hörst, daß der Kerl erschlagen gefunden worden ist, so fluche nicht auf den Mörder!

KLARA. Karl, du wirst doch nicht –

KARL. Bin ich sein einziger Feind? Hat man ihn nicht schon oft angefallen? Es dürfte schwerhalten, aus so vielen, denen das Stück zuzutrauen wäre, den rechten herauszufinden, wenn dieser nur nicht Stock oder Hut auf dem Platz zurückläßt. *(Er trinkt)* Wer es auch sei: auf gutes Gelingen!

KLARA. Bruder, du redest –

KARL. Gefällts dir nicht? Laß gut sein! Du wirst mich nicht lange mehr sehen!

KLARA *(zusammenschaudernd).* Nein!

KARL. Nein? Weißt dus schon, daß ich zur See will? Kriechen mir die Gedanken auf der Stirn herum, daß du sie lesen kannst? Oder hat der Alte nach seiner Art gewütet und gedroht, mir das Haus zu verschließen? Pah! Das wär nicht viel anders, als wenn der Gefängnisknecht mir zugeschworen hätte: du sollst nicht länger im Gefängnis sitzen, ich stoße dich hinaus ins Freie!

KLARA. Du verstehst mich nicht!

KARL *(singt).*

Dort bläst ein Schiff die Segel,
Frisch saust hinein der Wind!

Ja, wahrhaftig, jetzt hält mich nichts mehr an der Hobelbank fest! Die Mutter ist tot, es gibt keine mehr, die nach jedem Sturm aufhören würde, Fische zu essen, und von Jugend auf wars mein Wunsch. Hinaus! Hier gedeih ich nicht oder erst dann, wenn ichs gewiß weiß, daß das Glück dem Mutigen, der sein Leben aufs Spiel setzt, der ihm den Kupferdreier, den er aus dem großen Schatz empfangen hat, wieder hinwirft, um zu sehen, ob es ihn einsteckt oder ihn vergoldet zurückgibt, nicht mehr günstig ist.

KLARA. Und du willst den Vater allein lassen? Er ist sechzig Jahr!

KARL. Allein? Bleibst du ihm nicht?

KLARA. Ich?

KARL. Du! Sein Schoßkind! Was wächst dir für Unkraut im Kopf, daß du fragst! Seine Freude laß ich ihm, und von seinem ewigen Verdruß wird er befreit, wenn ich gehe, warum sollt ichs denn nicht tun? Wir passen ein für allemal nicht zusammen, er kanns nicht eng genug um sich haben, er möchte seine Faust zumachen und hineinkriechen, ich möchte meine Haut abstreifen, wie den Kleinkinderrock, wenns nur ginge! *(Singt)*

Der Anker wird gelichtet,
Das Steuer flugs gerichtet,
Nun fliegts hinaus geschwind!

Sag selbst, hat er auch nur einen Augenblick an meiner Schuld gezweifelt? Und hat er in seinem überklugen: Das hab ich erwartet! Das hab ich immer gedacht! Das konnte nicht anders enden! nicht den gewöhnlichen Trost gefunden? Wärst dus gewesen, er hätte sich umgebracht! Ich möcht ihn sehen, wenn du ein Weiberschicksal hättest! Es würde ihm sein, als ob er selbst in die Wochen kommen sollte! Und mit dem Teufel dazu!

KLARA. O, wie das an mein Herz greift! Ja, ich muß fort, fort!

KARL. Was soll das heißen?

KLARA. Ich muß in die Küche – was wohl sonst? *(Faßt sich an die Stirn)* Ja! Das noch! Darum allein ging ich ja noch wieder zu Hause! *(Ab)*

KARL. Die kommt mir ganz sonderbar vor! *(Singt)*

Ein kühner Wasservogel
Kreist grüßend um den Mast!

KLARA *(tritt wieder ein).* Das Letzte ist getan, des Vaters Abendtrank steht am Feuer. Als ich die Küchentür hinter mir anzog und ich dachte: du trittst nun nie wieder hinein! ging mir ein Schauer durch die Seele. So werd ich auch aus dieser Stube gehen, so aus dem Hause, so aus der Welt!

KARL *(singt, er geht immer auf und ab, Klara hält sich im Hintergrund).*

Manch Fischlein, blank und munter,
Umgaukelt keck den Gast!

KLARA. Warum tu ichs denn nicht? Werd ichs nimmer tun? Werd ichs von Tag zu Tag aufschieben, wie jetzt von Minute zu Minute, bis – Gewiß! Darum fort! – Fort! Und doch bleib ich stehen! Ists mir nicht, als obs in meinem Schoß bittend Hände aufhöbe, als ob Augen – *(Sie setzt sich auf einen Stuhl)* Was soll das? Bist du zu schwach dazu? So frag dich, ob du stark genug bist, deinen Vater mit abgeschnittener Kehle – *(Sie steht auf)* Nein! Nein! – Vater unser, der du bist im Himmel – Geheiliget werde dein Reich – Gott, Gott, mein armer Kopf – ich kann nicht einmal beten – Bruder! Bruder! – Hilf mir –

KARL. Was hast du?

KLARA. Das Vaterunser! *(Sie besinnt sich)* Mir war, als ob ich schon im Wasser läge und untersänke und hätte noch nicht gebetet! Ich – *(Plötzlich)* Vergib uns unsere Schuld, wie wir vergeben unsern Schuldigern! Da ists! Ja! Ja! ich vergeb ihm gewiß, ich denke ja nicht mehr an ihn! Gute Nacht, Karl!

KARL. Willst du schon so früh schlafen gehen? Gute Nacht!

KLARA *(wie ein Kind, das sich das Vaterunser überhört)*. Vergib uns –

KARL. Ein Glas Wasser könntest du mir noch bringen, aber es muß recht frisch sein!

KLARA *(schnell)*. Ich will es dir vom Brunnen holen!

KARL. Nun, wenn du willst, es ist ja nicht weit!

KLARA. Dank! Dank! Das war das letzte, was mich noch drückte! Die Tat selbst mußte mich verraten! Nun werden sie doch sagen: Sie hat ein Unglück gehabt! Sie ist hineingestürzt!

KARL. Nimm dich aber in acht, das Brett ist wohl noch immer nicht wieder vorgenagelt!

KLARA. Es ist ja Mondschein! – O Gott, ich komme nur, weil sonst mein Vater käme! Vergib mir, wie ich – Sei mir gnädig – gnädig – *(Ab)*

Neunte Szene

KARL *(singt)*.
Wär gern hineingesprungen,
Da draußen ist mein Reich!

Ja! aber vorher – *(Er sieht nach der Uhr)* Wieviel ists? Neun!

Ich bin ja jung von Jahren,
Da ists mir nur ums Fahren,
Wohin? Das gilt mir gleich!

Zehnte Szene

MEISTER ANTON *(tritt ein)*. Dir hätt ich etwas abzubitten, aber wenn ichs dir verzeihe, daß du heimlich Schulden gemacht hast und sie noch obendrein für dich bezahle, so werd ichs mir ersparen dürfen!

KARL. Das eine ist gut, das andere ist nicht nötig, wenn ich meine Sonntagskleider verkaufe, kann ich die Leute, die ein paar Taler von mir zu fordern haben, selbst befriedigen, und das werd ich gleich morgen tun, als Matrose, *(für sich)* da ists heraus! *(laut)* brauch ich sie nicht mehr!

MEISTER ANTON. Was sind das wieder für Reden?

KARL. Er hört sie nicht zum erstenmal, aber Er mag mir heute darauf antworten, was Er will, mein Entschluß steht fest!

MEISTER ANTON. Mündig bist du, es ist wahr!

KARL. Eben weil ichs bin, trotz ich nicht darauf. Aber ich denke, Fisch und Vogel sollten nicht darüber streiten, obs in der Luft oder im Wasser am besten ist. Nur eins. Er sieht mich entweder nie wieder, oder Er wird mich auf die Schulter klopfen und sagen: »Du hast recht getan!«

MEISTER ANTON. Wir wollens abwarten. Ich brauche den Gesellen, den ich für dich eingestellt habe, nicht wieder abzulohnen, was ists denn weiter?

KARL. Ich dank Ihm!

MEISTER ANTON. Sag mir, hat der Gerichtsdiener, statt dich auf dem kürzesten Weg zum Bürgermeister zu führen, dich wirklich durch die ganze Stadt –

KARL. Straßauf, straßab, über den Markt, wie den Fastnachtsochsen, aber zweifle Er nicht, auch den werd ich bezahlen, eh ich gehe.

MEISTER ANTON. Das tadle ich nicht, aber ich verbiet es dir!

KARL. Ho!

MEISTER ANTON. Ich werde dich nicht aus den Augen lassen, und ich selbst, ich würde dem Kerl beispringen, wenn du dich an ihm vergreifen wolltest!

KARL. Ich meinte, Er hätte die Mutter auch liebgehabt!

MEISTER ANTON. Ich werds beweisen.

Elfte Szene

DER SEKRETÄR *(tritt bleich und wankend herein, er drückt ein Tuch gegen die Brust).* Wo ist Klara? *(Er fällt auf einen Stuhl zurück)* Jesus! Guten Abend! Gott sei Dank, daß ich noch herkam! Wo ist sie?

KARL. Sie ging zum – Wo bleibt sie? Ihre Reden – mir wird angst! *(Ab)*

SEKRETÄR. Sie ist gerächt – der Bube liegt – Aber auch ich bin – Warum das, Gott? – Nun kann ich sie ja nicht –

MEISTER ANTON. Was hat Er? Was ist mit Ihm?

SEKRETÄR. Es ist gleich aus! Geb Er mir die Hand darauf, daß Er Seine Tochter nicht verstoßen will – Hört Er, nicht verstoßen, wenn sie –

MEISTER ANTON. Das ist eine wunderliche Rede. Warum sollt ich sie denn – Ha, mir gehen die Augen auf! Hätt ich ihr nicht Unrecht getan?

SEKRETÄR. Geb Er mir die Hand!

MEISTER ANTON. Nein! *(Steckt beide Hände in die Tasche)* Aber ich werde ihr Platz machen, und sie weiß das, ich habs ihr gesagt!

SEKRETÄR *(entsetzt).* Er hat ihr – Unglückliche, jetzt versteh ich dich ganz!

KARL *(stürzt hastig herein).* Vater, Vater, es liegt jemand im Brunnen! Wenns nur nicht –

MEISTER ANTON. Die große Leiter her! Haken! Stricke! Was säumst du? Schnell! Und obs der Gerichtsdiener wäre!

KARL. Alles ist schon da. Die Nachbarn kamen vor mir. Wenns nur nicht Klara ist!

MEISTER ANTON. Klara? *(Er hält sich an einem Tisch)*

KARL. Sie ging, um Wasser zu schöpfen, und man fand ihr Tuch.

SEKRETÄR. Bube, nun weiß ich, warum deine Kugel traf. Sie ists.

MEISTER ANTON. Sieh doch zu! *(Setzt sich nieder)* Ich kann nicht! *(Karl ab)* Und doch! *(Steht wieder auf)* Wenn ich Ihn *(zum Sekretär)* recht verstanden habe, so ist alles gut.

KARL *(kommt zurück).* Klara! Tot! Der Kopf gräßlich am Brunnenrand zerschmettert, als sie – Vater, sie ist nicht hinein*gestürzt*, sie ist hineinge*sprungen*, eine Magd hats gesehen!

MEISTER ANTON. Die soll sichs überlegen, eh sie spricht! Es ist nicht hell genug, daß sie das mit Bestimmtheit hat unterscheiden können!

SEKRETÄR. Zweifelt Er? Er möchte wohl, aber Er kann nicht! Denk Er nur an das, was Er ihr gesagt hat! Er hat sie auf den Weg des Todes hinausgewiesen, ich, ich bin schuld, daß sie nicht wieder umgekehrt ist. Er dachte, als er ihren Jammer ahnte, an die *Zungen*, die hinter ihm herzischeln würden, aber nicht an die *Nichtswürdigkeit* der *Schlangen*, denen sie angehören, da sprach Er ein Wort aus, das sie zur Verzweiflung trieb; ich, statt sie, als ihr Herz in namenloser Angst vor mir aufsprang, in meine Arme zu schließen, dachte an den Buben, der dazu ein Gesicht ziehen könnte, und – nun, ich bezahls mit dem Leben, daß ich mich von einem, der *schlechter* war als ich, so *abhängig* machte, und auch Er, so eisern Er dasteht, auch Er wird noch einmal sprechen: Tochter, ich wollte doch, du hättest mir das Kopfschütteln und Achselzucken der Pharisäer um mich her nicht erspart, es beugt mich doch tiefer, daß du nicht an meinem Sterbebett sitzen und mir den Angstschweiß abtrocknen kannst!

MEISTER ANTON. Sie hat mir nichts erspart – man hats gesehen!

SEKRETÄR. Sie hat getan, was sie konnte – *Er wars nicht wert, daß ihre Tat gelang!*

MEISTER ANTON. Oder *sie* nicht!

(Tumult draußen)

KARL. Sie kommen mit ihr – *(Will ab)*

MEISTER ANTON *(fest, wie bis zu Ende, ruft ihm nach)*. In die Hinterstube, wo die Mutter stand!

SEKRETÄR. Ihr entgegen! *(Will aufstehen, fällt aber zurück)* O, Karl!

KARL *(hilft ihm auf und führt ihn ab)*.

MEISTER ANTON. Ich verstehe die Welt nicht mehr!

(Er bleibt sinnend stehen)

HERODES UND MARIAMNE

Eine Tragödie in fünf Akten

Personen

KÖNIG HERODES
MARIAMNE, seine Gemahlin
ALEXANDRA, ihre Mutter
SALOME, Schwester des Königs
SOEMUS, Statthalter von Galiläa
JOSEPH, Vizekönig in Abwesenheit von Herodes
SAMEAS, ein Pharisäer
TITUS, ein römischer Hauptmann
JOAB, ein Bote
JUDAS, ein jüdischer Hauptmann
ARTAXERXES, ein Diener
MOSES } desgleichen, sowie noch
JEHU } einige andere Diener
SILO, ein Bürger
SERUBABEL und sein Sohn PHILO } Galiläer
Ein römischer Bote
AARON und fünf andere Richter
DREI KÖNIGE AUS DEM MORGENLANDE, von der christlichen Kirche später die heiligen zubenannt

Ort: Jerusalem. Zeit: um Christi Geburt

ERSTER AKT

Burg Zion. Großer Audienzsaal
Joab. Sameas. Serubabel und sein Sohn. Titus. Judas und viele andere. Herodes tritt ein

Erste Szene

JOAB *(tritt dem König entgegen).* Ich bin zurück!
HERODES. Dich spreche ich nachher!
Das Wichtigste zuerst!
JOAB *(zurücktretend, für sich).* Das Wichtigste!
Ich dächte doch, das wäre zu erfahren,
Ob unser Kopf noch fest sitzt oder nicht.
HERODES *(winkt Judas).* Wie steht es mit dem Feuer?
JUDAS. Mit dem Feuer?
So weißt du schon, was ich zu melden kam?
HERODES. Um Mitternacht brachs aus. Ich war der erste,
Der es bemerkte und die Wache rief.
Irr ich mich nicht, so weckte ich dich selbst!
JUDAS. Es ist gelöscht! *(Für sich)* So ist es also wahr,
Daß er verkleidet durch die Gassen schleicht,
Wenn andre schlafen! Hüten wir die Zunge,
Sie könnte seinem Ohr einmal begegnen.
HERODES. Ich sah, als alles schon in Flammen stand,
Ein junges Weib durchs Fenster eines Hauses,
Das ganz betäubt schien. Ward dies Weib gerettet?
JUDAS. Sie wollte nicht!
HERODES. Sie wollte nicht?
JUDAS. Beim Himmel,
Sie wehrte sich, als man sie mit Gewalt
Hinwegzubringen suchte, schlug mit Händen
Und Füßen um sich, klammerte am Bett,
Auf dem sie saß, sich fest und schrie, sie habe
Mit eigner Hand sich eben töten wollen,
Nun komme ihr ein Tod von ungefähr!

HERODES. Sie wird verrückt gewesen sein!
JUDAS. Wohl möglich,
Daß sies in ihrem Schmerz geworden ist!
Ihr Mann war augenblicks zuvor gestorben,
Der Leichnam lag noch warm in seinem Bett.
HERODES *(für sich)*. Das will ich Mariamnen doch erzählen
Und ihr dabei ins Auge schaun! *(Laut)* Dies Weib
Hat wohl kein Kind gehabt! Wär es der Fall,
So sorg ich für das Kind! Sie selber aber
Soll reich und Fürsten gleich bestattet werden,
Sie war vielleicht der Frauen Königin!
SAMEAS *(tritt zu Herodes)*.
Bestattet werden? Geht doch wohl nicht an!
Zum wenigsten nicht in Jerusalem!
Es steht geschrieben –
HERODES. Kenne ich dich nicht?
SAMEAS. Du hast mich einmal kennenlernen können;
Ich war die Zunge des Synedriums,
Als es vor dir verstummte!
HERODES. Sameas,
Ich hoffe doch, du kennst mich auch! Du hast
Den Jüngling hart verfolgt, du hättest gern
Mit seinem Kopf dem Henker ein Geschenk
Gemacht; der Mann und König hat vergessen,
Was du getan, du trägst den deinen noch!
SAMEAS. Wenn ich ihn darum, weil du mir ihn ließest,
Nicht brauchen soll, so nimm ihn hin; das wäre
Ja schlimmer, als ihn eingebüßt zu haben.
HERODES. Weswegen kamst du? Niemals sah ich dich
Bis jetzt in diesen Mauern.
SAMEAS. Deshalb eben
Siehst du mich heut! Du hast vielleicht geglaubt,
Daß ich dich fürchtete! Ich fürcht dich nicht!
Auch jetzt nicht, wo dich mancher fürchten lernte,
Der dich bisher, ich meine bis zum Tode
Des Aristobolus, nicht fürchtete!
Und nun sich die Gelegenheit mir beut,
Dir zu beweisen, daß ich dankbar bin,
Nehm ich sie wahr und warne dich mit Ernst

Vor einer Handlung, die der Herr verdammt.
Die Knochen dieses Weibes sind verflucht,
Sie hat die Rettung heidnisch abgewehrt,
Das ist, als hätte sie sich selbst getötet
Und da –

HERODES. Ein andermal! *(Zu Serubabel)* Aus Galiläa!
Und Serubabel, der mich – Sei gegrüßt!
Du selbst bist schuld, daß ich dich jetzt erst sah.

SERUBABEL. Viel Ehre, König, daß du mich noch kennst!
(Deutet auf seinen Mund)
Nun freilich, diese beiden großen Zähne,
Die mich zum Vetter eines Ebers machen –

HERODES. Mein eigenes Gesicht vergeß ich eher,
Als das des Mannes, der mir treu gedient!
Du warst, als ich bei euch die Räuber jagte,
Mein bester Spürhund. Was bringst du mir jetzt?

SERUBABEL *(winkt seinem Sohn).*
Nicht eben viel! Den Philo, meinen Sohn!
Du brauchst Soldaten, ich, ich brauche keine,
Und dieser ist ein Römer, aus Versehn
Durch ein ebräisch Weib zur Welt gebracht!

HERODES. Aus Galiläa kommt mir nichts als Gutes!
Ich lasse dich noch rufen.

SERUBABEL *(tritt mit seinem Sohn zurück).*

TITUS *(tritt vor).* Ein Betrug,
Den ich entdeckte, zwingt mich –

HERODES. Deck ihn auf!

TITUS. Die Stummen reden!

HERODES. Deutlich!

TITUS. Dein Trabant,
Der dir mit einem meiner Zenturionen
Die letzte Nacht das Schlafgemach bewachte –

HERODES *(für sich).* Den Alexandra, meine Schwiegermutter,
In meinen Dienst gebracht –

TITUS. Er ist nicht stumm,
Wie alle Welt von ihm zu glauben scheint;
Er hat im Traum gesprochen, hat geflucht!

HERODES. Im Traum?

TITUS. Er war im Stehen eingeschlafen,

Mein Zenturione weckte ihn nicht auf;
Er glaubte die Verpflichtung nicht zu haben,
Weil er nicht mit in der Kohorte dient,
Doch sah er scharf auf ihn, um, wenn er fiele,
Ihn aufzufangen, daß er dich nicht störe,
Denn früh noch war es, und du lagst im Schlaf.
Wie er das tut, fängt dieser Stumme plötzlich
Zu murmeln an, spricht deinen Namen aus
Und fügt den fürchterlichsten Fluch hinzu!

HERODES. Der Zenturione hat sich nicht getäuscht?

TITUS. Dann müßt er selber eingeschlafen sein
Und wär ein schlimmres Zeichen für die Zukunft
Der Ewgen Stadt, als jener Blitz, der jüngst
Die Wölfin auf dem Kapitol versehrt.

HERODES. Ich danke dir! Und nun –
(Er verabschiedet alle bis auf Joab) Ja, ja, so stehts!
Verrat im eignen Hause, offner Trotz
Im Pharisäerpöbel, um so kecker,
Als ich ihn gar nicht strafen kann, wenn ich
Nicht aus den Narren Märtrer machen will;
Bei jenen Galiläern etwas Liebe,
Nein, eigennützige Anhänglichkeit,
Weil ich der Popanz bin mit blankem Schwert,
Der aus der Ferne ihr Gesindel schreckt;
Und – dieser Mensch bringt sicher schlechte Botschaft.
Er war zu eilig, mir sie zu verkünden.
Denn der sogar, obgleich mein eigner Knecht,
Tut gern, was mich verdrießt, wenn er nur weiß,
Daß ich mich stellen muß, als merkt ichs nicht!
(Zu Joab) Wie stehts in Alexandrien?

JOAB. Ich sprach
Antonius!

HERODES. Ein wunderlicher Anfang!
Du sprachst Antonius? Ich bins gewohnt,
Daß meine Boten vorgelassen werden;
Du bist der erste, der es nötig findet,
Mir zu versichern, daß ihm das gelang.

JOAB. Es ward mir schwer gemacht! Man wies mich ab,
Hartnäckig ab!

HERODES *(für sich)*. So steht er mit Oktav
Noch besser, als ich dachte! *(Laut)* Das beweist,
Daß du die rechte Stunde nicht gewählt.
JOAB. Ich wählte jede von den vierundzwanzig,
Woraus der Tag besteht; wie man auch trieb,
Ich wich nicht von der Stelle, nicht einmal,
Als die Soldaten mir den Imbiß boten
Und, da ich ihn verschmähte, spotteten:
Er ißt nur, was die Katze vorgekostet
Und was der Hund zerlegt hat mit dem Maul!
Am Ende glückte mir –
HERODES. Was einem Klügern
Sogleich geglückt wär –
JOAB. Bei ihm vorzukommen.
Doch wars schon Nacht, und anfangs mußt ich glauben,
Er hätt mich rufen lassen, um den Spaß
Der höhnenden Soldaten fortzusetzen;
Denn, wie ich eintrat, fand ich einen Kreis
Von Trinkern vor, die sich auf Polstern streckten,
Er aber füllte selbst mir einen Becher
Und rief mir zu: Den leere auf mein Wohl!
Und als ich des mich höflich weigerte,
Da sprach er: Wenn ich den da töten wollte,
So brauchte ich ihn nur acht Tage lang
An meinen Tisch zu ziehn und den Tribut,
Den Erd und Meer mir zollen, draufzustellen,
Er würde müßig sitzen und verhungern
Und noch im Sterben schwören, er sei satt.
HERODES. Ja, ja, sie kennen uns! Das muß sich ändern!
Was Moses bloß gebot, um vor dem Rückfall
In seinen Kälberdienst dies Volk zu schützen,
Wenn er kein Narr war, das befolgt dies Volk,
Als hätt es einen Zweck an sich und gleicht
Dem Kranken, der nach der Genesung noch
Das Mittel, das ihn heilte, fort gebraucht,
Als wären Arzenei und Nahrung eins!
Das soll – Fahr fort!
JOAB. Doch überzeugte ich
Mich bald, daß ich mich irrte, denn er tat

Beim Trinken alle Staatsgeschäfte ab,
Ernannte Magistrate, ordnete
Dem Zeus das Opfer an, vernahm Auguren
Und sprach die Boten, wie sie eben kamen,
Nicht mich allein. Es sah besonders aus.
Ein Sklav stand hinter ihm, das Ohr gespitzt,
Die Tafel und den Griffel in der Hand,
Und zeichnete mit lächerlichem Ernst
Das auf, was ihm in trunknem Mut entfiel.
Die Tafel liest er dann, wie ich vernahm,
Am nächsten Morgen durch im Katzenjammer
Und hält so treu an ihren Inhalt sich,
Daß er, dies soll er jüngst geschworen haben,
Sich selbst mit eigner Faust erdrosseln würde,
Wenn er die Welt, die ihm gehört, am Abend
Im Rausch verschenkt und sich dabei des Rechts
Auf einen Platz darin begeben hätte.
Ob er dann auch im Zickzack geht wie nachts,
Wenn er sein Lager sucht, ich weiß es nicht,
Doch deucht mir eins dem andern völlig gleich.
HERODES. Du siegst, Oktavian! Es fragt sich bloß,
Ob früher oder später. Nun?
JOAB. Als endlich
An mich die Reihe kam und ich den Brief
Ihm überreichte, den ich für ihn hatte,
Da warf er ihn, anstatt ihn zu eröffnen,
Verächtlich seinem Schreiber hin und ließ
Ein Bild durch seinen Mundschenk bringen; dieses
Sollt ich betrachten und ihm sagen,
Ob ich es ähnlich fände oder nicht.
HERODES. Das war das Bild –
JOAB *(hämisch)*. Des Aristobolus,
Des Hohenpriesters, der so rasch ertrank.
Es war ihm längst durch deine Schwiegermutter,
Durch Alexandra, die mit ihm verkehrt,
Schon zugeschickt, doch er verschlangs mit Gier,
Als hätte er es niemals noch erblickt.
Ich stand verwirrt und schweigend da. Er sprach,
Als er dies sah: Die Lampen brennen wohl

Zu düster hier! und griff nach deinem Brief,
Steckt ihn in Brand und ließ ihn vor dem Bild
Langsam verflackern, wie ein weißes Blatt.
HERODES. Kühn! Selbst für ihn! Doch – es geschah im Rausch!
JOAB. Ich rief: Was machst du da? Du hast ihn ja
Noch nicht gelesen! Er erwiderte:
Ich will Herodes sprechen! Das bedeutets!
Er ist bei mir verklagt auf Tod und Leben!
Nun sollt ich sagen, wie der Hohepriester
Gestorben sei. Und als ich ihm erzählte,
Beim Baden hab der Schwindel ihn gepackt,
Da fuhr er drein: Gepackt! Ja, ja, das ist
Das rechte Wort; der Schwindel hatte Fäuste!
Und ich vernahm – verzeihst dus, wenn ichs melde?
Daß man in Rom nicht glaubt, der Jüngling sei
Ertrunken, sondern daß man dich bezüchtigt,
Du habest ihn durch deine Kämmerer
Ersticken lassen in dem tiefen Fluß.
HERODES. Dank, Alexandra, Dank!
JOAB. Jetzt winkt' er mir
Zu gehen, und ich ging. Doch rief er mich
Noch einmal um und sprach: Du bist die Antwort
Auf meine erste Frage mir noch schuldig,
Drum wiederhol ich sie. Gleicht dieses Bild
Dem Toten? Und als ich gezwungen nickte:
Gleicht Mariamne denn auch ihrem Bruder?
Gleicht sie dem Jüngling, der so schmählich starb?
Ist sie so schön, daß jedes Weib sie haßt?
HERODES. Und du?
JOAB. Erst höre, was die andern sagten,
Die sich erhoben hatten und das Bild
Mit mir umstanden. Lachend riefen sie,
Zweideutge Mienen mit Antonius wechselnd:
Sprich ja! wenn dich der Tote je beschenkte,
Dann siehst du ihn auf jeden Fall gerächt!
Ich aber sprach: Ich wüßte nichts davon,
Denn niemals anders, als verschleiert, hätt ich
Die Königin gesehn, und das ist wahr!
HERODES *(für sich)*. Ha, Mariamne! Aber – dazu lach ich;

Denn davor werd ich mich zu schützen wissen,
So oder so, es komme, wie es will! –
(Zu Joab) Und welchen Auftrag gab er dir für mich?

JOAB. Gar keinen! Wenn ich einen Auftrag hätte,
So hätt ich dir dies alles nicht erzählt!
Nun schiens mir nötig!

HERODES. Wohl! – Du gehst sogleich
Zurück nach Alexandrien mit mir
Und darfst die Königsburg nicht mehr verlassen!

JOAB. Ich werd auch in der Burg mit keinem reden!

HERODES. Ich glaubs! Wer stirbt den Tod am Kreuz auch gern,
Besonders, wenn die Feige eben reift!
Mein Stummer wird erwürgt, und sollt er fragen
Warum, so sagt man: Weil du fragen kannst!
(Für sich) Nun weiß ichs denn, durch wen die alte Schlange
So oft erfuhr, was ich – Ein böses Weib!
(Zu Joab) Besorge das! Ich muß den Kopf noch sehn,
Ich will ihn meiner Schwiegermutter schicken! –
(Für sich) Sie braucht ein Warnungszeichen, wie es scheint.

JOAB. Sogleich!

HERODES. Noch eins! Der junge Galiläer
Tritt für ihn ein, der Sohn des Serubabel.
Den will ich auch noch sprechen, eh wir ziehn! *(Joab ab)*

Zweite Szene

HERODES *(allein)*. Nun gilts! Noch einmal! hätt ich bald gesagt,
Allein ich seh kein Ende ab. Ich gleiche
Dem Mann der Fabel, den der Löwe vorn,
Der Tiger hinten packte, dem die Geier
Mit Schnäbeln und mit Klau'n von oben drohten,
Und der auf einem Schlangenklumpen stand.
Gleichviel! Ich wehre mich, so gut ich kann,
Und gegen jeden Feind mit seiner Waffe,
Das sei von jetzt mir Regel und Gesetz.
Wie lang es dauern wird, mich solls nicht kümmern,
Wenn ich nur bis ans Ende mich behaupte
Und nichts verliere, was ich mein genannt,
Dies Ende komme nun, sobald es will!

Dritte Szene

EIN DIENER *(tritt ein).* Die Königin!
MARIAMNE *(folgt ihm auf dem Fuß).*
HERODES *(geht ihr entgegen).* Du kommst mir nur zuvor!
Ich wollte –
MARIAMNE. Doch nicht in Person den Dank
Für deine wunderbaren Perlen holen?
Ich wies dich zweimal ab, es noch einmal
Versuchen, ob ich meinen Sinn gewendet,
Das wär für einen Mann zuviel gewesen
Und ganz gewiß zuviel für einen König.
O nein, ich kenne meine Pflicht, und da du
Seit meines muntern Bruders jähem Tod
Mich jeden Tag so reich beschenkst, als würbest
Du neu um mich, so komme ich auch endlich
Und zeige dir, daß ich erkenntlich bin!
HERODES. Ich sehe es!
MARIAMNE. Zwar weiß ich nicht, wie du
Es mit mir meinst. Du schickst für mich den Taucher
Hinunter in das dunkle Meer, und wenn
Sich keiner findet, der um blanken Lohn
Des Leviathans Ruhe stören will,
So tust du deine Kerker auf und gibst
Dem Räuber den verwirkten Kopf zurück,
Damit er dir die Perlen fischt für mich.
HERODES. Und scheint dir das verkehrt? Ich ließ wohl auch
Den Mörder schon vom Kreuz herunternehmen,
Als es ein Kind aus einer Feuersbrunst
Zu retten galt, und sagte ihm: Wenn dus
Der Mutter wiederbringst, so gilt mir das,
Als hättest du dem Tod die Schuld bezahlt.
Er stürzte auch hinein –
MARIAMNE. Und kam er wieder
Heraus?
HERODES. Es war zu spät! Sonst hätt ich ihm
Mein Wort gehalten und ihn als Soldat
Nach Rom geschickt, wo Tiger nötig sind.
Man soll mit allem wuchern, denke ich,

Warum nicht mit verfallnem Menschenleben?
Es kommen Fälle, wo mans brauchen kann!
MARIAMNE *(für sich)*. O, daß er nicht die blutgen Hände hätte!
Ich sag ihm nichts! Denn, was er auch getan,
Spricht er davon, so scheint es wohl getan,
Und schrecklich wär es doch, wenn er mich zwänge,
Den Brudermord zu finden, wie das andre,
Notwendig, unvermeidlich, wohl getan!
HERODES. Du schweigst?
MARIAMNE. So soll ich reden? Wohl von Perlen!
Wir sprachen ja bis jetzt von Perlen nur,
Von Perlen, die so rein sind und so weiß,
Daß sie sogar in blutgen Händen nicht
Den klaren Glanz verlieren! Nun, du häufst
Sie sehr bei mir!
HERODES. Verdrießt es dich?
MARIAMNE. Mich nicht!
Du kannst mir dadurch nimmer eine Schuld
Bezahlen wollen, und mir deucht, ich habe
Als Weib und Königin ein volles Recht
Auf Perlen und Kleinodien. Ich darf
Vom Edelstein, wie Kleopatra, sagen:
Er ist mein Diener, dem ich es verzeihe,
Daß er den Stern so schlecht bei mir vertritt,
Weil er dafür die Blume übertrifft!
Doch hast du eine Schwester, Salome –
HERODES. Und diese –
MARIAMNE. Nun, wenn sie mich morden soll,
So fahr nur fort, das Meer für mich zu plündern,
Sonst – gib dem Taucher endlich Ruh! Ich stehe
Schon hoch genug in ihrer Schuld! Du siehst
Mich zweifelnd an? Doch! Doch! Als ich vorm Jahr
Im Sterben lag, da hat sie mich geküßt.
Es war das erste und das einzge Mal,
Ich dachte gleich: Das ist dein Lohn dafür,
Daß du von hinnen gehst! So war es auch.
Ich aber täuschte sie, denn ich genas.
Nun hab ich ihren Kuß umsonst, und das
Vergaß sie nicht. Ich fürchte sehr, sie könnte

Sich daran erinnern, wenn ich sie besuchte,
Die Wunderperlen um den Hals, durch die
Du mir zuletzt gezeigt, wie du mich liebst!
HERODES *(für sich).* Es fehlt nur noch, daß meine linke Hand
Sich gegen meine rechte kehrt!
MARIAMNE. Ich würde
Zum wenigsten den Willkommstrunk verschmähn.
Und böte sie mir statt gewürzten Weins
Auch im Kristall unschuldges Wasser dar,
Ich ließe selbst dies Wasser unberührt!
Zwar würde das nichts heißen! Nein! es wäre
Auch so natürlich; denn das Wasser ist
Mir jetzt nicht mehr, was es mir sonst gewesen:
Ein mildes Element, das Blumen tränkt
Und mich und alle Welt erquickt, es flößt
Mir Schauder ein und füllt mich mit Entsetzen,
Seit es den Bruder mir verschlungen hat,
Ich denke stets: Im Tropfen wohnt das Leben,
Doch in der Welle wohnt der bittre Tod!
Dir muß es noch ganz anders sein!
HERODES. Warum?
MARIAMNE. Weil du durch einen Fluß verleumdet wirst,
Der seine eigne, grausam-tücksche Tat
Dir aufzubürden wagt! Doch fürcht ihn nicht,
Ich widersprech ihm!
HERODES. In der Tat?
MARIAMNE. Ich kanns!
Die Schwester lieben und den Bruder töten,
Wie wär das zu vereinen?
HERODES. Doch vielleicht!
Wenn solch ein Bruder selbst aufs Töten sinnt,
Und man nur dadurch, daß man ihm begegnet,
Ja, ihm zuvorkommt, sich erhalten kann!
Wir sprechen hier vom Möglichen! Und weiter!
Wenn er, an sich zwar arglos, sich zur Waffe
In Feindeshänden machen läßt, zur Waffe,
Die tödlich treffen muß, wenn man sie nicht
Zerbricht, bevor sie noch geschwungen wird.
Wir sprechen hier vom Möglichen! Und endlich!

Wenn diese Waffe nicht ein Einzelhaupt,
Nein, wenn sie eines Volkes Haupt bedroht!
Und eins, das diesem Volk so nötig ist,
Wie irgendeinem Rumpf das seinige.
Wir sprechen hier vom Möglichen, doch denk ich,
In allen diesen Fällen wird die Schwester,
Als Weib aus schuldger Liebe zum Gemahl,
Als Tochter ihres Volks aus heilger Pflicht,
Als Königin aus beiden sagen müssen:
Es ist geschehn, was ich nicht schelten darf!
(Er faßt Mariamnens Hand)
Wenn eine Ruth mich auch nicht fassen mag,
Wie hätte sies gelernt beim Ährenlesen?
Die Makkabäerin wird mich verstehn!
Du konntest mich in Jericho nicht küssen,
Du wirst es können in Jerusalem! *(Er küßt sie)*
Und wenn der Kuß dich doch gereuen sollte,
So höre, was dich mir versöhnen wird:
Ich habe ihn zum Abschied mir genommen,
Und dieser Abschied kann für ewig sein!

MARIAMNE. Für ewig?

HERODES. Ja! Antonius läßt mich rufen,
Doch ob auch wiederkehren, weiß ich nicht!

MARIAMNE. Du weißt es nicht?

HERODES. Weil ich nicht weiß, wie hart
Mich meine – deine Mutter bei ihm verklagte!

MARIAMNE *(will reden)*.

HERODES. Gleichviel! Ich werds erfahren. Eins nur muß ich
Aus deinem Munde wissen, wissen muß ich,
Ob ich und wie ich mich verteidgen soll.

MARIAMNE. Ob du –

HERODES. O Mariamne, frage nicht!
Du kennst den Zauber, der mich an dich knüpft,
Du weißt, daß jeder Tag ihn noch verstärkte,
Du mußt es ja empfinden, daß ich jetzt
Nicht für mich kämpfen kann, wenn du mir nicht
Versicherst, daß dein Herz noch für mich schlägt!
O, sag mir, wie, ob feurig oder kalt,
Dann werde ich dir sagen, ob Antonius

Mich Bruder nennen oder ob er mich
Zum Hungertod im unterirdschen Kerker,
In dem Jugurtha starb, verdammen wird!
Du schweigst? O, schweige nicht! Ich fühl es wohl,
Daß dies Bekenntnis keinem König ziemt;
Er sollte nicht dem allgemeinen Los
Der Menschheit unterworfen, sollte nicht
Im Innern an ein Wesen außer sich,
Er sollte nur an Gott gebunden sein!
Ich bin es nicht. Als du vor einem Jahr
Im Sterben lagst, da ging ich damit um,
Mich selbst zu töten, daß ich deinen Tod
Nur nicht erlebte, und – dies weißt du nun,
Ein andres wisse auch! Wenn ich einmal,
Ich selbst, im Sterben läge, könnt ich tun,
Was du von Salome erwartest, könnte
Ein Gift dir mischen und im Wein dir reichen,
Damit ich dein im Tod noch sicher sei!
MARIAMNE. Wenn du das tätest, würdest du genesen!
HERODES. O nein! o nein! Ich teilte ja mit dir!
Du aber sprich: ein Übermaß von Liebe,
Wie dieses wäre, könntest dus verzeihn?
MARIAMNE. Wenn ich nach einem solchen Trunk auch nur
Zu einem letzten Wort noch Odem hätte,
So flucht ich dir mit diesem letzten Wort!
(Für sich) Ja, um so eher tät ich das, je sichrer
Ich selbst, wenn dich der Tod von hinnen riefe,
In meinem Schmerz zum Dolche greifen könnte:
Das kann man tun, erleiden kann mans nicht!
HERODES. Im Feuer dieser Nacht hat sich ein Weib
Mit ihrem toten Mann verbrannt; man wollte
Sie retten, doch sie sträubte sich. Dies Weib
Verachtest du, nicht wahr?
MARIAMNE. Wer sagt dir das?
Sie ließ ja nicht zum Opfertier sich machen,
Sie hat sich selbst geopfert, das beweist,
Daß ihr der Tote mehr war als die Welt!
HERODES. Und du? Und ich?
MARIAMNE. Wenn du dir sagen darfst,

Daß du die Welt mir aufgewogen hast,
Was sollte mich wohl in der Welt noch halten?

HERODES. Die Welt! Die Welt hat manchen König noch,
Und keiner ist darunter, der mit dir
Den Thron nicht teilte, der nicht deinetwegen
Die Braut verließe und das Weib verstieße,
Und wärs am Morgen nach der Hochzeitsnacht!

MARIAMNE. Ist Kleopatra tot, daß du so sprichst?

HERODES. Du bist so schön, daß jeder, der dich sieht,
An die Unsterblichkeit fast glauben muß,
Mit welcher sich die Pharisäer schmeicheln,
Weil keiner faßt, daß je in ihm dein Bild
Erlöschen kann; so schön, daß ich mich nicht
Verwundern würde, wenn die Berge plötzlich
Ein edleres Metall als Gold und Silber
Mir lieferten, um dich damit zu schmücken,
Das sie zurückgehalten, bis du kamst;
So schön, daß – – Ha! Und wissen, daß du stirbst,
Sobald ein andrer starb, aus Liebe stirbst,
Um dem, der dir voranging, nachzueilen,
Und dich in einer Sphäre, wo man ist
Und nicht mehr ist, ich stell mir das so vor,
Als letzter Hauch zum letzten Hauch zu mischen –
Das wär freiwillgen Todes wert, das hieße
Jenseits des Grabes, wo das Grauen wohnt,
Noch ein Entzücken finden: Mariamne,
Darf ich dies hoffen, oder muß ich fürchten,
Daß du – Antonius hat nach dir gefragt!

MARIAMNE. Man stellt auf Taten keinen Schuldschein aus,
Viel weniger auf Schmerzen und auf Opfer,
Wie die Verzweiflung zwar, ich fühls, sie bringen,
Doch nie die Liebe sie verlangen kann!

HERODES. Leb wohl!

MARIAMNE. Leb wohl! Ich weiß, du kehrst zurück!
Dich tötet *(sie zeigt gen Himmel)* der allein.

HERODES. So klein die Angst?

MARIAMNE. So groß die Zuversicht!

HERODES. Die Liebe zittert!
Sie zittert selbst in einer Heldenbrust!

MARIAMNE. Die meine zittert nicht!
HERODES. Du zitterst nicht!
MARIAMNE. Nun fang ich an! Kannst du nicht mehr vertrauen,
Seit du den Bruder mir – Dann wehe mir
Und wehe dir!
HERODES. Du hältst das Wort zurück,
Das schlichte Wort, wo ich auf einen Schwur
Von dir gehofft: Worauf noch soll ich baun?
MARIAMNE. Und leistete ich den, was bürgte dir,
Daß ich ihn hielte? Immer nur ich selbst,
Mein Wesen, wie dus kennst. Drum denke ich,
Du fängst, da du mit Hoffnung und Vertraun
Doch enden mußt, sogleich mit beiden an!
Geh! Geh! Ich kann nicht anders! Heut noch nicht!
(Ab)

Vierte Szene

HERODES. Heut nicht! Doch morgen oder übermorgen! –
Sie will mir nach dem Tode Gutes tun!
Spricht so ein Weib? Zwar weiß ichs, daß sie oft,
Wenn ich sie schön genannt, ihr Angesicht
Verzog, bis sie es nicht mehr war. Auch weiß ichs,
Daß sie nicht weinen kann, daß Krämpfe ihr,
Was andern Tränengüsse sind! Auch weiß ichs,
Daß sie mit ihrem Bruder kurz vorher,
Eh er im Bad den Tod fand, sich entzweit
Und dann die Unversöhnliche gespielt,
Ja, obendrein, als er schon Leiche war,
Noch ein Geschenk von ihm erhalten hat,
Das er beim Gang ins Bad für sie gekauft.
Und doch! spricht so ein Weib in dem Moment,
Wo sie den, den sie liebt, und wenigstens
Doch lieben soll – – Sie kehrt nicht wieder um,
Wie einst, als ich – – Sie ließ kein Tuch zurück,
Das ihr als Vorwand – – Nein, sie kann es tragen,
Daß ich mit diesem Eindruck – – Wohl, es sei!
Nach Alexandria – ins Grab – Gleichviel!
Doch eins zuvor! Eins! Erd und Himmel, hörts!

Mir schwurst du nichts, dir will ich etwas schwören:
Ich stell dich unters Schwert. Antonius,
Wenn er mich deinetwegen fallen läßt,
Und deiner Mutter wegen tut ers nicht!
Soll sich betrügen, seis auch zweifelhaft,
Ob mir das Kleid, das mich im Sterben deckt,
Mit in die Grube folgt, weil mir ein Dieb
Es ja noch stehlen kann, du sollst mir folgen!
Das steht nun fest! Wenn ich nicht wiederkehre,
So stirbst du! Den Befehl laß ich zurück!
Befehl! Da stößt ein böser Punkt mir auf:
Was sichert mich, daß man mir noch gehorcht,
Wenn man mich nicht mehr fürchtet? O, es wird
Sich einer finden, denk ich, der vor ihr
Zu zittern hat!

Fünfte Szene

EIN DIENER. Dein Schwäher!
HERODES. Ist willkommen!
Das ist mein Mann! Dem reiche ich mein Schwert
Und hetz ihn dann durch Feigheit in den Mut
So tief hinein, bis er es braucht wie ich!
JOSEPH *(tritt ein).*
Ich höre, daß du gleich nach Alexandrien
Zu gehen denkst, und wollte Abschied nehmen!
HERODES. Abschied! Vielleicht auf Nimmerwiedersehn!
JOSEPH. Auf Nimmerwiedersehn?
HERODES. Es könnte sein!
JOSEPH. Ich sah dich nie wie jetzt!
HERODES. Das sei dir Bürge,
Daß es noch nie so mit mir stand wie jetzt!
JOSEPH. Wenn du den Mut verlierst –
HERODES. Das werd ich nicht,
Denn was auch kommt, ich trag es, doch die Hoffnung
Verläßt mich, daß was Gutes kommen kann.
JOSEPH. So wollte ich, ich wäre blind gewesen
Und hätte Alexandras Heimlichkeiten
Nie aufgespürt!

HERODES. Das glaube ich dir gern!
JOSEPH. Denn hätte ich das Bildnis nicht entdeckt,
Das sie vom Aristobolus geheim
Für den Antonius malen ließ, und hätt ich
Ihr Botensenden an Kleopatra
Nicht ausgespäht und noch zuletzt den Sarg,
Der sie und ihren Sohn verbarg, im Hafen
Nicht angehalten und die Flucht verhindert,
Die schon begonnen war –
HERODES. Dann hätte sie
Dir nichts zu danken, und mit Ruhe könntest
Du ihre Tochter auf dem Throne sehn,
Den sie, die kühne Makkabäerin,
Gewiß besteigt, wenn ich nicht wiederkehre,
Und wenn vor ihr kein andrer ihn besetzt.
JOSEPH. So mein ichs nicht. Ich meine, manches wär
Dann unterblieben!
HERODES. Manches! Allerdings!
Doch manches andre wär dafür gekommen.
Das gilt nun gleich. – Du zähltest vieles auf,
Eins hast du noch vergessen!
JOSEPH. Und das wäre?
HERODES. Du warst doch mit im Bade, als –
JOSEPH. Ich wars!
HERODES. Du rangst doch auch mit ihm?
JOSEPH. Im Anfang. Ja.
HERODES. Nun denn!
JOSEPH. In meinen Armen hat der Schwindel
Ihn nicht erfaßt, und wäre es geschehn,
So hätt ich ihn gerettet oder er
Mich mit hinabgezogen in den Grund.
HERODES. Ich zweifle nicht daran. Doch wirst du wissen,
Daß keiner, der dabei war, anders spricht,
Und da der böse Zufall will, daß du
Ihn nicht bloß hinbegleitet, sondern auch
Mit ihm gerungen hast –
JOSEPH. Was hältst du ein?
HERODES. Mein Joseph, du und ich, wir alle beide
Sind hart verklagt!

JOSEPH. Ich auch?
HERODES. Mein Schwäher freilich
Nicht bloß, auch mein vertrauter Freund bist du!
JOSEPH. Des schmeichl ich mir!
HERODES. O, wärst dus nie gewesen,
Hätt ich, wie Saul, den Spieß nach dir geworfen,
Könntst du durch Todeswunden das beweisen,
Dir wäre besser, die Verleumdung hätte
Kein gläubig Ohr gefunden, und du würdest
Für eine Bluttat, die du nicht begingst,
Auch nicht enthauptet werden!
JOSEPH. Ich? Enthauptet?
HERODES. Das ist dein Los, wenn ich nicht wiederkehre
Und Mariamne –
JOSEPH. Aber ich bin schuldlos!
HERODES. Was hilft es dir? Der Schein ist gegen dich!
Und sind denn nicht, gesetzt, daß man dir glaubte,
Die vielen, vielen Dienste, die du mir
Erwiesen hast, in Alexandras Augen
So viel Verbrechen gegen sie? Wird sie
Nicht denken: Hätte der mich fliehen lassen,
So lebte noch, der jetzt im Grabe liegt?
JOSEPH. Wahr! Wahr!
HERODES. Kann sie denn nicht mit einer Art
Von Recht dein Leben für ein andres fodern,
Das sie durch deine Schuld verloren glaubt,
Und wird sies nicht durch ihre Tochter tun?
JOSEPH. O Salome! Das kommt von jenem Gang
Zum Maler! Jahr für Jahr will sie von mir
Ein neues Bild!
HERODES. Ich weiß, wie sie dich liebt!
JOSEPH. Ach, wär es weniger, so stünd es besser!
Hätt ich das Bild des Aristobolus
Entdeckt, wenn ich – Nun kann sie denn ja bald
Mein letztes haben, ohne Kopf!
HERODES. Mein Joseph,
Den Kopf verteidigt man!
JOSEPH. Wenn du den deinen
Verloren gibst?

HERODES. Das tu ich doch nur halb,
Ich werd ihn dadurch noch zu retten suchen,
Daß ich ihn selbst, freiwillig, in den Rachen
Des Löwen stecke!
JOSEPH. Einmal glückt' es dir!
Als dich die Pharisäer –
HERODES. Jetzt stehts schlimmer,
Doch, was mit mir auch werde, dein Geschick
Will ich in deine eignen Hände legen:
Du warst schon stets ein Mann, sei jetzt ein König!
Ich hänge dir den Purpurmantel um
Und reiche dir den Zepter und das Schwert,
Halts fest und gib es nur an mich zurück!
JOSEPH. Versteh ich dich?
HERODES. Und daß du den Besitz
Des Throns dir und mit ihm dein Leben sicherst,
So töte Mariamne, wenn du hörst,
Daß ich nicht wiederkehre!
JOSEPH. Mariamne?
HERODES. Sie ist das letzte Band, das Alexandra
Noch mit dem Volk verknüpft, seit ihr der Fluß
Den Sohn erstickte, ist der bunte Helmbusch,
Den die Empörung tragen wird, wenn sie
Sich gegen dich erhebt –
JOSEPH. Doch Mariamne!
HERODES. Du staunst, daß ich – Ich will nicht heucheln, Joseph!
Mein Rat ist gut, ist gut für dich, bedarfs
Der Worte noch? Doch geb ich dir ihn freilich
Nicht deinetwegen bloß – Gradaus, ich kanns
Nicht tragen, daß sie einem andern jemals –
Das wär mir bittrer, als – Sie ist zwar stolz –
Doch nach dem Tod – Und ein Antonius –
Und dann vor allem diese Schwiegermutter,
Die Toten gegen Toten hetzen wird – –
Du mußt mich fassen!
JOSEPH. Aber –
HERODES. Hör mich aus!
Sie ließ mich hoffen, daß sie selbst den Tod
Sich geben würde, wenn ich – Eine Schuld

Darf man doch einziehn lassen, wie? – Man darf
Selbst mit Gewalt – Was meinst du?
JOSEPH. Nun, ich glaube!
HERODES. Versprich mir denn, daß du sie töten willst,
Wenn sie sich selbst nicht tötet! Übereils nicht,
Doch säum auch nicht zu lange! Geh zu ihr,
Sobald mein Bote, denn ich schicke einen,
Dir meldet, daß es mit mir aus ist, sags ihr
Und sieh, ob sie zu einem Dolche greift,
Ob sie was andres tut. Versprichst dus?
JOSEPH. Ja!
HERODES. Ich lasse dich nicht schwören, denn man ließ
Noch keinen schwören, daß er eine Schlange
Zertreten wolle, die den Tod ihm droht.
Er tuts von selbst, wenn er bei Sinnen bleibt,
Da er das Essen und das Trinken eher
Gefahrlos unterlassen kann als dies.
JOSEPH *(macht eine Bewegung).*
HERODES. Ich kenn dich ja! Und dem Antonius
Werd ich dich als den einzigen empfehlen,
Dem er vertrauen darf. Du wirst ihm das
Dadurch beweisen, daß die Blutsverwandte
Dir nicht zu heilig ist, um sie zu opfern,
Wenn es Empörung zu ersticken gilt.
Denn dies ist der Gesichtspunkt für die Tat,
Aus dem du ihm sie zeigen mußt. Ihr wird
Ein Straßenauflauf folgen, und du meldest
Ihm, daß ein Aufruhr ihr vorhergegangen,
Und nur durch sie bezwungen worden sei.
Was dann das Volk betrifft, so wird es schaudern,
Wenn es dein blutges Schwert erblickt, und mancher
Wird sprechen: Diesen kannt ich doch nur halb!
Und jetzt –
JOSEPH. Ich seh dich noch! Und nicht bloß heut,
Ich weiß gewiß, du kehrst, wie sonst, zurück.
HERODES. Unmöglich ist es nicht, darum noch eins! – –
(Lange Pause)
Ich schwur jetzt etwas in bezug auf dich!
(Er schreibt und siegelt)

Hier stehts! Nimm dieses Blatt versiegelt hin!
Du siehst, die Aufschrift lautet –
JOSEPH. An den Henker!
HERODES. Ich halte dir, was ich dir drin versprach,
Wenn du vielleicht ein Stück von einem König
Erzählen solltest, der –
JOSEPH. Dann gib mir auf,
Dies Blatt dem Henker selbst zu überreichen! *(Ab)*

Sechste Szene

HERODES *(allein).*
Nun lebt sie unterm Schwert! Das wird mich spornen,
Zu tun, was ich noch nie getan; zu dulden,
Was ich noch nie geduldet, und mich trösten,
Wenn es umsonst geschieht! Nun fort! – *(Ab)*

ZWEITER AKT

Burg Zion. Alexandras Gemächer

Erste Szene

Alexandra und Sameas

ALEXANDRA. Dies weißt du nun!
SAMEAS. Es überrascht mich nicht.
Nein, vom Herodes überrascht mich nichts!
Denn, wer als Jüngling dem Synedrium
Schon Krieg erklärt, wer mit der blanken Waffe
Vor seinen Richter hintritt und ihn mahnt,
Daß er der Henker ist und daß der Henker
Kein Todesurteil an sich selbst vollzieht,
Der mag als Mann – – Ha, ich erblick ihn noch,
Wie er, dem Hohenpriester gegenüber,
Sich an die Säule lehnte und umringt
Von seinen Söldnern, die im Räuberfangen
Sich selbst in Räuber umgewandelt hatten,
Uns alle überzählte, Kopf für Kopf,

Als stünde er vor einem Distelbeet
Und sänne nach, wie es zu säubern sei.
ALEXANDRA. Ja, ja, es war ein Augenblick für ihn,
An den er sich mit Stolz erinnern mag!
Ein junger Tollkopf, der die Zwanzig kaum
Erreicht, wird vors Synedrium gestellt,
Weil er in frevelhaftem Übermut
Sich einen Angriff aufs Gesetz erlaubt,
Weil er ein Todesurteil, das von Euch
Noch nicht gesprochen ward, vollzogen hat.
Des Toten Witwe tritt ihm an der Schwelle
Mit ihrem Fluch entgegen, drinnen sitzt,
Was alt und grau ist in Jerusalem.
Doch weil er nicht im Sack kommt und mit Asche
Sein Haupt bestreut, so wirds Euch schwach zumut;
Ihr denkt nicht mehr daran, ihn zu bestrafen,
Ihr denkt nicht einmal dran, ihn zu bedräuen,
Ihr sagt ihm nichts, er lacht Euch aus und geht!
SAMEAS. Ich sprach!
ALEXANDRA. Als es zu spät war!
SAMEAS. Hätt ichs eher
Getan, so wäre es zu früh gewesen,
Ich schwieg aus Ehrfurcht vor dem Hohenpriester,
Dem stand das erste Wort zu, mir das letzte,
Er war der älteste, der jüngste ich!
ALEXANDRA. Gleichviel! Wenn Ihr in jenem Augenblick
Den schlichten Mut der Pflicht bewiesen hättet,
So würde jetzt kein größrer nötig sein!
Doch nun seht zu, ob Ihr – – Ei was, Euch bleibt
Auch wohl ein andrer Ausweg noch! Wenn Ihr
Mit ihm nicht kämpfen wollt, und in der Tat,
Es wär gewagt, ich rat Euch ab, so braucht
Ihr mit dem Löwen oder mit dem Tiger
Den Kampf nur einzugehn, den er befiehlt.
SAMEAS. Was redest du?
ALEXANDRA. Du kennst die Fechterspiele
Der Römer doch?
SAMEAS. Gottlob, ich kenn sie nicht!
Ich halt es für Gewinn, nichts von den Heiden

Zu wissen, als was Moses uns erzählt;
Ich mache jedesmal die Augen zu,
Wenn mir ein römischer Soldat begegnet,
Und segne meinen Vater noch im Grabe,
Daß er mich ihre Sprache nicht gelehrt.

ALEXANDRA. So weißt du nicht, daß sie die wilden Tiere
Aus Afrika zu Hunderten nach Rom
Hinüberschaffen?

SAMEAS. Nein, ich weiß es nicht.

ALEXANDRA. Daß sie sie dort in steinerner Arena
Zusammentreiben, daß sie ihnen Sklaven
Entgegenhetzen, die auf Tod und Leben
Mit ihnen kämpfen müssen, während sie
Im Kreis herum auf hohen Bänken sitzen
Und jubeln, wenn die Todeswunden klaffen
Und wenn das rote Blut den Sand bespritzt?

SAMEAS. Das hat der wildeste von meinen Träumen
Mir nicht gezeigt, doch freuts mich in der Seele,
Wenn sie es tun, es schickt sich wohl für sie!

(Mit erhobenen Händen)

Herr, du bist groß! Wenn du dem Heiden auch
Das Leben gönnst, so muß er dir dafür
Doch einen gräßlichen Tribut bezahlen,
Du strafst ihn durch die Art, wie er es braucht!
Die Spiele möcht ich sehn!

ALEXANDRA. Der Wunsch wird dir
Erfüllt, sobald Herodes wiederkehrt,
Er denkt sie einzuführen!

SAMEAS. Nimmermehr!

ALEXANDRA. Ich sagt es dir! Warum auch nicht? Wir haben
Der Löwen ja genug! Der Berghirt wird
Sich freuen, wenn sich ihre Zahl vermindert,
Er spart dann manches Rind und manches Kalb.

SAMEAS. Vom übrigen noch abgesehn, wo fände
Er Kämpfer? Sklaven gibt es nicht bei uns,
Die ihm auf Tod und Leben pflichtig sind.

ALEXANDRA. Den ersten – seh ich vor mir!

SAMEAS. Wie?

ALEXANDRA. Gewiß!
Du wirst, wie jetzt, dein Angesicht verziehn,
Du wirst vielleicht sogar die Fäuste ballen,
Die Augen rollen und die Zähne fletschen,
Wenn du den großen Tag erlebst, an dem
Er feierlich, wie Salomo den Tempel,
Die heidnische Arena weihen wird.
Das wird ihm nicht entgehn, und des zum Lohn
Wird er den Wink dir geben, einzutreten
Und allem Volk zu zeigen, was du kannst,
Wenn du dem Löwen gegenüberstehst,
Der tagelang vorher gehungert hat.
Denn, da es uns an Sklaven fehlt, so sollen
Die todeswürdigen Verbrecher sie
Ersetzen, und wer wär noch todeswürdig,
Wenn der nicht, der dem König offen trotzt!
SAMEAS. Er könnte –
ALEXANDRA. Zweifle nicht! Es wäre schlimm,
Wenn ihm zu früh der Kopf genommen würde.
Es würden Pläne mit ihm untergehn,
Die selbst Pompejus, der doch heidenkeck
Ins Allerheiligste zu treten wagte,
Vielleicht –
SAMEAS *(ausbrechend)*. Antonius, wenn du ihn packst,
So will ich dich ein Jahr lang nicht verfluchen!
Und tust dus nicht, so – – Nun, wir sind bereit!
ALEXANDRA. Er meint, wenn unser Volk sich mit den andern
Nicht mischen sollte, würden wir den Erdball
Von Gott für uns allein erhalten haben!
SAMEAS. Meint er?
ALEXANDRA. Da dem nun aber nicht so sei,
So tu es not, die Dämme zu durchstechen,
Die uns, wie einen stehnden See vom Meer,
Von allen übrigen noch immer trennten,
Und das geschehe dadurch, daß wir uns
In Brauch und Sitte ihnen anbequemten.
SAMEAS. In Brauch und – *(gen Himmel)* Herr! wenn ich nicht rasen soll,
So zeig mir an, wie dieser sterben wird!

Zeig mir den Tod, der jedem andern Tod
Die Schrecken abborgt, und verkünde mir,
Daß es Herodes ist, für den ers tut.
ALEXANDRA. Mach du den Todesengel!
SAMEAS. Wenn an ihm nicht,
So an mir selbst! Ich schwörs! Wenn ich den Greuel
Nicht hindern kann, so will ich meine Ohnmacht
Durch Selbstmord strafen, *(mit einer Bewegung gegen die Brust)*
eh der Tag noch kommt,
Den er zum erstenmal beflecken soll!
Das ist ein Schwur, der eine Missetat
Mir abdringt, wenn ich einer Heldentat
Nicht fähig bin; wer schwur noch Größeres?
ALEXANDRA. Wohl! Nur vergiß nicht: wenn der eigne Arm
Nicht stark genug ist, um den Feind zu stürzen,
So muß man einen fremden nicht verschmähn!
SAMEAS. Und diesen fremden?
ALEXANDRA. Waffnest du dir leicht!
SAMEAS. Sprich deutlicher!
ALEXANDRA. Wer setzte den Herodes
Zum König ein?
SAMEAS. Antonius! Wer sonst?
ALEXANDRA. Weswegen tat ers?
SAMEAS. Weil er ihm gefiel!
Vielleicht auch bloß, weil er uns nicht gefiel!
Wann hat ein Heide einen bessern Grund?
ALEXANDRA. Und weiter! Was erhält ihn auf dem Thron?
SAMEAS. Des Volkes Segen nicht. Vielleicht sein Fluch!
Wer kann es sagen?
ALEXANDRA. Ich! Nichts als der Pfiff,
Den Zins, den wir dem Römer zahlen müssen,
Alljährlich vorm Verfalltag einzuschicken
Und ihn sogar freiwillig zu verdoppeln,
Wenn sich ein neuer Krieg entzündet hat.
Der Römer will nur unser Geld, nicht mehr,
Er läßt uns unsern Glauben, unsern Gott,
Er würde ihn sogar mit uns verehren,
Und neben Jupiter und Ops und Isis
Ihm auf dem Kapitol den Winkel gönnen,

Der unbesetzt geblieben ist bis heut.
Wär er nur auch, wie die, von Stein gemacht.
SAMEAS. Wenn dem so ist, und leider ist es so,
Was hast du von Antonius zu hoffen?
In diesem Punkt, du selber sprachst es aus,
Versäumt Herodes nichts. Noch jetzt – ich habe
Ihn ziehen sehn! Dem einen Maultier brach
Das Rückgrat, eh es noch das Tor erreichte!
Für jeden Tropfen Bluts in seinen Adern
Bringt er ihm eine Unze Goldes dar:
Glaubst du, er weist es deinethalb zurück?
ALEXANDRA. Gewiß nicht, führt ich meine Sache selbst!
Allein das tut Kleopatra für mich,
Und hoffentlich tuts Mariamne auch.
Du staunst? Versteh mich recht! Nicht in Person,
Da kehrt sie sich wohl eher gegen mich,
Nur durch ihr Bild und nicht einmal durch das,
Nein, durch ein andres, das ihr freilich gleicht.
Denn wie ein wilder Wald nicht bloß den Löwen
Beherbergt, auch den Tiger, seinen Feind,
So nistet auch in dieses Römers Herzen
Ein ganzes Wurmgeschlecht von Leidenschaften,
Die um die Herrschaft miteinander ringen,
Und wenn Herodes auf die erste baut,
Ich baue auf die zweite, und ich glaube,
Daß die der andern überlegen ist.
SAMEAS. Du bist –
ALEXANDRA. Kein Hirkan, wenn auch seine Tochter!
Doch, daß du nicht mißdeutest, was ich tat:
Ich bin auch Mariamne nicht! Und wenn
Antonius den Gemahl, der sie besitzt,
Vertilgt, um sich den Weg zu ihr zu bahnen:
Sie bleibt die Herrin ihrer selbst und kann
Sich hüllen in ein ewges Witwenkleid.
Des aber halt ich mich gewiß, schon hat er
Die Hand ans Schwert gelegt, und wenn ers noch
Nicht zog, so hielt ihn nur die Rücksicht ab,
Daß dieser glückliche Soldat Herodes
Den Römern für den Ring von Eisen gilt,

Der alles hier bei uns zusammenhält.
Schaff du ihm den Beweis des Gegenteils,
Erreg Empörung, stör den schlaffen Frieden,
So wird ers ziehn!

SAMEAS. Den schaffe ich ihm leicht!
Schon schlug das Volk ihn in Gedanken tot,
Es wird erzählt –

ALEXANDRA. Drück du dein Siegel drauf,
Und dann eröffne rasch sein Testament!
Den Inhalt kennst du jetzt, die Fechterspiele
Stehn obenan, und wenn ein jeder sich
Durch seinen Tod um hundert Rutenstreiche
Verkürzt glaubt oder um das Marterkreuz,
So glaubt ein jeder, was er glauben darf.
Denn Dinge stehen Israel bevor,
Die manchem Herzen den Verzweiflungswunsch
Abdringen werden, daß das Rote Meer
Das ganze Volk, die heiligen zwölf Stämme,
Verschlungen hätt, und Moses selbst zuerst.

SAMEAS. Ich geh! und eh der Mittag kommt –

ALEXANDRA. Ich weiß,
Was du vermagst, wenn du den Sack ergreifst
Und Wehe! rufend, durch die Gassen ziehst,
Als wär dein Vorfahr Jonas wieder da.
Es wird sich zeigen, daß es nützlich ist,
Zuweilen bei dem Fischer vorzusprechen
Und mit dem Herrn Gevatter zu verzehren,
Was er sich selbst gönnt, weil es niemand kauft.

SAMEAS. Es wird sich zeigen, daß wir Pharisäer
Die Schmach, die wir erlitten, nicht vergaßen,
Wie du zu meinen scheinst. Vernimm denn jetzt,
Was du erst durch die Tat erfahren solltest:
Wir sind schon längst verschworen gegen ihn,
Wir haben ganz Judäa unterwühlt,
Und in Jerusalem – damit du siehst,
Wie fest wir auf das Volk zu zählen haben –
Ist selbst ein Blinder mit in unserm Bund!

ALEXANDRA. Was nützt Euch der?

SAMEAS. Nichts! und er weiß es selbst!

Doch ist er so von Haß und Grimm erfüllt,
Daß er das Unternehmen mit uns teilen
Und lieber sterben als in dieser Welt,
Wenn es mißlingt, noch länger leben will.
Ich denke doch, daß dies ein Zeichen ist! *(Ab)*

Zweite Szene

Alexandra *(allein).*
Schon schlug das Volk ihn in Gedanken tot!
Ich weiß! ich weiß! Und daran kann ich sehn,
Wie sehr mans wünscht, daß er nicht wiederkehrt.
Es traf sich gut, daß ihn der Heuschreckschwarm
Bedeckte, als er fortzog, denn das gilt
Als Omen, daß mans nicht vergebens wünscht.
Auch ist es möglich, daß er wirklich jetzt
Schon ohne Kopf – – Das nicht! Sprich, wie du denkst,
Der Pharisäer lauscht nicht vor der Tür!
Antonius ist zwar Antonius,
Doch auch ein Römer, und ein Römer fällt
Das Urteil langsam, wie ers schnell vollzieht.
Gefangner mag er sein, wenn er auch nicht
Im Kerker sitzt! Und wenn man das benutzt,
Kanns weiter führen. Darum ist es gut,
Wenn jetzt ein Aufstand kommt, obgleich ich weiß,
Was es an sich bedeutet und nicht minder,
Was es für Folgen haben wird, wenn er
Doch noch zurückkehrt. Wenn! Es kann geschehn,
Bedenk es wohl! Er schickte, als er ging,
Dir einen abgeschlagnen Kopf zum Abschied,
Das zeigt dir – pfui, ich sprech ja wie mein Vater!
Es zeigt mir, daß er rasch ist, wie Tyrannen
Es sind und auch, daß er mich schrecken möchte.
Das eine wußt ich längst, das andre soll
Ihm nicht gelingen! Wenn das Schlimmste käme,
Wenn alles mir mißglückte und wenn er,
Trotz seiner Leidenschaft für Mariamne,
Die eher steigt als fällt und die mich schützt,
Sobald sie selbst nur will, das Ärgste wagte –

Was wärs? Um Rache setzt' ich alles ein,
Und Rache würde mir im Tode noch,
Rache an ihm, ders täte, und an ihr,
Die es geschehen ließe, nimmer sähe
Das Volk, und nimmer Rom, geduldig zu.
Und was mich selbst betrifft, so würde ich
In diesem blutgen Fall nur um so besser
Zu meinen Ahnen passen! Mußten doch
Die meisten meines Stamms, die Ältermütter,
Wie Ältervater, ohne Kopf die Welt
Verlassen, weil sie ihn nicht beugen wollten,
Ich teilte dann ihr Los, was wär es mehr?

Dritte Szene

Mariamne tritt ein

ALEXANDRA *(für sich).*
Sie kommt! Ja, wär sie von ihm abzuziehn
Und zu bewegen, mir nach Rom zu folgen,
Dann – doch, sie haßt und liebt ihn jetzt zugleich!
Wag ich noch einen letzten Sturm? Es sei!
(Sie eilt auf Mariamne zu)
Du suchst den Trost, wo er zu finden ist!
Komm an mein Herz!
MARIAMNE. Den Trost?
ALEXANDRA. Brauchst du ihn nicht?
Dann hab ich dich verkannt! Doch hatt ich Grund,
Dich für ein Weib, wie du keins bist, zu halten,
Du warst bei mir verleumdet!
MARIAMNE. Ich? Bei dir?
ALEXANDRA. Man sprach mir von Umarmungen und Küssen,
Die du dem brudermördrischen Gemahl
Gleich nach dem Mord – Verzeih, ich hätte es
Nicht glauben sollen.
MARIAMNE. Nicht?
ALEXANDRA. Nein! Nimmermehr!
Aus mehr als einem Grund nicht! Hättest du
Dem blutgen Schatten deines Bruders auch
Das schwesterliche Opfer einer Rache

Herzlos entziehen können, die du nicht
Durch Judiths Schwert und nicht durch Rahabs Nagel,
Nein, einzig durch ein Wenden deines Mundes
Und durch ein stilles Kreuzen deiner Arme
Dir nehmen und dem Toten weihen solltest:
Er selbst, der Mörder, hätte nicht gewagt,
Sich dir zu nähern, denn du gleichst dem Toten,
Du wärst ihm vorgekommen wie der Leichnam
Des Aristobolus, den man geschminkt,
Er hätt sich schaudernd von dir abgewandt.

MARIAMNE. Er tat das eine nicht, noch ich das andre!

ALEXANDRA. So sei – doch nein! Vielleicht blieb dir ein Zweifel
An seiner Schuld noch. Willst du den Beweis?

MARIAMNE. Ich brauch ihn nicht!

ALEXANDRA. Du brauchst –

MARIAMNE. Er gilt mir nichts!

ALEXANDRA. Dann – doch ich halt den Fluch auch jetzt zurück,
Es hat dich ja ein andrer schon getroffen!
Du gehst noch in den Ketten einer Liebe,
Die niemals ruhmvoll war –

MARIAMNE. Ich dächte doch,
Ich hätt mir den Gemahl nicht selbst gewählt,
Ich hätte mich nur in das Los gefügt,
Das du und Hirkan über mich, die Tochter
Und Enkelin, mit Vorbedacht verhängt.

ALEXANDRA. Ich nicht, mein feiger Vater schloß den Bund.

MARIAMNE. So tat er, was dir nicht gefiel?

ALEXANDRA. Das nicht!
Sonst wäre ich zuvor mit dir entflohn,
Mir stand die Freistatt in Ägypten offen,
Ich sag nur, der Entschluß ging aus von ihm,
Dem ersten Hohenpriester ohne Mut,
Und ich bekämpfte bloß den Widerwillen,
Mit dem ich anfangs ihn vernahm. Allein
Ich tat es, denn ich fand des Feiglings Handel
In kurzem gut und gab für Edoms Schwert
Die Perle Zions, als er drängte, hin!
Ja, wär die Schlange, die Kleopatra
Um jene Zeit gestochen, eine giftge

Gewesen, oder wär Antonius
Auch nur auf seinem Zug hiehergekommen,
Ich hätte nein gesagt! Nun sagt ich ja!
MARIAMNE. Und dennoch –
ALEXANDRA. Ich erwartete von dir,
Daß du den Kaufpreis nicht vertändeln würdest,
Und daß du den Herodes –
MARIAMNE. O, ich weiß!
Ich hätte mir von ihm für jeden Kuß
Im voraus einen Kopf, der dir mißfiel,
Bedingen und zuletzt, wenn keiner dir
Mehr trotzte als sein eigner, ihn zum Selbstmord
Bewegen oder auch, wenn das nicht ging,
An ihm in stiller Nacht die Katzentat
Der Judith listig wiederholen sollen,
Dann hättst du mich mit Stolz dein Kind genannt!
ALEXANDRA. Mit größerem als jetzt, ich leugn es nicht.
MARIAMNE. Ich zog es vor, dem Mann ein Weib zu sein,
Dem, du mich zugeführt, und über ihn
Die Makkabäerin so zu vergessen,
Wie er den König über mich vergaß.
ALEXANDRA. Du schienst dich doch in Jericho auf sie
Noch einmal zu besinnen, wenigstens
Warst du die erste, die mit einer Klage
Hervortrat, als ich selbst sie noch zurückhielt,
Um dich zu prüfen. Wars nicht so?
MARIAMNE. In Jericho
Verwirrte mich das gräßliche Ereignis,
Es kam zu schnell, vom Tisch ins Bad, vom Bad
Ins Grab, ein Bruder, ja, mir schwindelte!
Doch wenn ich meinem König und Gemahl
Argwöhnisch und versteckt die Tür verschloß,
Bereu ichs jetzt und kanns mir nur verzeihn,
Weil es geschehn ist wie in Fiebers Glut!
ALEXANDRA. In Fiebers Glut!
MARIAMNE *(halb für sich)*. Auch hätt ichs nicht getan,
Wär er in Trauerkleidern nicht gekommen!
Rot, dunkelrot hätt ich ihn sehen können,
Doch –

ALEXANDRA. Ja, die fand er rasch! Er hatte sie
Voraus bestellt, wie andre Mörder sich
Womöglich Wasser schöpfen, eh sie morden –
MARIAMNE. Mutter, vergiß nicht!
ALEXANDRA. Was? Daß du das Weib
Des Mörders bist? Das bist du erst geworden,
Und bist es nur so lange als du willst,
Ja, bists vielleicht, wer weiß! schon jetzt nicht mehr;
Des Toten Schwester aber warst du stets
Und wirst es bleiben, wirst es dann sogar
Noch sein, wenn du – du scheinst dazu geneigt –
Ins Grab ihm nachrufst: Dir ist recht geschehn!
MARIAMNE. Ich bin dir Ehrfurcht schuldig, und ich möchte
Sie nicht verletzen, darum halte ein!
Ich könnte sonst –
ALEXANDRA. Was könntest du?
MARIAMNE. Mich fragen,
Wer schuld ist an der Tat, ob der, der sie
Vollbrachte, weil er mußte, oder die,
Die sie ihm abdrang! Laß den Toten ruhn!
ALEXANDRA. So sprich zu einer, die ihn nicht gebar!
Ich trug ihn unterm Herzen, und ich muß
Ihn rächen, da ich ihn nicht wecken kann,
Daß er sich selber räche!
MARIAMNE. Räch ihn denn,
Doch räch ihn an dir selbst! Du weißt recht gut,
Daß es der Hohepriester war, der rings
Vom Volk umjauchzte, selbst schon schwindelnde,
Und nicht der Jüngling Aristobolus,
Der gegen sich hervorrief, was geschah.
Wer trieb den Jüngling nun, das sag mir an,
Aus seiner Selbstzufriedenheit heraus?
Es fehlt' ihm ja an bunten Röcken nicht,
Die Blicke schöner Mädchen anzuziehn,
Und mehr bedurft er nicht zur Seligkeit.
Was sollt ihm Aarons Priestermantel noch,
Den du zum Überfluß ihm überhingst?
Ihm kam von selbst ja kein Gedanke drin,
Als der: Wie steht er mir? Doch andre hielten

Ihn seit dem Augenblick, daß er ihn trug,
Fürs zweite Haupt von Israel, und dir
Gelang es bald, ihn selbst so zu betören,
Daß er sich für das erste, einzge hielt!

ALEXANDRA. Du lästerst ihn und mich!

MARIAMNE. Ich tu es nicht!
Wenn dieser Jüngling, der geboren schien,
Der Welt den ersten Glücklichen zu zeigen,
Wenn er so rasch ein dunkles Ende fand,
Und wenn der Mann, der jeden andern Mann,
Wie er sein Schwert nur zieht, zum Weibe macht,
Wenn er – ich weiß nicht, ob ers tat, doch fürcht ichs:
Dann tragen Ehrsucht, Herrschgier zwar die Schuld,
Doch nicht die Ehrsucht, die der Tote hegte,
Und nicht die Herrschgier, die den König plagt!
Ich will dich nicht verklagen, mir geziemts nicht,
Ich will dafür, daß du uns ein Gespenst,
Ein blutges, in die Ehekammer schicktest,
Von dir nicht eine Reueträne sehn,
Obgleich wir nie jetzt mehr zu zweien sind,
Und mir der dritte so den Sinn verstört,
Daß ich verstumme, wenn ich reden sollte,
Und daß ich rede, wenn zu schweigen wär;
Ich will nicht einmal deinen Rachedurst
Ersticken, will nicht fragen, was du rächst,
Ob deine Pläne oder deinen Sohn:
Tu, was du willst, geh weiter, halte ein,
Nur sei gewiß, daß du, wenn du Herodes
Zu treffen weißt, auch Mariamne triffst;
Den Schwur, den ich zurückhielt, als er scheidend
Ihn foderte, den leist ich jetzt: Ich sterbe,
Wenn er stirbt. Handle denn und sprich nicht mehr!

ALEXANDRA. So stirb! Und gleich! Denn –

MARIAMNE. Ich verstehe dich!
Und deshalb glaubtest du, ich brauche Trost?
O nein! Du irrst! Es schreckt mich nicht,
Wenn das Gesindel, das die Auserwählten
Nur, weil sie menschlich-sterblich sind, erträgt,
Ihn mit dem Mund schon totgeschlagen hat.

Was bleibt dem Sklaven übrig, wenn der König
In Pracht und Herrlichkeit vorüberbraust,
Als sich zu sagen: Er muß dran, wie ich!
Ich gönn ihm das! Und wenn er an den Thron
Ganz dicht ein Schlachtfeld rückt mit tausend Gräbern,
So lob ichs, es erstickt in ihm den Neid!
Doch daß Herodes lebt und leben wird,
Sagt mir mein Herz. Der Tod wirft einen Schatten,
Und der fällt hier hinein!

Vierte Szene

EIN DIENER. Der Vizekönig!
ALEXANDRA. Gewiß bewaffnet, wie er immer ist,
Wenn er zu uns kommt, seit es ihm mißlang,
Durch Schmeichelei den Sinn uns zu betören,
Wie ers im Anfang zu versuchen schien.
Weißt du, daß Salome in jener Zeit
Vor Eifersucht verging?
MARIAMNE. Sie tuts noch jetzt!
Denn lächelnd und vertraulich sag ich ihm,
Wenn sie dabei ist, stets die schlimmsten Dinge,
Und da sie selbst nicht müde wird zu spähn,
So werde ich nicht müde, sie zu strafen
Für ihre Torheit!
Joseph tritt ein
ALEXANDRA *(auf Josephs Waffen deutend).* Siehst du?
MARIAMNE. Mag er doch!
Sein Weib verlangts, damit sie träumen kann,
Sie habe einen kriegrischen Gemahl.
ALEXANDRA *(zu Joseph).* Ich bin noch da!
JOSEPH. Ein seltsamer Empfang.
ALEXANDRA. Mein Sohn ist auch noch da! Er hat, wie einst,
In einer Totenkiste sich versteckt.
Jag ihn heraus, ich wills dafür verzeihn,
Daß du das einmal ungeheißen tatst.
Du mußt die Kiste aber diesmal nicht
Auf einem Schiff, das nach Ägypten segelt,
Du mußt sie suchen in des Kirchhofs Bauch.

JOSEPH. Ich bin nicht der, der Tote wecken kann!
ALEXANDRA *(mit Hohn gegen Mariamne).*
Wohl wahr! Sonst wärst du sicher mitgezogen,
Um deinen Herrn, wenn ihn sein Knien und Flehn
Vor dem Liktorenbeil nicht schützen sollte –
MARIAMNE. Er kniet und fleht!
JOSEPH *(zu Mariamne).* Ich kann dir zeigen wie!
»Man hat mich des geziehn! Ich räum es ein.
Des aber nicht! Ich füg es gleich hinzu,
Damit du alles weißt!« – So wird ers machen.
ALEXANDRA. Prahlst du für ihn?
JOSEPH. So hat ers schon gemacht!
Ich stand dabei, da ihn die Pharisäer
Verklagen wollten beim Antonius.
Er hatte es statt ihrer selbst getan,
Vorausgeeilt ins Lager, wie er war,
Und sagte, als sie kamen, Punkt für Punkt
Die Rechnung wiederholend und ergänzend:
Sprecht, ob ich etwas ausließ oder nicht!
Den Ausfall kennst du, mancher von den Klägern
Verlor den starren Kopf, als sie nicht wichen,
Er trug des Römers volle Gunst davon.
ALEXANDRA. Da waren beide jünger, wie sie jetzt sind.
Des Einen Übermut gefiel dem Andern,
Und um so mehr, weil er auf fremde Kosten
Geübt ward, nicht auf eigne. Kann dem Römer
Der Pharisäer denn was sein, des Zunge
Beständig Aufruhr predigt gegen Rom?
Wer dem den Bart rauft, kürzt sein Ansehn! dachte
Antonius und lachte, doch ich zweifle,
Ob er das auch geschehn läßt an sich selbst!
JOSEPH. Du sprichst, als wünschtest du –
ALEXANDRA. Ob unsre Wünsche
Zusammengehn, ob nicht, was kümmerts dich?
Halt du den deinen fest! Für dich ists wichtig,
Daß er zurückkehrt!
JOSEPH. Meinst du? Wenn für mich,
So auch für dich!
ALEXANDRA. Ich wüßte nicht warum?

Es gab schon einmal eine Alexandra,
Die eine Krone trug in Israel,
Die zugriff, als sie freigeworden war,
Und sie nicht liegen ließ für einen Dieb.
Es soll, bei Gott, nicht an der zweiten fehlen,
Wenns wirklich *(zu Mariamne)* Makkabäerinnen gibt,
Die kindsche Schwüre halten!

JOSEPH *(aushorchend)*. Es ist wahr!
Solch eine Alexandra gabs einmal,
Doch wer ihr Ziel erreichen will, der muß
Ihr Beispiel ganz befolgen, nicht nur halb.
Sie söhnte sich, als sie den Thron bestieg,
Mit allen ihren Feinden aus, nun hatte
Niemand von ihr zu fürchten, nur zu hoffen,
Kein Wunder, daß sie fest saß bis zum Tod!

MARIAMNE. Das find ich kläglich! Wozu einen Zepter,
Wenn nicht um Haß und Liebe zu befriedgen?
Die Fliegen zu verscheuchen gnügt ein Zweig!

JOSEPH. Sehr wahr! *(Zu Alexandra)* Und du?

ALEXANDRA. Sie sah im Traum wohl nie
Den Ahnherrn ihres Stamms, den großen Judas,
Sonst hätt sie wahrlich keinen Feind gescheut,
Denn noch vom Grab aus schützt er seine Enkel,
Weil er in keinem Herzen sterben kann.
Wie sollt er auch! Es kann ja niemand beten,
Der sich nicht sagen muß: Ich dank es ihm,
Daß ich noch knieen darf vor meinem Gott
Und nicht vor Holz, vor Erz und Stein!

JOSEPH *(für sich)*. Der König
Hat recht gehabt! Ich muß die Tat vollbringen,
Und zwar an beiden oder sie erleiden.
Ich muß mir auf das Haupt die Krone setzen,
Wenn ichs vorm Beil des Henkers sichern will.
Hier starrt mir eine Welt von Haß entgegen!
Wohlan, sie sprachen sich das Urteil selbst;
Ich hab sie jetzt zum letztenmal geprüft,
Und wäre nur sein Bote da, ich würde
Es mitleidslos den Augenblick vollziehn!
Jedwede Vorbereitung ist getroffen.

Fünfte Szene

EIN DIENER. Der Hauptmann Titus bittet um Gehör!
JOSEPH. Sogleich! *(Will gehen)*
ALEXANDRA. Warum nicht hier?
DER DIENER. Da ist er schon!
TITUS *(tritt ein; zu Joseph, heimlich).*
Was du befürchtetest, geschieht, das Volk
Empört sich!
JOSEPH. Tu denn rasch, was ich befahl,
Stell die Kohorte auf und rücke aus!
TITUS. Das tat ich schon. Nun komm ich, dich zu fragen,
Ob du Gefangne oder Tote willst?
Mein Adler packt so gut, als er zerfleischt,
Und du mußt wissen, was dir besser frommt.
JOSEPH. Blut darf nicht fließen!
TITUS. Gut! So hau ich ein,
Eh sie die Steinigung begonnen haben,
Sonst tät ichs später!
JOSEPH. Sahst du Sameas?
TITUS. Den Pharisäer, der sich einst die Stirn
An meinem Schild fast einstieß, weil er stets
Die Augen schließt, sobald er mich erblickt?
Den sah ich allerdings!
JOSEPH. Und wie? Sprich laut!
TITUS. Auf offnem Markt, von Tausenden umringt,
Herodes laut verfluchend!
JOSEPH *(zu Alexandra).* Sameas
Ging erst vor einer Stunde fort von dir!
ALEXANDRA. Sahst dus?
TITUS *(zu Joseph).* Erscheinst du selbst?
JOSEPH. Sobald ich kann!
Einstweilen –
TITUS. Wohl! Ich geh! *(Will gehen)*
ALEXANDRA *(ruft ihn um).*
Ein Wort noch, Hauptmann!
Warum entzogst du uns die Wache?
MARIAMNE. Fehlt sie?
ALEXANDRA. Seit gestern abend. Ja!

JOSEPH. Weil ichs gebot!
TITUS. Und weil der König, als er ging, mir sagte:
Dies ist der Mann, der meinen Willen weiß,
Was er gebietet, das gebiet ich selbst! *(Ab)*
ALEXANDRA *(zu Joseph)*. Und du?
JOSEPH. Ich dachte, Judas Makkabäus
Wär Schutz genug für dich und deine Tochter.
Im übrigen, du hörst, wies draußen steht:
Ich brauche die Soldaten! *(Für sich)* Wenn die Römer
So nahe wären, könnt es mir mißglücken!
Heut schickt ich Galiläer!
ALEXANDRA *(zu Mariamne)*.
Meinst du noch,
Mein Argwohn habe keinen Grund?
MARIAMNE. Ich weiß nicht,
Doch jetzt steckt er mich an. Dies find ich seltsam!
Obgleich – Wenn aus der Wand ein Wurfspieß führe,
Es käme mir nicht unerwarteter!
ALEXANDRA. Zwei Stöße, und der Weg zum Thron ist frei;
Denn, gibt es keine Makkabäer mehr,
So kommen die Herodianer dran.
MARIAMNE. Ich würde dich noch jetzt verlachen, wäre
Nicht Salome sein Weib! – Bei meinem Bruder,
Ihr Kopf ist mein! Ich spreche zu Herodes:
Wie du mich rächst an ihr, so liebst du mich!
Denn sie, nur sie ists! Der da nimmermehr!
ALEXANDRA. Du triumphierst zu früh! Erst gilts zu handeln,
Und diesen Aufstand, dächt ich, nutzten wir!
MARIAMNE. Mit diesem Aufstand hab ich nichts zu schaffen,
Denn wenn Herodes wiederkehrt, so bleibt
Mir nichts zu fürchten, und wenn nicht, so kommt
Der Tod in jeglicher Gestalt mir recht!
ALEXANDRA. Ich geh! *(Will ab)*
JOSEPH *(vertritt ihr den Weg)*. Wohin?
ALEXANDRA. Fürs erste auf die Zinne
Und dann, wohin es mir gefallen wird!
JOSEPH. Zur Zinne steht der Weg dir frei! Die Burg
Ist abgesperrt!
ALEXANDRA. So wären wir Gefangne?

JOSEPH. So lange, bis die Ruhe hergestellt ist,
Muß ich dich bitten –
ALEXANDRA. Was erkühnst du dich?
JOSEPH. Ein Stein ist blind, ein römscher Wurfspieß auch,
Sie treffen beide oft, was sie nicht sollen,
Drum muß man ihnen aus dem Wege gehn!
ALEXANDRA *(zu Mariamne).*
Ich steig hinauf und suche meinen Freunden
Durch Zeichen kundzutun, wies mit uns steht.
MARIAMNE. Durch Zeichen – deinen Freunden – Mutter,
Mutter!
So bist dus wirklich selbst und nicht das Volk?
Wenn du dir selbst nur nicht die Grube gräbst!
ALEXANDRA *(will gehen).*
JOSEPH. Du wirst gestatten, daß dich mein Trabant
Begleitet. Philo!
ALEXANDRA. Also offner Krieg?

Philo tritt ein

JOSEPH *(redet mit ihm, anfangs leise, dann laut).*
Du hast verstanden?
PHILO. Ja!
JOSEPH. Im schlimmsten Fall!
PHILO. Den wart ich ab, dann –
JOSEPH. Und mir bürgt dein Kopf!
(Für sich) Mir deucht, Herodes' Geist ist über mir!
ALEXANDRA *(für sich).* Ich gehe doch! Vielleicht ist der Soldat,
Obgleich ein Galiläer, zu gewinnen!
Versuchen will ich es! *(Ab)*
PHILO *(folgt ihr).*
JOSEPH *(für sich).* Ich kann nicht anders,
Wie sehr es mich verdächtgen mag, der Aufruhr
Zwingt mich zu diesem Schritt, ich darf sie jetzt
Nicht aus den Augen lassen, wenn ich mir
Die Tat nicht selbst unmöglich machen will,
Denn jede Stunde kann sein Bote kommen!
Ihn selbst erwarte ich schon längst nicht mehr.
MARIAMNE. Wann starb Herodes?
JOSEPH. Wann er starb?

MARIAMNE. Und wie?
Du mußt es wissen, da du so viel wagst!
JOSEPH. Was wag ich denn? Du gibst mir Rätsel auf!
MARIAMNE. Nichts, wenn du glaubst, ich finde keinen Schutz,
Sobald die Römer hören, daß mein Leben
Bedroht ist, alles, wenn du darin irrst.
JOSEPH. Und wer bedroht dein Leben?
MARIAMNE. Fragst du noch?
Du!
JOSEPH. Ich?
MARIAMNE. Kannst du das Gegenteil mir schwören?
Kannst dus bei deines Kindes Haupt? – Du schweigst!
JOSEPH. Du hast mir keine Schwüre abzufodern.
MARIAMNE. Wer so verklagt wird, leistet sie von selbst.
Doch weh dir, wenn Herodes wiederkehrt!
Ich sag ihm zweierlei vorm ersten Kuß,
Ich sag ihm, daß du sannst auf meinen Mord,
Ich sag ihm, was ich schwur: ermiß nun selbst,
Welch Schicksal dich erwartet, wenn er kommt!
JOSEPH. Und was – was schwurst du? Wenns mich schrecken soll,
So muß ichs wissen.
MARIAMNE. Hörs zu deinem Fluch!
Daß ich mit eigner Hand mich töten will,
Wenn er – O, hätt ich das geahnt! Nicht wahr?
Dann hätte ich an einen kalten Gruß
Mich nie gekehrt, ich hätte fortgefahren,
Wie ich begann, und alles stünde wohl!
Denn anfangs warst du ein ganz andrer Mann!
JOSEPH. Ich habe nichts zu fürchten.
MARIAMNE. Weil du meinst,
Es sei unmöglich, daß er wiederkehrt!
Wer weiß! Und wenn! Ich halte meinen Schwur,
Doch eher nicht, bis ich an dir mich rächte,
Bis ich an dir, erzittre, so mich rächte,
Wie er mich rächen würde! Zieh doch jetzt
Sogleich dein Schwert! Du wagst es nicht? Ich glaubs!
Und wie du mich auch hüten magst, ich finde
Zum Hauptmann Titus sicher einen Weg!
Verloren ist dein Spiel, seit ichs durchschaut.

JOSEPH *(für sich).*
Wahr, Wahr! *(Zu Mariamne)* Ich halte dich beim Wort! Du
Dich so, ganz so, wie er dich rächen würde! [rächst
Das hast du mir gelobt! Vergiß es nicht!
MARIAMNE. So spricht der Wahnwitz! Daß Herodes mich
Mehr liebt, wie ich mich selber lieben kann,
Wird keiner, wird nicht einmal Salome,
Dein tücksches Weib, bezweifeln, wenn sie mich
Auch eben darum doppelt hassen, wenn sie
Auch eben darum dir den Mordgedanken
Rachsüchtig eingegeben haben mag!
Daß er von ihr kommt, weiß ich, und ich will
Sie treffen, daß sies fühlt, ihr Schmerz um dich
Soll meine letzte Lust auf Erden sein!
JOSEPH. Du irrst dich! Doch gleichviel! Ich hab dein Wort!
MARIAMNE. Du wiederholst es noch einmal? Verruchter,
Welch einen Aufruhr nächtlicher Gedanken
Weckst du mir in der Brust und welchen Argwohn!
Du sprichst, als ob Herodes selber mich
Zum Opfertier und dich zum Opferpriester
Erkoren hätte. Ist es so? Beim Abschied
Entfiel ihm, mit Entsetzen denk ich dran,
Ein dunkles Wort. Gib Antwort!
JOSEPH. Diese geb ich,
Sobald es nötig ist, sobald ich weiß,
Daß er –
MARIAMNE. Dich nicht mehr Lügen strafen kann,
Wenn du ihn feig und schlecht des Schrecklichsten,
Des Maßlos-Ungeheuersten verklagtest,
Bloß um dich selbst vor mir zu reinigen?
Ich sage dir, ich höre dich nur jetzt,
Wo er vielleicht, eh du noch endigtest,
Schon in die Tür tritt und dich niederstößt!
Schweig denn auf ewig oder sprich sogleich!
JOSEPH. Und wenn es wär? Ich sag nicht, daß es ist!
Doch wenn es wär? Was würd es anders sein,
Als die Bestätgung dessen, was du fühlst,
Als ein Beweis, daß er dich liebt, wie nie
Ein Mann sein Weib noch liebte?

MARIAMNE. Was ist das?
Mir deucht, schon einmal hab ich das gehört!
JOSEPH. Ich dächte doch, es könnte dir nur schmeicheln,
Wenn ihm der Tod nicht halb so bitter wär
Als der Gedanke, dich –
MARIAMNE. Was gilt die Wette,
Ich selber bring es jetzt für dich zu Ende!
Als der Gedanke, mich zurückzulassen
In einer Welt, wo ein Antonius lebt!
JOSEPH. Nun ja! Ich sag nicht, daß er das gesagt –
MARIAMNE. Er hats gesagt! Er hat – Was hat er nicht!
O, daß er endlich käme!
JOSEPH. Mariamne! –
(Für sich) Wie hab ich mich verstrickt! Zwar tat ich nichts,
Als was ich mußte! Doch mich packt ein Grauen,
Daß er – ich seh den Aristobolus.
Verflucht die Tat, die einen Schatten wirft,
Eh sie ins Leben tritt!
MARIAMNE. So war das mehr
Als eine tolle Blase des Gehirns,
Wie sie zuweilen aufsteigt und zerplatzt,
So wars – Von jetzt erst fängt mein Leben an,
Bis heute träumt ich!

Sechste Szene

Ein Diener tritt ein; ihm folgt Salome

SALOME *(zum Diener).* Wards dir untersagt,
Hier ungemeldet jemand einzulassen?
Ich nehms auf mich!
JOSEPH. Du, Salome?
SALOME. Wer sonst?
Kein böser Geist! Dein Weib! Dein armes Weib,
Um das du warbst, wie Jakob warb um Rahel,
Und das du nun – *(Zu Mariamne)* Verfluchte, war es dir
Noch nicht genug, daß du das Herz des Bruders
Mir abgewendet hast? Mußt du mir jetzt
Auch den Gemahl noch rauben? Tag und Nacht
Denkt er an dich, als wärest du schon Witwe,

Und ich noch weniger als das! Bei Tage
Folgt er auf Schritt und Tritt dir nach! Bei Nacht
Träumt er von dir, nennt ängstlich deinen Namen,
Fährt aus dem Schlummer auf – *(Zu Joseph)* Hielt ichs dir
Noch diesen Morgen vor? Und heut sogar, [nicht
Wo ganz Jerusalem in Aufruhr ist,
Heut ist er nicht bei mir, nicht auf dem Markt,
Wo ich, weil er nicht kam, ihn suchen ließ,
Er ist bei dir und ihr – ihr seid allein!

MARIAMNE. Die ist es sicher nicht. So ist ers selbst!
Wenn noch ein Zweifel übrigblieb, so hat
Die blöde Eifersucht ihn jetzt erstickt! –
Ich war ihm nur ein Ding und weiter nichts!

JOSEPH *(zu Salome).* Ich schwör dir –

SALOME. Daß ich blind bin? Nein! Ich sehe!

MARIAMNE. Der Sterbende, der seinen Feigenbaum
Abhauen ließe, weil er seine Früchte
Nach seinem Tode keinem andern gönnte,
Der Sterbende wär ruchlos, und er hätte
Den Baum vielleicht doch selbst gepflanzt und wüßte,
Daß er den Dieb, daß er sogar den Mörder
Erquicken müßte, der ihn schüttelte.
Bei mir fällt beides weg! Und doch! Und doch!
Das ist ein Frevel, wies noch keinen gab.

SALOME *(zu Joseph).*
Du sprichst umsonst! Ein Auftrag! Welch ein Auftrag?

MARIAMNE. Ein Auftrag! Dies das Siegel! – Wär es möglich,
Jetzt müßt es doch am ersten möglich sein!
Allein es ist nicht möglich! Keine Regung
Unedler Art befleckt mein Innerstes,
Wie es auch stürmt in meiner Brust! Ich würde
Antonius in diesem Augenblick
Dieselbe Antwort geben, die ich ihm
An unserm Hochzeitstag gegeben hätte,
Das fühl ich, darum triffts mich, wies mich trifft,
Sonst müßte ichs ertragen, ja verzeihn!

SALOME *(zu Mariamne).* Ich bin für dich nicht da, wies scheint?

MARIAMNE. Doch! Doch!
Du hast sogar die größte Wohltat mir

Erzeigt, ich, die ich blind war, sehe jetzt,
Ich sehe hell und das allein durch dich!

SALOME. Verhöhnst du mich? Auch das sollst du mir büßen,
Wenn nur mein Bruder wiederkehrt! Ich werde
Ihm alles sagen –

MARIAMNE. Was? Ja so! Das tu!
Und hört er drauf – – Warum denn nicht? Was lach ich?
Ist das denn noch unmöglich? – – Hört er drauf,
So nimm mein Wort: ich widersprech dir nicht!
Ich liebe mich nicht mehr genug dazu!

Siebente Szene

ALEXANDRA *(stürzt herein).* Der König!

JOSEPH. In der Stadt?

ALEXANDRA. Schon in der Burg!

DRITTER AKT

Burg Zion. Alexandras Gemächer

Erste Szene

Alexandra. Joseph. Salome. Herodes tritt ein. Sein Gefolge. Soemus

HERODES. Da wär ich wieder! *(Zu Soemus)* Blutets noch?
Der Stein
Hat mir gegolten, und er traf dich nur,
Weil du gerade kamst, mir was zu sagen,
Dein Kopf war diesmal deines Königs Schild!
Wärst du geblieben, wo du warst –

SOEMUS. So hätt ich
Die Wunde nicht, doch auch nicht das Verdienst,
Wenn es ein solches ist. In Galiläa
Wird höchstens der gesteinigt, der es wagt,
Sich dir und mir, der ich dein Schatten bin,
Dein Sprachrohr oder was du immer willst,
Zu widersetzen.

HERODES. Ja, da sind sie treu!
Dem eignen Vorteil nämlich und weil dieser
Mit meinem Hand in Hand geht, meinem auch.
SOEMUS. Wie sehr, das siehst du daran, daß du mich
In deiner Hauptstadt findest.
HERODES. In der Tat,
Dich hier zu treffen, hätt ich nicht erwartet;
Denn wenn der König fern ist, tun die Wächter
Den störrigen Provinzen doppelt not!
Was trieb dich denn von deinem Posten fort?
Doch ganz gewiß was andres als der Wunsch,
Mir zu beweisen, daß er ungefährdet
Verlassen werden könne und die Ahnung,
Daß hier ein Steinwurf aufzufangen sei!
SOEMUS. Ich kam herüber, um dem Vizekönig
Entdeckungen von wunderbarer Art
In schuldger Eile mündlich mitzuteilen.
Ich wollt ihm melden, daß die Pharisäer
Sogar den starren Boden Galiläas,
Wenn auch umsonst, zu unterhöhlen suchen,
Doch meine Warnung kam zu spät, ich fand
Jerusalem in Flammen vor und konnte
Nur löschen helfen!
HERODES *(reicht ihm die Hand).* Und das tatest du
Mit deinem Blut! – Sieh, Joseph, guten Tag!
Dich hätt ich anderswo gesucht! – Schon gut!
Jetzt aber geh und schaff den Sameas,
Den Pharisäer, den der Hauptmann Titus
Auf Scythenart gefangenhält, hieher.
Der starre Römer schleppt ihn, an den Schweif
Des Rosses, das er reitet, festgebunden,
Mit sich herum, weil er im heilgen Eifer
Auf offnem Markt nach ihm gespieen hat.
Nun muß er rennen, wie er niemals noch
Gerannt sein mag, wenn er nicht fallen und
Geschleift sein will. Ich hätte ihn sogleich,
Wie ich vorüberkam, erlösen sollen!
Verdanke ichs doch sicher ihm allein,
Daß ich jetzt alle Schlangen, die bisher

Sich still vor mir verkrochen, kennenlernte!
Nun kann ich sie zertreten, wann ich will! *(Joseph ab)*

HERODES *(zu Alexandra).*
Ich grüße dich! Und vom Antonius
Soll ich dir melden, daß man einen Fluß
Nicht vor Gericht ziehn kann und einen König,
In dessen Land er fließt, noch weniger,
Weil er ihn nicht verschütten ließ! *(Zu Soemus)* Ich wär
Längst wieder hier gewesen, doch wenn Freunde
Zusammenkommen, die sich selten sehn,
So halten sie sich fest! Das wird auch dir,
Ich sag es dir voraus, bei mir geschehn,
Nun ich dich endlich einmal wieder habe.
Du wirst mit mir die Feigen schütteln müssen,
So wie ich dem Antonius die Muränen,
Pfui, Schlemmerei! in Strömen von Falerner
Ersticken helfen und für manchen Schwank
Aus unsrer frühern Zeit ihm das Gedächtnis
Auffrischen mußte! Mach dich nur gefaßt,
Mir gleichen Dienst zu leisten. Hab ich auch
Vom Triumphator nicht genug in mir,
Daß ich dich so zu mir entboten hätte,
Wie er mich selbst zu sich entbot, zum Schein
Auf eine abgeschmackte Klage hörend,
Die Stirn, wie Cäsar, runzelnd und den Arm
Mit Blitz und Donnerkeil zugleich bewaffnend,
Bloß um gewiß zu sein – dies war der Grund,
Warum ers tat –, daß ich auch wirklich käme,
So mach ich mir den Zufall, der dich heute
Mir in die Hände liefert, doch zunutz
Und sprech wie er, wenn du von deinem Amt
Zu reden anfängst: Führst dus, wie du sollst,
So braucht es dich nicht jeden Augenblick!
Du kommst so selten, daß es scheint, als wärst
Du hier nicht gern!

SOEMUS. Du tust mir unrecht, Herr,
Doch hab ich Ursach, nicht zu oft zu kommen!

HERODES *(zu Salome).*
Auch du bist hier? – So lerntest du es endlich

Dir einzubilden, wenn du Mariamnen
Begegnest, daß du in den Spiegel siehst
Und deinen eignen Widerschein erblickst?
Oft riet ichs dir, wenn du ihr grolltest, niemals
Gefiel der Rat dir! Nimm den Scherz nicht krumm!
Man kann nichts Übles in der Stunde tun,
Wo man sich wiedersieht! Doch, wo ist sie?
Man sagte mir, sie sei bei ihrer Mutter,
Drum kam ich her!

SALOME. Sie ging, als sie vernahm,
Daß du dich nähertest.

HERODES. Sie ging? Unmöglich!
Doch wohl! Sie tat es, weil die Einsamkeit
Dem Wiedersehen ziemt! – *(Für sich)* Willst du ihr zürnen,
Statt abzubitten, Herz? – Ich folge ihr,
Denn ihr Gefühl hat recht!

SALOME. Belüg dich nur
Und leg den Schreck, dich auferstehn zu sehn,
Die Scham, an deinen Tod geglaubt zu haben,
Die größere, kaum Witwe mehr zu sein,
Leg ihr das alles aus, als wärs die Scheu
Des Mägdleins, das noch keinen Mann erkannt,
Nicht die Verwirrung einer Sünderin!
Sie ging aus Furcht!

HERODES. Aus Furcht? – Sieh um dich her,
Wir sind hier nicht allein!

SALOME. Das ist mir recht,
Bring ich vor Zeugen meine Klage an,
So wird sie um so sicherer gehört,
Und um so schwerer unterdrückt!

HERODES. Du stellst
Dich zwischen mich und sie? Nimm dich in acht,
Du kannst zertreten werden!

SALOME. Diesmal nicht,
Obgleich ich weiß, was dir die Schwester gilt,
Wenns um die Makkabäerin sich handelt,
Diesmal –

HERODES. Ich sag dir eins! Wär an dem Tag,
An dem ich sie zum erstenmal erblickte,

Ein Kläger aufgestanden wider sie,
Er hätt nicht leicht Gehör bei mir gefunden,
Doch leichter noch wie heut! Das warne dich!
Ich bin ihr so viel schuldig, daß sie mir
Nichts schuldig werden kann, und fühl es tief!

SALOME. So hat sie einen Freibrief?

HERODES. Jede Larve
Zu tragen, die ihr gut scheint, dich zu täuschen,
Wenn sie sich Kurzweil mit dir machen will!

SALOME. Dann – ja, dann muß ich schweigen! Wozu spräch ich!
Denn was ich dir auch sagen möchte, immer
Wär deine Antwort fertig: Mummerei!
Nun, diese Mummerei ist gut geglückt,
Sie hat nicht mich allein, sie hat die Welt
Mit mir berückt und kostet dir die Ehre,
Wie mich die Ruh, ob du auch schwören magst,
Daß Joseph nur getan, was er gesollt,
Wenn er – Sieh zu, ob es ein Mensch dir glaubt!

HERODES. Wenn er – Was unterdrückst du? Endige!
Doch nein – – Noch nicht! *(Zu einem Diener)*
Ich laß die Königin
Ersuchen zu erscheinen! – Ist es nicht,
Als wär die ganze Welt von Spinnen rein,
Und alle nisteten in meinem Hause,
Um, wenn einmal für mich der blaue Himmel
Zu sehen ist, ihn gleich mir zu verhängen
Und Wolkendienst zu tun? Zwar – seltsam ists,
Daß sie nicht kommt! Sie hätt mich küssen müssen,
Der Allgewalt des Augenblicks erliegend,
Und dann die Lippen sich zerbeißen mögen,
Wenn das Gespenst denn noch nicht von ihr wich! *(Zu Salome)*
Weißt du, was du gewagt hast? Weißt dus, Weib?
Ich freute mich! Verstehst du das? Und nun – –
Die Erde hat mir einmal einen Becher
Mit Wein verschüttet, als ich durstig war,
Weil sie zu zucken anfing, eh ich ihn
Noch leerte, ihr verzieh ich, weil ich mußte,
An dir könnt ich mich rächen!

Zweite Szene

Mariamne tritt auf

HERODES. Wirf dich nieder
Vor ihr, die du vor so viel Zeugen kränktest,
Dann tu ichs nicht!
SALOME. Ha!
ALEXANDRA. Was bedeutet das?
HERODES. Nun, Mariamne?
MARIAMNE. Was befiehlt der König?
Ich bin entboten worden und erschien!
ALEXANDRA. Ist dies das Weib, das schwur, sich selbst zu töten,
Wenn er nicht wiederkehrte?
HERODES. Dies dein Gruß?
MARIAMNE. Der König ließ mich rufen, ihn zu grüßen?
Ich grüße ihn! Da ist das Werk vollbracht!
ALEXANDRA. Du irrst dich sehr! Du stehst hier vor Gericht!
HERODES. Man wollte dich verklagen! Eh ich noch
Die Klage angehört, ließ ich dich bitten,
Hieherzukommen, aber wahrlich nicht,
Daß du dich gegen sie verteidigtest,
Nur, weil ich glaube, daß sie in sich selbst
Ersticken wird vor deiner Gegenwart!
MARIAMNE. Um das zu hindern, sollt ich wieder gehn!
HERODES. Wie, Mariamne? Nie gehörtest du
Zu jenen Seelen jammervoller Art,
Die, wie sie eben Antlitz oder Rücken
Des Feindes sehn, verzeihn und wieder grollen,
Weil sie zu schwach für einen echten Haß
Und auch zu klein für volle Großmut sind.
Was hat dich denn im tiefsten so verwandelt,
Daß du dich ihnen jetzt noch zugesellst?
Du hast doch, als ich schied, ein Lebewohl
Für mich gehabt; dies, deucht mir, gab mir Anspruch
Auf dein Willkommen, und du weigerst das?
Du stehst so da, als lägen Berg und Tal
Noch zwischen uns, die uns so lange trennten?
Du trittst zurück, wenn ich mich nähern will?
So ist dir meine Wiederkunft verhaßt?

MARIAMNE. Wie sollte sie? Sie gibt mir ja das Leben
Zurück!
HERODES. Das Leben? Welch ein Wort ist dies!
MARIAMNE. Du wirst nicht leugnen, daß du mich verstehst!
HERODES *(für sich).*
Kann sies denn wissen? *(Zu Mariamne)* Komm!
(Da Mariamne nicht folgt) Laßt uns allein!
(Zu Alexandra) Du wirst verzeihn!
ALEXANDRA. Gewiß! *(Ab. Alle andern folgen ihr)*
MARIAMNE. So feig!
HERODES. So feig?
MARIAMNE. Und auch – wie nenn ichs nur?
HERODES. Und auch? – *(Für sich)* Das wär
Entsetzlich! Nimmer löscht' ichs in ihr aus!
MARIAMNE. Ob ihm sein Weib ins Grab freiwillig folgt,
Ob sie des Henkers Hand hinunterstößt –
Ihm gleich, wenn sie nur wirklich stirbt! Er läßt
Zum Opfertod ihr nicht einmal die Zeit!
HERODES. Sie weiß es!
MARIAMNE. Ist Antonius denn ein Mensch,
Wie ich bisher geglaubt, ein Mensch wie du,
Oder ein Dämon, wie du glauben mußt,
Da du verzweifelst, ob in meinem Busen
Noch ein Gefühl von Pflicht, ein Rest von Stolz
Ihm widerstehen würde, wenn er triefend
Von deinem Blut als Freier vor mich träte
Und mich bestürmte, ihm die Zeit zu kürzen,
Die die Ägypterin ihm übrigläßt?
HERODES *(für sich).* Doch wie? Doch wie?
MARIAMNE. Er müßte dich ja doch
Getötet haben, eh er werben könnte,
Und wenn du selbst dich denn – ich hätt es nie
Gedacht, allein ich sehs! – so nichtig fühlst,
Daß du verzagst, in deines Weibes Herzen
Durch deines Männerwertes Vollgehalt
Ihn aufzuwägen, was berechtigt dich,
Mich so gering zu achten, daß du fürchtest,
Ich wiese selbst den Mörder nicht zurück?
O Doppelschmach!

HERODES *(ausbrechend).* Um welchen Preis erfuhrst
Du dies Geheimnis? Wohlfeil war es nicht!
Mir stand ein Kopf zum Pfand!
MARIAMNE. O Salome,
Du kanntest deinen Bruder! – Frage den,
Der mirs verriet, was er empfangen hat,
Von mir erwarte keine Antwort mehr! *(Wendet sich)*
HERODES. Ich zeig dir gleich, wie ich ihn fragen will!
Soemus!

Dritte Szene

Soemus tritt ein

HERODES. Ist mein Schwäher Joseph draußen?
SOEMUS. Er harrt mit Sameas.
HERODES. Führ ihn hinweg!
Ich gab ihm einen Brief. Er soll den Brief
Alsbald bestellen! Du begleitest ihn
Und sorgst, daß alles treu vollzogen wird,
Was dieser Brief befiehlt!
SOEMUS. Es soll geschehn! *(Ab)*
HERODES. Was du auch ahnen, denken, wissen magst,
Du hast mich doch mißkannt!
MARIAMNE. Dem Brudermord
Hast du das Siegel der Notwendigkeit,
Dem man sich beugen muß, wie man auch schaudert,
Zwar aufgedrückt, doch es gelingt dir nie,
Mit diesem Siegel auch den Mord an mir
Zu stempeln, der wird bleiben, was er ist,
Ein Frevel, den man höchstens wiederholen,
Doch nun und nimmer überbieten kann!
HERODES. Ich würde nicht den Mut zur Antwort haben,
Wenn ich, was ich auch immer wagen mochte,
Des Ausgangs nicht gewiß gewesen wäre,
Das war ich aber, und ich war es nur,
Weil ich mein alles auf das Spiel gesetzt!
Ich tat, was auf dem Schlachtfeld der Soldat
Wohl tut, wenn es ein Allerletztes gilt,
Er schleudert die Standarte, die ihn führt,

An der sein Glück und seine Ehre hängt,
Entschlossen von sich ins Gewühl der Feinde,
Doch nicht, weil er sie preiszugeben denkt:
Er stürzt sich nach, er holt sie sich zurück,
Und bringt den Kranz, der schon nicht mehr dem Mut
Nur der Verzweiflung noch erreichbar war,
Den Kranz des Siegs, wenn auch zerrissen, mit.
Du hast mich feig genannt. Wenn der es ist,
Der einen Dämon in sich selber fürchtet,
So bin ich es zuweilen, aber nur,
Wenn ich mein Ziel auf krummem Weg erreichen,
Wenn ich mich ducken und mich stellen soll,
Als ob ich der nicht wäre, der ich bin.
Dann ängstigts mich, ich möchte mich zu früh
Aufrichten, und um meinen Stolz zu zähmen,
Der, leicht empört, mich dazu spornen könnte,
Knüpf ich an mich, was mehr ist als ich selbst,
Und mit mir stehen oder fallen muß.
Weißt du, was meiner harrte, als ich ging?
Kein Zweikampf und noch minder ein Gericht,
Ein launischer Tyrann, vor dem ich mich
Verleugnen sollte, aber sicher nicht
Verleugnet hätte, wenn – Ich dachte dein,
Nun knirscht ich nicht einmal – und was er auch
Dem Mann und König in mir bieten mochte,
Von Schmaus zu Schmaus mich schleppend und den Freispruch
Mir doch, unheimlich schweigend, vorenthaltend,
Geduldig, wie ein Sklave, nahm ichs hin!

MARIAMNE. Du sprichst umsonst! Du hast in mir die Menschheit
Geschändet, meinen Schmerz muß jeder teilen,
Der Mensch ist, wie ich selbst, er braucht mir nicht
Verwandt, er braucht nicht Weib zu sein wie ich.
Als du durch heimlich-stillen Mord den Bruder
Mir raubtest, konnten die nur mit mir weinen,
Die Brüder haben, alle andern mochten
Noch trocknen Auges auf die Seite treten
Und mir ihr Mitleid weigern. Doch ein Leben
Hat jedermann, und keiner will das Leben
Sich nehmen lassen als von Gott allein,

Der es gegeben hat! Solch einen Frevel
Verdammt das ganze menschliche Geschlecht,
Verdammt das Schicksal, das ihn zwar beginnen,
Doch nicht gelingen ließ, verdammst du selbst!
Und wenn der Mensch in mir so tief durch dich
Gekränkt ist, sprich, was soll das Weib empfinden,
Wie steh ich jetzt zu dir und du zu mir?

Vierte Szene

SALOME *(stürzt herein).*
Entsetzlicher, was sinnst du? Meinen Gatten
Seh ich von hinnen führen – er beschwört mich,
Dich um Erbarmung anzuflehn – ich zaudre,
Weil ich ihm grolle und ihn nicht verstehe –
Und nun – nun hör ich grause Dinge flüstern –
Man spricht – Man lügt, nicht wahr?
HERODES. Dein Gatte stirbt!
SALOME. Eh er gerichtet wurde? Nimmermehr!
HERODES. Er ist gerichtet durch sich selbst! Er hatte
Den Brief, der ihn zum Tod verdammt, in Händen,
Eh er sich gegen mich verging, er wußte,
Welch eine Strafe ihn erwartete,
Wenn er es tat; er unterwarf sich ihr
Und tat es doch!
SALOME. Herodes, höre mich!
Weißt du das denn gewiß? Ich habe ihn
Verklagt, ich glaubte es mit Recht zu tun,
Ich hatte Grund dazu – Daß er sie liebte,
War offenbar, er hatte ja für mich
Nicht einen Blick mehr, keinen Händedruck –
Er war bei Tage um sie, wann er konnte,
Und nachts verrieten seine Träume mir,
Wie sehr sie ihn beschäftigte – Das alles
Ist wahr, und mehr – – Doch folgt aus diesem allen
Noch nicht, daß sie ihn wieder lieben mußte,
Noch weniger, daß sie – O nein! o nein!
Mich riß die Eifersucht dahin – vergib!
Vergib auch du. *(Zu Mariamne)* Ich habe dich gehaßt!

O Gott, die Zeit vergeht! Man sprach – Soll ich
Dich lieben, wie ich dich gehaßt? Dann sei
Nicht länger stumm, sprich, daß er schuldlos ist,
Und bitt für ihn um Gnade, wie ich selbst!
MARIAMNE. Er ists!
HERODES. In ihrem Sinn – in meinem nicht!
MARIAMNE. In deinem auch!
HERODES. Dann müßtest du nichts wissen!
Jetzt kann ihn nichts entschuldigen! Und wenn ich
Den Tod ihm geben lasse, ohne ihn
Vorher zu hören, so geschiehts zwar mit,
Weil ich dir zeigen will, daß ich von dir
Nicht niedrig denke und das rasche Wort,
Das mir im ersten Zorn entfiel, bereue,
Doch mehr noch, weil ich weiß, daß er mir nichts
Zu sagen haben kann!

Fünfte Szene

SOEMUS. Das blutge Werk
Ist abgetan! Doch ganz Jerusalem
Steht starr und fragt, warum der Mann, den du
Zu deinem Stellvertreter machtest, als du
Von hinnen zogst, bei deiner Wiederkehr
Den Kopf verlieren mußte!
SALOME *(taumelt).* Wehe mir!
MARIAMNE *(will sie auffangen).*
SALOME. Fort! Fort! *(Zu Herodes)* Und die?
HERODES. Gib dich zufrieden, Schwester!
Dein Gatte hat mich fürchterlich betrogen –
SALOME. Und die?
HERODES. Nicht so, wie du es meinst –
SALOME. Nicht so?
Wie denn? Sie willst du retten? Wenn mein Gatte
Dich fürchterlich betrog, so tat sies auch,
Denn wahr ist, was ich sagte, und ein jeder
Solls wissen, der es noch nicht weiß! Du sollst
In ihrem Blut dich waschen, wie in seinem,
Sonst wirst du niemals wieder rein! Nicht so!

HERODES. Bei allem, was mir heilig ist –
SALOME. So nenne
Mir sein Verbrechen, wenn es das nicht war!
HERODES. Wollt ich es nennen, würde ichs vergrößern!
Ich hatt ihm ein Geheimnis anvertraut,
An dem mein alles hing, und dies Geheimnis
Hat er verraten, soll auch ich das tun?
SALOME. Elende Ausflucht, die mich schrecken wird!
Meinst du, daß du mich täuschen kannst? Du glaubst
An alles, was ich sagte, doch du bist
Zu schwach, um deine Liebe zu ersticken
Und ziehst es vor, die Schande zu verhüllen,
Die du nicht tilgen magst. Doch wenn du mich,
Die Schwester, nicht wie meinen Gatten tötest,
So wird dir das mißlingen! *(Zu Mariamne)* Er ist tot,
Nun kannst du schwören, was du willst, er wird
Nicht widersprechen! *(Ab)*
HERODES. Folg ihr nach, Soemus,
Und such sie zu begütigen! Du kennst sie,
Und ehmals hat sie gern auf dich gehört!
SOEMUS. Die Zeiten sind vorüber! Doch ich geh! *(Ab)*
MARIAMNE *(für sich)*.
Für den, der mich ermorden wollte, hätt ich
Wohl nicht gebeten! Dennoch schaudre ich,
Daß mir nicht einmal Zeit blieb, es zu tun!
HERODES *(für sich)*.
Er mußte doch daran! Im nächsten Krieg
Hätt er den Platz des Urias bekommen!
Und dennoch reut mich diese Eile jetzt!

Sechste Szene

EIN BOTE *(tritt auf)*. Mich schickt Antonius!
HERODES. So weiß ich auch,
Was du mir bringst. Ich soll mich fertigmachen,
Der große Kampf, von dem er sprach, beginnt!
BOTE. Oktavianus hat nach Afrika
Sich eingeschifft, ihm eilt Antonius

Entgegen, mit Kleopatra vereint,
Um gleich bei Actium ihn zu empfangen –
HERODES. Und ich, Herodes, soll der dritte sein!
Schon gut! Ich zieh noch heut! Soemus kann,
So schlecht es hier auch stehn mag, mich ersetzen.
Gut, daß er kam!
MARIAMNE. Er zieht noch einmal fort!
Dank, Ewger, Dank!
HERODES *(sie beobachtend).* Ha!
BOTE. Großer König, nein!
Er braucht dich nicht bei Actium, er will,
Daß du die Araber, die sich empörten,
Verhindern sollst, dem Feind sich anzuschließen!
Das ist der Dienst, den er von dir verlangt.
HERODES. Er hat den Platz, wo ich ihm nützen kann,
Mir anzuweisen.
MARIAMNE. Noch einmal! Das löst
Ja alles wieder!
HERODES *(wie vorher).* Wie mein Weib sich freut! *(Zum Boten)*
Sag ihm – du weißts ja schon! – *(Für sich)*
Die Stirn entrunzelt,
Die Hände wie zum Dankgebet gefaltet –
Das ist ihr Herz!
BOTE. Sonst hast du nichts für mich?
MARIAMNE. Jetzt werd ichs sehn, obs bloß ein Fieber war,
Das Fieber der gereizten Leidenschaft,
Das ihn verwirrte oder ob sich mir
In klarer Tat sein Innerstes verriet!
Jetzt werd ichs sehn!
HERODES *(zum Boten).* Nichts! Nichts!
BOTE *(ab).*
HERODES *(zu Mariamne).* Dein Angesicht
Hat sich erheitert! Aber hoffe nicht
Zu viel! Man stirbt nicht stets in einem Krieg,
Aus manchem kehrt ich schon zurück!
MARIAMNE *(will reden, unterbricht sich aber).* Nein! Nein!
HERODES. Zwar gilt es diesmal einen hitzgern Kampf
Wie jemals, alle andern Kämpfe wurden
Um etwas in der Welt geführt, doch dieser

Wird um die Welt geführt, er soll entscheiden,
Wer Herr der Welt ist, ob Antonius,
Der Wüst- und Lüstling, oder ob Oktav,
Der sein Verdienst erschöpft, sobald er schwört,
Daß er noch nie im Leben trunken war,
Da wird es Streiche setzen, aber dennoch
Ists möglich, daß dein Wunsch sich nicht erfüllt,
Und daß der Tod an mir vorübergeht!

MARIAMNE.
Mein Wunsch! Doch wohl! Mein Wunsch! So ist es gut!
Halt an dich, Herz! Verrat dich nicht! Die Probe
Ist keine, wenn er ahnt, was dich bewegt!
Besteht er sie, wie wirst du selbst belohnt,
Wie kannst du ihn belohnen! Laß dich denn
Von ihm verkennen! Prüf ihn! Denk ans Ende
Und an den Kranz, den du ihm reichen darfst,
Wenn er den Dämon überwunden hat!

HERODES. Ich danke dir! Du hast mir jetzt das Herz
Erleichtert! Mag ich auch an deiner Menschheit
Gefrevelt haben, das erkenn ich klar,
An deiner Liebe frevelte ich nicht!
Drum bettle ich denn auch bei deiner Liebe
Nicht um ein letztes Opfer mehr, doch hoff ich,
Daß du mir eine letzte Pflicht erfüllst.
Ich hoffe das nicht meinetwegen bloß,
Ich hoff es deinetwegen noch viel mehr,
Du wirst nicht wollen, daß ich dich nur noch
Im Nebel sehen soll, du wirst dafür,
Daß ich den Mund des Toten selbst verschloß,
Den deinen öffnen und es mir erklären,
Wies kam, daß er den Kopf an dich verschenkte,
Du wirst es deiner Menschheit wegen tun,
Du wirst es tun, weil du dich selber ehrst!

MARIAMNE. Weil ich mich selber ehre, tu ichs nicht!

HERODES. So weigerst du mir selbst, was billig ist?

MARIAMNE. Was billig ist! So wär es also billig,
Daß ich, auf Knieen vor dir niederstürzend,
Dir schwüre: Herr, dein Knecht kam mir nicht nah!
Und daß dus glauben kannst – denn auf Vertraun

Hab ich kein Recht, wenn ich dein Weib auch bin –
So hör noch dies und das! O pfui! pfui!
Herodes, nein! Fragt deine Neugier einst,
So antwort ich vielleicht! Jetzt bin ich stumm!

HERODES. Wär deine Liebe groß genug gewesen,
Mir alles zu verzeihn, was ich aus Liebe
Getan, ich hätt dich niemals so gefragt!
Jetzt, da ich weiß, wie klein sie ist, jetzt muß ich
Die Frage wiederholen, denn die Bürgschaft,
Die deine Liebe mir gewährt, kann doch
Nicht größer sein, wie deine Liebe selbst,
Und eine Liebe, die das Leben höher
Als den Geliebten schätzt, ist mir ein Nichts!

MARIAMNE. Und dennoch schweig ich!

HERODES. So verdamm ich mich,
Den Mund, der mir, zu stolz, nicht schwören will,
Daß ihn kein andrer küßte, selbst nicht mehr
Zu küssen, bis er es in Demut tut!
Ja, wenns ein Mittel gäbe, die Erinnrung
An dich in meinem Herzen auszulöschen,
Wenn ich, indem ich beide Augen mir
Durchstäche und die Spiegel deiner Schönheit
Vertilgte, auch dein Bild vertilgen könnte,
In dieser Stunde noch durchstäch ich sie.

MARIAMNE. Herodes, mäßge dich! Du hast vielleicht
Gerade jetzt dein Schicksal in den Händen
Und kannst es wenden, wie es dir gefällt!
Für jeden Menschen kommt der Augenblick,
In dem der Lenker seines Sterns ihm selbst
Die Zügel übergibt. Nur das ist schlimm,
Daß er den Augenblick nicht kennt, daß jeder
Es sein kann, der vorüberrollt! Mir ahnt,
Für dich ists dieser! Darum halte ein!
Wie du dir heut die Bahn des Lebens zeichnest,
Mußt du vielleicht sie bis ans Ende wandeln:
Willst du das tun im wilden Rausch des Zorns?

HERODES.
Ich fürchte sehr, du ahnst nur halb das Rechte,
Der Wendepunkt ist da, allein für dich!

Denn ich, was will ich denn? Doch nur ein Mittel,
Womit ich böse Träume scheuchen kann!

MARIAMNE. Ich will dich nicht verstehn! Ich hab dir Kinder
Geboren! Denk an die!

HERODES. Wer schweigt, wie du,
Weckt den Verdacht, daß er die Wahrheit nicht
Zu sagen wagt und doch nicht lügen will.

MARIAMNE. Nicht weiter!

HERODES. Nein, nicht weiter! Lebe wohl!
Und wenn ich wiederkehre, zürne drob
Nicht allzusehr!

MARIAMNE. Herodes!

HERODES. Sei gewiß,
Ich werde dir nicht wieder so, wie heute,
Den Gruß entpressen!

MARIAMNE. Nein, es wird nicht wieder
Vonnöten sein! *(Gen Himmel)* Lenk, Ewiger, sein Herz!
Ich hatt ihm ja den Brudermord verziehn,
Ich war bereit, ihm in den Tod zu folgen,
Ich bin es noch, vermag ein Mensch denn mehr?
Du tatest, was du nie noch tatst, du wälztest
Das Rad der Zeit zurück; es steht noch einmal,
Wie es vorher stand; laß ihn anders denn
Jetzt handeln, so vergeß ich, was geschehn;
Vergeß es so, als hätte er im Fieber
Mit seinem Schwert mir einen Todesstreich
Versetzt und mich genesend selbst verbunden.
(Zu Herodes) Seh ich dich noch?

HERODES. Wenn du mich kommen siehst,
So ruf nach Ketten! Das sei dir Beweis,
Daß ich verrückt geworden bin!

MARIAMNE. Du wirst
Dies Wort bereun! – Halt an dich, Herz! – Du wirst! *(Ab)*

HERODES. Wahr ists, ich ging zu weit. Das sagte ich
Mir unterwegs schon selbst. Doch wahr nicht minder,
Wenn sie mich liebte, würde sies verzeihn!
Wenn sie mich liebte! Hat sie mich geliebt?
Ich glaub es. Aber jetzt – Wie sich der Tote
Im Grabe noch zu rächen weiß! Ich schaffte

Ihn fort, um meine Krone mir zu sichern,
Er nahm, was mehr wog, mit hinweg: ihr Herz!
Denn seltsam hat sie, seit ihr Bruder starb,
Sich gegen mich verändert, niemals fand
Ich zwischen ihr und ihrer Mutter noch
Die kleinste Spur von Ähnlichkeit heraus,
Heut glich sie ihr in mehr als einem Zug,
Drum kann ich ihr nicht mehr vertraun wie sonst!
Das ist gewiß! Doch muß es darum auch
Sogleich gewiß sein, daß sie mich betrog?
Die Bürgschaft, die in ihrer Liebe lag,
Ist weggefallen, aber eine zweite
Liegt noch in ihrem Stolz, und wird ein Stolz,
Der es verschmäht, sich zu verteidigen,
Es nicht noch mehr verschmähn, sich zu beflecken?
Zwar weiß sies! Joseph! Warum kann der Mensch
Nur töten, nicht die Toten wieder wecken,
Er sollte beides können oder keins!
Der rächt sich auch! Er kommt nicht! Dennoch seh ich
Ihn vor mir! »Du befiehlst?« – Es ist unmöglich!
Ich wills nicht glauben! Schweig mir, Salome!
Wie es auch kam, so kam es nicht! Vielleicht
Fraß das Geheimnis, wie verschlucktes Feuer,
Von selbst sich bei ihm durch. Vielleicht verriet ers,
Weil er mich für verloren hielt und nun
Mit Alexandra sich versöhnen wollte,
Bevor die Kunde kam. Wir werden sehn!
Denn prüfen muß ich sie! Hätt ich geahnt,
Daß sies erfahren könnte, nimmer wär ich
So weit gegangen. Jetzt, da sie es weiß,
Jetzt muß ich weitergehn! Denn, nun sies weiß,
Nun muß ich das von ihrer Rache fürchten,
Was ich von ihrer Wankelmütigkeit
Vielleicht mit Unrecht fürchtete, muß fürchten,
Daß sie auf meinem Grabe Hochzeit hält!
Soemus kam zur rechten Zeit. Er ist
Ein Mann, der, wär ich selbst nicht auf der Welt,
Da stünde, wo ich steh. Wie treu er denkt,
Wie eifrig er mir dient, beweist sein Kommen.

Ihm geb ich jetzt den Auftrag! Daß sie nichts
Aus ihm herauslockt, weiß ich, wenn sie ihn
Auf Menschenart versucht! – Verrät er mich,
So zahlt sie einen Preis, der – Salome,
Dann hast du recht gehabt! – Es gilt die Probe! *(Ab)*

VIERTER AKT

Burg Zion. Mariamnens Gemächer

Erste Szene

Mariamne. Alexandra

ALEXANDRA. Du gibst mir Rätsel auf. Zuerst der Schwur:
Ich töte mich, wenn er nicht wiederkehrt!
Dann bittre Kälte, als er kam, ein Trotz,
Der ihn empören mußte, wie er mich
Erfreute! Nun die tiefste Trauer wieder!
Den möcht ich sehn, der dich begreifen kann.
MARIAMNE. Wenn das so schwer ist, warum plagst du dich?
ALEXANDRA. Und dann die widerwillig-herbe Art,
Mit der du den Soemus ferne hältst!
Man siehts ihm an, er hat was auf dem Herzen –
MARIAMNE. Meinst du?
ALEXANDRA. Gewiß! Auch möcht ers uns vertraun,
Allein er wagt es nicht, er würde sich,
Wenn er dich in den Jordan stürzen sähe,
Vielleicht bedenken, ob er dich vom Tod
Auch retten dürfe, und er hätte recht,
Denn maßlos schnöde bist du gegen ihn!
MARIAMNE. Nicht wahr, Herodes wird nicht sagen können,
Ich hätte seinen Freund versucht, ich hätte
Ihm sein Geheimnis, wenn er eines hat,
Mit Schmeicheln abgelistet. Nein, ich stells
Dem Himmel heim, ob ichs erfahren soll!
Mir sagts mein Herz, ich wage nichts dabei!

Zweite Szene

SAMEAS *(tritt ein; er trägt Ketten an den Händen).*
Der Herr ist groß!
MARIAMNE. Er ists!
ALEXANDRA. Du frei und doch
In Ketten? Noch ein Rätsel!
SAMEAS. Diese Ketten
Leg ich nicht wieder ab! Jerusalem
Soll Tag für Tag erinnert werden,
Daß Jonas' Enkel im Gefängnis saß!
ALEXANDRA. Wie kamst du denn heraus? Hast du die Hüter
Bestochen?
SAMEAS. Ich? Die Hüter?
ALEXANDRA. Zwar, womit!
Dein härenes Gewand hast du noch an,
Und daß sie für ein Nest voll wilder Bienen,
Wie dus, mit jedem hohlen Baum vertraut,
An sie verraten konntest, dich entließen,
Bezweifle ich, denn Honig gibts genug!
SAMEAS. Wie fragst du nur? Soemus selbst hat mir
Die Pforten aufgemacht!
MARIAMNE. Er hätts gewagt?
SAMEAS. Was denn? Hast du es ihm denn nicht geboten?
MARIAMNE. Ich?
SAMEAS. Nein? Mir deucht doch, daß er so gesagt!
Ich kann mich irren, denn ich sagte just
Rückwärts den letzten Psalm her, als er eintrat,
Und hörte nur mit halbem Ohr auf ihn!
Nun wohl! So hats der Herr getan, und ich
Muß in den Tempel gehen, um zu danken,
Und habe nichts in Davids Burg zu tun.
MARIAMNE. Der Herr!
SAMEAS. Der Herr! Saß ich mit Recht im Kerker?
MARIAMNE. Die Zeiten sind vorbei, worin der Herr
Unmittelbar zu seinem Volke sprach.
Wir haben das Gesetz. Das spricht für ihn!
Die Dampf- und Feuersäule ist erloschen,
Durch die er unsern Vätern in der Wüste

Die Pfade zeichnete, und die Propheten
Sind stumm wie er!

ALEXANDRA. Das sind sie doch nicht ganz!
Es hat erst kürzlich einer einen Brand
Vorhergesagt, und dieser traf auch ein!

MARIAMNE. Jawohl, doch hatt er selbst um Mitternacht
Das Feuer angelegt.

SAMEAS. Weib! Lästre nicht!

MARIAMNE. Ich lästre nicht, ich sag nur, was geschehn!
Der Mensch ist Pharisäer wie du selbst,
Er spricht wie du, er rast wie du, der Brand
Hat uns beweisen sollen, daß er wirklich
Prophet sei und das Künftige durchschaue,
Doch ein Soldat ertappt' ihn auf der Tat.

SAMEAS. Ein römscher?

MARIAMNE. Ja!

SAMEAS. Der log! Er war vielleicht
Gedungen! War gedungen vom Herodes,
Gedungen von dir selbst!

MARIAMNE. Vergiß dich nicht!

SAMEAS. Du bist sein Weib, du bist das Weib des Frevlers,
Der sich für den Messias hält, du kannst
Ihn in die Arme schließen und ihn küssen,
Drum kannst du auch was andres für ihn tun!

ALEXANDRA. Er hielte jetzt für den Messias sich?

SAMEAS. Er tuts, er sagt' es mir ins Angesicht,
Als er mich in den Kerker führen ließ.
Ich schrie zum Herrn, ich rief: Sieh auf dein Volk
Und schicke den Messias, den du uns
Verheißen für die Zeit der höchsten Not,
Die höchste Not brach ein! Darauf versetzt' er
Mit stolzem Hohn: Der ist schon lange da,
Ihr aber wißt es nicht! Ich bin es selbst!

ALEXANDRA. Nun, Mariamne?

SAMEAS. Mit verruchtem Witz
Bewies er dann, wir sein ein Volk von Irren
Und er der einzige Verständige,
Wir wohnten nicht umsonst am Toten Meer,
Dem die Bewegung fehle, Ebb und Flut,

Und das nur darum alle Welt verpeste,
Es sei ein treuer Spiegel unsrer selbst!
Er aber wolle uns lebendig machen,
Und müß er uns auch Mosis dummes Buch –
So ruchlos sprach er – mit Gewalt entreißen;
Denn das allein sei schuld, wenn wir dem Jordan
Nicht glichen, unserm klaren Fluß, der lustig
Das Land durchhüpfe, sondern einem Sumpf!

ALEXANDRA. So ganz warf er die Larve weg?

SAMEAS. Jawohl!
Doch galt ich ihm, als er es tat, vielleicht
Für einen Toten schon; denn meinen Tod
Befahl er gleich nachher.

MARIAMNE. Er war gereizt!
Er fand den Aufruhr vor!

SAMEAS. Dich mahn ich nun
An deine Pflicht! Sag du dich los von ihm,
Wie er sich losgesagt von Gott! Du kannst
Ihn dadurch strafen, denn er liebt dich sehr!
Als mich Soemus frei ließ, mußt ich glauben,
Du hättst es schon getan. Tust du es nicht,
So schilt den Blitz, der aus den Wolken fährt,
Nicht ungerecht, wenn er dich trifft wie ihn!
Ich geh jetzt, um zu opfern!

ALEXANDRA. Nimm das Opfer
Aus meinem Stall!

SAMEAS. Ich nehms, wo mans entbehrt!
Das Lamm der Witwe und das Schaf des Armen!
Was soll dein Rind dem Herrn! *(Ab)*

Dritte Szene

SOEMUS *(kommt).* Verzeiht!

MARIAMNE. Ich wollte
Dich eben rufen lassen. Tritt heran!

SOEMUS. Das wär zum erstenmal geschehn!

MARIAMNE. Jawohl!

SOEMUS. Du wichst mir aus bisher!

MARIAMNE. Hast du mich denn

Gesucht und hast du was an mich zu suchen?
Ich mags nicht denken!
SOEMUS. Wenigstens das eine:
Sieh mich als deinen treusten Diener an!
MARIAMNE. Das tat ich, doch ich tus nicht mehr!
SOEMUS. Nicht mehr?
MARIAMNE. Wie kannst du dem Empörer, den Herodes
Gefangensetzen ließ, den Kerker öffnen?
Ist er noch König, oder ist ers nicht?
SOEMUS. Die Antwort ist so leicht nicht, wie du glaubst!
MARIAMNE. Fällt sie dir schwer, so wirst dus büßen müssen!
SOEMUS. Du weißt noch nichts von der verlornen Schlacht!
MARIAMNE. Die Schlacht bei Actium, sie wär verloren?
SOEMUS. Antonius fiel von seiner eignen Hand!
Kleopatra desgleichen!
ALEXANDRA. Hätte die
Den Mut gehabt? Sie konnte sonst ein Schwert
Nicht einmal sehn und schauderte vor seinem
Zurück, da er es ihr als Spiegel vorhielt.
SOEMUS. Dem Hauptmann Titus ward es so gemeldet!
Oktavianus flucht, daß man es nicht
Verhindert hat! Ich selber las den Brief!
MARIAMNE. Dann hat der Tod auf lange Zeit sein Teil,
Und jedes Haupt steht fester, als es stand,
Eh das geschah!
SOEMUS. Meinst du?
MARIAMNE. Du lächelst seltsam!
SOEMUS. Du kennst, wies scheint, Oktavianus nicht!
Der wird den Tod nicht fragen, ob ihn ekle,
Er wird ihm aus den Freunden des Antonius
Noch eine Mahlzeit richten, und auch die
Wird nicht ganz arm an leckern Bissen sein!
MARIAMNE. Gilt das Herodes?
SOEMUS. Nun, wenn er das hält,
Was er sich vornahm –
MARIAMNE. Was war das?
SOEMUS. Er sprach:
Ich liebe den Antonius nicht mehr,
Ich hasse ihn weit eher, doch ich werde

Ihm beistehn bis zum letzten Augenblick,
Obgleich ich fürchte, daß er fallen muß.
Ich bins mir selber schuldig, wenn nicht ihm!

MARIAMNE. Echt königlich!

SOEMUS. Gewiß! Echt königlich!
Nur ist Oktav der Mann nicht, ders bewundert,
Und tut Herodes das –

MARIAMNE. Wer wagt zu zweifeln?

SOEMUS. So ist er auch verloren, oder arg
Hat man Oktavian beleidigt, als man
Die große Schlächterei nach Cäsars Tod
Auf seine Rechnung setzte!

MARIAMNE. Daß du fest
An diesen Ausgang glaubst, daß du Herodes
Schon zu den Toten zählst, ist klar genug,
Sonst hättst du nicht gewagt, was du gewagt.
Auch schauderts mir, ich will es dir gestehn,
Vor deiner Zuversicht, du bist kein Tor
Und wagst gewiß nicht ohne Grund so viel.
Doch, wies auch stehen möge, immer bin
Ich selbst noch da, und ich, ich will dir zeigen,
Daß ich ihm auch im Tode noch Gehorsam
Zu schaffen weiß, es soll nicht ein Befehl,
Den er gegeben, unvollzogen bleiben,
Das soll sein Totenopfer sein!

SOEMUS. Nicht einer?
Ich zweifle, Königin!
(Für sich) Jetzt falle, Schlag!

MARIAMNE. So wahr ich Makkabäerin, du schickst
Den Sameas zurück in seinen Kerker!

SOEMUS. Wenn du es willst, so wirds geschehn, und wenn
Du mehr willst, wenn er sterben soll, wies ihm
Der König drohte, sprich, und er ist tot!
Und nun gestatte eine Frage mir:
Soll ich auch dich, damit das Totenopfer,
Das du zu bringen denkst, vollkommen sei,
Soll ich auch dich mit meinem Schwert durchstoßen?
Ich hab auch dazu den Befehl von ihm!

MARIAMNE. Weh!

ALEXANDRA. Nimmermehr!
MARIAMNE. So ist das Ende da!
Und welch ein Ende! Eins, das auch den Anfang
Verschlingt und alles! Die Vergangenheit
Löst, wie die Zukunft, sich in nichts mir auf!
Ich hatte nichts, ich habe nichts, ich werde
Nichts haben! War denn je ein Mensch so arm!
ALEXANDRA. Welch eine Missetat du vom Herodes
Mir auch berichten möchtest, jede glaubt ich,
Doch diese –
MARIAMNE. Zweifle nicht! Es ist gewiß!
ALEXANDRA. So sprichst du selbst?
MARIAMNE. O Gott, ich weiß warum!
ALEXANDRA. Dann wirst du wissen, was du tun mußt!
MARIAMNE. Ja! *(Sie zückt den Dolch gegen sich)*
ALEXANDRA *(sie verhindernd).*
Wahnsinnige, verdient er das? Verdient ers,
Daß du den Henker an dir selber machst?
MARIAMNE. Das war verkehrt! Ich danke dir! Dies Amt
Ersah er für sich selbst! *(Sie schleudert den Dolch weg)* Versucher, fort!
ALEXANDRA. Du wirst dich in der Römer Schutz begeben!
MARIAMNE. Ich werde keinen, dem an sich was liegt,
Verhindern, das zu tun! – Ich selbst, ich gebe
Zur Nacht ein Fest!
ALEXANDRA. Ein Fest?
MARIAMNE. Und tanze dort! –
Ja, ja, das ist der Weg!
ALEXANDRA. Zu welchem Ziel?
MARIAMNE. He, Diener! *(Diener kommen)*
Schließt die Prunkgemächer auf
Und ladet alles ein, was jubeln mag!
Steckt alle Kerzen an, die brennen wollen,
Pflückt alle Blumen ab, die noch nicht welkten,
Es ist nicht nötig, daß was übrigbleibt! *(Zu Moses)*
Du hast uns einst die Hochzeit ausgerichtet,
Heut gilts ein Fest, das die noch übertrifft,
Drum spare nichts! *(Sie tritt vor)* Herodes, zittre jetzt!
Und wenn du niemals noch gezittert hast!

Soemus *(tritt zu ihr heran).* Ich fühle deinen Schmerz wie du!
Mariamne. Dein Mitleid
Erlaß ich dir! Du bist kein Henkersknecht,
Ich darf nicht zweifeln, denn du hasts gezeigt;
Doch dafür ein Verräter und Verrätern
Kann ich nicht danken, noch sie um mich dulden,
Wie nützlich sie auch sind auf dieser Welt.
Denn das verkenn ich nicht! Wärst du der Mann
Gewesen, der du schienst, so hätte Gott
Ein Wunder tun, so hätte er der Luft
Die Zunge, die ihr mangelt, leihen müssen,
Das sah er gleich voraus, als er dich schuf,
Drum macht' er zu der Heuchler erstem dich!
Soemus. Der bin ich nicht! Ich war Herodes' Freund,
Ich war sein Waffenbruder und Gefährte,
Eh er den Thron bestieg, ich war sein Diener,
Sein treuster Diener, seit er König ist.
Doch war ichs nur, solange er in mir
Den Mann zu ehren wußte und den Menschen,
Wie ich in ihm den Helden und den Herrn.
Das tat er, bis er, heuchlerisch die Augen
Zum erstenmal unwürdig niederschlagend,
Den Blutbefehl mir gab, durch den er mich
Herzlos, wie dich, dem sichern Tode weihte,
Durch den er mich der Rache deines Volks,
Dem Zorn der Römer und der eignen Tücke
Preisgab, wie dich der Spitze meines Schwerts.
Da hatt ich den Beweis, was ich ihm galt!
Mariamne. Und drücktest du ihm deinen Abscheu aus?
Soemus. Das tat ich nicht, weil ich dich schützen wollte!
Ich übernahms zum Schein, ich heuchelte,
Wenn dirs gefällt, damit er keinem andern
Den Auftrag gäbe und mich niederstäche;
Ein Galiläer hätt die Tat vollbracht!
Mariamne. Ich bitt dir ab. Du stehst zu ihm, wie ich,
Du bist, wie ich, in deinem Heiligsten
Gekränkt, wie ich, zum Ding herabgesetzt!
Er ist ein Freund, wie er ein Gatte ist.
Komm auf mein Fest. *(Ab)*

ALEXANDRA. So wartetest du auch auf deine Zeit,
Wie ich!
SOEMUS. Auf meine Zeit? Wie meinst du das?
ALEXANDRA. Ich sah es immer mit Verwundrung an,
Wie du vor diesem König, der der Laune
Des Römers seine Hoheit dankt, dem Rausch
Des Schwelgers, nicht dem Stamm und der Geburt,
Den Rücken bogst, als hättest dus, wie er,
Vergessen, daß du seinesgleichen bist;
Doch jetzt durchschau ich dich, du wolltest ihn
Nur sicher machen!
SOEMUS. Darin irrst du dich!
Ich sprach in allem wahr. Für seinesgleichen
Halt ich mich nicht und werd es niemals tun!
Ich weiß, wie manchen Wicht es gibt, der ihm
Bloß darum, weil er nicht sein Enkel ist,
Mit Murren dient; ich weiß, daß andre ihm
Die Treu nur Mariamnens wegen halten:
Doch ich gehöre nicht zu dieser Schar,
Die lieber einem Kinderschwert gehorcht,
Wenns nur ererbt ward, als dem Heldenschwert,
Das aus dem Feuer erst geschmiedet wird.
Ich sah den Höhern immer schon in ihm
Und hob dem Waffenbruder seinen Schild,
Wenn er ihn fallen ließ, so willig auf,
Wie je dem König seinen Herrscherstab!
Die Krone, wie das erste Weib: ich gönnte
Ihm beides, denn ich fühlte seinen Wert!
ALEXANDRA. Du bist doch auch ein Mann!
SOEMUS. Daß ich das nicht
Vergessen habe, das beweis ich jetzt!
So groß ist keiner, daß er mich als Werkzeug
Gebrauchen darf! Wer Dienste von mir fodert,
Die mich, vollbracht und nicht vollbracht, wies kommt,
Schmachvoll dem sichern Untergange weihn,
Der spricht mich los von jeder Pflicht, dem muß
Ich zeigen, daß es zwischen Königen
Und Sklaven eine Mittelstufe gibt,
Und daß der Mann auf dieser steht!

ALEXANDRA. Mir gilt
Es gleich, aus welchem Grund: genug, du tratst
Zu mir herüber!
SOEMUS. Fürchte keinen Kampf mehr,
Er ist so gut als tot! Oktavian
Ist kein Antonius, der sich das Fleisch
Vom Leibe hacken läßt und es verzeiht,
Weil er die Hand bewundert, die das tut!
Er sieht nur auf die Streiche.
ALEXANDRA. Was sagt Titus?
SOEMUS. Der denkt wie ich! Ich ließ den Sameas
Nur darum frei, weil ich zur Rechenschaft
Gezogen werden wollte. Konnt ich doch
Nicht anders an die Königin gelangen!
Jetzt weiß sie, was sie wissen muß, und ist
Der Todesbotschaft, wenn sie kommt, gewachsen.
Das war mein Zweck! Welch edles Weib! Die schlachten!
Es wär um ihre Tränen schad gewesen!
ALEXANDRA. Gewiß, ein zärtlicher Gemahl! – Such sie
Nur zu bereden, daß sie sich dem Schutz
Der Römer übergibt, und komm aufs Fest,
Durch das sie mit Herodes bricht, er mag
Nun tot sein oder leben! *(Ab)*
SOEMUS *(ihr folgend).* Er ist tot!

Vierte Szene

Diener treten auf und ordnen das Fest an

MOSES. Nun, Artaxerxes? Wieder in Gedanken?
Flink! Flink! Du stellst bei uns die Uhr nicht vor!
ARTAXERXES. Hättst du das jahrelang getan, wie ich,
So würd es dir auch ganz so gehn, wie mir!
Besonders, wenn du alle Nächte träumtest,
Du hättst das alte Amt noch zu versehn!
Ich greif ganz unwillkürlich mit der Rechten
Mir an den Puls der Linken, zähl und zähle
Und zähle oft bis sechzig, eh ich mich
Besinne, daß ich keine Uhr mehr bin!

MOSES. Merk dir es endlich denn, daß du bei uns
Die Zeit nicht messen sollst! Wir haben dazu
Den Sonnenweiser und den Sand! Du selbst
Sollst, wie wir andern, in der Zeit was tun!
Faulenzerei, nichts weiter!

ARTAXERXES. Laß dir schwören!

MOSES. Schweig! Schweig! Beim Essen zähltest du noch nie!
Im übrigen: man schwört auch nicht bei uns,
Und *(für sich)* wär der König nicht ein halber Heide,
So hätten wir auch den fremden Diener nicht!
Da kommen schon die Musikanten! Flink!

(Geht zu den übrigen)

JEHU. Du, ist das wirklich wahr, was man von dir
Erzählt?

ARTAXERXES. Wie sollt es denn nicht wahr sein?
Soll ichs vielleicht noch hundertmal beteuern?
Am Hofe des Satrapen war ich Uhr
Und hatt es gut, viel besser, wie bei euch!
Nachts ward ich abgelöst, dann wars mein Bruder,
Und auch bei Tage, wenns zum Essen ging.
Ich dank es wahrlich eurem König nicht,
Daß er mich mit den andern Kriegsgefangnen
Hiehergeschleppt! Zwar war mein Dienst zuletzt
Ein wenig schwer. Ich mußte mit ins Feld,
Und wenn man links und rechts die Pfeile fliegen,
Die Menschen fallen sieht, verzählt man sich
Natürlich leichter als in einem Saal,
Wo sie zusammenkommen, um zu tanzen.
Ich schloß die Augen, denn ich bin kein Held,
Wie es mein Vater war. Den traf ein Pfeil
Auf seinem Posten – er war Uhr, wie wir,
Ich und mein Bruder, alle waren Uhren –
Er rief die Zahl noch ab und starb! Was sagst du?
Das war ein Mann! Dazu gehörte mehr,
Als nötig war, den Pfeil ihm zuzuschicken!

JEHU. Habt ihr denn keinen Sand bei euch zu Hause,
Daß ihr das tun müßt?

ARTAXERXES. Wir? Wir keinen Sand?
Genug, um ganz Judäa zu bedecken!

Es ist ja nur, weil der Satrap bei uns
Es besser haben soll, wies andre haben!
Der Puls des Menschen geht doch wohl genauer,
Wenn er gesund ist und kein Fieber hat,
Wie euer Sand durch seine Röhre läuft?
Und nützen euch die Sonnenweiser was,
Wenn es der Sonne nicht gefällt zu scheinen? *(Zählt)*
Eins – Zwei –

MOSES *(kommt zurück).* Fort! Fort! Die Gäste kommen schon!

ARTAXERXES. Das ist das Fest? Da sah ich andre Feste!
Wo keine Frucht gegessen ward, die nicht
Aus einem fremden Weltteil kam! Wo Strafe,
Oft Todesstrafe darauf stand, wenn einer
Nur einen Tropfen Wasser trank. Wo Menschen,
Die man mit Hanf umwickelt und mit Pech
Beträufelt hatte, in den Gärten nachts
Als Fackeln brannten –

MOSES. Höre auf! Was hatten
Die Menschen dem Satrapen denn getan?

ARTAXERXES. Getan? Gar nichts! Bei uns ist ein Begräbnis
Viel prächtiger, wie eine Hochzeit hier!

MOSES. Vermutlich freßt ihr eure Toten auf!
Es paßte gut zum übrigen!

ARTAXERXES. Dann ists
Auch wohl nicht wahr, daß eure Königin
Im Wein einst eine Perle aufgelöst,
Kostbarer als das ganze Königreich,
Und daß sie diesen Wein an einen Bettler
Gegeben hat, der ihn wie andern soff?

MOSES. Das ist es nicht! Gottlob!

ARTAXERXES *(zu Jehu).* Du sagtests aber!

JEHU. Weil es mir eine Ehre für sie schien,
Und weil mans von der Ägypterin erzählt!

MOSES. Hinweg!

ARTAXERXES *(deutet auf die Rosen, die Jehu trägt).*
Wirkliche Rosen! Die sind billig.
Bei uns sinds silberne und goldene!
Die soll man dahin schicken, wo die Blumen
So kostbar sind, wie Gold und Silber hier!

(Diener zerstreuen sich. Die Gäste, unter ihnen Soemus, haben sich während der letzten Hälfte dieser Szene versammelt. Musik. Tanz. Silo und Judas sondern sich von den übrigen und erscheinen im Vordergrund)

SILO. Was soll das heißen?
JUDAS. Was das heißen soll?
Der König kehrt zurück! Und das noch heut!
SILO. Meinst du?
JUDAS. Wie kannst du fragen! Gibts denn wohl
Noch einen andern Grund für solch ein Fest?
Üb dich auf einen neuen Bückling ein!
SILO. Es hieß ja aber –
JUDAS. Lug und Trug, wie immer,
Wenns hieß, ihm sei was Schlimmes widerfahren,
Und ganz natürlich, da's so viele gibt,
Die ihm das Schlimme wünschen! Wird getanzt
In einem Haus, wo man um Tote klagt?
SILO. Da wird denn bald viel Blut vergossen werden,
Die Kerker stecken seit dem Aufruhr voll!
JUDAS. Das weiß ich besser, als dus wissen kannst.
Ich habe manchen selbst hineingeschleppt.
Denn dieser Aufruhr war so unvernünftig,
Daß jeder, der nicht eben darauf sann,
Sich selbst zu hängen, ihn bekämpfen mußte.
Du weißt, ich liebe den Herodes nicht,
Wie tief ich mich auch immer vor ihm bücke,
Doch darin hat er recht: die Römer sind
Zu mächtig gegen uns, wir sind nicht mehr
Als ein Insekt ist in des Löwen Rachen,
Das soll nicht stechen, denn es wird verschluckt!
SILO. Mir tuts nur leid um meines Gärtners Sohn,
Der einen Stein nach einem römschen Adler
Geworfen und ihn auch getroffen hat!
JUDAS. Wie alt ist der?
SILO. Wie lange ist es doch,
Daß ich den Fuß brach? – Da ward er geboren,
Denn seine Mutter konnte mich nicht pflegen,
Ja, richtig – zwanzig!

JUDAS. Da geschieht ihm nichts!

Mariamne und Alexandra erscheinen

Die Königin! *(Will gehen)*

SILO. Wie meinst du das? Ein Wort noch!

JUDAS. Wohl! im Vertraun denn! Weil er zwanzig ist,
Geschieht ihm nichts! Doch wenn er neunzehn wär
Und einundzwanzig, ginge es ihm schlecht!
Im künftgen Jahr stehts anders!

SILO. Spaße nicht!

JUDAS. Ich sage dir, so ists! Und willst du wissen
Warum? Der König selbst hat einen Sohn
Von zwanzig Jahren, doch er kennt ihn nicht!
Die Mutter hat ihm, als er sie verließ,
Das Kind entführt und feierlich geschworen,
Es zu verderben –

SILO. Greuelhaftes Weib!
Heidin?

JUDAS. Vermutlich! Zwar, ich weiß es nicht! –
So zu verderben, daß ers töten müsse,
Verstehst du mich? Ich halts für Raserei,
Die sich gelegt hat nach der ersten Wut,
Doch ihn machts ängstlich, und kein Todesurteil
Ward je an einem Menschen noch vollzogen,
Der in dem Alter seines Sohnes stand.
Tröst deinen Gärtner! Doch behalts für dich!

(Verlieren sich wieder unter die übrigen)

Fünfte Szene

Alexandra und Mariamne erscheinen im Vordergrund

ALEXANDRA. So willst du dich nicht zu den Römern flüchten?

MARIAMNE. Wozu nur?

ALEXANDRA. Um das Leben dir zu sichern!

MARIAMNE. Das Leben! Freilich! Das muß man sich sichern!
Der Schmerz hat keinen Stachel ohne das!

ALEXANDRA. So gib der Stunde wenigstens ihr Recht!
Du gibst ein Fest, so zeig auch deinen Gästen
Ein festliches Gesicht, wie sichs gebührt!

MARIAMNE. Ich bin kein Instrument und keine Kerze,

Ich soll nicht klingen, und ich soll nicht leuchten,
Drum nehmt mich, wie ich bin! Nein! Tut es nicht!
Treibt mich, das Beil für meinen Hals zu wetzen,
Was red ich, treibt mich, daß ich mit euch juble –
Soemus, auf!
(Zu Salome, die eben eintritt und ihr entgegenschreitet)
Du, Salome? Willkommen
Vor allen mir, trotz deiner Trauerkleider!
Das hätt ich kaum gehofft!

Sechste Szene

SALOME. Ich muß ja wohl,
Wenn ich erfahren will, wies steht! Ich werde
Zu einem Fest geladen, doch man sagt
Mir nicht, warum das Fest gegeben wird!
Zwar kann ichs ahnen, doch ich muß es wissen!
Nicht wahr: Herodes kehrt zurück? Wir werden
Ihn heut noch sehn? Die Kerzen sagen Ja,
Die lustige Musik! Tu du es auch!
Ich frag nicht meinetwegen! Doch du weißt –
Nein, nein, du weißt es nicht, du hasts vergessen,
Du hast vielleicht geträumt, sie sei begraben,
Sonst hättst du ihr die Kunde nicht verhehlt,
Allein dein Traum hat dich getäuscht, sie sitzt
Noch immer in der Ecke, wo sie saß,
Als sie dich segnete –
MARIAMNE. Was redest du?
SALOME. Genug! Herodes hat noch eine Mutter,
Die bangt um ihren Sohn und härmt sich ab.
Und ich, ich bitt dich: laß sie das Verbrechen,
Daß sie auch mich gebar, nicht länger büßen,
Gib ihr den Trost, nach dem ihr Herz verlangt!
MARIAMNE. Ich hab für seine Mutter keinen Trost!
SALOME. Du hast Herodes heut nicht zu erwarten?
MARIAMNE. Nichts weniger! Ich hörte, er sei tot!
SALOME. Und feierst dieses Fest?
MARIAMNE. Weil *ich* noch lebe!
Soll man sich denn nicht freun, daß man noch lebt?

SALOME. Ich glaub dir nicht!
MARIAMNE. Viel Dank für deinen Zweifel!
SALOME. Die Kerzen –
MARIAMNE. Sind sie nicht zum Leuchten da?
SALOME. Die Zimbeln –
MARIAMNE. Müssen klingen, weißt dus anders?
SALOME *(deutet auf Mariamnens reiche Kleidung)*.
Die Edelsteine –
MARIAMNE. Stünden dir zwar besser –
SALOME. Das alles deutet –
MARIAMNE. Auf ein Freudenfest!
SALOME. Das über einem Grabe –
MARIAMNE. Es ist möglich!
SALOME. Dann – Mariamne, hör ein ernstes Wort!
Ich hab dich stets gehaßt, doch immer blieb mir
Ein Zweifel, ob es auch mit Recht geschah,
Und reuig hab ich oft mich dir genähert,
Um –
MARIAMNE. Mich zu küssen! Einmal tatst dus gar!
SALOME. Jetzt aber seh ich, du bist –
MARIAMNE. Schlecht genug,
Dich stehnzulassen und mich in die Schar
Zu mischen, welche dort den Tanz beginnt!
Soemus!
SOEMUS *(reicht ihr den Arm)*. Königin!
MARIAMNE. So hat Herodes
Mich ganz gewiß gesehen, als er dir
Den blutigen Befehl gab. Wunderbar!
Es ist nun wirklich alles so gekommen! *(Im Abgehen zu Salome)*
Du siehst doch zu?
(Von Soemus in den Hintergrund geführt, wo sie beide nicht mehr gesehen werden)
SALOME. Dies Weib ist noch viel schlechter
Als ichs mir dachte! Das will etwas sagen!
Drum hat sie auch die bunte Schlangenhaut,
Mit der sie alles ködert! – Ja, sie tanzt!
Nun, wahrlich, jetzt ist mein Gewissen ruhig,
Der kann kein Mensch auf Erden Unrecht tun!
(Sie sieht Mariamnen zu)

Siebente Szene

Alexandra kommt mit Titus

ALEXANDRA. Titus, du siehst, wie meine Tochter trauert!
TITUS. Sie hat wohl neue Botschaft von Herodes?
ALEXANDRA. Die Botschaft, daß es mit ihm aus ist! Ja!
TITUS *(sieht nach Mariamnen).* Sie tanzt!
ALEXANDRA. Als wäre sie, statt Witwe, Braut!
Titus, sie trug bis heute eine Maske,
Und, merk dir das, sie tat es nicht allein!
TITUS. Sehr gut für sie! Dann bleibt sie, was sie ist!
Gehört sie zu den Feinden des Herodes,
So wird sie nicht mit seinen Freunden büßen!
ALEXANDRA. Um das zu zeigen, gibt sie ja dies Fest!
(Entfernt sich von Titus)
TITUS. Es schaudert mir vor diesen Weibern doch!
Die eine haut dem Helden, den sie erst
Durch heuchlerische Küsse sicher machte,
Im Schlaf den Kopf ab, und die andre tanzt,
Um sich nur ja die Krone zu erhalten,
Wie rasend auf dem Grabe des Gemahls!
Um das zu sehn, ward ich gewiß geladen –
(Er sieht wieder nach Mariamnen)
Ja, ja, ich sehs und wills in Rom bezeugen –
Doch trinke ich hier keinen Tropfen Wein!
SALOME. Was sagst du, Titus? Steht es mit dem König
So schlecht, daß die schon alles wagen darf?
TITUS. Wenn er nicht gleich sich zum Oktavian
Geschlagen und dem Mark Anton vorm Fall
Den letzten Stoß noch mitgegeben hat,
Und das bezweifle ich, so stehts nicht gut!
SALOME. O hätt ers doch getan! – Wenn die den Kopf
Behält, so weiß ich nicht, warum der Herr
Das Blut der üppgen Jesabel den Hunden
Zu lecken gab! *(Verliert sich unter den übrigen)*
TITUS. Sie tanzt noch fort! Doch scheints
Ihr nicht ganz leicht zu sein! Sie müßt erglühen,
Doch sie erbleicht, als ob sie in Gedanken
Was andres täte und nur unwillkürlich

Dem Reigen folgte! Nun, auch diese Judith
Hat wohl nicht ohne Angst ihr Werk vollbracht!
Und die da muß den letzten Kuß des Mannes,
Den sie hier jetzt vor mir so feierlich
Verleugnet, noch auf ihrer Lippe fühlen,
Auch sah sie ihn ja noch nicht tot! – Sie kommt!
(Mariamne erscheint wieder. Alexandra und Soemus folgen ihr)
ALEXANDRA *(zu Mariamne).* Ich sprach mit Titus!
MARIAMNE *(erblickt bei einer plötzlichen Wendung ihr Bild im Spiegel).* Ha!
ALEXANDRA. Was hast du denn?
MARIAMNE. So hab ich mich ja schon im Traum gesehn! –
Das also wars, was mich vorhin nicht ruhen ließ,
Bis der verlorene Rubin sich fand,
Der jetzt auf meiner Brust so düster glimmt:
Das Bild hätt eine Lücke ohne ihn! –
Auf dieses folgt das letzte bald!
ALEXANDRA. Komm zu dir!
MARIAMNE. So laß mich doch! – Ein Spiegel, ganz wie der!
Zu Anfang angelaufen, wie vom Hauch
Des Atmenden, dann, wie die Bilder, die
Er nacheinander zeigte, sanft sich klärend
Und endlich leuchtend wie geschliffner Stahl.
Ich sah mein ganzes Leben! Erst erschien ich
Als Kind, von zartem Rosenlicht umflossen,
Das immer röter, immer dunkler ward:
Da waren mir die eignen Züge fremd,
Und bei der dritten Wandlung erst erkannt ich
Mich in dem gar zu jungen Angesicht.
Nun kam die Jungfrau und der Augenblick,
Wo mich Herodes in den Blumengarten
Begleitete und schmeichelnd zu mir sprach:
So schön ist keine, daß sie deine Hand
Nicht pflücken dürfte! – Ha, er sei verflucht,
Daß ers so ganz vergaß! So ganz! Dann wards
Unheimlich, und ich mußte wider Willen
Die Zukunft schaun. Ich sah mich so und so
Und endlich, wie ich hier steh! *(Zu Alexandra)* Ist es denn
Nicht seltsam, wenn ein Traum ins Leben tritt?

Nun trübte sich der helle Spiegel wieder,
Das Licht ward aschenfarbig und ich selbst,
Die kurz zuvor noch Blühende, so bleich,
Als hätt ich unter diesem Prachtgewand
Schon längst aus allen Adern still geblutet.
Ein Schauder packte mich, ich rief: Jetzt komme
Ich als Geripp, und das will ich nicht sehn!
Da wandt ich mich – *(Sie wendet sich vom Spiegel ab)*
STIMMEN IM HINTERGRUND. Der König! *(Allgemeine Bewegung)*
ALEXANDRA. Wer?

Achte Szene

Herodes tritt ein, kriegerisch angetan. Joab. Gefolge

MARIAMNE. Der Tod! Der Tod! Der Tod ist unter uns!
Unangemeldet, wie er immer kommt!
SALOME. Der Tod für dich! Jawohl! So fühlst dus selbst?
Mein Bruder! *(Will Herodes umarmen, er drängt sie zurück)*
HERODES. Mariamne! *(Er nähert sich ihr)*
MARIAMNE *(weist ihn mit einer heftigen Gebärde zurück)*. Zieh das Schwert!
Reich mir den Giftpokal! Du bist der Tod!
Der Tod umarmt und küßt mit Schwert und Gift!
HERODES *(kehrt sich nach Salome um)*.
Was soll das heißen? Tausend Kerzen riefen
Mir aus der Ferne durch die Nacht schon zu:
Dein Bote ward nicht von den Arabern
Ergriffen, er kam an, du wirst erwartet!
Und jetzt –
SALOME. Die Kerzen haben dich betrogen,
Hier ward gejubelt über deinen Tod!
Dein Bote kam nicht an, und deine Mutter
Zerriß schon ihr Gewand um dich!
HERODES *(sieht um sich, bemerkt Titus und winkt ihm)*.
TITUS *(tritt heran)*. So ists!
Hier war kein Mensch darauf gefaßt, ich selbst
Nicht einmal ganz, daß du noch vor der Schlacht
Bei Actium den Antonius verlassen
Und, wies die Klugheit freilich riet, zum Cäsar
Hinübergehen würdest! Daß dus tatest,

Beweist mir deine Wiederkunft. Nun wohl!
Ich – wünsch dir Glück!

MARIAMNE *(tritt herzu)*. Und ich beklage dich,
Daß die Gelegenheit sich dir nicht bot,
Den Mark Anton mit eigner Hand zu schlachten.
So hättst du deinem neuen Herrn am besten
Gezeigt, daß dir am alten nichts mehr lag;
Du hättst ihm deines Freundes Kopf gebracht,
Er hätt ihn mit der Krone dir bezahlt!

HERODES. Pfui, Titus, pfui! Auch du denkst so von mir?
Ich zog hinunter nach Arabien,
Wie mirs Antonius geboten hatte,
Allein ich fand dort keinen Feind! Nun macht ich
Mich auf nach Actium, und meine Schuld
Wars nicht, wenn ich zu spät kam. Hätt er sich
Gehalten, wie ich glaubte, daß ers würde,
So hätt ich *(gegen Mariamne)* die Gelegenheit gesucht,
Ihm mit dem Kopfe des Oktavian
Die Krone zu bezahlen! *(Zu Titus)* Er tats nicht!
Er war schon tot, als ich erschien. Nun tat ihm
Der Freund nicht weiter not, und ich begab
Mich zum Oktavian; zwar nicht als König –
Die Krone legt ich ab – doch darum auch
Als Bettler nicht. Ich zog mein Schwert und sprach:
Dies wollt ich brauchen gegen dich, ich hätt es
Vielleicht mit deinem eignen Blut gefärbt,
Wenns hier noch besser stünde. Das ist aus!
Jetzt senke ichs vor dir und leg es ab!
Erwäge du nun, welch ein Freund ich war,
Nicht, wessen Freund; der Tote gab mich frei:
Ich kann jetzt, wenn du willst, der Deine sein!

TITUS. Und er?

HERODES. Er sprach: Wo hast du deine Krone?
Ich setz noch einen Edelstein hinein,
Nimm die Provinz hin, die dir fehlt bis heute,
Du sollst es nur an meiner Großmut fühlen,
Daß ich der Sieger bin, nicht Mark Anton,
Er hätt sie Kleopatren nie genommen,
Die sie bisher besaß, ich schenk sie dir!

TITUS. Das – hätt ich nicht gedacht. Auch preis ich nichts
Als deinen Stern!
HERODES. Titus! O preis ihn nicht!
Ich ward zu schwerem Werk gespart! Soemus!
SOEMUS *(bleibt stehen, wo er steht, und antwortet nicht).*
HERODES. Verrietst du mich? Du schweigst! Ich weiß genug!
O! O! Hinweg mit ihm!
SOEMUS *(indem er abgeführt wird).* Ich leugne nichts!
Doch, daß ich dich für tot hielt, magst du glauben!
Jetzt tu, was dir gefällt! *(Ab)*
HERODES. Und nach dem Tode
Hört alles auf, nicht wahr? Ja! Ja! Mein Titus,
Hättst du den Mann gekannt, wie ich – – du würdest
Nicht so gelassen, nicht so ruhig dastehn,
Wie ich hier steh, du würdest schäumen, knirschen
Und wütend sprechen: *(Gegen Mariamne)* Weib, was tatst du [alles,
Um den so weit zu bringen? – Salome,
Du hattest recht, ich muß mich waschen, waschen –
Blut her! Sogleich beruf ich ein Gericht! *(Gegen Mariamne)*
Du schweigst? Du hüllst dich noch in deinen Trotz?
Ich weiß warum! Du hasts noch nicht vergessen,
Was du mir warst! Auch jetzt noch riß ich leichter
Das Herz mir aus der Brust – Titus, so ists! –
Als *(wieder zu Mariamne)* dich mir aus dem Herzen!
Doch ich tus!
MARIAMNE *(wendet sich kurz).* Ich bin Gefangne?
HERODES. Ja!
MARIAMNE *(zu den Soldaten).* So führt mich ab!
(Wendet sich. Auf Herodes Wink folgt ihr Joab mit Soldaten)
Der Tod kann mein Gemahl nicht länger sein! *(Ab)*
HERODES. Haha! Zu der hab ich einmal gesprochen:
Zwei Menschen, die sich lieben, wie sie sollen,
Können einander gar nicht überleben,
Und wenn ich selbst auf fernem Schlachtfeld fiele:
Man brauchte dirs durch Boten nicht zu melden,
Du fühltest es sogleich, wie es geschehn,
Und stürbest ohne Wunde mit an meiner!
Titus, verlach mich nicht! So ists! So ists!
Allein die Menschen lieben sich nicht so! *(Ab)*

FÜNFTER AKT

Großer Audienzsaal wie im ersten Akt
Man erblickt Thron und Richtertafel

Erste Szene

Herodes und Salome

HERODES. Hör auf, hör auf! Ich habe das Gericht
Bestellt und werde seinen Spruch vollziehn!
Ich, der ich sonst vor jedem Fieber bebte,
Wenns auch nur ihre Kammerfrau befiel,
Ich selbst bewaffne gegen sie den Tod!
Das sei genug! Wenn dich dein Eifer noch
Nicht ruhen läßt, wird er sein Ziel verfehlen,
Ich werde denken, daß der Haß allein
Aus deinem Munde spricht und dich als Zeugin
Verwerfen, wenn ich jede Kerze auch
Als solche gelten lasse, die geflammt,
Und jede Blume, die geduftet hat!
SALOME. Herodes! Leugnen will ichs nicht, ich habe
Nach ihren Fehlern einst gespäht und sie
Vergrößert, wie du selbst die Tugenden,
Die du an ihr entdecktest. War der Stolz,
Womit sie mir und deiner Mutter immer
Begegnete, war er ein Grund zur Liebe?
Sie gab sich als ein Wesen höhrer Art,
Das niemals einen anderen Gedanken,
Als den in mir erregte: Wozu ist
Das dicke Buch, das von den Heldentaten
Der Makkabäer uns erzählt, nur da?
Die trägt ja selbst die Chronik im Gesicht!
HERODES. Du willst mich widerlegen und besiegelst
Den Spruch, den ich gefällt!
SALOME. Hör mich nur aus!
So wars, ich leugn es nicht. Doch wenn ich jetzt
Mehr sagte als ich weiß und denk und fühle,
Ja, wenn ich nicht aus schwesterlichem Mitleid
Die Hälfte dessen, was ich sagen könnte,
Noch in der Brust verschloß, so soll mein Kind –

Ich liebe es ja wohl? – so viele Jahre
Erleben, als sein Scheitel Haare zählt,
Und jeder Tag ihm so viel Schmerzen bringen,
Als er Minuten, ja Sekunden hat!
HERODES. Der Schwur ist fürchterlich!
SALOME. Und dennoch fällt er
Mir leichter als das Wort: Die Nacht ist schwarz!
Mein Auge könnte krank sein, doch unmöglich
Ist mit dem Auge krank zugleich das Ohr,
Ja, der Instinkt, das Herz und jegliches
Organ, das meine Sinne unterstützt!
Und alle stimmen diesmal so zusammen,
Als könnten sie sich gar nicht widersprechen.
Ja, hätte Gott in jener Festesnacht
Mir aus des Himmels Höhen zugerufen:
Von welchem Übel soll ich eure Erde
Befrein, du hast die Wahl, so hätt ich nicht
Die Pest, ich hätt dein böses Weib genannt!
Mir schauderte vor ihr, mir war zumut,
Als hätt ich einem Dämon aus der Hölle
Im Finstern meine Menschenhand gereicht
Und er verhöhnte mich dafür, er träte
In seiner eignen schrecklichen Gestalt
Aus dem gestohlnen Leib von Fleisch und Blut
Hervor und grinste mich durch Flammen an.
Auch schauderte mir nicht allein, der Römer
Sogar, der ehrne Titus, war entsetzt!
HERODES. Jawohl, und der wiegt schwerer als du selbst,
Denn wie er keinen liebt, so haßt er keinen
Und ist gerecht, wie Geister ohne Blut.
Verlaß mich jetzt, denn ich erwarte ihn!
SALOME. Nein, niemals werd ich diesen Tanz vergessen,
Bei dem sie nach dem Takte der Musik
Den Boden trat, als wüßte sies gewiß,
Daß du darunter lagst! Bei Gott, ich wollte,
Ich müßte das nicht sagen! Denn ich weiß,
Wie tief es dich, der du ihr Mutter, Schwester,
Und was nicht, opfertest, empören muß!
Allein, so war es! *(Ab)*

Zweite Szene

HERODES *(allein).* Titus sagte mir
Das nämliche! Auch sah ich selbst genug!
Und die hat recht! Ich habe ihr die Schwester
Und fast die Mutter auch geopfert: wögen
Die nicht den Bruder auf, den sie verlor?
In ihren Augen nicht!

Dritte Szene

Titus tritt ein

HERODES. Nun, Titus, nun?
Bekennt Soemus?
TITUS. Was du weißt! Nicht mehr!
HERODES. Nichts von –
TITUS. O nein! Er fuhr wie rasend auf,
Als ich von fern nur darauf deutete!
HERODES. Ich konnte es erwarten!
TITUS. Niemals hätte
Ein Weib, wie deins, gelebt, und niemals sei
Ein Mann des Kleinods, das ihm Gott beschieden,
So wenig wert gewesen –
HERODES. Als ich selbst!
Ja, ja! – »Er wußte nicht, was Perlen sind,
Drum nahm ich sie ihm weg!« So sprach der Dieb.
Ich weiß nicht, halfs ihm was?
TITUS. Ihr Herz sei edler
Als Gold –
HERODES. So kennt er es? Er ist berauscht
Und lobt den Wein! Ist das nicht ein Beweis,
Daß er getrunken hat? Was schützte er
Denn vor? Warum verriet er meinen Auftrag
An sie?
TITUS. Aus Abscheu, wie er sagt!
HERODES. Aus Abscheu?
Und diesen Abscheu sprach er mir nicht aus?
TITUS. Wär das ihm wohl bekommen? Hättest du
Den starren Diener leben lassen können,

Der den Befehl einmal von dir empfing
Und ihn zurückwies?
HERODES. Wars in solchem Fall
Denn nicht genug, ihn unvollführt zu lassen?
TITUS. Gewiß! Doch wenn er weiterging, so tat ers
Vielleicht, weil du ihm schon verloren schienst
Und weil er nun die Gunst der Königin
Auf deine Kosten sich erkaufen wollte,
In deren Händen seine Zukunft lag.
HERODES. Nein, Titus, nein! Soemus war der Mann,
In eigener Person den Griff zu wagen,
Der uns die fremde Gunst entbehrlich macht!
Nur darum übertrug ichs ihm, ich dachte:
Er tuts für sich, wenn ers für dich nicht tut!
Ja, wär er ein Geringrer als er ist,
Und hätt er nicht in Rom die vielen Freunde,
So wollt ichs glauben, aber jetzt – Nein, nein,
Es gab nur einen Grund!
TITUS. Und dennoch räumt
Er den nicht ein!
HERODES. Er wär nicht, was er ist,
Wenn er es täte, denn er weiß gar wohl,
Was folgen wird, und hofft nun, durch sein Leugnen
In meiner Brust noch einen letzten Zweifel
Zu wecken, der, wenn nicht sein eignes Haupt,
So doch das ihrige vorm Tode schützt!
Allein er irrt, dem Zweifel fehlt der Stachel,
Denn hätt ich nichts zu strafen, was sie tat,
So straft ich, was sie ward und was sie ist!
Ha! wär sie je gewesen, was sie schien:
Sie hätte so sich nie verwandeln können,
Und Rache nehm ich an der Heuchlerin!
Ja, Titus, ja, ich schwör es bei dem Schlüssel
Zum Paradies, den sie in Händen hält;
Bei aller Seligkeit, die sie mir schon
Gewährte und mir noch gewähren kann;
Ja, bei dem Schauder, der mich eben mahnt,
Daß ich in ihr mich selbst vernichten werde:
Ich mach ein Ende, wies auch stehen mag!

TITUS. Es ist zu spät, dir warnend zuzurufen:
Gib den Befehl nicht! und ich kenne selbst
Kein Mittel, das zur Klarheit führen kann,
Drum wag ich nicht zu sagen: Halte ein!

Vierte Szene

Joab tritt ein

HERODES. Sind sie versammelt?
JOAB. Längst! Aus dem Gefängnis
Muß ich dir melden, was mir wichtig scheint!
Man kann den Sameas nicht so weit bringen,
Daß er sich selbst entleibt!
HERODES. Ich gab Befehl,
Daß man ihn martern soll, bis er es tut! *(Zu Titus)*
Der hat geschworen, hört ich, sich zu töten,
Wenn er mich nicht zu seinesgleichen machen,
Den Heidensinn in mir, wie er es nennt,
Nicht brechen könne. Da ihm das mißlang,
So zwinge ich ihn, seinen Schwur zu halten,
Er hat den Tod wohl tausendfach verdient!
TITUS. Ich hätte selbst auf seinen Tod gedrungen,
Denn er hat mich beschimpft und Rom in mir,
Und das kann überall verziehen werden,
Nur hier nicht, wo das Volk so störrig ist!
HERODES *(zu Joab).* Nun denn!
JOAB. Man tat getreu nach deinen Worten,
Allein es half zu nichts. Der Henker hat
Fast jede Qual ihm angetan, er hat
Ihm obendrein, ergrimmt ob seinem Trotz,
Den er für Hohn nahm, Wunden beigebracht,
Doch ists, als hätt er einen Baum gegeißelt,
Als hätte er in Holz hineingeschnitten:
Der Alte steht so da, als fühlt er nichts,
Er singt anstatt zu schrein und nach dem Messer
Zu greifen, das ihm vorgehalten wird,
Er singt den Psalm, den die drei Männer einst
Im feurgen Ofen sangen, er erhebt

Bei jedem neuen Schmerz die Stimme lauter
Und wenn er einhält, prophezeit er gar!

HERODES *(für sich)*.
So sind sie! Ja! – Und wird sie anders sein?

JOAB. Dann ruft er aus, als hätt er für geheime
Und wunderbare Dinge so viel Augen
Bekommen, als er Wunden zählt, nun sei
Die Zeit erfüllt und in die Krippe lege
Die Jungfrau-Mutter aus dem Stamme Davids
In diesem heilgen Augenblick ein Kind,
Das Throne stürzen, Tote wecken, Sterne
Vom Himmel reißen und von Ewigkeit
Zu Ewigkeit die Welt regieren werde.
Das Volk indes, zu Tausenden versammelt,
Harrt draußen vor den Toren, hört das alles
Und glaubt, daß sich Elias' Flammenwagen
Herniedersenken wird, um ihn, wie den,
Emporzutragen. Selbst ein Henkersknecht
Erschrak und hielt, anstatt ihm neue Wunden
Zu schlagen, ihm die alten zu!

HERODES. Man soll
Ihn auf der Stelle töten und dem Volk
Ihn zeigen, wenn er tot ist! – Laß dann auch
Die Richter kommen und –

JOAB. Die Königin! *(Ab)*

HERODES. Du, Titus, wirst an meiner Seite sitzen!
Auch ihre Mutter habe ich geladen,
Damit es ihr nicht an der Zeugin fehlt.

Fünfte Szene

Aaron und die übrigen fünf Richter treten ein. Alexandra und Salome folgen. Joab erscheint gleich darauf

ALEXANDRA. Mein König und mein Herr, sei mir gegrüßt!

HERODES. Ich danke dir!
(Er setzt sich auf seinen Thron. Titus setzt sich ihm zur Seite. Die Richter setzen sich dann auf seinen Wink im Halbkreis um die Tafel)

ALEXANDRA *(während dies geschieht)*. Vom Schicksal Mariamnens

Scheid ich das meinige und spare mich,
Wie eine Fackel, für die Zukunft auf!
(Sie setzt sich neben Salome)

HERODES *(zu den Richtern).*
Ihr wißt, warum ich euch berufen ließ!

AARON. In tiefstem Schmerz erschienen wir vor dir!

HERODES. Nicht zweifl ich! Mir und meinem Hause seid
Ihr alle eng befreundet und verwandt,
Was mich trifft, trifft euch mit! Euch wird es freun,
Wenn ihr die Königin, die – *(Er stockt)* Schenkt mir das!
Euch wird es freun, wenn ihr sie nicht verdammen,
Wenn ihr, anstatt nach Golgatha hinaus,
Zurück mir in das Haus sie schicken dürft,
Doch werdet ihr auch vor dem Äußersten
Nicht mutlos zittern, wenn es nötig wird,
Denn wie ihr Glück und Unglück mit mir teilt,
So teilt ihr Schmach und Ehre auch mit mir.
Wohlan denn!
(Er gibt Joab ein Zeichen. Joab geht ab. Dann erscheint er wieder mit Mariamne. – Es entsteht eine lange Pause)

HERODES. Aaron!

AARON. Königin! Uns ward
Ein schweres Amt! Du stehst vor deinen Richtern!

MARIAMNE. Vor meinen Richtern, ja, und auch vor Euch!

AARON. Erkennst du dies Gericht nicht an?

MARIAMNE. Ich sehe
Ein höhres hier! Wenn das auf Eure Fragen
Die Antwort mir gestattet, werd ich reden,
Und schweigen werd ich, wenn es sie verbeut! –
Mein Auge sieht Euch kaum! Denn hinter Euch
Stehn Geister, die mich stumm und ernst betrachten,
Es sind die großen Ahnen meines Stamms.
Drei Nächte sah ich sie bereits im Traum,
Nun kommen sie bei Tage auch, und wohl
Erkenn ich, was es heißt, daß sich der Reigen
Der Toten schon für mich geöffnet hat
Und daß, was lebt und atmet, mir erbleicht.
Dort, hinter jenem Thron, auf dem ein König
Zu sitzen scheint, steht Judas Makkabäus:

Du Held der Helden, blicke nicht so finster
Auf mich herab, du sollst mit mir zufrieden sein!
ALEXANDRA. Sei nicht zu trotzig, Mariamne!
MARIAMNE. Mutter!
Leb wohl! – *(Zu Aaron)* Weswegen bin ich hier verklagt?
AARON. Du habest deinen König und Gemahl
Betrogen – *(Zu Herodes)* Nicht?
MARIAMNE. Betrogen? Wie? Unmöglich!
Hat er mich nicht gefunden, wie er mich
Zu finden dachte? Nicht bei Tanz und Spiel?
Zog ich, als ich von seinem Tode hörte,
Die Trauerkleider an? Vergoß ich Tränen?
Zerrauft ich mir das Haar? Dann hätt ich ihn
Betrogen, doch ich hab es nicht getan
Und kann es dartun. Salome, sprich du!
HERODES. Ich fand sie, wie sie sagt. Sie braucht sich nicht
Nach einem andern Zeugen umzusehn.
Doch niemals, niemals hätte ichs gedacht!
MARIAMNE. Niemals gedacht? Und doch verlarvt den Henker
Dicht hinter mich gestellt? Das kann nicht sein!
Wie ich beim Scheiden stand vor seinem Geist,
So hat er mich beim Wiedersehn gefunden,
Drum muß ich leugnen, daß ich ihn betrog!
HERODES *(in ein wildes Gelächter ausbrechend)*.
Sie hat mich nicht betrogen, weil sie nichts
Getan, als was das Vorgefühl, die Ahnung,
Wie preis ich sie, die düstre Warnerin!
Mich fürchten ließ – *(Zu Mariamne)* Weib! Weib! Dies steht
Doch baue nicht zu fest darauf, daß ich [dir an!
Mit Glück und Ruhe auch die Kraft verlor,
Mir blieb vielleicht ein Rest noch für die Rache
Und – schon als Knabe schoß ich einem Vogel
Stets einen Pfeil nach, wenn er mir entflog.
MARIAMNE. Sprich nicht von Vorgefühl und Ahnung, sprich
Von Furcht allein! Du zittertest vor dem,
Was du verdientest! Das ist Menschenart!
Du kannst der Schwester nicht mehr traun, seit du
Den Bruder tötetest, du hast das Ärgste
Mir zugefügt und glaubst nun, daß ichs dir

Erwidern, ja, dich überbieten muß!
Wie, oder hast du stets, wenn du dem Tod
In ehrlich-offnem Krieg entgegenzogst,
Den Henker hinter mich gestellt? Du schweigst!
Wohlan denn! Da dus selbst so tief empfindest,
Was sich für mich geziemt, da deine Furcht
Mich über meine Pflicht belehrt, so will
Ich endlich diese heilge Pflicht erfüllen,
Drum scheid ich mich auf ewig von dir ab!

HERODES. Antwort! Bekennst du? Oder tust dus nicht?

MARIAMNE *(schweigt).*

HERODES *(zu den Richtern).*
Ihr seht, das Eingeständnis fehlt! Und auch
Beweise hab ich nicht, wie ihr sie braucht!
Doch habt ihr einmal einen Mörder schon
Zum Tod verdammt, weil des Erschlagnen Kleinod
Sich bei ihm fand. Es half ihm nichts, daß er
Auf seine wohlgewaschnen Hände wies,
Und nichts, daß er euch schwur, der Tote habe
Es ihm geschenkt: Ihr ließt den Spruch vollziehn!
Wohlan! So stehts auch hier! Sie hat ein Kleinod,
Was mir bezeugt, unwidersprechlicher,
Wies irgendeine Menschenzunge könnte,
Daß sie den Greul der Greul an mir beging.
Ein Wunder hätt nicht bloß geschehn, es hätte
Sich wiederholen müssen, wär es anders,
Und Wunder wiederholten sich noch nie!

MARIAMNE *(macht eine Bewegung).*

HERODES. Zwar wird sie sprechen, wie der Mörder sprach:
Man habe ihrs geschenkt! Auch darf sies wagen,
Denn wie ein Wald, ist eine Kammer stumm.
Doch wäret ihr versucht, ihr das zu glauben,
So setz ich euch mein innerstes Gefühl
Und die Ergründung aller Möglichkeiten
Entgegen und verlange ihren Tod.
Ja, ihren Tod! Ich will den Kelch des Ekels
Nicht leeren, den der Trotz mir beut, ich will
Nicht Tag für Tag mich mit dem Rätsel quälen,
Ob solch ein Trotz das widerwärtigste

Gesicht der Unschuld, ob die frechste Larve
Der Sünde ist, ich will mich aus dem Wirbel
Von Haß und Liebe, eh er mich erstickt,
Erretten, kost es, was es kosten mag!
Darum hinweg mit ihr! – Ihr zögert noch?
Es bleibt dabei! – Wie? Oder traf ichs nicht?
Sprecht ihr! Ich weiß, das Schweigen ist an mir!
Doch sprecht! Sprecht! Sitzt nicht da wie Salomo
Zwischen den Müttern mit den beiden Kindern!
Der Fall ist klar! Ihr braucht nicht mehr zum Spruch,
Als was ihr seht! Ein Weib, das dastehn kann
Wie sie, verdient den Tod, und wär sie rein
Von jeder Schuld! Ihr sprecht noch immer nicht?
Wollt ihr vielleicht erst den Beweis, wie fest
Ich überzeugt bin, daß sie mich betrog?
Den geb ich euch durch des Soemus Kopf,
Und das sogleich! *(Er geht auf Joab zu)*

TITUS *(erhebt sich).* Dies nenn ich kein Gericht!
Verzeih! *(Er will gehen)*

MARIAMNE. Bleib, Römer, ich erkenn es an!
Wer wills verwerfen, wenn ich selber nicht!

TITUS *(setzt sich wieder).*

ALEXANDRA *(steht auf).*

MARIAMNE *(tritt zu ihr heran, halblaut).*
Du hast viel Leid mir zugefügt, du hast
Nach meinem Glück das deine nie gemessen!
Soll ich es dir verzeihn, so schweige jetzt!
Du änderst nichts, mein Entschluß ist gefaßt.

ALEXANDRA *(setzt sich wieder).*

MARIAMNE. Nun, Richter?

AARON *(zu den übrigen).* Wer von euch den Spruch des Königs
Nicht für gerecht hält, der erhebe sich!
(Alle bleiben sitzen)
So habt ihr alle auf den Tod erkannt! *(Er steht auf)*
Du bist zum Tod verurteilt, Königin!
Hast du noch was zu sagen?

MARIAMNE. Wenn der Henker
Nicht zum voraus bestellt ist und auf mich
Schon wartet mit dem Beil, so möchte ich

Vorm Tode noch mit Titus ein Gespräch. *(Zu Herodes)*
Man pflegt den Sterbenden die letzte Bitte
Nicht abzuschlagen. Wenn du sie gewährst,
So sei mein Leben deinem zugelegt!

HERODES. Der Henker ist noch nicht bestellt – ich kanns!
Und da du mir dafür die Ewigkeit
Als Lohn versprichst, so muß und will ich auch! *(Zu Titus)*
Ist dieses Weib nicht fürchterlich?

TITUS. Sie steht
Vor einem Mann, wie keine stehen darf!
Drum endige!

SALOME *(tritt heran).* O tu es! Deine Mutter
Ist krank bis auf den Tod! Sie wird gesund,
Wenn sie das noch erlebt!

HERODES *(zu Alexandra).* Sprachst du nicht was?

ALEXANDRA. Nein!

HERODES *(sieht Mariamnen lange an).*

MARIAMNE *(bleibt stumm).*

HERODES. Stirb! *(Zu Joab)* Ich legs in deine Hand!

(Schnell ab. Ihm folgt Salome)

ALEXANDRA *(ihm nachsehend).* Ich habe
Noch einen Pfeil für dich! *(Zu Mariamne)* Du wolltests so!

MARIAMNE. Ich danke dir!

(Alexandra ab)

AARON *(zu den übrigen Richtern).* Versuchen wir nicht noch,
Ihn zu erweichen? Mir ist dies entsetzlich!
Es ist die letzte Makkabäerin!
Wenn wir nur kurzen Aufschub erst erlangten!
Jetzt gings nicht an, daß wir ihm widerstrebten,
Bald wird er selbst ein andrer wieder sein,
Und möglich ists, daß er uns dann bestraft,
Weil wir ihm heut nicht Widerstand getan!
Ihm nach! *(Ab)*

JOAB *(nähert sich Mariamnen).*
Vergibst du mir? Ich muß gehorchen!

MARIAMNE. Tu, was dein Herr gebot, und tu es schnell!
Ich bin bereit, sobald du selbst es bist,
Und Königinnen, weißt du, warten nicht!

(Joab ab)

Sechste Szene

Mariamne *(tritt zu Titus).*
Nun noch ein Wort vorm Schlafengehn, indes
Mein letzter Kämmrer mir das Bette macht!
Du staunst, ich seh es, daß ich dieses Wort
An dich und nicht an meine Mutter richte,
Allein sie steht mir fern und ist mir fremd.
Titus. Ich staune, daß ein Weib mich lehren soll,
Wie ich als Mann dereinst zu sterben habe!
Ja, Königin, unheimlich ist dein Tun
Und, ich verhehls nicht, selbst dein Wesen mir,
Allein ich muß den Heldensinn verehren,
Der dich vom Leben scheiden läßt, als schiene
Die schöne Welt dir auf dem letzten Gang
Nicht einmal mehr des flüchtgen Umblicks wert,
Und dieser Mut versöhnt mich fast mit dir!
Mariamne. Es ist kein Mut!
Titus. Zwar hat man mir gesagt,
Daß eure finstern Pharisäer lehren,
Im Tode geh das Leben erst recht an,
Und daß, wer ihnen glaubt, die Welt verachtet,
In welcher nur die Sonne ewig leuchtet
Und alles übrige in Nacht verlischt!
Mariamne. Ich hörte nie auf sie und glaub es nicht!
O nein, ich weiß, wovon ich scheiden soll!
Titus. Dann stehst du da, wie Cäsar selber kaum,
Als ihm von Brutus' Hand der Dolchstoß kam,
Denn er, zu stolz, um seinen Schmerz zu zeigen,
Und doch nicht stark genug, ihn zu ersticken,
Verhüllte fallend sich das Angesicht;
Du aber hältst ihn in der Brust zurück!
Mariamne. Nicht mehr! Nicht mehr! Es ist nicht, wie du denkst!
Ich fühle keinen Schmerz mehr, denn zum Schmerz
Gehört noch Leben, und das Leben ist
In mir erloschen, ich bin längst nur noch
Ein Mittelding vom Menschen und vom Schatten
Und faß es kaum, daß ich noch sterben kann.
Vernimm jetzt, was ich dir vertrauen will,

Doch erst gelobe mir als Mann und Römer,
Daß dus verschweigst, bis ich hinunter bin,
Und daß du mich geleitest, wenn ich geh.
Du zögerst? Fodre ich zuviel von dir?
Es ist des Strauchelns wegen nicht! Und ob
Du später reden, ob du schweigen willst,
Entscheide selbst! Ich binde dich in nichts
Und halte meinen Wunsch sogar zurück.
Dich aber hab ich darum auserwählt,
Weil du schon immer wie ein ehrnes Bild
In eine Feuersbrunst, gelassen-kalt
Hineingeschaut in unsre Hölle hast.
Dir muß man glauben, wenn du Zeugnis gibst,
Wir sind für dich ein anderes Geschlecht,
An das kein Band dich knüpft, du sprichst von uns,
Wie wir von fremden Pflanzen und von Steinen,
Parteilos, ohne Liebe, ohne Haß!

TITUS. Du gehst zu weit!

MARIAMNE. Verweigerst du mir jetzt,
Zu starr, dein Wort, so nehm ich mein Geheimnis
Mit mir ins Grab und muß den letzten Trost
Entbehren, den, daß eines Menschen Brust
Mein Bild doch rein und unbefleckt bewahrt,
Und daß er, wenn der Haß sein Ärgstes wagt,
Den Schleier, der es deckt, aus Pflichtgefühl
Und Ehrfurcht vor der Wahrheit heben kann!

TITUS. Wohl! Ich gelob es dir!

MARIAMNE. So wisse denn,
Daß ich Herodes zwar betrog, doch anders,
Ganz anders, als er wähnt! Ich war ihm treu,
Wie er sich selbst. Was schmäh ich mich? Viel treuer,
Er ist ja längst ein andrer als er war.
Soll ich das erst beteuern? Eher noch
Entschließ ich mich, zu schwören, daß ich Augen
Und Händ und Füße habe. Diese könnt ich
Verlieren, und ich wär noch, was ich bin,
Doch Herz und Seele nicht!

TITUS. Ich glaube dir
Und werde –

MARIAMNE. Halten, was du mir versprachst!
Ich zweifle nicht! Nun frag dich, was ich fühlte,
Als er zum zweitenmal, denn einmal hatte
Ichs ihm verziehn, mich unters Schwert gestellt,
Als ich mir sagen mußte: eher gleicht
Dein Schatten dir als das verzerrte Bild,
Das er im tiefsten Innern von dir trägt!
Das hielt ich nicht mehr aus, und konnt ichs denn?
Ich griff zu meinem Dolch und, abgehalten
Vom rasch versuchten Selbstmord, schwur ich ihm:
Du willst im Tode meinen Henker machen?
Du sollst mein Henker werden, doch im Leben!
Du sollst das Weib, das du erblicktest, töten
Und erst im Tod mich sehen, wie ich bin! –
Du warst auf meinem Fest. Nun: eine Larve
Hat dort getanzt!
TITUS. Ha!
MARIAMNE. Eine Larve stand
Heut vor Gericht, für eine Larve wird
Das Beil geschliffen, doch es trifft mich selbst!
TITUS. Ich steh erschüttert, Königin, auch zeih ich
Dich nicht des Unrechts, doch ich muß dir sagen:
Du hast mich selbst getäuscht, du hast mich so
Mit Gram und Abscheu durch dein Fest erfüllt,
Wie jetzt mit schaudernder Bewunderung.
Und wenn das mir geschah, wie hätte ihm
Der Schein dein Wesen nicht verdunkeln sollen,
Ihm, dessen Herz, von Leidenschaft bewegt,
So wenig, wie ein aufgewühlter Strom,
Die Dinge spiegeln konnte, wie sie sind.
Drum fühl ich tiefes Mitleid auch mit ihm,
Und deine Rache finde ich zu streng!
MARIAMNE. Auf meine eignen Kosten nehm ich sie!
Und daß es nicht des Lebens wegen war,
Wenn mich der Tod des Opfertiers empörte,
Das zeige ich, ich werf das Leben weg!
TITUS. Gib mir mein Wort zurück!
MARIAMNE. Und wenn dus brächest,
Du würdest nichts mehr ändern. Sterben kann

Ein Mensch den andern lassen; fortzuleben,
Zwingt auch der Mächtigste den Schwächsten nicht.
Und ich bin müde, ich beneide schon
Den Stein, und wenns der Zweck des Lebens ist,
Daß man es hassen und den ewgen Tod
Ihm vorziehn lernen soll, so wurde er
In mir erreicht. O, daß man aus Granit,
Aus nie zerbröckelndem, den Sarg mir höhlte
Und in des Meeres Abgrund ihn versenkte,
Damit sogar mein Staub den Elementen
Für alle Ewigkeit entzogen sei!

TITUS. Wir leben aber in der Welt des Scheins!
MARIAMNE. Das seh ich jetzt, drum gehe ich hinaus!
TITUS. Ich selbst, ich habe gegen dich gezeugt!
MARIAMNE. Damit dus tätest, lud ich dich zum Fest!
TITUS. Wenn ich ihm sagte, was du mir gesagt –
MARIAMNE. So riefe er mich um, ich zweifle nicht!
Und folgte ich, so würde mir der Lohn,
Daß ich vor einem jeden, der mir nahte,
Von jetzt an schaudern und mir sagen müßte:
Hab acht, das kann dein dritter Henker sein!
Nein, Titus, nein, ich habe nicht gespielt,
Für mich gibts keinen Rückweg. Gäb es den,
Glaubst du, ich hätt ihn nicht entdeckt, als ich
Von meinen Kindern ewgen Abschied nahm?
Wenn nichts als Trotz mich triebe, wie er meint,
Der Schmerz der Unschuld hätt den Trotz gebrochen:
Jetzt machte er nur bittrer mir den Tod!

TITUS.
O, fühlt er das, und käm von selbst und würfe
Sich dir zu Füßen!

MARIAMNE. Ja! Dann hätte er
Den Dämon überwunden, und ich könnte
Ihm alles sagen! Denn ich sollte nicht
Unwürdig mit ihm markten um ein Leben,
Das durch den Preis, um den ichs kaufen kann,
Für mich den letzten Wert verlieren muß,
Ich sollte ihn für seinen Sieg belohnen,
Und glaube mir, ich könnt es!

TITUS. Ahnst du nichts,
Herodes?
JOAB *(tritt geräuschlos ein und bleibt schweigend stehen).*
MARIAMNE. Nein! Du siehst, er schickt mir den! *(Deutet auf Joab)*
TITUS. Laß mich –
MARIAMNE. Hast du mich nicht verstanden, Titus?
Ist es in deinen Augen noch der Trotz,
Der mir den Mund verschloß? Kann ich noch leben?
Kann ich mit dem noch leben, der in mir
Nicht einmal Gottes Ebenbild mehr ehrt?
Und wenn ich dadurch, daß ich schwieg, den Tod
Heraufbeschwören und ihn waffnen konnte,
Sollt ich mein Schweigen brechen? Sollt ich erst
Den einen Dolch vertauschen mit dem andern?
Und wär es mehr gewesen?
TITUS. Sie hat recht!
MARIAMNE *(zu Joab).* Bist du bereit?
JOAB *(verneigt sich).*
MARIAMNE *(gegen Herodes' Gemächer).* Herodes, lebe wohl!
(Gegen die Erde)
Du, Aristobolus, sei mir gegrüßt!
Gleich bin ich bei dir in der ewgen Nacht!

(Sie schreitet auf die Tür zu. Joab öffnet. Man sieht Bewaffnete, die ehrerbietig Reihen bilden. Sie geht hinaus. Titus folgt ihr. Joab schließt sich an. Feierliche Pause)

Siebente Szene

SALOME *(tritt ein).*
Sie ging! Und dennoch schlägt das Herz mir nicht!
Ein Zeichen mehr, daß sie ihr Los verdient.
So hab ich endlich meinen Bruder wieder
Und meine Mutter ihren Sohn! Wohl mir,
Daß ich nicht von ihm wich. Die Richter hätten
Ihn sonst noch umgestimmt. Nein, Aaron, nein,
Nichts von Gefangenschaft! Im Kerker bliebe
Sie keinen Mond. Das Grab nur hält sie fest,
Denn nur zum Grabe hat er keinen Schlüssel.

Achte Szene

EIN DIENER
Drei Könge aus dem Morgenland sind da,
Mit köstlichen Geschenken reich beladen,
Sie kommen an in diesem Augenblick,
Und nie noch sah man fremdere Gestalten
Und wundersamre Trachten hier wie die!
SALOME. Führ sie herein! *(Diener ab)* Die meld ich ihm sogleich.
Solange die bei ihm sind, denkt er nicht
An sie! Und bald ist alles aus mit ihr! *(Sie geht zu Herodes hinein)*

(Der Diener führt die drei Könige herein. Sie sind fremdartig gekleidet und so, daß sie sich in allem voneinander unterscheiden. Ein reiches Gefolge, von dem dasselbe gilt, begleitet sie. Gold, Weihrauch und Myrrhen. Herodes tritt mit Salome gleich nachher ein)

ERSTER KÖNIG. Heil König dir!
ZWEITER KÖNIG. Gesegnet ist dein Haus!
DRITTER KÖNIG. Gebenedeit in alle Ewigkeit!
HERODES. Ich dank euch! Doch für diese Stunde dünkt
Der Gruß mir seltsam!
ERSTER KÖNIG. Ward dir nicht ein Sohn
Geboren?
HERODES. Mir? O nein! Mir starb mein Weib!
ERSTER KÖNIG. So ist hier unsers Bleibens nicht!
ZWEITER KÖNIG. So gibts
Hier einen zweiten König noch!
HERODES. Dann gäbe
Es keinen hier.
DRITTER KÖNIG. So gibts hier außer deinem
Noch einen zweiten königlichen Stamm!
HERODES. Warum?
ERSTER KÖNIG. So ist es!
ZWEITER KÖNIG. Ja, so muß es sein!
HERODES. Auch davon weiß ich nichts!
SALOME *(zu Herodes)*. In Bethlehem
Hat sich vom Stamme Davids noch ein Zweig
Erhalten!

DRITTER KÖNIG. David war ein König?
HERODES. Ja!
ERSTER KÖNIG. So ziehen wir nach Bethlehem hinab!
SALOME *(fährt fort zu Herodes).*
Allein er pflanzt sich nur in Bettlern fort!
HERODES. Das glaub ich! Sonst –
SALOME. Ich sprach einst eine Jungfrau
Aus Davids Haus, Maria, glaub ich, hieß sie,
Die fand ich schön genug für ihre Abkunft,
Doch war sie einem Zimmermann verlobt
Und schlug die Augen gegen mich kaum auf,
Als ich sie nach dem Namen fragte!
HERODES. Hört ihrs?
ZWEITER KÖNIG. Gleichviel! wir gehn!
HERODES. Ihr werdet mir doch erst
Verkünden, was euch hergeführt?
ERSTER KÖNIG. Die Ehrfurcht
Vorm König aller Könige!
ZWEITER KÖNIG. Der Wunsch,
Ihm noch vorm Tod ins Angesicht zu schaun!
DRITTER KÖNIG. Die heilge Pflicht, ihm huldigend zu Füßen
Zu legen, was auf Erden kostbar ist!
HERODES. Wer aber sagte euch von ihm?
ERSTER KÖNIG. Sein Stern!
Wir zogen nicht zusammen aus, wir wußten
Nichts voneinander, unsre Reiche liegen
Im Osten und im Westen, Meere fließen
Dazwischen, hohe Berge scheiden sie –
ZWEITER KÖNIG. Doch hatten wir denselben Stern gesehn,
Es hatte uns derselbe Trieb erfaßt,
Wir wandelten denselben Weg und trafen
Zuletzt zusammen an demselben Ziel –
DRITTER KÖNIG. Und ob des Königs, ob des Bettlers Sohn,
Das Kind, dem dieser Stern ins Leben leuchtet,
Wird hoch erhöhet werden und auf Erden
Kein Mensch mehr atmen, der sich ihm nicht beugt!
HERODES *(für sich).* So spricht das alte Buch ja auch! *(Laut)*
Darf ich
Nach Bethlehem euch einen Führer geben?

ERSTER KÖNIG *(deutet gen Himmel).*
Wir haben einen!
HERODES. Wohl! – Wenn ihr das Kind
Entdeckt, so werdet ihr es mir doch melden,
Damit ich es wie ihr verehren kann?
ERSTER KÖNIG. Wir werdens tun! Nun fort. Nach Bethlehem!

(Alle ab)

HERODES. Sie werdens nicht tun!

Joab und Titus treten auf. Alexandra folgt ihnen

HERODES. Ha!
JOAB. Es ist vollbracht!
HERODES *(bedeckt sich das Gesicht).*
TITUS. Sie starb. Jawohl. Ich aber habe jetzt
Ein noch viel fürchterlicheres Geschäft,
Als der, der deinen blutgen Spruch vollzog:
Ich muß dir sagen, daß sie schuldlos war.
HERODES. Nein, Titus, nein!
TITUS *(will sprechen).*
HERODES *(tritt dicht vor ihn hin).* Denn wäre das, so hättest
Du sie nicht sterben lassen.
TITUS. Niemand konnte
Das hindern als du selbst! – Es tut mir weh,
Daß ich dir mehr als Henker werden muß,
Doch, wenn es heilge Pflicht ist, einen Toten,
Wer er auch immer sein mag, zu bestatten,
So ist die Pflicht noch heilger, ihn von Schmach
Zu reinigen, wenn er sie nicht verdient,
Und diese Pflicht gebeut mir jetzt allein!
HERODES. Ich seh aus allem, was du sprichst, nur eins:
Ihr Zauber war ihr selbst im Tode treu!
Was groll ich dem Soemus noch! Wie sollt er
Der Blendenden im Leben widerstehn!
Dich hat sie im Erlöschen noch entflammt!
TITUS. Geht Eifersucht selbst übers Grab hinaus?
HERODES. Wenn ich mich täuschte, wenn aus deinem Mund
Jetzt etwas andres als ein Mitleid spräche,
Das viel zu tief ist, um nicht mehr zu sein:
Dann müßt ich dich doch mahnen, daß dein Zeugnis

Sie mit verdammen half und daß es Pflicht
Für dich gewesen wäre, mich zu warnen,
Sobald dir nur der kleinste Zweifel kam!

TITUS. Mich hielt mein Wort zurück und mehr als das:
Die unerbittliche Notwendigkeit.
Wär ich nur einen Schritt von ihr gewichen,
So hätte sie sich selbst den Tod gegeben,
Ich sah den Dolch auf ihrer Brust versteckt,
Und mehr als einmal zuckte ihre Hand.

(Pause)

Sie wollte sterben, und sie mußte auch!
Sie hat so viel gelitten und verziehn,
Als sie zu leiden, zu verzeihn vermochte:
Ich habe in ihr Innerstes geschaut.
Wer mehr verlangt, der hadre nicht mit ihr,
Er hadre einzig mit den Elementen,
Die sich nun einmal so in ihr gemischt,
Daß sie nicht weiter konnte. Doch er zeige
Mir auch das Weib, das weiter kam als sie!

HERODES *(macht eine Bewegung).*

TITUS. Sie wollte ihren Tod von dir und rief
Das wüste Traumbild deiner Eifersucht,
Selbstmördrisch gaukelnd und uns alle täuschend,
Auf ihrem Feste in ein trügrisch Sein.
Das fand ich streng, nicht ungerecht. Sie trat
Als Larve vor dich hin, die Larve sollte
Dich reizen, mit dem Schwert nach ihr zu stoßen,

(Er zeigt auf Joab)

Das tatest du und tötetest sie selbst!

HERODES. So sprach sie. Doch sie sprach aus Rache so!

TITUS. So wars. Ich habe gegen sie gezeugt,
Wie gerne möcht ich zweifeln!

HERODES. Und Soemus?

TITUS. Ich bin ihm auf dem Todesweg begegnet,
Er trat den seinen an, als sie den ihren
Vollendet hatte, und ihm schiens ein Trost,
Daß sich sein Blut mit ihrem mischen würde,
Wenn auch nur auf dem Block durch Henkers Hand.

HERODES. Ha! Siehst du?

TITUS. Was? Vielleicht hat er im stillen
Für sie geglüht. Doch wenn das Sünde war,
So wars die seinige, die ihre nicht.
Er rief mir zu: Jetzt sterb ich, weil ich sprach,
Sonst müßt ich sterben, weil ich sprechen könnte,
Denn das war Josephs Los! Der schwur mir noch
Im Tode, daß er schuldlos sei wie ich!
Das merkt ich mir!

HERODES *(ausbrechend).* Joseph! Rächt der sich auch?
Tut sich die Erde auf? Gehn alle Toten
Hervor?

ALEXANDRA *(tritt vor ihn hin).*
Das tun sie! – Nein doch! Fürchte nichts!
Es gibt schon eine, welche drunten bleibt!

HERODES. Verfluchte! *(Er bezwingt sich)*
Seis so! Wenn denn auch Soemus
Nur ein Verbrechen gegen mich beging –
(Er kehrt sich gegen Salome)
Joseph, der ihn mit diesem schnöden Argwohn
Erfüllte, Joseph hat ihn noch im Tode
Belogen, nicht? Joseph – Was schweigst du jetzt?

SALOME. Auf Schritt und Tritt verfolgt' er sie –

ALEXANDRA *(zu Herodes).* Jawohl!
Doch sicher nur, um die Gelegenheit
Zu finden, deinen Auftrag zu vollziehn,
Und sie und mich zu töten –

HERODES. Ist das wahr? *(Zu Salome)*
Und du? Du?

ALEXANDRA. In derselben Stunde fast,
Wo er die Maske völlig fallen ließ,
Hat Mariamne einen Schwur getan,
Sich selbst, wenn du nicht wiederkehren solltest,
Den Tod zu geben. Ich verhehl es nicht,
Daß ich sie darum haßte!

HERODES. Fürchterlich!
Und das – das sagst du jetzt erst?

ALEXANDRA. Ja!

TITUS. Ich weiß
Es auch, es war ihr letztes Wort zu mir,

Doch tausend Jahre hätt ichs dir verschwiegen,
Ich wollte sie nur reingen, dich nicht martern!

HERODES. Dann – *(Die Stimme versagt ihm)*

TITUS. Fasse dich! Es trifft mich mit!

HERODES. Jawohl!
Dich – die *(gegen Salome)* – und jeden, welcher hier, wie ich,
Des tückschen Schicksals blindes Werkzeug war,
Doch ich allein verlor, was man auf Erden
In Ewigkeit nicht wiedersehen wird!
Verlor? O! O!

ALEXANDRA. Ha, Aristobolus!
Du bist gerächt, mein Sohn, und ich in dir!

HERODES. Du triumphierst? Du glaubst, ich werde jetzt
Zusammenbrechen? Nein, das werd ich nicht!
Ich bin ein König, und ich wills die Welt
(er macht eine Bewegung, als ob er etwas zerbräche)
Empfinden lassen! – Auf jetzt, Pharisäer,
Empört euch gegen mich! *(Zu Salome)* Und du, was weichst du
Schon jetzt vor mir? Noch hab ich wohl kein andres
Gesicht, allein schon morgen kanns geschehn,
Daß meine eigne Mutter schwören muß,
Ich sei ihr Sohn nicht! – *(Nach einer Pause dumpf)* Wäre meine Krone
Mit allen Sternen, die am Himmel flammen,
Besetzt: für Mariamne gäbe ich
Sie hin und, hätt ich ihn, den Erdball mit.
Ja, könnte ich sie dadurch, daß ich selbst,
Lebendig, wie ich bin, ins Grab mich legte,
Erlösen aus dem ihrigen: ich täts,
Ich grübe mich mit eignen Händen ein!
Allein ich kanns nicht! Darum bleib ich noch
Und halte fest, was ich noch hab! Das ist
Nicht viel, doch eine Krone ist darunter,
Die jetzt an Weibes Statt mir gelten soll,
Und wer nach der mir greift – – Das tut man ja,
Ein Knabe tut das ja, der Wunderknabe,
Den die Propheten längst verkündet haben,
Und dem jetzt gar ein Stern ins Leben leuchtet.
Doch, Schicksal, du verrechnetest dich sehr,

Wenn du, indem du mich mit ehrnem Fuß
Zertratest, ihm die Bahn zu ebnen glaubtest,
Ich bin Soldat, ich kämpfe selbst mit dir
Und beiß dich noch im Liegen in die Ferse! *(Rasch)*
Joab!

Joab tritt heran

HERODES *(verhalten).* Du ziehst nach Bethlehem hinab
Und sagst dem Hauptmann, welcher dort befiehlt,
Er soll den Wunderknaben – Doch, er findet
Ihn nicht heraus, nicht jeder sieht den Stern,
Und diese Könge sind so falsch als fromm –
Er soll die Kinder, die im letzten Jahr
Geboren wurden, auf der Stelle töten,
Es darf nicht eins am Leben bleiben!

JOAB *(tritt zurück).* Wohl! *(Für sich)*
Ich weiß warum! Doch Moses ward gerettet,
Trotz Pharao!

HERODES *(noch laut und stark).* Ich sehe morgen nach! –
Heut muß ich Mariamne – *(Er bricht zusammen)* Titus!

TITUS *(fängt ihn auf).*

DER RUBIN

Ein Märchen-Lustspiel in drei Akten

Personen

Der Kalif
Der Wesir
Der Kadi
Omar, Pascha von Ägypten
Assad, ein Jüngling
Hakam, sein Kamerad
Irad, ein Greis
Rustan, Henker
Selim, Häscher
Soliman, ein Juwelier
Khalf, sein Nachbar
Babeck, ein Gefangener
Der Aufseher der öffentlichen Hunde
Ein Bote des Pascha von Ägypten
Fatime
Gefolge des Kalifen, des Wesirs und des Kadis,
Zehn Emire, Diener, Verschnittene, Musikanten, Volk

Die Handlung ereignet sich in Bagdad

ERSTER AKT

Großer Marktplatz zu Bagdad
Man sieht in mehrere Straßen hinein, die von Volk wimmeln

Erste Szene

Assad und Hakam treten auf

ASSAD. Welch eine Pracht! O Hakam, schau dich um!
Was das für Häuser sind und was für Gassen!
Kaum glauben kann ichs, daß die Wunderstadt
Von Menschenhand erbaut ward, und noch minder,
Daß sie ein Menschenfuß betreten darf –
HAKAM. Und stehst doch selbst darin, und obendrein
Mit Füßen, die nicht gar zu sauber sind!
ASSAD. Schau dort das Minarett! Der Halbmond drauf,
Sieht er nicht ganz so aus, als hätt man ihn
So von der Himmelsdecke weggerissen?
Und drüben der Palast! Ein Fenster ist
So groß, wie meiner Eltern Hütte war,
Und sieh! ein Blumengarten auf dem Dach!
Oft führte mich nach Bagdad schon der Traum,
Fast jedesmal, wenn ich vor Schlafenszeit
Ein Märchen hörte –
HAKAM. Nun, dann weißt du hier
Gewiß Bescheid und kannst mir ohne Zweifel
Den Brunnen zeigen, der aus sieben Röhren
Statt Wassers Wein verspritzt und den ein Baum
Beschattet, der, sobald man ihm nur winkt,
Die Früchte fallen läßt, die man sich wünscht,
Heut Feigen, morgen Datteln oder Trauben.
Denn Märchen hörtest du ja alle Abend
Und gabst dem blinden Araber, wenn er

Nicht gleich von selbst begann, dein bißchen Brot,
Damit er nur erzählte und nicht schwieg!

ASSAD. Oft war ich hier im Traum, doch niemals sah
Ichs so! O nein, ich sah mein Dorf vergrößert,
Auch wohl verschönert, doch –

HAKAM. Ich hätte mir
Dies alles noch viel prächtger vorgestellt.
Die Häuser sind denn doch, soviel ich sehe,
Aus Steinen aufgebaut und nicht von Gold,
Das Straßenpflaster scheint mir nicht von Silber,
Und auch der Kot ist ganz gemeiner Kot.

ASSAD *(in Gedanken versunken).*
Und dennoch! Einmal!

HAKAM. Einmal? Was denn einmal?
Ein Pudel! Siehst du? Ganz so, wie bei uns!
Vier Beine! Keine sechs! Und Kopf und Schwanz!

ASSAD. Einmal sah ichs so! Das war ein Traum!
Gewiß gibts keinen buntern!

HAKAM. Nun?

ASSAD. Ich ging
Durch eine Straße, breit, wie jene dort,
Und endlos wie der Tigris. Staunend blickt ich,
Wie jetzt, die wunderbaren Dinge an,
Die mir bei jedem Schritt entgegentraten,
Die Menschen aber, die mir auf der Straße
Begegneten, die blieben alle stehn
Und sahn auf mich!

HAKAM. Auf dich? *(Lacht)*

ASSAD. Du lachst zu früh,
Das Beste kommt erst! Ja, sie drängten sich
Um mich herum, sie zeigten mit den Fingern
Auf mich und flüsterten, es ward zuletzt
Ein dichter Knäuel. Ich erschrak und dachte:
Du lagst zur Nacht in einem Ährenfeld
Und hast gewiß noch einen Halm im Haar,
Auf, säubre dich! Schnell trat ich an ein Fenster,
Das fast die halbe Straße spiegelte,
Und sah hinein. Da – Nun ists Zeit zu lachen!

HAKAM. Worüber denn?

ASSAD. Weil ich – Ich schäme mich,
Es dir zu sagen, Hakam!
HAKAM. Sahst du aus,
Als ob du dich noch nie gewaschen hättest?
ASSAD. O nein! O nein! Ich trug ein Feierkleid,
So schön, als wär es aus der Morgenröte
Herausgeschnitten und besetzt mit Sternen –
HAKAM. Das hast du wieder abgelegt!
ASSAD. Fast hätt ich
Vor meinem eignen Bilde ehrfurchtsvoll
Mich in den Staub geworfen, doch – Genug!
Mehr sag ich nicht!
HAKAM. So warst du Prinz im Traum!
Ich bin einmal geflogen! Beim Propheten,
Das möcht ich auch mal träumen! Weißt du, Assad,
Was ich dann täte?
ASSAD. Ei, wie kann ich wissen,
Was du im Traume tun wirst!
HAKAM. Unsern Herrn
Würd ich langsam zu Tode peitschen lassen,
Und während das geschähe, Feigen essen!
Nein, Datteln, denn die Datteln haben Steine,
Und diese spiee ich ihm ins Gesicht!
ASSAD. Pfui, schäme dich!
HAKAM. Denkst du nicht mehr daran,
Wie gräßlich wir bei ihm gehungert haben?
Ein Schneider könnt mich durch die Nadel fädeln,
So dünn bin ich geworden bei dem Filz!
Und du, du schwitztest ja noch heut für ihn,
Hätt er dich auch nur sonntags satt gemacht!
ASSAD. Ich habs ihm schon vergeben!
HAKAM. Ja?
ASSAD. Mir deucht,
In Bagdad hab ich keinen Magen mehr!
Ich aß noch nichts, und dennoch knurrt er nicht!
HAKAM.
Das freut mich sehr, dann brauch ich nicht zu teilen!
Steh still!
ASSAD. Was willst du?

HAKAM. Deine Tasche leeren,
Ich hab mir etwas darin aufbewahrt!
(Er zieht Früchte aus Assads Tasche hervor)
ASSAD. Woher hast du die Früchte?
HAKAM. Aus der Quelle,
Aus der ich alles hatte, was bisher
Uns noch das Leben fristete: Ich nahm
Sie weg, wo ich sie fand! Die Hökerin
Am Tor war eingeschlafen, die den Wandrern
Das Obst verkauft. Hätt ich sie wecken sollen?
Sie war vielleicht gerade Sultanin!
Ich griff in ihren Korb und steckte dir,
Was ich erwischte, in den Sack. Du hast
Es nicht bemerkt. Sie noch viel weniger!
ASSAD. Ich hoff, das ist nur Spaß!
HAKAM. Was wär es sonst?
Es wächst ja gutes Obst in deiner Tasche!
ASSAD *(greift selbst hinein und zieht einen Becher hervor).*
HAKAM. Auch sitzt ein Goldschmied drin, der Becher macht!
ASSAD. Hakam!
HAKAM. Gib her!
ASSAD. Den Becher kenne ich!
HAKAM. Wir haben gestern morgen draus getrunken!
ASSAD. Und unser Wirt – hat er ihn dir geschenkt?
HAKAM. Nein! Er vergaß es! Doch du siehst, ich machte
Den Fehler wieder gut!
ASSAD. Du stahlst den Becher?
HAKAM. Ich nahm ihn mit, als ich, um meinen Stock
Zu holen, noch einmal ins Zimmer ging.
Du weißt, ich hatt den Stock da *(lacht)* stehenlassen!
Begreifst du nun, warum ich, statt mich rechts
Zu wenden, wie's der gute Mann uns riet,
Den Weg zur Linken einschlug?
ASSAD. Schuft!
HAKAM. Ei was!
Meinst du, ich bin mit dir geflohn, weil ich
Verhungern will? Dies ist der Ort für mich!
Mit jeder Straße eine neue Welt!
Wenn man in einer mit dem Bambusrohr

Als Dieb gebleut wird, kann man in der andern
Trotzdem für einen halben Heilgen gelten!
Hier ist man, wenn man sich einmal versieht
Und das, was einem Nachbar zugehört,
Als Eigentum behandelt, nicht sogleich
Ein Popanz für die Alten und die Jungen:
Das trieb mich her, wie dich die Träumerei!
Hier hat man Raum!

ASSAD *(wirft den Becher weg).*

HAKAM. Was machst du da? Was machst du? *(Er will ihn aufheben)*

ASSAD *(packt ihn).* Nichts da! Wag einen Schritt! Wag einen Laut,
So sag ich –

Zweite Szene

Irad tritt auf, findet den Becher, hebt ihn auf

HAKAM *(schreit).* Ihr da!

IRAD *(hält den Becher hin).* Hast du ihn verloren?

ASSAD *(zu Hakam).*
Nimm dich in acht! *(Zu Irad)* Ihr fragt wohl nur im Hohn,
Seht mich und meinen Kameraden an –

HAKAM. Ich sah den Becher früher!

IRAD. Das kann jeder
Behaupten, dems beliebt. Der Fund ist mein!
(Hält den Becher gegen die Sonne)
Das feinste Silber! An der Ecke wohnt
Ein Juwelier, dem will ich ihn verhandeln. *(Zu Hakam)*
Und dir –

HAKAM. Die Halbscheid bringen?

IRAD. Nein, mein Freund,
Ich will dir sagen, was er eingetragen,
Damit du schneller bist das nächste Mal!
(Geht in den Juwelierladen)

Dritte Szene

HAKAM *(greift Assad nach der Kehle).*
Assad, ich bring dich um!

ASSAD *(wirft ihn zurück).* Wo willst du gehn?
Links oder rechts? Hier scheiden unsre Wege!

Pfui! Pfui! Nun glaub ichs, was man immer sagte,
In deinen Adern fließt Zigeunerblut!

HAKAM. Und du – du bist mit Eselmilch ernährt!

ASSAD. Den wackern Mann, der uns, noch eh wir baten,
Sein Haus schon öffnete, zum Dank dafür
So schändlich zu bestehlen – Hakam, lauf,
Es geht dir schlecht, wenn du hier stehenbleibst!
Jetzt wird er seine Tür verschlossen halten
Und ob ein Derwisch pocht. Fort, Bösewicht!
Welch Wunder, daß die Schlange dich nicht stach,
Bei deren Nest wir gestern mittag schliefen!

HAKAM. Wenn wir uns wiedersehn, so sind wir Feinde!

(Er will fort)

Doch halt! Dort trägt man Speisen auf, wies scheint!

Vierte Szene

Ein Aufseher der öffentlichen Hunde kommt. Ihm folgen Diener mit Schüsseln voll Brot und Fleisch

AUFSEHER. Setzt hin! *(Die Diener setzen die Schüsseln nieder)*

HAKAM *(nähert sich).* Ist das für –

AUFSEHER. Hand davon!

HAKAM. Für den
Kalifen?

AUFSEHER. Lästermaul!

HAKAM. So sagt mir doch,
Für wen die Mahlzeit angerichtet wird.
Ich bin noch fremd in Bagdad.

AUFSEHER. Für die Hunde!

HAKAM. Die räudgen Tiere, unrein, wie sie sind,
Die werden öffentlich gespeist?

AUFSEHER. Jawohl,
Und das von frommen Seelen, die schon längst,
Zum Teil seit mehr als hundert Jahren schon,
Im Paradiese beim Propheten wohnen.

HAKAM. Und ich muß hungern?

AUFSEHER. Ich zum wenigsten
Hab nicht für dich zu sorgen! *(Zu den Dienern)* Fort die [Schüsseln!
Sie sind noch satt! *(Ab mit den Dienern)*

Fünfte Szene

HAKAM. Die Herren kommen nicht!
Von jetzt an stoß ich jeden Hund mit Füßen!
Sie haben es zu gut auf dieser Welt! *(Er tritt wieder zu Assad)*
Hast dus gehört?

ASSAD *(antwortet ihm nicht und geht auf die Seite hinüber, wo der Juwelierladen ist).*

Sechste Szene

IRAD *(tritt heraus).* Wo ist dein Kamerad?
ASSAD. Der geht mich nichts mehr an!
IRAD. Dort steht er ja. *(Geht zu Hakam)*
Fünfzig Denare!
HAKAM. Ich erhalte?
IRAD. Nichts!
HAKAM. Eine Wespe soll Euch in den Rachen fahren,
Wenn Ihr einmal zu einem Feigenbaum
Mit offnem Maul hinaufseht!
IRAD. Dank, mein Freund! *(Ab)*
HAKAM. Ein Bienenschwarm sich auf Euch niederlassen!

Siebente Szene

Musik. Ein glänzender Zug. Zuerst viele Sklaven, die Kostbarkeiten tragen. Dann eine Menge Sklavinnen, die prächtig gekleidet sind. Zuletzt ein Wesir mit Gefolge. Viel Volk strömt zusammen

DER WESIR *(betritt, nachdem die Musik aufgehört hat, eine Tribune).*
Im Namen des Kalifen!
(Alle Versammelten werfen sich zu Boden)
DER WESIR. Trauernd sitzt
Er im Palast, die Fenster hat er sich
Ringsum mit schwarzem Tuch verhangen lassen,
Weil er das goldne Licht der Sonne haßt;
Zwei Tage halten ihm die Sklaven schon,
Auf Knien vor ihm liegend, Trank und Speise
Vergebens vor, er ißt und trinkt nicht mehr;

Und heute morgen hat er mir geboten,
Was mich mit Grauen und Entsetzen füllt!
Steht alle auf!

(Die Versammelten erheben sich)

DER WESIR. Und Mustapha, herauf!

Mustapha, ein Sklave, der auf rotem Sametkissen eine Krone trägt, ersteigt die Tribüne

DER WESIR *(erhebt die Krone).*
Ihr seht, dies ist die Krone Mahomeds,
Der Himmel hat den Stern nicht, welcher ihr
Nicht einen Strahl lieh, und die Erde nicht
Den Edelstein, der sie nicht funkelnd schmückt!
Vernehmt! Die Krone Mahomeds ist feil!
Ihr staunt? Hört weiter! Eben heute hats
Gejährt, daß die Prinzessin, daß Fatime,
Die heißgeliebte Tochter des Kalifen,
Aus ihrem Garten, als sie Rosen pflückte,
Auf eine Art, die keiner faßt, verschwand.
Ihr wißt, der tiefbetrübte Vater hat
Dem, der sie wiederbrächte, längst sein alles,
Bis auf die Krone selbst, als Lohn verheißen:
Wohlan, er fügt die Krone jetzt hinzu.
Der soll sie tragen, der das einzge Kind
Zurück in seine Arme führt, und jeder,
Der auch nur eine Spur von ihr entdeckt,
Soll selbst bestimmen, ob er seine Perlen,
(er deutet hiebei auf diejenigen Sklaven, die Perlen tragen)
Ob er sein Gold und Silber *(er deutet hiebei auf diejenigen Sklaven, die mit Gold und Silber beladen sind)* lieber will,
Und obendrein die Sklavin sich erwählen,
Die ihm von allen, welche noch im Lenz
(er deutet auf die verschleiert dastehenden Sklavinnen)
Der Jugend stehn, am meisten einer Houri
Zu gleichen scheint, wie sie sein Herz begehrt!
Dies ist es, was ich euch verkünden soll:
Es ist geschehn. Nun aber hört noch eins:
Wer glaubt, daß er sich einen dieser Preise
Verdienen kann, der gehe schnell ans Werk!
Die Hoffnung war es nicht, die den Kalifen

Bewog, auch noch sein Letztes einzusetzen,
Nur die Verzweiflung trieb ihn dazu an,
Und er erwartet nichts davon, er läßt,
Indem ich rede, in der Stille schon
Aus seinem Paschalik am fernen Nil
Den Bruder rufen und – ich darf nicht sagen,
Was ich befürchte, doch ich fürchte viel!
(Er steigt von der Tribune herunter. Der Zug entfernt sich mit Musik auf dieselbe Weise wie er kam)

Achte Szene

HAKAM *(tritt wieder zu Assad).*
Nun, Assad, das ist was für dich! Du träumtest
Ja stets von solchen Dingen! Ei der Tausend,
So hat sogar auch der Kalif noch Sorgen?
Ich dachte mir ihn immer ohne Zahnweh!
ASSAD. Willst du durchaus, daß ich dich prügeln soll?
Ich tus nicht gern, denn als mein armer Vater
Im Sterben lag, hast du mir frisches Wasser
Ins Haus gebracht, und das gedenk ich dir!
Jetzt aber mach! Ich kenne dich nicht mehr!
Ich will nicht bei dir hängen. *(Er dringt auf ihn ein)*
HAKAM *(entspringend).* Aber ich,
Ich möchte gern zu deinen Füßen sitzen,
Wenn du Kalif bist!

Neunte Szene

SOLIMAN *(tritt aus seiner Tür).* Heda! Junger Bursch!
ASSAD. Kann ich Euch dienen, Herr?
SOLIMAN. Euch dienen, Herr?
Sprachst du: Euch dienen, Herr?
ASSAD. Das tat ich, Herr!
SOLIMAN. Das tat ich, Herr, nicht so?
ASSAD. Ei, allerdings!
SOLIMAN. Ei, allerdings! Es ist so! In der Tat!
Die Wolle, nicht das Ohr, war schuld daran!
Allah sei Dank dafür! Allein, ich sage
Es keinem! Wenn sie für stocktaub mich halten,

So kann ich leichter lauschen und erfahren,
Was sie im stillen treiben! *(Zu Assad)* Noch einmal!

ASSAD. Herr, foppt Ihr mich?

SOLIMAN. Ich bitte, etwas leiser,
Dies hätte ich auch gestern hören können!

ASSAD. Ich lasse mich nicht foppen, und Ihr seid
Zu alt, als daß ichs Euch *(er ballt die Hand)* beweisen dürfte!
Drum geh ich! *(Will gehen)*

SOLIMAN. Nicht doch! Bleib! Ich mein es gut!
Ich rief dich, um mein Ohr zu prüfen! Sieh –
Doch das nachher! Erst weiter!

ASSAD *(kehrt sich wieder um)*. Alter Narr!

SOLIMAN. Ja! Alter Narr! Ich schenk dir was! Ganz deutlich!
Und diesmal sprach er leise! Komm!
(Er geht zu dem Auslagekasten vor seinem Fenster)
Such aus!
Was dir gefällt! Das heißt natürlich hier,
Wo alles unecht ist!

ASSAD *(tritt heran)*. O, welche Pracht!

SOLIMAN. Nicht wahr, mein lieber, guter, junger Mensch,
Wer so viel hat, der ist ein reicher Mann?
Und doch hab ich noch mehr! Du schaust darein,
Als ob das gar nicht möglich wär? Doch! Doch!
Und weil du mir gefällst, so will ich dir
Auch das noch zeigen, was ich keinem zeige,
Der nicht zum wenigsten ein Emir ist. *(Er öffnet ein Schubfach)*
Was sagst du dazu, he? Die liebe Sonne
Meints gleichfalls gut mit dir! Sie scheint auf einmal
So hell, wie sie den ganzen Tag nicht schien!
Nun sieh dich satt! Doch greife mir nichts an,
Denn – deine Finger scheinen zwar nicht klebricht,
Allein –

ASSAD. Das sind wohl echte Edelsteine?

SOLIMAN. Verlaß dich drauf! Wer beßre zeigen kann,
Dem schenk ich meine Augen!

ASSAD. Also seh ich
Das Herrlichste und Köstlichste der Welt!

SOLIMAN. Das tust du, Freund, das tust du! *(Beiseite)* Wie
ich höre!

Ein wunderlicher, guter junger Mensch!
Er freut sich über meine Edelsteine,
Wie kleine Kinder übern Mond sich freun!

ASSAD *(zeigt auf einige Steine).*
Die sehn wie Wasser aus! Sind grün, wie das!

SOLIMAN. Smaragde nennt man sie! Wie Wasser! *(Schüttelt den Kopf)* Himmel!

ASSAD. Die kommen auch wohl aus dem Wasser?

SOLIMAN. Nein!
Doch, doch! Man pflegt sie in dem Schlamm zu finden,
Der sich im Fischernetze setzt.

ASSAD. Mein Vater
War selbst ein Fischer, aber niemals fand
Ich einen solchen Stein in seinem Netz!

SOLIMAN *(für sich).*
Der glaubt mir! *(Laut)* Nun, in jedem Flusse trifft
Man sie nicht an.

ASSAD *(zeigt auf andere Steine).* Die sind so blau wie Luft!

SOLIMAN. Saphire sinds! Sie fallen aus den Wolken!

ASSAD. Was tun sie?

SOLIMAN. Wußtest du das nicht? Ei, freilich!
Wir tragen ja bei uns den Turban bloß,
Damit sie uns den Schädel nicht zerschmettern!

ASSAD. Ich merks! Ich habe dumm gefragt!

SOLIMAN. Jawohl!
Und weil du mir die erste Lüge glaubtest,
Ließ ich die zweite zur Enttäuschung folgen!
Die Edelsteine kommen aus der Erde,
Sie wachsen da, wo alles wächst!

ASSAD *(erblickt den Rubin und streckt die Hand aus).* O, Allah!

SOLIMAN. Dies Feuer brennt dich, wie es scheint!

ASSAD. Das ist –

SOLIMAN. Nun, was wohl, he?

ASSAD. Das übrige ist nichts,
Ist alles nichts! Weg, weg damit! Ich könnt es
Mit Füßen treten!

SOLIMAN. Wird er mir verrückt?

ASSAD. Das wären Edelsteine? Alter Mann,
Ihr seid betrogen! *(Er zeigt wieder auf den Rubin)* Das –

SOLIMAN. Ist ein Rubin,
Rot, wie die andern grün und blau, nun gibt
Es auch noch weiße!
ASSAD. Schweigt! O schweigt davon!
Hier sehe ich den Mittelpunkt der Welt!
Wer diesen Stein ergreift und dann ins Meer
Hinab sich stürzt, der zieht die Könige
Sich wie die Bettler nach! Die ganze Erde
Wird menschenleer in einem Augenblick.
SOLIMAN. Und dennoch ist der Diamant noch edler!
ASSAD. Noch edler? Reizt mich nicht!
SOLIMAN. Ich mache jetzt
Ein Ende! *(Er nimmt einen Ring)*
Gib mir deine Hand einmal!
ASSAD *(gibt ihm, aber fast bewußtlos, die Hand).*
SOLIMAN *(steckt ihm den Ring an).*
Da hast du was! Nun denk an mich und geh!
ASSAD *(streift den Ring wieder ab).*
Pfui! Pfui! Ein Regenwurm, mir um den Finger
Gewickelt, wär mir ganz so lieb!
SOLIMAN *(legt den Ring wieder hin).* Auch gut!
Ich hab noch Platz für ihn!
ASSAD. Gebt den Rubin!
SOLIMAN. Ha! Ha!
ASSAD. Ich muß ihn haben!
SOLIMAN. In der Tat?
ASSAD. Wollt Ihr ihn geben?
SOLIMAN. Wenn dir der Kalif
Die Krone aufgesetzt hat! Eher nicht!
ASSAD. Ich fleh Euch an –
SOLIMAN. Beim Barte des Propheten,
Jetzt ists genug! *(Er will den Kasten schließen)*
ASSAD *(stößt ihn vor die Brust).* Was untersteht Ihr Euch?
SOLIMAN *(schreit).* He! Hilfe!
ASSAD. Der Rubin ist mein! *(Er ergreift ihn und stürzt fort)*
SOLIMAN *(hinterdrein).* Ein Dieb!
Ein Räuber! Haltet auf! Ein Mörder! Greift ihn!
VOLK *(rennt durcheinander).*
Wen denn?

SOLIMAN. Den da! Den Burschen!
HAKAM *(packt Assad).* Diesen hier?
SOLIMAN. Wen sonst?
(Er tritt zu Assad) Du Bösewicht! *(Zu Hakam)*
Ich dank dir, Freund!
KHALF *(herzutretend).* Was ists mit dem?
SOLIMAN. Erst laßt mich Atem schöpfen!
HAKAM. Ich kenn den Menschen!
KHALF. Nun?
HAKAM *(zu Assad).* Dieb! Räuber! Mörder!
Das ist genug für einmal, Kamerad!
Jetzt bist dus ja wohl wieder?
ASSAD. O, der Schmach,
Daß Schelme mich für ihresgleichen halten,
Weil ich – *(Zu Hakam)* Ich habe nichts mit dir gemein!
Prüft mich, ob ich ein Dieb und Räuber bin,
Werft, was Ihr habt an Gold und an Juwelen,
Werfts auf das Pflaster hin, laßt mich allein
Und seht in einer Stunde nach, ob ich –
HAKAM. Noch da bin, he?
VOLK *(lacht).*
ASSAD. Allah, steh du mir bei!
Du hast dies Herz in meine Brust gesetzt,
Nimm es heraus und zeig, wie rein es ist!
SOLIMAN. Der freche Bube denkt gewiß zu leugnen,
Daß er so spricht! Vielleicht hat er mein Kleinod
Im Laufen weggeworfen!
ASSAD. Blöder Tor!
Sowenig wie den Kopf!
SOLIMAN. Dann – her damit!
ASSAD. Solang ich lebe, nicht!
SOLIMAN *(dringt auf ihn ein).* Wir werden sehn!
ASSAD. Jawohl! *(Er entreißt Soliman den Dolch, den er trägt)*
Nun kommt nur! *(Er sticht nach Soliman)*
VOLK. Der Kadi! Macht Platz!

Zehnte Szene

DER KADI *(tritt mit Gefolge auf).* Was gibts hier?
SOLIMAN. Alles, was nur möglich ist!
Raub! Überfall! Was nicht? Der Bösewicht
Ist gar nicht zu bezeichnen! Eh man ihn
Noch Räuber oder so was nennen kann,
Ist er schon Mörder, und es paßt nicht mehr!
Er stach nach mir! Ich weiß nicht, blute ich?
DER KADI.
Raub! Mord! Man hätt den Mord verhindern sollen!
Sein Leben war schon durch den Raub verfallen,
Er hat kein zweites, auch den Mord zu büßen,
Der Mord war hier von Überfluß! Ja, könnte
Man diese Frevler einmal hängen lassen,
Dann köpfen und zum dritten Male sacken,
So möchten sie die Missetaten häufen
Und die Gesetze zehnmal übertreten,
Allein es geht nicht an. Wer ist es denn?
SOLIMAN. Du wirst es nicht erraten!
DER KADI *(deutet auf Hakam).* Der gewiß!
HAKAM. Herr – ich vergeb Euch! Ich wars, der ihn griff,
Als er entfloh!
SOLIMAN *(deutet auf Assad).* Der da! Nicht wahr, man sieht
Es ihm nicht an? Den mußt du zweimal strafen,
Erst für die Tat und dann für sein Gesicht!
DER KADI. Ich hätt erwägen sollen, daß die Äpfel
Gewöhnlich rot sind, wenn der Wurm sie stach!
Rustan!
RUSTAN *(tritt hervor und hält ein Beil in die Höhe).*
DER KADI *(gibt kein Zeichen).*
RUSTAN *(senkt das Beil und hält einen Strick empor).*
DER KADI *(nickt).*
RUSTAN. Vorher? *(Er macht die Bewegung des Hauens)*
DER KADI. Vorher die Bastonade,
Was fragst du erst, und eine, die er fühlt,
Damit der Eindruck vorhält nach dem Tode,
Und er uns nicht zu zeitig wiederkommt!
HAKAM *(für sich).*

Mich freuts, daß ich den Becher nicht mehr habe!
So hätt ich den Kadi mir nicht gedacht!
SOLIMAN. Herr!
DER KADI. Nun? Hast du ihn fälschlich angeklagt?
Dann trittst du selbst in seine Stelle ein!
SOLIMAN. Das nicht – Jedoch – Du siehst, ich lebe noch,
Der Mord –
DER KADI. Ward nicht vollbracht! Das ist mir lieb!
Ich habs ja schon gesagt, warum!
SOLIMAN. Und dann –
Verzeih mir, Herr, der Bursche dauert mich,
Ich bin doch schuld an seinem frühen Tode!
DER KADI. Wie das?
SOLIMAN. Erlaubst du, daß ich weiterrede?
DER KADI. Du sprachst von Schuld, Freund, ich befehl es dir!
SOLIMAN. Sieh, Herr, ich litt drei Jahre fort und fort
An Taubheit, nein, ich glaubte dran zu leiden,
Weil ichs vergessen hatte, daß ich Pfropfen
Von Wolle trug in meinen beiden Ohren,
Die ich bei Zahnweh einst hineingesteckt.
DER KADI. Was geht mich das an?
SOLIMAN. Nur Geduld! Ein wenig!
Heut nachmittag fahr ich von ungefähr
Mit einer Nadel mir ins Ohr und merke,
Daß was darin sitzt, ziehe es heraus
Und hör auf einmal wieder, hör die Katze
Im Hof miaun und hör vom Minarett
Auch zum Gebete rufen. Ich frohlocke
Und tret aus meiner Tür, da steht der Bursche
Vor meinem Hause –
DER KADI. Die Gelegenheit
Zu Dieberei und Raub erspähend –
SOLIMAN. Möglich!
Doch sah er mir nicht danach aus! Ich rief ihn,
Um im Gespräch mit ihm mein Ohr zu prüfen,
Er kam –
DER KADI. Und raubte –
SOLIMAN. Ja! Doch nicht sogleich!
Erst, wie ich ihm die Edelsteine zeigte,

Und da nicht einmal, nein, erst ganz zuletzt,
Als der Rubin ihm in die Augen strahlte,
Der ihn nicht, wie es menschlich ist, zu reizen,
Nein, der ihn schier verrückt zu machen schien,
So daß er zugriff wie 'n verzognes Kind!

DER KADI. Mich kümmert nur das Ob und nicht das Wie!
(Zu Assad freundlich)
Du leugnest?

ASSAD. Nein!

DER KADI. Es hälfe auch zu nichts!
Rustan, vollzieh den Spruch! Und auf der Stelle,
Wo dieser freche Raub begangen ward!

(Ab mit Gefolge. Rustan mit seinen Knechten bleibt zurück und bereitet die Hinrichtung vor)

Elfte Szene

KHALF *(dem Kadi nachsehend).*
Der ändert keinen Spruch! Allein mich freuts!
Das *(mit einem Blick auf Soliman)* ist ein altes Weib!

SOLIMAN. Was sagtet Ihr?

KHALF. Ich pries Eur weiches Herz.

SOLIMAN. Wagt nicht zu viel,
Ich hör jetzt wieder gut!

HAKAM *(zu Assad).* Du hattest recht!
Wir werden nicht zusammen hängen. Schenkst
Du mir die Kleider?

ASSAD. Ja!

IRAD *(tritt zu Assad).* Du bist ein Räuber?

ASSAD. Es muß ja wohl so sein. Du siehst, ich sterbe
Des Räubers Tod!

IRAD. Bereust du deine Tat?

ASSAD. Nein!

IRAD. Nicht?

ASSAD. Es mag wohl gut sein, daß ich sterbe,
Denn – *(Zu Soliman)* Herr, es tut mir leid, daß ich den Dolch
Auf Euch gezückt, Ihr seid ein alter Mann,
Ders gut mit mir gemeint, ich weiß das wohl,
Und wahrlich, wenn ich Euch getroffen hätte,

Wenn Ihr in Eurem Blute vor mir läget,
Mir würde sein, als hätt ich meinen Vater
Getötet, denn Ihr seid so weiß wie er,
Und selber stellt ich jetzt mich dem Kadi!
Das glaubt mir!

SOLIMAN. Sohn, ich glaubs dir!

ASSAD *(zu Irad)*. Dennoch fühl ichs,
Ich hätt ihn eher zehnmal töten können,
Als den Rubin in seinen Händen lassen! *(Zu Soliman)*
Vergebt mir, doch ich muß es leider sagen,
Es ist so, mags begreifen, wer da kann!
Läg hier mein Kopf und dort der Edelstein,
Ich griffe erst nach dem –

SOLIMAN. Höchst sonderbar!
Höchst sonderbar! Ja, ja! Auch ich, ich habe
Den Stein vor allen andern Steinen lieb.
Es hat ihn mir einmal ein Greis gebracht,
Der sprach zu mir: Verkauft ihn, wie Ihr könnt,
Und gebt mir dann die Hälfte, doch er kam
Bis heute noch nicht wieder – *(Sieht Irad an)* Seid Ihr nicht
Der Greis? *(Irad schweigt)* Ich kann mich täuschen, und Ihr
Euch, wenn Ihrs wärt, ja sicher nicht verleugnen! [würdet
Gleichviel, er kam nicht wieder, und der Stein
Tat mir es an, ich forderte für ihn
Mit jedem Tage mehr und legte ihn
Am Ende ganz zurück –

ASSAD. Laßt mir ihn denn, *(deutet auf Rustan)*
Bis dieser fertig ist –

SOLIMAN. Ich laß ihn dir!

RUSTAN. Ich bins! Drum fort! Es gibt noch mehr zu tun!

ASSAD *(küßt den Rubin und will ihn Soliman reichen, zieht die Hand aber wieder zurück)*.
Nicht wahr, es ist ja gleich? Nehmt ihn nachher!

(Rustan will Assad anfassen)

IRAD *(für sich)*.
Nun ist es Zeit! *(Er tritt zwischen Rustan und Assad)*
Reich mir die Hand zum Abschied!

ASSAD. So alt Ihr seid, ich komme noch vor Euch
Ins Paradies! *(Reicht Irad die Hand)*

IRAD. Du irrst!

(Assad und Irad verschwinden)

RUSTAN. Wo sind sie hin?
SOLIMAN. Es war der Greis!
HAKAM. Hier darf man doch was wagen!
Am Fuß des Galgens wird man noch gerettet!
Wer hätte in dem Alten das gesucht!
RUSTAN. Ich häng mich selbst, bevor mich der Kadi
Dazu verdammt! Der wirds mir nimmer glauben,
Daß dieser ohne meine Schuld entkam! *(Er stampft die Erde)*
Pfui, Erde, pfui!
SOLIMAN. Mir wird es wieder leicht.

ZWEITER AKT

Ein anderer Platz in Bagdad
Es ist Nacht

Erste Szene

IRAD. Du bist gerettet!
ASSAD. Und ich hab den Stein! *(Er zieht den Rubin hervor)*
O, wie er strahlt! Ich glaube, wenn wir beide
Die Lichter alle löschten, die hier brennen,
Und wenn dann Allah auch mit seinen Händen
Die Sterne deckte, die am Himmel flammen,
Es würde doch nicht finster auf der Welt!
IRAD. Meinst du?
ASSAD. Vergib, vergib, ehrwürdger Greis,
Daß ich dir noch die Füße nicht geküßt! *(Er tuts)*
Wer bist du? Doch, was frag ich! Weiß ichs nicht?
Du kannst kein andrer sein als der Prophet,
Du sprachst ja auch in meiner Eltern Hütte
Schon einmal ein!
IRAD. Wie war das?
ASSAD. Meinst du, daß ichs
Vergessen hab? O nein! So klein ich war,
Ich habs mir wohl gemerkt! Mein Vater lag
In schwerer Krankheit auf den Tod darnieder,

Und wie er selbst, so konnte auch die Mutter
Nichts mehr verdienen, denn sie mußt ihn pflegen
Und durft ihn nicht verlassen! Was wir hatten,
War bald verzehrt, obgleich mein Mund allein
Den Vorrat schmälerte, da ihr so gut
Wie ihm die Eßlust fehlte. Was geschah,
Als sie zur Nacht das letzte Stücklein Brot
Mir weigerte, um für den nächsten Morgen
Nicht ganz mit leeren Händen dazustehn?
Die Tür ward aufgemacht, ein voller Beutel
Mit Geld flog in die Stube und zugleich
Rief eine Stimme: Allah leiht euch das,
Gebrauchts, solange ihr es nötig habt,
Und zahlt es, wenn ihr könnt, dereinst zurück
An einen, der so hülflos ist wie ihr!

IRAD. Und dieses glaubst du –

ASSAD. Glaubst du? Nein, ich weiß,
Daß der Prophet es war, daß – du es warst!
Wie solltest du im Paradiese auch
Dich freuen können, wenn die Deinen unten
Im Elend schmachten!

IRAD. Assad, halte ein!
Ich bin nicht, was du meinst!

ASSAD. Wer bist du denn?
Wer bist du, wenn du der Prophet nicht bist?
Wer bist du, daß vor deinem Wink die Erde
Sich spaltet, daß sich zum kristallnen Gang,
In dem man wandeln kann, ihr Innres wölbt
Und daß –

IRAD. Ich bin der, der dich retten konnte!
Das sei genug für dich! Und jetzt vernimm,
Warum ichs tat!

ASSAD. Laß erst noch einmal dir
Auf meinen Knieen danken für mein Leben!
Jetzt schauderts mich! Zwar weiß ich es gewiß,
Daß ich ins Paradies gekommen wäre,
Denn einer Sünde, die mir seine Pforten
Verschließen könnte, zeiht mein Herz mich nicht.
Allein, wie hätt ich dort erröten müssen!

Und nicht vor Omar bloß und Abubeker,
Die Mahomed am nächsten stehn und die
Wohl nie auf Erden ihresgleichen finden,
Ach nein, vor jedem, der die Hungernden
Gespeist, die Durstigen getränkt und nicht,
Wie ich, die Vögel bloß gefüttert hat.
Ja, selbst vor meinem Vater, denn ich trug
Die Schuld, die er zurückließ, noch nicht ab,
Und das gelobt ich ihm, bevor er starb;
Sie war erst halb bezahlt, als er verschied!

IRAD. Verkaufe jetzt den Stein, so kannst dus tun!

ASSAD. Den Stein?

IRAD. Du zweifelst, ob in dieser Stadt
Des Glanzes und der Pracht auch ein Verlaßner
Zu finden sei, der dein bedarf? Doch ich,
Vor dessen Blick die Erde selbst sich spaltet,
Ich schau von hier durch Mauern und durch Wände
Und kann dich gleich zu einem führen, der
Vor wütgem Hunger in sein eignes Fleisch
Hineinbeißt und in grimmiger Verzweiflung
Sich selbst und Allah mit verflucht. Den sollst
Du trösten und mit Gott und Welt versöhnen,
Deswegen ward dir der Rubin zuteil!
Drum gib ihn hin!

ASSAD. Ihn hin? Mein Blut viel lieber!

IRAD. Assad!

ASSAD. Da ist er! Mach nun, was du willst!
Mir aber sage, wie ich den Kadi
Am schnellsten wiederfinde!

IRAD. Den Kadi?
Du Undankbarer! Allah hat die größte
Der irdschen Freuden dir bestimmt und du –

ASSAD. Geht, geht! Ich fall Euch an, wenn Ihrs nicht tut!
Hier ist mein Dolch! Nehmt ihn, damit ich ihn
Nicht brauche oder Ihr Euch wehren könnt!

IRAD. Ich werd den Stein verkaufen! Tröste dich,
Es bleibt, auch wenn du diese Schuld bezahlst,
Genug noch für dich übrig!

ASSAD. O, zu viel!

Zu viel! Und wenns auch nur ein Pfenning wäre,
Ich brauch von jetzt an keinen Pfenning mehr!

IRAD *(schickt sich zum Abgehen an).*
Begleite mich und sieh –

ASSAD. Wohin Ihr geht?
O nein! ich mach die Augen lieber zu,
Sonst könnte ich Euch folgen und den Mann
Ermorden, der – Ich bitt Euch, zögert nicht!

IRAD. Ich hab dich nur geprüft! Nimm ihn zurück!
(Er reicht Assad den Stein)
Auch diesen brauchst du noch! *(Er reicht ihm den Dolch)*
Ich wog die Krumen,
Die du den Vögeln vor dein Fenster streutest,
Und schwerer in die Waage fielen sie,
Als all die Schätze, welche der Kalif
Den Darbenden verteilen ließ, denn du
Gabst alles, was du übrig hattest, hin,
Er nicht, und das hat Mahomed befohlen!

ASSAD. Ehrwürdger Greis, mein Alles war ein Nichts!

IRAD. Ich sah an deines Vaters Sterbebett
Dich sitzen, tief bekümmert, daß du nur
Die Fliegen ihm verjagen, nicht die Frucht
Ihm reichen konntest, die vielleicht die letzte
Erquickung ihm geboten oder ihm
Das letzte Lächeln abgewonnen hätte –

ASSAD *(hält die Hand vors Gesicht).*
O Gott! Ich dachte –

IRAD. An des Nachbars Garten
Und an die Trauben, die darin gereift!
Allah verzieh es, ja auf seinen Wink
Trug der Prophet ins goldne Buch dich ein!
Und darum stehst du jetzt vor mir und hältst
In deiner Hand ein Kleinod, das, so köstlich
Es dir und aller Welt auch scheinen mag,
Doch noch viel mehr ist als du ahnen kannst!

ASSAD. Was ist es denn?

IRAD. Es ist ein Grab!

ASSAD. Ein Grab?

IRAD. Es ist ein Grab für eine, die noch lebt!

ASSAD. Für eine, die – für eine! O, mein Herz,
So war es dies!
IRAD. Die allerschönste Jungfrau,
Die auf der Erde jemals wandelte,
Ist durch die Tücke eines bösen Geistes
In diesen Stein hineingebannt und schläft
Den Schlaf des Todes, ehe sie noch starb!
ASSAD *(schaudernd)*.
Den Schlaf des Todes!
IRAD. Rot ist der Rubin
Zwar immer, doch in einen Purpur, wie
Er diesen schmückt, war keiner noch getaucht.
Wie Feuer schimmert jeder Edelstein,
Denn tief in seinen Kern hat die Natur
Den Sonnenstrahl, den flüchtgen, eingeschlossen,
Doch einen Blitz, wie dieser deinem Blick
Entgegensendet, wenn du ihn betrachtest,
Hat selbst der Diamant noch nie versprüht!
ASSAD. Es ist ihr Blut und ihres Auges Glanz!
IRAD. Das ists! Jawohl! Denn beides sog er ein!
ASSAD. Und Allah ließ es zu?
IRAD. Die bösen Geister
Sind mächtig bis zum Jüngsten Tag! Und doch
Nicht mächtig gnug. Was halfs, daß der Rubin
Schon tief verscharrt im Schoß der Erde lag?
Ich fand ihn dennoch!
ASSAD. Kannst du denn die Jungfrau
Nicht auch erlösen?
IRAD. Ich nicht! Nur ein Mensch!
ASSAD. Ein Mensch! Ich selbst bin ja ein Mensch! Doch wie?
IRAD. Das weiß ich nicht! Der Zaubrer fiel in Schlaf,
Als ich erwachte, denn wir wechseln stets
Wie Tag und Nacht, doch nur umsonst belauschte
Ich seine Träume, er verriet sich nicht!
ASSAD. Weh! Weh!
IRAD. Verzweifle nicht zu früh! Er hält
Den Schlaf nicht ewig aus und dennoch weicht
Der Schlaf erst dann von ihm, wenns mir gelang,
Das zu befrein, was er gefesselt hat.

Sobald der Traum in den verruchten Sinn
Ihm eine neue, größre Bosheit bringt,
Deckt er die alte selber auf! Das kann
Auch dieses Mal geschehn! Noch weiß ich nur,
Daß du die Jungfrau einmal wecken kannst!

ASSAD. Ich kann sie wecken?

IRAD. Ja! Um Mitternacht!
Wenn du auf den Rubin drei Küsse drückst,
Erscheint sie dir!

ASSAD. Ist es nicht Mitternacht?

IRAD. Noch nicht! Doch bald! Vielleicht kann sie dir selbst
Das Mittel nennen, das den Zauber bricht.
Vielleicht entdecke ichs. Zwar blickte er
In jener Nebelhöhle, die ihn birgt,
So selbstzufrieden, tückisch-stolz darein,
Als hätte er sein Äußerstes vollbracht,
Und dieses deutet auf ein schweres Werk.
Doch über ihm ist Allah! Was ich nur
Zum Teil durchschaue, das durchschaut er ganz
Und gibts dir wohl in Träumen ein! Leb wohl!

(Er verschwindet)

Zweite Szene

ASSAD. Ich soll sie sehn! Und wenns nur einmal wäre,
Ich soll sie sehn! O, daß die Mitternacht
Doch endlich käme! Daß der Tempelwächter
Doch endlich –

EINE STIMME *(ruft von der Moschee herab).*
Auf, ihr Gläubgen, zum Gebet!

ASSAD. So ist sie da, die grause, grause Stunde,
In welcher, wie es heißt, die Toten leben
Und die Lebendgen tot sind; wird denn nun
Geschehn, was mir der Greis – *(Er stürzt betend auf die Knie)*
Allah! – Du weißt! –
Ich finde keine Worte! Laß den Greis
Mich nicht betrogen haben! *(Springt auf)* Pfui! Pfui!
Was sagt ich da! Mein Herz weiß nichts davon!

(Er hebt den Rubin gegen den Mund)

Ists denn so kalt? Mich friert! In dieser Stunde
Schloß meines Vaters Auge sich auf ewig,
Wird sich das ihre öffnen? Fort, ihr Zweifel!
Es wird! Es muß! Es soll!
(Er küßt den Rubin dreimal. Dieser entfällt ihm)
Der Stein wird schwer
In meiner Hand, als ob –
(Eine Nebelwolke quillt aus der Erde)
In eine Wolke
Löst er sich auf – ja, ja, in eine Wolke!
Und diese Wolke – sie verdichtet sich –
Ich seh – ich seh ein holdes Angesicht – *(Ausbrechend)*
Ich sehe sie!

Dritte Szene

Fatime erscheint allmählich, die Wolke verschwindet nach und nach, ein rötliches Licht umfließt sie

FATIME *(wie träumend).* Drei Tropfen meines Bluts?
Droht, wie Ihr wollt, ich geb sie nicht! Nicht näher!
Ich fürcht Euch! – Bin ich hier denn ganz allein? –
Rührt mich nicht an! *(Sie schreit)* Mein Vater!
ASSAD *(nähert sich ihr ängstlich).* Holdeste –
FATIME. Wer bist du? O, genug! Der Alte nicht!
Der grimme Alte nicht! So schütze mich!
Tritt her! Ganz nah! Weg, Mädchenscham und Sitte!
Hier gilts den Tod und mehr! Ganz nah! Ganz nah!
ASSAD *(für sich).*
Sie weiß nicht, was mit mir geschah!
FATIME. Wo blieb er?
Steht er nicht hinter mir? Er tuts! Er tuts!
Ich fühle es! Nimm mich in deine Arme,
So lange, bis mein Vater kommt! Er kommt
Gewiß im Augenblick! Du hast
Doch einen Dolch?
ASSAD. Beruhge dich!
FATIME. Wie kann ich?
Noch eben war es Tag! Nun ist es Nacht!
Ich stand an einem Rosenbeet, und nun – *(Sie schaut sich um)*

Der Greis ist fürchterlich! Auf seinen Wink
Verkriecht die Sonne sich zur Mittagszeit,
Die Gärten sinken ein – Ein Menschenkind
Wird durch die Luft entführt und merkt es nicht!
(Stürzt auf ihre Kniee)
Allah, beschirme du mich!

ASSAD. Bete lieber:
Allah, erlöse mich!

FATIME *(springt auf)*. Mich graust! Mich graust!
Sprich! Ist es schon geschehn? Bin ich verzaubert?
Hat er die Drohung schon erfüllt? Du schweigst?
Er hat! Er hat! O, ich erinnre mich!
»Sagst du noch einmal nein, so bist du Stein!«
Das rief er mir in grimmgem Zorne zu
Und zog ein spitzes Instrument hervor
Und griff nach meiner Hand, als wollte er
Mir eine Ader öffnen, ehe ich
Das zweite Nein noch fände –

ASSAD. Dennoch hast
Du es gefunden, denn –

FATIME. Ich lebe ja,
Ich atme ja! *(Sie faßt ihre Locken an)*
Die sind ja weich wie sonst,
Ich bin ja noch nicht Stein –

ASSAD. Du warst es schon
Und mußt, o Allah! mußt es wieder werden,
Wenn du –

FATIME. Mich fröstelt schon! O, es ist wahr!
Ist schrecklich wahr!

ASSAD *(fährt fort)*. Wenn du nicht weißt, wie du
Entzaubert werden kannst!

FATIME *(greift sich an die Stirn)*. Mir deucht, ich weiß es!

ASSAD. So sags mir an!

FATIME. O, jetzt besinn ich mich
Auf alles wieder!

ASSAD. Nun, so zögre nicht!

FATIME. Ich bin in einen Edelstein gebannt!

ASSAD. Nicht länger, als –

FATIME. Und du, du hast den Stein!

ASSAD. Laß das! Verkünde mir –
FATIME. Du liebst den Stein!
O ganz gewiß, du liebst ihn!
ASSAD. Mit dem Leben
Hab ich ihn fast bezahlt! Und sicher geb ich
Mein Leben eher hin als ihn!
FATIME (*bricht aus*). Entsetzlich!
Ich werde nie erlöst!
ASSAD. Ich faß dich nicht!
FATIME. Nur deshalb wählte er den Edelstein
Und nicht den Kiesel!
ASSAD. Selbst den Kiesel hättest
Du in den herrlichsten Rubin verwandelt,
Mit Purpurrot hätt ihn dein Blut durchhaucht,
Mit Feuer dies dein Auge ihn getränkt!
Wer weiß denn, obs vorher kein Kiesel war.
FATIME. Du liebst auch mich!
ASSAD. Dich liebt ich stets in ihm!
FATIME. Weh dir und mir!
ASSAD. Wohl bin ich zu gering,
Doch wahrlich auch nicht kühn genug, zu dir
Den Blick emporzuheben!
FATIME. Du verstehst
Mich nicht!
ASSAD. Du bist bestimmt, den Mann zu lohnen,
Der auf der Welt die größte Tat vollbringt,
Du schwebst ihm vor, das spornt ihn an, nun stürzt
Er freudgen Mutes sich in Not und Tod,
Und wenn er dann als Sieger wiederkehrt
Und dich erblickt, wenn du dich huldvoll ihm
Entgegenneigst, dann tritt er noch in Demut
Zurück und sagt: Auch ich bin dein nicht wert!
Ja, tut ers nicht, so rufe ichs ihm zu.
FATIME (*mit einem Blick auf Assad*).
Ich möchte leben, leben!
ASSAD. Doch das gibt
Mir eben Kraft, das Äußerste für dich
Zu wagen und mein Alles einzusetzen!
Wer deiner würdig ist, der schone sich,

Und wärs auch nur, weil du vielleicht im Herzen
Sein Bild schon trägst und ihn nicht missen kannst!
Ich bin es nicht und werde mich nicht schonen,
Drum sag mir, wie du zu erlösen bist!
Und wär es dadurch, daß ich diesen Dolch
Ins Herz mir stoße: schneller werd ichs tun,
Als du es fordern kannst!

FATIME. Das würde ich
Gewiß nicht fordern!

ASSAD. Tu es ohne Scheu!
Denn ohne dich vermag ich nicht zu leben,
Seit ich mit diesen Augen dich gesehn,
Und –

FATIME. Edler Jüngling! Oft schon warf der Baum
Die goldne Frucht von selbst auf den herab,
Den heilge Scheu zurückhielt, ihn zu schütteln!

ASSAD. Was sagst du da? O, wiederhol es mir!

FATIME *(für sich).*
Er rührt mein Herz! *(Laut)* Wie gerne würd ich dir
Mein Leben danken! Aber nimmer wirst
Du mich erlösen!

ASSAD. Dennoch hörte ich,
Es steh in Menschenmacht!

FATIME. In Menschenmacht?
Ach, es ist leicht, es ist unendlich leicht!

ASSAD. Und doch –

FATIME. So leicht, daß dus an jedem Ort
Vollbringen könntest und zu jeder Zeit!

ASSAD. Und doch – O, gib mir keine Rätsel auf!

FATIME. Doch würdest du mich eher einem Drachen
Abkämpfen, eher aus dem Grund des Meers
Herauf mich holen, wenn mich eine Muschel
Umschlösse, eher Salomonis Siegel
Zerbrechen, wenn es in ein Grab mich bannte,
Als dieses Leichteste des Leichten tun!

ASSAD. So nenn es mir!

FATIME. Ach, dürft ich dir es nennen,
So wär es schnell vollbracht! Du mußt darauf
Von selber kommen! Doch du wirst es nicht!

Denn es ist schwer, es steht im Widerspruch
Mit allem, was du denkst und fühlst. Und wenn
Ich dir entdecken wollte, was es ist,
Gleich würde eine andere Bedingung,
Und eine noch viel schlimmere, gesetzt;
Ich weiß es nur, damit ich doppelt leide.
Du wirst auf jedem Stern den Schlüssel suchen,
Der meinen Kerker öffnet, wirst den Abgrund
Darnach durchspähn und hast ihn in der Hand.

ASSAD. Ich werde alles tun –

FATIME. Bis auf das Rechte!
Ja, wenn du mich nicht – Unglückselge, schweig!

ASSAD. Du nimmst mir selbst die Hoffnung?

FATIME. Nehme ich
Sie dir allein? Ich nehm sie mir zugleich!
Du durftest mich nur darum einmal sehn,
Damit du elend würdest! Elend bist
Du jetzt! Ich fühls! Nun siehst du mich nicht mehr!
Ich werde niemals wieder aus dem Stein
Zu neuem Sein hervorgehn oder erst,
Wenn alles, was mir lieb und teuer war,
In Staub zerfallen und die schöne Welt
Mir völlig fremd geworden ist. Wer weiß,
Ob das nicht schon geschah, ob ich nicht schon
Jahrhunderte – Wer herrscht in Bagdad?

ASSAD. Harun!

FATIME. So ists noch Zeit! Wie wird mir! Allah! Hülfe!
Ich möcht ihm noch was sagen! – Was denn? – *(Zu Assad, verwirrt)* Frag doch!

(Eine Wolke umfließt sie, sie verschwindet. Es wird dunkel)

ASSAD. Weh, weh! Ich seh nichts mehr von ihr! Und dort,
Dort funkelt der Rubin schon wieder hell!

(Er hebt ihn auf)

Vierte Szene

HAKAM *(tritt im Hintergrund auf).*
So groß die Stadt ist, überall gibts Augen,
Die einen hindern, in der Nacht sogar!

Wie oft bin ich nun schon gestört! Die Assads
Sind selten in der Welt! Dem wollte ich
Den Turban stehlen, während er ihn trägt,
Und gleich darauf ihn an ihn selbst verkaufen.
Wo mag er nur geblieben sein! Ich wette:
Wenn ihn der Greis nicht überwacht wie 'n Kind,
So liegt er irgendwo jetzt auf der Straße,
Die Augen zu, die Hand halb offen
Und in der Hand den Stein!

ASSAD *(nachsinnend)*. Auch das ist nichts!

HAKAM. Dort redet einer! Sprach ich nicht von Stehlen?
Es wäre dumm, wenn der – Ei was, ei was!
Er spricht ja selbst! Ich will ihn doch belauschen,
Wer weiß, was man erfährt! *(Er nähert sich Assad)*

ASSAD. Wie schön sie war!

HAKAM. So, war sie schön? Nun, das ist ein Geheimnis,
Wofür mir höchstens der was gibt, der sie
Zum Weibe nehmen soll! Allein die Stimme
Kommt mir bekannt vor! Das – Ja, das ist Assad! –
Das alte Kleid! Der Greis hat nichts für ihn
Getan! *(Ruft)* As – *(Unterbricht sich)* Still! Ich will erst sehn, wies steht!

ASSAD. Dahin! Dahin!

HAKAM. Das heißt: er ist schon fort!
Ein solcher Stein! Du Tor! Nun wundre dich,
Wie schlecht die Menschen sind! Nun klag und seufze!
Gleich könnt ich dir von hinten eines geben
Für diese grobe Unvorsichtigkeit!

ASSAD *(sieht auf den Rubin)*. Das ist sie jetzt!

HAKAM. Nein, nein, er hat ihn noch!
Nun, so gewiß ich morgen essen will,
Rubin, vor Tag noch wechselst du den Herrn.
Er ist mir zwar an Kräften überlegen,
Allein im Laufen kam er stets zu kurz
Und obendrein hat er noch wunde Füße!

ASSAD. Wüßt ich nur ihren Namen! Doch ich war
So ganz verwirrt, daß ich vergaß zu fragen!
Nun tuts mir weh, daß ich sie nicht einmal
Zu nennen weiß!

HAKAM. Er ist verliebt, wies scheint!
Tat dir ein schadenfroher Wind den Dienst?
Hat er den Schleier eines schönen Weibes
Gelüftet, das ins Bad getragen ward?
Ei, freilich, nach dem Namen hättest du
Den obersten Eunuchen fragen sollen,
Dann wüßtest du es jetzt schon ganz genau,
Wie gut zum Bambusrohr dein Schädel paßt!
ASSAD. Ich solls an jedem Ort vollbringen können
Und auch zu jeder Zeit!
HAKAM. Jetzt faselt er!
Ei, denk sie dir mit einem starken Schnupfen,
Sieh ihrer Mutter ins Gesicht und sag dir:
So sieht sie selbst in zwanzig Jahren aus,
Dann nimmt dein Fieber ab!
ASSAD. Was ist es nur?
Ein altes Märchen klingt mir in den Ohren,
Ein schauerliches, wie kein zweites mehr.
HAKAM. Erzähls! Erweiche dich! Vergieße Tränen
Und laß den Stein, wenn du dir mit der Hand
Die Augen trocknest, fallen! Ich erspare
Dir gern die Müh, ihn wieder aufzuheben!
ASSAD. Ein wunderschönes Mädchen war verzaubert,
Nicht an Gestalt, allein in ihrem Sinn.
Sie haßte, was sie sonst geliebt, und wurde
Nur dadurch, daß ihr der Geliebte selbst
Den Dolch ins Herz stieß, was er tat im Zorn
Und in der Wut der Eifersucht, erlöst!
HAKAM. Das hört ich schon vom alten Araber!
Ich schob ihm, als er grade dies erzählte,
Den Igel untern Burnus, der ihn stach.
ASSAD. Hätt ich vielleicht, als sie in Fleisch und Blut
Hier vor mir stand, mit meinem Dolch das gleiche
An ihr – Mich schaudert! Aber das war sicher
Im Widerspruch mit allem, was ich dachte
Und was ich fühlte! Doch das kanns nicht sein,
Denn das vermöcht ich jetzt ja schon nicht mehr!
HAKAM. Er träumt im Stehn. Gleich fällt er um. Dann geh ich
Ans Werk! *(Er tritt dicht hinter Assad)*

ASSAD *(geht lebhaft vorwärts).* Ich will mich heut nicht länger quälen,
Ich will mich freun und dem mit Zuversicht
Vertraun, der über mir und ihr ist. Ists
Für heut nicht schon genug, daß ich sie sah
Und daß sie freundlich mit mir sprach? Ihr Auge
War aus der Wolke noch auf mich gerichtet,
Ja, selbst aus dem Rubin heraus noch scheint
Sein Strahl mich anzublicken. Leuchtet er
Nicht wie ein Stern? *(Hält den Rubin in die Höhe)*

HAKAM *(der ihm gefolgt ist, greift nach dem Stein und ruft mit verstellter Stimme).* Ja! Er gefällt auch mir! –
Triumph! Ich hab ihn! *(Er läuft fort)*

ASSAD *(eilt ihm mit gezücktem Dolche nach).*
Stirb für diesen Raub! *(Er sticht ihn)*

HAKAM. Mord!

ASSAD. Raub! *(Er überwältigt Hakam)* Ich hab ihn wieder! Büß es jetzt,
Daß du ihn angefaßt! Und mit dem Tode!

HAKAM. Ich hab genug! *(Stürzt um)*

Fünfte Szene

Der Kadi. Nachtwache mit Fackeln erscheint

DER KADI. Greift jeden, den ihr trefft!
Hier wurde Mord geschrieen!

ASSAD *(ist, gleich wie Hakam stürzte, neben ihm niedergekniet).* Ist das wahr?
Traf ich dich tödlich? Sprich! – Er kann nicht mehr!
So wäre ich ja – Wo ist deine Wunde? *(Er ruft)*
O, helft, helft!

SELIM. Hieher!

DER KADI. Nun, was gibt es hier?

SELIM. Hier liegen zwei am Boden!

DER KADI. Mit den Fackeln
Herbei!

(Die Nachtwache umzingelt Hakam und Assad)

SELIM *(zu Assad).* Wer bist du? *(Er erkennt ihn)* Ha!
(Er springt zurück)

DER KADI. Du schrickst zurück?
Ist er bewaffnet? Stach er dich?
SELIM. Verzeih!
Das ist –
DER KADI. Wer denn! Doch nicht –
(Er ergreift selbst eine Fackel und beleuchtet Assad)
Ei freilich, freilich,
Das ist der Bube, den die Erde heut
Verschlungen haben soll! Dank, Allah, Dank!
So wirds mir doch belohnt, daß ich mich selbst
Für diese Nacht der Wache beigesellt.
Ich hab den Flüchtling!
ASSAD. Steht doch diesem bei!
Weswegen kamt Ihr, wenn Ihr das nicht wollt!
DER KADI. Der Bursch verspricht das Mögliche! Er hat,
Man siehts, hier einen mördrisch angefallen
Und ruft, nun er den Richter kommen hört,
Mit eigner Kehle nach Verband und Ärzten!
Es hilft nur leider nichts! Mich täuscht das nicht!
Packt ihn und hebt den andern auf!
HAKAM. Ich glaube,
Ich brauche keine Hülfe, wenn ich auch
Verwundet bin! *(Er steht auf)*
Doch, doch! Mir schwindelt jetzt!
(Die Umstehenden unterstützen ihn, Selim untersucht ihn)
SELIM. Es ist nicht viel! Ein Schlitz im linken Arm!
(Bindet ihm ein Tuch um den Arm)
Pfui, schäme dich, daß du von Schwindel sprichst!
HAKAM. Gewiß nicht mehr? Ich glaubte –
SELIM. Halt doch still!
Was sonst?
DER KADI *(zu Hakam)*. Bist du nicht der, der diesen fing,
Als er entlief? Ich soll dich an der Stimme
Erkennen!
HAKAM. Hätt ich diese Wunde wohl,
Wenn ichs nicht wäre? Nur aus Rache fiel
Er mich hier an.
DER KADI. Das paßt zum übrigen!

ASSAD. Elender, hast du mich nicht erst beraubt
Und wußte ich auch nur, daß du es warst?
HAKAM. Ich bin zum Schwur bereit!
DER KADI. Des braucht es nicht!
Ich kenne ihn wie dich! Der Bube da
Ist schuld dran, daß mein Rustan sich erhing,
Und du bist, wenn auch ohne dein Verdienst,
Jetzt Ursach, daß ich ihm das lohnen kann.
Ihm wird der schnellste Galgentod zuteil,
Du sollst den Preis, den ich im ersten Grimm
Auf seinen schlechten Kopf gesetzt, erhalten,
Wenn du nicht eine andre Bitte hast!
HAKAM. Herr, gebt mir Rustans Amt! – Laßt mich dies Amt
Zum wenigsten an dem vollziehn!
DER KADI. Du bist
Ein wenig keck! Und doch – Mir mißfällts nicht!
Es sei!
HAKAM. Mißlingt mein Probestück an ihm,
So laßt ihn seins an mir versuchen!
DER KADI. Mach dich
Bereit, es gleich beim ersten Morgengraun
Vor meinen eignen Augen abzulegen!
HAKAM. Ich bins! *(Für sich)*
Ich kenn das Knotenknüpfen längst. *(Zu Assad)*
Du stachest mich, und ich, ich hänge dich!
Siehst du, wie alles sich auf Erden dreht?
KADI *(zu Assad)*. Nun? – Es wird Ernst! – Verschwinde noch einmal!
Du zögerst? – Fehlt der schurkische Genoß
Jetzt mit dem Räucherpulver? Denn der Dampf
Von Räucherpulver wars, der dich verhüllte,
Nicht eine Wolke, wie die Toren glaubten,
Ich hätt den Kniff im Augenblick durchschaut! *(Zu Selim)*
Siehst du hier noch ein Wunder?
SELIM. Herr, vergib!
DER KADI. Nun rasch zum Markt, wo er den Raub beging!
Denn wo er sündigte, da soll er büßen! *(Ab mit allen)*
ASSAD *(indem er abgeführt wird)*.
Ehrwürdger Greis, verließest du mich auch?

DRITTER AKT

Die Gärten des Kalifen am Tigris
An der Palastseite ist ein prächtiger Pavillon aufgeschlagen
In den Gärten viel Volk

Erste Szene

Soliman und Khalf treten vor

KHALF. Er wird doch noch gehängt!
SOLIMAN. Er wird es nicht!
KHALF. Hoho! So sicher, als es Stricke gibt!
SOLIMAN. So sicher nicht, als Allah Allah ist!
KHALF. Setzt Ihr das Kalb, das Ihr von Eurer Kuh
Erwartet, setzt Ihrs an das Füllen,
Mit welchem meine Stute geht? Ich biete
Die Wette!
SOLIMAN. Nein!
KHALF. Dann denkt Ihr auch wie ich!
SOLIMAN. Gewiß nicht! Doch ich will nicht, daß ein Mensch
Aus Eigennutz ihm Böses wünschen soll,
Und ginge ich die Wette ein, so würdet
Ihrs tun.
KHALF. Gleichviel! Er wird noch heut gehängt!
SOLIMAN. So dacht ich diesen Morgen auch, als ich
Aus meiner Tür trat und ihn stehen sah,
Den Strick schon um den Hals und den Kadi,
Argwöhnisch passend, neben ihm. Doch, als
Auf einmal, von Trompetenschall verkündigt,
Der Herold nun dahergeritten kam
Und ausrief: Haltet ein, denn heute soll
Kein Todesurteil hier vollzogen werden,
Eh der Kalif es selbst bestätigt hat!
Da jauchzt ich wieder auf, und klar erkannt ich
Den Finger Allahs!
KHALF. Wirklich?
SOLIMAN. Ist es denn
Nicht wunderbar? Das erstemal verschluckte
Die Erde ihn, es sah zum wenigsten

So aus, und jetzt – – In diesem Jüngling steckt
Was ganz Besondres, glaubt es mir! Das Lamm,
Das gestern, als er kaum verschwunden war,
An seiner Statt hervortrat aus dem Nebel,
Schneeweiß und schuldlos um sich blickend,
Hat etwas zu bedeuten!
KHALF. Wunderbar
Ists auch, daß Ihr, der Ihr von ihm beraubt seid,
Ihn so in Euren Schutz nehmt! – Dennoch – Habt
Ihr den Kadi Euch angesehn? Der ließ
So ab von seiner Beute, wie der Tiger,
Wenn er den Löwen hört! Einstweilen zaudernd,
Doch immer noch zum Sprung bereit. Und –
SOLIMAN. Nachbar,
Ich möcht zu Mittag gern was essen können!
Hört auf, wir werdens sehn! – Ich bin begierig,
Obs wahr ist, was man vom Kalifen sagt.
Unglaublich scheint es mir. Noch nie stieg einer
Von seinem Thron herab und wurde Derwisch,
Wenn ihn kein Bruder dazu zwang!
KHALF. Man konnte
Darauf gefaßt sein!
SOLIMAN. Meint Ihr?
KHALF. Nun, man weiß
Ja, was man weiß!
SOLIMAN. Ihr tut geheim!
KHALF *(faßt sich an den Hals)*. Ich habe
Den äußerst lieb!
SOLIMAN. Und glaubt Ihr, daß Ihr mir
Nicht trauen dürft?
KHALF. Man sollte niemand trauen!
Es ist schon schlimm genug, daß man sich selbst
Nicht zwingen kann, gefährliche
Geheimnisse beizeiten zu vergessen.
Im Fieber hat schon mancher ausgeplappert,
Was ihn, wenn die Besinnung wiederkehrte,
Auf die Genesung gern verzichten ließ.
SOLIMAN. Ihr treibt es weit! Was ists?
KHALF. Wißt Ihr etwas,

Das Ihr zu meiner Sicherheit im Tausch
Dagegensetzen könnt? Ihr schweigt? So schweige
Ich auch!

SOLIMAN. Ihr könnt schon was erfahren haben,
Denn Euer Sohn ist des Kalifen Arzt,
Seit ihm die wunderbare Kur gelang!

KHALF. Ach, wär ers nicht!

SOLIMAN. Wieso? Ich denke doch,
Er wird nicht karg beschenkt!

KHALF. Nur hat er leider
Die Kunst noch nicht entdeckt, den Arzeneien
Den widerwärtigen Geschmack zu nehmen,
Und der Kalif nimmt nie ein Mittel ein,
Das seinem Gaumen widersteht.

SOLIMAN. Das ist
Denn freilich schlimm!

KHALF. Ich denks! Für einen Arzt,
Der mit dem Kopf für des Kalifen Leben
Zu haften hat und der, sobald er stirbt,
Gehängt wird!

SOLIMAN. Dies ist doch wohl nicht zu ändern!
Was könnte wohl den Arzt so eifrig machen,
An des Kalifen heiliger Person
Nichts zu versäumen, als die Furcht vorm Strick!

(Im Pavillon erscheinen Mohrenknaben)

SOLIMAN. Im Pavillon wirds laut!

KHALF. Hinweg! Er kommt! *(Sie ziehen sich zurück)*

Zweite Szene

In den Pavillon treten der Kalif und der Wesir nebst Gefolge ein

DER WESIR. Herr, nimm mir meinen Kopf!

DER KALIF. Warum denn, Alter?

DER WESIR. Er will es nicht begreifen, daß du recht tust!

DER KALIF. Ich tu, was ich nicht lassen kann!

DER WESIR. O, laß dich
Beschwören!

DER KALIF. Spar das! Mein Entschluß steht fest!

DER WESIR. Du in die Wüste ziehn! Ein Derwisch werden!
DER KALIF. Führ mir Fatime her! Dann unterbleibts!
DER WESIR. Man wird sie sicher noch entdecken!
DER KALIF. Nie!
Seit sie verschwand, verstrich ein ganzes Jahr!
DER WESIR. Und wenn denn nicht – Schon mancher Vater hat
Sein Kind verloren!
DER KALIF. Ja! Doch an den Tod!
DER WESIR. Ist das nicht noch viel schlimmer?
DER KALIF. Abubeker,
Du willst nicht, daß ich Derwisch werden soll,
Und sprichst, als wär ichs schon.
DER WESIR. Wenn meine Zunge
Durch Widerspruch mich um den Kopf gebracht,
So dank ichs ihr. Ich brauch ihn nur so lange,
Als ich dir dienen darf, und geb ihn jetzt
Mit Freuden hin!
DER KALIF. Sprich immer zu! Zwar trage
Ich heute noch die Krone Mahomeds,
Allein ich tus zum letztenmal und will
Gern zum voraus mich an die Zeit gewöhnen,
Wo man in mir nur noch den Greis erblickt.
DER WESIR. Das muß ich hören! Erde, tu dich auf
Und schlinge mich hinab!
DER KALIF. Wesir! Ich habe
Dir nie gesagt, warum ich etwas tat!
DER WESIR. Du winkst, und wir gehorchen! So geziemt sichs!
Dir legt es Allah in das Herz!
DER KALIF. So ists!
Wir Potentaten sind für ihn dasselbe,
Was ihr für uns seid; wenn wir tun,
Hat er gedacht! Drum ist es auch gewiß
Kein Märchen, daß es einen Apfel gibt,
Den nur ein König essen kann, der jedem
Zu Gift wird, der nicht unsresgleichen ist.
Ich ließ die Welt schon längst nach ihm durchforschen,
Wer weiß, wie bald man mir ihn bringt!
DER WESIR. Was soll
Er dir?

Der Kalif. Du fragst? Wenn ein Empörer sich
Erhübe und, auf Lug und Trug gestützt,
Im Pöbel Anhang fände, brauchte man
Nicht erst das ungewisse Schwert zu ziehn;
Man zöge diesen Apfel bloß hervor
Und lüde ihn zum Essen ein!
Der Wesir. Wie kannst
Du an Empörung denken? Lebt der Mensch
In deinem Reich, der, wenn du ihm gebeutst,
Den Bauch sich aufzuschlitzen und die Schnur
Sich um den Hals zu legen, auch nur wagt,
Nach dem Warum zu fragen?
Der Kalif. Das ist wahr!
Allein, es kam schon vor!
Der Wesir. Nur nicht bei uns!
Nur nicht in Bagdad! Muß ich dich, o Herr,
An die Moschee erinnern, die dein Vorfahr
Am Tigris aus den Schädeln seiner Feinde
Erbaun ließ nach der großen Christenschlacht?
Fehlt ihr die Krone? Sind, als es zuletzt
Gebrach an Köpfen, Tausende nicht gleich
Herbeigeströmt, von heilgem Eifer voll,
Und haben ihren eignen dargebracht?
Und ist das Denkmal seiner Herrlichkeit
Nicht auch ein ewges Denkmal unsrer Treue?
Der Kalif. Dein Ahnherr ging den übrigen voran,
Du darfst dran mahnen!
Der Wesir. Und dies treue Volk
Willst du – – Nein! Nein! Du kannst es nicht!
Der Kalif. Ich habe
Dir nie gesagt, warum ich etwas tat!
Jetzt solls geschehn! Ich liebe meine Tochter
Nicht bloß, weil dies ein Vater immer tut,
Und auch nicht bloß, weil sie die einzge ist,
Der ich, verzeih, mich ganz vertrauen darf,
Ich tus noch weit mehr ihrer Mutter wegen,
Denn diese ihre Mutter habe ich
Im Rausch – es war mein erster und mein letzter! –
Erschlagen!

DER WESIR. Herr der Gläubigen! Es war
Ein Weib und deine Sklavin.
DER KALIF. Habe sie
Erschlagen, ohne sie, die im Harem mir
Noch stets die liebste war, auch nur zu kennen,
Bin dann auf ihrem Leichnam eingeschlafen,
Als obs ein Kissen wär, und hätt ihn fast
Mit mir emporgerissen, als ich morgens
Erwachend aufsprang, ihre langen Locken
Vom Abend her noch um die Faust gewickelt,
Und ganz durchnäßt von ihrem kalten Blut!
DER WESIR. Je nun! je nun! Du hast dein Kleid gewechselt
Und auf dem nächsten Sklavenmarkt Ersatz
Für die Verlorene gefunden!
DER KALIF. Freilich!
Doch wünschte ichs aus meinem Leben weg!
Ja, Abubeker, ja! Der Koran spricht:
Du sollst die Mutter deiner Kinder ehren,
Und das gilt mir wie dir!
DER WESIR. Du hast dafür
Die Tochter, welche sie dir hinterließ,
Mit unbegrenzter Zärtlichkeit beglückt.
DER KALIF. Jawohl! Doch eben darum kann ich sie
Auch nicht entbehren, und gewiß ward sie
Mir nur entrissen, um die frühre Schuld
An mir zu strafen. Ich versteh den Wink
Und suche mir das Paradies zu sichern,
Indem ich selbst die Buße noch verdopple
Und auch aufs Reich verzichte. Das ist nicht
So schwer, wie es dir scheinen mag! Du kennst
Mein Fieber nicht! *(Für sich)* Ich zittre nachts im Traum
Vor euch, wie ihr bei Tag vor mir! – Auch glaub ich,
Daß mir mein Kind vielleicht zum Lohn dafür
Zurückgegeben, daß es wenigstens
Der Welt zurückgegeben und nicht länger
Für meine Sünden leiden wird!
DER WESIR. Weh uns!
DER KALIF. Verdammt sei, wer die erste Traube preßte!
Ein Teufel sitzt in jedem Tropfen Wein.

Ich kostete nur einmal das Getränk,
Das der Prophet verbot, und jetzt noch trifft
Der Fluch mich. Doch ich hätte mich vielleicht
Auf dem verruchten Pfad der Neuerung,
Den ich verwegen eingeschlagen hatte,
Noch weit verirrt, wenn diese ernste Mahnung
Zur schnellen Umkehr nicht gekommen wäre.
Jetzt klammerte ich fest mich ans Gesetz,
Wie der Ertrinkende sich an den Balken,
Und daher rührts, daß ich mit Feur und Schwert
Jedweden, der sich von der alten Weise
Auch nur um einen Finger breit entfernt,
Vertilge. Ich erfuhr, wohin es führt.

DER WESIR. Du bist der Hort des Glaubens. Soll der Glaube
Des Horts entbehren? Dies erwäg noch, Herr!

DER KALIF. Dem Glauben ist sein ewger Hort gewiß.
Ich will die letzten Pflichten jetzt erfüllen,
Damit ich ruhig ziehen kann. Zunächst
Ernenne ich Ägyptens Pascha noch,
Da ich den jetzgen Pascha, meinen Bruder,
Auf meinen Thron berief. Laß sämtliche
Emire kommen! *(Der Wesir winkt)*

Dritte Szene

Die Emire, zehn an der Zahl, treten ein

DER KALIF. Jetzt vollzieh an mir
Den uralt-heilgen Brauch, damit nicht Neigung
Und Vorurteil, mir selber unbewußt,
Sich geltend machen können!

(Der Wesir verbindet ihm mit Feierlichkeit die Augen)

DER KALIF. Wechselt nun
Die Plätze!

(Die Emire wandeln einige Male durcheinander, dann knieen sie nieder)

DER WESIR. Es geschah!

DER KALIF *(mit erhobenen Händen)*. So leite du mich,
Der du im Stein den Funken und im Menschen
Das Herz siehst!

Vierte Szene

Indem er sich langsam in Bewegung setzt, tritt ein Bote ein und wirft sich vor ihm auf die Kniee

DER KALIF *(berührt den Boten).* Auf denn, Pascha von Ägypten,
Erhebe dich!
DER BOTE. Ich bin der Pascha nicht,
Ich bin sein Bote nur und soll dir melden,
Daß er noch heut erscheint. Er wär schon hier,
Wenn nicht sein Pferd den Hals und er den Arm
Gebrochen hätte!
DER KALIF *(nimmt sich die Binde ab).* Was ist dies, Wesir?
DER WESIR. Der Mensch trat eben ein!
DER KALIF *(nach einem feierlichen Stillschweigen).* Allah, vergib!
Du kannst nicht irren! – Was gehört zum Pascha?
Ein Mensch! Und der da *(er betrachtet den Boten)* ist kein Tier!
(Zum Boten) Steh auf
Und kehre in dein Paschalik zurück! *(Zum Wesir)*
Du fertige den Firman aus!
DER BOTE. Ich küsse
Die Füße dir.
DER KALIF. Der Pascha küßt den Rock.
DER WESIR *(nimmt den Boten beiseite).*
Du kennst des Paschas Pflicht?
DER BOTE. Wie sollte ich?
DER WESIR. Ägypten ist ein reiches Land, die Ernten
Sind höchst ergiebig!
DER BOTE. Wenn der Nil im Frühling
Den Boden wässert. Doch er tuts nicht stets!
DER WESIR. Das gilt uns hier in Bagdad gleich. Wir können
Den Nil nicht strafen, aber wohl den Pascha,
Wenn er den schuldigen Tribut nicht schickt.
Ich selbst war einmal Pascha von Ägypten
Und habe dort ein Hungerjahr erlebt.
Da ging der Zehnte spärlich ein. Was tat ich?
Ich legte eine Steuer auf die Luft!
DER BOTE. Ich weiß es wohl. Man mußte Scheine lösen,
Und wenn mans unterließ, so wurde einem
Der Mund verklebt und durch die Nase mußte

Man kümmerlich sein bißchen Atem ziehn,
Bis man der Vorschrift nachgekommen war.
Ich selbst, ich habe damals einen Becher
Verkaufen müssen, der noch aus der Zeit
Der Pharaonen stammte und vom Vater
Stets auf den Sohn vererbt ward.

DER WESIR. Ja, das Mittel
War gut, um alte Münzen, alte Teller
Und alten Schmuck ans Tageslicht zu ziehn,
Drum wählte ichs. Dies merke dir. Man fragt
In Bagdad nie, wie dus zusammenbringst,
Wenn du das Geld nur schickst.

DER BOTE. Ich werd mich treu
Nach deinem Wink verhalten!

DER WESIR *(zum Kalifen).* Ich belehrte
Den neuen Pascha über seine Pflicht.

DER KALIF. Laß ihm auch aus dem Schatz das Nötge reichen,
Damit er einziehn kann, wie sichs gebührt.

DER WESIR. Es soll geschehn! Emir!

(Ein Emir tritt heran. Der Wesir spricht mit ihm. Der Emir geht mit dem neuen Pascha, dem er viele Ehrfurcht erweist, ab)

DER KALIF. Jetzt sprech ich Recht!

DER WESIR. Noch eins, Herr! Dein Erzähler –

DER KALIF. Geht, wohin
Es ihm gefällt, und auch mein witzger Kopf!
Was soll mir ihr Tribut noch! Um Fatimen
Erheitrung zu verschaffen, ließ ich mir
Ihn zollen. Selbst erfind ich keine Märchen,
Auch kommt mir niemals etwas in den Sinn,
Was junge Mädchen lachen macht, und lachen
Sah ich Fatime gern. Darum ließ ich mir
In Märchen, Possen, Phantasien und Witzen
Von diesen Bettlern, die nichts andres hatten,
Die Steuer zahlen und ergötzte dann
Mein Kind damit. Doch das ist längst vorbei.
Nun mag er graben, dieser Dichterpöbel,
Um endlich auch einmal in barer Münze
Dem Schatz gerecht zu werden, wie sichs ziemt.
Wohlan!

Fünfte Szene

Er verläßt mit seinem Gefolge den Pavillon und tritt in den Garten. Rauschende Musik begrüßt ihn. Das Volk wirft sich nieder. Er setzt sich und gibt dem Wesir ein Zeichen

DER WESIR. Der Herr der Gläubigen will heut
In eigener Person des Rechtes pflegen,
Wie ers getan, als er den Thron bestieg!
Tritt vor, Kadi!

DER KADI *(tritt vor, hinter ihm sein Gefolge, mit verschiedenen Gefangenen, unter denen man Babeck und Assad bemerkt).*
Du, dessen Angesicht
Die Sonne selbst verdunkelt, dessen Tritt
Die Erde zittern macht und dessen Stimme
Den Sternen Halt gebietet, demutvoll
Küß ich die Füße dir und preise mich
Beglückt, daß deine tiefe Weisheit jetzt
Den kleinen Schatz von Einsicht und Erfahrung,
Den ich erwarb, vertausendfachen will!

DER KALIF *(zeigt auf Babeck).*
Was hat der Mensch verübt?

DER KADI. Er tötete!
Und keinen Menschen – Das geschieht zu oft,
Als daß es mich noch sehr erhitzen sollte! –
Nein, eine Spinne!

DER KALIF *(zu Babeck).* Hast dus nicht gewußt,
Daß der Prophet die Spinnen heilig sprach,
Seitdem sie, eifrig webend, zu Medina
Ihn in der Höhle bargen vor dem Feind?

BABECK. Ich tat es aus Versehn!

DER KADI. So sprechen alle!
Der eine will vom Baum gefallen sein,
Und so das fromme Tier zertreten haben,
Der andre gibt für blind sich aus, doch immer
Wird Mahomeds Beschützerin erquetscht,
Anstatt daß man ihr Fliegen fangen soll.
Was diesen Wicht betrifft, so hab ich Zeugen,
Daß er vor Monden auch nach einer Katze
Schon Steine warf.

DER KALIF. Das deutet allerdings
Auf ein verwildertes Gemüt. *(Zu Babeck)* Vernahmst
Du nie, daß der Prophet, als seine Katze
Auf seinem Ärmel eingeschlafen war
Und ihn die Stunde zum Gebete rief,
Den Ärmel abschnitt, statt das Tier zu wecken?
BABECK. Ich tats im Zorn, weil sie mein letztes Brot
Gestohlen hatte!
DER KALIF. Das entschuldigt dich,
Wenn auch nur halb. So sollst du denn auch nur
Die halbe Strafe leiden! *(Zum Kadi)* Kerkr ihn ein,
Solange dirs gefällt. Doch laß ihn leben!
(Babeck wird zurückgeführt)
DER KADI *(für sich)*.
Stehts heute so? Dann bleibt mein armer Rustan
Leicht ungerächt!
(Knieend) Herr, darf dein treuster Sklav
An diesem Tag, wo deine Mildigkeit
Wie Tau und Regen selbst auf Disteln sich
Ergießt und Dornen, darf er auch für sich
Um eine letzte Gnade zu dir flehn?
DER KALIF. Sie ist gewährt, noch eh du sie genannt!
DER KADI. So stoß jedweden Urteilsspruch mir um,
Nur einen nicht, nur den nicht, welcher diesen *(er zeigt auf Assad)* Betrifft!
DER KALIF. Es sei! Doch sag mir, was er tat,
Daß er, so jung noch, dich so sehr gereizt!
DER KADI. Ich sag dir leichter, was er nicht tat, Herr,
Denn eher zähl ich eines Dornstrauchs Nadeln
Dir vor, als seiner Missetaten Menge.
Er raubte, erstlich, einen Edelstein,
Und das am hellen Tag auf offnem Markt!
ASSAD *(bedeckt sich das Gesicht)*. O! O!
(Irad erscheint im Hintergrunde)
DER KALIF. Er scheint die Tat doch zu bereun!
DER KADI. Er stellt sich so, um dich zu rühren, Herr!
(Er bemerkt Soliman, der sich genähert hat)
Dort seh ich den Beraubten! Dieser kann
Von seiner Reu erzählen. Mit dem Dolch

Hat sie der Bösewicht ihm dargetan. *(Zu Soliman)*
Du kommst gewiß um den Rubin!

SOLIMAN. Ich will
Ihn nicht zurück.

DER KADI. Dann fällt er an den Schatz! *(Zu Assad)*
Heraus mit ihm!

ASSAD. Nimm mir das Leben erst!

DER KADI. Ich will den Stein zuvor!

ASSAD. Ich geb ihn nicht!

DER KADI. Was sagst du, Herr, zu einem solchen Trotz
Vor deinem Angesicht?

DER KALIF. Mein Arzt soll kommen!
Er ist verrückt!

DER KADI. O nein! Ich bürge dir!

DER KALIF *(zu Assad, mild)*.
Gib mir den Stein!

ASSAD *(überreicht dem Kalifen nach einem kurzen innerlichen Kampf den Rubin, zieht ihn aber, als dieser die Hand nach ihm ausstreckt, wieder zurück)*. Ich kanns nicht!

DER KALIF. Gib ihn her! –
Er mahnte mich, wie ich ihn funkeln sah,
An meiner Tochter Auge! – Schnell! – Ich sehe
Sie vor mir! – Nun? *(Er streckt die Hand aus)*
(Assad schließt seine Hand)

DER KALIF. Ha! Stoßt ihn nieder!

ASSAD. Gleich
Tu ich das selbst! Erst – *(Er schleudert den Rubin in den Fluß)*

DER KADI. Unerhört!

ASSAD. Nun wird
Ihn keiner haben! Jetzt, mein Dolch, heraus
Und – *(Er zieht den Dolch und zückt ihn gegen sich selbst)*

Sechste Szene

FATIME *(im Hintergrunde)*. Halt! O halt!

ASSAD. Welch eine Stimme!

DER KALIF. Tochter!

FATIME *(fliegt an seine Brust)*. Mein Vater!

DER KALIF. Bist dus? Habe ich dich wieder?

FATIME. Danks diesem Jüngling! Er erlöste mich
Aus eines Zaubrers fürchterlicher Macht!
DER KALIF. Er?
ASSAD *(mit innerlichem Hohn).* Ich!
DER KALIF. So dank ichs ihm, wie ichs gelobt.
Ich war bis heut Kalif. *(Zu Assad)* Du bist es jetzt!
(Der Wesir macht eine Bewegung des Erstaunens)
DER KALIF. Hast dus nicht selbst verkündigt? Oder brach
Ich je mein Wort? Tät ichs, so stellte ich
Ja unter meinen letzten Sklaven mich,
Denn jeden andern zieht ein Höherer
Zur Rechenschaft, ich bin der Höchste selbst!
So sprach mein Ahnherr einst! So sprech auch ich!
DER WESIR. Wohl! Doch –
DER KALIF. Er ist des Raubes angeklagt!
Was tuts? Wenn er Kalif ist, hat er alles
Und kann solch eine Tat nicht mehr begehn!
Drum –
(Er legt sein Purpurgewand und sein Diadem ab und gibt es dem Wesir)
DER WESIR *(nähert sich Assad und will ihn bekleiden).*
Demutvoll –
ASSAD *(tritt zurück).* Ich habe nichts zu fordern!
(Er wendet sich gegen Fatime)
Wohl hätt ich gern den letzten Tropfen Bluts
Für dich verspritzt, doch ward mirs nicht so gut,
Und wer auch immer mit dem Zaubrer kämpfte,
Ich war es nicht!
FATIME. Warfst du den Stein nicht weg?
ASSAD *(bitter).*
Das tat ich! O, das tat ich! Weißt dus schon,
Und gönnst mir doch noch einen Blick und lächelst
Mich freundlich an? Das habe ich verdient!
Von Raserei der Eifersucht erfüllt –
Ja, ja, der Eifersucht, ich! – schleuderte
Ich ihn hinunter in den Fluß und wußte
Doch längst, daß er dein holdes Selbst umschloß.
Pfui über mich! Nie werd ichs mir verzeihn!
FATIME. Nie wird er sichs verzeihn und hat mich doch

Dadurch erlöst! Dies war das einzge Mittel!
Wer den Rubin besaß, der sollte ihn
Wegwerfen, wie der Knab den Kieselstein!
Das war des Zaubrers letztes Wort zu mir,
Das ich, gefrierend, noch mit Graun vernahm.
Der Zauber war gesprengt, sobald ers tat,
Doch Edelsteine hält ein jeder fest.
Dies machte mich so hoffnungslos.

Siebente Szene

OMAR *(tritt ein, der rechte Arm ist ihm verbunden).* Kalif,
Du winktest, ich bin da!
DER KALIF. Mein Bruder Omar,
Ich bin zufrieden! Huldige denn jetzt
Dem neuen Herrn! Die Krone des Propheten
Ging über auf *(er deutet auf Assad)* dies junge Haupt –
du zauderst?
OMAR *(sich mühsam fassend).*
So lange nur, als not ist, dich zu bitten,
Dem Boten, welchen du an mich gesandt,
Die freche Zunge aus dem Hals zu reißen!
Denn dieser Lügner sagte mir –
DER KALIF. Ich hätte
Dir selbst die Krone zugedacht, nicht wahr?
Das hatt ich auch! Ja, ich ernannte schon
An deiner Statt Ägyptens neuen Pascha!
Nun kam es aber so!
OMAR *(geschmeidig, indem er sich vor Assad niederwirft).*
Und das war gut!
Wer diente dir nicht lieber, als er selbst
Die Welt beherrschte! Doch, ich bitte dich:
Ernenne mich zu deinem Mundschenk!
ASSAD. Dich?
OMAR. Es wär mein Stolz und meine Seligkeit!
ASSAD. Den Pascha und den Bruder des Kalifen?
Wie könnt es sein!
OMAR *(aufstehend, für sich).* So mache ich mir den
Zum Freund, ders wird! – Es gibt ja wohl noch Gift!

HAKAM. Ist es denn möglich! *(Er kann nicht länger an sich halten)*

SOLIMAN. Nun?

DER KADI *(mit einer Gebärde um den Hals).* Ich folge Rustan!
Der läßt mich braten! Täte ichs doch selbst,
Wär ich an seiner Statt und er an meiner! *(Zu Selim leise)*
Den Strick!

SELIM *(reicht ihn hin).* Den Strick?

DER KADI *(greift rasch danach).* Nur her! Ich habe Eil –
Noch denkt er nicht an mich! *(Schleicht sich fort)*

DER WESIR *(zu Assad).* Vergönnt jetzt, Herr!
(Er hängt Assad das Purpurgewand um und setzt ihm das Diadem auf. Assad läßt es willen- und bewußtlos geschehen)

ASSAD *(streicht sich mit der Hand über die Stirn).*
Schon einmal träumt ich so!

DER WESIR *(kniet).* Bin ich der zweite
Im Niederknien, so werde ich dafür
Im Pflichterfüllen stets der erste sein!
Das hoff ich dir noch heute darzutun!

DER KALIF. Ich huldige dir auch! *(Er will ihn zum Thron führen)* Dies ist dein Sitz!

ASSAD. Herr!

IRAD *(tritt mit Majestät vor).*
Still! Ich weiß, was dein bescheidner Sinn
Einwenden möchte. Aber dies geschieht
Mit Allahs Willen und auf sein Geheiß.
Der böse Geist hat, ohne es zu ahnen,
Für seinen Plan gewirkt!

ASSAD. Ehrwürdger Greis,
Ich bin ein Fischersohn!

IRAD. Ward der Prophet
Im Purpurkleid geboren? Zwanzig Jahre
Trieb er Kamele durch den Wüstensand!

ASSAD. Wie kann der Fischersohn die Millionen
Regieren, welche –

IRAD. Wenn er nie vergißt,
Daß er von allen diesen Millionen
Nur einer ist und daß sein Volk nicht bloß
Mit seinen beiden, nein, mit Millionen

Von Ohren und von Augen hört und sieht,
Daß es mit Millionen Herzen fühlt,
Mit Millionen Köpfen denkt! Du hast
Die Not gekannt, die bittre Not, es schritt
Dreimal sogar der Tod an dir vorüber,
Du wirst dich niemals in betörtem Sinn
Für einen Gott erklären, auch dein Sohn
Wirds noch nicht tun und selbst dein Enkel nicht,
Und das ist schon genug!

DER WESIR. Erfüll, o Herr,
Jetzt deine erste Herrscherpflicht: die Pflicht,
Dich selbst zu schützen vor Verrat und Tücke.
Es gibt hier einen, der dir Böses sinnt, *(deutet auf Omar)*
Leg den in Fesseln!

ASSAD. Das verschiebe ich
So lange, bis er Böses an mir tat!

DER KALIF. Wer sprach das, Abubeker?

DER WESIR. Wer das sprach?
Ein treuer Diener seines neuen Herrn!

ASSAD. Doch wenn ich wirklich meine Brüder jetzt
In Fesseln legen kann, so werd ich sie
Ja wohl von Fesseln auch befreien können!
Nehmt diesem denn die seinen ab!

(Er deutet auf Babeck. Es geschieht)

ASSAD *(jauchzend)*. Man tuts!
Ich kann das in der Tat! O Allah, Allah!
Ich bin ein Fischersohn und doch Kalif.
Jetzt öffn ich denn die Kerker meines Reichs,
Daß Tausende um Segen für mich flehn,
Dann wird mir Kraft und Mut und Weisheit werden,
Und was noch fehlt, das *(zu Irad)* fügt dein Rat hinzu!

IRAD. Wir scheiden gleich! Der böse Geist erwacht,
Ich fühl es schon, und ich muß schlafen gehn! *(Zum Wesir)*
Wesir, verkünde du dem Volke jetzt
Den neuen Herrscher! Assad nennt er sich!

ASSAD. Noch nicht! *(Deutet auf Fatime)* Und sie?

IRAD. Sie teilt den Thron mit dir.

ASSAD *(zu Fatime)*.
Darf ich es hoffen?

FATIME. Weißt du es nicht schon?
Mein Vater!

DER KALIF. Folg ihm nur! Ich segne euch!

HAKAM. Kalif, ich küsse dir die Füße! *(Er wirft sich vor Assad nieder)*

ASSAD *(tritt zurück)*. Au!

HAKAM *(steht auf)*. Verzeih die Inbrunst! Einmal mußt ich ihn
Noch beißen! Jetzt verehr ich den in ihm,
Der mir die Taschen füllen und den Kopf
Mir nehmen kann!

DER WESIR *(mit erhobener Stimme)*. Ihr Gläubigen, Harun stieg
Herab vom Thron, und Assad steigt hinauf!

(Musik und Jubelgeschrei der Menge)

AGNES BERNAUER

Ein deutsches Trauerspiel in fünf Aufzügen

Personen

ERNST, regierender Herzog zu München-Bayern

ALBRECHT, sein Sohn

HANS VON PREISING, sein Kanzler

MARSCHALL VON PAPPENHEIM IGNAZ VON SEYBOLTSTORF WOLFRAM VON PIENZENAU OTTO VON BERN	Ritter auf der Seite des Herzogs Ernst
GRAF TÖRRING NOTHHAFFT VON WERNBURG ROLF VON FRAUENHOVEN	Ritter auf der Seite des Herzogs Albrecht

HANS VON LÄUBELFING, ein Ritter von Ingolstadt

EMERAN NUSPERGER ZU KALMPERG, Richter zu Straubing

KASPAR BERNAUER, Bader und Chirurgus zu Augsburg

AGNES, seine Tochter

THEOBALD, sein Geselle

KNIPPELDOLLINGER, sein Gevatter

HERMANN NÖRDLINGER, Bürgermeister zu Augsburg

BARBARA MARTHA	Bürgermädchen

STACHUS, ein Diener

DER KASTELLAN AUF VOHBURG UND STRAUBING

EIN HEROLD DES REICHS

EIN LEGAT DER KIRCHE

VOLK, RITTER UND REISIGE in großen Massen

Die Handlung ereignet sich zwischen 1420 und 1430

ERSTER AKT

Augsburg

Erste Szene

Baderstube

THEOBALD *(allein, einen Blumenstrauß in der Hand).* Ich weiß nicht, was ich tun soll. *(Er hält den Blumenstrauß empor)* Zertret ich dich? Um die schönen Rosen wärs schade, die sind unschuldig! Oder überreich ich dich? Nein, gewiß nicht, und das hätt ich ihm gleich gesagt, dem Herrn Ungetreu, der zu glauben scheint, daß ich keine Augen habe und kein Herz und kein Blut, wenn – Ja, das wars ja! Ich wollte sie prüfen! Da kommt sie! Mit dem Morgensüppchen des Vaters! O, wie das schmecken muß! Wenn die für mich einmal kochte, ich – *(Verbirgt den Strauß)*

Zweite Szene

AGNES *(tritt ein mit einer Suppe).* Guten Morgen, Theobald!

THEOBALD. Danke schön, Jungfer, danke schön! Wohl geschlafen?

AGNES. So sollt ich Euch fragen! Ihr werdet oft herausgeklopft, wenn sie gerauft haben und ein Pflaster brauchen.

THEOBALD. Das bemerkt Ihr? *(Für sich)* Ich geb ihr den Strauß und bestelle alles! Wenn sie dann ein Gesicht macht und pfui sagt und mich anfährt: Dazu gibst du dich her –

AGNES. Was verbergt Ihr denn hinter dem Rücken?

THEOBALD *(zeigt den Strauß).* Ja so, das hätt ich bald vergessen!

AGNES. Ah, der ist schön! Gebt ihn mal her! *(Sie riecht)* Wenn wir doch auch einen Garten hätten! Wessen Namensfest ist denn heute? *(Sie will ihn zurückgeben)*

THEOBALD. Behüte, er gehört Euch!

AGNES. Mir? O, da dank ich! Aber da gehts mit Eurem alten Ohm wohl bald zu Ende?

THEOBALD. Mit meinem Ohm?

AGNES. Nun ja, weil er seine Blumen zu verschenken anfängt, das pflegt ein Gärtner nicht zu tun, und gekauft habt Ihr sie doch gewiß nicht?

THEOBALD. Er ist nicht von mir!

AGNES. Nicht von Euch? Von wem denn?

THEOBALD. Ratet!

AGNES. Von -- Nein, Barbara kanns nicht sein, die sieht mich nicht mehr an, ich weiß zwar nicht, warum.

THEOBALD. Es ist keine Sie!

AGNES. Keine Sie? Und Ihr seids auch nicht? *(Sie legt den Strauß auf den Tisch)*

THEOBALD. Gottlob, ihr fällt sonst niemand ein!

AGNES. Aber, da muß ich Euch doch fragen --

THEOBALD. Scheltet nur! Ich wollts bloß wissen!

AGNES. Was?

THEOBALD. Ob Ihr vielleicht in der Kirche nach ihm geblinzelt oder ihm wohl gar bei einem Tanze die Hand gedrückt hättet!

AGNES. Wem denn?

THEOBALD. Es ist schon gut, wenn Ihr nicht von selbst auf ihn kommt! *(Er nimmt den Strauß)* Ha, unserer alten Gertrud will ich ihn jetzt verehren, die soll ihn an die platte Brust stecken, wenn sie auf den Markt humpelt, und sich mit einem Knicks bedanken, wenn sie sich an dem Hause vorbeischiebt! *(Er springt)* Ich könnte jetzt -- *(Er singt)*

Wenn zwei sich die Hände geben --

Jungfer, es ist ein schönes Lied! *(Singt wieder)*

Und wer ein guter Geselle ist,
Der wird wohl auch ein Meister!

Oder ist das nicht wahr?

AGNES. Ihr seid zu früh lustig! Spät am Abend ist besser als früh am Morgen.

THEOBALD. Und doch singen die Vögel, wenn sie erwachen, und nicht, wenn sie einschlafen. *(Er faßt ihre Hand)*

AGNES *(zieht sie zurück).* Was wollt Ihr?

THEOBALD. Bloß nachsehen, ob – Ihr habt sie mir einmal gelassen!

AGNES. Als Ihr mir eine Ader öffnen solltet!

THEOBALD. Nun freilich! *(Er nimmt die Hand wieder)* Ließ mein Schnepper keine Spur? Ich machte es ungeschickt.

AGNES. Zittert Ihr immer so dabei wie damals?

THEOBALD. O nein! Mir ward nur so wunderlich, als ich Euch weh tun sollte. Aber wie rot *Euer* Blut ist! *(Für sich)* Aus meinen Lippen hätt ich gern den Verband gemacht, wenn der Vater nicht dabei gestanden wäre!

Dritte Szene

KNIPPELDOLLINGER *(ruft ins Fenster).* Guten Morgen, Patchen!

AGNES. Guten Morgen, Herr Gevatter!

THEOBALD. Ist der alte Geck auch schon da?

KNIPPELDOLLINGER. Ich habe von Euch geträumt.

AGNES. Danke der Ehre.

THEOBALD. Von deinem Begräbnis hättst träumen sollen! Das hätt sich besser geschickt.

KNIPPELDOLLINGER. Kirschen gab ich Euch, von den großen, fremden, die ich an der Mauer aufziehe!

AGNES. Sind die schon soweit?

KNIPPELDOLLINGER. O ja, es kommt heut abend ein Korb voll davon aufs Tanzhaus!

THEOBALD. Da werden sie gut bezahlt!

KNIPPELDOLLINGER. Und während Ihr sie verzehrtet, führte ich Euch spazieren!

THEOBALD *(laut).* Auf den Kirchhof, jawohl, ich war mit dabei!

KNIPPELDOLLINGER. Spaßvogel, ist Er auch da?

THEOBALD. Ihr tratet auf einen Totenkopf, und der schnappte nach Euch, es war der von Eurer letzten Frau!

AGNES. Pfui!

KNIPPELDOLLINGER. Nicht doch, nicht doch, Patchen, ein Bader muß spaßig sein, man will doch was hören, wenn man sich den Bart oder das Haar scheren läßt. Der Theobald taugt zum Geschäft! Nur in die Ohren muß er niemanden schneiden, wie neulich mir! Nun, geh ich heute leer aus, bekomm ich das Patschchen nicht?

AGNES. Ich habe wieder die Blattern!

KNIPPELDOLLINGER. Halt mir das nicht immer vor! Nun, ich werde dich nachher noch sehen, denn die Muhme wird dich zum Turnier abholen, ich habe für Plätze gesorgt. Das wollt ich dir eigentlich sagen.

AGNES. Danke! Zwar weiß ich nicht –

KNIPPELDOLLINGER. Ei, es kommt nicht alle Tage. Ritter, Grafen und Barone sind schon hier in Augsburg selten, nun gar ein Herzog von Bayern – der Tausend, da wird niemand als der Scharfrichter mit seinen Freiknechten fehlen, der freilich gute Gründe hat, nicht unter ehrlichen Christenmenschen zu erscheinen!

Vierte Szene

THEOBALD. Da humpelt er hin auf seinen drei Beinen. Ihr steht doch in seinem Testament? Nun, recht hat er, es wird lustig zugehen, ich freu mich auch! *(Es wird etwas durchs Fenster geworfen)* Was ist denn das? Es klirrt ja!

AGNES. Schlüssel!

Fünfte Szene

BARBARA *(tritt in die Tür).* Darf ich sie wieder holen?

AGNES. Barbara!

BARBARA. Agnes?

AGNES. Du kamst lange nicht!

BARBARA *(nimmt die Schlüssel auf).* Und jetzt hab ich hier etwas zu tun! Siehst du?

AGNES. Wir waren immer so gut miteinander: was hast du jetzt gegen mich?

BARBARA. O, das bin ich nicht allein!

AGNES. Heilige Mutter Gottes, was sagst du da?

BARBARA. Du siehst deine Gespielinnen wohl gar nicht mehr an, daß du nicht weißt, wie sie dich ansehen?

AGNES. Es ist wahr, ich erhalte meinen Gruß nicht immer so freundlich zurück, wie ich ihn biete!

BARBARA. Glaubs!

AGNES. Aber bei Gott, wenn mir das mit einer begegnete, so dacht ich: sie hat schlecht geträumt, oder sie ist von der Mutter gescholten, oder sie hat ihren Ring verloren –

BARBARA. Dabei kamst du denn freilich gut weg.

AGNES. Was tu ich denn? Sags!

BARBARA. Tun! Was tun! Wenns schon so weit gekommen wäre, so würde man leicht mit dir fertig!

AGNES. Barbara!

BARBARA. Sag doch einmal, warum – – *(Sie zeigt auf Theobald)* Nun, da steht ja gleich wieder einer und gafft! *(Zu Theobald)* Nicht wahr, ich bin gar nicht da! *(Zu Agnes)* Gehst du heute? Zum Turnier, mein ich! Ja? Nun, da will ichs allen ansagen, damit sie zu Hause bleiben, ich zuerst!

AGNES. Das ist zu arg, das muß mein Vater wissen.

BARBARA. Bewahre! Niemand red't dir was Übles nach!

AGNES. Und doch flieht man mich? Doch will man mich ausstoßen?

BARBARA. Agnes, sieh mich mal an!

AGNES. Nun?

BARBARA. Wie wär dir wohl zumute, wenn – laß uns hinaufgehen in deine Kammer!

THEOBALD. Ich will nicht im Wege sein, wenn gebeichtet werden soll! *(Ab)*

BARBARA. Ja, wie wär dir zumute, wenn du, wie sag ich nun, wenn du einen gern hättest und der hätte nur Augen für mich?

AGNES. Wie soll ich das wissen!

BARBARA. So will ichs dir sagen! Du würdest – – Doch ich will mich nicht lächerlich machen, du weißt es selbst recht gut! Und meinst du, daß es anderen besser geht? *(Bemerkt den Strauß)* Woher kommt der?

AGNES. Das weiß ich nicht!

BARBARA. Nicht? Kommen so viele? Wenn er von meinem Wolfram käme, ich – – Und es ist gern möglich, gerade *die* Blumen stehen in seinem Garten! Gestern den ganzen Tag sah ich nach seinem Vetter, zwang mich, dem gleichgültigen Menschen verliebte Blicke zuzuwerfen, und dachte, er würde rasen. Abends, als wir zu Hause gingen, strich er den Burschen selbst gegen mich heraus, es war ihm recht gewesen, ich hatte ihm einen Gefallen damit getan!

AGNES. Arme!

BARBARA. Daran bist du schuld, niemand schuld als du! Als er dich noch nicht kannte, hing er an mir wie eine Klette. In den Bärenzwinger wär er für mich hinabgestiegen und hätte meinen Handschuh heraufgeholt. Und nun – pfui!

AGNES. Du schiltst mich, und ich weiß nicht einmal, wovon du sprichst!

BARBARA *(nimmt den Strauß).* Ich will schon dahinterkommen, ich nehm ihn mit!

AGNES. Mir gleich!

BARBARA. Allen machst du abspenstig, was ihnen gehört! Ich würde mich schämen!

AGNES. Kannst du sagen, daß ich auch nur einen ansehe?

BARBARA. Das ists vielleicht eben! Nonne und doch keine! Heilige, aber noch nicht im Himmel! Die muß man Gott abjagen! Da muß man alles daransetzen! Ei, sei wie wir, guck auf, sprich, und es wird sich geben!

AGNES. Tät ichs, so würdest du wieder schmälen!

BARBARA. So geh ins Kloster, wirf den Schleier über, den niemand heben darf! Ich dich um Vergebung bitten? In Ewigkeit nicht!

AGNES. Wer verlangts denn?

BARBARA. Mein Beichtvater! Glaubst du, ich kam von selbst? Aber nein, lieber auf Erbsen knieen! *(Hält den Strauß in die Höhe)* Den werd ich ihm jetzt schenken! Kennt er ihn nicht, so schick ich dir einen doppelt so schönen! *(Ab)*

AGNES. Sie tut mir leid! Aber kann ichs ändern?

Sechste Szene

THEOBALD *(tritt wieder ein).* Die hat die arme Gertrud ja beraubt!

AGNES. Sie scheint den Verstand verloren zu haben.

THEOBALD. Das möcht ich doch nicht sagen!

AGNES. So hätte sie recht?

THEOBALD. Ich glaube fast! Jungfer, ich könnt Euch alle Morgen – –

Siebente Szene

KASPAR BERNAUER *(tritt mit einem Buch ein, das in ein rotes Tuch gewickelt ist; zu Agnes)*. Ja! ja! ja! Wenn ich nur nicht mit soll! Nun geh hinauf und lege dein Kettlein an. Sie blasen schon am Fronhof.

AGNES. Nein, Vater, ich bleibe zu Hause.

KASPAR BERNAUER. Wie? Was? Warum wartest du hier denn auf mich? *(Zu Theobald)* An den Destillierkolben! Das Feuer wird zu schüren sein!

THEOBALD *(geht ab)*.

KASPAR BERNAUER. Nun?

AGNES. Vater, all die Augen – es ist mir, als ob mich gerade so viel Bienen stächen! Und Er weiß ja, sie sehen alle nach mir!

THEOBALD *(tritt wieder ein)*.

KASPAR BERNAUER. Sieh du sie wieder an! Nun, wenn du lieber deinen Rosenkranz abbetest, meinetwegen! *(Sieht sich um, zu Theobald)* Noch keine Salben abgerührt? Hat der Hahn heut morgen nicht gekräht?

THEOBALD *(geht ans Geschäft)*.

AGNES. Barbara war hier, alle hassen mich, ich verderb ihnen den Tag, wenn ich komme.

KASPAR BERNAUER. Und darum willst du ausbleiben? Nichts da! Dann dürfte der beste Ritter ja auch nicht kommen, denn der verdirbt den übrigen ja auch den Tag. Und der nächstbeste ebensowenig, und wer noch, bis auf den letzten, der nur zum Umpurzeln da ist! Torheit und kein Ende! Hinauf! *(Zu Theobald)* Und du hole die Flasche mit dem Wundwasser herunter! *(Beide ab)*

Achte Szene

KASPAR BERNAUER. Die Suppe ist kalt geworden! Ich nehms für genossen! *(Legt das Buch auf den Tisch)* Bischöfliche Gnaden haben recht, wenig bring ich heraus und gerade die Hauptsachen nicht, die vom Hippokrates, denn die sind griechisch. Ich muß es so zurücktragen.

Neunte Szene

Knippeldollinger *(tritt herein)*. Guten Morgen, Gevatter! Ah! Das ist wohl ein Buch? Ja?

Kaspar Bernauer. Und das ist wohl ein funkelnagelneues Wams?

Knippeldollinger. Nun, wenn alte Leute nichts mehr machen ließen, würde mancher Schneider hungern! *(Sieht ins Buch)* Herrje, wie kraus und bunt! Und das versteht Ihr wie der Bischof?

Theobald *(tritt mit der Flasche ein und macht sich wieder zu tun)*.

Kaspar Bernauer. Ihr müßt immer fragen!

Knippeldollinger. Wie alt das wohl ist?

Kaspar Bernauer. Seit der Kreuzigung unseres Herrn und Heilandes Jesu Christi sind jetzt verflossen eintausendvierhundertsechsundzwanzig Jahre, aber der Autor dieses Buches, das ist zu sagen der Urheber, nämlich der Mann, der es gemacht hat, war schon über vierhundert Jahre tot, bevor der Herr auf Erden im Fleisch unter uns erschien.

Knippeldollinger. Macht an die zweitausend Jahre! Sollte mans glauben, daß es Leute gibt, die solche Bücher so lange aufheben? Es ist doch kein Gold! Denkt nur an all die Feuersbrünste und Überschwemmungen, an Pestilenz und Seuchen! Sieh! sieh!

Kaspar Bernauer. Es gab immer gelehrte Männer!

Knippeldollinger. Freilich! freilich! Was gabs nicht! Wenn man das so erwägt, Gevatter, und gehörig bedenkt – Ja, ja! Nicht wahr? Sagt selbst!

Kaspar Bernauer. Ich weiß nicht, was Ihr meint!

Knippeldollinger. Hoho! Besser als ich! Damit kommt Ihr mir nicht durch. Nun, wie Ihr wollt! Wo bleibt denn mein Patchen? Die Muhme wird schon warten!

Kaspar Bernauer. Ja, die hatte Grillen! *(Zu Theobald)* Spring einmal zu ihr hinauf! Bring gleich das Besteck mit! Wir werdens brauchen.

Theobald *(ab)*.

Knippeldollinger. Ihr geht nicht auch? Wir könnten zusammenrücken.

Kaspar Bernauer. Mich kümmern bei einem Turnier nur die

Beulen und Wunden, und die krieg ich hier schon zu sehen, denn man trägt mir die Krüppel her!

KNIPPELDOLLINGER. Aber der Herzog, der Herzog von Bayern –

KASPAR BERNAUER. Mich lüstet nicht nach seiner Bekanntschaft, und ich will ihm wünschen, daß er auch die meinige nicht suchen muß, denn dazu führt nur ein Rippenbruch! Heut abend ist das was anders.

KNIPPELDOLLINGER. Denkt Euch, hinter der alten Klostermauer, wo mein Vetter wohnt, hat man letzte Nacht einen Toten gefunden!

KASPAR BERNAUER. Da ist viel zu wundern! Kommen jemals Reichsknechte nach Augsburg, ohne daß es etwas gibt?

KNIPPELDOLLINGER. Wohl! Aber dieser ist so entstellt, daß man ihn gar nicht mehr erkennen kann!

KASPAR BERNAUER. So soll man drei Tropfen seines Blutes nehmen und sie um Mitternacht, mit einem gewissen Liquor vermischt, auf eine glühende Eibenkohle träufeln. Dann wird der Verstorbene im Dampf erscheinen, wie er leibte und lebte, aber in durchsichtiger Gestalt, gleich einer Wasserblase, mit einem dunkelroten Punkt in der Mitte, der das Herz vorstellt.

KNIPPELDOLLINGER. Ei, Ei! Habt Ihr den Liquor?

KASPAR BERNAUER. Wenn Ihr ihn hättet, so ließet Ihrs durch den Ratsweibel ausrufen!

Zehnte Szene

AGNES *(kommt im Putz. Theobald folgt).*

KNIPPELDOLLINGER. Sieh da! *(Faßt ihre Hand)* Nun bekomm ich sie doch?

KASPAR BERNAUER *(zu Agnes).* Soll ich dir jetzt mit dem Korkstöpsel ein neues Gesicht machen wie zum Schönbartlaufen, da du das alte nicht gern mehr herumträgst?

AGNES. Kommt, Gevatter!

KNIPPELDOLLINGER *(führt sie ab, in der Tür).* Wißt Ihr, daß der Syndikus sich wieder verheiratet? Er ist zehn Jahre älter wie ich!

KASPAR BERNAUER. Ihr irrt, nur fünf! Viel Vergnügen! Wenig Rippenstöße!

KNIPPELDOLLINGER *(mit Agnes ab).*

Eilfte Szene

KASPAR BERNAUER. Alter schützt vor Torheit nicht! Nun, Kaspar, nicht hochmütig, du hast wohl auch deinen Sparren! *(Zu Theobald)* Geh nur auch, aber sei zur rechten Zeit wieder da! Du siehsts ja schon, wenn sie einen forttragen!

THEOBALD *(ab).*

Zwölfte Szene

KASPAR BERNAUER *(nimmt das Buch wieder).* Ich wills noch einmal versuchen! Ich schäm mich doch, es so wiederzubringen! Wahrhaftig, mich ärgert der babylonische Turmbau weit mehr als der Sündenfall, denn ohne den sprächen wir mit unserer einen Zunge doch auch nur eine Sprache, und verständen uns nicht bloß, wenn wir schreien. Das hat mich schon in meiner Jugend verdrossen. Wie gern wär ich als Geselle in die weite Welt gegangen, ob ich das Einhorntier, den Vogel Phönix, die Menschen, die auf Bäumen wachsen, irgendwo zu sehen bekäme, oder gar in der Türkei, wo sie doch gewiß viele unschuldig hängen, ein Alräunchen erwischte! Aber dann dacht ich immer: Du verstehst die Leute ja nicht und sie dich auch nicht! und blieb daheim! *(Ab)*

Herberge

Dreizehnte Szene

Herzog Albrecht, Freiherr von Törring, Nothhafft von Wernberg und Ritter Frauenhoven, vom Turnier kommend, nebst Knappen und Dienern. Bürgermeister Nördlinger

ALBRECHT. Ich danke jetzt, Herr Bürgermeister, ich danke für das Geleite!

BÜRGERMEISTER. Gestrenger Herr, ich kenne meine Pflicht! *(Ruft)* Wein her!

NOTHHAFFT VON WERNBERG *(zum Herzog).* Ihr könnt ihn nicht vor dem Trunk verabschieden.

ALBRECHT. Frauenhoven!

FRAUENHOVEN. Was ists?

ALBRECHT. Hast du das Mädchen gesehen – Aber, du mußt ja, du mußt ja!

FRAUENHOVEN. Welche denn?

ALBRECHT. Welche! Ich bitte dich, geh, ihr nach! Vom Pferd hätt ich mich geworfen und wäre ihr gefolgt, wenn nicht *(er zeigt auf den Bürgermeister)* der da – –

BÜRGERMEISTER *(mit dem Pokal).* Gestrenger Herr, die reichsfreie Stadt Augsburg heißt Euch nach ruhmvoll bestandenem Turnier in Eurer Herberge willkommen und dankt Euch, daß Ihr ihre Patrizier einer Lanze gewürdigt habt.

ALBRECHT *(trinkt).* Sie lebe hoch, denn sie verdients! Ha, wo solch ein wunderbares Licht der Schönheit leuchtet – *(streift sich mit der Hand über die Stirn)* ja, sie verdients! *(Wendet sich)* Frauenhoven, du bist noch da?

FRAUENHOVEN. Aber –

BÜRGERMEISTER. Verhoffe demnach – –

ALBRECHT. Heute abend auf dem Tanzhaus – das versteht sich! Nichts kann mich zurückhalten, vorausgesetzt, daß auch sie – – Verzeiht, ich bin ganz verwirrt! Ein Bote von meinem Vater –

BÜRGERMEISTER. Ich hatte die Einladung nach Amtspflicht zu wiederholen, muß jedoch als Patrizier bemerken: Es ist nicht bloß Geschlechtertanz. Auch die Zünfte kommen!

ALBRECHT. Ich wollte, die ganze Stadt wäre da!

BÜRGERMEISTER. Empfehle mich zu Gnaden! *(Ab)*

Vierzehnte Szene

ALBRECHT *(zu Frauenhoven).* Und nun, du lieber, lieber Herzensfreund, schnell, schnell! Oder besser: Ihr alle! Du die eine Straße hinunter, du die andere, du die dritte!

FRAUENHOVEN. Ihr gabt mir heut morgen den Auftrag, dem Werdenberg nachzureiten! Er hat Euch Eure Braut, die Gräfin von Württemberg, entführt, wißt Ihrs noch?

ALBRECHT. Nenne sie nicht mehr!

NOTHHAFFT VON WERNBERG. Ja, und ich sollte dem Württemberger die Schlüssel von Göppingen abfordern, weil die Heirat durch die Flucht seiner Tochter unmöglich geworden sei, und also das Reugeld herausgezahlt werden müsse!

TÖRRING. Und ich sollte nach München zu Hof und Eurem Vater beides melden.

ALBRECHT. Das ist vorbei, das ist, als obs nie gewesen wäre! Ich jauchze, daß Elisabeth eine Kette zerbrochen hat, die ich sonst selbst zerbrochen haben würde. Ich will nicht einen Dachziegel von Göppingen oder einen Pfenning zur Auslösung, denn ich könnte mir das Leben, das Atemholen ebensogut bezahlen lassen wie meine neue Freiheit, und was meinen Vater betrifft, so steht mir seit lange eine Bitte an ihn zu, und das soll die sein: daß er es ganz so verhalten möge wie ich!

TÖRRING. Dieser Wechsel ist rasch!

NOTHHAFFT VON WERNBERG. Und kostet Bayern fünfundzwanzigtausend Gulden!

ALBRECHT. Ich kenn Euch nicht mehr! Knapp, schäl mich ab, ich will selbst fort, und in diesem Aufzug schlepp ich einen Schweif von Hunderten hinter mir her.

EIN KNAPPE *(entkleidet den Herzog des Panzerhemdes usw.)*.

ALBRECHT. Da liegt der Herzog! – Habt ihr Augen? *(Schnallt sein Schwert ab)* Und da der Ritter! Blumen her, daß ich sie vor ihr ausstreuen kann, wo ich sie finde! *(Setzt ein Barett auf)* Wird mich nun noch jemand erkennen?

TÖRRING. Ohne Schwert? Jeder wird sich zu täuschen glauben!

ALBRECHT *(indem er abgeht)*. Freunde, habt Geduld mit mir! *(Ab)*

TÖRRING. Begreift ihr das?

NOTHHAFFT VON WERNBERG. Herzog Ernst wird Augen machen! Der besinnt sich etwas länger, wenn sichs um den Verlust von fünfundzwanzigtausend Gulden handelt.

FRAUENHOVEN. Brüder, richten wir nicht, daß wir nicht gerichtet werden! Das haben wir alle entweder hinter uns oder vor uns. Wenn ihrs noch nicht wißt, so seht ihrs jetzt, warum unsre Altvordern für das Weib den Namen Mannrausch erfanden! Doch diesen Rausch vertreibt man durchs Trinken, wie den andern durch Enthaltsamkeit; je tiefer der Zug, je rascher die Nüchternheit! Darum müssen wir ihm beistehen!

NOTHHAFFT VON WERNBERG. Aber die absonderlichen Reden wollen wir uns merken, wir können sie einmal wieder ausspielen, seis auch nur, um uns selbst unsrer Haut gegen ihn zu wehren. »Habt ihr Augen? – Blumen her! – Ich kenn euch nicht mehr!« Damit belad ich meinen Esel. Sammelt ihr auf, was heut abend abfällt, denn ohne Zweifel trifft der neue Adam seine Eva beim Tanz. Vielleicht ists der Engel von Augsburg!

TÖRRING. Der Engel von Augsburg?

NOTHHAFFT VON WERNBERG. So nennt man hier eine Baderstochter, Agnes Bernauer, deren Schönheit die halbe Stadt verrückt machen soll. Wollen wir die Bude ihres Vaters einmal aufsuchen? Wir können uns die Bärte stutzen lassen, und wer weiß, ob wir das Wunder bei dieser Gelegenheit nicht zu sehen bekommen.

FRAUENHOVEN. Topp! *(Alle ab)*

Großer Saal im Tanzhause der Stadt
Festlich geschmückt mit den Panieren der Zünfte und den Wappen der Geschlechter. Abend. Die Gäste versammeln sich rasch, die Zunftmeister empfangen

Funfzehnte Szene

Bürgermeister Hermann Nördlinger kommt mit Nothhafft von Wernberg

BÜRGERMEISTER. Ja, Herr Ritter, so läuft nun alles seit jenem unseligen Katharinenabend, wo wir den Pöbel mit in den Rat aufnehmen mußten, bei uns durcheinander! Perlen und Erbsen in einem Sack, der Herzog wird das Ausklauben mühsam finden, mich wundert, daß er kommt!

NOTHHAFFT VON WERNBERG. Ihr habt Euch noch immer nicht gewöhnt? Es ist doch schon lange her.

BÜRGERMEISTER. Noch nicht lange genug, daß die Hoffnung auf die Rückkehr der guten alten Zeit schon ganz erstickt sein sollte. Seht den Dicken da, das ist der Zunftmeister der Bäcker, der macht die Ehre der Stadt. Seht doch hin! Wenn er dem ankommenden Gast, den er zu begrüßen hat, nicht mit seinem Stierkopf den Brustkasten einstößt, so zerschmettert er einem schon Anwesenden ganz sicher durch den Kratzfuß das Schienbein! Was sagt Ihr? Ists nicht, als wenn ein Pferd ausschlüge? Und das sollte man gewöhnen!

Nothhafft von Wernberg. Ihr hättet Euch besser wehren sollen!

Bürgermeister. Wir wurden überrumpelt! Kaiser und Reich hätten uns besser beistehen sollen! Was nötigte die Majestät, den vermaledeiten Zunftbrief, der uns abgezwungen wurde, hinterher mit Ihrem Siegel zu versehen? Wir hatten genug zu tun, daß wir uns nur nicht selbst unter die Metzger und Handschuhmacher aufnehmen lassen und unsere alten Namen mit neuen vertauschen mußten. Denn das wurde verlangt.

Sechszehnte Szene

Frauenhoven und Törring kommen

Frauenhoven. Da steht der Bürgermeister, der kann es uns sagen. *(Tritt zum Bürgermeister heran)* Ist es wahr, wie man im Reich erzählt, daß der Boden von Augsburg keine Ratten duldet?

Bürgermeister. Gewiß ist es wahr, man trifft dies Ungeziefer nimmer! Das war schon so zu den Zeiten des Drusus.

Törring. Kurios!

Siebzehnte Szene

(Trompeten)

Bürgermeister. Seine Gnaden der Herzog! *(Eilt zum Eingang und begrüßt den eintretenden Herzog Albrecht)*

Albrecht *(tritt zu Frauenhoven, Törring und Nothhafft von Wernberg heran).* Da seid ihr!

Frauenhoven. Wir haben den ganzen Nachmittag gesucht –

Albrecht. Und gefunden –

Nothhafft von Wernberg. Eben jetzt!

Albrecht. Mich, meinst du! O, köstlicher Fund! Ich bedanke mich!

Frauenhoven. Ich strich allein und –

Albrecht. Es ging dir besser, wie mir? Du entdecktest ihre Spur!

Frauenhoven. Ja!

Albrecht. Warum treff ich dich erst jetzt?

Frauenhoven. Dies Mädchen – – O! Wohl hattet Ihr recht, uns zu fragen, ob wir Augen hätten!

ALBRECHT. Du liebst sie auch?

FRAUENHOVEN. Könnt ich anders?

ALBRECHT. Frauenhoven, das ist ein großes Unglück! Ich glaubs dir, daß du nicht anders kannst, es wäre Wahnsinn von mir, wenn ich verlangte, daß du entsagen solltest, hier hört die Lehnspflicht auf. Aber wahrlich, auch die Freundschaft, hier beginnt der Kampf um Leben und Tod, hier fragt sichs, in wessen Adern ein Tropfen Bluts übrigbleiben soll! Du lächelst? Lächle nicht! Wenn du das nicht fühlst wie ich, so bist du nicht wert sie anzusehen!

FRAUENHOVEN. Diese pechschwarzen Augen – und wie sie den Hals trägt, recht, um sich daran aufzuhängen – und vor allem diese kastanienbraunen Haare –

ALBRECHT. Faselst du? Goldne Locken sinds, die sich um ihre Stirn ringeln – demütiger ward nie ein Nacken gesenkt, und ihr Augen können nicht schwarz sein! Nein, nein, wie Meeresleuchten traf mich ihr Strahl, wie Meeresleuchten, das plötzlich fremd und wunderbar aus dem sanften blauen Element aufzuckt und ebenso plötzlich wieder erlischt!

FRAUENHOVEN. Gnädiger Herr, ich weiß nichts von ihr, es war ein Scherz, den Ihr dem lustigen Ort, wo wir uns befinden, verzeihen mögt!

ALBRECHT. So flieh! Flieht alle, daß nicht Ernst daraus wird, fürchterlicher Ernst, denn ich sage euch, die sieht keiner ohne die höchste Gefahr!

Achtzehnte Szene

AGNES *(erscheint, von Kaspar Bernauer und Knippeldollinger begleitet).*

ALBRECHT *(ausbrechend).* Da ist sie!

NOTHHAFFT VON WERNBERG UND FRAUENHOVEN *(zugleich).* Wunderschön, das ist wahr!

TÖRRING. Und der Engel von Augsburg, das ist auch wahr! Dort steht ja der Vater!

ALBRECHT. Kennst du sie?

TÖRRING. Man nennt sie hier allgemein den Engel von Augsburg. Sie ist die Tochter eines Baders, gnädiger Herr! Wir ließen uns vorhin die Bärte bei ihm stutzen. *(Er zeigt auf seinen Bart)* Seht Ihr? Der Mann ist geschickt, nicht wahr? Es könnte dem Eurigen auch nicht schaden! *(Er tritt auf die Gruppe zu)* Guten Abend, Meister, da sehen wir uns schon wieder!

KASPAR BERNAUER. Viel Ehre für mich!

ALBRECHT *(folgt, zu Agnes).* Jungfrau, warum erteilt Ihr auf den Turnieren nicht den Dank? Was durch Eure Hände geht, ist edler als Gold und köstlicher als Edelstein, wärs auch nur ein grüner Zweig, vom nächsten Busch gebrochen!

KASPAR BERNAUER. Meine Tochter ist an solche Reden nicht gewöhnt, gnädiger Herr; fragt sie aus den sieben Hauptstücken unseres allerheiligsten Glaubens, und sie wird nicht verstummen!

AGNES. Nicht doch, Vater, der Herzog von Bayern will seine Braut so anreden und macht bei der Bürgerstochter von Augsburg nur die Probe!

KASPAR BERNAUER. Wohl gesprochen, Agnes, aber zum Antworten hast du keine Vollmacht, darum danke Seiner Fürstlichen Gnaden für die Herablassung und komm!

ALBRECHT. Warum, störriger Alter? Noch habe ich ja kaum den Ton ihrer Stimme gehört, noch kamen die vierundzwanzig Buchstaben nicht alle über ihre Lippen! *(Abgewandt)* Ha, ich könnt sie bitten: Sprich dies Wort aus oder das oder jenes, nicht des Sinns wegen, nur damit ich erfahre, mit wieviel Musik dein Mund es beschenkt! *(Zu Kaspar Bernauer)* Ihr geht doch? So müßt Ihr mir gestatten, Euch zu begleiten! Euer Schatten weicht eher von Euren Schritten als ich!

KASPAR BERNAUER. Euresgleichen würde neidisch werden!

TÖRRING *(faßt Kaspar Bernauer unter dem Arm).* Bayerns Herzog hat hier seinesgleichen nicht!

(Er führt ihn ab, Nothhafft von Wernberg gesellt sich zu Knippeldollinger und folgt)

ALBRECHT *(zu Agnes, die ebenfalls folgt und sich ihrem Vater zu nähern sucht).* Mädchen, ich täuschte mich nicht, du hast heut morgen nach mir gesehen. Galt der Blick mir oder meinem venezianischen Helmbusch?

AGNES. Ich zitterte für Euch, gnädiger Herr, Ihr schautet zu mir herüber und rittet gegen den Feind, ich dachte, Ihr müßtet Schaden nehmen!

ALBRECHT. Und das war dir nicht gleichgültig? *(Sie verlieren sich, nebst den andern, im Gewimmel)*

BARBARA *(mit Martha und anderen Mädchen hervortretend).* Hahaha! Sagt ichs euch nicht, daß es besser sei, zu Hause zu bleiben? Nun freut euch, wenn ihr könnt!

MARTHA. Ei, dies ist ja gut! Wenn der Herzog sie mitnimmt, steht sie uns ebensowenig mehr im Wege, als wenn sie gen Himmel fährt!

BARBARA. Mitnimmt! Wo denkt ihr hin! Er wird sie schon hier lassen! Aber sie wird noch im Wert steigen, nun auch er genickt hat! Seht euch nur um, wie alles guckt und flüstert! *(Gehen vorüber)*

NOTHHAFFT VON WERNBERG *(kommt mit Knippeldollinger, ihm tritt entgegen):*

BÜRGERMEISTER NÖRDLINGER *(mit einem Fräulein).* Herr Ritter – meine Base, Juliana Peutinger – sie hat des Kaisers Majestät schon als vierjähriges Jungfräulein im Namen des Rats mit einer kleinen lateinischen Rede begrüßt! Ich möchte sie Seiner Gnaden gern aufführen!

NOTHHAFFT VON WERNBERG *(mit ihm weitergehend).* Nachher, Herr Bürgermeister, nachher! *(Leise)* Der Herzog ist von den Bürgern so warm empfangen worden, sie haben sich die Kehle fast abgeschrien, Ihr seht, er bezeugt sich dankbar! *(Gehen vorüber)*

ALBRECHT *(kommt mit Agnes).* Nun sprich auch du! Was sagst du dazu?

AGNES. Mir ist, als hört ich eine Geige mehr, süß klingts, auch träumt sichs schön dabei.

ALBRECHT. Ich frage dich, ob du mich lieben kannst!

AGNES. Das fragt eine Fürstentochter, doch nicht mich!

ALBRECHT. O sprich!

AGNES. Schont mich, oder fragt mich, wie man ein armes Menschenkind fragt, von dem man glaubt, daß ein ungeheures Unglück es treffen könne!

ALBRECHT. Dies Wort –

AGNES. Legts nicht aus, ich bitt Euch, zieht niemanden die Hand weg, wenn er sie über die Brust hält.

KASPAR BERNAUER *(der mit Törring gefolgt ist und sich Agnes zu nähern sucht).* Morgen, Herr Graf, morgen!

KNIPPELDOLLINGER *(der mit Nothhafft von Wernberg neben den beiden geht, zu Törring).* Einen, der das Blut besprach, habe ich selbst gekannt.

ALBRECHT. Agnes, du verkennst mich! Ich liebe dich!

KASPAR BERNAUER *(tritt zwischen beide).* Komm, mein Kind! Auch du hast Ehre zu verlieren! *(Er will sie abführen)*

ALBRECHT *(vertritt ihm den Weg).* Ich liebe sie, aber ich würds ihr nimmer gesagt haben, wenn ich nicht hinzufügen wollte: Ich werb um sie!

NOTHHAFFT VON WERNBERG. Gnädiger Herr!

FRAUENHOVEN. Albrecht! Kennst du deinen Vater?

TÖRRING. Denkt an Kaiser und Reich! Ihr seid ein Wittelsbach! Es ist nur zur Erinnerung.

ALBRECHT. Nun, Alter, fürchtest du noch um ihre Ehre?

KASPAR BERNAUER. Nein, gnädiger Herr, aber – – Vor funfzig Jahren hätte sie bei einem Turnier nicht einmal erscheinen dürfen, ohne gestäupt zu werden, denn damals wurde die Tochter des Mannes, der dem Ritter die Knochen wieder einrenkt und die Wunden heilt, noch zu den Unehrlichen gezählt. Es ist nur zur Erinnerung!

ALBRECHT. Und nach funfzig Jahren soll jeder Engel, der ihr gleicht, auf Erden einen Thron finden, und hätte ihn einer ins Leben gerufen, der dir noch die Hand küssen muß. Dafür soll mein Beispiel sorgen!

FRAUENHOVEN. Er ist verrückt! *(Zu Albrecht)* Nur hier nicht weiter, nur heute nicht! Alles wird aufmerksam, und auf jeden Fall muß die Sache geheim bleiben!

ALBRECHT *(zu Kaspar Bernauer).* Darf ich morgen kommen?

KASPAR BERNAUER. Wenn ich auch nein sagte, was hülfe es mir?

ALBRECHT. Agnes?

AGNES. Wer rief mir doch heute morgen zu: Geh ins Kloster? Mir deucht, ich sehe jetzt einen Finger, der mich hineinweist!

ALBRECHT. Dir schwindelt! Halt dich an mich! Und ob die Welt sich dreht, du wirst feststehen!

KASPAR BERNAUER. Gnädiger Herr, wir beurlauben uns! Die fällt mir sonst um! *(Ab mit Agnes und Knippeldollinger)*

ALBRECHT. Ich muß – *(Will folgen)*

FRAUENHOVEN. Keinen Schritt! Ihretwegen, wenn nicht deinetwegen.

ALBRECHT. Du kannst recht haben!

FRAUENHOVEN. Sprich jetzt auch mit anderen! Sprich mit allen! Und lange, ich bitte dich, lange!

ALBRECHT. Ich hätte so gerne noch meinen Namen von ihren Lippen gehört! Doch – wer will denn auch Weihnacht, Ostern und Pfingsten auf einmal feiern! – –

(Er mischt sich unter die übrigen Gäste. Ihm tritt Bürgermeister Nördlinger mit dem Fräulein entgegen)

ZWEITER AKT

Augsburg

Erste Szene

Herberge. Früher Morgen

NOTHHAFFT VON WERNBERG. Die Sache wird ernst.

TÖRRING. Sehr ernst! Die Linie steht auf zwei Augen –

FRAUENHOVEN. Das doch nicht! Auch Herzog Wilhelm hat einen Sohn!

TÖRRING. Der schwach und siech ist und kaum vier Jahre alt. Habt ihr das Jammerbild nie gesehen? Ich weiß, was ich sage. Die Münchner Linie steht so gut wie auf zwei Augen, und wenn es uns nicht gelingt, Albrecht von seinem tollen Vorhaben abzubringen, so zeugt er Kinder, die nicht einmal den unsrigen ebenbürtig sind! Was wird dann? Schon jetzt ist Bayern in drei Teile zerrissen, wie ein Pfannkuchen, um den drei Hungrige sich schlugen, solls ganz zugrunde gehen? Und das wird geschehen, wenn wir dies Unglück nicht verhindern können.

NOTHHAFFT VON WERNBERG. Das ist wahr! Von allen Seiten würden sie heranrücken, vergilbte Pfandbriefe auf der Lanzenspitze und vermoderte Verträge auf der Fahnenstange, und wenn sie sich lange genug gezankt und gerauft hätten, würde nach seiner Weise der Kaiser zugreifen, denn während die Bären sich zerreißen, schnappt der Adler die Beute weg.

TÖRRING. Also laßt uns vorbeugen!

FRAUENHOVEN. Aber wie? Vergeßt nicht, daß er ebensoviel welsches Blut im Leibe hat als deutsches und vielleicht noch einige Tropfen mehr! Ich sage euch, wenn ihrs noch nicht wißt, die Mutter ist mächtig in ihm, und wenn ihr ihm nicht neue Augen einsetzen könnt, daß ihm das Schöne häßlich vorkommt und das Häßliche schön, so richtet ihr nichts bei ihm aus. Ihr hättet ihn diese Nacht auf dem Heimgang hören sollen! Und ist es denn nicht auch wahr? Wer kann sich rühmen, einen solchen Engel gesehen zu haben, eh er nach Augsburg kam?

TÖRRING. Glaubt ihr denn, ich bin der Narr, der das Feuer besprechen will? Das fällt mir nicht ein! Mags brennen, bis es Asche ist, was kümmerts mich. Aber ich denke, die Nahrung wird diesem Feuer etwas billiger zu kaufen sein, als mit Thronen und Kronen! Zum Teufel, ist denn Albrecht nicht auch so ein Weib wert? Laßt mich nur machen! Ich sage euch, es sind wackre Menschen, vernünftige Leute! Stand der Alte nicht gestern abend da, als ob sich ihm der Erzengel Michael zum Eidam antrüge? Und das Mädchen – schaute sie nicht drein, als ob sie zum Fliegen aufgefordert würde, anstatt zum Tanzen? Gebt nur acht, ich bringe alles ins gleiche! *(Ab)*

FRAUENHOVEN. Der irrt sich! In Vater und Tochter wie im Herzog!

NOTHHAFFT VON WERNBERG. Aber ins Gewissen müssen wir ihm reden!

FRAUENHOVEN. Warum? Um es getan zu haben, nicht wahr, wenn wir dereinst zur Rechenschaft gezogen werden! Borg dir die Posaune des Jüngsten Gerichts und versuchs, ob du Gehör bei ihm findest. Ich bin zufrieden, wenns nur einstweilen geheim bleibt. Er ist beim faulen Wenzel in Prag auferzogen worden, und was der bei Geigen- und Flötenklang in ihn hineingesät hat, das bringt Gott selbst nicht wieder heraus.

Zweite Szene

ALBRECHT *(tritt ein).* Nun, Freunde? Was sagt ihr zu diesem Morgen, der die ganze Welt vergoldet? Nicht wahr, den hätt man nicht schöner bestellen können? Aber wie steht ihr denn da? Als ob ihr augenblicklich ins Gefecht solltet und euren letzten Willen noch überdächtet!

NOTHHAFFT VON WERNBERG. Da hoff ich anders auszusehen, obgleich ich keinen Vater mehr habe, der mich wieder heraushaut, wenns zu arg wird, wie Ihr!

ALBRECHT. Ja, das ist wahr, da hab ich einen Vorzug vor euch. Ich darf dem Tode keck in den Rachen springen, wie die Maus dem Löwen. Noch zwischen Kauen und Schlucken reißt mich der wieder heraus, der mich gemacht hat.

NOTHHAFFT VON WERNBERG. Das habt Ihr bei Alling erfahren! Wäre er nicht gewesen –

ALBRECHT. So würde mein erster Kampf auch mein letzter geblieben sein, und ich hätte nie gehört, wie süß die Siegestrompete tönt; was red ich, ich hätte Agnes nie erblickt!

NOTHHAFFT VON WERNBERG. Agnes!

ALBRECHT. O, ich bin ihm Dank schuldig, unendlichen Dank, mehr Dank, wie irgendein anderer Sohn dem seinigen!

NOTHHAFFT VON WERNBERG. Fühlt Ihrs?

ALBRECHT. Erst seit gestern ganz! Dies Auge, das ich jetzt freiwillig schließen möchte, wie den Mund, wenn er seine Kirsche hat – – gebrochen und mit Sand verschüttet würde es ohne ihn ja längst daliegen, ein Spiegel, der zerschlagen ward, bevor er das Bild noch auffangen konnte, das er festhalten sollte, und dies Herz – – die Stunde wird kommen, wo ihr mich verstehen könnt, dann mehr! Seht, wenn euch auch einmal wird, als ob sich Millionen Lippen in euch auftäten und alle saugen wollten – wenn ihr nicht mehr wißt, obs Lust oder Schmerz ist, was euch die Seele im Wirbel herumjagt – wenn euch die Brust zerspringen will und ihr, von Frost und Hitze zugleich geschüttelt, zweifelnd ausruft: doch wohl Lust, ja, wohl Lust, Wollust! und dies dunkle Wort, wie ich, nun auf einmal begreift, indem ihrs schwindelnd zwischen Leben und Tod mit eurem letzten Atemzug nachschafft – dann – dann! Eher nicht!

NOTHHAFFT VON WERNBERG. Gnädiger Herr – eine Bitte!

ALBRECHT. Was ists?

NOTHHAFFT VON WERNBERG. Stellt Euch Euren Vater einmal [vor!

ALBRECHT. Nun?

NOTHHAFFT VON WERNBERG. Aber recht deutlich, mit dem Gesicht, das er hat, wenn er einem einen Wunsch nicht bloß abschlagen, sondern in den Hals zurückjagen will, so daß man ihn, wenn man um Honigbirnen gekommen ist, um Stockprügel anspricht!

Albrecht. Gut!

Nothhafft von Wernberg. Seht Ihr ihn? So fragt Euch, ob Ihr das vom Spiegel und vom Wirbel und von Lust und Schmerz und von Leben und Tod vor ihm wiederholen möchtet!

Albrecht. Vor ihm? Ja! Ich habe eine Mutter gehabt! Vor Euch? Nicht um die Welt!

Nothhafft von Wernberg. Eure Mutter war eine Prinzessin von Mailand!

Albrecht. Und sollte sie meine Mutter nicht auch geworden sein, wenn sie keine Prinzessin von Mailand gewesen wäre? Sie war das Muster eines Weibes – hätte das nicht genügt?

Nothhafft von Wernberg. Ich zweifle! Wenn aber – so würde Euch jetzt nichts mehr hindern, Euch mit dem Engel von Augsburg zu verbinden, denn Ihr würdet Bayerns Thron nie besteigen!

Albrecht. Nicht, Herr Ritter? Wer weiß! Wer weiß, was geschähe, wenn ich mein Volk zum Spruch aufriefe, wenn ich sagte: Seht, ich soll nicht würdig sein, euch zu beherrschen, weil mein Vater eine eurer Töchter zu sich erhoben hat, eine, die ihm am besten ins Ohr sagen konnte, was euch fehlt! Ich soll nicht würdig sein, euch zu beherrschen, weil die Teilnahme für euch mir von der Mutter her angeboren ist, weil ich euch verstehe, ehe ihr noch den Mund auftut, weil mirs im Blut liegt, euch beizuspringen! Ich soll nicht würdig sein, euch zu beherrschen, weil ich euer Bruder bin! Wer weiß, was sie tun werden, die alten treuen Bavaren, wenn mein Sohn sie dereinst nach Urväterweise in einem Eichenhain zusammenruft und so zu ihnen spricht; wer weiß, ob sich dann nicht der letzte Bauer in einen Ritter verwandelt und ob die Sense nicht gegen das Schwert schlägt, daß das ganze Deutsche Reich zu wackeln anfängt und der große Karl zu Aachen in seinem Sarg erschrocken nach der Krone greift!

Nothhafft von Wernberg. Gnädiger Herr, verkennt mich nicht! Nothhafft von Wernberg kann Euch nicht raten, in den Abgrund zu springen, aber er springt nach, wenn Ihrs tut!

Albrecht. Das ist ein Wort! So kommt! *(Alle ab)*

Baderstube

Dritte Szene

AGNES. Hier, mein Vater?

KASPAR BERNAUER. Hier, meine Tochter, hier erwarten wir ihn, nirgends sonst. Wie ist dir denn zumute? Etwas anders wie gewöhnlich, wenn du die Augen aufmachst, nicht wahr? Nun ja, das ist natürlich. Die Mädchen zögern gern aus Angst oder Neckerei noch eine Weile vor der Tür, wenn sie auch wirklich schon hinein wollen und wissen, daß der Bräutigam ihnen längst die Arme entgegenstreckt. Du armes Ding hast nun nicht einmal Kranzwindenszeit.

AGNES. Also, Euer Entschluß ist gefaßt?

KASPAR BERNAUER. Es gibt nur ein Mittel! Und wenn du nur bereit bist: Für ihn möcht ich stehen!

AGNES. Ja?

KASPAR BERNAUER. Ich kenns, wenns auch lange her ist, daß ich selbst an dem Fieber litt! Eine treue, redliche Seele! *(Er zieht etwas aus der Tasche)* Was hab ich da?

AGNES. Mein Kettlein! Aber, das hab ich ja gestern abend gleich wieder weggelegt!

KASPAR BERNAUER. Kann doch wohl nicht sein, denn Theobald hats auf der Straße gefunden, als er hinter uns herschritt!

AGNES. Theobald?

KASPAR BERNAUER. Ja, den hast du ebensowenig gesehen wie ich! Was sagst du? Der närrische Junge ist uns, solange die Reichsknechte hier sind, jeden Abend heimlich gefolgt, wenn wir das Haus noch verließen und hat auf uns gewartet, bis wir wieder heimgingen. Nie hat er sich etwas davon merken lassen, und wenn ichs jetzt weiß, so kommt das daher, daß er deine Kette fand! Ist das einer?

AGNES. Es freut mich, daß er so an Euch hängt!

KASPAR BERNAUER. Nun dächt ich, es wär die beste Antwort für den tollköpfigen Herzog, wenn du dem Theobald rasch, noch heute morgen, ja augenblicklich die Hand reichtest! Du bist ihm ja doch den Finderlohn schuldig!

AGNES. Wie?

KASPAR BERNAUER. Ihr beide trätet ihm dann Hand in Hand entgegen, ich aber stände segnend hinter euch und riefe ihm zu: So wars im Himmel beschlossen, und was Gott zusammengefügt hat, das soll der Mensch nicht scheiden!

AGNES. Vater!

KASPAR BERNAUER. Fürchte keine Gewalttat! Auch hier stehen wir auf roter Erde, auch in Augsburg ist Westfalen, ja – – doch, wozu das! Nun, Jungfer Tochter, was sagt Ihr? Der Bräutigam ist, wie ich hoffe, bereit und sogar der Priester nicht weit! Sprich, solls so sein?

AGNES. Nie! In Ewigkeit nicht!

KASPAR BERNAUER. Das heißt: heute nicht!

AGNES *(glühend)*. Es heißt –

KASPAR BERNAUER *(unterbricht sie)*. Morgen! Morgen! Morgen!

Vierte Szene

THEOBALD *(tritt hinter einem Schrank hervor)*. Wozu, Meister? Ich kanns auch heute hören!

KASPAR BERNAUER *(zu Agnes)*. Da siehst du jetzt!

THEOBALD. Scheltet sie nicht! Ich selbst bin schuld! Ich hätte Euch nicht folgen sollen! Diesmal nicht!

AGNES. Theobald, es tut mir weh!

THEOBALD. Ich weiß, Jungfer, ich weiß! Und ich fühls ja auch, daß ich – – Du mein Gott, ich darf ja nicht einmal von Unglück sprechen, Ihr könnt mir ja gar nicht beschieden sein, ich brauche Euch ja nur anzusehen, um das zu erkennen. Meister – darf ich ein wenig fortgehen? In einer Stunde bin ich wieder da, um diese Zeit kommen so nicht viele! *(Er faßt Agnes' Hand)* Agnes, ich wollte, ich könnt einem andern meine Liebe zu Euch abtreten, nicht um mein Herz zu erleichtern, o Gott, nein, es wäre das größte Opfer, das ich bringen könnte, und ich brächte es nur, um Euch glücklich zu machen, aber glücklich würdet Ihr, das glaubt mir, wenn das, was *(er schlägt sich auf die Brust)* hier glüht, eine bessere Brust schwellte! *(Ab)*

Fünfte Szene

KASPAR BERNAUER. Ich glaubs auch!

AGNES. Zürnt mir nicht, Vater! Hätt ich geahnt –

KASPAR BERNAUER. Kein Wort mehr davon. Es ist nun, wies ist! Wer kann gegen die Sterne! Aber mich graust, Agnes, wenn ich an deine Zukunft denke, denn *(er zeigt auf ein Barbierbecken)* so ein Ding und eine Krone – es geht nimmermehr gut!

AGNES. Ihr ließet mich vorhin nicht ausreden! Nicht Theobald, nicht irgendeinem könnt ich meine Hand reichen –

KASPAR BERNAUER. Und warum nicht?

AGNES. Weil ich – – Ich dürfte nicht!

KASPAR BERNAUER. So sitzt er dir schon im Herzen? Verflucht sei dies Turnier!

AGNES. Aber – – Zu der Mutter aller Gnaden könnt ich mich flüchten – ins Kloster könnt ich gehen!

KASPAR BERNAUER. Und deinen Herzog draußen lassen?

AGNES. Nein!

KASPAR BERNAUER. Was hättst du dann im Kloster zu tun?

Sechste Szene

TÖRRING *(tritt ein)*. Guten Morgen, Meister! Auch schon da, Jungfer? Die Hand her, wackrer Alter! Ich hab Euch gestern abend liebgewonnen. Schöne Agnes, wäre des Törrings Schädel für die Honigreime und Schmeichelsprüche des Heinrichs von Ofterdingen und Wulframs von Eschenbach nicht immer zu hart gewesen: jetzt gäbe er alles wieder von sich, was er je verschluckt hätte! Aber der hat nichts behalten als das Eiapopeia von der Ammenstube her, darum kann ich Euch nur sagen: Ihr seids wert, daß Ihr einem Herzog gefallt!

AGNES. Schon das ist zuviel, Herr Graf!

TÖRRING. Bewahre! Wenn Kaiser Wenzels Bademädchen Euch geglichen hat, so will ichs ihm verzeihen, daß er eine Weile glaubte, er sei mit ihr allein auf der Welt. Nur das verzeih ich ihm nicht, daß ers zu weit trieb und sich gar nicht wieder zur Besinnung bringen ließ, denn sie mußt es büßen, und das hätt er vorher wissen können! *(Er sieht Agnes scharf an)* Arme Susanna, junges, schönes Kind, wie bleich magst du gewesen sein, als die starren, grimmigen Böhmen dich verbrannten und von ihren eignen Bischöfen und Erzbischöfen dabei angeführt wurden, als obs ein heilig Werk wäre! Du warst gewiß keine Zauberin oder es steht auch hier eine vor mir!

KASPAR BERNAUER. Das geschah im fröhlichen Lande der Geigen?

TÖRRING. Es sollte mich wundern, wenn man noch keinen Reim darauf gemacht hätte! So etwas singen die Leute gern, wenn sie lustig sind!

KASPAR BERNAUER. Was sagst du, meine Tochter?

AGNES. Pfui über den Kaiser, daß ers geschehen ließ!

TÖRRING. Er lag im Turm, und sein Adel stand zornig mit blankem Schwert vor der Pforte, er wußte nicht, wer zunächst bei ihm anpochen würde, ob der Henker oder der Befreier!

AGNES. So wars ihr Schicksal, und sie wird schon einmal erfahren, warum.

TÖRRING. Bernauer, ein Wort mit Euch!

KASPAR BERNAUER. Geh, Agnes, und lege dein Kettlein weg!

AGNES *(ab)*.

Siebente Szene

KASPAR BERNAUER. Wir sind allein!

TÖRRING. Nun, Alter, was denkt Ihr eigentlich? Sagt an!

KASPAR BERNAUER. Ich weiß nicht, was Ihr meint!

TÖRRING. Nun, ich glaube, der Herzog wird heute morgen geradeso aufgestanden sein, wie er sich gestern abend niedergelegt hat.

KASPAR BERNAUER. Acht Stunden sind allerdings nur acht Stunden!

TÖRRING. Der Meinung bin ich auch, darum müssen wir beizeiten einig werden! Also – *(Nimmt ein Rasiermesser, wie spielend)* Euer Schwert, nicht wahr?

KASPAR BERNAUER. Wie es Euch gefällt!

TÖRRING. Meins ist etwas länger! *(Schlägt an sein Schwert)* Ja, was ich sagen wollte! Der Herzog liebt Eure Tochter – er liebt sie – wenn jedes Eheweib so geliebt würde, sie hätte den Himmel auf Erden!

KASPAR BERNAUER. Vor dem Trunk und nach dem Trunk, es ist ein Unterschied und muß auch sein!

TÖRRING. Ihr seid verheiratet gewesen oder noch und wollt Euch entschuldigen! Ja, ja, das kann ich Euch beteuern, er brennt wie ein Johannisfeuer, wenn der Wind gut bläst, aber – – *(Nimmt das Barbierbecken)* Euer Helm?

KASPAR BERNAUER. Ist man in Bayern so spaßig?

TÖRRING. Nein, nein, es ginge, seht! *(Er macht, als ob er Kaspar Bernauer das Becken aufsetzen wollte)* Habt Ihr das noch nicht versucht? Ich versichre Euch, der Herzog lodert, daß die Kastanien gar werden, wenn er sie nur ansieht, doch was das Werben betrifft, das Heimführen – – *(Er nimmt den Schnepper)* Dies Ding da, zick, zack, trick, track, führt Ihr wohl im Wappen oder ists ein nackter Arm mit einer sprudelnden Ader, wie ichs draußen an der Tür gemalt sah?

KASPAR BERNAUER. Keins von beidem, Herr Graf!

TÖRRING. Nicht? Nun also, kurz weg, wenns überhaupt noch nötig ist! Die Liebe des Herzogs stammt aus dem Herzen, die Werbung – – nun, das war, Ihr habts ja selbst gesehen, ein Rausch – – vielleicht sogar, was weiß ichs, ein Weinrausch!

KASPAR BERNAUER. Das freut mich! Aber diese Botschaft ist nicht für mich allein! *(Ruft)* Agnes!

TÖRRING. Freut Euch? Ich hab mich nicht in Euch geirrt, als ich Euch für verständig hielt! Gebt mir noch einmal die Hand!

KASPAR BERNAUER *(hält seine Hand zurück).* Ihr habt mich schon geadelt.

Achte Szene

AGNES *(tritt ein).*

TÖRRING. Nicht wahr, ein mäßiges Glück, aber gesichert für immer – unter uns – der Herzog hat schöne Güter von seiner Mutter her!

KASPAR BERNAUER. Merk wohl auf, mein Kind! *(Zu Törring)* Nun?

TÖRRING. Ei, da Ihr sie rieft, so sprecht selbst weiter!

KASPAR BERNAUER. Wohl! *(Zu Agnes)* Der Herzog nimmt seine Bewerbung zurück!

TÖRRING. Nicht doch!

KASPAR BERNAUER. Er nimmt seine Bewerbung um deine Hand zurück, die läßt er dir, er ist nicht unverschämt! Das übrige, nun ja, das möcht er, ich weiß nicht, ob für immer oder auch nur für einige Zeit!

AGNES *(setzt sich nieder).*

KASPAR BERNAUER *(zeigt auf sie).* Da habt Ihr ihre Antwort! Jetzt die meinige! Zuerst! *(Mit gefaltnen Händen gen Himmel)* Ich danke dir, Vater im Himmel, daß es so kam! Schick mir nun, welches Leid du willst, es kann mich nicht ärger treffen, als dies Glück mit seinem schrecklichen doppelten Gesicht mich traf! *(Zu Törring)* Ihr seht, wie mir ist, damit erklärts Euch, daß ich Euch so ruhig anhörte! Ihr wart mir ein Freudenbote, denn daß meine Tochter in keine Schmach willigen würde, wußt ich, also gab Euer Antrag mir sie wieder, sonst war sie für mich verloren. Nun aber zur Abrechnung! Ihr erkundigtet Euch nach meinem Schwerte, wir Reichsbürger führen wirklich eins, wenns auch gewöhnlich hinterm Schornstein hängt, und mit dem meinigen habe ich früher manchen Rücken ausgeklopft, der dem Eurigen, das glaubt nur, völlig glich.

TÖRRING. Bernauer!

AGNES *(springt auf und stellt sich neben Kaspar).* Recht, Vater, recht!

KASPAR BERNAUER. Den Helm mit dem bunten Federbusch habt Ihr vor mir voraus, ich begnügte mich immer, wie wir alle, die wir nicht turnieren, nur streiten, wenn es gilt, unser Hab und Gut zu verteidigen, mit einer simpeln Sturmhaube. Doch auch die genügte zuweilen, aus einer guten Klinge eine noch bessre Säge zu machen, wenn sie sich daran versuchte. Was aber mein Wappen betrifft, so werdet Ihrs schon hie und da frühmorgens an Burgtoren gesehen haben. Einige aus meiner Familie führen einen Strick und einen Dolch im roten Felde, und sie wissen sich Respekt zu verschaffen, selbst bei Kaiser und Reich.

TÖRRING. Das ist das Zeichen der Feme!

KASPAR BERNAUER. Kennt Ihr sie? Auch Jungfrauen stehen unter ihrem Schutz, und wenn die Gerechtigkeit ihren Weg auch in diesen betrübten Zeiten wie ein Maulwurf unter der Erde suchen muß: sie ist immer zur rechten Stunde da!

AGNES. Ich kann mich selbst schützen, mein Vater! Was mir gestern abend widerfuhr, das raubte mir Sprache und Besinnung; was mir jetzt widerfährt, gibt mir beides wieder! Das eine hätt ich nicht für möglich gehalten, aber, bei Gott! das andere noch viel weniger! *(Zu Törring)* Dies sagt dem Herzog von mir!

KASPAR BERNAUER. Da ist er selbst!

Neunte Szene

ALBRECHT *(tritt ein).* Ja, da ist er! *(Zu Agnes)* Ward er erwartet?

AGNES *(wendet sich ab).*

ALBRECHT. Agnes – wenn auf dem Wege zu dir ein Himmelswagen flammend vor mir niedergefahren wäre, jeder Radnagel ein Stern, ich wäre nicht eingestiegen, und du –

AGNES. Gnädiger Herr – gestern fehlte mir der Mut, Euch anzusehen, heute dächt ich, sollte er Euch fehlen!

ALBRECHT. Was hab ich dir denn getan?

AGNES. Nichts? Also das wäre nichts? Gnädiger Herr, so viel Ehre könnt Ihr mir gar nicht bieten, und wenn Ihr mir die Krone aufsetztet, daß sie diese Schmach wieder aufwöge!

ALBRECHT. Schmach?

AGNES. Wärs keine? Wär das an mir keine Schmach, was, einem Fräulein zugefügt, die Klingen aller ihrer Verwandten bis zum zehnten Glied herab aus der Scheide reißen und gegen Euch kehren würde? Gnädiger Herr, auch mich hat Gott gemacht!

ALBRECHT. Törring! Ihr da? Was heißt das?

AGNES. Auch mich hat Gott gemacht, auch aus mir kann er mehr machen, wenn es sein heiliger Wille ist, auch aus Euch weniger, denn alles auf Erden ist nur zur Probe, und hoch und niedrig müssen einmal wechseln, wenn sie nicht vor ihm bestehen! Gnädiger Herr, tut keinem wieder so weh wie mir, man erwartets nicht von Euch, darum ists doppelt bitter! *(Zu Kaspar Bernauer)* Mein Vater, jetzt ins Kloster!

Nun nehme ich von der Welt nichts mehr mit über die Schwelle als einen ewigen Schauder!

ALBRECHT. Mädchen, gestern warb ich um dich, heute komm ich um die Antwort, während meine Freunde schon den Priester suchen, der uns verbinden soll: Ist das Schmach?

TÖRRING *(tritt vor).* Der Herzog weiß von nichts, auf Ritterwort, ich sprach nur aus mir selbst! Ich glaubte – nun, Irren soll menschlich sein!

ALBRECHT. Du beschimpftest sie? Du beschimpftest meine Braut? Dafür – *(Er will ziehen)*

TÖRRING. Nein! Dafür – *(Er tritt zu Agnes heran und küßt ihr ritterlich die Hand)* Ihr wißt, ich bin nicht feig, aber es wäre nicht wohlgetan, die Zahl ihrer Freunde zu mindern, und nun ich sie kenne, bin ich ihr Freund, ja, ich werde ihr dienen bis zum letzten Atemzug, und mir ist, glaubts mir und denkt darüber nach, als faßte der Tod mich schon jetzt bei der Hand. *(Zu Agnes)* Das sprach ein Edler von Bayern, der nicht der Geringste ist, und nennt mich einen ehrvergessenen Mann, wenn Euch nun etwas widerfährt, solange ichs hindern kann. *(Zu Albrecht)* Ihr aber, gnädiger Herr, grollt nicht länger, daß ich ihr den Schleier etwas unsanft abnahm, es gereicht Euch wie ihr zum Vorteil, daß ich ihr ins Gesicht sah! *(Tritt zurück)*

ALBRECHT. Sie schweigt! Das Vergeben ist an ihr, nicht an mir! Folgt mir! Wenn sie sieht, wie ich sie räche, wird sie wissen, wie ich sie liebe!

AGNES. Um Gott nicht! Nur von Euch wars mir wie Todesstich! Jetzt – jetzt – Vater!

KASPAR BERNAUER. Ihre harten Worte tun ihr leid, gnädiger Herr, sie hätte sie gern zurück, Ihr sehts wohl, sie erstickt ja fast!

ALBRECHT. Und nicht um die Welt möcht ich sie missen! Alter, zwei Kinder sind ausgewechselt worden, die Tochter des Kaisers wurde in deine Wiege gelegt, und der Kaiser zieht die deinige auf! Schau hin, erkennst du sie noch? Agnes, davon hat dir in früher Jugendzeit schon ein Märchen erzählt, doch damals ahntest dus noch nicht, daß du über deine eigne Geschichte weintest, erst in dieser Stunde hast du dich wieder auf dich selbst besonnen! Aber nun weißt du endlich, wer du bist, das zeigt die edle Glut, die dir aus dem Auge blitzt und von der Wange flammt, nun denkst du nicht mehr daran, daß du bisher nicht im Purpur gingst und nicht aus goldenem Becher trankst; so komm denn auch zu mir herüber, eh dir das wieder einfällt!

KASPAR BERNAUER. Agnes!

AGNES. Vater, kein Wort von Gefahr! Erinnert mich nicht, daß Mut dazu gehört! Sonst könnt ich – –

ALBRECHT *(breitet die Arme gegen sie aus).* Was? Was?

AGNES *(sinkt hinein).* Und müßt ichs mit dem Tode bezahlen – das täte nichts!

ALBRECHT *(umschließt sie).* Agnes!

AGNES *(macht sich wieder los).* Aber dazu berechtigt mich kein Mut! – Ihr seid ein Fürst –

ALBRECHT. Und darf als solcher von vorn anfangen, so gut wie irgendeiner meiner Vorgänger!

AGNES. Ihr habt einen Vater –

ALBRECHT. Und bin sein Sohn, nicht sein Knecht!

AGNES. Und wenn Euer Volk murrt?

ALBRECHT. So murrt es, bis es wieder jubelt. Ja, wenn sie sich zusammenrotteten und sich offen wider mich empörten: ich schickte dein Bild statt eines Heers, und sie kehrten schamrot zum Pfluge zurück!

AGNES. Und wenn Euer Vater flucht?

ALBRECHT. So segnet Gott!

AGNES. Und wenn er das Schwert zieht?

ALBRECHT. So gibt er mir das Recht, auch nach dem meinigen zu greifen!

AGNES. Und dabei sollten wir – dabei könntet Ihr glücklich sein?

ALBRECHT. Viel glücklicher, als wenn ich dir entsagen müßte! Das eine wär Kampf, und zum Kampf gehörts, daß man den Ausgang nicht vorher weiß; das andere wäre Tod, Tod ohne Wunde und Ehre, feiger Erstickungstod durch eigne Hand, und den sollt ich wählen? Nach der Kehle greifen, statt nach dem Schwert? O pfui! Da wär ich doch gewiß der erste und der letzte! Mädchen, ich kenne jetzt dein Herz, her zu mir *(er drückt sie an sich),* so, nun hast du alles getan, das übrige ist meine Sache! Worauf sollte Gott die Welt gebaut haben, wenn nicht auf das Gefühl, was mich zu dir zieht und dich zu mir? Die Württembergerin, die man zwischen dich und mich gestellt hat, würde in diesem Augenblick tot umfallen, wenn sie nicht geflohen wäre! Das fühl ich! Darum zittre nicht!

Zehnte Szene

FRAUENHOVEN UND NOTHHAFFT VON WERNBERG *(treten ein).*

ALBRECHT. Ist alles bereit?

FRAUENHOVEN. Ein Priester ist gefunden, ders mit dem jungen Herzog gegen den alten wagen will!

NOTHHAFFT VON WERNBERG. Aber nur unter der Bedingung, daß es so lange als möglich Geheimnis bleibt!

ALBRECHT. Was sagst du dazu, Agnes?

AGNES. Solange nur Gott es weiß, wird keine meiner Ahnungen in Erfüllung gehen!

ALBRECHT. Also! Wo und wann?

FRAUENHOVEN. Heut abend, Schlag zehn, in der Kapelle der heiligen Maria Magdalena. Aber wir müssen alle vermummt kommen, wie zum Totendienst!

ALBRECHT. Gut! Und morgen nach Vohburg! Agnes, das ist ein rotes Schloß an der grünen Donau, womit meine Mutter – sie ruhe sanft und stehe fröhlich auf – mich für meine erste Schlacht belohnte! Gib acht, dort wirst du über dich selbst lachen, so oft du an diesen Morgen zurückdenkst, da gibts mehr Lerchen, wie anderswo Spatzen, und in jedem Baum fast sitzt eine Nachtigall. Ich schenk es dir zum Leibgeding, nimm den lustigen Vogelkäfig unbesehens an, ich bitte dich, er wird dir gefallen, der Himmel schaut immer blau auf ihn herab, und wenn du dich über eine Gabe, die du noch nicht kennst, auf alle Gefahr hin dankbar bezeigen willst, so nenne mich zum erstenmal du!

AGNES. Mein Albrecht!

ALBRECHT *(sie in den Armen haltend).* Du weinst dabei?

AGNES. Sollte es nicht nachbrennen? Euch – – dir konnt ich – – Aber es schmerzte mich mehr um deinet- als um meinetwillen, mir war, als wäre der funkelndste Stern über meinem Haupt auf einmal aus seiner Bahn gewichen und ich hätte ihn in der Schaudergestalt, in der man sie hier unten zuweilen verlöschen sieht, zu meinen Füßen wieder getroffen! Nun ist mir dafür zumut, als hätt ich schon jetzt mehr vom Leben als mir gebührt! – Mein Vater!

KASPAR BERNAUER *(tritt hervor).* Sie sollen Vater und Mutter verlassen und aneinander hangen! Mein Kind, ich muß dich segnen, du tust nach Gottes Gebot! So sei er mit dir! *(Er legt ihr die Hände aufs Haupt)*

ALBRECHT. Auch mich!

KASPAR BERNAUER. Ihr fürchtet, daß Ihr sonst nicht dazu kommt! *(Er legt auch ihm die Hände aufs Haupt)*

DRITTER AKT

München

Erste Szene

Das herzogliche Kabinett
Man sieht an der einen Wand zwei Karten. Die andern Wände sind mit Bildern bayerischer Fürsten behängt

ERNST *(steht vor den Karten).* Ich kanns nicht lassen, und es ärgert mich doch immer wieder von neuem. Das war Bayern einst, und das ist Bayern jetzt! Wie Vollmond und Neumond hängen sie da nebeneinander! Und wenn noch ein halbes Jahrtausend dazwischenläge! Aber wie mancher alte Mann muß noch leben, der der Zeit noch recht gut gedenkt, wo Tirol und Brandenburg und das fette Holland und was nicht noch sonst unser war, ja, der obendrein auch die ganze Reihe von Torheiten aufzählen kann, durch die das alles verlorenging! *(Er tritt vor die Bilder)* Nein, wie ihr gewirtschaftet habt! Vierundzwanzig Stunden vorm Jüngsten Tag wärs noch zu arg gewesen! Und ihr hattet das kluge Vorbild im benachbarten Österreich so nah! Rudolf von Habsburg hätte ein Sandkorn durch geschicktes Wenden und Drehen und unablässiges Umkehren auf klebrichtem Boden zum Erdball aufgeschwemmt, ihr den Erdball zum magersten Sandkorn heruntergeteilt! *(Er geht weiter)* Kaiser Ludwig, wackrer Kämpfer, der du jeden Feind bestandst, ausgenommen den letzten, heimlichen ohne Namen und Gesicht, du blickst finster auf deinen Enkel herab. Ich versteh dich, und du hast recht, das Schelten ist für die Weiber, das Bessermachen für die Männer. Nun, ich stückle und flicke ja auch schon ein Leben lang, ob ich nicht wenigstens den alten Kurfürstenmantel wieder zusammenbringe, und ich denke, du sollst mir die Hand geben, wenn wir uns einmal sehen. Du hättest mir gewiß die Arbeit erspart, wenn der Giftmischer sich nicht mit Wein und Brot gegen dich verschworen und dich vor der Zeit ausgetan hätte! Aber deine Söhne – Nun! Sie sind tot!

Zweite Szene

STACHUS *(tritt ein).*

ERNST. Was gibts?

STACHUS. Der Meister aus Köln ist da, der geschickte Mann mit dem wunderlichen Namen. Er sagt, er sei bestellt.

ERNST. Er hat was bei sich! Das bring mir!

STACHUS *(ab).*

Dritte Szene

ERNST. Der Zierat für die Totenkapelle, wo die jetzt in Staub zerfällt, die mir mit Schmerzen meinen Sohn gebar!

Vierte Szene

STACHUS *(bringt einen Bogen).*

ERNST *(nachdem er ihn betrachtet hat).* Das ist mir viel zu kraus! Komm mal her! Bringst du heraus, was das bedeuten soll?

STACHUS. Ach, Herr, ich bin ein gar einfältiger Mensch!

ERNST. Tut nichts, du gehörst auch mit dazu; Gräber sollen stillschweigen oder so reden, daß auch der Geringste sie versteht! Genau so soll ers machen, wie ichs ihm angab: den Heiland, unsern allbarmherzigen Erlöser, mit ausgebreiteten Armen, die Abgeschiedene zu seinen Füßen, wie man die heilige Martha malt, aber mit verhülltem Gesicht, da doch niemand wissen kann, wie sie jetzt aussieht, und ganz unten ich und mein Sohn Albrecht, wie wir für ihre arme Seele beten! Das sag ihm, dies da kann er auf sein eignes Grab setzen, ich bedank mich dafür, ich hätt mir aus der Kölner Bauhütte etwas andres erwartet, das ist die Reisekosten nicht wert!

STACHUS *(mit dem Bogen ab).*

Fünfte Szene

ERNST. Die hätten schön zu deinem demütigen, frommen Sinn gepaßt, du stille Elisabeth, all diese Engel mit Flügeln und Trompeten, die blasen, als ob die Himmelskönigin zum zweitenmal ihre Auferstehung feierte! Und ich hatt' ihm alles so deutlich angegeben! Aber, das muß immer scharwenzeln, immer, es wär kein Wunder, wenn mans am Ende gar vergäße, daß man von der Erde genommen ist und wieder zur Erde werden soll, und es scheint doch vielen zu gefallen, sonst würdens diese Leute ja wohl nicht bei jedermann versuchen!

Sechste Szene

DER KANZLER PREISING *(tritt ein).*

ERNST. Schon da, Preising? Gut! Wißt Ihr was? Wir wollen von heut an immer eine Stunde früher anfangen! Niemand weiß, ob er nicht Feierabend machen muß, ehe er müde ist! Wieviel hatte die Herzogin noch vor, nun liegt sie da! Was bringt Ihr?

PREISING. Zuvörderst! Die Klagen über den Wucher der Juden mehren sich!

ERNST. Man soll sich so einrichten, daß man die Juden nicht braucht! Wer nicht von ihnen borgt, wird nicht arm durch sie und ob sie Funfzig vom Hundert nehmen!

PREISING. Es ist der Juden selbst wegen, daß ich darauf zurückkomme. In Nürnberg schlägt man sie schon tot wie die Hunde, und böse Beispiele stecken eher an als gute!

ERNST. Meine Juden sollens so treiben, daß sie das Totschlagen nicht verdienen, dann wirds wohl unterbleiben. Ich mische mich in diese Händel nicht hinein. Fragt bei meinem Bruder an, ob er will!

PREISING. Das wär wohl das erstemal, daß Herzog Wilhelm etwas wollte, was Euer Gnaden nicht wollen!

ERNST. Eben darum soll man ihn nie vorbeigehen! Weiter!

PREISING. In Sachen des strittigen Kurhuts hat der böhmische Hof endlich –

ERNST. Nichts davon! Das hat Kaiser Rudolph durch seinen doppelten Spruch so verwickelt, daß nur das Schwert noch helfen kann, und das Schwert können wir erst dann ziehen, wenn München, Ingolstadt und Landshut einmal wieder zusammengehen. Dazu ist bis jetzt wenig Hoffnung, denn meine teuren Vettern Ludwig und Heinrich möchten mich freilich gern umarmen, wenn sie mir nur zugleich auch den Rücken kehren könnten. Also weiter! Doch halt, halt, erst dies! Wir sind ja unverhofft zu Geld gekommen, der Württemberger muß das wieder herausgeben, was er bei Erziehung seiner Tochter an Birkenreisern erspart hat, und obendrein schwere Zinsen zahlen. Mit seinen fünfundzwanzigtausend Gulden können wir allerlei machen!

PREISING. Wenn wir sie erst haben, ja!

ERNST. Haltet Ihr den Grafen für keinen ehrlichen Mann?

PREISING. Für den ehrlichsten Mann von der Welt!

ERNST. Nun denn! Ein Bettler ist er doch gewiß auch nicht! Wir könnten eine unsrer verpfändeten Städte dafür auslösen, und ich weiß schon, wo man sich am billigsten finden lassen wird, weil man unser Geld am nötigsten braucht.

PREISING. Das wäre freilich ein Gewinn!

ERNST. Ja, da gäbs doch einen Fleck weniger im Lande, wo wir unsern Herzogsstab nicht wieder aufheben dürften, wenn er uns einmal aus der Hand glitte. Wir könnten dem Lech aber auch für ewige Zeiten einen Freipaß damit erkaufen, daß er uns von den Augsburgern nicht wieder auf einen Wink des Kaisers versperrt werden kann, wie Anno Neunzehn bei den Bischofhändeln!

PREISING. Dazu werden die Kaufherren raten!

ERNST. Und Ihr?

PREISING. Gnädiger Herr, der Württemberger wird nicht aufknöpfen, ich sags Euch!

ERNST. Nicht aufknöpfen? Ei! Ei! Hab ich nicht mein Pfand? Sind mir nicht Geiseln gestellt? Was kann er denn einwenden?

PREISING. Er legts übel aus, daß Herzog Albrecht sich gar keine Mühe gab, seine Braut wieder zu bekommen, daß er in Augsburg aufs Tanzhaus ging, statt den Entführer verfolgen zu helfen!

ERNST. Was war denn an der noch wieder zu bekommen? Sie war ja schon das Weib eines andern, eh wir hier noch die Flucht erfuhren! Der Württemberger soll sich in acht nehmen! Ich besetz ihm Göppingen, eh ers denkt, es kommt mir auf einen Ritt noch nicht an!

PREISING. Ich sage Euch und bitt Euch, nicht unwirsch zu werden, über den Sieger von Alling ist nie so viel geredet worden wie über den Tänzer von Augsburg!

ERNST. Ich weiß, ich weiß, und es verdrießt mich genug! Preising, es ist die Strafe unsrer eignen Jugendsünden, daß wir gegen die unserer Kinder nachsichtig sein müssen. Ihr wißt, was ich auf Andechs verwende, glaubts mir, man baut niemals Kapellen ohne Grund! Aber es ist schon dafür gesorgt, daß ein Ende wird. Erich von Braunschweig sagte schon vor zwei Jahren zu mir: Es ist schade, Ernst, daß du nur den einen Sohn hast und daß der versprochen ist! Dies Wort blieb mir im Kopf hängen, und noch denselben Tag, wo ich die Flucht der Württembergerin erfuhr, ließ ich um die Braunschweigerin anhalten! Nun, gestern zur Nacht lief das Jawort ein!

PREISING. Und Albrecht? Wird er einverstanden sein?

ERNST. Einverstanden? Wie kommt Ihr mir vor? Darnach hab ich wahrhaftig noch nicht gefragt, das, denk ich, versteht sich von selbst!

PREISING. Ihr habt ihm einen Boten geschickt!

ERNST. Einen? Drei, vier hab ich ihm geschickt mit Ermahnungen und Warnungen, dem letzten hab ich sogar einen Brief mitgegeben!

PREISING. Nun, der ist wieder da, er steigt eben vom Pferd!

ERNST. Er hat lange genug gemacht!

PREISING. Und ist doch nicht langsam geritten, denn er kommt nicht von Augsburg, sondern von Vohburg, der Herzog hat die Reichsstadt verlassen, bevor er eintraf!

ERNST. So ist der Handel mit der Dirne vorbei, und ich hätte mir den dummen Brief sparen können!

PREISING. Nichts weniger als das, er hat die Dirne mitgenommen!

ERNST. Das ist viel! Das würde ich bei Lebzeiten meines Vaters nie gewagt haben! Bringt das der Bote?

PREISING. Ja – Und –

ERNST. Was noch? Warum stockt Ihr? Das kenn ich ja gar nicht an Euch!

PREISING. Das Gerücht – wissen müßt Ihrs – geht sogar noch weiter, viel weiter!

ERNST. Das Gerücht hat tausend Zungen, und nur mit einer spricht es die Wahrheit; wer will die herausfinden? Aber wie weit gehts denn? Ich bin doch neugierig!

PREISING. Man munkelt von einer heimlichen Heirat! Die Dirne hätts nicht anders getan!

ERNST. Und das könnt Ihr mir mit einem ernsthaften Gesicht sagen? Preising! Bringt das auch der Bote?

PREISING. Ich habe ihm augenblicklich das strengste Stillschweigen auferlegt.

ERNST. Nicht doch! Er soll reden! Aber er soll hinzufügen, daß der Dirne ganz Bayern zum Leibgeding verschrieben ist. *(Er lacht)* Meint Ihr nicht? Auch der Teil, der nicht uns gehört, der solle apart für sie erobert werden! Durch mich, versteht Ihr?

PREISING. Und Ihr seid gewiß, daß nichts dahintersteckt? Gar nichts?

ERNST. Preising! *(Er hebt seine drei Finger in die Höhe)* Das solltet Ihr doch auch können und ob Ihr auf dem Todbett lägt! So viel Respekt für mein Blut verlang ich! Die Sippschaft der Dirne hats in Umlauf gesetzt, um ihre Schande zu verbrämen! Das liegt ja auf der Hand! Aber daraus folgt nicht, daß wir ruhig zusehen wollen, bis es im ganzen Reich herum ist, bewahre! Es freut mich jetzt doppelt, daß der Braunschweiger endlich gesprochen hat, nun können wir dem Kot gleich einen Platzregen nachschicken, und wir wollen uns rühren, daß er sich nicht vorher festsetzt! Also! Ihr steigt augenblicklich zu Pferd und meldets meinem Sohn –

PREISING. Wenn ers nun aber doch nicht aufnimmt, wie Ihr denkt?

ERNST. Haltet Euch doch nicht bei Unmöglichkeiten auf! Das

sind ja ganz verschiedene Dinge! Er sagt ja; ob gern oder ungern, schnell oder langsam, das kümmert nicht mich und nicht Euch. Es gibt zwar eine Person, der das nicht so gleichgültig sein kann wie uns beiden, aber auch um die ist mir nicht bange, sie wirds schon durchsetzen, wenn sie nur einmal da ist! In Braunschweig ist ja alles schön, bis auf das Hexenvolk, das sich zu Walpurgis bei Nebel und Nacht auf dem Blocksberg versammelt, und Erichs Anna soll noch mächtig hervorleuchten! Ihr kennt das schnurrige Wort ja wohl, das auf dem letzten Fürstentag über sie umging. Der Burggraf von Nürnberg, der kleine Bucklichte, der immer so twatsche Einfälle hat, sagte, als die Rede auf ihr schlichtes Wesen in Gang und Kleidertracht kam, sie sei ein Licht, das ungeputzt noch heller brenne als geputzt, und die Jüngeren unter uns schwuren mit großem Lärm, das sei wahr, während wir Älteren lachten. Zum Teufel, die wirds doch mit der Baderin aufnehmen können?

PREISING. Gut denn!

ERNST. Weiter entbietet ihn zum Turnier, nach Regensburg, denk ich! Ja, ja, nach Regensburg! Ich bins denen schuldig! Er soll nicht länger dastehen wie ein Knabe, dem der eine Vogel davongeflogen ist und der keinen andern fangen kann; auch solls die Ritterschaft gleich wissen, daß Welf und Wittelsbach sich endlich einmal wieder küssen wollen, und das will ich feierlich auf dem Turnier verkünden! Es muß so rasch als möglich zustande gebracht werden, mein Bruder soll die Ausschreibungen auf der Stelle erlassen, ich will gleich zu ihm, er wirds gern tun, das ist ein Geschäft für ihn! Wißt Ihr, wies mit seinem Sohne steht? Ich sah ihn lange nicht, sie verstecken ihn vor mir, wies scheint, als ob sie sich schämten, ich mag kaum nach ihm fragen!

PREISING. Besser, wie ich höre, etwas besser, seit das alte Kräuterweib ihn pflegt!

ERNST. Das freut mich, obgleich es wohl nicht viel heißt! Denn mit diesem Knaben spielen alle Gebresten Fangball, ich hätte gar nicht gedacht, daß es so viele Übel gibt, als er schon gehabt hat, es ist ein Elend! Preising, der arme Adolf wird gewiß keine tollen Streiche machen, höchstens den, daß er ins Kloster geht, und daran tut er am Ende sogar recht!

PREISING. Oft werden schwache Kinder doch noch starke Männer!

ERNST. Gott gebs, ich wünsch es von Herzen! Aber – was trieb mein Albrecht schon alles, als er vier Jahr alt war! Da kam kein Bart ungerupft vom Schloß, und kein Fenster blieb ganz, wo er herumhantierte. Freilich, jetzt ists weit mit ihm gekommen, er hat sein Nest beschmutzt, und das hätt ich nie gedacht, ich hielt ihn für einen bessern Vogel. Nun, es soll schon wieder rein werden, und später kann ich dafür auch um so mehr von ihm fordern, denn alle zehn Gebote zusammen peitschen den Mann nicht so vorwärts wie die Jugendtorheiten, die ihm rechts und links über die Schultern gucken, wenn er den Kopf einmal dreht. Nur darum, glaub ich, läßt Gott der Herr sie zu! *(Wendet sich zum Abgehen)*

PREISING. Und wenn – – Gnädiger Herr, in einem solchen Fall ward das Ja gewiß noch niemals schnell gesagt! Wenn er es mir nicht gleich auf den Weg mitgibt: lad ich ihn dann auch zum Turnier?

ERNST. Dann erst recht! Dann will ich ihn vor gesamter Ritterschaft – – Torheit! Zu Pferd, Preising, zu Pferd!

(Rasch ab)

Vohburg

Siebente Szene

Erkerzimmer. Albrecht tritt mit Agnes ein. Der Kastellan folgt

ALBRECHT *(zu Agnes, die einzutreten zaudert).* Nun? *(Zum Kastellan)* Also dies ist das Zimmer?

KASTELLAN. Dies ist das Zimmer!

ALBRECHT. Ein wahrer Luginsland!

KASTELLAN. Ja, von hier aus sieht man die Feinde zuerst, aber auch die Freunde. Das sagte die Hochselige, als sies zum erstenmal betrat und geradeso wie Ew. Gnaden jetzt aufs Fenster zuging!

ALBRECHT. Wir hätten früher kommen sollen, nicht wahr, Alter, gleich nach der Ankunft? Denn ich merks wohl, daß meine Mutter dich ins Vertrauen gezogen hat!

KASTELLAN. Ei, ich brauchs nicht zu erfahren, warum das fünf

Tage später geschieht als sie erwartete! Ich weiß ohnedas, was ich dem Burgwart und dem Kellermeister zu antworten hab, wenn sie die Köpfe noch einmal zusammenstecken sollten, denn Ew. Gnaden stehen jetzt darin und also auch meine erlauchte Gebieterin Elisabeth von Württemberg, nunmehr von Bayern!

ALBRECHT. Deine Gebieterin gewiß, wenn auch nicht Elisabeth von Württemberg!

KASTELLAN. Nicht? Ich meinte doch! Anders freilich hätt ichs mir vorgestellt! Wenn Fürstinnen im Heiligen Römischen Reich sonst ihren Brautzug hielten, meldete es ein Glockenturm dem andern durch fröhlich Geläut, die Fahnen flogen, die Trompeten schmetterten und bunte Herolde sprengten hin und her! Davon hat man diesmal nichts gemerkt. Nun, Gott segne die Herzogin dieser Lande und die rechtmäßige Gemahlin meines Herrn! *(Ab)*

Achte Szene

ALBRECHT. Ein wunderlicher Alter! Ganz wie ein welkes Blatt unter grünem Laub, das der Wind hängen ließ!

AGNES. Er erinnert mich an meinen Vater! So wird der einmal aussehen!

ALBRECHT. Nun sind wir denn hier! Wie trieb er! Soviel ich ihm auch zugute halte, es verdroß mich fast, dies ewige Sich-in-den-Weg-Stellen und Klirren mit dem Schlüsselbund!

AGNES. Und ich schämte mich! Aber es rührte mich doch! Er kann keinen Flecken an seinem Herzog dulden, und er hielt mich für deinen Flecken!

ALBRECHT. Nun, ihr Wände? Wenn ihr Zungen habt, so braucht sie, damit ich endlich erfahre, warum wir gerade hierher zuerst kommen sollten! Ich glaubte, dieser sei eine Überraschung zugedacht, aber ich sehe ja nichts!

AGNES. Schön ist es hier! Dies braune Getäfel ist so blank, daß es uns abspiegelt! Das ist gewiß Regensburger Arbeit! Und die bunten Glasfenster mit den vielen, vielen Bildern darin!

ALBRECHT. Ja, das machen sie jetzt am Rhein, seit sie in Köln den Dom bauen! Lauter Legenden! Man wird heilig, wenn man durch solche Scheiben sieht! Aber ich kann mir doch nicht denken, daß wir hierhergerufen sind, um uns die zu erklären!

AGNES. Und die Aussicht! O!

ALBRECHT. Das alles ist jetzt dein! Aber freu dich nicht so sehr! Du mußt auch manches mit in den Kauf nehmen. Zum Exempel den alten krüpplichten Baum da und dort die Hütte ohne Dach!

AGNES. Mein Albrecht, du bist so fröhlich, das ist mein größtes Glück!

ALBRECHT. O, ich bin heute ein Maulhänger gegen das, was ich morgen sein werde und so fort und fort! Ja, Agnes, so ists! Ein Entzücken ist bei mir immer nur der Herold des anderen, größeren, und jetzt erst weiß ichs, warum wir Menschen unsterblich sind.

AGNES. Nicht mehr! Ich halts nicht aus! Die Brust zerspringt mir. *(Sie erblickt den Betschemel)* Da! Da! *(Sie wirft sich hin und betet)*

ALBRECHT *(mit einem Blick nach oben)*. Nun segnest du! Und ich weiß auch, durch wen!

AGNES *(steht wieder auf, an dem Betschemel öffnet sich, wo sie kniete, ein geheimes Fach, sie bemerkt es nicht)*.

ALBRECHT. Jetzt ist meine Mutter nicht mehr im Himmel, sondern wieder auf Erden und hier bei uns, aber ihre Seligkeit ist gleich groß!

AGNES. Ach, auf mich war sie nicht gefaßt!

ALBRECHT *(bemerkt das geheime Fach)*. Aber, was ist das?

AGNES. Perlen und Kleinodien! O, welche Pracht!

ALBRECHT. Ihr Schmuck! Das denk ich wenigstens, denn getragen hat sie ihn wohl nur, eh ich geboren wurde! Und ein Brief! *(Er nimmt den Brief)* An dasjenige meiner Kinder, das hier zuerst nach mir betet! *(Reicht ihn Agnes)* Also an dich! Da ist das Geheimnis! Sieh! sieh! Da hatte dieser Gang doch einen Zweck! Das hätte dir bei der Trauung prächtig gestanden! Freilich, wir hatten sie hinter uns, eh wir kamen! – Nun?

AGNES *(reicht ihm den Brief)*.

ALBRECHT *(nachdem er ihn gelesen hat)*. Wär ichs gewesen, so hätt ich dich damit schmücken dürfen, nun sollst dus selbst tun! Das ist auch besser!

AGNES. Nicht dies, nicht das!

ALBRECHT. Und was darunterliegt, ist für den, der nicht betete. Das wird nicht so glänzen und funkeln! Gute Mutter, du hast voraus gewußt, wer das sein würde; ich seh dich, wie du den Zeigefinger gegen mich erhebst! *(Zu Agnes)* Aber nun mach doch! Wie lange soll ich um den letzten Tannenbaum, den sie mir aufrichtete, herumhüpfen, eh ich ihn plündern darf? Nimm rasch das Deinige weg, daß ich zum Meinigen komm!

AGNES. Wie sollt ich!

ALBRECHT. Du bist ihr freilich keinen Gehorsam schuldig, aber ich, und wahrlich, ich will ihn der Toten am wenigsten weigern. Du wirst mich nicht hindern wollen, ein frommer Sohn zu sein! Also! *(Er nimmt die Perlen und will sie schmücken)*

AGNES *(tritt zurück)*. Nicht doch! Was bliebe noch für eine Prinzessin!

ALBRECHT. Willst du trennen, was zusammengehört? Da gäbst du meinem Vater, den du so fürchtest, ein böses Beispiel! Machs schnell wieder gut, daß er sich nicht darauf berufe! Komm! Gleiches zu Gleichem! *(Er schüttelt die Perlen, daß sie klappern)* Das heißt hier: Hagel zu Schnee! *(Er hängt sie ihr um)* Nun mögen sie sich streiten, wer weißer ist!

AGNES. Schmeichler!

ALBRECHT. Agnes, hat mans dir schon gesagt, daß der rote Wein, wenn du ihn trinkst, durch den Alabaster deines Halses hindurchleuchtet, als ob man ihn aus einem Kristall in den andern gösse! Aber, was schwatz ich! *(Er nimmt das goldene Diadem)* Ich habe ja noch ein Paar zu vereinigen! *(Er will es ihr aufsetzen)*

AGNES. Es würde mich drücken!

ALBRECHT. Du hast recht, daß du dich jetzt noch mehr sträubst als vorher, denn hier ist die Ebenbürtigkeit noch mehr zweifelhaft! Dies Gold und das – *(Er deutet auf ihre Locken)* Der Abstand ist zu groß! Dies ist der Sonnenstrahl, wie er erst durch die Erde hindurchging und an ihre Millionen Gewächse sein Bestes abgab, dann verdichtete sich der grobe Rest zum schweren toten Korn! Das ist der Sonnenstrahl, der die Erde niemals berührte, er hätte eine Wunderblume erzeugt, vor der sich selbst Rosen und Lilien geneigt haben würden, doch er zog es vor, sich kosend als schimmerndes Netz um dein Haupt zu legen! *(Er setzt ihr das Diadem auf)* Aber nimms nicht so genau, wir finden nichts Beßres.

AGNES. Nur, um zu sehen, wies ihr gestanden hat!

ALBRECHT. Das Auge ist so edel, daß es nicht geschmückt werden kann, noch diesen Ring an den Finger – er ging lange genug nackt! –, noch dieses Armband, und *(er führt sie ritterlich vor)* die Kaiserin ist fertig! Denn, das ahntest du nicht, eine Kaiserin wollt ich machen, und sie steht da, setz dich auf den ersten Thron der Welt, und in tausend Jahren wird nicht kommen, die sagen darf: Erhebe dich! Nun will ich aber auch mein Teil sehen! *(Er nimmt eine Menge welker Blumen usw. aus dem Fach)* Welke Blumen und Blätter, die fast zerstäuben, wenn man sie anrührt? Was mag sich so ankündigen? Heraus! *(Er erblickt einen Totenkopf und erhebt ihn)* Ah, du bists, stummer Prediger? Du redest noch besser wie Salomo, aber mir sagst du nichts Neues; wer, wie ich, auf Schlachtfeldern aufwuchs, der weiß es auch ohne dich, daß er sterben muß! Doch erst will ich leben! Im Himmel gibts Halbselige, sie blicken nach der Erde zurück und wissen nicht warum! Ich weiß es, sie haben ihren Kelch nicht geleert, sie haben nicht geliebt! Ja, Agnes –

Neunte Szene

KASTELLAN *(tritt ein).*

ALBRECHT *(zum Kastellan).* Halt! Noch kein Wort und ob die Welt unterginge! Ja, Agnes, wenn ich bei Gott aufhören soll, muß ich bei *dir* anfangen, es gibt für mich keinen anderen Weg zu ihm! Geht es dir nicht auch so?

AGNES. Und käme jetzt der Tod, ich dürfte nicht mehr sagen: Du kommst zu früh!

ALBRECHT *(preßt sie an sich).* All unsre Wollust mündet in Gott, was unsre enge Brust nicht faßt, das flutet in die seinige hinüber, er ist nur glücklich, wenn wir selig sind, soll er nicht glücklich sein? *(Er küßt sie)* Und zuweilen stößt er die Welle zurück, dann überströmt sie den Menschen, und er ist auf einmal dahin, wandelt im Paradiese und spürt keine Veränderung! Wenn das jetzt käme!

AGNES. Nicht weiter, nicht weiter!

ALBRECHT *(läßt sie los)*. Das war eine Stunde! Nun komme die zweite! – Was gibts?

KASTELLAN. Botschaft von Eurem Herrn Vater! Ritter Preising!

ALBRECHT. Hierher!

KASTELLAN *(ab)*.

AGNES *(will gehen)*.

ALBRECHT. Nein! So ists nicht gemeint, daß ich dich verleugnen will! Bleib! Wie der dich ansieht, sieht mein Vater dich auch an. Da wissen wir gleich, wies steht!

AGNES. Laß mich, mein Albrecht! Es treibt mich fort! Dies *(sie deutet auf das Diadem)* wäre Herausforderung!

ALBRECHT. So geh dahinein, da ist ja auch noch ein Gemach, nicht wahr? Dann bist du mit drei Schritten wieder bei mir!

AGNES *(ab)*.

ALBRECHT. Kommt nur, ich lasse mich finden!

Zehnte Szene

Preising tritt ein, von Törring, Frauenhoven und Nothhafft von Wernberg begleitet

ALBRECHT. Was bringt Ihr, Kanzler?

PREISING. Fröhliche Botschaft!

ALBRECHT. Wirklich? Da käme Freude zur Freude!

PREISING. Eine Botschaft, die mein gnädiger Herr eigentlich dem Ritter Haydeck und nicht mir hätte übertragen sollen!

ALBRECHT. So! Ich versteh schon!

PREISING. Er mußte Euch die Flucht Eurer ersten Braut melden –

ALBRECHT. Ich habe vergessen, ihn dafür zu belohnen, es soll geschehen, sobald ich ihn wiederseh!

PREISING. Er sollte Euch billig auch das Jawort der zweiten überbringen!

ALBRECHT. Preising, geradeheraus! Ich versteh mich schlecht aufs Rätselraten, aber gut aufs Nußknacken. Was ists?

PREISING. Euer Vater hat um die schönste Fürstin Deutschlands für Euch angehalten –

ALBRECHT. Das bedaur ich sehr!

PREISING. Erich von Braunschweig hat eingewilligt!

ALBRECHT. Das bedaur ich noch mehr!

PREISING. Und ich –

ALBRECHT. Ihr sollt mich zum Nicken bringen, wie einen Nürnberger Hampelmann, den man von hinten ziehen kann! Es wird Euch nicht gelingen, und das bedaur ich am meisten, denn Euer Ansehen wird darunter leiden!

PREISING. Euer Vater würde erstaunt sein, das kann ich Euch versichern, wenn Ihr Euch nur einen Augenblick gegen eine Verbindung sträuben könntet, die seit der Ächtung Heinrichs des Löwen nicht zustande gebracht werden konnte, so oft es auch versucht wurde, und die eine uralte, zuweilen höchst gefährliche Feindschaft für ewige Zeiten ersticken wird! Hier nicht mit beiden Händen zugreifen, heißt nicht bloß das Glück mit Füßen treten; es heißt auch die endlich eingeschlafene Feindschaft zwischen Welf und Wittelsbach wieder aufwecken, ja verdoppeln; es heißt den ungerechten Haß in einen gerechten verwandeln; es heißt die Rache herausfordern und ihr selbst die Waffen reichen!

ALBRECHT. Das weiß ich, o, das weiß ich, mich sollts wundern, wenns anders wär! Man kann die Pläne meines Vaters nie kreuzen, ohne zugleich der halben Welt ins Gesicht zu schlagen, mit ihm allein hats noch keiner zu tun gehabt! Aber so groß die Kunst auch sein mag, den Faden so zu spinnen: unfehlbar ist sie nicht, und diesmal reißt er ab.

PREISING. Und Euer Grund?

ALBRECHT. Ihr kennt ihn!

PREISING. Ich hoffe, nein!

ALBRECHT. Nicht? Nun, Ihr braucht ihn nicht weit zu suchen! Ich bin ein Mensch, ich soll dem Weibe, mit dem ich vor den Altar trete, so gut wie ein andrer Liebe und Treue zuschwören, darum muß ichs so gut wie ein andrer selbst wählen dürfen!

PREISING. Ihr seid ein Fürst, Ihr sollt über Millionen herrschen, die für Euch heute ihren Schweiß vergießen, morgen ihr Blut verspritzen und übermorgen ihr Leben aushauchen müssen: Wollt Ihr das alles ganz umsonst? So hat Gott die Welt nicht eingerichtet, dann wäre sie nimmer rund geworden, einmal müßt Ihr auch ihnen ein Opfer bringen, und

Ihr werdet nicht der erste Eures ruhmwürdigen Geschlechtes sein wollen, der es verweigert!

Albrecht. Einmal? Einmal mit jedem Atemzuge, meint Ihr! Wißt Ihr auch, was Ihr verlangt? Gewiß nicht, denn sonst würdet Ihr die Augen wenigstens niederschlagen und nicht dastehen, als ob alle zehn Gebote mit feurigen Buchstaben auf Eurer Stirn geschrieben ständen. Was tut Ihr, wenn der Tag Euch ein finstres Gesicht zeigt, wenn Euch alles mißlingt und Ihr Euch selbst fehlt? Ihr werft beiseite, was Euch quält, und eilt zu Eurem Weibe, sie ist vielleicht gerade doppelt von Gott gesegnet und kann Euch abgeben, wenn das aber auch einmal nicht zutrifft, so könnt Ihr sie ja gar nicht ansehen, ohne aller Eurer glücklichen Stunden zu gedenken, und wem die wieder lebendig werden, der hat eine mehr! Was wär mein Los? Könnt ich auch zu meinem Weibe eilen? Unmöglich, ich müßte eher eine Wache vor meine Tür stellen, damit die Unselige in ihrer Unschuld nur nicht von selbst komme und mich ganz verrückt mache, denn sie wäre ja mein ärgster Fluch! Doch nein, das wäre schlecht von mir, das dürft ich nicht, ich müßte ihr entgegengehen und sie in meine Arme schließen, während ich sie lieber von mir schleudern möchte, wie einen ankriechenden Käfer, denn das hätt ich vor Gott gelobt. Graust Euch? Wißt Ihr jetzt, was Ihr verlangt? Nicht bloß auf mein Glück soll ich Verzicht leisten, ich soll mein Unglück liebkosen, ich solls herzen und küssen, ja ich soll dafür beten, aber nein, nein, in alle Ewigkeit nein!

Preising. Herzog Ludwig, Euer Vorfahr, nahm eine Gemahlin, die keiner erblickte, ohne ihr zu dem Namen, den sie in der heiligen Taufe empfangen hatte, unwillkürlich noch einen zweiten zu geben; es war Margareta von Kärnten, die im Volksmund noch heutzutage die Maultasche heißt. Er war jung, wie Ihr, und man hört nicht, daß er blind gewesen ist, aber sie brachte die Grafschaft Tirol an Bayern zurück, und wenn er sich über ihre Schönheit nicht freuen konnte, so wird der Gedanke ihn getröstet haben, daß seine armen Untertanen unter seiner Regierung das Salz noch einmal so billig kauften wie zuvor, und ihn mit fröhlichen Gesichtern morgens, mittags und abends dafür segneten!

ALBRECHT. Wißt Ihr, ob er ihnen nicht jedesmal eine Bitte abschlug, wenn er sein Weib gesehen hatte?

PREISING. Ich weiß nur, daß er vier Kinder hinterließ. Gnädiger Herr, ich habe meine Botschaft ausgerichtet und werde Eurem Vater melden, daß Ihr zu mir nicht ja gesagt habt. Wollt Ihr etwas hinzufügen, so tuts, wenn Ihr ihn seht! Mein Auftrag ist noch nicht zu Ende, ich soll Euch noch zu dem Turnier laden, das er in Regensburg zu halten gedenkt, und Ihr werdet seinen Unwillen nicht dadurch noch erhöhen wollen, daß Ihr ausbleibt!

ALBRECHT. Gewiß nicht, ich habe das Fechten nicht verlernt, auch in Augsburg nicht, und gebe gern den Beweis!

PREISING. Da müßt Ihr denn noch heute aufsitzen!

ALBRECHT. Noch heute?

PREISING. Übermorgen findets statt!

ALBRECHT. Das kommt ja rascher zustande wie eine Bauernschlägerei! Was gibts denn? Ist dem Kaiser in seinem Alter eine Prinzessin geboren?

PREISING. Wahrscheinlich sollte Eure neue Verlobung der Ritterschaft verkündet werden, denn Euer Vater hält Eure Weigerung für unmöglich und ist stolz darauf, daß ihm gelang, was seinen Vorfahren drei Jahrhunderte hindurch mißglückte. Nun wirds wohl auf ein bloßes Lanzenspiel hinauslaufen!

ALBRECHT. Gleichviel! Ich bin in billigen Dingen sein gehorsamer Sohn und will um eine Erbsenschote turnieren, wenn ers verlangt!

PREISING. Also, Ihr erscheint, ich hab Euer Wort! *(Ab, von Törring, Frauenhoven und Nothhafft von Wernberg zurückbegleitet)*

Eilfte Szene

ALBRECHT. Da ists! Und ich kann nicht sagen, daß michs verdrießt! Ich bin nicht gemacht, mein Glück zu genießen, wie ein Knabe die Kirschen nascht, die er gestohlen hat! Und wenn der Sturmwind mir die Tarnkappe abreißt, so kann der Augsburger Priester doch gewiß nicht sagen, ich selbst hätte das Geheimnis verraten!

Zwölfte Szene

AGNES *(tritt wieder ein, aber ohne die Kleinodien).* Nun, mein Albrecht?

ALBRECHT. Ja, Agnes, nun werd ichs bald sehen, ob du von deinem Vater was gelernt hast, ich werde bloß, um dich auf die Probe zu stellen, ein paar Beulen von Regensburg mitbringen! Aber, was hast du gemacht? Mein Werk wieder zerstört? Nein, wirst du sagen, Gottes Werk wiederhergestellt! Und es ist wahr, ich hatte es nur verdorben, wie der Knabe die Lilie, die er mit Nelkenblättern bestreut! Du tatest wohl, den bunten Überfluß abzuschütteln.

AGNES. Ich habe alles gehört, alles! Ich mußte!

ALBRECHT. Alles, nur meine letzte Antwort nicht! Fürchte nichts von meinem Ungestüm, ich halte sie zurück, solange ich kann, auch jetzt noch! Aber im äußersten Fall: hier ist sie. *(Er umarmt sie)* Wir sind vereint, nur der Tod kann uns noch trennen, und der ist sein eigner Herr. Auch gibts auf der ganzen Welt keinen Mann, der sich schneller in etwas ergibt, wie mein Vater, wenn er sieht, daß nichts mehr zu ändern ist! Nun in die Rüstkammer! Nothhafft und Törring nehm ich mit, Frauenhoven bleibt hier zu deinem Schutz!

AGNES. Es ist nicht Furcht, was mich bewegt! Den Schwindel hab ich überwunden! Aber – sieh, mein Albrecht, es tut mir weh, wenn ich mir denke, daß ganz Augsburg mich für etwas anderes als für deine Gemahlin hält; und der Trost, vor Gott rein dazustehen, reicht nicht immer aus, kaum, laß michs bekennen, das Gefühl, mein Glück damit zu bezahlen. Doch ich will es gern mein ganzes Leben lang ertragen, wenns nur zwischen dir und deinem Vater Friede bleibt. Wie fürchterlich wars mir früher schon immer, wenn sich Freunde und Brüder meinetwegen entzweiten, und von wie manchem Tanz blieb ich weg, ums nur nicht zu sehen! Und was war das gegen dies!

ALBRECHT. Diesmal ist gar nichts zu besorgen! Auch ein Fürstensohn darf sagen: Ich will die nicht! und wenigstens: Ich will noch nicht! Aber zusammenhauen will ich sie – hei! Wer mich bisher schon einen guten Fechter genannt hat, der soll sich schämen, und ein jeder soll sichs im stillen zuschwören, mir nie wieder in den Weg zu treten, auch wer selbst nichts abbekommt! *(Beide ab)*

Regensburg

Dreizehnte Szene

Turnierplatz. Die Zuschauer sind auf ihren Tribünen schon versammelt. Der Marschall steht vor den Schranken, ein Buch unterm Arm. Großer Zug; Fahnen, Trophäen, Trompeten. Ernst tritt auf, von seinen Rittern begleitet. Unter diesen befinden sich Wolfram von Pienzenau, Otto von Bern, Ignaz von Seyboltstorff und Hans von Preising. Preising geht ihm zur Seite. Die Ritter stellen sich bis auf Preising rechts vom Marschall auf

PREISING. Gnädiger Herr, mißdeutets nicht, daß ich noch einmal anklopfe, aber die Stunde ist ernst, was Ihr zu tun gedenkt, kann vielleicht nicht mehr zurückgetan werden, und Ihr pflegt ja doch sonst meinen geringen Rat nicht zu verschmähen!

ERNST. Gegen jedermann kann ich Euch schützen, nur nicht gegen meinen Nachfolger, darum rat ich mir diesmal allein!

MARSCHALL *(ruft)*. Wolfram von Pienzenau! Otto von Bern!

PIENZENAU und BERN. Hier!

MARSCHALL *(läßt sie ein)*.

PREISING. Ich fürchte zu erraten, was Ihr vorhabt, der Marschall hat das Buch gewiß nicht umsonst unterm Arm! Überlegts noch, ich bitt Euch, und seht in der raschen Antwort, die er Euch vorhin gab, nicht den Trotz eines Sohns, sondern die Hartnäckigkeit eines Verliebten, der sein Gefühl für eine Agnes nicht sogleich auf eine Anna übertragen kann!

ERNST. Ihr werdet augenblicklich aufgerufen werden!

PREISING *(geht zu den Rittern)*.

ERNST. Ein Schnitt ins Fleisch tut not. Wirkts nicht gleich, so wirkts später! Ei, ei, wer hätte das gedacht! Einer Dirne wegen!

ALBRECHT *(tritt mit Nothhafft von Wernberg und Törring auf)*.

ERNST *(an Albrecht vorbeischreitend)*. Noch einmal! Darf ich der Ritterschaft Eure Verlobung mit Anna von Braunschweig ankündigen lassen?

ALBRECHT. Ich habe zuviel von Euch im Leibe, um auf eine und dieselbe Frage an einem und demselben Morgen zwei Antworten zu geben! – Mein Gott, lag ich denn ganz umsonst auf den Knieen vor Euch?

ERNST. Gut! *(Er geht weiter)* Marschall, ich habe Euch nichts zu sagen! *(Er besteigt seine Tribune)* Nur fort!

MARSCHALL *(ruft)*. Hans von Preising! Ignaz von Seyboltstorff!

PREISING und SEYBOLTSTORFF. Hier! *(Treten an die Schranken)*

ALBRECHT. Preising! Seyboltstorff! Zurück! Wittelsbach ist da! *(Tritt an die Schranken)*

MARSCHALL. Halt!

ALBRECHT. Marschall von Pappenheim, aufgeschaut! Den Blinden, dem ich den Star stechen muß, bedien ich mit der Lanze!

ERNST. Artikel zehn!

MARSCHALL *(öffnet das Buch und liest)*. Weiter wurde zu Heilbronn für ewige Zeiten beschlossen und geordnet: Welcher vom Adel geboren und herkommen ist und Frauen und Jungfrauen schwächte –

ALBRECHT *(schlägt ihm das Buch aus der Hand)*. Der darf nicht turnieren! Werden hier Krippenreiter zugelassen, die das nicht wissen?

MARSCHALL. Ihr seid angeklagt, auf Eurem Schloß Vohburg mit einem Schwabenmädchen in Unehren zu leben!

ALBRECHT. Mein Kläger?

ERNST *(erhebt sich)*.

ALBRECHT. Herzog von München-Bayern, laß deine Späher peitschen, sie haben deine Schwieger verunglimpft! Die ehr- und tugendsame Augsburger Bürgerstochter, Jungfer Agnes Bernauer, ist meine Gemahlin, und niemand als sie befindet sich auf Vohburg! Hier stehen meine Zeugen!

ERNST. Preising! Das ist ja zum – Wiederjungwerden!

ALBRECHT. Da man nun mit seinem angetrauten Weibe nicht in Unehren leben kann, so – – Schildknapp, zeig dem Mann mit dem Buch da, wie man öffnet!

SCHILDKNAPP *(öffnet rasch)*.

ALBRECHT *(tritt ein)*. Nun, ihr Herren? Man pflegt: Ich wünsch Euch Glück! zu sagen!

ERNST *(greift zum Schwert und will hinunterstürzen)*. Ich komm schon!

PREISING *(wirft sich ihm entgegen).* Gnädiger Herr, erst müßt Ihr mich durchstoßen!

ERNST. Ei, ich wills ja nur als Knüttel gebrauchen, ich will nur für die Überraschung danken! Doch Ihr habt recht, es ist auch so gut, was erhitzt der Vater sich, der Herzog genügt. *(Er ruft)* Edle von Bayern, Grafen, Freiherren und Ritter, auch Wilhelm, mein Bruder, hat einen Sohn –

ALBRECHT. Was soll das?

ERNST. Wer den Weg zur Schlafkammer seiner ehr- und tugendsamen Jungfer – allen Respekt vor ihr, es muß eine gescheite Person sein! – durch die Kirche nehmen mußte, der nimmt die Benediktion mit und die Gnade aller Heiligen obendrein, aber Krone und Herzogsmantel läßt er am Altar zurück! *(Er fährt fort)* Dieser Sohn heißt Adolf, und ihn erklär ich –

ALBRECHT. Bei meiner Mutter, nein!

HANS VON LÄUBELFING. Albrecht von Wittelsbach, Ingolstadt steht hinter Euch, fürchtet nicht für Euer Recht, Ludwig der Bärtige zieht!

ERNST. Ludwig von Ingolstadt oder wer hier für ihn spricht, das Reich steht hinter mir mit Acht und Aberacht, weh dem, der seine Ordnung stört!

MARSCHALL *(nebst vielen andern Rittern, mit den Schwertern klirrend).* Ja, weh dem!

ERNST. Bürger von Augsburg, Eidam des Baders, empfangt jetzt Segen und Hochzeitsgabe zugleich! *(Fährt fort)* Es lebe mein Nachfolger! *(Er steigt von der Tribune herunter)* Wer ein guter Bayer ist, stimmt mit ein: Es lebe Adolf, das Kind!

MARSCHALL *(mit vielen andern Rittern um Ernst sich scharend).* Es lebe Adolf, das Kind!

ALBRECHT *(zieht und dringt auf den Marschall ein, auch um ihn scharen sich einige Ritter).* Otto, mein Ahnherr, für Treu!

ERNST *(schlägt ihm mit der Faust aufs Schwert).* Das Turnier ist aus!

ALBRECHT. Nein, es beginnt! Die Ritterschaft verläßt mich! Bürger und Bauern heran! *(Er schwingt sein Schwert gegen die Zuschauer. Großes Getümmel)*

VIERTER AKT

München

Erste Szene

Das herzogliche Kabinett
Preising sitzt an einem Tisch, ein versiegeltes Dokument in der Hand

PREISING. Dies soll ich öffnen und prüfen! Und gerade heut, an diesem Tage des Jammers! *(Er besieht das Dokument)* Keine Aufschrift, bis auf ein Kreuz! Aber sieben Siegel von seiner eignen Hand! Dazu lags, dreifach verschlossen, in einer ehernen Truhe! Der Inhalt muß ernst und wichtig sein! Auch neu ist es nicht! Das beweist der Staub, der sich mir an die Finger setzt! *(Er fängt an, die Siegel zu erbrechen)* Offenbar ein Geheimnis, das er lange vor mir verbarg! Mir wird fast beklommen!

Zweite Szene

STACHUS *(tritt ein)*. Ein Bauer ist da, mit einer ungeheuer großen Ähre, die er dem Herzog zeigen will!

PREISING. Nur heute nicht! Er wird vom Sterbebett keine Augen dafür mitbringen!

STACHUS. Das hab ich ihm schon gesagt! Aber er läßt sich nicht bedeuten, und Ihr wißts ja, daß wir mit den gemeinen Leuten nicht unsanft verfahren dürfen!

PREISING. So laß ihn stehen, bis er von selbst geht! Hört man denn nichts von dem armen Prinzen? Wirds nicht doch ein wenig besser? Bei Gott ist ja kein Ding unmöglich!

STACHUS. Besser! Vor einer halben Stunde ward er versehen! Herr Kanzler, die Augsburger Hexe paßt schon auf, und der Teufel läßt sie nicht im Stich, wie sollts besser werden!

PREISING. Was redst du da wieder, Stachus!

STACHUS. Was sie alle reden! In der Burg, auf der Straße, an der Schranne, im Klosterhof, wo man auch hinkommt, alle, alle! Ein hochwürdiger Pater Franziskaner hat diese Bernauerin schon von der Kanzel herab verflucht, er hat gesagt, sie sei wert, bei lebendigem Leibe verbrannt zu werden, da wirds doch wohl wahr sein! Und wie sollts auch nicht! Erst stirbt der Vater, der gute, gute Herzog Wilhelm; dies Wams hab ich von ihm! Dann folgt seine Gemahlin! Heute rot, morgen tot; wir mußten sie beweinen, eh sie ihn noch beweinen konnte. Nun der Prinz, der freundliche kleine Adolf! Hört Ihr? Das Sterbeglöcklein! Es ist aus! Aus! *(Er ballt die Hände wie zum Fluchen)* Und ich sollte nicht? *(Er sinkt auf die Kniee und betet)*

PREISING *(sinkt gleichfalls auf die Kniee).*

STACHUS *(aufstehend).* Selbst in Brand stecken möcht ich den Scheiterhaufen! Die fände so viele Henker, als es treue Bayern gibt. Nun gehts an den Herzog, den regierenden Herrn, gebt nur acht! *(Ab)*

Dritte Szene

PREISING *(der sich zugleich mit Stachus erhebt).* Ja, es ist aus! Das Glöcklein verstummt, das Kind tat seinen letzten Atemzug, und Ernst hat keinen Erben mehr, da er seinen Sohn verstieß. Dies ist eine schwere Stunde fürs Land! Gott schaue gnädig auf uns herab! *(Er ergreift das Dokument wieder)* Nun wird er wohl gleich hier sein! Die ganze Nacht war er drüben! *(Er nimmt es aus dem Umschlag und entfaltets)* Was ist das? *(Er liest)* »Rechtlicher Beweis, geschöpft aus den Ordnungen des Reichs und anderen lauteren Quellen, daß die Agnes Bernauer oder Pernauer aus Augsburg wegen verbrecherischer Verleitung des jungen Herzogs Albrecht zu unrechtmäßiger Ehe, ja sogar, falls sich nichts Weiteres erhärten ließe, wegen bloßer Eingehung einer solchen im äußersten Falle gar wohl, zur Abwendung schweren Unheils, auf welche Weise es immer sei, vom Leben zum Tode gebracht werden dürfe!« *(Er setzt ab)* O, nun begreif ich alles! Dieser Tote wird wieder töten, dieser Knabe, der nicht einmal seine Nürnberger Klapperbüchse mehr schütteln kann, wird das Mädchen nachholen! Schrecklich! *(Er sieht wieder hinein)* Des jungen Herzogs! Er ist fünf Jahre älter als sie und hat vielleicht schon seine erste Schlacht gewonnen, bevor sie noch ihre letzte Puppe in den Winkel warf! Ärmste, welch ein Schicksal ereilt dich! *(Er blättert um)* Wer hat sich denn unterschrieben? Adlzreiter! Kraitmayr! Emeran Nusperger zu Kalmperg! Große Juristen, würdig, zu Justinians Füßen zu sitzen und die Welt zu richten, wer wagt ihnen zu widersprechen! Sie ist verloren! *(Er sieht wieder hinein)* Und gleich nach dem Regensburger Turnier abgefaßt! Ja, da trafen sie alle drei hier in München zusammen, ich hielts für Zufall, nun seh ich wohl, daß sie gerufen waren! Das sind schon dritthalb Jahre! Wie wenig mag sies noch erwarten! *(Er blättert noch einmal um)* Unten das förmliche Todesurteil, dem nur noch der Name des Herzogs fehlt! Der wird nun wohl bald hinzukommen! Mich graust! Manch ähnliches Blatt hielt ich schon in der Hand, aber da ging dem strengen Spruch jedesmal eine Reihe schnöder Gewalttaten voran, man las viel von Raub, Mord, Brand und Friedensbruch, ehe man an die Strafe kam. Hier könnte höchstens stehen: Sie trug keinen Schleier und schnitt sich die Haare nicht ab! Ich weiß jetzt ja recht gut, wies zugegangen ist! Und dennoch – *(Er liest wieder)* Durchs Beil, durchs Wasser, ja durch einen Schuß aus dem Busch – *(Er setzt ab)* Gibts denn gar kein anderes Mittel mehr?

Vierte Szene

ERNST *(tritt ein)*. Ich ließ Euch warten, Preising! Aber ich mußte selbst warten!

PREISING. Gnädiger Herr!

ERNST. Laßt, laßt! Die Erde kann schon mit gebrochenen Augen gepflastert werden! Es kam ein Paar hinzu! Habt Ihr gelesen?

PREISING. Ich wollte just, da hört ich das Glöcklein!

ERNST. So lest jetzt! *(Er wendet sich)* Es hat mich angegriffen! Wie schwer stirbt ein Kind! Zwölf Stunden Todeskampf für ein so kurzes Leben! Mein Gott! Nun, es ist vorbei! *(Er macht ein paar Schritte)* Die große Glocke! Endlich! Mir fehlte noch was! Die verkündigts der Stadt! Nun gehts von Ort zu Ort, von Haus zu Haus, von Mund zu Mund. Ja, betet, betet, betet! Wir könnens brauchen! *(Wendet sich wieder zu Preising)* Nun?

PREISING *(legt das Dokument auf den Tisch)*. Was soll ich noch sagen!

ERNST. Was Ihr könnt! Prüft Punkt für Punkt, ich steh Euch Rede, diesmal wie allemal! Habt Ihr etwas gegen die Männer einzuwenden, die das Gutachten abgaben und den Spruch fällten?

PREISING. Gegen die Männer! Wenn der Schwabenspiegel noch nicht zusammengestellt wäre, diesen dreien würde ich an Kaisers Statt den Auftrag geben, es zu tun!

ERNST. Sind sie bestechlich? Trifft einen unter ihnen der Verdacht der hohlen Hand?

PREISING. Gewiß nicht! Wenn aber auch: Herzog Ernst hat keinem etwas hineingedrückt!

ERNST. Ihr erweist mir nur Gerechtigkeit! Nicht einmal den Schweißpfenning, der ihnen gebührt hätte, und das ist die einzige Schuld, die ich nie bezahlen will!

PREISING. Ich schwöre für Euch! Aber auch für sie!

ERNST. Nun, solche Männer, so beschaffen, legten vor dritthalb Jahren nach gewissenhaftester Erwägung des Falls dies Blatt bei mir nieder, und erst jetzt zieh ichs hervor. Kann man mich der Übereilung zeihen?

PREISING. Nicht Euer Feind!

ERNST. Wenn ichs vollstrecken lasse: kann man behaupten, es sei nicht der Herzog, der seine Pflicht erfüllen, sondern der Ritter, der einen Flecken abwaschen oder der Vater, der sich rächen will?

PREISING. Auch das nicht!

ERNST *(ergreift die Feder).*
Wohlan denn!

PREISING. Gnädiger Herr, haltet noch ein!

ERNST. Ja? Gut! *(Legt die Feder nieder)* Ich bin kein Tyrann, und denke keiner zu werden. Aber man soll von mir auch nicht sagen: Er trug das Schwert umsonst! Wers unnütz zieht, dem wirds aus der Hand genommen, aber wers nicht braucht, wenns Zeit ist, der ruft alle zehn Plagen Ägyptens auf sein Volk herab, und die treffen dann Gerechte und Ungerechte zugleich, denn unser Herrgott jätet nicht, wenn er selbst strafen muß, er mäht nur! Das erwägt und nun sprecht! *(Er setzt sich)*

PREISING. Ich kann dies Blatt nicht widerlegen! Es ist wahr: wenn die Erbfolge gestört wird oder auch nur zweifelhaft bleibt, so bricht früher oder später der Bürgerkrieg mit allen seinen Schrecken herein, und niemand weiß, wann er endet!

ERNST. Er bricht herein, wenn sie Kinder bekommen, er bricht herein, wenn sie keine bekommen! In dem einen Fall wollen die sich behaupten, in dem andern können Ingolstadt und Landshut sich nicht vereinigen, weil jedes den Löwenanteil verlangt! Ja, es ist die Frage, ob die auch nur bis zu seinem Tode ruhig bleiben! Denn, wenn sie jetzt mit ihm liebäugeln, so geschiehts, um mich zu ärgern!

PREISING. Aber es ist doch auch entsetzlich, daß sie sterben soll, bloß weil sie schön und sittsam war!

ERNST. Das ist es auch! Ja! Darum stellt ichs Gott anheim. Er hat gesprochen. Ich warf mein eignes Junges aus dem Nest und legte ein fremdes hinein. Es ist tot!

PREISING. Und gäbe es wirklich keinen anderen Ausweg? Gar keinen?

ERNST. Ihr greift mich hart an, Ihr meint, ich könnte noch mehr tun! Und wahr ists: in den Adern Ludwigs von Ingolstadt und Heinrichs von Landshut fließt das Blut des Geschlechts ebenso rein wie in meinen eignen!

PREISING. Daran hab ich noch nicht gedacht!

ERNST. Aber ich! Zwar wärs so arg, daß wohl auch ein Heiliger fragen würde: Herr, warum das mir? Doch wenns nun wär? Der letzte Hohenstaufe starb durch Henkers Hand, mit Gottes dunklem Ratschluß kann viel bestehen, was der Mensch nicht faßt. Aber dies kann Gottes Ratschluß nicht sein, denn es hälfe nichts, und das ist mein Trost! Spräche ich zu Heinrich: Komm, Fuchs, du hast mir mein ganzes Leben lang Fallstricke gelegt und Gruben gegraben, nimm mein Herzogtum zum Lohn! so führe Ludwig dazwischen. Spräche ich zu Ludwig: Ich bin dir noch den Dank für so manchen Schlag schuldig, der von hinten kam, hier ist er! so griffe Heinrich mit zu, und einer könnts doch nur sein! Oder ists nicht so?

PREISING. Gewiß!

ERNST. Es bliebe also immer dasselbe, alles ginge drunter und drüber, und die Tausende, die im Vertrauen auf mich ins Land kamen und meine Märkte zu Städten erhoben, meine Städte so weit emporbrachten, daß selbst die stolze Hansa ihnen nicht mehr ungestraft den Rücken kehren darf, würden mich und mein Andenken verfluchen!

PREISING. Ich meinte nicht das! Laßt sie entführen und dann verschwinden! Das geht leichter als sonst, er läßt sie nicht mehr so ängstlich bewachen.

ERNST. Was wär damit gewonnen? Er würde sie suchen bis an seinen Tod! Ihr wart ein schlechter Prophet in Regensburg!

PREISING. Man breitet aus, daß sie gestorben ist. Er fand den Priester, der ihn mit ihr verband: kann Euch der Priester fehlen, der einen Totenschein ausstellt?

ERNST. Und ich sollte ihm das zweite Weib geben, solange das erste noch lebte! Nein, Preising, das Sakrament ist mir heilig, er soll nicht am Tage des Zorns wider mich zeugen und sagen: Herr, wenn ich mich mit Greueln befleckte, so wußte ich nichts davon. Hier hilft kein Kloster, nur der Tod!

PREISING. Doch auch wohl der Papst, und wenn der sich weigert, der Kaiser! Friedrich Barbarossa schied sich selbst! Ludwig der Bayer schied seinen Sohn!

ERNST. Wie soll man scheiden, wenn keins von beiden will? Preising, ich hatte dritthalb Jahre Zeit, und das Kind, für das jetzt die Glocken gehen, war oft genug krank! *(Er greift wieder zur Feder)* Nein, Gott will es so und nicht anders! Und gerade jetzt geht es leicht. Er reitet heut oder morgen nach Ingolstadt zum Turnier hinab. Dort soll er, ich möchte sagen, wieder ehrlich gesprochen werden, und dies wird glücken, denn Ludwig hat alles zusammengerufen, was mir feind ist, er denkt: je weiter der Riß zwischen uns beiden, je besser für ihn! Nun, während sie die Fahne über ihn schwenken, will ich dafür sorgen, daß sie sich hinterdrein nicht zu schämen brauchen. Nichts hat mich so verdrossen, als das Gepränge, mit dem er sie gleich nach dem Regensburger Tag, einer Herzogin gleich, von Vohburg nach Straubing führte. Jetzt ist das gut! Emeran Nusperger zu Kalmperg ist Richter in Straubing, und Pappenheim kann mit hundert Reitern in vierundzwanzig Stunden dort sein!

PREISING. Und nachher? Gnädiger Herr, Ihr habt recht, ich war in Regensburg ein schlechter Prophet! Wird ers tragen? Wird er nicht rasen und Hand an sich selbst legen oder sich offen wider Euch empören?

ERNST. Das eine vielleicht, das andre gewiß, ich tu, was ich muß, der Ausgang ist Gottes. Ich setz ihn daran, wie Abraham den Isaak, geht er in der ersten Verzweiflung unter, und es ist sehr möglich, daß ers tut, so lasse ich ihn begraben, wie sie, tritt er mir im Felde entgegen, so werf ich ihn oder halte ihn auf, bis der Kaiser kommt. Dem meld ichs, noch eh es geschieht, und er wird nicht säumen, denn wie ich Ordnung im Hause will, so will er Ordnung im Reich. Es ist ein Unglück für sie und kein Glück für mich, aber im Namen der Witwen und Waisen, die der Krieg machen würde, im Namen der Städte, die er in Asche legte, der Dörfer, die er zerstörte: Agnes Bernauer, fahr hin! *(Er unterschreibt und geht, dann wendet er sich und winkt)* Kanzler! *(Ab, Preising folgt mit dem Blatt)*

Straubing

Fünfte Szene

Burghof und daranstoßender Garten. Törring, Frauenhoven und Nothhafft von Wernberg, alle gerüstet, an einem steinernen Tisch, auf dem Wein steht. Der Kastellan geht vorüber

NOTHHAFFT VON WERNBERG. Nun, Alter, schon wieder in die Kapelle? *(Er erhebt seinen Becher)* Komm, versuch einmal, damit du siehst, daß die Frommen noch immer nicht umsonst beten!

KASTELLAN. Ich stoß dich um, sagte der Ritter zum Becher und tats siebenmal hintereinander. Aber der Becher stieß ihn wieder um, und da fiel er dem Teufel in die Arme, der schon längst hinter ihm stand! Hütet Euch und spottet nicht! *(Ab)*

Sechste Szene

FRAUENHOVEN. Wo bleibt der Herzog? Die Pferde werden ungeduldig!

TÖRRING. Er wird die Totengruft besehen, die sie sich bauen ließ. Sie ist gestern oder heut fertig geworden. Ich sah sie beide zu den Karmelitern hinübergehen.

NOTHHAFFT VON WERNBERG. Doch ein seltsamer Gedanke für ein junges Weib! Eine Totengruft!

TÖRRING. Nun, im Anfang gerade so seltsam nicht! Da mag ihr beklommen genug gewesen sein und mit Recht. Jetzt freilich siehts anders aus! Und doch kann man noch nicht wissen, wies kommt! Das schwache Kind in München ist nicht stark dadurch geworden, daß der alte Herzog ihm die Krone aufsetzte. Ja, er hats vielleicht nur getan, weil er sich darauf verließ, daß sie schon von selbst wieder herunterfallen würde!

FRAUENHOVEN. Da irrt Ihr! Wie oft hat er Albrecht durch seinen Bruder die förmliche Entsagung abzudringen gesucht!

TÖRRING. Das war immer nur ein Stich, eine verkappte Anfrage, ob er ihrer noch nicht satt sei! Wenn Ernst keinen Hintergedanken hatte, warum stellte er sich zwischen ihn und den Kaiser, als dieser wegen der Regensburger Händel Rechenschaft forderte? Der alte Siegmund meinte es sehr ernsthaft, das Podagra hat einen wackern Reichsvogt aus ihm gemacht, und seine Kommissarien, wir dürfens uns wohl bekennen, hätten nicht einmal Brillen aufzusetzen gebraucht, um einen offenen Aufruhr zu entdecken. Warum kehrten sie so plötzlich in München um?

FRAUENHOVEN. Ihr seht immer schwarz!

NOTHHAFFT VON WERNBERG. Sie kommen! Steigen wir zu Pferde, daß wir den Abschied abkürzen! Aber vorher – *(Er ergreift den Becher)*

TÖRRING. Auf guten Ausgang! *(Sie stoßen an und gehen ab)*

Siebente Szene

Albrecht und Agnes treten auf. Albrecht ist ebenfalls gerüstet

AGNES. Also, die Ampel, die noch fehlt, bringst du mir mit, nicht wahr? Eine eherne, mit einer langen Kette, daß sie hoch vom Gewölb niederschweben kann.

ALBRECHT. Lieber etwas andres, ich gestehs dir offen. Doch ich habs versprochen, und ich tus!

AGNES. Zürnst du mir?

ALBRECHT. Wie könnt ich! Aber es ängstigt mich, daß dir dies so am Herzen liegt! Hast du eine böse Ahnung? Ich wüßte zwar nicht, woher die dir jetzt noch kommen sollte, und dennoch muß es so sein!

AGNES. Gewiß nicht! Ei, da würd ich von meinem Sarg reden, von den Fackeln, dem Glockengeläut und allem, was ich mir sonst noch wünschte! Und wenn ich fürchtete, dir weh zu tun, würd ich sagen: Denke dir, mir hat geträumt, ich würde begraben, und darüber mußt du dich freuen, denn es bedeutet langes Leben, aber das Leichenbegängnis war so schön, daß ichs dereinst geradeso und nicht anders haben möchte. Und dann würde ichs dir beschreiben!

ALBRECHT. So will ich dir die Ampel nach dreißig Jahren schenken!

AGNES. Wenn du nicht anders willst! Angezündet soll sie ja noch nicht werden! Aber mein Albrecht, du kennst uns nicht, du weißt nicht, wie wir sind! Ein bürgerliches Mädchen macht sich das Totenhemd gleich nach dem Hochzeitkleid, und sie tut wohl daran, denn sie kann nicht wissen, wie sies sonst in ihrem Alter bekommt! Nun, das liegt mir in der Art, und so lange bin ich noch nicht die Gemahlin eines Herzogs, daß sich schon alles an mir verändert hätte! Aber du siehst, die Demut ist schon entwichen, denn ich habe nicht, wie meine Gespielinnen, die eigenen Finger geplagt und mir das Sterbegewand genäht, ich habe den Maurer und den Zimmermann gequält und mir eine Totenkapelle erbaut! Nun steht sie, und es ist mir eine Freude, daß ich die Stätte, wo ich meinen längsten Schlaf halten soll, jetzt schon kenne, ja, daß ich sie betreten und dort im voraus für mich beten kann! Darum möcht ich auch die Ampel gleich aufhängen, sonst wär mir da in der letzten Stunde ja doch noch etwas fremd!

ALBRECHT. Wenn es nur das ist!

AGNES. Was sonst? Ich seh schon bei Tage einmal nach meinem Bett, weiter nichts! Ei, merkst du denn noch etwas von jener Angst und Beklommenheit an mir, die mich ergriff, als du so ungestüm von Regensburg zurückkehrtest und mich hierher führtest? Damals zitterte ich für mich und dich! Noch hatte ich mich an Vohburg nicht gewöhnt, noch lief ich wie ein Kind von Gemach zu Gemach und konnte keins finden, das mir eng genug war, und schon mußt ich das kleine Schloß mit diesem großen vertauschen, neben dem es sich ausnahm, wie mein armes Vaterhaus sich neben ihm ausgenommen hatte! Ach, die Musik unterwegs, das wilde Lebehoch der Bauern, die sich mit ihren Sensen und Pflugeisen um uns zusammenrotteten, die Blumen, die man uns streute, alles entsetzte mich. Du selbst kamst mir ganz fremd vor, weil dus littest und dich darüber freutest; ich erschrak zu Tode, als du hier sogar die Glocken läuten lassen wolltest! Aber das ist vorbei, längst vorbei! Du hörst ja, ich selbst nenne Vohburg jetzt klein, ich wundere mich gar nicht mehr, wenn sich die Armen und Bittenden des Morgens um mich drängen, ich kann fragen, wie eine geborne Herzogin, ich kann den Kopf schütteln und fast abschlagen, ich sollte mich schämen!

ALBRECHT. So will ich dich!

AGNES. Nur in meinen Träumen gehts anders her, sonst würd ich gewiß zu stolz! Da kehrt die alte Zeit wieder, wo ich die Brotkrumen sorgfältig auflesen mußte, die zu Boden fielen, und wo mein Geburtstagsgeschenk meistens darin bestand, daß ich nicht gescholten wurde, wenn ich etwas tat, was nicht ganz recht war. Noch in der letzten Nacht, du mit deiner immer offnen Hand wirst lachen, bat ich meinen Vater glühend und stotternd um irgendeine Kleinigkeit, und er sagte, was er gewöhnlich zu sagen pflegte, wenn er eine Bitte nicht zweimal hören wollte: Gut, es sei, aber dann kann ich ein halbes Jahr lang keinen Tropfen Wein mehr trinken! Ich war noch recht unwillig auf ihn, als ich erwachte, aber nun – Ich hab ihn doch wenigstens einmal wiedergesehen!

ALBRECHT. Du wirst ihn – – *(Er unterbricht sich)* Da hab ich dich um die Überraschung gebracht!

AGNES. Nein, mein Albrecht! Ich habs recht gut gemerkt, aber wenn er kommen wollte, wär er längst dagewesen! Ich kann mir auch denken, was ihn abhält, und du mußt ihn darum ehren!

ALBRECHT. Ich glaube doch, er wird diesmal nachgeben! Sonst gehen wir im Winter nach Augsburg zum Mummenschanz.

Achte Szene

TÖRRING *(tritt ein)*. Verzeiht!

ALBRECHT. Ich bleib Euch zu lange!

TÖRRING. Wenn Ihr überhaupt noch fort wollt –

ALBRECHT. Wenn ich überhaupt noch fort will? Ei, ich werde die Ritter und Herren, die Herzog Ludwig so mühsam zusammenbrachte, nun doch nicht zum Narren halten?

TÖRRING. Hört Ihr die Domglocke nicht?

ALBRECHT. Längst, aber was kümmert sie mich?

TÖRRING. Mehr als Ihr denkt: Euer Vetter Adolf ist tot!

ALBRECHT. Tot?

TÖRRING. Eben trifft die Trauerbotschaft aus München ein!

ALBRECHT. Friede mit ihm! Er lebte sich selbst nur zur Last und keinem zur Freude!

AGNES. Gott im Himmel! Das ist nun in sechs Monaten der dritte!

TÖRRING. Ja, ja, edle Frau! Ihr verstehts!

AGNES. So bin ich wieder schuld? O freilich! freilich! Wer sonst wohl!

ALBRECHT. Gott weiß, daß ich mich nicht freue! Wie sollt ich auch? Für mich war er nie da! Aber weinen kann ich ebensowenig! Ich denk nur an eins! Nun kann mein Vater mit Ehren zurück.

TÖRRING. Ich darf absatteln lassen?

ALBRECHT. Was fällt Euch ein? Zwar, ich möchte nicht, daß jetzt aus dem Turnier noch etwas würde. Aber ich bin doch wohl der letzte, der ausbleiben darf! Fort muß ich und das gleich, doch gewiß werd ich nun viel früher wieder hier sein als ich dachte! Agnes, jetzt – *(Er sagt ihr etwas ins Ohr, dann hält er seine Hand auf ihre Wange)* Au, ich brenne mich!

AGNES. Verzeih dirs Gott, daß dir das in den Sinn kommt!

ALBRECHT. Amen! Ich sags mit! Aber es wird sich zeigen! Ich hatte immer das Gefühl, mein letzter Wunsch könne nicht eher gekrönt werden. Ei, unser Sohn mußte doch auch einen Großvater haben! Und nun – *(Er umarmt sie)* Siehst du, daß du mir nicht aufrichtig zürnst? Du hältst mich fest! O, ich weiß es ja längst, daß du erst dann an Gottes Segen glauben wirst! Darin bist du abergläubisch. Aber ändre dich ja nicht, ich lieb auch das an dir! *(Er küßt sie)* Mein Leben, auf Wiedersehen! *(Er läßt sie los und entfernt sich ein paar Schritte von ihr)* Seht Ihr, Törring, daß man von seinem Leben scheiden kann und darum doch nicht gleich zu sterben braucht? Also! Werdet kein Hagestolz! Aber freilich, man muß das Beste erst abküssen! *(Er umarmt und küßt sie noch einmal)* So! Nun bin ich in Ingolstadt und du in Straubing! Siehst du mich noch? Ja? Ich dich nicht mehr! *(Ab)*

TÖRRING *(folgt).*

Neunte Szene

AGNES *(eilt in den Garten).* Da kann ich ihn zu Pferd steigen sehen! *(Sie kehrt wieder um)* Ja, wenn er selbst mich in die Höhe höbe und über die Mauer gucken ließe, wie damals, als die schwarzbraunen Ägypter mit Zimbeln und Schellen vorüberzogen. Aber hören muß ich ihn können! *(Sie eilt wieder fort)* Still, still, mit euren Trompeten! Horch! Das ist er! »Ihr seid brav, Törring!« Gewiß, aber warum sagst du ihm das gerade jetzt? Ach, da gehts schon fort! Leb wohl, mein – Halt! Der Trab stockt! Es ist doch nichts geschehen? Da redet einer! Schwach, undeutlich – schweig du! Nun noch einmal Er! »Führt ihn gleich zu ihr!« Zu mir? »Es wird ihr lieb sein!« Mir lieb? Nein, Albrecht, da kennst du mich nicht! Ich wollte, es würde augenblicklich Nacht und erst in dreimal vierundzwanzig Stunden wieder Tag! Oder wärs mein Vater? *(Sie jauchzt auf)* Mein Vater! Gewiß nicht! Ach nein! Jetzt sprengen sie weiter. Hui! Recht, ihr Rosse, holt aus! Um so eher seid ihr wieder mit ihm da! *(Sie horcht auf)* Ich höre nichts mehr. *(Sie horcht wieder)* Doch! *(Sie pflückt währenddem gedankenlos eine Blume)* Was solls noch! *(Sie läßt die Blume fallen)* Hab ich da was gepflückt? Das tut mir leid! Es ist keine Zeit, Blumen vor die Brust zu stecken! *(Sie wandelt langsam wieder hinauf)* Nun ists denn so gekommen, wie sie alle vorhersagten! Tot! Ob das uns wirklich was Gutes bedeutet? Was tu ich jetzt? Zieh ich mich schwarz an? Da bin ich wieder hochmütig und rechne mich mit zur Familie, wie dieser unheimliche Mensch mit den kalten Augen, der Richter, gespöttelt haben soll. Unterlaß ichs? Da freu ich mich über das Unglück! Ich folg meinem Herzen, und das sagt:

Traure mit den Trauernden! Lacht nicht, Herr Emeran! Man ist manchem Dank schuldig, ohne daß mans weiß! Es ist gut für Euch, daß dies Herz so weich ist, wenn Ihr es auch nicht ahnt!

Zehnte Szene

TÖRRING *(tritt auf).*

AGNES. Ihr noch hier?

TÖRRING. Ich bleibe, edle Frau! Es ist einer aus Augsburg da, ich darf ihn wohl schicken?

AGNES. Aus Augsburg?

TÖRRING *(geht ab, gleich darauf erscheint Theobald).*

AGNES *(ruft ihm entgegen).* Theobald!

THEOBALD. Agnes – Frau Herzogin, wollt ich sagen – Nicht? So ists recht?

AGNES. Laßt das! Kommt mein Vater auch? Doch was frag ich! Wie könntet ihr euch alle beide zugleich entfernen!

THEOBALD. Nun, das – Aber Ihr wißt, wie er ist! Er meint, Ihr solltet Gott danken, wenn Euch der Vater endlich vergeben und vergessen sei, und ihm keine Boten weiter senden, es helfe doch nichts, denn er seinerseits kenne seine Schuldigkeit und werde den alten Bartkratzer hier nicht in Erinnerung bringen! Es freue ihn zwar von Herzen – und das tuts auch, ich weiß es, darum kehrt Euch nicht an ihn –, daß Ihr noch an ihn dächtet und daß auch Euer Herr sich seiner nicht schäme, aber er verstehe das besser, und Ihr möchtet aufhören, ihn zu quälen!

AGNES. Und das ist alles, was Ihr mir von ihm melden sollt? Nur, um mir das zu sagen, habt Ihr die weite Reise gemacht?

THEOBALD. Nun, das gerade nicht! Ich hatte wohl auch noch einen anderen Grund!

AGNES. Und der – muß er mir Geheimnis bleiben?

THEOBALD. Ach, warum auch! Wir hören nun seit Jahren so allerlei, und da wollt ich, da sollt ich doch einmal sehen –

AGNES. Ob ich auch wirklich glücklich sei? O, wärt Ihr doch eine Stunde früher gekommen! Dann hättet Ihr mit eigenen Augen – – Doch nein, nein, es ist besser so! Und Ihr? In Augsburg?

THEOBALD. Wegen des Vaters braucht Ihr Euch nicht zu ängstigen! Gleich nachdem Ihr fort wart, baute er sich den neuen Ofen, an den er früher nie die Kosten wagen wollte, und das hat sich ihm belohnt.

AGNES. Ich danke Gott dafür!

THEOBALD. Er hat allerlei entdeckt, mehr als er zeigen darf, wenn er nicht noch ärger als Hexenmeister ins Geschrei kommen will. Dinge, sag ich Euch – es ist schade, daß Ihr sie nicht sehen könnt. Das wird nun so wieder mit ihm untergehen. Doch es ist auch manches darunter, was er nicht zu verbergen braucht, und dabei steht er sich schon gut genug. Er könnte sich nun gern ein Gärtlein kaufen, wie Ihr es immer wünschtet.

AGNES. Und Ihr selbst, Theobald?

THEOBALD. Mir gibt er jetzt doppelten Lohn!

AGNES. Ach, das will ich nicht wissen!

THEOBALD. Nun, ich lache noch zuweilen über mich! Und das recht von Herzen, Ihr könnt mirs glauben! Noch vorhin, als ich den Herzog, Euren Gemahl, zu Pferd daherkommen sah. Freilich, das ist ein Mann! Und wie er Euch lieben muß, kann man schon daran sehen, daß er seine Leute so warten läßt, was doch gar nicht Ritterart ist! An denen kam ich bereits vor einer Stunde vorbei, und sie mußten schon lange stehen, denn sie waren höchst ungeduldig.

AGNES. Das ist ja nicht möglich! Er hat sie ja bei sich!

THEOBALD. Zehn oder zwölf! Ich meine die übrigen!

AGNES. Die übrigen? Ei, er reitet ja nur zum Turnier und nimmt nicht einen Mann mehr mit!

THEOBALD. Und doch sah ich eine Stunde von hier hinter dem Föhrenwald, wo die Hügel sich senken, einhundertfunfzig oder zweihundert Gewappnete, den Fuß im Bügel, die Lanze in der Hand und das Gesicht gen Straubing gekehrt, als ob sie ihren Führer oder sonst etwas von dort erwarteten!

AGNES. Ich erschrecke. Wo?

THEOBALD. Ei, an der Münchner Straße!

AGNES. An der Münchner Straße? Er reitet nach Ingolstadt.

THEOBALD. Auch sprengte ein Geharnischter, der von hier kam, in wilder Hast an mir vorbei. Ich dachte, der sagte ihn an. Jetzt fällts mir ein, daß er verkappt war!

AGNES. Das ist höchst verdächtig, das muß Törring wissen, das

– Mein Gott, hört, der Burgwart stößt ins Horn, daß es zerspringt – Trompetengeschmetter von allen Seiten – ganz nah – immer näher – das ist nichts Gutes – das ist Herzog Ernst! *(Man hört das alles)*

THEOBALD. Es ist nichts Gutes! Geschrei! Waffengeklirr! Gilt das denn Euch? Kein Zweifel, man stürmt! Und sie sind schon aneinander. *(Man hört das alles)*

AGNES. Das ist nicht möglich! Das Schloß hat Mauern und Gräben.

Eilfte Szene

KASTELLAN *(stürzt herein)*. Edle Frau – folgt mir in die Totengruft – mich schickt der Törring!

AGNES. Ich hoffe, er wird mich verteidigen.

KASTELLAN. Die Brücke – ein Verräter hat die Brücke niedergelassen oder gar nicht wieder aufgezogen, denn die Dummheit kann nicht so weit gehen. Die Feinde sind gleich hier! Wie soll er sie aufhalten!

AGNES. Nun, so sinds keine Mörder, und ich, was bin denn ich? *(Das Getöse kommt immer näher)*

KASTELLAN. Kommt, kommt, ich beschwör Euch! Wer weiß, ob sie Euch dort suchen!

AGNES. Theobald, geht Ihr mit ihm!

THEOBALD. Um eine Waffe zu holen, meint Ihr! Es wächst wohl auch eine aufm Baum! *(Er reißt einen Ast ab)*

Zwölfte Szene

Törring und Pappenheim treten kämpfend auf. Im Hintergrunde kämpfen Reisige und Burgknechte. Auch Preising wird sichtbar, aber ohne das Schwert zu ziehen

PAPPENHEIM. Ergebt Euch, Törring!

TÖRRING. Ho!

PAPPENHEIM. So nehmt! Ich hab Euch lange genug geschont!

TÖRRING. Pah!

PAPPENHEIM. Wars nicht vom besten?

TÖRRING. Ei was! *(Er holt aus, fällt aber in die Kniee)* Doch! *(Zu Agnes hinüber)* Edle Frau, Ihr seht – Was hilfts Euch?

PAPPENHEIM *(beugt sich auf ihn nieder).* Ihr habts nicht anders gewollt!

TÖRRING *(fällt um).* Machts Kreuz über mich! Freund oder – *(Er stirbt)*

THEOBALD *(wirft den Ast weg und stürzt auf Törring zu).* Da erb ich was!

AGNES. Theobald!

THEOBALD. Weiß wohl, es ist ein Hochmut von mir! Aber – *(Er nimmt Törrings Schwert)*

PAPPENHEIM *(sich wendend).* Wo ist die Hexe, um die ich dies edle Blut vergoß?

AGNES *(schreitet ihm entgegen).* Wen sucht Ihr?

PAPPENHEIM *(senkt unwillkürlich sein Schwert und greift an den Helm, dann schlägt er sich vor die Stirn).* Teufel, was mach ich!

THEOBALD. Ihr Knechte, schart euch um eure Gebieterin! Sie hat gewiß jedem von euch Gutes getan!

DIE KNECHTE *(scharen sich).*

PAPPENHEIM *(zu den Seinigen).* Ergreift sie! Die ists!

THEOBALD *(tritt vor Agnes).* Solange ich lebe gehts nicht!

PAPPENHEIM. Was willst du?

THEOBALD. Es ist die Tochter meines Meisters!

PAPPENHEIM. Badergesell, kannst du zählen? Nieder mit ihm, wenn er nicht weichen will, und fort mit ihr!

DIE REISIGEN *(drängen sich um Agnes herum, aber mit Scheu und ohne sie anzurühren, weil sie von ihrer Schönheit geblendet sind).* Ha! Ei! Die!

PAPPENHEIM. Nun, was gafft ihr? Hat sies euch schon angetan wie dem armen Herzog, oder wollt ihr warten, bis ihrs weg habt? Laßt ihr nur Zeit, guckt ihr nur in die gefährlichen schönen Augen, so läßt sie euch Borsten wachsen statt der Haare, und Klauen statt der Nägel! Ich dächte, ihr hättet genug von ihren Künsten gehört. Muß ich selbst den Schergendienst verrichten? *(Er dringt auf Agnes ein und will sie ergreifen)*

THEOBALD *(schwingt das Schwert, wie ein Rad, um den Kopf herum, so daß Pappenheim sich nicht nähern kann).*

PAPPENHEIM. Ei, dich soll ja – *(Er will Theobald durchstoßen)*

AGNES *(wirft sich zwischen beide).* Schont ihn! Er denkt an meinen alten Vater! Ich folg Euch! Aber vergeßt nicht, es ist

Herzog Albrechts Gemahlin, die Ihr in seinem eigenen Schloß überfallt!

PAPPENHEIM *(will wieder auf Theobald eindringen).* Der Bursch hat mich –

PREISING *(rasch hervortretend).* Im Namen des Herzogs, meines Herrn, jedes Schwert in die Scheide!

PAPPENHEIM *(indem er sein Schwert einsteckt).* Warum auch nicht! Ich soll sie nur fangen!

AGNES. Theobald, kehrt noch nicht nach Augsburg zurück! Dies kann das Ende nicht sein! *(Sie geht voran)*

PAPPENHEIM *(folgt ihr mit den Reisigen).*

THEOBALD *(will gleichfalls folgen, schlägt sich dann aber vor die Stirn).* Nein! Nach Ingolstadt! Zu ihm! Das erste Pferd, das ich unterwegs treffe, ist mein! *(Stürzt fort)*

PREISING. Gott gebe, daß sie jetzt auf mich höre! Noch kann ich sie vom Tode retten, und ich wills. *(Ab)*

FÜNFTER AKT

Straubing

Erste Szene

Kerker

AGNES. »Ingolstadt ist weit!« Es könnte mich verrückt machen, das schreckliche Wort! Ingolstadt ist keine vierundzwanzig Stunden von hier, und als Theobald eben vorbeistürzt und der Marschall ihn mit vorgestreckter Lanze aufhält, sagt dieser Richter mit einem Blick auf mich: Laßt ihn doch laufen, wohin er will, Ingolstadt ist weit! Wären keine vierundzwanzig Stunden mehr mein? Herr, mein Gott, so kannst du mich nicht verlassen!

Zweite Szene

PREISING *(tritt ein).*

AGNES *(ihm entgegen).* Was bringt Ihr mir?

PREISING. Was Ihr selbst wollt!

AGNES. Was ich selbst will? O, spottet meiner nicht! Ihr

werdet mir die düstre Pforte nicht wieder öffnen, die man so fest hinter mir verriegelt hat!

PREISING. Ich werde, wenn Ihr Euch fügt!

AGNES. Und was verlangt Ihr von mir?

PREISING. Ich stehe hier für den Herzog von Bayern.

AGNES *(macht eine zurückweichende Bewegung).*

PREISING. Aber ich meine es redlich mit Euch, und auch mein erlauchter Gebieter ist nicht Euer Feind!

AGNES. Nicht mein Feind? Wie komm ich denn hieher?

PREISING. Ihr wißt, wies steht! Herzog Ernst ist alt, und sein Thron bleibt unbesetzt, wenn Gott ihn abruft, oder sein einziger Sohn muß ihn besteigen. Nun, Albrecht kann Euch nimmermehr mit hinaufnehmen, und da er sich von Euch nicht trennen will, so müßt Ihr Euch von ihm trennen!

AGNES. Ich mich von ihm! Eher von mir selbst!

PREISING. Ihr müßt! Glaubts mir, glaubts einem Mann, der Euer Schicksal schon kennt, wie Gott, und es gern noch wenden möchte! Ihr könnt kein Mißtrauen in mich setzen; warum wär ich gekommen, wenn Euer Los mir nicht am Herzen läge? Meines Arms bedurfte es doch gewiß nicht; Ihr habts ja gesehen, wie überflüssig ich war, und welchen Gebrauch ich von meinem Schwerte machte. Ich zog mit, weil Ihr mich erbarmtet; ich suche Euch jetzt im Kerker, im Vorhof des Todes, auf, weil ich allein noch helfen kann, doch ich wiederhols Euch: Ihr müßt!

AGNES. Ihr habt den armen Menschen gerettet, der vorhin sein Leben für mich wagte, ich muß glauben, daß Ihrs aufrichtig meint, aber Ihr seid ein Mann und wißt nicht, was Ihr fordert! Nein, nein! Das in Ewigkeit nicht!

PREISING. Nicht zu rasch, ich beschwör Euch! Wohl mags ein schweres Opfer für Euch sein, doch wenn Ihrs verweigert, so wird man – könnt Ihr noch zweifeln nach allem, was heute geschah? – aus Euch selbst ein Opfer machen! Ja, ich gehe vielleicht schon weiter als ich darf, indem ich Euch überhaupt noch eine Bedingung stelle, und tus auf meine eigne Gefahr!

AGNES. Ihr wollt mich erschrecken, aber es wird Euch nicht gelingen! *(Sie hält sich an einem Tisch)* So leicht fürchte ich mich nicht, dies Zittern meiner Kniee kommt noch von dem

Überfall! Mein Gott, erst die Trompeten, dann die blutigen Schwerter und die Toten! Aber für mich besorg ich nichts, ich bin ja nicht in Räuberhänden, und Herzog Ernst ist ebenso gerecht als streng! *(Sie setzt sich)* Seht mich nicht so an, mir ward jetzt so wunderlich, weil der tote Törring mir auf einmal vor die Seele trat, es ist schon wieder vorüber. *(Sie erhebt sich wieder)* Was könnte mir auch wohl widerfahren! Ist doch selbst ein Missetäter, solange der Richter ihn noch nicht verurteilt hat, in seinem Kerker so sicher, als ob die Engel Gottes ihn bewachten, und ich habe den meinigen noch nicht einmal erblickt! Nein, nein, so hat mein Gemahl nicht von seinem Vater gesprochen, daß ich dies glauben dürfte! Doch wenns auch so wäre, wenn der Tod – es ist unmöglich, ich weiß es, ganz unmöglich –, aber wenn er wirklich schon vor der Tür stände und meine Worte zählte: ich könnte nimmermehr anders!

PREISING. Der Tod steht vor der Tür, er kommt, wenn ich gehe, ja er wird anklopfen, wenn ich zu lange säume! Schaut einmal durchs Gitter zur Brücke hinüber! Was seht Ihr?

AGNES. Das Volk drängt sich, einige heben die Hände zum Himmel empor, andere starren in die Donau hinab, es liegt doch keiner darin?

PREISING *(mit einem Blick auf sie).* Noch nicht!

AGNES. Allmächtiger Gott! Versteh ich Euch?

PREISING *(nickt).*

AGNES. Und was hab ich verbrochen?

PREISING *(hebt das Todesurteil in die Höhe).* Die Ordnung der Welt gestört, Vater und Sohn entzweit, dem Volk seinen Fürsten entfremdet, einen Zustand herbeigeführt, in dem nicht mehr nach Schuld und Unschuld, nur noch nach Ursach und Wirkung gefragt werden kann! So sprechen Eure Richter, denn das Schicksal, das Euch bevorsteht, wurde schon vor Jahren von Männern ohne Furcht und ohne Tadel über Euch verhängt, und Gott selbst hat den harten Spruch bestätigt, da er den jungen Prinzen zu sich rief, der die Vollziehung allein aufhielt. Ihr schaudert, sucht Euch nicht länger zu täuschen, so ists! Und wenns einen Edelstein gäbe, kostbarer wie sie alle zusammen, die in den Kronen der Könige funkeln und in den Schachten der Berge ruhen, aber eben darum auch ringsum die wildesten Leidenschaften entzündend und Gute wie Böse zu Raub, Mord und Totschlag verlockend: dürfte der einzige, der noch ungeblendet blieb, ihn nicht mit fester Hand ergreifen und ins Meer hinunterschleudern, um den allgemeinen Untergang abzuwenden? Das ist Euer Fall, erwägts und bedenkt Euch, ich frage zum letztenmal!

AGNES. Erwägt auch Ihr, ob Ihr nicht verlangt, was mehr als Tod ist! Ich entsage meinem Gemahl nicht, ich kanns und darfs nicht. Bin ich denn selbst noch, die ich war? Hab ich bloß empfangen? Hab ich nicht auch gegeben? Sind wir nicht eins, unzertrennlich eins durch Geben und Nehmen, wie Leib und Seele? Aber ich verbürge mich für ihn, daß er dem Thron entsagt! Fürchtet nicht, daß ich verspreche, was er nicht halten wird! Ich habs aus seinem eignen Munde, wie ein Zauberwort für die höchste Gefahr! Zwar glaubte ich längst nicht mehr, daß ichs noch brauchen würde, aber diese Stunde hats mir entrissen, und nun brauchts, wie Ihr wollt!

PREISING. Das rettet Euch nicht mehr! Herzog Albrecht kann die angestammte Majestät so wenig ablegen, als Euch damit bekleiden, sie ist unzertrennlich mit ihm verbunden, wie die Schönheit, die ihn fesselt, mit Euch. Will ers nicht seinen Segen nennen, so nenne ers seinen Fluch, aber er gehört seinem Volk und muß auf den Thron steigen wie Ihr ins Grab. Euch rettets nur noch, wenn Ihr Eure Ehe für eine sündliche erklärt und augenblicklich den Schleier nehmt.

AGNES. Wie mild ist Herzog Ernst! Der will doch nur mein Leben! Ihr wollt mehr! Ja, ja, das braucht ich bloß zu tun, so wär ich für ihn wie nie dagewesen; ich selbst hätte mein Andenken in seiner Seele ausgelöscht, und er müßte erröten, mich je geliebt zu haben! Mein Albrecht, deine Agnes dich abschwören! O Gott, wie reich komm ich mir in meiner Armut jetzt auf einmal wieder vor, wie stark in meiner Ohnmacht! Diesen Schmerz kann ich doch noch von ihm abwenden! Das kann mir doch kein Herzog gebieten! Nun zittre ich wirklich nicht mehr!

PREISING. O, daß Euer alter Vater neben mir stände und mich unterstützte! Daß er spräche: Mein Kind, warum willst du einen Platz nicht freiwillig wieder aufgeben, den du doch nur gezwungen einnahmst? Denn ich weiß ja, daß dies Euer Fall war!

AGNES. Gezwungen? So also wird meine Angst, mein Zittern und Zagen ausgelegt? O, wenn Ihr mir Euer Mitleid geschenkt habt, weil Ihr das glaubt, so nehmts zurück und quält mich nicht länger, ich habe keinen Anspruch darauf. Nein, nein, ich wurde nicht gezwungen! So gewiß ich ihn eher erblickt habe als er mich, so gewiß habe ich ihn auch eher geliebt, und das war gleich, als obs immer gewesen wäre und in alle Ewigkeit nicht wieder aufhören könne. Darum keine Anklage gegen ihn, ich war früher schuldig als er! Nie zwar hätt ichs verraten, ich hätte vielleicht nicht zum zweitenmal zu ihm hinübergeschaut, sondern im stillen mein Herz zerdrückt und unter Lachen und Weinen ein Gelübde getan. Ach, ich schämte mich vor Gott und vor mir selbst, mir war, als ob mein eignes Blut mir über den Kopf liefe, ich erwiderte ein Lächeln des armen Theobald, um mir recht weh zu tun. Doch als er nun am Abend zu mir herantrat, da wandte ich mich zuerst freilich auch noch ab, aber nur wie ein Mensch, der in den Himmel eintreten soll und weiß, daß er dem Tode die Schuld noch nicht bezahlt hat! Wenn ein Engel den mit sanfter Gewalt über die Schwelle nötigt: hat er ihn gezwungen?

PREISING. So ist es Euer letztes Wort?

Dritte Szene

Die Türe wird geöffnet, man erblickt Häscher und Reisige, die jedoch draußen bleiben, es tritt ein: Emeran Nusperger zu Kalmperg und bleibt am Eingang stehen

AGNES *(ihm entgegen)*. Herr Emeran, hätte mein Gemahl je erfahren, was ich von Euch wußte, Ihr lebtet nicht, um mich zu verderben! Er haßte Euch schon ohne Grund wie keinen auf der Welt, ich hätt ihm wohl einen Grund angeben können, aber ich tats nicht! Sinnt nach, und wenn Ihr ein Mensch seid, so muß sich in Eurer Brust jetzt etwas für mich regen!

EMERAN NUSPERGER ZU KALMPERG *(schweigt)*.

AGNES. Herr Emeran, bin ich auf ehrliche Weise in Eure Hand gefallen? Bedenkt, wohin Ihr mich ohne Vorbereitung schickt, laßt mir noch etwas Zeit, und Gott solls Euch verzeihen, daß Ihr einen Judas mehr gemacht habt, ich will selbst für Euch bitten!

EMERAN NUSPERGER ZU KALMPERG *(schweigt).*

AGNES. Herr Emeran, wie ich in diesem Augenblick zu Euch, so werdet Ihr dereinst zu Gott um eine kurze Frist flehen, und er wird Euch antworten, wie Ihr mir! Seht mich an, wie jung ich noch bin, und gebt mir von jedem Jahr, das Ihr mir raubt, nur eine Minute zurück! Könnt Ihr mirs weigern? Ich will ja nur von mir selbst Abschied nehmen!

PREISING. Ihr verlangt von ihm, was er nicht gewähren kann! Er weiß von Eurem Knecht, daß Ihr gestern zur Nacht erst gebeichtet habt, und die Stunde drängt! Auch ist die eine ebenso schwarz wie die andere, glaubts mir! Aber willigt ein und –

AGNES. Hebe dich von mir, Versucher!

EMERAN NUSPERGER ZU KALMPERG *(winkt einem Häscher).*

EIN HÄSCHER *(tritt herein und nähert sich Agnes).*

AGNES. Fort, Mensch! Willst du deine Hand an die legen, die noch keiner als dein Herzog berührt hat? Nur dem Totengräber kann ichs nicht mehr wehren! *(Sie schreitet zur Tür, bleibt dann aber stehen)* Albrecht, Albrecht, was wirst du empfinden!

PREISING. Ja! Ja! Und Ihr wollt diesen Stachel lieber in seine Seele drücken, als – – Noch ists Zeit!

AGNES. Fragt ihn, wenn ich dahin bin, ob er lieber eine Unwürdige verfluchen als eine Tote beweinen möchte! Ich kenne seine Antwort! Nein, nein, Ihr bringt Euer Opfer nicht so weit, daß es sich selbst befleckt. Rein war mein erster Hauch, rein soll auch mein letzter sein! Tut mir, wie Ihr müßt und dürft, ich wills leiden! Bald weiß ich, obs mit Recht geschah! *(Sie schreitet durch die Häscher hindurch, Preising und Emeran Nusperger zu Kalmperg folgen)*

Offenes Feld

Vierte Szene

Herzog Ernst mit seinen Rittern und Reisigen, die man ziehen und sich ausbreiten sieht. Bauerhütten, wovon eine ganz in der Nähe ist

Ernst tritt mit Wolfram von Pienzenau, Ignaz von Seyboltstorff und Otto von Bern hervor

ERNST. Ihr, Pienzenau, reitet zu Haydeck! Er soll so weit vorwärts gehen, als er kann! Ich muß hier haltmachen und auf den Kanzler warten.

WOLFRAM VON PIENZENAU *(ab).*

ERNST. Ihr, Seyboltstorff, schwenkt Euch gegen Straubing und besetzt die Hügelkette!

IGNAZ VON SEYBOLTSTORFF *(ab).*

ERNST. Ihr, Bern, seht nach Euren Reitern und bleibt nüchtern, damit die auch nüchtern bleiben. *(Wie Bern sprechen will)* Ich weiß wohl, daß Ihr behauptet, des Morgens immer benebelt aufzustehen und Euch den Verstand erst nach und nach anzutrinken wie andere Leute den Rausch, aber ich halte nichts davon, und ich muß Euch heute zur Hand haben wie mein Schwert!

OTTO VON BERN *(ab).*

Fünfte Szene

ERNST. Eine Bauerhütte! Ich will doch einmal sehen, wie die Leute leben! *(Er geht auf die Hütte zu, findet sie aber verschlossen)* Zu! Alles aufm Felde bei der Arbeit. Wer kocht denn Essen? Oder hab ich sie schon verjagt? *(Er kommt zurück)* Wenns geglückt ist, muß die Nachricht jeden Augenblick kommen! Dies ist das erstemal, daß mir die Zeit lang wird. – Ernst, frevle nicht! Wer weiß, welcher Schatten jetzt schon zwischen Himmel und Erde umherirrt!

Sechste Szene

PREISING *(tritt mit Pappenheim auf).* Hier soll er sein!

ERNST *(ihnen entgegen).* Ihr, Preising? Nun?

PREISING. Tot!

ERNST. So sei Gott ihr gnädig! – Pappenheim, Ihr müßt gleich wieder aufsitzen und Euch mit Pienzenau vereinigen, um Haydeck zu stärken. Der hat den ersten Stoß zu erwarten, wenns was gibt!

PAPPENHEIM *(ab).*

ERNST. Wie starb sie?

PREISING. Hat sie sich Euch um die elfte Stunde nicht angezeigt?

ERNST. Das versteh ich nicht!

PREISING. Da wars! Der Henker versagte den Dienst, Herr Emeran mußte einen seiner Hörigen entlassen, der stürzte sie von der Brücke herab. Erst schiens, als ob sie aus Angst vor der Befleckung durch seine Hände freiwillig hinunterspringen wollte, doch dann kam die Furcht des Todes über sie, ihr schwindelte, und er mußte sie packen. Das Volk hätte ihn gern gesteinigt, und doch wußte jeder, daß der jämmerliche Mensch es nur für seine Freiheit tat. Nicht um die Welt möcht ichs zum zweitenmal sehen.

ERNST. Genug, Preising! Es gibt Dinge, die man wie im Schlaf tun muß. Dies gehört dazu. Das große Rad ging über sie weg – nun ist sie bei dem, ders dreht. Jetzt handelt sichs denn um ihn!

PREISING. O, er wirds schon wissen! Es war gerade einer aus Augsburg auf dem Schloß, als Pappenheim eindrang, ein braver Bursch, der sich wacker hielt. Der eilte fort, als sie in den Kerker geführt wurde, und gewiß nach Ingolstadt. Es war ein Bote ihres Vaters!

ERNST. Armer, alter Mann! Nun, ich setzte mein eigen Fleisch und Blut ebensogut ein wie das deine! Wer weiß, ob unser Los nicht schon gleich ist!

PREISING. Und dann?

ERNST. Dann werde, was will! Ich habe das Meinige getan und sorge für die Gräber. Aber es kann auch anders kommen. Der Fürst schlief nur in ihm, er war nicht tot. Warum hätt er sonst nicht entsagt? Warum so auf dies Turnier gedrungen? Vielleicht erwacht er wieder, und dann – Es ist töricht, mit den gemeinen Leuten von Zauberei zu reden, wo ein Gesicht, das unser Herrgott zweimal angestrichen hat, alles erklärt, aber es ändert sich viel, wenn Himmel und Erde sich erst einmal wieder in solch ein Blendwerk von Mädchen geteilt haben und nur noch ein Leichnam daliegt, der nicht mehr durch rote Lippen und frische Wangen an die Eitelkeit der Welt, nur noch durch gebrochene Augen an die letzten Dinge mahnt!

PREISING. Da brennts! Oder nicht? Ja! ja! *(Man sieht in der Ferne ein Dorf in Flammen stehen)*

ERNST. Das ist er! So hat die Wut den Schmerz besiegt! Nun wird alles gut! *(Rufend)* Nur zu, mein Sohn, nur zu! Je ärger, je besser!

PREISING. Aber das wolltet Ihr ja eben verhüten!

ERNST. Ei, jetzt ists ein Tag! Was in dem zerstört wird, bau ich schon wieder auf! Und verlaßt Euch darauf, der Kaiser hat seinen Adler schon fliegen lassen, und der wird ihm die Krallen zeigen, eh ers denkt! Und dann *(er erhebt seinen Herzogsstab)*, Preising, Ihr werdet heut noch überrascht! *(Da Preising sprechen will)* Kommt, kommt, zu Pferde! *(Er ruft)* Otto von Bern! *(Ab mit Preising)*

Siebente Szene

Bauern, Männer, Weiber und Kinder tumultuarisch durcheinanderrennend und schreiend

EINIGE. Der Böhme! Der Böhme!

ANDERE. Der Kaiser!

ANDERE. Ingolstadt und Landshut!

ALLE. Alle zusammen! Alle zusammen! Weh uns! Wohin?

Achte Szene

Albrecht erscheint mit vielen Kämpfenden, worunter sich auch Theobald befindet

ALBRECHT *(tut bei jedem Ausruf einen Streich)*. Agnes Bernauer! Agnes Bernauer! Hei, daß ihrs wißt, eh ihr umfallt, der Tod heißt heute Agnes Bernauer und kennt kein Erbarmen! Kein Geschlecht in Bayern, hoch oder niedrig, das morgen nicht weinen soll! Da liegt ein Haydeck, da ein Pienzenau, da ein Seyboltstorff! Aber noch immer lebt Pappenheim! Pappenheim, wo bist du? Räuber, Verräter, Schurke, versteckst du dich? Ihr alle, ruft mit mir, daß es über die ganze Erde schallt: Pappenheim, Räuber, Verräter, Schurke, hervor!

PAPPENHEIM *(tritt auf).* Wer sucht mich?

ALBRECHT. Ich und der Teufel, wir beide zugleich! Aber erst komm ich! Zieh und laß sehen, ob ein ehrlich Eisen dir noch dient! *(Er wirft Pappenheim zurück)*

THEOBALD *(tritt hervor).* Und ich! Hahaha! Ich glaube, ich fürchte mich, es wird mir ganz schwarz vor den Augen. Ei, ich mach sie zu und steche darauf los! Bring ich keinen um, so reiz ich doch wohl einen, daß er mich umbringt!

ALBRECHT *(tritt wieder auf).* Abgetan! Was nun? O, daß man mir ihn wieder lebendig machte und daß ich ihn mit jedem Atemzug einmal niederhauen dürfte, von heute an bis zum Anbruch des Jüngsten Gerichts.

THEOBALD *(tritt vor Albrecht hin).* Haut mich nieder!

ALBRECHT. Dich? Wofür? Ei, du bists? Was fällt dir ein!

THEOBALD. Meint Ihr, daß ich mit einer solchen Nachricht nach Augsburg zurück will?

ALBRECHT. Guter, treuer Mensch, bleib bei mir!

THEOBALD. Bei Euch? Bei Euch! Ha! Wenn Ihr nicht gewesen wärt – Da! *(Er sticht nach Albrecht)* Der kommt auch von Agnes Bernauer! Und der! Und der!

ALBRECHT *(wehrt ab).* Bist du verrückt? Gib mir lieber die Hand! Du bringst mich nicht so weit, daß ich dir ein Leid zufüge!

THEOBALD *(sticht wieder nach ihm).* Ihr sollt aber!

ALBRECHT. So muß ich schon tun, was ich noch nie tat! *(Er wendet ihm den Rücken)* Wem gehört denn das rote Gesicht? Das ist ein Degenberg, und an dem fehlts noch! *(Stürzt fort)*

THEOBALD. Alles soll sterben, alles, Freund und Feind! *(Er wirft sich seinem eignen Trupp entgegen, der Albrecht folgen will)* Wohin? Halt! *(Er wird durchbohrt)* So! Nun ists genug! *(Fällt und stirbt)*

NOTHHAFFT VON WERNBERG *(tritt auf).* Sieg! Sieg! Wo ist der Herzog? Albrecht, sie laufen vor uns, als ob wir mehr als Menschen wären!

ALBRECHT. Aber sie sollen liegen! Ich will die Donau, die sie erstickt hat, mit Leichen wieder ersticken!

NOTHHAFFT VON WERNBERG. Der im Bart wirft sich auf Straubing, Ihr sollts betrachten, als ob ers schon hätte!

ALBRECHT. Daß er mir den Richter bloß fängt und ihm kein Leid zufügt! In dessen Blut will ich mir den letzten Rausch trinken!

ROLF VON FRAUENHOVEN *(tritt auf).* Hurra! Hurra! Nun ists aus! Wir haben ihn! *(Zu Albrecht, wie er ihn bemerkt)* Wir haben Euren Vater, Ihr könnt ihm gleich guten Tag sagen! Eben ward er gepackt!

ALBRECHT. Wer hat das befohlen?

FRAUENHOVEN. Wer hats verboten? Seine eignen Leute rannten ihn über den Haufen, als er sich ihrer Flucht in den Weg stellte, und Hans von Läubelfing – Da bringt er ihn mit dem Kanzler! Seht!

ALBRECHT *(wendet sich nach der entgegengesetzten Seite).* Er soll ihn freilassen! Gleich!

NOTHHAFFT VON WERNBERG. Ei, das kommt wohl morgen auch früh genug!

ALBRECHT. Gleich! sage ich. Mensch, fühlst dus denn nicht auch?

NOTHHAFFT VON WERNBERG. Eh er Urfehde geschworen und uns wenigstens die Köpfe gesichert hat?

ALBRECHT *(stampft mit dem Fuß).* Gleich! Gleich! Gleich!

NOTHHAFFT VON WERNBERG. So sagts ihm selbst!

Neunte Szene

Ernst tritt mit Preising auf, von Hans von Läubelfing und seiner Schar begleitet

ERNST. Da steht mein Sohn! Wenn der den Degen seines Vaters will, hier ist er!

ALBRECHT. Ihr habt mir bei Alling das Leben gerettet! *(Mit einer Handbewegung)* Fort! Fort!

ERNST. Ich tat bei Alling, was ich schuldig war, und begehre keinen Dank dafür!

ALBRECHT *(indem er sich umkehrt).* So komme diese Stunde über Euer Haupt! *(Er bemerkt Preising)* Ha, da ist noch einer! Herr Kanzler, Ihr seid frei, Ihr mögt wollen oder nicht!

Aber nur, um Eurem Gefährten, dem Marschall, gleich in die Hölle nachgeschickt zu werden! *(Er zieht gegen Preising)* O, wär auch der dritte da!

Ernst. Pfui! Willst du dich am Diener rächen, statt am Herrn? Mein Kanzler vollzog nur meinen Befehl, und ich mußte ihn zweimal geben, eh ers tat!

Albrecht. So seid Ihrs wirklich allein? Ganz allein? So kann ich mich an niemanden haiten als an Euch? Und Ihr tretet mir noch in den Weg? Ihr weicht mir nicht aus?

Ernst. Warum sollt ich? Ich habe meine Pflicht getan, in Straubing wie in Alling oder in Regensburg!

Albrecht. Eure Pflicht! Gott hat Euch in meine Hand gegeben! Zeugt er so für den, der seine Pflicht tat?

Ernst. Gott will dich versuchen! Hab wohl acht, daß du vor ihm bestehst! Er hat noch nie auf zwei Menschen herabgeschaut wie jetzt auf dich und mich! *(Er tritt Albrecht näher)* Mein Sohn, du hast dich mit meinem ärgsten Feind verbunden, mit deinem falschen Ohm, der dir zwar gern die Brandfackel vorantrug, als es galt, mein unschuldiges Land zu verheeren, der dir aber nicht das Schwert aus der Hand gerissen haben würde, wenn du es gegen dich selbst gezückt hättest! Kehre zu mir zurück, es ist besser. Ich mußte tun, was ich tat, du wirst es selbst dereinst begreifen, und wärs erst in deiner letzten Stunde, aber ich kann auch mit dir weinen, denn ich fasse deinen Schmerz!

Albrecht. O, sprecht nicht so! Laßt mich glauben, daß Ihr nicht mehr davon wißt als der kalte Fluß, der sie verschlungen hat. Wenn ich Euch nicht fluchen soll, muß ich mir denken: ein neuer Tod ist in die Welt gekommen, um den alten abzulösen, und das ist dein eigner Vater! Ein Mensch konnte ihr kein Leid zufügen; nicht bei Tage, denn er hätte sie gesehen, nicht bei Nacht, denn er hätte sie gehört, und nur eins von beidem war nötig, um jeden zu entwaffnen! Sagt: ich bin kein Mensch und schickte auch keine Menschen, dann will ich mich vor Euch bekreuzen und fliehn!

Ernst. Ich bin ein Mensch und hätts wohl verdient, daß es mir erspart worden wäre. Aber wenn du dich wider göttliche und menschliche Ordnung empörst: ich bin gesetzt, sie aufrechtzuerhalten und darf nicht fragen, was es mich kostet!

ALBRECHT. Göttliche und menschliche Ordnung! Haha! Als obs zwei Regenbogen wären, die man zusammengefügt und als funkelnden Zauberring um die Welt gelegt hätte! Aber die göttliche Ordnung rief sie ins Leben und ließ sie aus dem Staube hervorgehen, damit sie wieder erhöhe, was sich selbst erniedrigt, und erniedrige, was sich selbst erhöht hatte. Die menschliche – – *(Er tritt Ernst näher)* Die menschliche – – *(Er wendet sich rasch um gegen die Seinigen)* Vorwärts, ihr Freunde, vorwärts, wer wird schon am Mittag feiern! Herzog Ernst ist frei, niemand krümme ihm ein Haar, er kann keine Agnes mehr töten, aber rasten wollen wir erst, wenn sein München in Flammen steht! *(Will fort)*

ERNST. Recht so! Dann wird der Bayer sie doch gewiß verfluchen, sonst hätt er sie vielleicht beweint. Ihre Brüder sinds, die du erwürgst, nicht die meinigen, und ob du die ganze Menschheit abschlachtest: in ihren Adern wird nicht ein Blutstropfe wieder warm davon! Aber dahin kannst dus bringen, daß ihr eigener Vater die Stunde vermaledeit, in der sie ihm geboren ward, und daß sie selbst sich aus dem Paradies, wenn sies schon betreten hat, schaudernd und schamrot wieder hinausstiehlt, die erste und letzte, dies tut, ohne verdammt zu sein!

ALBRECHT *(hält inne und senkt sein Schwert).*

(Man hört Trompeten in der Ferne)

ERNST. Das ist Ludwig von Ingolstadt! Der Würgengel wird ungeduldig! Folgt ihm doch, niemand kann besser zerstören, was ein andrer baute, als er! Aber laßt euch alle mahnen: Es ist einer über euch im Himmel und auch auf Erden, und beide werden furchtbar mit euch ins Gericht gehen!

(Die Trompeten nähern sich)

STIMMEN. Platz! Platz dem Banner des Reichs!

ANDERE STIMMEN. Ein Herold!

Zehnte Szene

Der Herold des Reichs tritt mit Gefolge auf, das Banner wird vor ihm hergetragen

DER HEROLD *(schwingt nach allen Weltgegenden sein Schwert).* Bei Acht und Bann, kein blankes Schwert als dies!

(Alle Ritter bis auf Albrecht stecken die Schwerter ein)

DER HEROLD. Albrecht von Wittelsbach, Herzog von Bayern, erscheint vor Kaiser und Reich!

ALBRECHT *(tritt zögernd heran und steckt langsam sein Schwert ein).* Ist hier die Schranke?

DER HEROLD. Sie ist überall, wo die Acht verkündet werden soll!

NOTHHAFFT VON WERNBERG und FRAUENHOVEN. Die Acht! Ists schon so weit! *(Posaunenstöße)*

PREISING *(zu Ernst).* Was ist das noch?

ERNST. Mehr als ich verlange, fürcht ich!

STIMMEN. Ein Legat! Ein Legat des Heiligen Stuhls!

DER HEROLD. Und mit ihm der Bann der Kirche!

VIELE STIMMEN *(von Rittern und Reisigen).* Acht und Bann zugleich! Da ists Zeit! *(Sie werfen die Waffen von sich)*

DER LEGAT *(tritt mit Gefolge auf, eine brennende Kerze wird vor ihm hergetragen, er stellt sich zur rechten Hand des Herolds).*

DER HEROLD *(entfaltet die Achterklärung).* Wir Sigismund, von Gottes Gnaden erwählter römischer Kaiser, König von Ungarn, Böheim, Dalmatien, Slawonien und Bosnien, Markgraf von Mähren und Schlesien, Kurfürst von Brandenburg usw., Schirmvogt der Kirche, höchster Schiedsrichter auf Erden, tun kund hiemit: Nachdem du, Albrecht von Wittelsbach, allbereits vor dritthalb Jahren zu Regensburg in offenem Aufstand den Frieden des Reichs gebrochen und schwere Acht auf dein Haupt herabgezogen hast, die Wir damals, obgleich schon verhängt, auf Fürbitte deines fürstlichen Herrn und Vaters noch zurückhielten; nachdem du weiter, unwürdig solcher Fürbitte und Unserer Gnade, in deinem Trotz wider menschliche und göttliche Ordnung beharrtest, anstatt, Unserer gerechten Erwartung gemäß, in reuiger Unterwürfigkeit Versöhnung und Vergebung zu suchen; nachdem du endlich, um das Maß deiner Frevel zu häufen,

Unsere Langmut aber bis auf den Grund zu erschöpfen, zum zweitenmal mit blanker Waffe rebellisch im Felde erschienen bist: So gebieten Wir dir durch diesen Unseren offenen Brief, daß du angesichts desselben dein Schwert auf der Stelle zu den Füßen deines Herrn und Vaters niederlegen und als sein freiwilliger Gefangener Unseren letzten Spruch in Demut abwarten sollst. – *(Er setzt ab und sieht Albrecht an)*

ALBRECHT *(bohrt sein Schwert in die Erde und stützt sich darauf).*

DER HEROLD *(fährt fort).* Widrigenfalls setzen Wir dich nunmehr aus Kaiserlicher Machtvollkommenheit aus dem Frieden in den Unfrieden, weisen dich hinaus auf die vier Straßen der Welt und erklären dich für vogelfrei –

ERNST. Willst du noch mehr hören, mein Sohn? Sag nein, und ich erhebe meinen Herzogsstab!

FRAUENHOVEN. Jetzt kommt das von den Tieren des Waldes und den Vögeln unter dem Himmel und den Fischen im Wasser!

NOTHHAFFT VON WERNBERG. Schau dich um! Sie gehen alle hinter sich! Keiner wirds mit dir tragen als wir!

ALBRECHT. Wie sollten sie auch! Fangen doch die Berge zu wandeln an, um mich zu bedecken!

ERNST. Soll auch die Kirche den Mund noch öffnen? Soll die Kerze ausgelöscht, soll deine Seele dem ewigen Fluch übergeben, dein Name im Buch des Lebens getilgt werden?

ALBRECHT *(zu Nothhafft von Wernberg und Frauenhoven).* Geht von mir, damit ich antworten kann!

FRAUENHOVEN. Haben wir das um Euch verdient? Teufel, es brennt!

ALBRECHT. Soll ich mich vor der Gewalt demütigen, weil ihr neben mir steht? Mich mag sie noch heute zermalmen!

ERNST. Gewalt? Wenn das Gewalt ist, was du erleidest, so ist es eine Gewalt, die alle deine Väter dir antun, eine Gewalt, die sie selbst sich aufgeladen und ein halbes Jahrtausend lang ohne Murren ertragen haben, und das ist die Gewalt des Rechts! Weh dem, der einen Stein wider sie schleudert, er zerschmettert nicht sie, sondern sich selbst, denn er prallt ab und auf ihn zurück. Oder bin ichs, der zu dir redet, ists nicht das ganze Deutsche Reich?

ALBRECHT. Seis so! Ich wußte nicht, daß der Tod darauf steht, eine Perle aufzuheben, statt sie zu zertreten, aber ich habs getan und wills büßen. Heran, Bär und Wolf, schießt auf mich herab, Adler und Geier, und zerfleischt mich! Nicht mit der Hand will ich mich wehren, wenn Ihr tut nach des Kaisers Gebot!

ERNST. Hast du solche Eil, vor deinem Richter zu erscheinen? Noch hat er diese Toten und ihre Wunden nicht gezählt, und du weißt so gewiß, wie er dich empfangen wird?

ALBRECHT. O, ihn fürcht ich nicht, er wirds schon vergeben, daß ich sein liebstes Kind bei der Hand gefaßt habe, er weiß ja, wie schön und edel ers gemacht hatte!

ERNST. Mein Sohn, geh in dich! Es ist wahr, du kannst deine Schuld vergrößern, du kannst dir den Tod ertrotzen oder dich, wer wills hindern, hinterrücks aus der Welt wegstehlen, du kannst aber auch alles wieder gutmachen! Tus, o tus, fasse einen Entschluß, daß du vor deinen Ahnen nicht zu erröten brauchst, füge dich! Dies Schlachtfeld wird einst furchtbar wider dich zeugen, sie alle, die hier blutig und zerfetzt herumliegen, werden dich verklagen und sprechen: Wir fielen, weil Herzog Albrecht raste! Weh dir, wenn sich dann nicht eine viel größere Schar für dich erhebt und deine Ankläger zum Verstummen bringt, wenn nicht Millionen ausrufen: Aber wir starben in Frieden, weil er sich selbst überwand! Denn das hängt davon ab, daß du lebst, davon ganz allein!

ALBRECHT. Die Unschuldige sollte modern und ich – – Welch ein Schurke wär ich, wenn ich auf Euch hörte!

ERNST. Du bist nicht wie ein anderer, der die Gerechtigkeit dadurch versöhnen kann, daß er ihrem Schwert reuig den Hals darbietet, von dir verlangt sie das Gegenteil! Schau dies Banner an, es ist dein Bild und kann dichs lehren! Es ward aus demselben Faden gesponnen, woraus der letzte Reiter, der ihm folgt, sein Wams trägt, es wird einst zerfallen und im Wind zerstäuben wie dies! Aber das deutsche Volk hat in tausend Schlachten unter ihm gesiegt und wird noch in tausend Schlachten unter ihm siegen, darum kann nur ein Bube es zerzupfen, nur ein Narr es flicken wollen, statt sein Blut dafür zu verspritzen und jeden Fetzen heilig zu halten! So ists auch mit dem Fürsten, der es trägt. Wir

Menschen in unsrer Bedürftigkeit können keinen Stern vom Himmel herunterreißen, um ihn auf die Standarte zu nageln, und der Cherub mit dem Flammenschwert, der uns aus dem Paradies in die Wüste hinausstieß, ist nicht bei uns geblieben, um über uns zu richten. Wir müssen das an sich Wertlose stempeln und ihm einen Wert beilegen, wir müssen den Staub über den Staub erhöhen, bis wir wieder vor dem stehen, der nicht Könige und Bettler, nur Gute und Böse kennt, und der seine Stellvertreter am strengsten zur Rechenschaft zieht. Weh dem, der diese Übereinkunft der Völker nicht versteht, Fluch dem, der sie nicht ehrt! So greife denn endlich auch in deine Brust, sprich: Vater, ich habe gesündigt im Himmel und vor dir, aber ich wills büßen, ich will leben!

ALBRECHT. Hängt das von mir ab?

ERNST. Dies Wort ist mir genug! Gott wird dich stärken, und deine Witwe selbst wird für dich beten!

ALBRECHT. Meine Witwe!?

ERNST. Was ich ihr im Leben versagen mußte, kann ich ihr im Tode gewähren, und ich tu es gern, denn ich weiß, daß sies verdient! Deine Gemahlin konnte ich nicht anerkennen, deine Witwe will ich selbst bestatten und für ewige Zeiten an ihrem Grabe einen feierlichen Totendienst stiften, damit das reinste Opfer, das der Notwendigkeit im Lauf aller Jahrhunderte gefallen ist, nie im Andenken der Menschen erlösche!

ALBRECHT. Ich will – Ich will, was ich noch kann! *(Gegen den Herold)* Kaiserlicher Majestät meinen Respekt! *(Zu Ernst)* Euch, mein Herr und Vater – *(Er will ihm das Schwert überreichen)* Euch –

ERNST *(öffnet die Arme und schreitet ihm entgegen).*

ALBRECHT *(weicht zurück und zieht).* Nein, nein! Die Hölle über mich, aber Blut für Blut!

ERNST. Halt! Erst nimm den da! *(Er reicht ihm den Herzogsstab, den Albrecht unwillkürlich faßt)* Der macht dich zum Richter deines Vaters! Warum willst du sein Mörder werden!

PREISING. Herzog!

ERNST. So wars beschlossen! Und nicht bloß des Feierabends

wegen! Ich brauch sein Ja! Kann ers mir in seinem Gewissen weigern, so stehts schlimm um mich!

ALBRECHT. Mich schwindelt! Nimm ihn zurück! Er brennt mir in der Hand.

ERNST. Trag ihn ein Jahr in der Furcht des Herrn wie ich! Kannst du mich dann nicht lossprechen, so ruf mich, und ich selbst will mich strafen, wie dus gebeutst! Im Kloster zu Andechs bin ich zu finden!

ALBRECHT *(will niederknien).* Vater, nicht vor Kaiser und Reich, aber vor dir!

ERNST. Wart! wart! Mein Tagewerk war schwer, aber vielleicht leb ich noch übers Jahr! *(Geht; zu Preising, als er folgen will)* Bleibt! An einem Mönch ists genug!

GYGES UND SEIN RING

Eine Tragödie in fünf Akten

Einen Regenbogen, der minder grell als die Sonne
Strahlt in gedämpftem Licht, spannte ich über das Bild;
Aber er sollte nur funkeln und nimmer als Brücke dem Schicksal
Dienen, denn dieses entsteigt einzig der menschlichen Brust.

Personen

KANDAULES, König von Lydien
RHODOPE, seine Gemahlin
GYGES, ein Grieche
LESBIA } Sklavinnen
HERO
THOAS } Sklaven
KARNA
VOLK

Die Handlung ist vorgeschichtlich und mythisch; sie ereignet sich innerhalb eines Zeitraums von zweimal vierundzwanzig Stunden

ERSTER AKT

Halle

Kandaules und Gyges treten auf. Kandaules schnallt sich das Schwert um, Thoas folgt mit dem Diadem

KANDAULES. Heut sollst du sehn, was Lydien vermag! –
Ich weiß, ihr Griechen, wenn auch unterwürfig,
Weil ihr nicht anders könnt, tragt knirschend nur
Das alte Joch und spottet eurer Herrn.
Auch wird nicht leicht was auf der Welt erfunden,
Das ihr nicht gleich verbessert: wärs auch nur
Der Kranz, den ihr hinzufügt, einerlei,
Ihr drückt ihn drauf und habt das Ding gemacht!
THOAS *(reicht ihm das Diadem).*
KANDAULES. Das neue Diadem! Was soll mir dies?
Hast du dich auch vielleicht im Schwert vergriffen?
Ja, beim Herakles, dessen Fest wir feiern!
Ei, Thoas, wirst du kindisch vor der Zeit?
THOAS. Ich dachte –
KANDAULES. Was?
THOAS. Seit fünf Jahrhunderten
Erschien kein König anders bei den Spielen,
Die dein gewaltger Ahn gestiftet hat,
Und als du es das letztemal versuchtest,
Die alten Heiligtümer zu verdrängen,
Da stand das Volk entsetzt und staunend da
Und murrte wie noch nie!
KANDAULES. Nun, meinst du denn,
Ich hätts mir merken und mich bessern sollen,
Nicht wahr?
THOAS. O Herr, nicht ohne einen Schauder
Berühre ich dies Diadem, und nie
Hab ich dies Schwert am Griff noch angefaßt,

Das alle Herakliden einmal schwangen.
Doch deinen neuen Schmuck betracht ich ganz
Wie jedes andre Ding, das glänzt und schimmert,
Und das man hat, wenn mans bezahlen kann.
Nicht an Hephästos brauche ich dabei
Zu denken, der dem göttlichen Achill
Die Waffen schmiedete, und in dem Feuer,
Worin er Zeus die Donnerkeile stählt,
Auch nicht an Thetis, die durch ihre Töchter
Ihm Perlen und Korallen fischen ließ,
Damit es an der Zierde nicht gebreche:
Ich kenn den Mann ja, der das Schwert geliefert,
Und jenen, der das Diadem gefügt!

KANDAULES. Nun, Gyges?

THOAS. Herr, die Treue spricht aus mir,
Bin ich zu kühn, so bin ichs deinetwegen!
Und glaube mir: die vielen Tausende,
Die hier zusammenströmen, wenn sie auch
In feinrer Wolle gehn und leckrer essen,
Sind ganz so töricht oder fromm wie ich.
Dein Haupt und dieser Reif, das sind für sie,
Trau deinem Knecht, zwei Hälften eines Ganzen,
Und ebenso dein Arm und dieses Schwert.

KANDAULES. Das denken alle?

THOAS. Ja, bei meinem Kopf!

KANDAULES. So darfs nicht länger bleiben! Nimm denn hin
Und tu, was ich gebot.

THOAS *(mit dem alten Schmuck ab).*

GYGES. Du tatst ihm weh!

KANDAULES. Ich weiß, doch sprich: Wie hätt ichs ändern können?
Wahr ist, was er gesagt! Hier gilt der König
Nur seiner Krone wegen und die Krone
Des Rostes wegen. Weh dem, der sie scheuert,
Je blanker, um so leichter an Gewicht.
Allein, was hilfts, wenn man sich nun einmal
So weit vergaß, weil mans nicht mehr ertrug,
Bloß durch den angestammten Schmuck zu glänzen,
Zu gelten, wie geprägte Münzen gelten,
Die keiner wägt, und mit den Statuen,

Die in geweihten Tempelnischen stehn,
Die schnöde Unverletzlichkeit zu teilen:
Man kann doch nicht zurück?

THOAS *(kommt mit dem neuen Schmuck).*

KANDAULES. So ist es recht! *(Er setzt das Diadem auf)*
Das sitzt! Und alles, was mein Königreich
Im Schacht der Berge und im Grund des Meeres
An Perlen und Kleinodien nur liefert,
Nicht mehr noch weniger, ist hier vereint:
Der Edelstein, den man bei uns nicht findet,
Und wär er noch so schön, ist streng verbannt,
Doch freilich ließ ich auch für den noch Platz,
Den man in hundert Jahren erst entdeckt. –
Begreifst du nun? *(Zu Gyges)* Das andre eignet sich
Für einen Riesenkopf, wie eure Bildner
Ihn meinem Ahnherrn wohl zu geben pflegen,
Wenn er im Löwenfell mit plumper Keule
Von eines Brunnens moosgem Rand herab
Die Kinder euch erschrecken helfen soll.

(Er gürtet sich das Schwert um)

Dies Schwert ist etwas leichter wie das alte,
Doch dafür kann mans schwingen, wenn man muß,
Und nicht bloß draußen unterm freien Himmel,
Wo die Giganten sich mit Felsen werfen,

(er ziehts und schwingts)

Nein, auch in menschlich engem Raum wie hier!
Drum, Thoas, spar dir ja die dritte Rede,
Die zweite hört ich heut!

THOAS. Vergib mir, Herr!
Doch weißt du: Nicht die jungen Glieder sinds,
In denen sich ein Wittrungswechsel meldet,
Die alten Knochen spüren ihn zuerst! *(Ab)*

GYGES. Er geht betrübt.

KANDAULES. Gewiß, er siehts nicht gern,
Daß jetzt der nächste Donnerkeil mich trifft,
Und das steht fest für ihn, es wäre denn,
Daß mich die Erde früher schon verschlänge,
Wenn nicht der Minotaurus gar erscheint! –

So sind sie, denke darum aber nicht
Gering von ihnen! Nun, noch heute wirst du
Sie spielen sehn!
GYGES. Und wünsche, mitzuspielen.
KANDAULES. Wie, Gyges?
GYGES. Herr, ich bitte dich darum!
KANDAULES. Nein, nein, du sollst an meiner Seite sitzen,
Damit ein jeder sieht, wie ich dich ehre,
Und wie ich will, daß man dich ehren soll.
GYGES. Wenn du mich ehrst, so schlägst du mirs nicht ab.
KANDAULES. Du weißt nicht, was du tust! Kennst du die Lyder?
Ihr Griechen seid ein kluges Volk, ihr laßt
Die andern alle spinnen und ihr webt.
Das gibt ein Netz, wovon kein einzger Faden
Euch selbst gehört und das doch euer ist!
Wie leicht wärs zugezogen und wie rasch
Die ganze Welt gefangen, wenn der Arm
Des Fischers nur ein wenig stärker wäre,
Der es regieren soll. Da aber fehlts!
Ihr könnt durch keine Kunst die Nervenstränge
Uns aus dem Leibe haspeln, darum stellen
Wir uns viel blinder, als wir wirklich sind,
Und gehn zu unsrem eignen Spaß hinein:
Ein kleiner Ruck macht uns ja wieder frei.
GYGES. Wir feiern diese Spiele auch.
KANDAULES. Ja, ja!
So unter euch! Da ringt der Dorier
Mit dem Jonier, und mischt am Ende
Gar der Böotier sich mit hinein,
So glaubt ihr, Ares selber schaue zu
Und merke sich mit Schaudern jeden Streich.
Gyges, und wenn du alle Preise dort
Errungen hättest, warnen müßt ich dich,
Hier auch nur um den letzten mitzukämpfen.
Denn wild und blutig ging es immer her,
Doch würbest du, der Grieche und mein Günstling,
Auch nur um einen Zweig der Silberpappel,
Wie man sie heut zu Tausenden verstreut:
Du kämst mit deinem Leben nicht davon.

Gyges. Nun habe ich dein Ja, du kannst mirs jetzt
Nicht länger vorenthalten!
Kandaules. Nimmst dus so?
Dann muß ich schweigen!
Gyges. Herr, ich kam nicht bloß,
Zu bitten! *(Er zieht einen Ring hervor)*
Nimm! Es ist ein Königsring!
Du siehst ihn an, du findest nichts an ihm,
Du staunst, daß ich ihn dir zu bieten wage,
Du wirst ihn nehmen, wie vom Kind die Blume,
Nur um die arme Einfalt nicht zu kränken,
Die dir sie brach, nicht, weil sie dir gefällt.
Unscheinbar ist er, das ist wahr, und schlicht,
Und dennoch kannst du für dein Königreich
Ihn dir nicht kaufen, noch ihn mit Gewalt,
Trotz aller deiner Macht, dem Träger rauben,
Wenn er ihn dir nicht willig reichen will.
Trägst du ihn so, *(mit Zeichen und Gebärden)*
Daß das Metall nach vorn
Zu sitzen kommt, so ist er bloß ein Schmuck,
Vielleicht auch keiner, aber drehst du ihn
So weit herum, daß dieser kleine Stein,
Der dunkelrote, um sich blitzen kann,
So bist du plötzlich unsichtbar und schreitest,
Wie Götter in der Wolke, durch die Welt.
Darum verschmäh ihn nicht, denn noch einmal:
Es ist ein Königsring, und diesen Tag
Ersah ich längst, ihn dir zu übergeben,
Du bist der einzge, der ihn tragen darf!
Kandaules. Von unerhörten Dingen kam auch uns
Die Kunde zu, man sprach von einem Weibe,
Medea hieß sie, welche Künste trieb,
Die selbst den Mond herab zur Erde zogen,
Doch nie vernahm ich noch von diesem Ring.
Woher denn hast du ihn?
Gyges. Aus einem Grabe,
Aus einem Grabe in Thessalien!
Kandaules. Du hast ein Grab erbrochen und entweiht?
Gyges. Nein, König, nein! Erbrochen fand ichs vor!

Ich kroch nur bloß hinein, um mich vor Räubern
Zu bergen, die in großer Überzahl
Mir auf der Fährte waren und mich hetzten,
Als ich in abenteuerlichem Triebe
Das öde Waldgebirge jüngst durchstrich.
Die Aschenkrüge waren umgestoßen,
Die Scherben lagen traurig durcheinander,
Und in dem falben Strahl der Abendsonne,
Der durch die Ritzen des Gemäuers drang,
Sah ich ein Wölkchen blassen Staubes schweben,
Das vor mir aufstieg als der letzte Rest
Der Toten und so seltsam mich bewegte,
Daß ich, um meinesgleichen, meine Väter
Vielleicht, nicht unwillkürlich einzuatmen,
Den Odem lange anhielt in der Brust.

KANDAULES. Nun? Und die Räuber?

GYGES. Hatten meine Spur
Verloren, wies mir schien, denn fern und ferner
Verhallten ihre Stimmen, und ich glaubte
Mich schon gesichert, wenn ich auch noch nicht
Mein dämmriges Asyl verließ. Als ich
Nun so auf meinen Knieen kauerte,
Erblickte ich auf einmal diesen Ring,
Der aus dem wüsten Trümmerhaufen mir
Mit seinem Stein, wie ein Lebendiges,
Fast an ein scharfes Schlangenauge mahnend,
Entgegenfunkelte. Ich hob ihn auf,
Ich blies die Asche von ihm ab, ich sprach:
»Wer trug dich einst am längst zerstäubten Finger?«
Und um zu sehen, obs ein Mann gewesen,
Steckt ich ihn an. Doch das war kaum geschehn,
So schrie man draußen: »Halt! dort muß er sein!
Siehst du das Grab? Heran, heran, Gefährten,
Wir haben ihn!« und rasch erschien der Trupp.
Ich aber, um nicht wehrlos wie ein Tier,
Das man in eine Höhle trieb, geschlachtet
Zu werden, sprang hervor und stürzte ihnen
Entgegen, hoch in meiner Hand das Schwert.
Die Sonne war dem Untergange nah

Und strahlte wie die Kerze, welche bald
Erlöschen soll, noch einmal doppelt hell.
Doch sie, als wär für sie allein die Nacht
Schon eingebrochen, stürmten, grimmig fluchend,
An mir vorbei und reihten sich ums Grab.
Das ward nun streng durchsucht, und als sie mich
Nicht fanden, höhnten sie: »Was tuts, er trug
Wohl auch nichts bei sich, als das trotzge Auge,
Das uns mit seinem kecken Blick so reizte,
Und dieses bläst ihm schon ein andrer aus!«
Nun abermals, doch langsam und verdrießlich,
Ja, spähend und mir selbst ins Antlitz stierend,
An mir vorbei und wieder nicht gesehn!

KANDAULES. Da dachtest du –

GYGES. Nicht an den Ring! Noch nicht!
Ich glaubte, daß ein Gott mich durch ein Wunder
Gerettet, auf die Kniee warfs mich nieder,
Und zu dem Unsichtbaren sprach ich so:
»Ich weiß nicht, wer du bist, und wenn du mir
Dein Antlitz nicht enthüllst, so kann ich dir
Das Tier nicht opfern, das dir heilig ist.
Allein zum Zeichen, daß ich dankbar bin
Und nicht des Muts ermangle, bring ich dir
Den wildesten von diesen Räubern dar,
Dies schwör ich hier, wie schwer es immer sei.«
Nun eilt ich ihnen nach und mischte mich
In ihren Haufen, und ein Grauen faßte
Mich vor mir selbst, wie sie mich nicht allein
Gar nicht bemerkten, sondern durch mich hin,
Als wär ich bloße Luft, zusammen sprachen,
Ja selbst das Brot sich reichten und den Wein.
Mein Blick umflorte sich, und schweifend fiel
Er auf den Stein des Ringes, der mir rot
Und grell von meiner Hand entgegensprühte
Und rastlos quellend, wallend, Perlen treibend
Und sie zerblasend, einem Auge glich,
Das ewig bricht in Blut, was ewig raucht.
Ich drehte ihn, aus Notwehr möcht ich sagen,
Aus Angst, denn alle diese Perlen blitzten,

Als wärens Sterne, und mir ward zumut,
Als schaut ich in den ewgen Born des Lichts
Unmittelbar hinein und würde blind
Vom Übermaß, wie von der Harmonie
Der Sphären, wie es heißt, ein jeder taub.
Da aber fühlt ich kräftig mich gepackt,
Und: »Was ist das? Ei, wer hielt ihn versteckt?
Der Spaß ist gut!« erklangs um mich herum.
Zehn Fäuste griffen nun mir nach der Kehle,
Zehn andre rissen am Gewande mir,
Und, blieb die plumpste für den Ring nicht übrig,
So war ein schmählich Ende mir gewiß.
Doch plötzlich hieß es: »Ei, der ist nicht arm,
Das ist ein guter Fang, seht, blankes Gold,
Sogar ein Edelstein, nur her damit!«
Allein fast in demselben Odemzug
Erscholls: »Ein Gott! Ein Gott ist unter uns!«
Und alle lagen mir zu Füßen da.

KANDAULES.
Sie hatten, wie sie an dem Ring dir zerrten,
Ihn wieder umgedreht und schauderten,
Als du verschwandest wie ein Wolkenbild.

GYGES. So muß es sein. Ich aber drehte ihn,
Jetzt endlich eingeweiht in sein Geheimnis,
Stolz und verwegen noch einmal und rief:
Ein Gott, jawohl, und jeder büßt mir nun!
Dann drang ich auf sie ein, und sie, entsetzt,
Als hätte ich den Donner in den Händen
Und tausend neue Tode mir zur Seite,
Behielten kaum zur Flucht noch Mut und Kraft.
Doch ich verfolgte sie, als müßte ich
Für die Erinnyen den Dienst versehen,
Und nicht ein einziger kam mir davon!
Dann wollt ich mit dem Ring zurück zum Grabe,
Allein obgleich ich mir mit blutgen Leichen
Den Weg bezeichnet hatte: nicht am Abend
Und nicht des Morgens ließ es sich mehr finden,
Und wider meinen Willen blieb er mein.

KANDAULES. Das ist ein Schatz wie keiner!

GYGES. Sagt ichs nicht?
Ein Königsring! Drum, König, nimm ihn hin!
KANDAULES. Erst nach dem Kampfe!
GYGES. Herr, ich trug ihn nie
Seit jenem Tag und trag ihn niemals wieder!
Bist du mit Holz so geizig? Keines Waldes
Bedarf es ja zu meinem Scheiterhaufen,
Ein Baum genügt, und traue diesem Arm,
Er wird dir auch wohl noch den Baum ersparen!
KANDAULES. So gib! Ich prüf ihn!
GYGES. Und ich wappne mich!

Beide ab

Gemach der Königin

Rhodope nebst ihren Dienerinnen, Lesbia und Hero darunter, tritt auf

RHODOPE. Nun freut euch, liebe Mädchen, heute ist
Es euch vergönnt! So sehr ichs tadeln muß,
Wenn ihr an andern Tagen auch nur lauscht,
So hart ich meine muntre Hero gestern,
Als sie den Baum erstieg, gescholten hätte,
Wenn nicht zu ihrer Strafe gleich ein Zweig,
So leicht sie ist, mit ihr gebrochen wäre,
Weil er zu schwach für so viel Neugier war –
HERO. O Königin, wenn dus gesehen hast,
So weißt du auch, daß ich den dichtesten
Von allen Bäumen unsers Gartens wählte.
RHODOPE. Den dichtesten? Kann sein! Doch ganz gewiß
Den, der am nächsten an der Mauer stand.
HERO. Den allerdichtesten! Ich kletterte
In eine wahre, grüne Nacht hinein!
Es war fast schauerlich, den goldnen Tag
So hinter sich zu lassen und im Dunkeln
Doch fortzukriechen.
RHODOPE. Warum tatst dus denn?
HERO. Nicht, weil ich dem Olymp um ein paar Fuß
Mich nähern wollte! Nein, das überließ ich
Der Nachtigall, die mir zu Häupten schlug.
Ich wollte – – Aber lache nicht! Ich kann

Das Wiegen nicht vergessen, und ich wollte
Mich oben etwas wiegen!
RHODOPE. Weiter nichts?
HERO. Und nebenbei, doch wirklich nebenbei,
Ganz nebenbei, ein wenig spähn, ich wüßte
Es gar zu gern, ob diesen unsern Garten,
Wie uns der finstre Karna immer sagt,
Ein See umgibt.
LESBIA. Ein See!
HERO. Du weißt es besser!
LESBIA. Ei, hast dus hier noch jemals rauschen hören,
Und ist ein See so ruhig wie du selbst?
RHODOPE. Ich will nicht weiter fragen, denn ich weiß,
Daß dus nicht wieder tust. Nie fiel ein Mädchen
So sanft wie du, und nie erschrak es so!
LESBIA. Ja, alle Glieder waren hin!
HERO. Ich wäre
Gar nicht gefallen, denn ein stärkrer Zweig
War nah genug, der aber schaukelte
Ein Nest mit jungen Vögeln, und ich wollte
Ihn nicht betreten, um die zarte Brut,
Die schon die federlosen Flügel regte,
Nicht aufzuscheuchen!
LESBIA. Dieses also wars?
Sie flogen aber dennoch auf, du griffst
Zuletzt gewiß noch zu, um dich zu halten!
RHODOPE. Neckt euch, solang ihr wollt, dies ist der Tag,
An dem für euch das enge Haus sich öffnet,
Nun treibt es, wie ihr mögt, und seht euch satt.
HERO. Und du?
RHODOPE. Schaut nicht auf mich! Was euch erlaubt,
Ist mir nur nicht verboten, heute kann
Ich euch nicht Muster und nicht Vorbild sein.
HERO. So willst du abermals das Fest nicht sehn?
RHODOPE. Um dich nicht in der Fröhlichkeit zu stören! –
Bei uns ist das nicht Sitte, und mir wärs,
Als ob ich essen sollte ohne Hunger
Und trinken ohne Durst. Auch scheint es mir,
Daß unsre Weise besser ist als eure,

Denn niemals kommt ihr ohne Schauder heim
Von diesen Festen, die euch erst so locken,
Und das ist mir die Liebste, die den tiefsten
Empfindet und zum zweitenmal nicht geht.
Das soll für euch kein Tadel sein, o nein,
Es freut mich nur, daß meine Lesbia,
Die unter euch erwuchs, so fühlt wie ich!
LESBIA. Wirst du mir heut vergeben – –
RHODOPE. Was denn nur?
Was soll ich dir vergeben? Willst du mit?
O, hätt ich dieses Lob zurück! Sie schämt
Sich jetzt, die Tochter ihres Volks zu sein,
Und hats nicht Ursach. Bin ich selbst was andres?
Geh, geh und sag mir, wer der Sieger war!
HERO. Gewiß wird auch der junge Gyges kämpfen,
Der diese schöne Stimme hat.
RHODOPE. Du kennst
Schon seine Stimme?
HERO. Ja, doch weiter nichts!
Heut werden wir ihn sehn, und glaube mir,
Auch sie geht nur, weil er erscheint!
LESBIA. Ich kann
Noch immer bleiben und dich Lügen strafen!
HERO. Du tust es nicht!
KANDAULES *(tritt rasch ein)*.
Rhodope, sei gegrüßt! –
Doch – Weißt du, wer ich bin? Ein Hermenwächter,
Ein Grenzpfahlkönig, der die Ellen freilich,
Doch nie die Schwerter mißt und schuld dran ist,
Daß die zwölf Taten des Herakles nicht
Durch vierundzwanzig andre, größere
Längst überboten sind. Wenn dus nicht glaubst,
So frage nur den grimmigen Alkäos,
Du kennst ihn nicht? Ich auch seit heute erst!
Und weißt du, wie ich Menschen glücklich mache?
Ich spreche: Jüngling komm, da ist ein Kern,
Den stecke in die Erde und begieße
Den Fleck mit Wasser, tu es Tag für Tag
Und sei gewiß, daß du mit weißen Haaren

Für deine Mühe Kirschen essen wirst,
Ob süße oder saure, siehst du dann!
Als Währsmann stelle ich den Agron dir,
Den würdgen Freund des würdigen Alkäos,
Ihm völlig gleich, nur nicht so weiß im Bart.
RHODOPE. Du bist vergnügt!
KANDAULES. Wie sollte ichs nicht sein?
Wenn auch Alkäos mir in offnem Aufstand
Entgegentreten will, sobald ichs wage,
Vor ihm so zu erscheinen wie vor dir,
Ich meine mit dem neuen Diadem:
Agron wird mich beschützen, und ich soll
Zum Dank mich nur verpflichten, du wirst staunen,
Wie mild ers mit mir vorhat, nie den Putz
Mehr zu verändern und ein Schwert zu tragen,
Das meine ganze Kraft durchs Ziehn erschöpft.
RHODOPE. Woher denn weißt du das?
KANDAULES. Durch keinen Späher,
Noch weniger durch einen falschen Freund:
Von ihnen selbst, durch ihren eignen Mund.
RHODOPE. Du spottest meiner Frage.
KANDAULES. Nein doch, nein!
Ich sprech im vollsten Ernst! Ich stand dabei,
Wie sie, die Nägel in die Tische grabend
Und mit gewetztem Zahn die eigne Lippe,
Als wär es fremdes, wildes Fleisch, benagend,
Sichs schwuren, und sie halten es gewiß.
Es gilt hier eine Art von Gottesurteil,
Der eine haut nach mir, der andre wehrt,
Und Dike kann entscheiden, wenn sie mag.
RHODOPE. So hättest du gelauscht? Das glaub ich nicht.
Wenn ich wo bin, wo man mich nicht erwartet,
So mach ich ein Geräusch, damit mans merkt
Und ja nicht spricht, was ich nicht hören soll,
Und du – nein, nein, das tut ein König nicht!
KANDAULES. Gewiß nicht! – Doch, du kannst es nicht erraten!
Siehst du den Ring? Wie teuer hältst du ihn?
RHODOPE. Ich weiß ja nicht, von wem er kommt.
KANDAULES. Von Gyges!

RHODOPE. Da wird er dir unschätzbar sein!
KANDAULES. Er ists!
Doch ahnst du nicht, warum. Vernimms und staune,
Unsichtbar macht er jeden, der ihn trägt.
RHODOPE. Unsichtbar?
KANDAULES. Eben hab ichs selbst erprobt.
Nicht wieder klettern, Hero! Nur die Vögel
Verstecken sich im Laube!
RHODOPE. Lesbia!
KANDAULES. Durch alle Türen schreit ich hin, mich halten
Nicht Schloß und Riegel fern!
RHODOPE. Wie fürchterlich.
KANDAULES. Für jeden Bösen, meinst du.
RHODOPE. Nein doch, nein!
Für jeden Guten noch viel mehr! *(Zu Lesbia)* Kannst du
Noch ruhig atmen, wirst du nicht in Scham
Verglühn, nun du dies weißt? Herr, wirf ihn fort,
Hinunter in den tiefsten Fluß! Wem mehr
Als Menschenkraft beschieden ist, der wird
Als Halbgott gleich geboren! Gib ihn mir!
Man sagt bei uns, daß Dinge, die die Welt
Zertrümmern können, hie und da auf Erden
Verborgen sind. Sie stammen aus der Zeit,
Wo Gott und Mensch noch miteinander gingen
Und Liebespfänder tauschten. Dieser Ring
Gehört dazu! Wer weiß, an welche Hand
Ihn eine Göttin steckte, welchen Bund
Er einst besiegeln mußte! Graust dich nicht,
Dir ihre dunkle Gabe anzueignen
Und ihre Rache auf dein Haupt zu ziehn?
Mich schaudert, wenn ich ihn nur seh! So gib!
KANDAULES. Um einen Preis! Wenn du als Königin
Beim Feste heut erscheinen willst.
RHODOPE. Wie kann ich!
Du holtest dir von weit entlegner Grenze
Die stille Braut und wußtest, wie sie war.
Auch hats dich einst beglückt, daß vor dem deinen
Nur noch das Vaterauge auf mir ruhte,
Und daß nach dir mich keiner mehr erblickt.

KANDAULES. Vergib! Ich denke nur, der Edelstein,
Den man nicht zeigt –
RHODOPE. Lockt keinen Räuber an!
KANDAULES. Genug! Ich bin ja an dies Nein gewöhnt!
Bläst auch der frische Wind an allen Orten
Die Schleier weg: du hältst den deinen fest.
(Musik)
Der Zug! Da darf der König ja nicht fehlen.
RHODOPE. Und die Empörer? Heute tuts mir weh,
Daß ich nicht mit dir gehen darf.
KANDAULES. Hab Dank!
Doch ängstige dich nicht. Es ist gesorgt.
RHODOPE. Gewiß?
KANDAULES. Gewiß! Zwar nicht, weil ich mich fürchte,
Nur weil ich strafen müßte und nicht mag.
Das Leben ist zu kurz, als daß der Mensch
Sich drin den Tod auch nur verdienen könnte,
Darum verhinge ich ihn heut nicht gern! *(Ab)*
RHODOPE. Nun geht auch Ihr!
LESBIA. Ich bleibe, Königin!
RHODOPE. Ei nein! Dir sangs die Amme nimmer vor,
Daß Mannes Angesicht der Tod für dich!

(Lesbia, Hero und die übrigen ab)

Das Träumen kennt hier keine! Auch der Besten
Ist Opfer, was mir einzge Freude ist! *(Ab)*

Freier Platz

Viel Volk. Der König auf einem Thron. Lesbia, Hero usw. an der Seite auf einem Balkon. Die Spiele sind eben beendigt. Allgemeine Bewegung und Sonderung in Gruppen. Ringer, Faustkämpfer, Wagenlenker usw. werden nach und nach sichtbar, alle mit Zweigen von der Silberpappel bekränzt. Wein wird gereicht, Musik ertönt, das Fest beginnt

VOLK. Heil, Gyges, Heil!
KANDAULES *(in den Hintergrund schauend).* Im Diskuswerfen
auch? Zum drittenmal? Das sollt ich übelnehmen!
Da kommt ja gar nichts auf die Meinigen.

(Heruntersteigend und dem aus dem Hintergrunde kommenden Gyges, dem das Volk noch immer zujubelt und Platz macht, entgegenschreitend)

Bescheiden bist du, das ist wahr! Du nimmst
Nicht mehr als da ist.

GYGES. Herr, ich kämpfte heut
Als Grieche, nicht als Gyges.

KANDAULES. Um so schlimmer
Für uns, wenn du die neue Regel bist!
Da tuts ja not, die alten Drachenhäute
Hervorzusuchen und sie auszustopfen,
Die, vom Herakles her, noch irgendwo
Im Winkel eines Tempels faulen sollen,
Der Balg der Schlange mit den hundert Köpfen
Und andres mehr, was euch erschrecken kann!
Du hörst mich nicht!

GYGES. Doch! doch!

KANDAULES. Ei nein, ich sehs,
Du bist zerstreut, du schielst zu jenen Mädchen
Hinüber, sie bemerkens auch, schau hin,
Die Kleine neckt die Große! Du wirst rot?
Pfui, schäme dich!

GYGES. Mich dürstet, Herr!

KANDAULES. Dich dürstet?
Das ist was andres! Wer so kämpft wie du,
Der hat das Recht auf einen guten Trunk,
Und, wenn auch ohne Recht, ich trinke mit!
Nun kommt der Teil des Festes, den ich liebe!

(Winkt einem Diener)

Heran!

EIN DIENER *(bringt einen Pokal mit Wein).*

KANDAULES *(gießt einige Tropfen auf die Erde).*
Die Wurzel erst! Und dann der Zweig!

(Er trinkt und will Gyges den Pokal reichen. Dieser sieht wieder zu dem Balkon hinüber)

Komm! – Ha! – Schwarz oder braun, das ist die Frage,
Nicht wahr?

GYGES. O Herr!

KANDAULES. Hat dir der Wein geschmeckt?

GYGES. Ich trank noch nicht.
KANDAULES. Das weißt du? Nun, so laß
Dich mahnen, daß du durstig bist, und mach!
Ich stehe dir dafür, daß sie so lange
Verweilt, bis du heraus hast, was dich quält!
GYGES *(trinkt)*. Das kühlt!
KANDAULES. O weh! Hinunter geht dein Stern!
(Die Mädchen entfernen sich, aber man sieht sie noch)
Nun, es war Zeit. Sieh dich nur um! Die drehen
Sich schon, als wärs um einen Thyrsosstab,
Der, plötzlich aus der Erde aufgeschossen,
Noch rascher wie ein Pfeil gen Himmel steigt
Und Millionen Trauben fallen läßt.
Der Wein ist für geflügelte Geschöpfe,
Nicht für die Welt, worin man hinkt und kriecht!
Die stellt er auf den Kopf. Der Alte da
Wär gleich bereit, den Tiger zu besteigen
Und sich die welken Schläfe zu bekränzen,
Wie Dionys, als er zum Ganges zog!
Doch das behagt mir eben! – War sie schön?
GYGES. Ich weiß nicht, ob das schön, was mir gefällt?
KANDAULES. Sprich ruhig: Ja! Ein Auge, wie die Kohle,
Die zwar nur glimmt, doch vor dem kleinsten Hauch
Schon Funken gibt, dabei ein Farbenspiel,
Daß man nicht weiß, obs schwarz ist oder braun,
Und dann, als liefe dieses ewge Schillern
Durch jeden Tropfen ihres Bluts hindurch,
Ein Wechseln zwischen Scham und stiller Glut,
Das ihr Erröten reizend macht wie keins.
GYGES. Du tust das ganz für mich, was halb der Wind,
Er lüftete den Schleier, du erhebst ihn!
KANDAULES. Ich tus nicht, weil du vor ihr knieen sollst!
Nein! Wenn ich vor ein andres Bild dich führte,
Du würdest dies, so lieblich es auch ist,
Wie einen Fleck dir aus dem Auge wischen,
Der dir den Spiegel trübte!
GYGES. Meinst du, Herr?
KANDAULES. Gewiß! Doch halt! Man soll den Schatz nicht preisen,

Den man nicht zeigen kann! Man wird verhöhnt.
Wer glaubt an Perlen in geschloßner Hand!
GYGES. Ich!
KANDAULES. Gyges, schon der Schatten, den Rhodope
Im Mondschein wirft – du lächelst! Trinken wir!
GYGES. Ich lächle nicht!
KANDAULES. So solltest du! Wer kann
Denn nicht so prahlen? Sprächst du so zu mir,
Wie ich zu dir, ich sagte: Zeig sie mir,
Sonst schweige still!
GYGES. Ich traue dir!
KANDAULES. Ei was!
Dem Auge soll man trauen, nicht dem Ohr.
Du traust mir? Ha! Vor diesem blöden Kinde
Erglühtest du und jetzt – – Genug, genug,
Ich will mich nicht mehr schwatzend vor dir brüsten,
Wie ichs so lange Zeit nun schon getan,
Du sollst sie sehn!
GYGES. Sie sehn!
KANDAULES. Noch diese Nacht!
Ich brauche einen Zeugen, daß ich nicht
Ein eitler Tor bin, der sich selbst belügt,
Wenn er sich rühmt, das schönste Weib zu küssen,
Und dazu wähl ich dich.
GYGES. O, nimmermehr!
Erwägst du – Für den Mann wärs eine Schmach,
Doch für ein Weib, und für ein Weib wie sie,
Das selbst bei Tag –
KANDAULES. Sie kanns ja nie erfahren!
Hast du den Ring vergessen? Und ich bin
Erst glücklich, wenn dein Mund mir sagt, ich seis.
Ei, frag dich selbst, ob du die Krone möchtest,
Wenn du sie nur im Dunkeln tragen solltest!
Nun, so ergeht es mir mit ihr! Sie ist
Der Frauen Königin, doch ich besitze
Sie, wie das Meer die Perlen, keiner ahnt,
Wie reich ich bin, und ist einst alles aus,
So kanns kein Freund mir auf den Grabstein setzen,
Und Bettler unter Bettlern lieg ich da.

Drum widerstrebe nicht und nimm den Ring!
(Er reicht ihn Gyges, dieser nimmt ihn nicht)
Die Nacht bricht ein, ich zeig dir das Gemach,
Und wenn du siehst, daß ichs mit ihr betrete,
So folgst du uns!
(Er faßt Gyges bei der Hand und zieht ihn mit sich fort)
Ich fordre es von dir!
Und bist dus deiner Lesbia nicht schuldig?
Vielleicht ist sie die Siegerin! *(Beide ab)*

ZWEITER AKT

Halle

Früher Morgen. Thoas tritt auf

THOAS. Ich will und muß noch einmal mit ihm reden,
Was hab ich hören müssen diese Nacht!
Ich ging gewiß nicht um zu horchen aus,
Doch komm ich so beladen heim, als wär ich
Ein wandelnd Ohr des blutigsten Tyrannen
Und traute mich nur kaum zum Herrn zurück.
Empörung! Naher Überfall von Feinden,
Ja, eine neue Königswahl! Ists möglich!
Ich ahnte viel, doch so viel ahnt ich nicht!
Still, still! Sind das nicht Schritte? Ja! Wer steht
Denn mit den Greisen schon vor Morgen auf?
Der junge Gyges! Ei, wenn du das wüßtest,
Was ich jetzt weiß, du gingest nicht gebückt!
(Er zieht sich zurück)
GYGES *(tritt auf)*. Schon wieder bin ich hier! Was will ich hier?
Es duldet mich im Freien nicht, ein Duft
Liegt in der Luft, so schwer und so betäubend,
Als hätten alle Blumen sich zugleich
Geöffnet, um die Menschen zu ersticken,
Als atmete die Erde selbst sich aus.
THOAS *(tritt hervor)*.
Schon munter, Karna? Herr, vergib, ich hielt dich

Für einen andern! Du noch nicht zu Bett?
Der Ehrgeiz läßt dich wohl nicht schlafen, wie?
GYGES. Der Ehrgeiz!
THOAS. Nun, du hast so viele Kränze
Davongetragen –
GYGES. Daß der Lorbeer sich
Vor mir nicht mehr zu fürchten braucht! Ich wollte
Nur zeigen, daß man Knochen haben kann,
Und Mark in diesen Knochen, wenn man auch
Die Saiten einer Zither nicht zerreißt,
Sobald man sie berührt. Dies weiß nun jeder,
Der es bisher vielleicht bezweifelt hat,
Und so ists gut.
THOAS. Doch warum schläfst du nicht?
GYGES. Ei, warum trinkst du nicht?
THOAS. Du standest wohl
Schon wieder auf?
GYGES. Wenn ich schon lag: gewiß!
THOAS. Das wüßt ich eben gern! Denn, wenn er hörte,
Was ich gehört – Nun, nun, er wird wohl nicht! *(Langsam ab)*
GYGES. Sie schlummert noch! O, wer sie wecken dürfte!
Das darf die Nachtigall, die eben jetzt
Noch halb im Traum ihr süßes Lied beginnt,
Das darf – – Er kommt! Was denkt er wohl von mir?
KANDAULES *(tritt auf)*.
Sie wacht und stellt sich doch, als ob sie schliefe! –
Du, Gyges? Schon? – Wie, oder sag ich: Noch?
Doch nein, ich hab dein Wort!
GYGES. Hier ist der Ring!
KANDAULES. So früh? So schnell?
GYGES. Er ist dein Eigentum.
KANDAULES. Du traust dich nicht, ihn länger zu behalten?
GYGES. Warum nicht? Doch wozu? So nimm ihn hin!
KANDAULES. Dies sagt mir mehr noch, als dein Seufzer mir
Schon in der Nacht gesagt.
GYGES. Vergib ihn, Herr!
KANDAULES. Wie sprichst du nur? Er war ja mein Triumph.
GYGES. Hast du ihn denn allein gehört?
KANDAULES. O nein!

Sie fuhr empor, sie schrie – Ist alles das
Dir ganz entgangen? Nun, da brauch ich dich
Nicht erst zu fragen, ob ich Sieger bin!
GYGES. Es ist mir nicht entgangen!
KANDAULES. Leugne doch,
Daß du verwirrt gewesen bist! Ich habe
Noch einen besseren Beweis, du hast
Sogar den Ring gedreht und weißt es nicht.
GYGES. Und weiß es nicht!
KANDAULES. Sie zitterte, als sie
Den Laut vernahm, sie rief: Steh auf, steh auf,
Im Winkel ist ein Mensch versteckt, er will
Dich morden oder mich! Wo ist dein Schwert?
Ich stellte mich erschreckt wie sie und tats,
Da plötzlich standest du, vom hellsten Strahl
Der Ampel grell beleuchtet, vor mir da.
Ist das genug? Verstummst du nun vor mir?
GYGES. Ich wollte sichtbar sein!
KANDAULES. Das sagst du jetzt,
Um meinen Sieg zu schmälern! Wäre ich
Nicht zwischen dich und ihren Blick getreten,
Bevor er dich noch traf, so hätte ich
Dich töten müssen!
GYGES. Herr, dies wußt ich wohl,
Und nur, weil ich dich dazu zwingen wollte,
Dreht ich den Ring in hastgem Ruck herum.
KANDAULES. Wie, Gyges?
GYGES. Ja! – Denn frevelhaft erschien
Das Wagnis mir!
KANDAULES. Ich hatt es dir erlaubt.
GYGES. Wohl! Doch mir war in jener schwülen Stunde,
Als hättst du nicht das Recht dazu gehabt,
Und strafen wollt ich dich wie mich, denn gern
Hättst du mich nicht getötet!
KANDAULES. Bösewicht!
GYGES. Und jetzt noch schauerts durch die Seele mir,
Als hätt ich eine Missetat begangen,
Für die der Lippe zwar ein Name fehlt,
Doch dem Gewissen die Empfindung nicht.

Ja, wenn ich dir den schnöden Totenring,
Den du mir wieder aufgesteckt, im Zorn
Nicht vor die Füße warf, anstatt mich seiner
Zur raschen Flucht noch einmal zu bedienen,
So unterließ ichs bloß aus Scheu vor ihr.
Ihr wollt ich das Entsetzen sparen, ihr
Die ewige Umschattung ihres Seins,
Dir nicht – verzeihs, mich fieberte – die Tat!
KANDAULES. Du bist ein Tor!
GYGES. Ein Tor! Es trieb mich fort,
Als müßte sich, wenn ich noch länger weilte,
Ein neuer reiner Sinn in ihr erschließen,
Wie vor Aktäons Spähn in Artemis,
Und ihr, wie der, verraten, was geschehn.
So werd ich nicht nach einem Morde fliehn.
KANDAULES. Doch wars kein Mord!
GYGES. Wer weiß! Die Götter wenden
Sich vom Befleckten ab! Wie, wenn sich jetzt
Die goldne Aphrodite, schwer beleidigt,
Von ihrer liebsten Tochter wenden müßte,
Weil sie ein Blick aus fremdem Aug entweiht!
Sie tuts nicht gern, sie säumt noch, weil sie hofft,
Daß eine rasche Sühne folgen wird,
O, Göttin, lächle fort! Ich bringe sie!
KANDAULES. Das sprach der Grieche.
GYGES. Herr, gewähre mir
Die letzte Bitte!
KANDAULES. Tausend, wenn du willst,
Nur nicht die letzte! Diese kommt zu früh!
GYGES.
Nimm mich als Opfer an! Ich schenke dir
Mein junges Leben! Weis es nicht zurück!
Es sind noch viele schöne Jahre mein,
Und jedes wird dir zugelegt, wenn du
Sie am Altar des Zeus empfangen willst!
So folge mir, daß ich mit einer Hand
Dich fasse und mich mit der anderen
Durchstoße, wie der heilge Brauch es fordert:
Frohlockend, ja mit Lächeln, solls geschehn.

KANDAULES. Fast reut mich, was ich tat! Hier Raserei
Und drinnen Argwohn – Ei!
GYGES. Was zögerst du!
Wie oft ward solch ein Jünglingsopfer willig
Nicht einem Kriegesfürsten dargebracht,
Wenn ihn des Todes Schatten auch nur streifte,
Wie oft nicht einem bloßen Wüterich!
Warum nicht einmal einem Seligen,
Warum nicht dir, damit du lange noch
Beglücken und dich glücklich fühlen kannst!
Mir raubst du nichts! Was hab ich, und was kann ich
Erlangen, sprich? Doch dir gewinnst du viel,
Denn neidisch sind die Götter, und vielleicht
Zerschneidet dir die eifersüchtge Parze
Nur allzu schnell den goldnen Lebensfaden,
Indes sie meinen tückisch weiterspinnt.
Komm ihr zuvor und gib der Lust die Dauer,
Die sie der Qual bestimmte! Tus sogleich!
KANDAULES. Nichts mehr davon! Du weißt, was du mir bist!
Und würd ich auf der Stelle auch ein Greis
Mit trocknen Lippen und mit welken Adern,
Ich borgte mir nicht neue Glut von dir!
GYGES. Doch würdest du dabei auch jetzt nichts wagen,
Denn könnte ich mein Blut mit deinem mischen:
Wie heiß es sei, es bliebe, wie es ist!
KANDAULES. Du bist in dieser Stunde noch verwirrt,
Und weißt nicht, was du sprichst und was du tust.
GYGES. Vergibs mir, Herr!
KANDAULES. Ich schelte dich ja nicht!
Das ist ein Rausch, wie der vom Duft der Reben,
Ein kühler Hauch des Morgens bläst ihn fort. *(Indem er geht)*
Ich hoffs zum mindesten und werd es sehn! *(Ab)*
GYGES. Warum gab ich den Ring zurück! Ich hätte
Verschwinden, nie mehr sichtbar werden sollen,
Dann könnt ich ewig um sie sein, dann würd ich
Sie sehen, wie sie nur die Götter sehn!
Denn irgend etwas sparen die sich auf:
Ein Reiz der Schönheit, den sie selbst nicht kennt,
Ein Blitzen in der tiefsten Einsamkeit,

Ein letzter, ganz geheimnisvoller Zauber,
Das ist für sie und wär jetzt auch für mich!
Zwar würd ich ihrer Rache nicht entgehn,
Wenn ich verstohlen aus dem Kelche nippte,
Der einzig für sie selber quillt und schäumt.
Es würde plötzlich in den Lüften klingen,
Und Helios, durch einen Flammenwink
Der zorngen Aphrodite angefeuert,
Den sichersten von all den sichren Pfeilen
Versenden, welche er im Köcher trägt.
Dann stürzt ich hin, allein das täte nichts,
Denn im Verröcheln würde ich den Ring
Noch einmal drehen und zu ihren Füßen,
Mein Auge zu dem ihrigen erhebend
Und ihre Seele, wie die meine wiche,
Aus ihren Blicken durstig in mich saugend,
Verhaucht ich meines Odems letzten Rest!

(Thoas kommt mit der verschleierten Lesbia)

THOAS. Der König schenkt dem Gyges, seinem Günstling,
Die schöne Sklavin, die ihm wohlgefällt!
GYGES. Der König will mich höhnen, und das habe
Ich nicht um ihn verdient, auch duld ichs nicht!
THOAS. Die Gabe ist zwar reich und auserlesen,
Doch zweifle nicht, es ist des Königs Ernst.
GYGES. Schweig, Unverständigster der Unverständigen,
Der Ernst des Königs ist der ärgste Spott!
THOAS. Tu du den Mund auf, Mägdlein, sags ihm selber,
Wenn ers dem meinigen nicht glauben kann!
GYGES. Kein Wort!
THOAS. Verschmähst du das Geschenk des Königs?
GYGES. Ja!
THOAS. Gyges! Doch, du weißt ja, was du tust!
GYGES. Der König schlug mich tot und drückt der Leiche
Jetzt ein Juwel fürs Leben in die Hand.
THOAS. Ich kann dich nicht verstehn und werde melden
Was ich gehört! – So komm mit mir zurück!
LESBIA. Du siehst mich nicht zum zweitenmal! Vergib,
Daß ich gesprochen, klingt es doch gewiß
In deinen Ohren rauh!

GYGES. Nein, holdes Kind!
Stell dich nur hinter den Platanenbaum
Und sprich wie jetzt. Dann ruft ein heißer Jüngling:
Die erste Nachtigall, die nicht bloß singt!
LESBIA. Du bist kein Jüngling!
GYGES. Ich bin weniger!
Das siehst du ja! Zwar kam es mir schon vor,
Als sei ich nicht der letzte in den Waffen,
Als hätt ich dies und das getan, als zupfe
Mich keiner ungestraft mehr bei den Ohren,
Als rufe man mich gar, wenn just kein beßrer
Zu Haus sei, in der Stunde der Gefahr.
Doch das sind Knabenträume! Peitscht den Buben,
Er trank wohl Wein zur Nacht!
LESBIA. Erst bringe mir
Ein Reis vom Lorbeerbaum, dann peitsch ich dich
Und winde dir nachher den Kranz!
GYGES. So hast
Dus mit geträumt? So wärs vielleicht gar wahr?
Und doch den Hohn?
LESBIA. Den Hohn? Wo ist denn Hohn?
GYGES. Stehst du nicht da?
LESBIA. Das schmerzt!
GYGES. Nicht so! Nicht so!
Gewiß, nicht so!
LESBIA. Du tötetest schon manchen,
Hast du je einen wieder aufgeweckt?
GYGES. Du bist sehr schön! Ei freilich! Ein Gemisch
Von Lilien und Rosen, die im Beet
Bunt durcheinanderstehn und die der Wind
In gauklerischem Spiel so neckisch schaukelt,
Daß man sie nicht mehr unterscheiden kann!
Jetzt bist du rot, jetzt blaß! Und nicht einmal!
Du bists zugleich!
LESBIA. Was weißt du denn von mir?
Das träumtest du! Ich seh ganz anders aus!
Erschrick! *(Sie will sich entschleiern)*
GYGES. Nein, nein! *(Hält sie ab)*
LESBIA. Zur Königin zurück!

Sie gab mich nicht mit Freuden her, sie nimmt
Mich willig wieder auf!
GYGES. Dann sage ihr,
Der Gyges hätt dich gar nicht angesehn!
LESBIA. O Schmach!
GYGES. Nicht doch! Du weißt, wie oft ich gestern,
Und früher hab ich dich ja nie erblickt,
Nach dir gespäht!
LESBIA. Ich habe dann wohl immer
Was Albernes getan! Wie schäm ich mich,
Daß ich das jetzt erst merke! Doch die andern
Sind schuld daran mit ihrer Neckerei!
GYGES. Ich sah nur, was mich reizte!
LESBIA. O gewiß,
Denn was uns reizt, das lieben wir verhüllt!
Komm, Alter!
GYGES. Warum eilst du so?
Ich bin dein Herr! Doch zittre nicht vor mir,
Ich will von dir nur einen einzgen Dienst,
Dann magst du wieder ziehn!
LESBIA *(zu Thoas)*. So geh allein!
GYGES. Bleib, bleib! – Doch nein! – Dem König meinen Dank!
Ich nehme sein Geschenk, und wie ichs ehre,
Werd ich ihm zeigen!
THOAS. Wohl! *(Ab)*
LESBIA. Und nun der Dienst?
GYGES. Du sollst so lange weilen, bis das Lächeln
Dir wiederkehrt!
LESBIA. Das wird nicht schnell geschehn!
GYGES. Und in der Zwischenzeit ein wenig plaudern!
Du bist ja um die Königin, ihr schmeckt
Der Pfirsich sicher gut, wenn du ihn brachst:
Sprich mir von ihr!
LESBIA. Von ihr!
GYGES. Ich meine nur! –
Von etwas andrem, wenn du willst! Vom Garten,
In dem sie wandelt, oder von den Blumen,
Die sie am liebsten pflückt! Auch von dir selbst!
Ich hör es gern! Worin seid ihr euch gleich?

Sags rasch, damit du rasch mir teuer wirst!
An Wuchs? Nicht ganz! Noch minder an Gestalt!
Doch dafür ist das Haar dir schwarz wie ihr,
Nur nicht so voll – ihr kriecht es ums Gesicht
Herum, wie um den Abendstern die Nacht! –
Was hast du sonst von ihr?

LESBIA *(macht eine unwillkürliche Bewegung).*

GYGES. Nein, bleibe stehn!
Im Gange ist sie einzig! Wenn du schreitest,
So sieht man, du willst dahin oder dorthin,
Dich reizt die Dattel oder auch der Quell,
Doch wenn sie sich bewegt, so blicken wir
Empor zum Himmel, ob nicht Helios
Den goldnen Sonnenwagen eilig senke,
Um sie hineinzuheben und mit ihr
Dahinzuziehn in alle Ewigkeit!

LESBIA. Ja, sie ist schön!

GYGES. Du schlägst die Augen nieder?
Ei, Mägdlein, die erhebe, denn mir deucht,
Die sprühen wie die ihrigen!

LESBIA *(lacht krampfhaft).* Vielleicht
In dieser Stunde!

GYGES. Tat mein Wort dir weh?

LESBIA. Ich glaub, ich lachte, und nun darf ich gehn!

GYGES. Nicht ohne ein Geschenk! Ja, holdes Kind,
Du sollst an Gyges noch mit Liebe denken!
Er ist zwar rauh und schlägt oft eine Wunde,
Eh er es ahnt, besonders mit der Zunge,
Doch ließ er nie noch eine ungeheilt.

KANDAULES *(tritt auf).* Nun?

GYGES. Herr, du kommst im rechten Augenblick!

KANDAULES. Dann müßte ich zwei Glückliche hier finden!

GYGES. Noch nicht, doch gleich! *(Zu Lesbia)*
Gib deine Hand einmal!
Wie zart ist sie! Wie hart die meinige,
Wie schwielenreich von Schwert und Spieß! Das paßte
Doch gar zu schlecht! Die muß ein Rosenblatt,
Das sich zusammenrollt, schon schmerzlich spüren,
An meiner stumpft der schärfste Dorn sich ab!

Sie zuckt, als ob sie eingeschmiedet wäre,
Kind, fürchte nichts! Ich fasse dich nicht an,
Weil ich dich halten will! Der König weiß,
Daß ich nicht bloß sein klares Wort verstehe,
Daß ich auch seinen Wink mir deuten kann.
Er sah mit Schmerz, daß die Natur für dich
So viel getan und nichts das arge Glück,
Er will, daß ich das Glück bei dir vertrete:
Ich tu es *(läßt sie los)* und erkläre dich für frei!

LESBIA. Die Freiheit, sagt man, ist ein hohes Gut,
Ich kenn sie nicht, ich ward als Kind geraubt,
Allein für hohe Güter muß man danken,
So danke ich für meine Freiheit dir!

GYGES. Bist du zufrieden? Herr?

KANDAULES. Ich bin erstaunt!

GYGES. Und da du denn nicht weißt, wo dir die Mutter
Nachweint und wo das Haus des Vaters steht,
So geh, bis du es findest, in das meine,
Ich schenke dirs und hol nur noch mein Schwert!

LESBIA *(ab).*

KANDAULES. Was machst du, Gyges?

GYGES. Herr, ich danke dir,
Daß du dies Werk durch mich vollbringen wolltest:
Es bleibt das deinige!

KANDAULES. Du willst, wies scheint,
Den Enkel des Herakles einmal sehn,
Nimm dich in acht, er schläft nicht gar zu fest!

GYGES. Konnt ich dich heute kränken?

KANDAULES. Nein! Vergib!
Doch geh sogleich und nimm dir aus dem Schatz
Das Doppelte von dem, was du verschenktest,
Dein Tun verdroß mich, und es schmerzt mich noch!

GYGES. Verzeih mir, wenn ich nicht gehorchen kann!
Das alles ward auf einmal mir zur Last,
Und da sich jetzt zu Gold und Edelstein
Die schöne Sklavin noch hinzugesellte,
So nutzt ich ihren schlanken weißen Nacken
Und hing die Kostbarkeiten daran auf.
Ich kann nichts weiter brauchen als mein Schwert,

Doch wenn du dich mir gnädig zeigen willst,
So schenke mir die Köpfe deiner Feinde,
Ich sammle sie bis auf den letzten ein.
KANDAULES. Du bist ein andrer, Gyges, als du warst.
GYGES. Ich bin es, Herr.
KANDAULES. Du liebst!
GYGES. Ich hätt das Mägdlein
Zusammenhauen können: Liebe ich?
KANDAULES. Du liebst Rhodopen!
GYGES. Herr, ich kann dir bloß
Nicht länger dienen.
KANDAULES. Scheide, wenn du mußt!
Es tut mir weh, doch darf ichs dir nicht wehren!
Und da du nichts von mir empfangen willst,
So kann ich auch von dir nichts mehr behalten:
Hier ist dein Ring!
GYGES. Gib mir dein Schwert dafür!
KANDAULES. Ich danke dir, daß du so edel bist! *(Will ab)*
GYGES. Noch etwas! *(Er zieht von seiner Brust einen Stein hervor)*
Nimm!
KANDAULES. Das ist?
GYGES. Du kennst ihn wohl!
KANDAULES. Rhodopens Diamant!
GYGES. Ich nahm ihn mit,
Weil er an ihrem Hals – Erlaß es mir,
Es ist gebüßt!
KANDAULES. Erinnyen, seid ihrs?
O, es ist wahr, ihr habt den leichtsten Schlaf!
GYGES. Du grollst mir?
KANDAULES. Nein! Nicht dir! Leb wohl, leb wohl!
Doch niemals dürfen wir uns wiedersehn! *(Ab)*
GYGES. Niemals! Ich geh sogleich! Wohin denn nur?
Was wollt ich doch, eh ich mit diesem Lyder
Zusammentraf? Vergaß ichs schon? Ei nein!
Mich triebs hinunter an den alten Nil,
Wo gelbe Menschen mit geschlitzten Augen
Für tote Könge ewge Häuser baun.
Nun, meine Straße setz ich fort und löse
Dort unten einen ab, der müde ist! *(Ab)*

DRITTER AKT

Rhodopens Gemach
Hero und andere Dienerinnen sind mit Ordnen beschäftigt

RHODOPE *(tritt herein).*
Warum sind diese Spiegel nicht verhüllt?
HERO. Die Spiegel, Königin?
RHODOPE. Und diese Türen,
Wer stieß sie so weit auf?
HERO. Du hast es gern,
Hinauszuschauen in den hellen Morgen
Und einzuatmen seinen frischen Hauch!
RHODOPE. Wer sagt dir das? Genug! Verschließe sie
Und wende alle Spiegel um!
HERO *(schließt die Türen und wendet die Spiegel um).*
RHODOPE. Es ist!
Ich suche mich umsonst zu überreden,
Daß ich mich täuschte! Kehre wieder, Nacht,
Und birg mich in den dichtesten der Schleier,
Ich bin befleckt, wie niemals noch ein Weib!
HERO. Doch diese Rose wirst du nicht verschmähn,
Die ich dir schon vor Sonnenaufgang pflückte!
RHODOPE. Hinweg mit ihr! Sie welkt bei mir zu schnell!
HERO *(indem sie sich mit ihren Begleiterinnen entfernt).*
Ich heiße Hero und nicht Lesbia!
RHODOPE. Ihr ewgen Götter, konnte das geschehn?
Ich hab Euch schon mit reiner Kinderhand
So manches fromme Opfer dargebracht!
Euch fiel die erste Locke meines Hauptes,
Eh ich noch ahnte, daß Ihr allen Segen
In Händen haltet, der dem Menschen frommt!
Nie hat die Jungfrau Euren Dienst versäumt,
Und selten stieg mit ihrer Opferflamme
Zugleich ein Wunsch zu Eurem Sitz empor:
Sie suchte jeden, der sich regen wollte,
Mit Scham und Angst bis unter das Bewußtsein
Hinabzudrücken, denn sie warb allein
Um Eure Gunst und nicht um Eure Gaben,

Sie wollte danken, aber nichts erflehn!
Auch hat das Weib sich durch kein Traumgesicht,
Wie es die Tyndaridentochter schreckte,
Erst mahnen lassen an die heilge Pflicht,
Sie kam von selbst und schmückte den Altar.
Und dennoch – Warum weiht Euch denn der Mensch
Den besten Teil von allen seinen Gütern,
Wenn Ihr nicht gnädig ihn beschirmen wollt,
Wo er sich selbst nicht mehr beschirmen kann!
Den Löwen hält das Schwert dem Manne fern,
Wenn er, von Hunger oder Wut getrieben,
Hervorstürzt um die heiße Mittagszeit:
Kein Tapfrer ruft zu Zeus um seinen Blitz!
Doch, daß ihn nicht die Schlange feig beschleiche,
Wenn er, vom Kampf ermattet, ruhig schlummert,
Ist Euer Werk, denn Euch gehört die Nacht!
Und ich – und ich! Ruht denn ein Fluch auf mir,
Ein Fluch von Anbeginn, der Eure Kraft
Im Styx gebunden hält, daß Ihr den Frevel,
Den keiner gegen meine letzte Sklavin
Nur zu versuchen wagte, an mir selbst
Gelingen ließt, als wärs die frömmste Tat?

HERO *(tritt ein)*. Der König!

RHODOPE. Schon? – So kommt der Tod mit ihm!
Nun, der verhüllt mich in die Nacht der Nächte,
Wovon die irdsche bloß ein Schatten ist,
Was beb ich denn? Die wünschte ich mir ja!

KANDAULES *(tritt ein)*. Vergibst du?

RHODOPE. Herr, ich weiß, du kannst nicht anders,
Da gilt die Stunde gleich. Was fragst du viel?

KANDAULES. Ich kann dich nicht verstehn.

RHODOPE. Sei offen, König!
Du findest mich bereit!

KANDAULES. Bereit! Wozu?

RHODOPE. Ich kenne deine Pflicht und danke dir,
Daß du sie rasch erfüllen willst. Sie würde
Ja nur die meine, wenn du zögertest.
Du hast geforscht, entdeckt und gleich gerichtet,
Ich sehs dir an, nun trifft die Reihe mich!

KANDAULES. Wohin verirrst du dich!
RHODOPE. Erscheinst du nicht
 Als Rächer hier?
KANDAULES. Bei allen Göttern, nein!
RHODOPE. So lebt noch jeder, welcher gestern lebte?
KANDAULES. Warum nicht?
RHODOPE. Mancher frevelte vielleicht!
KANDAULES. Ich weiß von keinem!
RHODOPE. Und was führt dich her?
KANDAULES. Hätt ich nach dieser Nacht kein Recht, zu kommen?
 Warst du wie sonst? Hast du mir nicht sogar,
 Als säßest du, die Lilie in der Hand,
 Noch unter dem Platanenbaum, wie einst,
 Den einzgen Kuß versagt, um den ich bat?
RHODOPE. Das wirst du mir noch danken!
KANDAULES. Aber fürchte
 Dich nicht! Zwar triebs mich zu dir, wie am Morgen
 Nach unsrer Hochzeit, doch du brauchst mir nur
 Zu winken, und ich gehe, wie ich kam!
 Ja, schneller werde ich von hinnen eilen,
 Als hätt ich, um zu trinken, einer Quelle
 Mich still genaht und sähe, daß ihr eben
 Die schüchterne Najade scheu entsteigt.
RHODOPE. Bleib!
KANDAULES. Nein! Nicht eines Odemzuges Dauer,
 Wenn es dich ängstigt! Und es ängstigt dich,
 Ich fühl es wohl. Dies ist gewiß die Stunde,
 In welcher du, wie dus so lieblich nennst,
 Dich innerlich besiehst! Die will ich nicht
 Entheiligen. Und hätt auch Aphrodite,
 Holdselig lächelnd diesem frühen Gang,
 Den goldnen Gürtel, den sie nie verschenkt
 Und kaum verleiht, mir für dich zugeworfen:
 Ich käm ein andermal und reicht ihn dir!
RHODOPE. Halt ein! Das klingt zu süß und macht mir bang,
 Denn meine Amme sagte: Wenn der Mann
 Sich allzu zärtlich seinem Weibe nähert,
 So hat er im geheimen sie gekränkt!
KANDAULES. Das trifft mich auch! Ich habe dich gekränkt!

Ich weiß ja, wie du bist, ich weiß ja auch,
Daß du nicht anders kannst; dein Vater thront,
Wo indische und griechsche Art sich mischen,
Dein Schleier ist ein Teil von deinem Selbst.
Und dennoch zerr und zupf ich stets an ihm
Und hätt ihn gestern gern dir abgerissen!
Nun, das bereu ich, und ich schwöre dir –
Dies trieb mich her! – Es soll nicht mehr geschehn!

RHODOPE *(lacht)*.

KANDAULES. Denn nie noch sehnte ich mich so wie heut,
Nicht bloß das Leid, das tief ins Mark sich gräbt
Und Narben hinterläßt, dir fernzuhalten,
Nein, auch den kleinsten Schatten, welcher dir
Die Seele trüben könnte, zu verscheuchen,
Und würf ich einen solchen Schatten selbst!
Dich hüten will ich, wie die treue Wimper
Dein Auge hütet: nicht dem Sandkorn bloß
Verschließt sie sich, auch einem Sonnenstrahl,
Wenn er zu heiß ist und zu plötzlich kommt.

RHODOPE. Zu spät! Zu spät!

KANDAULES. Was wär zu spät, mein Weib?

RHODOPE. Ich – – Nein, ich sags ihm nicht, ich kanns nicht sagen,
Er mags erraten, und wenn ers errät,
So knie ich stumm und lautlos vor ihm nieder
Und deute auf sein Schwert und meine Brust!

KANDAULES. Hat dich ein Traum erschreckt?

RHODOPE. Ein Traum? O nein,
Für mich war keiner übrig, einer Warnung
War ich nicht wert! Der Stein, der schmetternd fällt,
Hat seinen Schatten, daß der Mensch ihn merke,
Das rasche Schwert den Blitz, doch was mich traf –
Kandaules, sprich, ich sehe, du willst fragen,
So frage endlich!

KANDAULES. Ich? Nun ja doch, ja!
Am liebsten deine Hand!

RHODOPE. Rühr sie nicht an,
Den Fleck nimmt dir kein Wasser wieder weg.

KANDAULES. O Gyges! – Nun, wenn du die Hand mir weigerst,
Auch deine Wange sagt mir schon genug,

Du glühst im Fieber! Doch der beste Arzt
Steht vor der Tür. Warum ist sie verschlossen,
Indes ein Morgen, welchen alle Horen
Beschenkten, draußen, wie ein Bettler, klopft.
Rasch auf mit ihr, und gleich bist du geheilt! *(Er will öffnen)*
RHODOPE. Halt! Öffne lieber eine Totengruft!
Nicht finstrer wird der reine Sonnengott
Sich von zerbrochnen Aschenkrügen wenden,
Als von dem Weibe, das du dein genannt!
KANDAULES. Unselige!
RHODOPE. Sprich! War im Schlafgemach – –
Antworte doch!
KANDAULES. Ein Mörder? Nein doch, nein!
Ei, frag dich selbst, hätt ich ihn nicht getötet?
RHODOPE. Wenn du ihn sahst!
KANDAULES. Und mußt ich ihn nicht sehn?
Die Ampel war nur eben angezündet
Und brannte hell.
RHODOPE. So scheints! – Und doch vernahm
Ich mancherlei Geräusch, das nicht von dir
Und auch von mir nicht kam.
KANDAULES. Die Nacht ist reich
An Schällen und an seltsam fremden Klängen,
Und wer nicht schläft, hört viel.
RHODOPE. Es rasselte.
KANDAULES. Ein Mauerwurm!
RHODOPE. Es klang, als ob ein Schwert
An etwas streifte.
KANDAULES. Mags! Wo wär der Ton,
Den die Natur in wunderlicher Laune
Nicht irgendeinem possenhaften Tier
Als Stimme einverleibte? Reiß einmal
Dein Kleid entzwei und merke dir den Laut,
Ich schaff dir ein Insekt, das ganz so schnarrt.
RHODOPE. Auch seufzen hörte ich.
KANDAULES. Und seufzen Mörder?
RHODOPE. Nein, nein! Das ists!
KANDAULES. Der kühle Nachtwind wars,
Er wollte dir um Mund und Wangen spielen

Und seufzte, als er nur auf Mauern stieß.
Ei, gibts doch Bäume, die, wie jener Stein
Das Licht des Tages trinkt, um es im Dunkeln
Zurückzugeben, Klang und Schall verschlucken,
Die singen, plappern, ächzen dann bei Nacht!

RHODOPE.
So nimmst du es? Noch mehr! Mir fehlt ein Schmuck.

KANDAULES. Ein Edelstein vielleicht? Ein Diamant?
Der da?

RHODOPE. Du hast ihn? Du?

KANDAULES. Wer sonst? Du siehst!

RHODOPE. Dank, ewgen Dank, ihr Götter, und vergebt
Den Zweifel eines Herzens, das sich schuldlos
Zertreten wähnte! O, ihr seid uns nah,
Wie Licht und Luft!

KANDAULES. Erinnyen, hinab! –
Da!

RHODOPE. In den Tempelschatz mit ihm! Ich bin
Den Gnädigen ein reiches Opfer schuldig,
Vor allem ihr, der Allverknüpferin!
Aus goldnen Körben sollen ihre Tauben
Von heute an die weichsten Körner picken,
Aus Marmorbecken löschen ihren Durst!
Und du, Kandaules, du – – –

KANDAULES. Der Jüngling küßt,
Wenn er des Mädchens denkt, die eigne Hand,
Die sie ihm drückte, als sie von ihm schied,
Der Mann braucht etwas mehr.

RHODOPE. O Tag des Glücks!
Ist dir dein Weib so teuer? Nun, da bitt ich
Dir stilles Unrecht ab. Ich sorgte immer,
Es sei mehr Stolz auf den Besitz als Liebe,
In der Empfindung, die dich an mich fesselt,
Und deine Neigung brauche schon den Neid
Der andern, um nicht völlig zu erlöschen!
Nun fürcht ich das nicht mehr.

KANDAULES. Und niemals sollst
Dus wieder fürchten! Weiß ich doch, was dir
Das Herz vergiftet hat. Du glaubst dich

Verkürzt durch Gyges! Und es ist gewiß,
Daß ich gar manchen Tag mit ihm verbrachte,
Und fast ein Jäger ward, weil er es ist.
Zwar griff das nicht in deine Rechte ein,
Denn was den Mann mit einem Mann verbindet,
Ist für das Weib nicht da, er brauchts bei ihr
So wenig wie den Schlachtmut, wenn er küßt.
Doch, muß ich deine Furcht auch töricht nennen:
Ich spar kein Mittel, um dich rasch zu heilen,
So höre denn: mein Günstling Gyges geht!

RHODOPE. Wie?

KANDAULES. Heute noch!

RHODOPE. Unmöglich!

KANDAULES. Wär dir das
Jetzt nicht mehr recht? Du schienst es sonst zu wünschen!

RHODOPE. O, daß ich dies in meinem Freudenrausch
Vergessen konnte!

KANDAULES. Was denn?

RHODOPE. Deine Hand! –
Der wars, der stand auf einmal mir vor Augen,
Als wär sein feurger Umriß in der Luft
Zurückgeblieben! O, wie fürchterlich
Bestätigt sichs. – Gib her! – Er hat den Ring!

KANDAULES. Der ist mein Eigentum!

RHODOPE. Sprich, hast du ihn
Nicht wieder abgelegt, seit du ihn trägst?
Auch nicht verloren oder sonst vermißt?

KANDAULES. Unglückliche, was quälst du dich mit Schatten!

RHODOPE. Er weicht mir aus! – Du schickst den Gyges fort?
Auf einmal fort, wie einen Missetäter?
Warum?

KANDAULES. Das sagt ich nicht. Er geht von selbst.

RHODOPE. Er geht von selbst? Was treibt ihn denn von hinnen?

KANDAULES. Ich weiß es nicht und hab ihn nicht gefragt.

RHODOPE. Du weißt es nicht? So will ich dir es sagen:
Er hat an dir gefrevelt wie noch keiner,
Und du mußt strafen, wie du nie gestraft!

KANDAULES. Rhodope, welch ein Wort! Er ist gewiß
Der Edelste der Edlen.

RHODOPE. Ist er das,
Wie kannst du ihn so ruhig ziehen lassen?
KANDAULES. Weil auch der Beste wider seinen Willen
Statt Segens stillen Fluch verbreiten kann.
RHODOPE. Ist das sein Fall? Und hat ers selbst gefühlt?
KANDAULES. Und wenn auch nicht – Sein Sinn ist stolz, er strebt
Nach großen Dingen, und er darf es wagen.
RHODOPE. Meinst du?
KANDAULES. Kein Königsthron steht ihm zu hoch.
Und wenn er geht und mir den Grund verbirgt:
Gib acht, mit einer Krone kehrt er wieder
Und spricht dann lächelnd: Diese trieb mich fort!
RHODOPE. Ja?
KANDAULES. Teures Weib, dich hat die Nacht verstört,
Der Schreck –
RHODOPE. Kann sein!
KANDAULES. Du hörtest allerlei –
RHODOPE. Was nicht zu hören war! Fast glaub ichs selbst,
Denn – nun besinn ich mich – ich sah auch falsch!
Du hast den Ring nicht wieder abgelegt,
Du hast ihn nicht verloren, noch vermißt,
Und mir kams dennoch vor – ich spähte scharf,
Und Morgen wars, und alles andre sah ich –
Als fehlte er an deiner Hand. So zeugt
Denn Sinn hier gegen Sinn, das blinde Auge
Verbürgt das taube Ohr. Vergib mir nur,
Daß ich dich quälte, und vergönne mir
Ein wenig Einsamkeit, um mich zu fassen.
KANDAULES *(will reden)*.
RHODOPE. Jawohl! Jawohl! Vergib nur, Herr, und geh!
KANDAULES *(ab)*.
RHODOPE. Kein andrer ists als Gyges – das ist klar!
Er hat den Ring gehabt – das ist noch klarer!
Kandaules ahnts, er muß – das ist am klarsten!
Und statt das Ungeheure ungeheuer
An ihm zu ahnden, läßt er ihn entfliehn.
So wird ein Rätsel durch ein andres Rätsel
Gelöst, das mich von Sinnen bringen kann,
Wenn es mir dunkel bleibt! Ein Gatte sieht

Sein Weib entehrt – entehrt? Sprich gleich: getötet –
Getötet? – Mehr, verdammt, sich selbst zu töten,
Wenn nicht des Frevlers Blut zur Sühne fließt!
Der Gatte ist ein König, trägt das Schwert
Der Dike, braucht von der Erinnys nicht
Den Dolch zu borgen, hat die heilge Pflicht,
Den Greul zu strafen, wenn die Liebe ihn
Nicht antreibt, ihn zu rächen, muß den Göttern
Das Opfer bringen, wenn ers mir versagt!
Und dieser Gatte, dieser König zückt
Nicht Schwert noch Dolch, er läßt den Frevler fliehn!
Doch soll das nicht gelingen! Mir auch fehlts
Nicht an erprobten Dienern. Nicht als Sklavin,
Als Königstochter trat ich in dies Haus,
Und mein Geleite war ein königliches.
Die alten Vielgetreuen ruf ich auf,
Daß sie dem Fliehenden den Weg vertreten,
Dann sprech ich zu Kandaules: Hier bin ich,
Dort ist der Günstling, wähle, dieser Dolch
Ist für mich selbst, wenn nicht dein Schwert für ihn!

LESBIA *(tritt herein).* Vergibst du, Königin?

RHODOPE. Was denn, mein Kind?
Daß du zu mir zurückkehrst? O, vergib
Nur du, daß ich dich von mir lassen konnte,
Mir war – ich wußte selbst nicht, was ich tat.
Doch mein ich, daß der König zu mir sagte,
Du gingest gern, und ach, ich hatte ihm
In jener Nacht so viel schon weigern müssen,
Daß mir der Mut zum neuen Nein gebrach.

LESBIA. So bin ich nicht mehr frei? So darf ich mich
Zu deinen Dienerinnen wieder zählen?

RHODOPE. O nein! Als Schwester komm an meine Brust.

LESBIA. Was ist geschehn? Du bist bewegt wie nie.

RHODOPE. Entsetzliches, das keinen Namen hat!
Denn eh ichs nennen kann, hat sichs verändert
Und ist noch grauenvoller als es war.
Ja, Nachtgeburt, die mir entgegengrinst,
Mir deucht, dein erstes Antlitz könnt ich küssen,
Nun dämmernd mir das zweite sich enthüllt.

LESBIA. Kann ich was für dich tun? – Die Frage ist
Wohl töricht, nicht?

RHODOPE. Du kannst nicht töten, Mädchen,
Und wer nicht töten kann, der kann für mich
Auch nichts mehr tun.

LESBIA. Gebieterin!

RHODOPE. So ists!
Du starrst mich an, du kannst es gar nicht fassen,
Daß solch ein Wort aus meinem Munde kommt.
Ja, Lesbia, ich bins! Rhodope ists,
Die euch so oft gewarnt und abgehalten,
Dem Tode in sein traurig Amt zu greifen,
Und wenn es auch nur eine Spinne galt!
Ich hab es nicht vergessen, doch das war,
Als ich im frischen Morgentau mich wusch
Und in dem Strahl der Sonne trocknete:
Jetzt rufe ich nach Blut, jetzt ist von mir
Nur so viel übrig, als die Götter brauchen,
Um das zu rächen, was ich einmal war!

LESBIA. Weiß dein Gemahl denn nichts? Am Rächer kanns
Der Königin von Lydien nicht fehlen.

RHODOPE. So scheints! Und doch – Nun, wissen will ichs bald!
Geh, Lesbia, und ruf mir Karna her!

LESBIA. Du meinst, ich soll ihm etwas von dir sagen.

RHODOPE. Das ist vorbei! –

LESBIA. Doch deinen Schleier willst du!

RHODOPE. Nein! Nein!

LESBIA. Mich graust. Es ist das erstemal! *(Ab)*

RHODOPE. Er kann den Freund nicht opfern, darum wird
Sein Weib verschont. Denn sonst ertrüg ers nicht!

Lesbia tritt mit Karna ein

RHODOPE. Karna, du weißt, was du geschworen hast,
Als dir dein Herr, mein königlicher Vater,
Am goldnen Tor die Tochter übergab.
Saß ich auch hoch auf meinem Elefanten,
War ich auch tief verhüllt in meinem Schleier,
Doch hab ich wohl beachtet, was geschah,
Und nicht ein Wort vergessen, das du sprachst.

KARNA. Auch ich nicht, und ich hoffs dir darzutun!

RHODOPE. So such den Griechen Gyges auf und künd ihm,
Daß ich ihn sehen will.
KARNA. Du?
RHODOPE. Eile dich,
Damit er nicht entkommt, verfolge ihn,
Wenn er entfloh, und bringe ihn zurück,
Noch eh es Nacht wird, muß er vor mir stehn.
KARNA. Ich liefre ihn, lebendig oder tot. *(Ab)*
LESBIA. Was hör ich? Gyges wär es?
RHODOPE. Gyges ists!
LESBIA. Er hätte dich gekränkt?
RHODOPE. Er hat gefrevelt
Am Heiligsten, er hat den schwersten Fluch
Auf mich herabgezogen, jenen Fluch,
Den alle Götter wider Willen schleudern,
Weil er nur Menschen ohne Sünde trifft,
Er ist es, der mich töten lehrt!
LESBIA. Er nicht!
Ich schwöre dirs!
RHODOPE. Wie kannst du?
LESBIA. Königin,
Auch ich erlebte etwas, und ich weiß,
Daß er die Seele eher lassen würde
Als dich verletzen.
RHODOPE. So.
LESBIA. Ich habe dir
Ein Wort von ihm zu sagen! O, wie bitter
Hat mich dies Wort geschmerzt, als ichs vernahm,
Jetzt freuts mich fast. Ich soll dir von ihm melden,
Er hätt mich gar nicht angesehn! – Er liebt dich!
Nun frag dich, ob es möglich ist!
RHODOPE. Er liebt mich!
So ists gewiß!
LESBIA. Wie?
RHODOPE. Törin, sage mir,
Kann man das lieben, was man niemals sah?
Und wenn mich Gyges sah: Wann sah er mich?
LESBIA *(legt sich die Hand vor die Augen).*
RHODOPE. Nun sprich als Mädchen, ob er sterben muß!

VIERTER AKT

Gemach der Königin

RHODOPE. O, einen Augenblick Vergessenheit!
Wozu das Rätsel ewig wiederholen?
Es wird ja bald gelöst. – Ich sollt es machen,
Wie meine Mädchen, die zum Zeitvertreib
Auf alle Töne horchen und sich streiten,
Von welchem Vogel jeder kommt und ob
Der rot ist oder grün. – Welch ein Geräusch!
Ist Karna da mit ihm? Still, alles still.
Es war wohl nichts. – Wie hab ich mich verändert!
Wann fragt ich sonst den Schall nach dem Woher,
Mich schreckte nichts, mich schreckte nicht einmal
Des Feuers Glut, und wenn sie noch so rot
Am Himmel aufstieg und sich noch so drohend
Verbreitete: ich wußte, daß ein Kreis
Von treuen Wächtern, unsichtbar um mich
Herumgereiht, des Königs Lieblingstochter
Mit Blut und Leben schirmte. Jetzt – ein Schritt!
Sie sinds! Ja, Karna ist so klug als tapfer;
Das hört ich stets, und heute soll ichs sehn.
Noch nicht! Vielleicht auch gar nicht! Nein, ihr Götter,
So grausam werdet ihr nicht sein. Ich will
Ja nicht, daß ihr die Hand mir reichen sollt,
Um mich am Rand des Abgrunds festzuhalten,
Ich will nur sehn, wer mich hinunterstößt.
Je mehr ich sinne, um so weniger
Begreif ich meinen Gatten. Hört ichs doch
In frühster Jugend schon, daß die Befleckte
Nicht leben darf, und wenn mich das als Kind
Durchschauert hat, jetzt habe ich den Grund
Für dies Gesetz in meiner Brust gefunden:
Sie kann nicht leben, und sie wills auch nicht!
Gilt das für ihn allein nicht? Oder will er
Den Frevler heimlich opfern, weil er hofft,
Mir seine Missetat noch zu verbergen?
Habt Dank, ihr Ewigen, auch das kann sein!

Und findet Karna den Entflohnen tot,
Den kalten Dolch in seiner heißen Brust,
So weiß ich, wessen Hand ihn niederstreckte,
Und frage niemals mehr, wo Gyges blieb!
LESBIA *(tritt ein).* O, Königin, er kommt!
RHODOPE. Ich harre schon!
LESBIA. Und hinter ihm schiebt, wie ein Eisenriegel,
Sich eine Schar Bewaffneter zusammen.
RHODOPE. Ich glaubs, daß Karna sein Geschäft versteht.
LESBIA. Muß es denn sein?
RHODOPE. Er oder ich! Vielleicht
Wir alle beide!
LESBIA. O, du machst mich stumm!
RHODOPE. Sag Karna, daß er jetzt zum König sende,
Ich laß ihn bitten auf ein einzig Wort.
LESBIA *(ab).*
RHODOPE. Nun, Ihr dort unten, die Ihr keinen Frevel
Verhindert, aber einen jeden rächt,
Herauf, herauf, und hütet diese Schwelle,
Ein blutig Opfer ist Euch hier gewiß.
GYGES *(der währenddem eingetreten ist).*
Du hast mich rufen lassen, Königin!
RHODOPE. Du weißt warum! – Du weißt es, denn du zitterst,
Kannst du es leugnen? Deine Farbe wechselt,
Und hörbar klopft das Herz in deiner Brust.
GYGES. Hat nicht dein Gatte auch vor dir gezittert,
Hat er die Farbe nicht, wie ich, gewechselt,
Und hat sein Herz nicht ganz wie meins geklopft?
Erinnre dich der Stunde, wo er dir
Zum erstenmal ins Antlitz schauen durfte,
Und frag dich, ob er mir nicht völlig glich.
RHODOPE. Dir?!
GYGES. Königin, gewiß. Ihm schwindelte,
Er stand geblendet da, und als ihm die
Besinnung wiederkehrte, riß er stumm
Die Krone sich vom Haupt wie einen Kranz,
Der plötzlich welk geworden ist im Haar,
Und warf sie mit Verachtung hinter sich.
RHODOPE. Er! Ha!

GYGES. Du lächeltest ihn freundlich an,
Als du es sahst, da kam ihm so viel Mut,
Sich dir um einen halben Schritt zu nähern.
Doch seine Kniee wankten unter ihm,
Sie wollten einen edlern Dienst verrichten,
Und eh dus ahntest, lag er so vor dir!
(Er kniet währenddem nieder)
RHODOPE. Du wagst?
GYGES. Was denn? Es war ja so. Du strecktest
Ihm unwillkürlich, halb um ihm zu wehren,
Halb auch vielleicht, um ihn emporzuziehn,
Die Hand entgegen, die er scheu und schüchtern
Ergriff, und die sich doch zur Fingerspitze
Verkürzte, ehe er sie noch berührt.
Tatst du das nicht? O, sprich!
RHODOPE. Auf! Auf mit dir!
GYGES *(sich wieder erhebend)*.
Ihn aber traf es wie ein Wetterschlag.
Ihm war zumut, als hätt er sich bisher,
Wie ein erebscher Schatten, kalt und nüchtern,
Nur unter die Lebendigen verirrt
Und jetzt erst Blut bekommen wie sie selbst;
Als hätte er ihr Lachen und ihr Weinen,
Ihr Jubeln, Seufzen, ja ihr Atemholen,
Nur nachgeäfft und nie geahnt, warum
Die Menschenbrust sich ewig hebt und senkt.
Da brannt er vor Verlangen, auch zu leben,
Und sog dein süßes Bild mit Augen ein,
Die, sonst gleichgültig alle Dinge spiegelnd
Und wieder wechselnd, wie ein stilles Wasser,
Der Wimper jetzt ihr Zucken kaum verziehn.
So glomm er, deine Schönheit in sich trinkend,
Allmählich vor dir auf in düstrem Feuer,
Wie deine weiße Hand, wenn du sie abends
Vor eine Flamme hältst, du aber fuhrst
Vor deinem roten Widerschein zurück.
RHODOPE. Nicht weiter!
GYGES. O, nicht weiter! Weiß ich mehr?
Was er empfand, das kann ich nachempfinden

Und ganz so voll und glühend, wie er selbst.
Doch, wie er warb und wie er dich gewann,
Ist sein Geheimnis; einer nur kanns haben,
Und dieser einzige ist er, nicht ich.
Nun weißt du denn, warum ich zitterte:
Ein Wonneschauer wars, der mich ergriff,
Ein heilges Grausen, das mich schüttelte,
Als ich so plötzlich vor dir stand und sah,
Daß Aphrodite eine Schwester hat;
So sag mir jetzt, wozu beriefst du mich?
RHODOPE. Zum Tode! –
GYGES. Wie?
RHODOPE. Hast du ihn nicht verdient?
GYGES. Wenn du ihn mir verhängst, so muß es sein!
RHODOPE. In dieser Stunde noch!
GYGES. Ich bin bereit!
RHODOPE. Dich packt kein Schauder, wie er jeden Menschen,
Wie er den Jüngling doppelt packen muß?
Glaubst du vielleicht, es sei nicht bittrer Ernst,
Weil dir ein Weib den blutgen Spruch verkündigt,
Und du das Weib nur noch als Mutter kennst?
O hoffe nicht, daß auch die Mildeste
Ihn ändern wird. Sie kann den Mord vergeben,
Sie kann sogar für ihren Mörder bitten,
Wenn er ihr so viel Odem übrigließ.
Doch eine Schande, die sie vor sich selbst
Vom Wirbel bis zum Zeh mit Abscheu füllte,
Solch eine Schande wäscht das Blut nur ab:
Je mehr sonst ganz nur Weib, nur scheues Weib,
Je mehr vom Manne wird sie da verletzt!
GYGES. Entsetzlich!
RHODOPE. Kommt der Schauder? Hör mich aus!
Wenn du nicht jetzt gerichtet vor mir ständest,
Von blanken Schwertern vor der Tür bewacht,
Und, willig oder nicht, das sichre Opfer
Der Unterirdschen, die ich schon beschwor:
Ich öffnete, wenn auch mit zager Hand,
Noch eh die Sonne sinkt, mir selbst die Adern
Und wüsche mich in meinem eignen Blut!

Denn alle Götter stehn schon abgewandt,
Wenn auch voll Mitleid da, die goldnen Fäden
Zerreißen, die mich an die Sterne knüpfen
Und aufrecht halten, mächtig zieht der Staub,
Und zögre ich, so hüpft die neue Schwester,
Die Kröte, mir vertraulich ins Gemach!

GYGES. O Königin, ich könnte manches sagen
Und vielen Sand mir aus den Locken schütteln,
Der mir nur angeflogen ist im Sturm!
Ich will es nicht. Nur eines glaube mir:
Erst jetzt erkenn ich, was ich tat, und doch
Wars kaum geschehn, so hats mich schon gedrängt,
Es abzubüßen. Wenn dein Gatte mir
Den Weg zum Orkus nicht vertreten hätte,
Ich wäre längst ein Schatten unter Schatten
Und du gesühnt, wenn auch noch nicht versöhnt.

RHODOPE. Mein Gatte wehrte dirs und wußte doch –

GYGES. Gleichviel! Die seltne Regung, die ihn faßte,
Hat mich um das Verdienst des freien Todes,
Dich aber um dein Opfer nicht gebracht.
Leb wohl! – Und *deine* Schwerter bleiben rein!

RHODOPE. Halt! Nicht durch eigne Hand und nicht durch Mord,
Durch deinen höchsten Richter sollst du fallen,
Gleich kommt der König und bestimmt dein Los.

GYGES. Der Sterbende, er sei auch, wer er sei,
Hat eine letzte Bitte frei. Du wirst
Mir nicht mein armes Totenrecht verkürzen,
Ich weiß, du kannst es nicht! So laß mich gehn!

RHODOPE *(macht eine abwehrende Bewegung).*

GYGES. Ich tat, was ich vermochte. Komme nun,
Was kommen soll, ich trage keine Schuld.

KANDAULES *(tritt ein).*

RHODOPE *(ihm entgegen).*
Ich irrte nicht! Es war im Schlafgemach
Ein Mensch versteckt!

GYGES. Ja, König, was ich dich
Nur ahnen ließ, weil mir der Mut gebrach,
Es zu bekennen: Es ist aufgedeckt,
Und todeswürdig steh ich vor dir da!

KANDAULES. Gyges!
GYGES. Mit diesen meinen beiden Augen
Verübt ich einen Frevel, den die Hände
Nicht überbieten, nicht erreichen würden,
Und zückt ich auch auf dich und sie den Dolch.
RHODOPE. So ists!
GYGES. Zwar wußt ichs nicht, das kann ich schwören,
Mir sind die Frauen fremd, doch wie der Knabe
Nach einem wunderbaren Vogel hascht
Und ihn erdrückt, weil er sein zartes Wesen
Nicht kennt, indes er ihn nur streicheln will,
So hab auch ich das Kleinod dieser Welt
Zerstört und ahnte nicht, daß ich es tat.
RHODOPE. Sein Wort ist edel. Wehe ihm und mir,
Daß es nicht frommt!
GYGES. Wenn den kastalschen Quell,
Aus dem die Lieblinge der Götter trinken,
Und der in einem Farbenspiel erglänzt,
Als wär er mit zerpflückten Regenbogen
Von Iris' eignen Händen überstreut,
Wenn diesen Quell, der dem Parnaß entspringt,
Ein Steinwurf trübt, so fängt er an zu tosen
Und steigt in wilden Wirbeln himmelan.
Dann singt auf Erden keine Nachtigall
Und keine Lerche mehr, und in der Höhe
Verstummt sogar der Musen heilger Chor,
Und eher kehrt die Harmonie nicht wieder,
Bis ein ergrimmter Strom den frechen Schleudrer
Hinunterknirscht in seinen dunklen Schoß:
So ists mit einer Frauenseele auch!
KANDAULES. Gyges, ich bin kein Schurke.
GYGES. Herr, du bist
Rhodopens Gatte, bist ihr Schutz und Schirm
Und mußt ihr Rächer sein.
KANDAULES. Ich bin vor allem
Ein Mann, der für den Frevel, den er selbst
Beging, nicht einen andern sterben läßt.
GYGES. König, was rettest du?
KANDAULES. Mich selbst!

GYGES. Er rast,
Hör nicht auf ihn!
RHODOPE. Mein Herr und mein Gemahl,
Was sprachst du da? Ich kanns dir selbst nicht glauben,
Wenn dus nicht wiederholst!
KANDAULES. Sprich du für mich!
Du sollst mich nicht entschuldigen, du sollst
Nur sagen, wie es kam.
RHODOPE. So ists? Ihr Götter,
Lacht über mich! – Ich habe schon geklagt!
KANDAULES. Sprich, Gyges! *(Ab)*
GYGES. Königin, o, wenn du wüßtest,
Wie er dich immer pries und wie ich stumpf
Auf alle seine Flammenworte hörte,
Weil jeder Vogel, der dem Busch entrauschte
Und meinem Pfeil entging, indem er sprach,
Mein Auge auf sich zog – wenn du dir sagtest,
Wie sehr dies unaufmerksam-kindsche Wesen,
Das er für einen Ausdruck stillen Mißtrauns
Und halben Zweifels nahm, obgleich es nur
Aus flüchtgem Sinn entsprang, ihn reizen mußte –
Wenn du uns beide nur ein einzig Mal
Auf einer unsrer Streiferein im Walde
Gesehen hättest, ihn in seiner Glut
Und mich in meiner Blödheit, unverständig
Nach bunten Steinen an der Erde spähend,
Indes er mir den Sonnenaufgang zeigte:
Ich bin gewiß, du blicktest wieder mild!
Er glich dem Priester, der dieselbe Flamme,
Die ihn durchlodert, zu des Gottes Ehre
Auch in der fremden Brust entzünden möchte;
Wenn dieser, leidenschaftlich-unvorsichtig,
Die heiligen Mysterien enthüllt,
Um dumpfe Sinne rascher zu erwecken
Und falsche Götzen sichrer zu entthronen:
Fehlt er so schwer, daß man ihm nicht verzeiht?
RHODOPE *(macht mit der Hand eine abwehrende Bewegung).*
Er hat sein Gattenrecht dir abgetreten?
GYGES. Nenn es nicht so.

RHODOPE. Du brauchtest nicht beim Wein
Nach seiner Hand zu greifen und dabei
Den Ring ihm abzuziehn, wie ichs mir dachte,
Er gab ihn dir von selbst zurück, du kamst
Vielleicht sogar mit ihm zugleich?
GYGES. Wie kannst
Dus glauben, Königin?
RHODOPE. Du bist ein Jüngling –
Du denkst so edel –
GYGES. War ich denn sein Knecht?
Und hat er je verlangt, daß ich es sei?
Nein, Königin, entschuldige mich nicht,
Es bleibt bei deinem Spruch! Und halt ihn nicht
Für grausam, er ist mild. Ich ging den Weg,
Den ich wohl nimmer hätte gehen sollen,
Doch nahm ich gleich auch meinen Fluch dahin.
Ich wurde reif zum Tode, denn ich sah,
Daß alles, was das Leben bieten kann,
Vergeben war, und wenn ich in der Nacht
Ihn nicht schon fand und die entweihte Schwelle
Mit meinem rasch vergoßnen Blut dir wusch,
So ist die Schuld nicht mein: ich warb um ihn.
O, hätt ich ihn ertrotzt, wie ichs versuchte,
Dann zitterte in deiner Seele jetzt
Nur noch ein Schauder vor dem Mörder nach,
Der dir das Atmen um so süßer machte,
Dein Gatte aber würde, als dein Retter,
Noch feuriger wie je von dir geküßt.
RHODOPE. Und Dinge kämen, dies uns fürchterlich
Enthüllen würden, daß die Götter nicht
Des Menschenarms bedürfen, sich zu rächen,
Wenn eine Schuld, die keine Sühne findet,
Weil sie im Dunkeln blieb, die Welt befleckt.
Doch, sie sind gnädig, dieser Frevel hat
Umsonst in Finsternis sich eingewickelt,
Er leuchtet doch hindurch. Das Wasser wird
Sich nicht in Feuer wandeln, wenn der Mund
Des Durstgen es berührt, das Feuer nicht
Erlöschen, wenn der Hauch des Hungrigen

Es auf dem Herde anbläst, nein, o nein,
Die Elemente brauchens nicht zu künden,
Daß die Natur vor Zorn im Tiefsten fiebert,
Weil sie verletzt in einem Weibe ist:
Wir wissen, was geschah!

GYGES. Wir wissen auch,
Was noch geschehen muß! Vergib mir nur! *(Er will gehen)*

RHODOPE. Halt! Das nicht mehr!

GYGES. Was kann ich andres tun?

RHODOPE. Du mußt ihn töten!

GYGES. Ha!

RHODOPE. Du mußt! Und ich –
Ich muß mich dir vermählen.

GYGES. Königin!

RHODOPE. So geh.

GYGES. Ihn töten!

RHODOPE. Wenn du zu mir sagst:
Jetzt bist du Witwe! so erwidre ich:
Jetzt bist du mein Gemahl!

GYGES. Du hast gesehn,
Wie er von hinnen ging. Er sprach für sich
Kein einzig Wort, er überließ es mir,
Und ich, ich sollte – – Nein!

RHODOPE. Du mußt es tun,
Wie ich es fordern muß. Wir dürfen beide
Nicht fragen, obs uns schwer wird oder leicht.

GYGES. Wenn er kein Gatte war: er ist ein Freund,
Wies keinen zweiten gibt! Kann ich ihn töten,
Weil er zu sehr mein Freund gewesen ist?

RHODOPE. Du wehrst dich, doch es ist umsonst.

GYGES. Was soll
Mich zwingen, wenn dein Reiz mich nicht bezwang?
Ich liebe dich, mir ist, als wäre ich
Mit einem Starrkrampf auf die Welt gekommen,
Und dieser löste sich vor deinem Blick!
Die Sinne, welche, wie verschlafne Wächter,
Bisher nicht sahn noch hörten, wecken sich
In selgem Staunen gegenseitig auf
Und klammern sich an dich, rund um dich her

Zerschmelzen alle Formen, sonst so scharf
Und trotzig, daß sie fast das Auge ritzten,
Wie Wolkenbilder vor dem Sonnenstrahl;
Und wie ein Schwindelnder, der in den Abgrund
Zu stürzen fürchtet, könnt ich nach der Hand
Dir greifen, ja, an deinen Hals mich hängen,
Eh mich das bodenlose Nichts verschlingt!
Doch nicht mit einem Tropfen seines Blutes
Möcht ich mir diesen höchsten Platz erkaufen,
Denn selbst im Rausch vergäße ich ihn nicht!

RHODOPE. Du kannst es mir versagen, das ist wahr! –
Verlaß mich denn!

GYGES. Was sinnst du, Königin?

RHODOPE. Ein Werk, das still beschlossen und noch stiller
Vollbracht wird. – Geh!

GYGES. Versteh ich dich?

RHODOPE. Vielleicht.

GYGES. Du könntest?

RHODOPE. Zweifle nicht! Ich kann und will.

GYGES. Nun, bei den Göttern, welche droben thronen,
Und den Erinnyen, die drunten horchen,
Das darf nicht sein, und nimmer wirds geschehn!

RHODOPE. So sagst du ja?

GYGES. Du weckst mich aus dem Schlummer,
Nicht wahr, wenn er in Träumen mir erscheint,
Und trotz der Todeswunde immer lächelt,
Bis mir das Haar sich sträubt?

RHODOPE. Nicht mehr! Nicht mehr!

GYGES. Auch drückst du einen Kuß mir auf die Lippen,
Damit ich in der Angst mich gleich besinne,
Warum ich es getan – du wendest dich,
Als obs dich schauderte bei dem Gedanken?
Das schwör mir erst!

RHODOPE. Ich werde dein Gemahl.

GYGES. Was frag ich auch! Ich siegte ja noch nicht.

RHODOPE. Gilts hier denn einen Kampf?

GYGES. Ja, Königin,
Du denkst doch nicht von mir, daß ich ihn morde?
Ich fordre ihn auf Leben oder Tod.

RHODOPE. Und wenn du fällst?
GYGES. So fluche mir nicht nach,
Ich kann nicht anders.
RHODOPE. Fall ich nicht mit dir?
GYGES. Doch wenn ich wiederkehre?
RHODOPE. Am Altar
Wirst du mich finden, ebenso bereit,
In deine Hand die meinige zu legen,
Als nach dem Dolch zu greifen und das Band
Zu lösen, das mich an den Sieger knüpft,
Wenn er es ist!
GYGES. Noch eh die Sonne sinkt,
Entscheidet sichs! So leb denn wohl.
RHODOPE. Leb wohl! –
Und wenns dich freuen kann, vernimm noch eins:
Du hättest mich der Heimat nicht entführt,
Um so an mir zu tun!
GYGES. Meinst du, Rhodope?
Das heißt: ich wäre eifersüchtiger
Und neidischer gewesen, hätte mehr
Gefürchtet, weil ich wenger bin als er,
Und doch beglückt es mich, daß du dies meinst,
Und ist genug für mich, mehr als genug! *(Ab)*
RHODOPE. Nun Brautgewand und Totenhemd herbei!
LESBIA *(stürzt herein und wirft sich Rhodopen zu Füßen).*
Du Gnädige! – Vergib! – Ich danke dir!
RHODOPE *(sie aufhebend).*
Du wirst mir wohl nicht danken, armes Kind!
Und doch! Zuletzt! Ja, Lesbia, zuletzt!

FÜNFTER AKT

Freier Platz

Der König tritt auf. Ihm folgt Thoas

KANDAULES. Du schleichst mir nach auf Schritt und Tritt. Was willst du?
Fehlt dir der Mut, mich anzureden, Alter,
Weil ich ein wenig barsch war gegen dich?
Sprich! Setze deine Rede fort! Ich will
Geduldig sein und hören, brauchtest du
Auch so viel Zeit, daß eine grüne Traube
Sich purpurn färbt, bis du zu Ende bist.
THOAS. Herr, hab ich jemals einen Mann verklagt?
KANDAULES. Nein, Thoas.
THOAS. Oder einen Mann verdächtigt?
KANDAULES. Gewiß nicht.
THOAS. Las ich heiße Worte auf,
Wie sie im Zorn wohl auf die Erde fallen,
Und warf sie dir ins Ohr und blies sie an?
KANDAULES. Nie!
THOAS. Nun, so werd ich doch mit siebzig Jahren
Nicht tun, was ich mit zwanzig nicht getan,
Denn über fünfzig dien ich deinem Hause.
KANDAULES. Ich weiß es, treuer Knecht.
THOAS. Die Erde zeugt
Ja immer fort, ob man die Könige
Ermordet oder krönt, sie läßt die Bäume
Nicht ausgehn und die Beeren nicht vertrocknen,
Auch hält sie ihre Quellen nicht zurück,
Wenn man ihr einmal Blut zu trinken gibt.
KANDAULES. Das glaub ich auch!
THOAS. Nicht wahr? Es bliebe alles
Wie jetzt, ich meine, was mich selbst betrifft,
Denn das ist unser Sklavenglück, daß uns
Ein roter Mond am Himmel wenig kümmert
Und daß wir ruhiger, wie gierge Hunde,
Die einen Bissen zu erschnappen hoffen,

Dem Opfer zusehn und nicht ängstlich fragen,
Obs Gutes oder Böses prophezeit.
KANDAULES. Was willst du sagen, Greis?
THOAS. Dein Vater hatte
Mich immer um sich, einerlei, ob er
Zum Schmausen ging, ob er zu Felde zog,
Ich durfte ihm nicht fehlen, heute reicht ich
Den Becher ihm und morgen Schild und Speer.
Auch ordnete ich ihm den Scheiterhaufen
Und sammelte mit meinen steifen Fingern
Die weiße Asche in den braunen Krug.
Er hatt es so bestellt. Warum denn wohl?
KANDAULES. Die Traube wird schon rot.
THOAS. Du bist ihm ähnlich,
Vielleicht – ich sah dich nie das Schwert noch ziehn,
Er zog es oft und gern, zuweilen auch
Ganz ohne Grund, ich geb es zu, jawohl,
Und doch wars gut – vielleicht gar völlig gleich.
Drum wünscht ich dir sein Los.
KANDAULES. Ist das nicht mein?
THOAS. Wer weiß! Das Ende rechn ich mit dazu.
Vergib mir, Herr! Ich bin kein hurtger Kopf,
Begreife schwer, hab niemals was erdacht,
Und wer mich dumm nennt, schimpft mich darum nicht.
Doch wackre Männer kamen schon zu mir
Und fragten mich um Rat und als ich stutzte,
Da sagten sie: Der schlichtste alte Mann,
Der siebzig Jahre zählt und seine Sinne
Behielt, versteht von manchen Dingen mehr
Als selbst der Klügste, der noch Jüngling ist.
Nun, meine Sinne, denk ich, hab ich noch:
So hör auf mich!
KANDAULES. Ich tu es ja.
THOAS. Und quäle
Mich nicht um Gründe, glaube nicht, daß ich
Gleich unrecht habe, wenn ich auch verstumme,
Weil ein Warum von so und so viel Drachmen
Mir fehlt, wenn du mein Wort zu wägen denkst.
Du kannst ja auch die Vögel, die nicht fliegen,

Wie dirs gefällt, wenn sie dein Seher fragt,
Durch einen einzgen Schuß von deinem Bogen
Zerstreun, und mancher hats im Zorn getan.
Doch kommt das Unglück darum weniger,
Das sie verkündeten? So sprich denn nicht:
»Was willst du? Er ist tapfer, brav und treu!«
Ich weiß es selbst und wills sogar beschwören,
Allein ich warne dich nur um so mehr:
Nimm dich in acht vor Gyges!

KANDAULES *(lacht).*

THOAS. Dacht ichs doch!
Ich sags dir noch einmal: Nimm dich in acht!
Versteh mich aber recht. Ich sage auch:
Er wird dir nimmer nach der Krone greifen,
Er wird dich mit dem letzten Tropfen Bluts
Verteidigen, und dennoch ist er dir
Gefährlicher als alle, die sich gestern
Mit Blicken oder Worten gegen dich
Verschworen haben! Ei, die tun dir nichts,
Wenn er nur nicht mehr da ist! Darum schaffe
Ihn fort, sobald du kannst. Denn, wenn er bleibt
Und mit den Kränzen, die er sich errang,
Noch länger so herumgeht unter ihnen,
Kann viel geschehn.

KANDAULES. Du meinst?

THOAS. Ich seh es ja!
Das flüstert und vergleicht! Das zuckt die Achseln,
Das ballt die Faust und nickt sich heimlich zu!
Du hast sie gar zu schwer gekränkt. Und wird
Der Grieche, wenn er morgens beim Erwachen
Auf einmal über deine Krone stolpert,
Weil man sie ihm des Nachts zu Füßen legte,
Sie noch verschmähn? Da wär er ja ein Tor.
Es ist genug, daß er dich nicht beraubt,
Beerben darf er dich und wird er dich.
Ei, seine Zeichen stehn, du glaubst nicht, wie!
Sonst schimpften sie ihn einen Zitherspieler
Und meinten, wie denn ich es selber meine,
Daß nur die Vögel süße Kehlen hätten,

Die arg verkürzt um ihre Klauen sind:
Jetzt ist er ihnen, weil er singen kann,
Wenn noch nicht Phöbus selbst, so doch sein Sohn!

KANDAULES. Das wundert dich? Er hat sie ja besiegt!
Wie könnte denn ein Mensch ihr Sieger sein!

THOAS. Gleichviel! Doch er ist wirklich brav und treu,
Drum folge mir. Dann gehts vielleicht noch gut,
Wenn nicht die Götter eine Strafe senden,
Und übers Jahr versöhnst du die und uns!

GYGES *(tritt auf)*.

THOAS. Er kommt. Sprach ich umsonst? Herr, lächle nicht!
Selbst an der Mauer schießt Salpeter an,
Warum denn nicht das Salz der Zeit an mir?

(Er zieht sich in den Hintergrund zurück)

KANDAULES. Du hast mich mehr getroffen als du denkst! –
Nun, Gyges?

GYGES. Herr, ich habe dich gesucht.

KANDAULES. Ich dich nicht weniger. So sag mir an:
Was bringst du mir? – Du kehrst dich schweigend ab?
Was es auch sei: ich bin auf viel gefaßt!

GYGES. O, hättest du mein Opfer angenommen!

KANDAULES. Ich werde nie bereun, daß ichs nicht tat.
Doch wär es auch geschehn, was hätts gefrommt?
Ihr Argwohn hatte unauslöschlich schon
Des Nachts an deinem Seufzer sich entzündet,
Doch hadre darum nicht mit dir, wer wäre
Ein Mensch und hätte nicht geseufzt wie du!

GYGES. Es war kein guter Tag, an dem der König
Von Lydien den Griechen Gyges traf.

KANDAULES. Ich fluch ihm nicht.

GYGES. Du hättest dich des Tigers
Wohl selbst erwehrt, der auf dich lauerte,
Und ich, mit meinem überflüßgen Pfeil,
Beraubte, statt vom Tode dich zu retten,
Dich nur des Meisterschusses.

KANDAULES. Das ist wahr,
Ich hatt ihn wohl bemerkt und war bereit.
Doch als ich sah, wie dir die Augen blitzten,
Die Wangen glühten und die Brust sich hob,

Da unterdrückte ich ein stilles Lächeln
Und dankte dir.
GYGES. So edel war er stets!
Auch da, wo ichs nicht ahnte! Kann ich denn?
KANDAULES. Ich sah es auf den ersten Blick ja auch,
Daß du in einer größeren Gefahr
Die Tat noch kühner wiederholen würdest;
Wenn die nicht kam, so wars nicht deine Schuld!
GYGES. Herr, sprich nicht mehr. Es ist so, wie du sagst,
Ich hätte an ein Haar von deinem Haupte
Mein Blut gesetzt, und dennoch muß ich jetzt,
So wills der Fluch, dein Leben fordern –
KANDAULES. Mein Leben!
GYGES. Ja, wenn sie nicht sterben soll!
Die Sonne neigt sich schon zum Untergang,
Und sieht dein Auge noch den Abendstern,
So sieht das ihrige ihn nimmermehr.
KANDAULES. Sie will sich töten, wenn du mich nicht tötest?
GYGES. Sie will es! Ständ ich sonst wohl so vor dir?
KANDAULES. Kein andres Opfer kann ihr mehr genügen?
GYGES. Ich bot das höchste, doch es war umsonst.
KANDAULES. Da wird sie mir den Abschied auch versagen!
GYGES. Ich fürchte, sie entflieht vor dir ins Grab!
KANDAULES. Da nimm mein Leben hin! – Du fährst zurück?
GYGES. So willig gibst dus her?
KANDAULES. Wer frevelte,
Muß Buße tun, und wer nicht lächelnd opfert,
Der opfert nicht! – Kennst du mich denn so schlecht
Und hältst mich so gering, daß du darob
Erstaunen, ja erschrecken kannst? Ich werde
Doch sie nicht zwingen, mit den Rosenfingern,
Die noch zu zart fürs Blumenpflücken sind,
Nach einem Dolch zu greifen und zu prüfen,
Ob sie das Herz zu finden weiß?
GYGES. Du schlägst
Sogar das schirmende Gewand zurück
Und beutst mir selbst die Brust?
KANDAULES. Ich zeige dir
Den nächsten Weg zum Ziel und ebne ihn,

Damit du, wenn du wieder vor sie trittst,
Doch irgend etwas an mir loben kannst.
Hier rauscht der Quell des Lebens, den du suchst:
Den Schlüssel hast du selbst. So sperre auf!

GYGES. Nicht um die Welt!

KANDAULES. Um sie, mein Freund, um sie!

GYGES *(macht eine abwehrende Bewegung).*

KANDAULES. Doch, ich besinne mich, du wolltest heut
Mit eigner Hand dein junges Blut vergießen!
Den Mut erschwing ich auch wohl noch, drum geh
Und bringe ihr mein letztes Lebewohl,
Es ist so gut, als läge ich schon da.

GYGES. Nein! Nein! Ich kam, zu kämpfen!

KANDAULES. Ei, wie stolz!
Du kannst im Kampf mit mir nicht unterliegen,
Nicht wahr?

GYGES. Du kennst mich besser!

KANDAULES. Nun, auch das!
Selbst, wenn ich siegen sollte, bleibt mir noch
Das andre übrig! – Ist das nicht der Duft
Der Aloe? Jawohl, schon führt der Wind
Ihn uns vom Garten zu. Die öffnet sich
Nur wenn die Nacht sich naht. Da wird es Zeit.

GYGES. O, dieser Ring!

KANDAULES. Du meinst, er wäre besser
In seiner Gruft geblieben! Das ist wahr!
Rhodopens Ahnung hat sie nicht betrogen,
Und dich dein Schauder nicht umsonst gewarnt.
Denn nicht zum Spiel und nicht zu eitlen Possen
Ist er geschmiedet worden, und es hängt
Vielleicht an ihm das ganze Weltgeschick.
Mir ist, als dürft ich in die tiefste Ferne
Der Zeit hinunterschaun, ich seh den Kampf
Der jungen Götter mit den greisen alten:
Zeus, oft zurückgeworfen, klimmt empor
Zum goldnen Stuhl des Vaters, in der Hand
Die grause Sichel, und von hinten schleicht
Sich ein Titan heran mit schweren Ketten.
Warum erblickt ihn Kronos nicht? Er wird

Gefesselt, wird verstümmelt, wird gestürzt.
Trägt er den Ring? – Gyges, er trug den Ring,
Und Gäa selbst hat ihm den Ring gereicht!

GYGES. So sei der Mensch verflucht, der dir ihn brachte.

KANDAULES. Warum? Du tatest recht, und wäre ich
Dir gleich, so hätte er mich nicht verlockt,
Ich hätt ihn still der Nacht zurückgegeben,
Und alles würde stehen wie zuvor.
Drum dinge mir des Werkzeugs wegen nichts
Vom Frevel ab, die ganze Schuld ist mein!

GYGES. Doch welche Schuld!

KANDAULES. Das Wägen ist an ihr! –
Auch fühl ichs wohl, ich habe schwer gefehlt,
Und was mich trifft, das trifft mich nur mit Recht.
Das schlichte Wort des alt-ehrwürdgen Dieners
Hat mich belehrt. Man soll nicht immer fragen:
Was ist ein Ding? Zuweilen auch: Was gilts?
Ich weiß gewiß, die Zeit wird einmal kommen,
Wo alles denkt wie ich; was steckt denn auch
In Schleiern, Kronen oder rostgen Schwertern,
Das ewig wäre? Doch die müde Welt
Ist über diesen Dingen eingeschlafen,
Die sie in ihrem letzten Kampf errang,
Und hält sie fest. Wer sie ihr nehmen will,
Der weckt sie auf. Drum prüf er sich vorher,
Ob er auch stark genug ist, sie zu binden,
Wenn sie, halb wachgerüttelt, um sich schlägt,
Und reich genug, ihr Höheres zu bieten,
Wenn sie den Tand unwillig fahren läßt.
Herakles war der Mann, ich bin es nicht;
Zu stolz, um ihn in Demut zu beerben,
Und viel zu schwach, um ihm es gleichzutun,
Hab ich den Grund gelockert, der mich trug,
Und dieser knirscht nun rächend mich hinab.

GYGES. Nein! Nein!

KANDAULES. So ists. Auch darfs nicht anders sein!
Die Welt braucht ihren Schlaf, wie du und ich
Den unsrigen, sie wächst, wie wir, und stärkt sich,
Wenn sie dem Tod verfallen scheint und Toren

Zum Spotte reizt. Ei, wenn der Mensch da liegt,
Die sonst so fleißgen Arme schlaff und laß,
Das Auge fest versiegelt und den Mund
Verschlossen, mit den zugekrampften Lippen
Vielleicht ein welkes Rosenblatt noch haltend,
Als wärs der größte Schatz: das ist wohl auch
Ein wunderliches Bild für den, der wacht
Und zusieht. Doch, wenn er nun kommen wollte,
Weil er, auf einem fremden Stern geboren,
Nichts von dem menschlichen Bedürfnis wüßte,
Und riefe: hier sind Früchte, hier ist Wein,
Steh auf und iß und trink! Was tätst du wohl?
Nicht wahr, wenn du nicht unbewußt ihn würgtest,
Weil du ihn packtest und zusammendrücktest,
So sprächst du: Dies ist mehr als Speis und Trank!
Und schliefest ruhig fort bis an den Morgen,
Der nicht den einen oder auch den andern,
Nein, der sie alle neu ins Dasein ruft!
Solch ein vorwitzger Störer war ich selbst,
Nun bin ich denn in des Briareus Händen,
Und er zerreibt das stechende Insekt.
Drum, Gyges, wie dich auch die Lebenswoge
Noch heben mag, sie tut es ganz gewiß
Und höher, als du denkst: vertraue ihr
Und schaudre selbst vor Kronen nicht zurück,
Nur rühre nimmer an den Schlaf der Welt!
Und nun –

GYGES. Die Sonne sinkt! Es muß so sein.

KANDAULES. Thoas! *(Er nimmt sich die Krone ab)*

THOAS. Was sinnst du, Herr?

KANDAULES. Du wolltest mich
Ja fechten sehn, die Freude mach ich dir,
Doch dafür hebst du diese Krone auf
Und reichst sie dem, der übrigbleibt von uns! *(Zu Gyges)*
Wenn du das bist, so gönn ichs dir und gern
Wird man auf deinem Haupt sie sehn! – Ei was,
Du wolltest sie nicht nehmen? Schäme dich!
Da käm sie nur an einen schlechtern Mann!

GYGES. Herr, schwör mir, daß du redlich kämpfen willst.

KANDAULES. Ich muß ihr zeigen, daß ich so viel Schönheit
Nicht leicht verliere. Darum schwör ichs dir.
Und du?

GYGES. Sie lebt und stirbt mit mir! Ich muß!
Und wenn ich auch bei jedem Streiche denke:
Viel lieber einen Kuß! so werde ich
Darum doch keinen mäßigen.

KANDAULES. So gib
Mir noch einmal die Hand! – Nun sei für mich
Ein Tiger, ich für dich ein Leu und dies
Der wilde Wald, in dem wir oft gejagt. *(Sie ziehen)*

GYGES. Noch eins! Aus Scham hielt ichs zurück. Sie will
Sich mir vermählen, wenn du unterliegst.

KANDAULES. Ha! Nun versteh ich sie!

GYGES. So wehre dich!

(Gefecht, währenddessen sie sich links verlieren)

THOAS. Er fällt! – Der letzte Heraklide fiel! *(Ab, ihnen nach)*

Der Tempel der Hestia
Man erblickt in der Mitte die Bildsäule der Göttin.
Rhodope kommt rechts in feierlichem Zug, mit ihr Lesbia,
Hero und Karna. Es ist Abend. Fackeln

RHODOPE. Karna, der Scheiterhaufen wird errichtet?

KARNA. Er ist es schon!

RHODOPE *(schreitet in den Tempel und kniet vor der Bildsäule der Göttin nieder).*

HERO. Sie spricht vom Scheiterhaufen,
Anstatt vom Brautgemach?

LESBIA. Das wundert dich?
Es muß hier erst doch einen Toten geben,
Bevor es eine Braut hier geben kann.

HERO. Ich zittre, Lesbia. Sie fragte mich,
Als ich sie schmückte, ob in unserm Garten
Wohl giftge Beeren wüchsen –

LESBIA. Wie?

HERO. Und ob
Ich ihr davon nicht einge bringen könnte:
Für jede schenkte sie mir eine Perle,

Und wenn es hundert wären, aber schnell
Müßt es geschehn!
LESBIA. Und du?
HERO. Ich sagte nein!
Da lächelte sie zwar und sprach: Das konnt ich
Mir denken, morgen zeige ich sie dir.
Doch kams mir seltsam vor.
LESBIA. Das ist es auch!
HERO. Nun schickte sie mich fort, ich aber lauschte
Und sah, daß sie mit einem spitzen Dolch,
Wie zum Versuch, ich kanns nicht anders nennen,
Den Arm sich ritzte.
LESBIA. Hero!
HERO. Ja, es kam
Auch rotes Blut.
LESBIA. Entsetzlich!
HERO. Freilich ehrt
Sie neben unsern Göttern auch noch fremde,
Die wir nicht kennen, und so ists vielleicht
Ein dunkler Brauch!
LESBIA. Nein, nein! Wo tönt die Flöte
Und wo das Rohr? Wer singt den Hymenäus?
Wo sind die Tänzerchöre? Ich war blind!
Sie zog hinaus, um nicht mehr heimzukehren!
O, Königin, ich bitt dir ab! – Wird denn
Ein Mahl gerüstet?
HERO. Nein! Daß ich nicht weiß!
LESBIA. So sei der Trotz verflucht, der mich bewog,
Mich eben heut so fern von ihr zu halten,
Nun – Göttin, sie ist dein zu dieser Stunde,
So wende du ihr Herz! Ich kanns nicht mehr.
HERO. Ja, reine, keusche, heilige, das tu!
Und ist es nicht auch seltsam, daß sie sich,
Anstatt der ewig heitern Aphrodite,
Die strenge Hestia, vor deren Blicken
Der grünste Kranz verdorrt, zur Zeugin wählt?
LESBIA. Ach, alles deutet aufs Entsetzlichste.
GYGES *(tritt auf)*.
HERO. Gyges!

LESBIA. O, nimm ihn hin! Nur tu es nicht!
GYGES. Mir ist, als hätt ich selbst das Blut verloren,
Das ihm entströmte! – Ich bin totenkalt.
HERO. Wie bleich er aussieht!
GYGES. Das ist der Altar –
An einem andern hab ich sie gesucht –
Da stehen ihre Mädchen – da ist sie –
Was nun?
THOAS *(tritt auf)*. Ich bringe dir die Krone dar!
GYGES. Den Lydiern gehört sie und nicht mir.
THOAS. Den Lydiern hab ich sie erst gebracht,
Und als ihr Bote steh ich jetzt vor dir!
VOLK *(von draußen)*. Heil, Gyges, Heil!
RHODOPE *(erhebt sich und wendet sich)*.
VOLK *(hereindringend)*. Dem König Gyges Heil!
THOAS. Doch sei nicht stolz auf diesen Ruf, die Nachbarn
Sind in das Land gefallen, nun sollst du
Sie führen!
GYGES. Wie?
THOAS. Es kam, wie ich gedacht,
Er war zu mild, es fürchtete ihn keiner,
Jetzt sind sie da!
GYGES *(setzt die Krone auf)*. Ich zahle seine Schuld.
RHODOPE *(die sich dem Gyges langsam genähert hat)*.
Erst deine eigne, Gyges!
GYGES. Königin,
Sei du der Preis, der mir entgegenwinkt,
Wenn ich die Feinde rings zerschmettert habe –
RHODOPE. Nein, nein! Von mir erlangst du keine Frist! –
Wir können nicht vor meinen Vater treten,
So tritt mit mir vor Hestias Altar
Und reiche mir vor ihrem Angesichte
Die Hand zum ewgen Bunde, wie ich dir!
GYGES. Wenn du gesehen hättest, wie er schied,
So würdest du den Schauder heilighalten,
Der mir verbeut, auch nur dein Kleid zu streifen,
Bevor ich das für ihn getan! Wem bot
Die reiche Welt so viel wie ihm, und doch
Ging er hinaus, wie andere hinein!

RHODOPE. Wenn er so edel in das düstre Reich
Hinunterstieg, wo keiner sich aufs neue
Mit Schuld befleckt, so werde ich ihm gern,
Und wärs auch auf der Schwelle schon, begegnen,
Ja, ihm mit eigner Hand vom Lethe schöpfen
Und selbst verzichten auf den selgen Trunk.
Dich aber mahn ich: ende jetzt!
GYGES. Es sei! –
Doch dies gelob ich dir, du teurer Schatten,
Ich zieh hinaus, so wies geschehen ist!
RHODOPE. Auch ich gelobte etwas!
GYGES. Königin,
Wer einen solchen Kelch voll Seligkeit
Beiseitestellt wie ich und wärs auch nur
Für eine Stunde, der verdient sich ihn.
RHODOPE. Still, still, du bist an einem heilgen Ort.
(Sie schreiten zum Altar)
RHODOPE. O Hestia, du Hüterin der Flamme,
Die das verzehrt, was sie nicht läutern kann:
Ich dank es diesem Jüngling, daß ich wieder
Vor deinem Angesicht erscheinen darf,
Und, wie das Volk zum König, so erhebe
Ich ihn, sei du mir Zeugin, zum Gemahl.
(Sie reicht Gyges die Hand)
Als Morgengabe sieh die Krone an,
Die schon gebietend dir vom Haupte funkelt,
Mir aber gib den Totenring zum Pfand.
GYGES. Den trägt der König noch an seinem Finger.
RHODOPE. Dann hat er schon den Platz, der ihm gebührt.
(Sie läßt Gyges' Hand los)
Nun tritt zurück und halte dein Gelübde,
Wie ich das meinige! Ich bin entsühnt,
Denn keiner sah mich mehr, als dem es ziemte,
Jetzt aber scheide ich mich *(Sie durchsticht sich)*
So von dir!

DIE NIBELUNGEN

Ein deutsches Trauerspiel in drei Abteilungen

Meiner Frau
Christine Henriette,
geb. Engehausen

Ich war an einem schönen Maientag,
Ein halber Knabe noch, in einem Garten
Und fand auf einem Tisch ein altes Buch.
Ich schlug es auf, und wie der Höllenzwang,
Der, einmal angefangen, wär es auch
Von einem Kindermund, nach Teufelsrecht,
Trotz Furcht und Graun, geendigt werden muß,
So hielt dies Buch mich fest. Ich nahm es weg
Und schlich mich in die heimlichste der Lauben
Und las das Lied von Siegfried und Kriemhild.
Mir war, als säß ich selbst am Zauberborn,
Von dem es spricht: Die grauen Nixen gossen
Mir alle irdschen Schauer durch das Herz,
Indes die jungen Vögel über mir
Sich lebenstrunken in den Zweigen wiegten
Und sangen von der Herrlichkeit der Welt.
Erst spät am Abend trug ich starr und stumm
Das Buch zurück, und viele Jahre flohn
An mir vorüber, eh ichs wieder sah.
Doch unvergeßlich blieben die Gestalten
Mir eingeprägt, und unauslöschlich war
Der stille Wunsch, sie einmal nachzubilden,
Und wärs auch nur in Wasser oder Sand.
Auch griff ich oft mit halb beherztem Finger,
Wenn etwas andres mir gelungen schien,
Nach meinem Stift, doch nimmer fing ich an.
Da trat ich einmal in den Musentempel,
Wo sich die bleichen Dichterschatten röten,
Wie des Odysseus Schar, von fremdem Blut.
Ein Flüstern ging durchs Haus, und heilges Schweigen
Entstand sogleich, wie sich der Vorhang hob,
Denn du erschienst als Rächerin Kriemhild.
Es war kein Sohn Apolls, der dir die Worte
Geliehen hatte, dennoch trafen sie,

Als wärens Pfeile aus dem goldnen Köcher,
Der hell erklang, als Typhon blutend fiel.
Ein lauter Jubel scholl durch alle Räume,
Als du, die fürchterlichste Qual im Herzen
Und grause Schwüre auf den blassen Lippen,
Dich schmücktest für die zweite Hochzeitsnacht;
Das letzte Eis zerschmolz in jeder Seele
Und schoß als glühnde Träne durch die Augen,
Ich aber schwieg und danke dir erst heut.
Denn diesen Abend ward mein Jugendtraum
Lebendig, alle Nibelungen traten
An mich heran, als wär ihr Grab gesprengt,
Und Hagen Tronje sprach das erste Wort.
Drum nimm es hin, das Bild, das du beseelt,
Denn dir gehörts, und wenn es dauern kann,
So seis allein zu deinem Ruhm und lege
Ein Zeugnis ab von dir und deiner Kunst!

Erste Abteilung

DER GEHÖRNTE SIEGFRIED

Vorspiel in einem Akt

Personen

König Gunther
Hagen Tronje
Dankwart, dessen Bruder
Volker, der Spielmann
Giselher } Brüder des Königs
Gerenot } Brüder des Königs
Rumolt, der Küchenmeister
Siegfried
Ute, die Witwe König Dankwarts
Kriemhild, ihre Tochter
Recken
Volk

Burgund, Worms am Rhein
König Gunthers Burg. Große Halle. Früher Morgen
Gunther, Giselher, Gerenot, Dankwart, der Spielmann Volker
und andere Recken sind versammelt

Erste Szene

Hagen von Tronje tritt ein

HAGEN. Nun, keine Jagd?
GUNTHER. Es ist ja heilger Tag!
HAGEN. Daß den Kaplan der Satan selber hole,
Von dem er schwatzt.
GUNTHER. Ei, Hagen, mäßge dich.
HAGEN. Was gibts denn heut? Geboren ist er längst!
Das war – laßt sehn! – Ja, ja, zur Zeit der Flocken!
Sein Fest verdarb uns eine Bärenhatz.
GISELHER. Wen meint der Ohm?
HAGEN. Gekreuzigt ist er auch,
Gestorben und begraben. – Oder nicht?
GERENOT. Er spricht vom Heiland.
HAGEN. Ists denn noch nicht aus? –
Wer hält mit mir? Ich eß kein Fleisch zur Nacht,
Das nicht bis Mittag in der Haut noch steckt,
Auch trink ich keinen Wein, als aus dem Horn,
Das ich dem Auerstier erst nehmen muß!
GUNTHER. So wirst du Fische kauen müssen, Freund,
Am Ostermorgen gehn wir nicht zur Jagd.
HAGEN. Was tun wir denn? Wo ist der heilge Mann?
Was ist erlaubt? Ich hör die Vögel pfeifen,
Da darf der Mensch sich doch wohl fiedeln lassen? *(Zu Volker)*
So fiedle, bis die letzte Saite reißt!
VOLKER. Ich fiedle nicht, solang die Sonne scheint,
Die lustge Arbeit spar ich für die Nacht.

HAGEN. Ja, du bezögst auch dann noch dir die Geige
Gern mit des Feindes Darm und strichest sie
Mit einem seiner Knochen.
VOLKER. Würdest du
Vielleicht auf die Bedingung Musikant?
HAGEN. Ich kenne dich, mein Volker. Ists nicht so?
Du redest nur, wenn du nicht fiedeln darfst,
Und fiedelst nur, wenn du nicht schlagen kannst.
VOLKER. Mag sein, Kumpan.
GUNTHER. Erzähl uns was, der Tag
Wird sonst zu lang. Du weißt so mancherlei
Von starken Recken und von stolzen Fraun.
HAGEN. Nur von Lebendgen, wenn es dir beliebt,
Daß man sich sagen darf: Die krieg ich noch,
Den vor mein Schwert und die in meinen Arm!
VOLKER. Ich will dir von Lebendigen erzählen,
Und der Gedanke soll dir doch vergehn.
Ich kenn den Recken, den du nimmer forderst,
Und auch das Weib, um das du nimmer wirbst.
HAGEN. Wie! Auch das Weib? Den Recken laß ich gelten,
Doch auch das Weib? Du meinst den Schlangentöter,
Den Balmungschwinger, den gehörnten Siegfried,
Der, als er einmal Schweiß vergossen hatte,
Durchs Bad sich deckte vor dem zweiten Mal –
Allein das Weib?
VOLKER. Ich sag dir nichts von ihr!
Du könntest ausziehn, um sie heimzuführen,
Und kämst gewiß nicht mit der Braut nach Haus.
Der Schlangentöter selbst wird sich besinnen,
Ob er als Freier bei Brunhilden klopft.
HAGEN. Nun, was Herr Siegfried wagt, das wag ich auch.
Nur gegen ihn erheb ich nicht die Klinge:
Das wär ja auch, wie gegen Erz und Stein.
Glaubts oder zweifelt, wie es euch gefällt:
Ich hätt mich nicht im Schlangenblut gebadet,
Darf denn noch fechten, wer nicht fallen kann?
GISELHER *(zu Volker)*. Schon hört ich tausend Zungen von ihm
Doch, wie die Vögel durcheinanderzwitschern, [plappern,
Es gab kein Lied. Sprich du einmal von ihm!

GUNTHER. Vom Weibe erst. Was ist das für ein Weib?
VOLKER. Im tiefen Norden, wo die Nacht nicht endet
Und wo das Licht, bei dem man Bernstein fischt
Und Robben schlägt, nicht von der Sonne kommt,
Nein, von der Feuerkugel aus dem Sumpf –

(Man hört in der Ferne blasen)

HAGEN. Trompeten!
GUNTHER. Nun?
VOLKER. Dort wuchs ein Fürstenkind
Von wunderbarer Schönheit auf, so einzig,
Als hätte die Natur von Anbeginn
Haushälterisch auf sie gespart und jeder
Den höchsten Reiz des Weibes vorenthalten,
Um ihr den vollen Zauber zu verleihn.
Du weißt von Runen, die geheimnisvoll
Bei dunkler Nacht von unbekannten Händen
In manche Bäume eingegraben sind:
Wer sie erblickt, der kann nicht wieder fort,
Er sinnt und sinnt, was sie bedeuten sollen,
Und sinnts nicht aus, das Schwert entgleitet ihm,
Sein Haar wird grau, er stirbt und sinnt noch immer:
Solch eine Rune steht ihr im Gesicht!
GUNTHER. Wie, Volker? Dieses Weib ist auf der Welt,
Und ich vernehms erst jetzt?
VOLKER. Vernimm noch mehr!
So ists. Bei Eis und Schnee, zur Augenweide
Von Hai undWalfisch, unter einem Himmel,
Der sie nicht einmal recht beleuchten kann,
Wenn nicht ein Berg aus unterirdschen Schlünden
Zuweilen seine roten Blitze schickt,
Ist aller Jungfraun herrlichste erblüht.
Doch ist das öde Land, das sie gebar,
Auf seinen einzgen Schatz auch eifersüchtig
Und hütet sie mit solcher neidschen Angst,
Als würd es in demselben Augenblick
Vom Meere, das es rings umbraust, verschlungen,
Wo sie dem Mann ins Brautbett folgt. Sie wohnt
In einer Flammenburg, den Weg zu ihr

Bewacht das tückische Geschlecht der Zwerge,
Der rasch umklammernd quetschend Würgenden,
Die hören auf den wilden Alberich,
Und überdies ist sie begabt mit Kräften,
Vor denen selbst ein Held zuschanden wird.

GUNTHER. Wie das?

VOLKER. Wer um sie wirbt, der wirbt zugleich
Um seinen Tod, denn führt er sie nicht heim,
So kehrt er gar nicht wieder heim, und ist
Es schon so schwer, nur zu ihr zu gelangen,
So ist es noch viel schwerer, ihr zu stehn.
Bald kommt auf jedes Glied an ihrem Leibe
Ein Freier, den die kalte Erde deckt,
Denn mancher schon zog kühn zu ihr hinab,
Doch nicht ein einziger kam noch zurück!

GUNTHER. Nun, das beweist, sie ist für mich bestimmt!
Hei! Meine lange Brautwahl hat ein Ende,
Brunhilde wird die Königin Burgunds!

(Man hört die Trompeten ganz nahe)

Was gibts?

HAGEN *(tritt ans Fenster).* Das ist der Held aus Niederland.

GUNTHER. Du kennst ihn?

HAGEN. Schau nur hin! Wer zöge wohl
So trotzig bei uns ein, wenn ers nicht wäre,
Und hätte doch nur zwölfe im Gefolg!

GUNTHER *(tritt gleichfalls ans Fenster).*
Ich glaub es selbst! Doch sprich, was führt ihn her?

HAGEN. Ich weiß nicht, was ihn reizt! Er kommt wohl nicht,
Um sich vor dir zu bücken, und er hat
Zu Haus doch alles, was man wünschen kann.

GISELHER. Ein edler Degen!

GUNTHER. Wie empfängt man ihn?

HAGEN. Du dankst ihm, rat ich, wie er dich begrüßt.

GISELHER. Ich gehe ihm entgegen!

GERENOT. So auch ich!

HAGEN. Wers tut, der wird sich nicht erniedrigen!
Denn, daß ers euch nicht selbst zu melden braucht:
Er steckt nicht bloß in seiner Haut von Horn
Und hat die Balmungklinge an der Seite,

Er ist auch Herr des Nibelungenhorts
Und trägt die Nebelkappe Alberichs,
Und alles das, ich muß es redlich sagen,
Durch seine Kraft und nichts durch Hinterlist,
Drum geh ich mit.

GUNTHER. Wir kommen schon zu spät.

Zweite Szene

SIEGFRIED *(tritt mit seinen zwölf Recken ein).*
Ich grüß dich, König Gunther von Burgund! –
Du staunst, daß du den Siegfried bei dir siehst?
Er kommt, mit dir zu kämpfen um dein Reich!

GUNTHER. Hier kämpft man nicht um das, was man schon hat!

SIEGFRIED. Um das denn, was dran fehlt! Ich hab ein Reich,
So groß wie deins, und wenn du mich besiegst,
So bist du Herr darin. Was willst du mehr?
Du greifst noch nicht zu deinem Schwert? Ich hörte
Ja doch, daß hier die Tapfersten der Recken
Versammelt seien, kühn genug, mit Tor
Zu kämpfen um den Donner, wenn sie ihn
In irgendeinem Eichenhaine träfen,
Und stolz genug, die Beute zu verschmähn.
Ist das nicht wahr? Wie? Oder zweifelst du
An meinem Pfande, glaubst du, daß ichs dir
Nicht geben kann, weil noch mein Vater lebt?
Herr Sigmund steigt von seinem Thron herunter,
Sobald ich wiederkehre, und er wünscht
Sich sehnlich diesen Augenblick herbei,
Denn selbst der Zepter wird dem Greis zu schwer.
Und jeden Helden, der dir dienen mag,
Wäg ich dir auf mit dreien, jedes Dorf
Mit einer Stadt und für ein Stück vom Rhein
Biet ich den ganzen dir! So komm und zieh!

DANKWART. Wer spricht mit einem König so?

SIEGFRIED. Ein König!
Spricht doch ein Degen so mit einem Degen!
Wer kann und mag besitzen, wenn er nicht
Bewiesen hat, daß er mit Recht besitzt?

Und wer erstickt das Murren um sich her,
Bevor er den Gewaltigsten, der lebt,
Zu Boden warf und ihn mit Füßen trat?
Bist du das nicht? So sag mir, wen du fürchtest,
Und gleich zur Stunde zieh ich wieder ab
Und fordre den, statt deiner, vor mein Schwert.
Du nennst ihn nicht und greifst auch nicht zur Wehr?
Ich brenne, mich zu messen mit dem Recken,
Der mir mein Gut verdoppelt oder nimmt:
Wär dies Gefühl dir fremd? Das glaub ich nicht,
Wenn ich auch nur auf deine Diener blicke:
So stolze Männer würden dir nicht folgen,
Empfändest du nicht ganz so wie ich selbst.

DANKWART. Du bist gewiß aufs Kämpfen so versessen,
Seit du des Lindwurms Schuppenpanzer trägst?
Nicht jedermann betrog den Tod wie du,
Er findet eine offne Tür bei uns.

SIEGFRIED. Wohl auch bei mir! Hab Dank, du alte Linde,
Daß du ein Blatt auf mich herunterwarfst,
Als ich mich badete im Blut des Drachen,
Hab Dank, o Wind, daß du sie schütteltest!
Nun hab ich doch die Antwort für den Spötter,
Der seine Feigheit hinter Hohn versteckt.

HAGEN. Herr Siegfried, Hagen Tronje nennt man mich,
Und dieser ist mein Bruder!

VOLKER *(macht einen Geigenstrich).*

SIEGFRIED. Hagen Tronje,
Ich grüße dich! Doch wenn dich das verdreußt,
Was ich hier sprach, so brauchst dus nur zu sagen,
Ich setze gern den Königssohn beiseite
Und stehe dir, als wärst du Gunther selbst.

GUNTHER. Kein Wort mehr, Hagen, eh dein König sprach.

SIEGFRIED. Und wenn du fürchtest, daß dein gutes Schwert
An meiner harten Haut zerspringen könnte,
So biete ichs dir anders, komm herab
Mit in den Hof, dort liegt ein Felsenblock,
Der ganz so schwer für mich ist wie für dich:
Wir werfen und erproben so die Kraft.

GUNTHER. Du bist willkommen, Held aus Niederland,

Und was dir hier gefällt, du magst dirs nehmen,
Nur trink mit uns, eh dus von dannen trägst.
SIEGFRIED. Sprichst du so mild mit mir? Da könnt ich bitten:
Schick mich sogleich zurück zu meinem Vater,
Er ist der einzge, der mich züchtgen darf.
Doch laß michs wie die kleinen Kinder machen,
Die auch nicht gleich von ihrer Untat lassen:
Kommt, werft mit mir, so trinke ich mit Euch!
GUNTHER. So seis, Herr Siegfried.
SIEGFRIED *(zu Dankwart)*. Und was Euch betrifft,
Nicht wahr, ich kniff Euch in den dritten Arm,
Es tat nicht weh, ich weiß, Ihr habt ihn nicht! *(Zu allen)*
Als ich hier eintritt, packte mich ein Grauen,
Wie ichs noch nicht empfand, solang ich lebe,
Mich fröstelte, als würds auf einmal Winter,
Und meine Mutter kam mir in den Sinn,
Die nie zu weinen pflegte, wenn ich zog,
Und diesmal weinte, als ob alles Wasser
Der Welt den Weg durch ihre Augen nahm.
Das machte mir den Kopf so wirr und kraus,
Ich wollte gar vom Pferde nicht herunter –
Jetzt bringt ihr mich sobald nicht mehr hinauf. *(Alle ab)*

Dritte Szene

Ute und Kriemhild treten auf

UTE. Der Falk ist dein Gemahl!
KRIEMHILD. Nicht weiter, Mutter,
Wenn du den Traum nicht anders deuten kannst.
Ich hörte stets, daß Liebe kurze Lust
Und langes Leid zu bringen pflegt, ich sehs
Ja auch an dir und werde nimmer lieben,
O nimmer, nimmer!
UTE. Kind, was sagst du da?
Wohl bringt die Liebe uns zuletzt auch Leid,
Denn eines muß ja vor dem andern sterben,
Und wie das schmerzt, das magst du sehn an mir.
Doch all die bittren Tränen, die ich weine,

Sind durch den ersten Kuß vorausbezahlt,
Den ich von deinem Vater einst empfing.
Auch hat er, eh er schied, für Trost gesorgt,
Denn wenn ich stolz auf tapfre Söhne bin,
Und wenn ich dich jetzt an den Busen drücke,
So kanns doch nur geschehn, weil ich geliebt.
Drum laß dich nicht durch einen Reim erschrecken:
Ich hatte lange Lust und kurzes Leid.

KRIEMHILD. Viel besser nie besitzen als verlieren!

UTE. Und was verlierst du nicht auf dieser Welt!
Sogar dich selbst. Bleibst du denn, was du bist?
Schau mich nur an! So sehr du lächeln magst:
Ich war vordem wie du, und glaube mir,
Du wirst dereinst wie ich. Was willst du halten,
Wenn du dich selbst nicht einmal halten kannst?
Drum nimms, wies kommt, und greife, wie wir alle,
Nach dem, was dir gefällt, obgleich der Tod
Es dir zu Staub zerbläst, sobald er will:
Die Hand, mit der dus packst, zerstäubt ja auch.

KRIEMHILD *(tritt zum Fenster).*
Wie mirs ums Herz ist, Mutter, könnt ich schwören –
(Sie schaut hinaus und bricht ab)

UTE. Was brichst du ab? Du wirst ja feuerrot?
Was hat dich so verwirrt?

KRIEMHILD *(tritt zurück).* Seit wann ists Brauch
An unserm Hof, daß wirs nicht mehr erfahren,
Wenn fremde Gäste eingezogen sind?
Wird diese stolze Burg zu Worms am Rhein
Der Schäferhütte gleich, in der sich jeder
Bei Tag und Nacht verkriechen kann, der will?

UTE. Warum so hitzig?

KRIEMHILD. Ei, ich wollte eben
Im Hofe nach den jungen Bären schaun,
Die so possierlich durcheinanderkugeln,
Und wie ich ohne Arg den Laden öffne,
Da stiert mir plump ein Recke ins Gesicht.

UTE. Und dieser Recke machte dirs unmöglich,
Den Schwur zu endigen, den du begannst?
(Sie tritt gleichfalls zum Fenster)

Ei freilich, wer ihn sieht, wie er da steht,
Der überlegt sichs, ob er weiterschwört.
KRIEMHILD. Was kümmern mich die Gäste meines Bruders,
Wenn ich nur weiß, wie ich sie meiden kann.
UTE. Nun, diesmal freuts mich, daß dir bloß der Zorn
Die Wangen färbt, denn dieser junge Held,
Der zwischen dich und deine Bären trat,
Ist längst vermählt und hat schon einen Sohn.
KRIEMHILD. Du kennst ihn?
UTE. Ganz gewiß!
KRIEMHILD. Wie heißt er denn?
UTE. Ich weiß es nicht! Jetzt aber kenn ich dich,
Du bist ja bleich geworden wie der Tod! –
Und wahrlich, wenn du diesen Falken fängst,
So hast du nichts vom Adler zu besorgen,
Er nimmts mit jedem auf, ich bürge dir!
KRIEMHILD. Dir hab ich meinen letzten Traum erzählt!
UTE. Nicht so, Kriemhild! Ich spotte deiner nicht.
Wir sehen oft im Traum den Finger Gottes,
Und wenn wir noch im Wachen ängstlich zittern,
Wie du es tust, so sahn wir ihn gewiß.
Nur sollen wir den Wink auch recht verstehn,
Den er uns gibt, und nicht in unsrer Furcht
Unmögliches geloben. Hüte du
Den Falken, der dir zugeflogen kommt,
Damit kein tückscher Adler ihn zerreißt,
Doch denke nicht daran, ihn zu verscheuchen,
Du scheuchst mit ihm die Lust des Lebens fort.
Denn über eines edlen Recken Liebe
Geht nichts auf dieser Welt, wenn du es gleich
Noch unter deinem Mädchenkranz nicht fühlst,
Und wär dir auch kein besserer beschert
Als dieser da, ich wies ihn nicht zurück.
(Sie schaut aus dem Fenster)
KRIEMHILD. Er wirbt wohl nicht, so brauch ichs nicht zu tun.
UTE *(lacht)*. Ei, so weit spring ich noch, so alt ich bin.
KRIEMHILD. Was gibts da drunten, Mutter, daß du lachst?
UTE. Sie werfen in die Wette, wie es scheint,
Und Giselher, dein Bruder, warf zuerst.

Nun, nun, er ist der Jüngste. Aber schau;
Jetzt kommt der fremde Recke. Ach, mein Sohn,
Wo wirst du bleiben? Sieh, nun tritt er an,
Nun holt er aus, nun – Ha, der Stein wird fliegen,
Als würde er zum Vogel – Komm doch her
Und stell dich hinter mich, du siehst es nicht
Zum zweitenmal, es gilt das Äußerste,
Er wills mit einem Wurf zu Ende bringen!
Jetzt – Hab ich Augen oder hab ich keine?
Nicht weiter?

KRIEMHILD *(nähert sich).* Hast du ihn zu früh gelobt?

UTE. Das ist ja nur ein Schuh!

KRIEMHILD *(tritt hinter Ute).* Noch immer mehr,
Als wär es nur ein Zoll.

UTE. Um einen Schuh
Dies Kind zu überwerfen –

KRIEMHILD. Ist nicht viel!
Besonders, wenn man sich dabei noch spreizt.

UTE. Und wie er keucht!

KRIEMHILD. Für einen solchen Riesen
Possierlich gnug! Wär ichs, verdient ich Mitleid,
Denn für ein Mädchen wär es schon ein Stück.

UTE. Nun macht sich unser Gerenot ans Werk.
Es steht ihm gut, nicht wahr? Er hat von allen
Die meiste Ähnlichkeit mit seinem Vater,
Nur mutig zu, mein Sohn! – Das ist ein Wurf!

KRIEMHILD. Der Bär sogar ist überrascht, er hat
Sichs nicht erwartet und wird plötzlich flink.

UTE. Zieh du auf Abenteuer, wann du willst! –
Doch Giselher bleibt hier.

KRIEMHILD. Wie gehts denn fort? –
Nein, mache mir nicht Platz, ich sehs schon so.

UTE. Jetzt kommt der Recke wieder! Doch er strengt
Sich nicht mehr an, er scheint sich im voraus
Des Sieges zu begeben. Wie man sich
Doch irren kann! – Was tut er aber da?
Er dreht sich um – er kehrt dem Ziel den Rücken
Anstatt der Augen zu – er wirft den Stein
Hoch über Kopf und Achsel weg – Jawohl,

Man kann sich irren! Gerenot ist auch
Besiegt, wie Giselher.
KRIEMHILD. Es macht zwar wieder
Nur einen Schuh! Doch diesmal keucht er nicht.
UTE. Es sind doch gute Kinder, die ich habe.
Treuherzig reicht ihm Gerenot die Hand,
Ein andrer würde nach der Klinge greifen,
Denn solch ein Übermut ist gar nicht fein.
KRIEMHILD. Man siehts ja wohl, daß ers nicht übel meint.
UTE. Herr Volker legt die Geige still beiseite,
Die er so höhnisch strich!
KRIEMHILD. Der eine Schuh
Stört ihn in seiner Lust. Die Reihe wäre
Am Marschall jetzt, wenns langsam, wie bei Treppen,
Hinaufgehn soll, doch König Gunther drängt
Herrn Dankwart ungestüm zurück, er will
Sich selbst versuchen.
UTE. Und er tuts mit Glück.
Zweimal so weit als Gerenot.
KRIEMHILD. Und dennoch
Nicht weit genug. Du siehst, der Recke folgte
Sogleich, und wieder fehlt der eine Schuh.
UTE. Der König lacht. Ei nun, so lach ich auch! –
Ich sahs ja längst, daß dies der Falke ist,
An dem dein Traum sich nicht erfüllen kann;
Doch hat er jetzt die volle Kraft gebraucht.
KRIEMHILD. Nun tritt der Tronjer an.
UTE. Dem schwärts im Herzen,
So fröhlich er auch tut! – Er packt den Stein,
Als wollt er ihn zermalmen. Wie der fliegt!
Bis an die Wand! Nun, weiter kann er nicht.
Das ist ein Wurf, den keiner übertrifft,
Selbst für den einen Schuh ist nicht mehr Platz.
KRIEMHILD. Der Recke holt sich doch den Stein noch wieder.
UTE. Wozu nur? – Großer Gott, was gibt es jetzt?
Bricht über unserm Haupt die Burg zusammen?
Das dröhnt!
KRIEMHILD. Bis in den Turm hinauf. Die Dohlen
Und Fledermäuse fahren aus den Nestern –

UTE. Sie fliegen blind ins Licht hinein!
KRIEMHILD. Die Wand
Hat einen Riß.
UTE. Unmöglich.
KRIEMHILD. Warte nur,
Bis sich der Staub verzieht. Groß, wie ein Fenster!
Da ging der Wurf hindurch.
UTE. Jetzt seh ichs auch.
KRIEMHILD. Der Stein flog in den Rhein.
UTE. Wer sollt es glauben!
Und doch ists wahr, das Wasser selbst bezeugts,
Es spritzt ja himmelhoch empor.
KRIEMHILD. Das ist
Noch etwas über einen Schuh.
UTE. Dafür
Wischt er sich endlich auch einmal die Stirn.
Gottlob! Sonst käm der Tronjer um vor Wut!
KRIEMHILD. Nun ist es aus. Sie schütteln sich die Hände;
Dankwart und Volker kamen um ihr Recht.
UTE. Komm, wir vergessen, es ist Messezeit. *(Beide ab)*

Vierte Szene

Die Recken treten wieder ein

GUNTHER. Ihr seid ein Schalk, Herr Siegfried.
SIEGFRIED. Nehmt Ihrs krumm?
GISELHER. Vergebt mir nur, daß ichs sogar gewagt,
Mich Euch zu stellen. Doch will ich zur Strafe
Mit meiner alten Mutter Ute ringen,
Und wenn ich sie besiege, sollt Ihr mich
Vor allem Volk bei schallenden Trompeten
Mit Eichenlaub bekränzen, wenn Ihr wollt!
SIEGFRIED. Nichts mehr davon! Der Wurf war nicht so schlecht,
Euch fehlen nur zehn Jahre.
HAGEN. War das letzte
Denn endlich Euer Bestes?
SIEGFRIED. Kann man das
Im Spiele zeigen?

GUNTHER. Noch einmal willkommen!
Und glücklich pries ich mich, wenns mir gelänge,
Dich anders als für flüchtigen Besuch
An mich zu fesseln. Doch, was hätte ich,
Das ich dir bieten könnte. Wär es auch
Mein rechter Arm – mit dem ich mir den Dienst
Von deinem linken gern erkaufen möchte –
Du sagtest nein und kämst wohl auch zu kurz!
SIEGFRIED. Nimm dich in acht, ich bettle, eh dus denkst!
GUNTHER. Was es auch sei, es ist voraus gewährt.
SIEGFRIED. Hab Dank für dieses Wort! Ich werde dir
Es nie vergessen, doch ich gebe dirs
Sogleich zurück, denn meine Wünsche sind
Vermeßner, als du ahnst. Ich war bescheiden,
Als ich dein Reich bloß forderte.
GUNTHER. Du wirst
Mich nicht erschrecken.
SIEGFRIED. Hörtest du vielleicht
Von meinen Schätzen? Nun, das ist gewiß,
Für Gold und Silber brauchst du nicht zu zittern,
Ich hab so viel davon, daß ich es lieber
Verschenkte, als zu Hause schleppte, doch
Was hilfts mir? Was ich dafür kaufen möchte,
Ist nimmer feil!
GUNTHER. Das ist?
SIEGFRIED. Du rätst es nicht? –
Ein anderes Gesicht als dieses hier!
GUNTHER. Hast du die Kraft des alten schon erprobt?
SIEGFRIED. An meiner Mutter, ja! Und da mit Glück,
Denn ihr gefällts!
GUNTHER. Nicht sonst noch?
SIEGFRIED. Allerdings!
Hast dus denn nicht bemerkt? Ein Mägdlein sah
Vorhin auf uns herunter in den Hof,
Und als sie, ihre goldnen Locken schüttelnd,
Die, wie ein Vorhang, ihr die Augen deckten,
Mich unter euch erblickte, fuhr sie rascher
Zurück, wie ich, als sich im Reich der Zwerge
Die Erde, die mein Fuß betrat, auf einmal

Zu einem Angesicht zusammenzog,
Das mir die Zähne zeigte!

GUNTHER. Bloße Scheu!
Versuchs nur immer weiter. Wenns dir aber
Am Werber fehlt: ich leiste dir den Dienst,
Nur mußt du mir den gleichen auch erweisen,
Denn Kriemhild, meine Schwester, darf nicht ziehn,
Bevor hier Brunhild ihren Einzug hielt.

SIEGFRIED. Welch einen Namen nennst du da, o König?
Die nordsche Jungfrau denkst du heimzuführen,
Der flüßges Eisen in den Adern kocht?
O, gib es auf!

GUNTHER. Warum? Ist sies nicht wert?

SIEGFRIED. Nicht wert! Ihr Ruhm durchfliegt die Welt! Doch keiner
Kann sie im Kampf bestehen, bis auf einen,
Und dieser eine wählt sie nimmermehr.

GUNTHER. So sollte ich aus Furcht vor ihr nicht werben?
Welch eine Schmach! Viel lieber gleich den Tod
Von ihrer Hand, als tausend Jahre Leben
In dieser Ohnmacht schimpflichem Gefühl.

SIEGFRIED. Du weißt nicht, was du sprichst. Ists Schmach für dich,
Daß dich das Feuer brennt und daß das Wasser
Dich in die Tiefe zieht? Nun, sie ist ganz
Wies Element, und einen Mann nur gibts,
Der sie bewältgen und, wies ihm gefällt,
Behalten oder auch verschenken kann!
Doch möchtest du sie wohl von einem nehmen,
Der nicht ihr Vater noch ihr Bruder ist?

GUNTHER. Erst werd ich sehen, was ich selbst vermag!

SIEGFRIED. Es glückt dir nicht, es kann dir gar nicht glücken,
Sie wirft dich in den Staub! Und glaube nicht,
Daß Milde wohnt in ihrer ehrnen Brust,
Und daß sie etwa, wenn sie dich erblickt,
Es gar zu einem Kampf nicht kommen läßt!
Das kennt sie nicht, sie streitet um ihr Magdtum,
Als wär ihr Leben selbst daran geknüpft,
Und wie der Blitz, der keine Augen hat,
Oder der See, der keinen Schrei vernimmt,

Vertilgt sie ohne Mitleid jeden Recken,
Der ihr den Jungfraungürtel lösen will.
Drum gib sie auf und denk nicht mehr an sie,
Wenn du sie nicht aus eines andern Händen,
Wenn du sie nicht von mir empfangen magst!
GUNTHER. Und warum sollt ich nicht?
SIEGFRIED. Das frag dich selbst!
Ich bin bereit mit dir hinabzuziehn,
Wenn du die Schwester mir als Lohn versprichst,
Denn einzig ihrethalben kam ich her,
Und hättest du dein Reich an mich verloren,
Du hättst es dir zurückgekauft mit ihr.
HAGEN. Wie denkst dus denn zu machen?
SIEGFRIED. Schwere Proben
Sind zu bestehn! Sie wirft den Stein wie ich
Und springt ihm nach, so weit er fliegt, sie schleudert
Die Lanze und durchbohrt auf hundert Schritte
Ein siebenfaches Erz, und so noch mehr.
Allein, was tuts, wir teilen uns ins Werk,
Mein sei die Arbeit, die Gebärde sein!
HAGEN. Er soll den Anlauf nehmen, du willst werfen
Und springen?
SIEGFRIED. Ja! so mein ichs! Und dabei
Ihn selbst noch tragen!
HAGEN. Torheit! Wie ists möglich,
Sie so zu täuschen?
SIEGFRIED. Durch die Nebelkappe,
Die mich schon einmal ihrem Blick entzog!
HAGEN. Du warst schon dort?
SIEGFRIED. Ich wars! Doch warb ich nicht,
Auch sah ich nur, ich wurde nicht gesehn! –
Ihr staunt und schaut mich voll Verwundrung an?
Ich merk es wohl, ich muß den Kuckuck machen,
Eh ihr mir trauen könnt, doch denke ich,
Wir sparens für die Fahrt, denn die ist lang,
Auch kann ich, wenn ich von mir selbst erzähle,
Dabei ins Wasser sehn!
GUNTHER. Nein, sprich uns gleich
Von Isenland und deinen Abenteuern!

Wir hörens gern und waren schon dabei,
Es selbst zu tun.

SIEGFRIED. Auch das! Mich trieb die Lust
Am Kampf soweit hinunter, und ich traf
Dort gleich den ersten Tag bei einer Höhle
Zwei junge Recken, die sich grimmig stritten.
Es waren Brüder, König Niblungs Söhne,
Die ihren Vater kaum begraben hatten –
Erschlagen auch, wie ich nachher vernahm –
Und schon ums Erbe zankten. Ganze Haufen
Von Edelsteinen lagen aufgetürmt
Um sie herum, dazwischen alte Kronen,
Seltsam gewundne Hörner und vor allem
Der Balmung, aus der Höhle aber blitzte
Das rote Gold hervor. Als ich erschien,
Verlangten sie mit wildem Ungestüm,
Daß ich den Schatz als Fremder teilen sollte,
Und gern gewährt ichs, um den Mord zu hindern,
Mit dem sie sich bedrohten, doch umsonst.
Denn als ich fertig war, fand jeder sich
Verkürzt und tobte, und ich warf die Hälften
Auf ihr Begehren wieder durcheinander
Und teilte abermals. Da wurden sie
Noch zorniger und drangen, während ich
Gebückt auf meinen Knien lag und still
Auf einen Ausgleich sann, in toller Wut
Mit rasch gezognen Degen auf mich ein.
Ich, um der Rasenden mich zu erwehren,
Griff zu dem Balmung neben mir, weil ich
Die eigne Klinge nicht mehr ziehen konnte,
Und eh ichs dachte, hatten alle beide,
Wie Eber, welche blind aufs Eisen laufen,
Sich selbst gespießt, obgleich ich liegenblieb
Und ihrer schonte, und so ward ich Erbe
Des ganzen Hortes.

HAGEN. Blutig und doch redlich!

SIEGFRIED. Nun wollt ich in die Höhle gehn! Wie staunt ich,
Als ich den Eingang nicht mehr fand. Ein Wall,
So schiens, war plötzlich aus dem Schoß der Erde

Hervorgestiegen, und ich stach hinein,
Um mir den Weg zu bahnen. Doch da kam
Statt Wassers Blut, es zuckte, und ich glaubte,
Ein Wurm sei in dem Wall versteckt. Ich irrte,
Der ganze Wall war nur ein einzger Wurm,
Der, tausend Jahre in der Felskluft schlafend,
Mit Gras und Moos bewachsen war und eher
Dem zackgen Rücken einer Hügelkette
Als einem Tiere glich, das Odem hat.

HAGEN. Das war der Drache!

SIEGFRIED.
Ja, ich schlug ihn tot,
Indem ich ihn bestieg, eh er sich bäumte,
Und ihm von hintenher, den Nacken reitend,
Das blaue Haupt zerschmetterte. Es war
Vielleicht das schwerste Stück, das ich vollbrachte,
Und ohne Balmung wärs mir nicht geglückt.
Dann hieb ich mich durch seinen Riesenleib,
Durch all das Fleisch und die gewaltgen Knochen,
Wie durch ein felsichtes Gebirg, allmählich
Bis an die Höhle durch. Doch hatte ich
Sie kaum betreten, als ich mich umklammert
Von starken Armen fühlte, die mein Auge
Nicht sah, und die mir dennoch fast die Rippen
Zusammendrückten, ganz als ob die Luft
Es selber täte! Es war Alberich,
Der wilde Zwerg, und niemals war ich wohl
Dem Tod so nah als in dem grausen Kampf
Mit diesem Ungetüm. Doch endlich wurde
Er sichtbar, und nun wars um ihn geschehn.
Denn, ohne es zu wissen, hatt ich ihm,
Derweil ich mit ihm rang, die Nebelkappe
Vom Kopf gerissen, und mit seiner Hülle
Verlor er auch die Kraft und stürzte hin.
Nun wollt ich ihn zertreten wie ein Tier,
Da löste er, schon unter meinen Fersen
Mit seinem Hals, sich rasch durch ein Geheimnis,
Das ich nicht ahnte, er entdeckte mir
Den Zauber, der im Blut des Drachen steckte,

Solange es noch rauchte, und ich ließ
Ihn eilig frei und nahm mein rotes Bad.

GUNTHER. So hast du dir an einem einzgen Tage
Den Balmung und den Hort, die Nebelkappe
Und deine Haut von Horn erkämpft?

SIEGFRIED. So ists!
Ja, auch die Vögelsprache! Als ein Tropfe
Des Zauberbluts mir auf die Lippen sprang,
Verstand ich gleich das Zwitschern über mir,
Und hätt ich nicht zu rasch ihn abgewischt,
So würd ich auch, was hüpft und springt, verstehn.
Denkt euch: Auf einmal flüstert es im Baum,
Denn eine alte Linde deckte alles,
Dann kicherts, lacht und höhnt, so daß ich Menschen
Zu hören glaube, die, im Laub versteckt,
Mein Tun verspotten. Wie ich um mich schaue,
Erblick ich nichts als Vögel, Krähen, Dohlen
Und Eulen, die sich streiten. Brunhild wird
Genannt, auch ich. Ein Knäuel dunkler Reden
Hinüber und herüber. Eins nur klar,
Daß noch ein Abenteuer meiner harrt.
Die Lust erwacht. Die Dohle fliegt voran,
Die Eule folgt. Bald sperrt ein Flammensee
Den Weg und eine Burg, wie glühendes
Metall in bläulich-grünem Schimmer leuchtend,
Taucht drüben auf. Ich halte an. Da ruft
Die Dohle: Zieh den Balmung aus der Scheide
Und schwing ihn dreimal um das Haupt! Ich tus,
Und schneller, wie ein Licht, erlischt der See.
Nun wirds lebendig in der Burg, Gestalten
Erscheinen auf der Zinne, Schleier flattern,
Und eine stolze Jungfrau schaut herab.
Da kreischt die Eule auf: Das ist die Braut!
Nun mit der Nebelkappe fort! Ich hatte
Sie bloß zur Probe aufgesetzt und wußte
Nicht einmal, daß ich sie noch trug. Doch jetzt
Hielt ich sie mit den Händen fest, weil ich
Die kecken Vögel darnach haschen sah.
Denn Brunhild rührte, wie sie droben stand,

In aller ihrer Schönheit nicht mein Herz,
Und wer da fühlt, daß er nicht werben kann,
Der grüßt auch nicht.
VOLKER. Das ist ein edles Wort.
SIEGFRIED. So schied ich ungesehn und kenne doch
Die Burg und ihr Geheimnis, wie den Weg.
GUNTHER. So führ mich, Held!
VOLKER. Nein, König, bleib daheim,
Es endet schlecht.
SIEGFRIED. Du meinst, ich kann nicht halten,
Was ich versprach?
VOLKER. O doch, ich meine nur,
Daß falsche Künste sich für uns nicht ziemen!
GUNTHER. Mit andern gehts ja nicht.
VOLKER. So stehst du ab.
GERENOT. Das rat ich auch.
HAGEN. Ei nun! Warum?
GUNTHER. Mir scheints
So wenig schimpflich, als ins Schiff zu steigen,
Wenn man das fremde Ufer nicht durch Schwimmen
Erreichen kann, und statt der Faust den Degen
Zu brauchen.
SIEGFRIED. Nimm es so, und schlage ein!
GUNTHER. Wohlan! Für Brunhild gebe ich dir Kriemhild,
Und unsre Hochzeit feiern wir zugleich!
HAGEN *(legt den Finger auf den Mund, sieht Siegfried an und schlägt ans Schwert)*.
SIEGFRIED. Bin ich ein Weib? In Ewigkeit kein Wort!
Ich stelle mich, wenn ihr zum Kampfe eilt,
Als hätt ich was an unsrem Schiff zu richten,
Und geh zum Strand hinunter, daß sies sieht,
Doch in der Nebelkappe kehr ich wieder
Und kneif dich in den Arm und steh dir bei! *(Alle ab)*

Zweite Abteilung

SIEGFRIEDS TOD

Ein Trauerspiel in fünf Akten

Personen

König Gunther
Hagen Tronje
Dankwart
Volker
Giselher
Gerenot
Wulf } Recken
Truchs } Recken
Rumolt
Siegfried
Ute
Kriemhild
Brunhild, Königin von Isenland
Frigga, ihre Amme
Ein Kaplan
Ein Kämmerer
Recken, Volk, Mägde, Zwerge

ERSTER AKT

Isenland, Brunhilds Burg. Früher Morgen

Erste Szene

Brunhild und Frigga kommen von entgegengesetzten Seiten

BRUNHILD. Woher so früh? Dir trieft das Haar von Tau,
Und dein Gewand ist blutbesprengt.
FRIGGA. Ich habe
Den alten Göttern, eh der Mond zerbrach,
Ein Opfer dargebracht.
BRUNHILD. Den alten Göttern!
Jetzt herrscht das Kreuz, und Thor und Odin sitzen
Als Teufel in der Hölle.
FRIGGA. Fürchtest du
Sie darum weniger? Sie können uns
Noch immer fluchen, wenn auch nicht mehr segnen,
Und willig schlacht ich ihnen ihren Bock.
O, tätest du es auch! Du hättest Grund
Wie keine zweite.
BRUNHILD. Ich?
FRIGGA. Ein andermal!
Längst sollt ich dir erzählen. Heute ist
Die Stunde endlich da.
BRUNHILD. Ich glaubte schon,
Sie werde erst mit deinem Tode kommen,
Drum drängt ich dich nicht mehr.
FRIGGA. So merke auf!
Urplötzlich trat aus unserm Feuerberg
Ein Greis hervor und reichte mir ein Kind
Samt einer Runentafel.
BRUNHILD. In der Nacht?
FRIGGA. Wie weißt dus?
BRUNHILD. Manches hast du schon im Schlaf

Verraten, denn du sprichst, wenn dir der Mond
Ins Antlitz scheint.

FRIGGA. Und du behorchst mich? – Wohl! –
Um Mitternacht! Wir wachten bei der Leiche
Der Königin. Sein Haar war weiß wie Schnee
Und länger, als ichs je bei einem Weibe
Gesehen habe, wie ein weiter Mantel
Umwallt' es ihn, und hinten schleppt' es nach.

BRUNHILD. Der Geist des Bergs!

FRIGGA. Ich weiß es nicht. Er sprach
Kein einzges Wort. Das Mägdlein aber streckte
Die Händchen nach der goldnen Krone aus,
Die auf dem Haupt der Toten funkelte,
Und, wunderbar, sie paßte.

BRUNHILD. Wie! Dem Kinde?

FRIGGA. Dem Kinde! Ja! Sie war ihm nicht zu weit
Und ward ihm später nie zu eng!

BRUNHILD. Wie meine!

FRIGGA. Wie deine, ja! Und wunderbarer noch:
Das Mägdlein war dem Kinde, das der Toten
Im Arme lag und das sogleich verschwand,
Als wär es nie gewesen, an Gestalt
So ähnlich, ja so gleich, daß es sich nur
Durchs Atmen unterschied von ihm; es schien,
Als hätte die Natur denselben Leib
Für einen Zweck zweimal geschaffen und
Das Blut bloß umgegossen.

BRUNHILD. Hatte denn
Die Königin ein Kind im Arm?

FRIGGA. Sie war
An der Geburt gestorben und mit ihr
Zugleich die Frucht.

BRUNHILD. Das sagtest du noch nicht.

FRIGGA. So hab ichs nur vergessen. Sicher brach
Ihr Herz aus Gram, daß sie es dem Gemahl
Nicht zeigen konnte. Viele Jahre hatte
Er sich umsonst dies holde Glück gewünscht,
Und einen Monat früher als es kam,
Ereilte ihn ein jäher Tod.

BRUNHILD. Nur weiter!
FRIGGA. Wir sahn uns nach dem Greise um. Er war
Verschwunden, und der Berg, der, mittendurch
Gespalten, wie ein Apfel, durch das Fenster
Uns angegähnt, ging langsam wieder zu.
BRUNHILD. Und kam der Greis nicht wieder?
FRIGGA. Höre nur!
Wir ließen unsre Frau am nächsten Morgen
Zur Gruft bestatten, und der Priester wollte
Zugleich das Mägdlein taufen. Doch sein Arm
Ward lahm, bevor er mit dem heilgen Naß
Die Stirn ihr netzen konnte, und er hat
Ihn niemals mehr gehoben.
BRUNHILD. Niemals mehr!
FRIGGA. Nun, er war alt und wir erschraken nicht,
Wir riefen einen andern. Dem gelangs,
Sie zu besprengen, doch er wurde stumm,
Als er sie segnen wollte, und ihm kehrte
Die Sprache niemals mehr zurück.
BRUNHILD. Der dritte?
FRIGGA. Der fand sich lange nicht! Wir mußten einen
Aus weiter Ferne rufen, der von allem
Nichts wußte. Der vollbrachte dann das Werk,
Doch als er kaum zu Ende war, so fiel
Er um, und niemals stand er wieder auf!
BRUNHILD. Das Mägdlein aber?
FRIGGA. Wuchs und wurde stark,
Und seine kindschen Spiele dienten uns
Als Zeichen unsres Lassens oder Tuns
Und trogen nie, wies uns die Runentafel
Voraus verkündigt hatte.
BRUNHILD. Frigga! Frigga!
FRIGGA.
Ja! Ja! Du bist es selbst! Erkennst dus endlich?
Nicht in der Kammer, wo die Toten stäuben,
Im Hekla, wo die alten Götter hausen,
Und unter Nornen und Valkyrien
Such dir die Mutter, wenn du eine hast! –
O, hätte nie ein Tropfen heilgen Wassers

Die Stirne dir benetzt! Dann wüßten wir
Wohl mehr!
BRUNHILD. Was murmelst du?
FRIGGA. Wie ging es zu,
Daß wir uns diesen Morgen, statt im Bett,
Unausgekleidet auf den Stühlen fanden,
Die Zähne klappernd und die Lippen blau?
BRUNHILD. Wir müssen plötzlich eingeschlafen sein.
FRIGGA. Ist das uns schon begegnet?
BRUNHILD. Nie zuvor.
FRIGGA. Nun denn! Der Greis war hier und wollte reden!
Mir ist sogar, als hätt ich ihn gesehn,
Wie er dich rüttelte und mich bedrohte,
Dir aber ward durch einen dicken Schlaf
Das Ohr verstopft, weil du nicht hören solltest,
Was dir beschieden ist, wenn du beharrst,
Drum bring ein Opfer dar und mach dich frei!
O, hätte ich dem Priester nicht gehorcht,
Als er mich drängte! Doch ich hatte noch
Die Tafel nicht entziffert. Tu es, Kind,
Denn die Gefahr ist nah.
BRUNHILD. Gefahr?
FRIGGA. Gefahr!
Du weißt, der Flammensee ist längst erloschen,
Der deine Burg umgab.
BRUNHILD. Und dennoch blieb
Der Recke mit der Balmungklinge aus,
Der hoch zu Rosse ihn durchreiten sollte,
Nachdem er Fafners blutgen Hort erstritt.
FRIGGA. Ich las wohl falsch. Doch dieses zweite Zeichen
Kann mich nicht täuschen, denn ich weiß es lange,
Daß deiner in der Stunde der Entscheidung
Die Offenbarung harrt. So opfre, Kind!
Vielleicht stehn alle Götter unsichtbar
Um dich herum und werden dir erscheinen,
Sobald der erste Tropfen Blutes rinnt.
BRUNHILD. Ich fürchte nichts.

(Man hört Trompeten)

FRIGGA. Trompeten!

BRUNHILD. Hörst du sie
Zum erstenmal?
FRIGGA. Zum erstenmal mit Angst.
Die Zeit des Distelköpfens ist vorüber,
Und ehrne Häupter steigen vor dir auf.
BRUNHILD. Heran! Heran! Damit ich dieser zeige,
Daß ich noch immer siegen kann! Als hier
Der See noch flammte, eilt ich euch entgegen,
Und freundlich, wie ein Hund vor seinem Herrn
Beiseitespringt, entwich das treue Feuer
Vor mir und teilte sich nach links und rechts:
Jetzt ist die Straße frei, doch nicht der Gruß.
(Sie besteigt währenddem ihren Thron)
Nun stoßt die Pforten auf und laßt sie ein!
Wer auch erscheinen mag: sein Kopf ist mein!

Zweite Szene

Es geschieht; Siegfried, Gunther, Hagen und Volker treten ein

BRUNHILD. Wer ists, der heute sterben will? *(Zu Siegfried)*
Bist dus?
SIEGFRIED. Ich will nicht sterben, und ich will nicht werben,
Auch tust du mir zuviel der Ehre an,
Mich vor dem König Gunther zu begrüßen,
Ich bin hier nur sein Führer.
BRUNHILD *(wendet sich gegen Gunther)*. Also du?
Und weißt du, was es gilt?
GUNTHER. Wohl weiß ich das!
SIEGFRIED. Der Ruf von deiner Schönheit drang gar weit,
Doch weiter noch der Ruf von deiner Strenge,
Und wer dir immer auch ins Auge schaut,
Er wird es nicht im höchsten Rausch vergessen,
Daß dir der dunkle Tod zur Seite steht.
BRUNHILD. So ists! Wer hier nicht siegt, der stirbt sogleich,
Und seine Diener mit. Du lächelst drob?
Sei nicht zu stolz! Trittst du auch vor mich hin,
Als könntest du den vollsten Becher Weins
Dir unverschüttet überm Haupte halten
Und mich dabei betrachten wie ein Bild:

Ich schwöre dirs, du fällst so gut wie er.
(Zu Gunther) Dir aber rat ich, wenn du hören kannst:
Laß dir von meinen Mägden doch die Recken
Erst nennen, die von meiner Hand schon fielen,
Vielleicht ist mancher drunter, der sich einst
Mit dir gemessen hat, vielleicht gar einer,
Der dich besiegt zu seinen Füßen sah!

HAGEN. Der König Gunther ward noch nie besiegt.

SIEGFRIED. Hoch ragt sein Schloß zu Worms am Rhein empor,
Reich ist sein Land an Zierden aller Art,
Doch höher ragt er selbst noch vor den Recken
Und reicher auch an Ehren ist sein Haupt.

HAGEN. Die Hand her, Niederland! Das war ein Wort!

VOLKER. Und wärs dir denn so schwer, dies öde Land
Und seine wüste Meereseinsamkeit
Freiwillig zu verlassen und dem König
Aus Höll und Nacht zu folgen in die Welt?
Es ist ja gar kein Land, das noch zur Erde
Gehört, es ist ein preisgegebnes Riff,
Das die Lebendgen längst entsetzt verließen,
Und wenn dus liebst, so kannst du es nur lieben,
Weil du als letzte drauf geboren bist!
Dies Stürmen in den Lüften, dies Getose
Der Wellen, dies Gekeuch des Feuerbergs,
Vor allem aber dieses rote Licht,
Das von der Himmelswölbung niederrieselt,
Als strömt' es ab von einem Opfertisch,
Ist fürchterlich und paßt nur für den Teufel:
Man trinkt ja Blut, indem man Atem holt!

BRUNHILD. Was weißt du denn von meiner Einsamkeit?
Noch hab ich nichts aus eurer Welt vermißt,
Und käme das dereinst, so holt ichs mir,
Verlaßt euch drauf, und braucht es nicht geschenkt!

SIEGFRIED. Sagt ichs euch nicht voraus? Zum Kampf! Zum Kampf!
Du mußt sie mit Gewalt von hinnen führen!
Ist es nur erst geschehn, so dankt sies dir.

BRUNHILD. Meinst du? Du kannst dich täuschen. Wißt ihr denn,
Was ich euch opfern soll? Ihr wißt es nicht,
Und keiner hats gewußt. Vernehmts zuvor,

Und fragt euch, wie ich es verteidgen werde!
Wohl steht die Zeit hier still, wir kennen nicht
Den Frühling, nicht den Sommer, noch den Herbst,
Das Jahr verändert niemals sein Gesicht,
Und wir sind unveränderlich mit ihm.
Doch wenn auch nichts von allem hier gedeiht,
Was euch entgegenwächst im Strahl der Sonne,
So reift dafür in unsrer Nacht, was ihr
Mitnichten säen oder pflanzen könnt.
Noch freu ich mich des Kampfs, noch jauchze ich,
Den übermütgen Feind zu überwinden,
Der mir die Freiheit rauben will, noch ist
Die Jugend, ist das schwellende Gefühl
Des Lebens mir genug, und eh mich dieses
Verlassen kann, hat mich das Schicksal schon,
Mit Wundergaben unsichtbar mich segnend,
Zu seiner Hohenpriesterin geweiht.

FRIGGA. Wie wird ihr? Wars genug an meinem Opfer?

BRUNHILD. Die Erde wird sich plötzlich vor mir öffnen
Und mir enthüllen, was sie birgt im Kern,
Die Sterne droben werd ich klingen hören
Und ihre himmlische Musik verstehn,
Und noch ein drittes Glück wird mir zuteil,
Ein drittes, das sich gar nicht fassen läßt!

FRIGGA. Du bists, Odin! Du hast ihr Aug entsiegelt,
Weil dir zur Nacht ihr Ohr verschlossen war,
Nun sieht sie selbst, was ihr die Norne spinnt!

BRUNHILD *(hoch aufgerichtet mit starren Augen).*
Einst kommt der Morgen, wo ich, statt den Bären
Zu jagen, oder auch die eingefrorne
Seeschlange zu erlösen aus der Haft,
Damit sie den Planeten nicht zerpeitsche,
Die Burg schon früh verlasse. Mutig tummle
Ich meinen Rappen, fröhlich trägt er mich,
Auf einmal halt ich ein. Der Boden vor mir
Hat sich in Luft verwandelt! Schaudernd reiß ich
Das Roß herum. Auch hinter mir. Er ist
Durchsichtig. Farbge Wolken unter mir,
Wie über mir. Die Mägde plaudern fort.

Ich rufe: Seid ihr blind, daß ihr nichts seht?
Wir schweben ja im Abgrund! Sie erstaunen,
Sie schütteln ihre Häupter still, sie drängen
Sich dicht um mich herum. Doch Frigga flüstert:
Kam deine Stunde auch? Da merk ichs erst!
Der Erdball wurde zum Kristall für mich,
Und was Gewölk mir schien, war das Geflecht
Der Gold- und Silberadern, die ihn leuchtend
Durchkreuzen bis zum Grund.

FRIGGA. Triumph! Triumph!

BRUNHILD.
Ein Abend folgt. Nicht gleich. Vielleicht erst spät.
Wir sitzen hier beisammen. Plötzlich fallen
Die Mägde um wie tot, das letzte Wort
Zerbricht in ihrem Mund, mich aber treibts
Zum Turm hinauf, denn über mir erklingts,
Und jeder Stern hat seinen eignen Ton.
Erst ist es bloß Musik für mich, doch wenn
Der Morgen graut, so murml ich, wie im Schlaf:
Der König stirbt vor Nacht noch, und sein Sohn
Kann nicht geboren werden, er erstickt
Im Mutterleib! Ich höre erst von andern,
Daß ichs gesagt, und ahne selber nicht,
Woher ichs weiß. Bald aber wirds mir klar,
Und bald verbreitet sichs von Pol zu Pol.
Dann ziehn sie noch, wie jetzt, zu mir heran,
Doch nicht mit Schwertern, um mit mir zu kämpfen,
Nein, demutvoll, mit abgelegten Kronen,
Um meine Träume zu behorchen und
Mein Stammeln auszudeuten, denn mein Auge
Durchdringt die Zukunft, und in Händen halt ich
Den Schlüssel zu den Schätzen dieser Welt.
So thron ich schicksallos, doch schicksalkundig,
Hoch über allen und vergesse ganz,
Daß mir noch mehr verheißen ist. Es rollen
Jahrhunderte dahin, Jahrtausende,
Ich spür es nicht! Doch endlich frag ich mich:
Wo bleibt der Tod? Da geben meine Locken
Mir Antwort durch den Spiegel, sie sind schwarz

Und ungebleicht geblieben, und ich rufe:
Dies ist das dritte, daß der Tod nicht kommt!
(Sie sinkt zurück, die Mägde fangen sie auf)

FRIGGA. Was zag ich noch? Und wärs der Balmungschwinger:
Jetzt hätte sie den Schild auch gegen ihn!
Er fällt, wenn sie ihn liebt und doch bekämpft,
Und sie wird kämpfen, nun sie dieses weiß.

BRUNHILD *(richtet sich wieder hoch auf)*. Ich sprach! Was wars?

FRIGGA. Nimm deinen Bogen, Kind,
Dein Pfeil wird heute fliegen wie noch nie,
Das andere nachher!

BRUNHILD *(zu den Recken)*. So kommt!

SIEGFRIED *(zu Brunhild)*. Du schwörst,
Uns gleich zu folgen, wenn du unterliegst?

BRUNHILD *(lacht)*. Ich schwörs!

SIEGFRIED. So macht! Ich richt indes das Schiff!

BRUNHILD *(zu Frigga im Abgehen)*.
Du gehst in den Trophäensaal und schlägst
Dort einen neuen Nagel ein! *(Zu den Recken)* Wohlan! *(Alle ab)*

ZWEITER AKT

Worms. Schloßhof

Erste Szene

Rumolt und Giselher einander begegnend

GISELHER. Nun, Rumolt, soll ein Baum noch stehenbleiben?
Du führst ja wochenlang schon Wälder ein,
Du rüstest dich so grimmig auf die Hochzeit,
Als kämen Mensch und Zwerg und Alf zugleich.

RUMOLT. Ich mache mich darauf gefaßt, und fänd ich
Den Kessel irgendwo nicht recht gefüllt,
So steckt ich flugs den säumgen Koch hinein
Und rührte mit dem Küchenjungen um.

GISELHER. So bist du denn des Ausgangs schon gewiß?

RUMOLT. Ich bins, weil Siegfried wirbt. Wer unterwegs
Zwei Königssöhne fängt und sie uns schickt,

Als ob es aufgescheuchte Hasen wären,
Der nimmts wohl auch mit Teufelsweibern auf.

GISELHER. Da hast du recht. Wir haben gute Pfänder
An diesem Lüdegast und Lüdeger!
Mit einem Heer gedachten sie zu kommen,
Wie nie Burgund ein gleiches noch gesehn,
Und als Gefangne stellten sie sich ein,
Die nicht einmal des Hüters mehr bedurften:
Koch zu, Gesell, an Gästen fehlts dir nicht!

(Gerenot kommt)

Da ist der Jäger!

GERENOT. Aber nicht mit Wild!
Ich war auf unsrem Turm und sah den Rhein
Mit Schiffen, wie bedeckt.

RUMOLT. Das ist die Braut!
Da laß ich gleich zur Stunde alles schlagen,
Was brummt und brüllt und blökt und grunzt im Hof,
Damit sie's in der Ferne schon vernimmt,
Wie sie empfangen werden soll! *(Es wird geblasen)*

GERENOT. Zu spät!

Zweite Szene

SIEGFRIED *(tritt mit Gefolge auf).* Da bin ich wieder!

GISELHER. Ohne meinen Bruder?

SIEGFRIED. Sei ruhig! Als sein Bote steh ich hier! –
Doch nicht, um *dir* die Meldung auszurichten!
Sie geht an deine Mutter, und ich hoffe,
Daß ich auch deine Schwester sehen darf.

GISELHER. Das sollst du, Degen, denn wir schulden dir
Den Dank noch für die beiden Dänenprinzen.

SIEGFRIED. Ich wollte jetzt, ich hätt sie nicht geschickt.

GISELHER. Warum? Du konntest uns nicht besser zeigen,
Was wir an deinem Arm gewonnen haben,
Denn wahrlich, schlechte Männer warens nicht.

SIEGFRIED. Mag sein! Doch hätte ich das nicht getan,
So hätt vielleicht ein Vogel das Gerücht
Verbreitet, daß sie mich erschlagen hätten,
Dann fragt ich nun: Wie nahm Kriemhild es auf?

GISELHER. Sie nützten dir auch so genug bei uns!

Daß man sich die Metalle und das Erz
Durch tüchtge Schläge zur Trompete rundet,
Das hab ich längst gewußt, von Menschen wars
Mir aber unbekannt, und diese beiden
Beweisen, was ein Schmied, wie du, vermag.
Sie lobten dich – wenn dus vernommen hättest,
Du wärst noch heute rot! Und das nicht bloß
Aus Klugheit, die den Feind wohl öfter preist,
Weil sie die Schmach der eignen Niederlage
Dadurch vergoldet, nein, aus wahrer Lust.
Doch hörst du das am besten von Kriemhild,
Die gar nicht müde ward sie auszufragen:
Da kommt sie her.

Dritte Szene

Ute und Kriemhild treten auf

SIEGFRIED. Ich bitte dich!
GISELHER. Was ist?
SIEGFRIED. Nie wünscht ich meinen Vater noch herbei,
Daß er mir sage, wie ich kämpfen solle,
Doch meine Mutter könnt ich heute brauchen,
Um sie zu fragen, wie man reden muß.
GISELHER. Gib mir die Hand, wenn du so blöde bist.
Man nennt mich hier das Kind. So mag man sehen,
Wie dieses Kind den Löwen führt!
(Er führt Siegfried den Frauen zu)
Der Held
Aus Niederland!
SIEGFRIED. Erschreckt nicht, edle Frauen,
Daß ichs allein bin.
UTE. Tapfrer Siegfried, nein!
Das tun wir nicht, du bist der Recke nicht,
Der übrigbleibt, wenn alle andern fallen,
Damit das Unglück einen Boten hat.
Du meldest mir die neue Tochter an
Und Kriemhild ihre Schwester.
SIEGFRIED. Königin,
So ists!
GISELHER. So ists! Nichts weiter? Und auch das

Noch schwer herausgebracht! Mißgönnst du sie
Dem König, meinem Bruder, oder hast du,
Es ist bis jetzt kein Beispiel zwar bekannt,
Im Kampf die Zunge dir verstaucht? Doch nein,
Du brauchtest sie vorhin ja flink genug,
Als du mir von Brunhildens braunen Augen
Und schwarzem Haar erzähltest.
SIEGFRIED. Glaubt es nicht!
GISELHER. Er hebt, um es mit Nachdruck abzuleugnen,
Noch drei von seinen Fingern auf, und schwört
Zu Blau und Blond.
UTE. Dies ist ein arger Schalk,
Der zwischen Birk und Haselstaude steht:
Der Rute seiner Mutter längst entwachsen,
Hat er des Vaters Gerte nie gespürt
Und ist so übermütig wie ein Füllen,
Das nichts vom Zaum und von der Peitsche weiß.
Vergib ihm, oder züchtge ihn!
SIEGFRIED. Das möge
Gefährlich sein! Ein wildes Füllen zäumen
Ist schwer, und mancher hinkt beschämt davon,
Bevor er es besteigen kann!
UTE. So geht
Er wieder ohne Strafe aus!
GISELHER. Zum Dank
Will ich dir was verraten.
KRIEMHILD. Giselher!
GISELHER. Hast du was zu verbergen? Fürchte nichts!
Ich kenne dein Geheimnis nicht und blase
Von deinen Kohlen keine Asche ab.
UTE. Was ist es denn?
GISELHER. Jetzt hab ichs selbst vergessen!
Wenn eine Schwester plötzlich so errötet,
So denkt man doch als Bruder drüber nach
Und fragt sich nach dem Grund. Ei nun, gleichviel!
Mir fällts wohl noch vorm Sterben wieder ein,
Und dann erfährt ers gleich.
SIEGFRIED. Du magst wohl spotten,
Denn ich vergesse meinen Auftrag ganz,

Und eh ich euch noch in die Sonntagskleider
Getrieben habe, hört ihr die Trompeten,
Und Gunther zieht mit seiner Braut hier ein!
GISELHER. Siehst du den Küchenmeister denn nicht 'rennen?
Dem hat dein Kommen schon genug gesagt!
Doch helf ich ihm! *(Er geht zu Rumolt)*
KRIEMHILD. So edlem Boten dürfen
Wir keine Gabe bieten!
SIEGFRIED. Doch! O doch!
KRIEMHILD *(nestelt an einer Spange und läßt dabei ihr Tuch fallen).*
SIEGFRIED *(hascht nach dem Tuch).* Und diese seis!
KRIEMHILD. Die ziemt nicht dir noch mir!
SIEGFRIED. Kleinodien sind mir, was den andern Staub,
Aus Gold und Silber kann ich Häuser baun,
Doch fehlt mir solch ein Tuch.
KRIEMHILD. So nimm es hin.
Ich hab es selbst gewirkt.
SIEGFRIED. Und gibst dus gern?
KRIEMHILD. Mein edler Siegfried, ja, ich geb es gern!
UTE. Doch nun erlaubt – es wird auch Zeit für uns!
(Ab mit Kriemhild)

Vierte Szene

SIEGFRIED. So steht ein Roland da, wie ich hier stand!
Mich wunderts, daß kein Spatz in meinem Haar
Genistet hat.

Fünfte Szene

DER KAPLAN *(tritt heran).* Verzeiht mir, edler Recke,
Ist Brunhild denn getauft?
SIEGFRIED. Sie ist getauft!
KAPLAN. So ists ein christlich Land, aus dem sie kommt?
SIEGFRIED. Man ehrt das Kreuz.
KAPLAN *(tritt wieder zurück).* Man ehrts wohl so wie hier,
Wo man sichs neben einer Wodans-Eiche
Gefallen läßt, weil man nicht wissen kann,
Ob ihm kein Zauber innewohnt, so wie
Der frömmste Christ ein Götzenbild noch immer

Nicht leicht zerschlägt, weil sich ein letzter Rest
Der alten Furcht noch leise in ihm regt,
Wenn er es glotzen sieht.

Sechste Szene

Fanfaren. Brunhild, Frigga, Gunther, Hagen, Volker, Gefolge. Kriemhild und Ute aus der Burg ihnen entgegen

GUNTHER. Da ist die Burg,
Und meine Mutter naht mit meiner Schwester,
Dich zu begrüßen.
VOLKER *(zu Brunhild, während die Frauen sich entgegenschreiten).*
Sind die kein Gewinn?
HAGEN. Siegfried, ein Wort mit dir! Dein Rat war schlecht.
SIEGFRIED. Mein Rat war schlecht? Ist sie nicht überwunden?
Steht sie nicht da?
HAGEN. Was ist damit erreicht?
SIEGFRIED. Ich denke, alles.
HAGEN. Nichts! Wer ihr den Kuß
Nicht rauben kann, der wird sie nimmermehr
Bewältigen, und Gunther kann es nicht.
SIEGFRIED. Hat ers versucht?
HAGEN. Würd ich denn sonst wohl reden?
Vorher! Im Angesicht der Burg. Sie sträubte
Sich anfangs, wie es einer Magd geziemt,
Und wie sich unsre Mütter sträuben mochten,
Doch, als sie merkte, daß ein Daumendruck
Genügte, um den Freier fortzuschnellen,
Da ward sie toll, und als er doch nicht wich,
Ergriff sie ihn und hielt ihn, uns und ihm
Zur ewgen Schmach, mit vorgestrecktem Arm
Weit in den Rhein hinaus.
SIEGFRIED. Ein Teufelsweib!
HAGEN. Was schiltst du? Hilf!
SIEGFRIED. Ich denke, wenn der Priester
Sie erst verband –
HAGEN. Wär nur die Alte nicht,
Die Magd, die sie begleitet. Diese späht
Und fragt den ganzen Tag und sitzt bei ihr,

Wie ihr Verstand von siebzig oder achtzig!
Die fürcht ich mehr als sie!

UTE *(zu Kriemhild und Brunhild).* So liebt euch denn
Und laßt den Ring, den eure Arme jetzt
Im ersten Herzensdrang geschlossen haben,
Allmählich sich zu einem Kreis erweitern,
In dem ihr euch mit gleichem Schritt und Tritt
Und gleicher Lust um einen Punkt bewegt.
Ihr werdets besser haben als ich selbst,
Denn was ich meinem Herrn nicht sagen durfte,
Das mußt ich ganz verschlucken, und so konnt ich
Zum wenigsten nicht klagen über ihn.

KRIEMHILD. Wir wollen Schwestern werden.

BRUNHILD. Euretwegen
Mag euer Sohn und Bruder noch vor Nacht
Das Zeichen, das zu seiner Magd mich stempelt,
Mir auf die Lippen drücken, denn ich bin
Noch ungebrannt wie ein zu junger Baum,
Auch hielt ich mir, wenn ihr sie nicht versüßtet,
Die Schmach, die mich bedroht, wohl ewig fern.

UTE. Du sprichst von Schmach?

BRUNHILD. Vergebt mir dieses Wort,
Doch sprech ich, wie ich fühle. Ich bin fremd
In eurer Welt, und wie die meine euch
Erschrecken würde, wenn ihr sie beträtet,
So ängstigt mich die eurige. Mir deucht,
Ich hätt hier nicht geboren werden können
Und soll hier leben! – Ist der Himmel immer
So blau?

KRIEMHILD. Nicht immer. Doch die meiste Zeit.

BRUNHILD. Wir kennen gar kein Blau als das des Auges,
Und das nur im Verein mit rotem Haar
Und einem Milchgesicht! Und ist es immer
So still hier in der Luft?

KRIEMHILD. Zuweilen steigen
Auch Wetter auf, dann wirds bei Tage Nacht,
Und Blitz und Donner rasen.

BRUNHILD. Käme das
Nur heute noch! Mir wärs wie Heimatgruß.

Ich kann mich nicht an so viel Licht gewöhnen,
Es tut mir weh, mir ists, als ging' ich nackt,
Als wäre kein Gewand hier dicht genug! –
Das sind wohl Blumen? Rot und gelb und grün!
KRIEMHILD. Du sahst sie nie und kennst die Farben doch?
BRUNHILD. Wir haben Edelsteine aller Art,
Nur weiße nicht und schwarze, aber weiß
Ist meine eigne Hand und schwarz mein Haar.
KRIEMHILD. So weißt du nichts vom Duft!
(Sie pflückt ihr ein Veilchen)
BRUNHILD. O der ist schön!
Und diese kleine Blume haucht ihn aus,
Die einzge, die mein Auge nicht bemerkte?
Der möcht ich einen süßen Namen geben,
Doch hat sie wohl schon einen.
KRIEMHILD. Keine ist
Demütiger als sie, und keine hätte
Dein Fuß so leicht zertreten, denn sie scheint
Sich fast zu schämen, mehr zu sein als Gras,
So tief versteckt sie sich, und dennoch schmeichelt
Sie dir die ersten sanften Worte ab.
Sei sie dir denn ein Zeichen, daß sich manches
Vor deinem Blick hier noch verbergen mag,
Was dich beglücken wird.
BRUNHILD. Ich hoffs und glaubs! –
Doch tuts auch not! Du weißt nicht, was es heißt,
Ein Weib zu sein und doch in jedem Kampf
Den Mann zu überwinden, und die Kraft,
Die ihn verläßt, aus dem verströmten Blut,
Das dir entgegendampft, durchs bloße Atmen
In dich zu trinken! Immer stärker dich
Zu fühlen, immer mutiger, und endlich,
Wenn du des Siegs gewisser bist als je –
(in plötzlicher Wendung)
Frigga, ich frag dich noch einmal! Was wars,
Was sah und sprach ich vor dem letzten Kampf?
FRIGGA. Du scheinst im Geist dies Land gesehn zu haben.
BRUNHILD. Dies Land!
FRIGGA. Und warst entzückt.

BRUNHILD. Ich war entzückt! –
Doch deine Augen flammten.
FRIGGA. Weil ich dich
So glücklich sah.
BRUNHILD. Und diese Recken schienen
Mir weiß wie Schnee.
FRIGGA. Sie warens schon vorher.
BRUNHILD. Warum verhehltest dus mir denn so lange?
FRIGGA. Es ward mir selbst erst diese Stunde klar,
Wo ich vergleichen kann.
BRUNHILD. Wenn ich entzückt
Gewesen bin, als ich dies Land erblickte,
So muß ichs wieder werden.
FRIGGA. Zweifle nicht.
BRUNHILD. Es kommt mir doch so vor, als hätte ich
Von Sternen und Metallen –
FRIGGA. Auch, jawohl!
Du sprachst, die Sterne funkelten hier heller,
Doch Gold und Silber wären dafür blind.
BRUNHILD. Ei so!
FRIGGA *(zu Hagen)*. Nicht wahr?
HAGEN. Ich hab nicht drauf gehört.
BRUNHILD. Ich bitt euch alle, nehmt mich für ein Kind,
Ich werde schneller wachsen, wie ein andres,
Doch bin ich jetzt nicht mehr. *(Zu Frigga)* Das also wars?
FRIGGA. Das wars!
BRUNHILD. So ists ja gut! So ists ja gut! –
UTE *(zu dem herangetretenen Gunther)*.
Mein Sohn, wenn sie zu herb ist gegen dich,
Laß ihr nur Zeit! Bei dem Geschrei der Krähen
Und Raben, das sie hörte, konnte sich
Ihr Herz nicht öffnen, doch es wird geschehn
Bei Lerchenruf und Nachtigallenschlag.
HAGEN. So spricht der Spielmann, wenn ers Fieber hat
Und junge Hunde streichelt. Seis darum.
Der Jungfrau gönne Zeit, sich zu besinnen,
Die Fürstin aber halte gleich beim Wort.
Sie ist die deine durch das Recht der Waffen,
So greife zu! *(Ruft)* Kaplan! *(Schreitet voran)*

GUNTHER. Ich folg dir gern!
SIEGFRIED. Halt, Gunther, halt, was hast du mir gelobt?
GUNTHER. Kriemhild, darf ich den Gatten für dich wählen?
KRIEMHILD. Mein Herr und Bruder, füg es, wie du magst!
GUNTHER *(zu Ute).* Ich habe keinen Widerspruch zu fürchten?
UTE. Du bist der König, ich bin Magd wie sie!
GUNTHER. So bitt ich dich inmitten meiner Sippen:
Lös einen Eid für mich und sie, und reiche
Dem edlen Siegfried deine Hand.
SIEGFRIED. Ich kann
Nicht reden, wie ich möchte, wenn ich dir
Ins Antlitz sehe, und von meinem Stottern
Hast du vorhin wohl schon genug gehabt,
Drum frag ich dich, wie jeder Jäger fragt,
Nur daß ich nicht dabei vom Hut die Federn
Herunterblase: Jungfrau, willst du mich?
Doch, daß dich nicht die Einfalt selbst besteche,
Und du nicht völlig unberaten seist,
So laß dir noch vor Ja und Nein vermelden,
Wie meine Mutter mich zu schelten pflegt.
Sie sagt, ich sei zwar stark genug, die Welt
Mir zu erobern, aber viel zu dumm,
Den kleinsten Maulfwurfshügel zu behaupten,
Und wenn ich nicht die Augen selbst verlöre,
So lägs allein an der Unmöglichkeit.
Auch magst du ihr das eine willig glauben,
Das andre aber werd ich widerlegen,
Denn wenn ich dich nur erst erobert habe,
So soll man sehn, wie ich behaupten kann!
Nun denn, noch einmal: Kriemhild, willst du mich?
KRIEMHILD. Du lächelst, Mutter! O, ich habe nicht
Vergessen, was ich träumte, und der Schauder
Ist nicht entflohn, er warnt mich mehr als je,
Doch eben darum sag ich mutig: Ja!
BRUNHILD *(tritt zwischen Kriemhild und Siegfried).* Kriemhild!
KRIEMHILD. Was willst du?
BRUNHILD. Mich als Schwester dir
Beweisen!
KRIEMHILD. Jetzt? Worin?

BRUNHILD *(zu Siegfried).* Wie darfst dus wagen,
Die Hand nach ihr, nach einer Königstochter,
Nur auszustrecken, da du doch Vasall
Und Dienstmann bist!
SIEGFRIED. Wie?
BRUNHILD. Kamst du nicht als Führer
Und gingst als Bote? *(Zu Gunther)* Und wie kannst dus dulden
Und unterstützen, daß ers tut?
GUNTHER. Er ist
Der erste aller Recken!
BRUNHILD. Dafür weis ihm
Den ersten Platz an deinem Throne an.
GUNTHER. Er ist an Schätzen reicher als ich selbst!
BRUNHILD. Pfui! Gibt ihm das ein Recht auf deine Schwester?
GUNTHER. Er hat mir tausend Feinde schon erschlagen.
BRUNHILD. Der Held, der mich besiegte, dankt ihm das?
GUNTHER. Er ist ein König wie ich selbst.
BRUNHILD. Und stellte
Doch zu den Knechten sich?
GUNTHER. Dies Rätsel will ich
Dir lösen, wenn du mein geworden bist!
BRUNHILD. Nie werd ichs, eh ich dein Geheimnis weiß.
UTE. So willst du mich durchaus nicht Mutter nennen?
Verschieb es nicht zu lange, ich bin alt,
Auch trug ich manches Leid!
BRUNHILD. Ich folge ihm
Zur Kirche, wie ich schwur, und werde dir
Mit Freuden Tochter, aber ihm nicht Weib.
HAGEN *(zu Frigga).* Beschwichtge sie!
FRIGGA. Was braucht es mein dazu?
Wenn er sie einmal überwunden hat,
So wirds ihm auch das zweitemal gelingen,
Doch ists ein Recht der Magd, daß sie sich sträubt.
SIEGFRIED *(Kriemhild bei der Hand fassend).*
Daß ich mich gleich als König hier erweise,
So schenk ich dir den Nibelungenhort,
Und nun zu meinem Recht und deiner Pflicht. *(Er küßt sie)*
HAGEN. Zum Dom!
FRIGGA. Hat er den Nibelungenhort?

HAGEN. Du hörst. Trompeten!
FRIGGA. Auch die Balmungklinge?
HAGEN. Warum nicht? Holla, blast die Hochzeit ein!
(Rauschende Musik. Alle ab)

Siebente Szene

Halle. Truchs und Wulf treten auf. Zwerge tragen Schätze über die Bühne.

TRUCHS. Ich steh zu Kriemhild.
WULF. So? Zu Brunhild ich.
TRUCHS. Warum, wenns dir beliebt?
WULF. Wie brächtest du
Dein Lanzenspiel zusammen, wenn wir alle
Dieselbe Farbe hielten?
TRUCHS. Diesen Grund
Muß ich dir gelten lassen, aber sonst
Wärs Tollheit.
WULF. Ho! Das sag nur nicht zu laut,
Denn viele gibts, die zu der Fremden schwören.
TRUCHS. Es ist ein Unterschied wie Tag und Nacht.
WULF. Wer leugnet das? Doch mancher liebt die Nacht!
(Zeigt auf die Zwerge)
Was schleppen die?
TRUCHS. Ich denk, es ist der Hort,
Denn Siegfried hat ihn von den Nibelungen,
Als er sie zum Geleit hieher entbot,
Gleich mit heraufgebracht, und wie ich höre,
Ist er zum Wittum für Kriemhild bestimmt.
WULF. Unholde, diese Zwerge! Hohl im Rücken!
Kehr einen um, so liegt ein Backtrog da.
TRUCHS. Sie hausen auch ja mit dem Wurmgeschlecht
Im Bauch der Erde und in Bergeshöhlen,
Und sind des Maulwurfs Vettern.
WULF. Aber stark!
TRUCHS. Und klug! Der braucht nach der Alraunenwurzel
Nicht mehr zu spähn, der die zu Freunden hat.
WULF *(zeigt auf die Schätze)*.
Wer das besitzt, braucht alle beide nicht.

TRUCHS. Ich möcht es kaum. Es ist ein altes Wort,
Daß Zaubergold noch durstiger nach Blut
Als ausgedörrter Schwamm nach Wasser ist;
Auch führen diese Nibelungenrecken
Gar wunderliche Reden.
WULF. Von dem Raben!
Was war es doch? Ich habs nur halb gehört.
TRUCHS. Ein Rabe hat sich auf das Gold gesetzt,
Als mans zum Schiff hinuntertrug, und so
Gekrächzt, daß Siegfried, weil er ihn verstand,
Sich erst die Ohren zugehalten und
Gepfiffen, dann nach ihm mit Edelsteinen
Geworfen, und zuletzt, weil er nicht wich,
Sogar den Speer geschleudert haben soll!
WULF. Das will was heißen! Denn er ist im Grunde
So sanft als tapfer.
(Es wird geblasen)
Horch, das gilt auch uns!
Sie sammeln sich. Hier Brunhild!
TRUCHS. Kriemhild hie!
(Ab. Andere Recken, die sich inzwischen gesammelt haben, schließen sich an und wiederholen den Ruf. Es wird nach und nach dunkel)

Achte Szene

Hagen und Siegfried treten auf

SIEGFRIED. Was willst du, Hagen? Warum winkst du mich
Hinweg von dem Bankett? Ich werde nie
So wieder sitzen, wie ich heute sitze,
So gönnt mir doch den Tag, ich habs ja wohl
Um euch verdient.
HAGEN. Es gibt noch mehr zu tun.
SIEGFRIED. Verschiebts auf morgen! Die Minute gilt
Mir heut ein Jahr, ich kann die Worte zählen,
Die ich mit meiner Braut gesprochen habe,
So laßt mir doch den Abend für mein Weib.
HAGEN. Verliebte und Berauschte störte ich
Noch niemals ohne Not. Es hilft dir nichts,

Daß du dich sträubst, du mußt. Was Brunhild sprach,
Hast du gehört, und wie sie Hochzeit hält,
Siehst du ja wohl, sie sitzt bei Tisch und weint.

SIEGFRIED. Kann ich es ändern?

HAGEN. Daß sie halten wird,
Was sie gelobte, ist nicht zweifelhaft,
Und daß die Schande unauslöschlich wäre,
Noch weniger! Dies leuchtet dir doch ein?

SIEGFRIED. Was folgt daraus?

HAGEN. Daß du sie bändgen mußt!

GUNTHER *(tritt herzu).*

SIEGFRIED. Ich?

HAGEN. Hör mich an! Der König geht mit ihr
Ins Schlafgemach. Du folgst ihm in der Kappe.
Er fordert, eh sie sich das Tuch noch lüftet,
Mit Ungestüm den Kuß. Sie weigert ihn.
Er ringt mit ihr. Sie lacht und triumphiert.
Er löscht, als wärs von ungefähr, das Licht
Und ruft: So weit der Spaß und nun der Ernst,
Hier wird es anders gehn als auf dem Schiff!
Dann packst du sie und zeigst ihr so den Meister,
Bis sie um Gnade, ja ums Leben fleht.
Ist das geschehn, so läßt der König sie
Zu seiner untertängen Magd sich schwören,
Und du entfernst dich, wie du kamst!

GUNTHER. Bist du
Bereit, mir diesen letzten Dienst zu leisten?
Ich fordre niemals einen mehr von dir.

HAGEN. Er wird und muß. Er hat es angefangen,
Wie sollt ers nicht auch enden?

SIEGFRIED. Wollt ich auch,
Und wahrlich, ihr verlangt ein Stück von mir,
Das ich wohl auch an einem andern Tage
Als an dem Hochzeitstag euch weigern dürfte,
Wie könnt ich nur? Was sagt ich zu Kriemhild?
Sie hat schon jetzt so viel mir zu vergeben,
Daß mir der Boden unterm Fuße brennt;
Wollt ich den Fehl noch einmal wiederholen,
So könnte sies im Leben nicht verzeihn.

HAGEN. Wenn eine Tochter von der Mutter scheidet
Und aus dem Zimmer, wo die Wiege stand,
Ins Brautgemach hinüberschreiten soll,
So gibt es einen langen Abschied, Freund!
Die Zeit reicht hin für dich, und also – Topp!
(da Siegfried die Hand weigert)
Brunhild ist jetzt ein angeschoßnes Wild,
Wer wird es mit dem Pfeil so laufen lassen,
Ein edler Jäger schickt den zweiten nach.
Verloren ist verloren, hin ist hin,
Die stolze Erbin der Valkyrien
Und Nornen liegt im Sterben, töt sie ganz,
Dann lacht ein muntres Weib uns morgen an,
Das höchstens spricht: Ich habe schwer geträumt!
SIEGFRIED. Ich weiß nicht, was mich warnt.
HAGEN. Du denkst, Frau Ute
Ist fertig, eh du selbst! Verlaß dich drauf,
Sie ruft Kriemhild nach Segen und Umarmung
Noch dreimal wieder um!
SIEGFRIED. Und dennoch: Nein!
HAGEN. Was? Wenn in diesem Augenblick ein Bote
Erschiene und dir meldete, dein Vater
Läg auf den Tod darnieder, riefest du
Nicht gleich nach deinem Roß, und triebe dich
Dein Weib nicht selbst hinauf? Nun kann ein Vater
Doch selbst als Greis genesen, doch die Ehre,
Einmal erkrankt und dann nicht rasch geheilt,
Steht niemals wieder von den Toten auf.
Und eines Königs Ehre ist der Stern,
Der alle seine Recken mit beleuchtet
Und mit verdunkelt! Weh dem Zauderer,
Der ihm nur einen seiner Strahlen raubt.
Vermöchte ichs, so bät ich dich nicht länger,
Ich tät es selbst und wäre stolz darauf,
Doch Zauberkünste habens angefangen,
Und Zauberkünste müssens nun auch enden:
So tuts denn! Soll ich knien?
SIEGFRIED. Ich tus nicht gern!
Wer hätt sich das gedacht! Und dennoch lags

So nah! O, dreimal heilige Natur!
Mich widerts wie noch nie in meinem Leben,
Doch was du sagst, hat Grund, und also seis.
GUNTHER. Ich gebe meiner Mutter einen Wink –
HAGEN. Nein! Nein! Kein Weib! Wir stehn allhier zu dreien
Und haben, hoff ich, keine einzge Zunge,
Der vierte in unsrem Bunde sei der Tod! *(Alle ab)*

DRITTER AKT

Morgen. Schloßhof. An der einen Seite der Dom

Erste Szene

Rumolt und Dankwart treten gerüstet auf

RUMOLT. Drei Tote!
DANKWART. Nun, für gestern wars genug,
Es war ja nur ein Vorspiel! Heute wirds
Wohl anders kommen.
RUMOLT. Diese Nibelungen
Sind mit den Totenhemden gleich versehn,
Ein jeder führt es bei sich wie sein Schwert.
DANKWART. Man hat im Norden wunderliche Bräuche,
Denn wie die Berge wilder werden, wie
Die muntren Eichen düstern Tannen weichen,
So wird der Mensch auch finstrer, bis er endlich
Sich ganz verliert und nur das Tier noch haust!
Erst kommt ein Volk, das nicht mehr singen kann,
An dieses grenzt ein andres, das nicht lacht,
Dann folgt ein stummes, und so geht es fort.

Zweite Szene

Musik. Großer Zug. Wulf und Truchs unter den Recken

RUMOLT *(indem er sich mit Dankwart anschließt)*.
Wird Hagen jetzt zufrieden sein?
DANKWART. Ich denks!
Das ist ein Aufgebot wie für den Krieg!

Doch hat er recht, denn diese Königin
Braucht andre Morgenlieder als die Lerche
Sie hören läßt, die in der Linde pfeift! *(Gehen vorüber)*

Dritte Szene

Siegfried erscheint mit Kriemhild

KRIEMHILD *(auf ihr Gewand deutend).* Nun? Dankst dus mir?
SIEGFRIED. Ich weiß nicht, was du meinst.
KRIEMHILD. Sieh mich nur an!
SIEGFRIED. Ich dank dir, daß du bist,
Daß du so lächelst, daß du blaue Augen
Und keine schwarze hast –
KRIEMHILD. Du lobst den Herrn
In seiner Magd! Du Tor, hab ich mich selbst
Geschaffen und die Augen, die du rühmst,
Mir ausgesucht?
SIEGFRIED. Die Liebe, dünkt mich, könnte
So seltsam träumen! Ja, an einem Morgen,
Wo alles mailich funkelte wie heut,
Hast du die beiden hellsten Tropfen Taus,
Die an den beiden blausten Glocken hingen,
Dir weggehascht und trägst seitdem den Himmel
Zweifach im Antlitz.
KRIEMHILD. Lieber danks mir doch,
Daß ich als Kind so klug gefallen bin,
Denn diese Augen waren arg bedroht,
Als ich mir hier die Schläfe zeichnete.
SIEGFRIED. Laß mich die Narbe küssen!
KRIEMHILD. Hitzger Arzt,
Verschwende deinen Balsam nicht, die Wunde
Ist längst geheilt! Nein, weiter!
SIEGFRIED. Nun, so danke
Ich deinem Mund –
KRIEMHILD. Mit Worten?
SIEGFRIED *(will sie umarmen).* Darf ich so?
KRIEMHILD *(weicht zurück).* Glaubst du, ich fordre auf?
SIEGFRIED. Mit Worten denn
Für Worte! Nein, für Süßeres als Worte,

Für dein Gelispel holder Heimlichkeiten,
Dem Ohr so köstlich, wie dein Kuß der Lippe,
Und für die Heimlichkeiten selbst, fürs Lauschen
Am Fenster, als wir in die Wette warfen,
O, hätte ichs geahnt! und für dein Höhnen
Und Spotten –

KRIEMHILD. Um mit Ehren zu verweilen,
Nicht wahr, so legst dus aus? Wie boshaft, Freund!
Das sagt ich dir im Dunkeln! Willst du sehn,
Ob ich erröte, wenn dus jetzt bei Tage
Mir wiederholst? Mein Blut ist gar zu dumm,
Es steigt und fällt zu rasch, und meine Mutter
Vergleicht mich oft mit einem Rosenstock,
Der Rot und Weiß auf *einem* Stengel trägt.
Sonst hättst du nichts von alledem erfahren,
Doch fühlt ichs wohl, wie meine Wangen brannten,
Als mich mein Bruder gestern morgen neckte,
Da mußt ich dir die Missetat gestehn!

SIEGFRIED. Daß der den besten Hirsch noch heute träfe!

KRIEMHILD. Und ihn verfehlte! Ja! Das wünsch ich auch. –
Du bist wohl einer wie mein Ohm, der Tronjer,
Der einen neuen Rock, den man ihm stickt
Und heimlich vor sein Bette legt, nur dann
Bemerkt, wenn er zu eng geriet.

SIEGFRIED. Warum?

KRIEMHILD. Du siehst nur das, was Gott und die Natur
An mir getan, mein eigenes Verdienst
Entgeht dir, das beginnt erst bei den Kleidern,
Und nicht einmal der Gürtel fällt dir auf.

SIEGFRIED. Nun, der ist bunt! Doch lieber möcht ich noch
Den Regenbogen um den Leib dir winden,
Mir deucht, der paßt zu dir und du zu ihm.

KRIEMHILD. Bring mir ihn nur zur Nacht, so wechsle ich,
Doch wirf ihn nicht so hin wie diesen andern,
Ich hätte dein Geschenk fast übersehn!

SIEGFRIED. Was redest du?

KRIEMHILD. Wenn nicht die Steine wären,
So läge er wohl jetzt noch unterm Tisch,
Doch Feuer kann sich freilich nicht verstecken.

SIEGFRIED. Der wär von mir?
KRIEMHILD. Gewiß!
SIEGFRIED. Kriemhild, du träumst!
KRIEMHILD. Ich fand ihn in der Kammer.
SIEGFRIED. Deine Mutter
Wird ihn verloren haben!
KRIEMHILD. Meine Mutter!
O nein, ich kenne ihren Schmuck! Ich dachte,
Er stamme aus dem Nibelungenhort,
Und legt ihn eilig an, dich zu erfreun!
SIEGFRIED. Das dank ich dir, allein ich kenn ihn nicht!
KRIEMHILD *(nimmt den Gürtel wieder ab)*.
Dann mach der goldnen Borte wieder Platz,
Die du bedeckst! Ich war schon ganz geschmückt
Und schnallte ihn nur über, um die Mutter
Und dich zugleich zu ehren, denn die Borte
Ist von der Mutter!
SIEGFRIED. Das ist wunderlich! –
Du fandst ihn an der Erde?
KRIEMHILD. Ja!
SIEGFRIED. Zerknüllt?
KRIEMHILD. Siehst du, daß du ihn kennst! Der zweite Spaß
Gelang dir wie der erste, und ich habe
Zwiefache Müh! *(Sie will den Gürtel wieder umschnallen)*
SIEGFRIED. Um Gottes willen, nein!
KRIEMHILD. Ist das dein Ernst?
SIEGFRIED *(für sich)*. Sie suchte mir die Hände
Zu binden.
KRIEMHILD. Lachst du nicht?
SIEGFRIED *(für sich)*. Da ward ich wütend
Und brauchte meine Kraft.
KRIEMHILD. Noch immer nicht?
SIEGFRIED *(für sich)*. Ich riß ihr etwas weg!
KRIEMHILD. Bald werd ichs glauben.
SIEGFRIED *(für sich)*.
Das pfropft ich, weil sie wieder darnach griff,
Mir in den Busen, und – – Gib her, gib her,
Kein Brunnen ist so tief, den zu verbergen,
Ein Stein daran und in den Rhein hinab!

KRIEMHILD. Siegfried!
SIEGFRIED. Er ist mir dann entfallen! – Gib!
KRIEMHILD. Wie kam er denn in deine Hand?
SIEGFRIED. Dies ist
Ein furchtbar unglückseliges Geheimnis,
Verlange keinen Teil daran.
KRIEMHILD. Du hast
Mir doch ein größres anvertraut, ich kenne
Die Stelle, wo der Tod dich treffen kann.
SIEGFRIED. Das hüte ich allein!
KRIEMHILD. Das andre hüten
Wohl zwei!
SIEGFRIED *(für sich).* Verflucht! Ich eilte mich zu sehr!
KRIEMHILD *(bedeckt sich das Gesicht).*
Du schwurst mir etwas! Warum tatst du das?
Ich hatt es nicht verlangt.
SIEGFRIED. Bei meinem Leben,
Ich habe nie ein Weib erkannt!
KRIEMHILD *(hält den Gürtel in die Höhe).*
SIEGFRIED. Ich wurde
Damit gebunden.
KRIEMHILD. Wenns ein Löwe sagte,
Es wäre glaublicher!
SIEGFRIED. Und doch ists wahr!
KRIEMHILD. Dies schmerzt! Ein Mann wie du kann keinen Fehler
Begehn, der ihn, wie schlimm er immer sei,
Nicht doch noch besser kleidet als die Lüge,
Womit er ihn bedecken will.
Gunther und Brunhild treten auf
SIEGFRIED. Weg, weg!
Man kommt!
KRIEMHILD. Wer kommt? Brunhild? Kennt die den Gürtel?
SIEGFRIED. Verbirg ihn doch!
KRIEMHILD. Nein, nein, ich zeige ihn!
SIEGFRIED. Verstecke ihn, so sollst du alles wissen.
KRIEMHILD *(indem sie den Gürtel verbirgt).*
Sie kennt ihn also wirklich?
SIEGFRIED. Hör mich an! *(Beide folgen dem Zuge)*

Vierte Szene

BRUNHILD. War das nicht Kriemhild?
GUNTHER. Ja!
BRUNHILD. Wie lange bleibt
Sie noch am Rhein?
GUNTHER. Sie wird wohl nächstens ziehn,
Denn Siegfried muß zu Haus.
BRUNHILD. Ich geb ihm Urlaub
Und schenke ihm den Abschied obendrein.
GUNTHER. Ist er dir so verhaßt?
BRUNHILD. Ich kanns nicht sehn,
Daß deine edle Schwester sich erniedrigt.
GUNTHER. Sie tut wie du.
BRUNHILD. Nein, nein, du bist ein Mann!
Und dieser Name, der mir sonst so feindlich
Erklang, erfüllt mich jetzt mit Stolz und Lust!
Ja, Gunther, ich bin wunderbar verwandelt:
Du siehsts ja wohl? Ich könnte dich was fragen
Und tu es nicht!
GUNTHER. Du bist mein edles Weib!
BRUNHILD. Ich hör mich gern so nennen, und es kommt
Mir jetzt so seltsam vor, daß ich das Roß
Getummelt und den Speer geworfen habe,
Als säh ich dich den Bratenwender drehn!
Ich mag die Waffen nicht mehr sehn, auch ist
Mein eigner Schild mir jetzt zu schwer, ich wollte
Ihn auf die Seite stellen, und ich mußte
Die Magd um Beistand rufen! Ja, ich möchte
Jetzt lieber lauschen, wie die Spinnen weben
Und wie die Vögel ihre Nester baun,
Als dich begleiten!
GUNTHER. Diesmal muß es sein!
BRUNHILD.
Ich weiß, warum. Vergib mir! Großmut wars,
Was ich für Ohnmacht hielt. Du wolltest mich
Nur nicht beschämen, als ich auf dem Schiff
So unhold trotzte! Davon wohnte nichts
In meiner Brust, und darum ist die Kraft,

Die sich in einer Laune der Natur
Zu mir verirrte, heimgekehrt zu dir!
GUNTHER. Versöhne dich, da du so milde bist,
Denn auch mit Siegfried!
BRUNHILD. Diesen nenne nicht!
GUNTHER. Doch hast du keinen Grund, ihm gram zu sein.
BRUNHILD. Ich hab auch keinen! Wenn ein König sich
So weit erniedrigt, Führerdienst zu leisten
Und Boten abzulösen, ist es zwar
So wunderlich, als ließe sich der Mensch
Fürs Pferd den Sattel auf den Rücken schnallen
Und bellte oder jagte für den Hund,
Allein, wenns ihm gefällt, was kümmerts mich!
GUNTHER. So war es nicht.
BRUNHILD. Auch wirds nur um so lustger,
Wenn er dabei so hoch an Haupt und Gliedern
Hervorragt vor den andern, daß man glaubt,
Er sammle sich von allen Königen
Der Welt die Kronen ein, um eine einzge
Daraus zu schmieden und die Majestät
Zum erstenmal im vollen Glanz zu zeigen,
Denn, das ist wahr, solange auf der Erde
Noch mehr als eine glänzt, ist keine rund,
Und statt des Sonnenringes trägst auch du
Nur einen blassen Halbmond auf der Stirn!
GUNTHER. Siehst du, daß du ihn schon mit andern Augen
Betrachtet hast?
BRUNHILD. Ich habe ihn vor dir
Begrüßt! Das räche! Fordre – töte ihn!
GUNTHER. Brunhild! Er ist der Gatte meiner Schwester,
Und sein Blut ist das meinige.
BRUNHILD. So kämpfe
Mit ihm und wirf ihn nieder in den Staub
Und zeige mir, wie herrlich du erscheinst,
Wenn er der Schemel deiner Füße ist.
GUNTHER. Auch das ist hier nicht Brauch.
BRUNHILD. Ich laß nicht ab,
Ich muß es einmal sehn. Du hast den Kern,
Das Wesen, er den Schein und die Gestalt!

Zerblase diesen Zauber, der die Blicke
Der Toren an ihn fesselt. Wenn Kriemhild
Die Augen, die sie jetzt an seiner Seite
Doch fast zu kühn erhebt, auch senken muß,
So schadets ja wohl nicht, ich aber werde
Dich noch ganz anders lieben, wenn dus tust.

GUNTHER. Auch er ist stark!

BRUNHILD. Ob er den Lindwurm schlug
Und Alberich bezwang: das alles reicht
Noch nicht von fern an dich. In dir und mir
Hat Mann und Weib für alle Ewigkeit
Den letzten Kampf ums Vorrecht ausgekämpft.
Du bist der Sieger, und ich fordre nichts,
Als daß du dich nun selbst mit all den Ehren,
Wornach ich geizte, schmücken sollst. Du bist
Der Stärkste auf der Welt, drum peitsche ihn
Zu meiner Lust aus seiner goldnen Wolke
Heraus, damit er nackt und bloß erscheint,
Dann leb er hundert Jahre oder mehr. *(Beide ab)*

Fünfte Szene

Frigga und Ute kommen

UTE. Nun, Brunhild blickt schon heute fröhlicher
Wie gestern.

FRIGGA. Königin, sie ist es auch.

UTE. Ich habs mir wohl gedacht.

FRIGGA. Ich nicht! Ich nicht!
Ihr Sinn ist so verwandelt, daß ich nicht
Erstaunen würde, wenn sie auch ihr Wesen
Verwandelte und wenn sie blonde Locken
Bekäme statt der schwarzen, die so lange
Mir unterm goldnen Kamme knisterten.

UTE. Das ist dir doch nicht leid?

FRIGGA. Mich wunderts nur,
Und hättest du dies Heldenbild erzogen
Wie ich, und wüßtest alles, was ich weiß,
So würdest du dich wundern wie ich selbst.

UTE *(indem sie wieder in die Burg geht).* Tu nur das deinige!

FRIGGA *(für sich).* Ich tat schon mehr,
Als Ihr Euch träumen laßt! Daß dies so kam,
Begreif ich nicht, doch wenn sie glücklich ist,
So bin ich still und werde sie gewiß
Nicht mahnen an die Zeit, die sie vergaß!

Sechste Szene

Kriemhild und Brunhild kommen Hand in Hand, es sammeln sich viele Recken und Volk

KRIEMHILD. Nun, ists nicht besser, Kämpfe anzusehn
Als selbst zu kämpfen?
BRUNHILD. Hast du beides schon
Versucht, daß du vergleichen kannst?
KRIEMHILD. Ich möcht es
Auch nimmermehr.
BRUNHILD. So spiele nicht so kühn
Die Richterin! – Ich meine das nicht schlimm,
Du kannst mir deine Hand noch immer lassen,
Auch mags so sein, nur dächt ich, diese Lust
Wär mir allein bestimmt.
KRIEMHILD. Wie meinst du das?
BRUNHILD. Es kann doch keine jubeln, die den Gatten
Erliegen sieht!
KRIEMHILD. Gewiß nicht!
BRUNHILD. Noch sich täuschen,
Wenn er nur darum fest im Bügel bleibt,
Weil ihn sein Herr verschonte.
KRIEMHILD. Auch wohl kaum!
BRUNHILD. Nun denn!
KRIEMHILD. Davor bin ich doch wohl geschützt?
Du lächelst?
BRUNHILD. Weil du gar zu sicher bist.
KRIEMHILD. Ich darf es sein!
BRUNHILD. Zur Probe kommts wohl nicht,
Und auch ein Traum ist süß. Schlaf zu, schlaf zu,
Ich wecke dich nicht auf!
KRIEMHILD. Wie redest du!

Mein edler Gatte ist nur viel zu mild,
Um den Verwaltern seiner Königreiche
So weh zu tun, sonst hätt er seinen Degen
Schon längst zu einem Zepter umgeschmiedet
Und über die ganze Erde ausgestreckt.
Denn alle Lande sind ihm untertan,
Und sollte eins es leugnen, bät ich mirs
Sogleich von ihm zum Blumengarten aus.

BRUNHILD. Kriemhild, was wäre da der meinige?

KRIEMHILD. Er ist mein Bruder und erhält den Stempel,
Wie schwer er immer sei, man wiegt ihn nicht.

BRUNHILD. Nein, denn er selbst ist das Gewicht der Welt,
Und wie das Gold der Dinge Preis bestimmt,
So *er* den Wert der Recken und der Helden!
Du mußt nicht widersprechen, liebes Kind,
Ich will dafür geduldig auf dich hören,
Wenn du mir zeigst, wie man die Nadel braucht.

KRIEMHILD. Brunhild!

BRUNHILD. Ich sagt es wahrlich nicht im Hohn,
Ich möcht es kennen, und es ist mir nicht
So angeboren wie das Lanzenwerfen,
Für welches ich des Meisters nicht bedurfte,
Sowenig wie fürs Gehen oder Stehn.

KRIEMHILD. Wir können gleich beginnen, wenn du willst,
Und da du doch am liebsten Wunden machst,
So fangen wir beim Sticken an, ich habe
Ein Muster bei mir! *(Sie will den Gürtel hervorziehen)*
Nein, ich irre mich!

BRUNHILD.
Du blickst nicht mehr wie sonst auf deine Schwester,
Auch ist es gar nicht freundlich, mir die Hand,
Die ich so liebreich faßte, zu entziehn,
Bevor ich selbst sie lasse, unsre Sitte
Zum wenigsten verlangt das Gegenteil.
Kannst du es nicht verwinden, daß das Zepter,
Von dem du träumst, in deines Bruders Hand
Gegeben ist? Du solltest doch als Schwester
Dich trösten, denn der Ruhm des Bruders ist
Zur Hälfte dein, auch, dächt ich, müßtest du

Vor allen andern mir die Ehre gönnen,
Die dir nun einmal doch nicht werden konnte,
Denn keine hätt dafür bezahlt wie ich!

KRIEMHILD. Ich seh, wie alle Unnatur sich rächt:
Du hast der Liebe widerstrebt wie keine,
Nun macht sie dich zur Strafe doppelt blind.

BRUNHILD. Du sprichst von dir und nicht von mir! Es ist
Kein Grund zum Streit. Das weiß die ganze Welt!
Eh ich geboren wurde, wars bestimmt,
Daß nur der Stärkste mich besiegen solle –

KRIEMHILD. Ich glaubs ja gern.

BRUNHILD. Und doch?

KRIEMHILD *(lacht)*.

BRUNHILD. So bist du toll!
Ist deine Angst so groß, daß wir zu streng
Mit den Vasallen sind? Besorge nichts!
Ich lege keinen Blumengarten an,
Und auch den Vortritt werde ich nur einmal
Verlangen, wenn du nicht zu störrig bist,
Nur heut, nur hier am Dom, und niemals mehr.

KRIEMHILD. Ich hätte dir ihn wahrlich nicht versagt,
Doch da es meines Gatten Ehre gilt,
So weich ich keinen Schritt.

BRUNHILD. Er wird es dir
Schon selbst gebieten.

KRIEMHILD. Wagst dus, ihn zu schmähn?

BRUNHILD. Er trat bei mir zurück vor deinem Bruder,
Wie ein Vasall vor seinem Herrn, und wehrte
Dem Gruß, den ich ihm bot. Das fand ich auch
Natürlich, als ich ihn – er nannte sich
Ja selber so – für einen Dienstmann hielt,
Nun aber kommts mir anders vor.

KRIEMHILD. Und wie?

BRUNHILD. Ich sah den Wolf wohl so vor einem Bären
Beiseiteschleichen oder auch den Bären
Vor einem Auerstier. Er ist Vasall,
Wenn er auch nicht geschworen hat.

KRIEMHILD. Nicht weiter!

BRUNHILD. Du willst mir drohn? Vergiß dich nicht, mein Kind!

Ich bin bei Sinnen! Bleibe du es auch!
Es mußte doch ein Grund vorhanden sein.
KRIEMHILD. Es war ein Grund! Und schaudern würdest du,
Wenn du ihn ahntest.
BRUNHILD. Schaudern!
KRIEMHILD. Schaudern! Ja!
Doch fürchte nichts! Ich liebe dich auch jetzt
Noch viel zu sehr und kann dich nie so hassen,
Um dir den Grund zu nennen. Wäre mirs
Geschehn, ich grübe mir mit eignen Händen
In dieser Stunde noch das Grab! Nein, nein!
Nicht ich will das elendeste Geschöpf,
Das auf der ganzen Erde atmet, machen,
Sei stolz und frech, ich bin aus Mitleid stumm!
BRUNHILD. Du prahlst, Kriemhild, und ich verachte dich!
KRIEMHILD. Das Kebsweib meines Gatten mich verachten!
BRUNHILD. Legt sie in Ketten! Bindet sie! Sie rast!
KRIEMHILD *(zieht den Gürtel hervor).* Kennst du den Gürtel?
BRUNHILD. Wohl! es ist der meine,
Und da ich ihn in fremden Händen sehe,
So muß er mir bei Nacht gestohlen sein!
KRIEMHILD. Gestohlen! Dennoch gab ihn mir kein Dieb!
BRUNHILD. Wer sonst?
KRIEMHILD. Der Mann, der dich bewältigt hat!
Doch nicht mein Bruder!
BRUNHILD. Kriemhild!
KRIEMHILD. Diesen hättest
Du Mannweib ja erwürgt und dann vielleicht
Zur Strafe in den Toten dich verliebt:
Mein Gatte gab ihn mir!
BRUNHILD. Nein, nein!
KRIEMHILD. So ists!
Nun setz ihn noch herab! Gestattest du
Mir jetzt, daß ich den Dom vor dir betrete? *(Zu ihren Frauen)*
Folgt mir! Ich muß ihr zeigen, was ich darf! *(Ab in den Dom)*

Siebente Szene

BRUNHILD. Wo sind die Herren von Burgund? – O Frigga!
Hast dus gehört?
FRIGGA. Ich habs gehört und glaubs.
BRUNHILD. Du tötest mich! Es wäre so?
FRIGGA. Sie sagte
Gewiß zu viel, doch dieses steht mir fest,
Daß du betrogen bist!
BRUNHILD. Sie löge nicht?
FRIGGA. Der Balmungschwinger wars. Er stand am See,
Als er verlosch.
BRUNHILD. So hat er mich verschmäht,
Denn ich war auf der Zinne, und er mußte
Mich sehn. Er war gewiß schon voll von ihr.
FRIGGA. Und daß du weißt, um was man dich betrog:
Ich täuschte dich!
BRUNHILD *(ohne auf sie zu hören).* Daher die stolze Ruhe,
Womit er mich betrachtete.
FRIGGA. Nicht bloß
Dies schmale Land, dir war die ganze Erde
Zum Eigentum bestimmt, auch sollten dir
Die Sterne reden und sogar dem Tod
Die Herrschaft über dich genommen sein.
BRUNHILD. Schweig mir von dem!
FRIGGA. Warum? Du kannst es dir
Zwar nicht zurückerobern, doch du kannst
Dich rächen, Kind!
BRUNHILD. Und rächen werd ich mich!
Verschmäht! Weib, Weib, wenn du in seinen Armen
Auch eine Nacht gelacht hast über mich,
So sollst du viele Jahre dafür weinen,
Ich will – – Was red ich! Ich bin schwach wie sie.
(Stürzt Frigga an die Brust)

Achte Szene

Gunther, Hagen, Dankwart, Rumolt, Gerenot, Giselher und Siegfried kommen

HAGEN. Was gibt es hier?
BRUNHILD *(richtet sich hoch auf).* Bin ich ein Kebsweib, König?
GUNTHER. Ein Kebsweib?
BRUNHILD. Deine Schwester nennt mich so!
HAGEN *(zu Frigga).* Was ging hier vor?
FRIGGA. Ihr seid entdeckt! Wir kennen
Den Sieger jetzt, und Kriemhild sagt sogar,
Daß er es zweimal war.
HAGEN *(zu Gunther).* Er hat geschwatzt!

(Er redet heimlich mit ihm)

Neunte Szene

KRIEMHILD *(die währenddem aus dem Dom getreten ist).*
Vergib mir, mein Gemahl! Ich tat nicht recht,
Doch wenn du wüßtest, wie sie dich geschmäht –
GUNTHER *(zu Siegfried).* Hast du dich je gerühmt?
SIEGFRIED *(legt die Hand auf Kriemhilds Haupt).*
Bei ihrem Leben,
Ich tat es nicht.
HAGEN. Das glaub ihm ohne Eid!
Er sagte nur, was wahr ist.
SIEGFRIED. Und auch das
Nicht ohne Not!
HAGEN. Ich zweifle nicht daran!
Das Wie ein andermal. Jetzt bringe nur
Die Weiber auseinander, die noch immer
Die Schlangenkämme wieder sträuben können,
Wenn sie zu früh sich in die Augen sehn.
SIEGFRIED. Ich ziehe bald von dannen. Kriemhild, komm!
KRIEMHILD *(zu Brunhild).*
Wenn du bedenkst, wie schwer du mich gereizt,
So wirst auch du –
BRUNHILD *(wendet sich).*

KRIEMHILD. Du liebst ja meinen Bruder,
Kannst du das Mittel schelten, das dich ihm
Zu eigen machte?
BRUNHILD. O!
HAGEN. Hinweg! Hinweg!
SIEGFRIED *(indem er Kriemhild abführt).*
Hier wurde nicht geschwatzt, ihr werdet sehn! *(Ab)*

Zehnte Szene

HAGEN. Nun tretet um mich her und haltet gleich
Das peinliche Gericht!
GUNTHER. Wie redest du?
HAGEN. Fehlts hier am Grund? Dort steht die Königin
Und weint die heißen Tränen, welche ihr
Der Schimpf entpreßt! *(Zu Brunhild)* Du edles Heldenbild,
Du einzges, dem auch ich mich willig beuge:
Der Mann muß sterben, der dir das getan!
GUNTHER. Hagen!
HAGEN *(zu Brunhild).* Der Mann muß sterben, wenn du selbst
Nicht zwischen ihn und deinen Rächer trittst.
BRUNHILD. Ich eß nicht mehr, bis ihr den Spruch vollzieht.
HAGEN. Vergib mir, König, daß ich sprach vor dir,
Ich wollte dir nur zeigen, wie es steht,
Doch kannst du dich noch immer frei entscheiden,
Dir blieb die Wahl ja zwischen ihm und ihr.
GISELHER. So wird das Ernst? Um einen kleinen Fehl
Wollt ihr den treusten Mann der Erde morden?
Mein König und mein Bruder, sage nein!
HAGEN. Wollt ihr Bastarde ziehn an Eurem Hof?
Ich zweifle, ob die trotzigen Burgunden
Sie krönen werden! Doch du bist der Herr!
GERENOT. Der tapfre Siegfried wird sie schon bezwingen,
Sobald sie murren, wenns uns selbst nicht glückt.
HAGEN *(zu Gunther).*
Du schweigst! Wohlan! Das übrige ist mein!
GISELHER. Ich scheide mich von eurem Blutrat ab! *(Ab)*

Eilfte Szene

BRUNHILD. Frigga, mein Leben oder auch das seine!
FRIGGA. Das seine, Kind!
BRUNHILD. Ich ward nicht bloß verschmäht,
Ich ward verschenkt, ich ward wohl gar verhandelt!
FRIGGA. Verhandelt, Kind!
BRUNHILD. Ihm selbst zum Weib zu schlecht,
War ich der Pfenning, der ihm eins verschaffte!
FRIGGA. Der Pfenning, Kind!
BRUNHILD. Das ist noch mehr als Mord,
Und dafür will ich Rache! Rache! Rache! *(Alle ab)*

VIERTER AKT

Worms

Erste Szene

Halle

Gunther mit seinen Recken. Hagen trägt einen Wurfspieß

HAGEN. Ein Lindenblatt muß selbst der Blinde treffen;
Ich will mich trauen, eine Haselnuß
Auf funfzig Schritt mit diesem Spieß zu öffnen.
GISELHER. Was ziehst du solche Künste jetzt hervor?
Wir wissens lange, daß bei dir nichts rostet.
HAGEN. Er kommt! Nun zeigt mir, daß ihr düster blicken
Und das Gesicht verziehn könnt, wenn euch auch
Kein Vater starb.

Zweite Szene

SIEGFRIED *(tritt auf)*. Ihr Recken, hört ihr nicht
Die Bracken heulen und den jüngsten Jäger
Sein Hifthorn prüfen? Auf! Zu Pferd! Hinaus!
HAGEN. Der Tag wird schön!
SIEGFRIED. Und wards euch nicht gesagt,
Daß sich die Bären in die Ställe wagen
Und daß die Adler vor den Türen stehn,

Wenn man sie morgens öffnet, ob vielleicht
Ein Kind heraushüpft?

VOLKER. Ja, das kam schon vor.

SIEGFRIED. Indes wir freiten, ward hier schlecht gejagt!
Kommt, werft den übermütgen Feind mit mir
Zurück und zehntet ihn.

HAGEN. Mein Freund, wir müssen
Die Klingen schärfen und die Speere nageln.

SIEGFRIED. Warum?

HAGEN. Du hast in diesen letzten Tagen
Zuviel gekost, sonst wüßtest du es längst.

SIEGFRIED. Ich rüste mich zum Abschied, wie ihr wißt!
Doch sprecht, was gibts?

HAGEN. Die Dänen und die Sachsen
Sind wieder unterwegs.

SIEGFRIED. Sind denn die Fürsten
Gestorben, die uns schwuren?

HAGEN. O, nicht doch,
Sie stehen an der Spitze.

SIEGFRIED. Lüdegast
Und Lüdeger, die ich gefangennahm
Und ohne Lösegeld entließ?

GUNTHER. Sie sagten
Uns gestern wieder ab.

SIEGFRIED. Und ihren Boten,
In wieviel Stücke habt ihr ihn zerhauen?
Hat jeder Geier seinen Teil gehabt?

HAGEN. So redest du?

SIEGFRIED. Wer solchen Schlangen dient,
Der wird wie sie zertreten. Höll und Teufel,
Ich fühle meinen ersten Zorn! Ich glaubte
Schon oft zu hassen, doch ich irrte mich,
Ich liebte dann nur weniger. Ich kann
Nichts hassen als den Treubruch, den Verrat,
Die Gleisnerei und all die feigen Laster,
Auf denen er herankriecht, wie die Spinne
Auf ihren hohlen Beinen. Ist es möglich,
Daß tapfre Männer, denn das waren sie,
Sich so beflecken konnten? Liebe Vettern,

Steht nicht so kalt herum und schaut auf mich,
Als ob ich raste oder klein und groß
Verwechselte! Uns allen ist bis jetzt
Kein Unglimpf widerfahren. Streicht die Rechnung
Gelassen durch bis auf den letzten Posten,
Nur diese zwei sind schuldig.

GISELHER. Schändlich ists,
Mir klingt es noch im Ohr, wie sie dich lobten,
Wann war denn dieser Bote da?

HAGEN. Du hast
Ihn gleichfalls nicht gesehn? Ei nun, er trollte
Sich rasch von dannen, als er fertig war,
Und sah sich nach dem Botenbrot nicht um.

SIEGFRIED. O, pfui, daß ihr ihn für seine Frechheit
Nicht züchtigtet! Ein Rabe hätt ihm dann
Die Augen ausgehackt und sie verächtlich
Vor seinen Herren wieder ausgespien;
Das war die einzge Antwort, die uns ziemte.
Hier gilts ja keine Fehde, keinen Kampf
Nach Recht und Brauch, hier gilt es eine Jagd
Auf böse Tiere! Hagen, lächle nicht!
Mit Henkerbeilen sollten wir uns waffnen,
Anstatt mit unsren adeligen Klingen,
Und die sogar erst brauchen, da sie doch
Von Eisen sind und so dem Schwert verwandt,
Wenn zu dem Hundefang kein Strick genügt.

HAGEN. Wohl wahr!

SIEGFRIED. Du spottest meiner, wie es scheint.
Das faß ich nicht, du brennst doch sonst so leicht!
Wohl weiß ichs, daß du älter bist als ich,
Jetzt aber spricht die Jugend nicht aus mir
Und auch nicht der Verdruß, daß ich es war,
Der euch zur Milde riet. Mir deucht, ich stehe
Hier für die ganze Welt, und meine Zunge
Ruft, wie die Glocke zum Gebet, zur Rache
Und zum Gericht, was Mensch mit Menschen ist.

GUNTHER. So ists.

SIEGFRIED *(zu Hagen)*. Kennst du den Treubruch? den Verrat?
Schau ihm ins Angesicht und lächle noch.

Du stellst dich ihm im ehrlich-offnen Streit
Und wirfst ihn nieder. Aber viel zu stolz,
Wenn nicht zu edel, um ihn zu vernichten,
Gibst du ihn wieder frei und reichst ihm selbst
Die Waffen dar, die er an dich verlor.
Er stößt sie nicht zurück und knirscht dich an,
Er dankt es dir, er rühmt und preist dich gar
Und schwört sich dir zum Mann mit tausend Eiden:
Doch wenn du, all den Honig noch im Ohr,
Dich nun aufs Lager müde niederstreckst
Und nackt und wehrlos daliegst wie ein Kind,
So schleicht er sich heran und mordet dich,
Und spuckt vielleicht auf dich, indem du stirbst.

GUNTHER *(zu Hagen).* Was sagst du dazu?

HAGEN *(zu Gunther).* Dieser edle Zorn
Macht mich so mutig, unsern Freund zu fragen,
Ob er uns abermals begleiten will.

SIEGFRIED. Ich zieh allein mit meinen Nibelungen,
Denn ich bin schuld daran, daß diese Arbeit
Noch einmal kommt! So gern ich meiner Mutter
Mein Weib auch zeigte, um zum erstenmal
Ein volles Lob von ihr davonzutragen:
Es darf nicht sein, solange diese Heuchler
Noch Öfen haben, um sich Brot zu backen,
Und Brunnen, um zu trinken! Gleich bestell ich
Die Reise ab, und dies gelob ich euch:
Ich bringe sie lebendig, und sie sollen
Fortan vor meiner Burg in Ketten liegen
Und bellen, wenn ich komme oder geh,
Da sie nun einmal Hundeseelen sind! *(Eilt ab)*

Dritte Szene

HAGEN. Er rennt in seiner Wut gewiß zu ihr,
Und wenn er fertig ist, so folg ich nach.

GUNTHER. Ich will nicht weitergehn.

HAGEN. Wie meinst du, König?

GUNTHER. Laß neue Boten kommen, die uns melden,
Daß alles wieder ruhig ist.

HAGEN. Das wird
Sogleich geschehn, wenn ich bei Kriemhild war
Und das Geheimnis habe.
GUNTHER. Hast du denn metallne Eingeweide, daß du dich
Nicht auch erschüttert fühlst?
HAGEN. Sprich deutlich, Herr,
Das kann ich nicht verstehn.
GUNTHER. Er soll nicht sterben.
HAGEN. Er lebt, solange dus befiehlst! Und ständ ich
Im Wald schon hinter ihm, den Speer gezückt,
Du winkst, und statt des Frevlers stürzt ein Tier!
GUNTHER. Er ist kein Frevler! Konnte er dafür,
Daß er den Gürtel mitgenommen hatte,
Und daß Kriemhild ihn fand? Er ist ihm ja
Entfallen wie ein Pfeil, der sitzenblieb,
Weil mans vergaß, sich nach dem Kampf zu schütteln,
Und den man selbst am Klirren erst bemerkt.
Sprich selbst, sprecht alle: Konnte er dafür?
HAGEN. Nein! Nein! Wer sagts? Auch dafür konnt er nichts,
Daß ihm der Witz gebrach, sich auszureden,
Er ward gewiß schon beim Versuche rot.
GUNTHER. Nun denn! Was bleibt?
HAGEN. Der Schwur der Königin!
GISELHER. Sie töt ihn selber, wenn sie Blut verlangt.
HAGEN. Wir streiten wie die Kinder. Darf man denn
Nicht Waffen sammeln, wenn man auch nicht weiß,
Ob man sie jemals brauchen wird? Man forscht
Ein Land doch aus mit allen seinen Pässen,
Warum nicht einen Helden? Ich versuche
Mein Glück jetzt bei Kriemhild, und wärs auch nur,
Damit die schönste List, die wir erdachten,
Doch nicht umsonst ersonnen sei! Sie wird
Mir nichts verraten, wenn er selbst ihr nichts
Vertraut hat, und es steht ja ganz bei euch,
Ob ihr das nützen wollt, was ich erfahre;
Ihr könnt ja wirklich tun, wenns euch gefällt,
Was ich nur heucheln will, und ihm im Krieg
Die Stelle decken, wo er sterblich ist,
Doch immer müßt ihr wissen, wo sie sitzt. *(Ab)*

Vierte Szene

GISELHER *(zu Gunther).*
Du bist von selbst zu Edelmut und Treue
Zurückgekehrt, sonst sagt ich: Dieses Spiel
War keines Königs würdig!
VOLKER. Deinen Zorn
Begreift man leicht, du wurdest selbst getäuscht.
GISELHER. Nicht darum. Doch ich will mit dir nicht streiten,
Es steht ja alles wieder gut.
VOLKER. Wie das?
GISELHER. Wie das?
VOLKER. Ich hörte, daß die Königin
In Trauerkleidern geht und Trank und Speise
Verschmäht, sogar das Wasser.
GUNTHER. Leider! Ja.
VOLKER. Wie stehts denn gut? Was Hagen sprach, ist wahr.
Sie scheint nicht angetan, um vor dem Hauch
Der Zeit, wie andre, wieder hinzuschmelzen,
Und darum bleibts dabei: Er oder sie!
Zwar hast du recht, er ist nicht schuld daran,
Daß dieser Gürtel sich, wie eine Schlange,
Ihm anhing, nein, es ist ein bloßes Unglück,
Allein dies Unglück tötet, und du kannst
Nur noch entscheiden, wen es töten soll.
GISELHER. So sterbe, was nicht leben will!
GUNTHER. Die Wahl
Ist fürchterlich.
VOLKER. Ich warnte dich vorher,
Die Straße zu betreten, aber jetzt
Ist dies das Ziel.
DANKWART. Und muß denn nicht ein jeder,
Nach unsrem Recht, auch für sein Unglück stehn?
Wer seinen besten Freund bei Nacht durchrennt,
Weil er die Lanze unvorsichtig trug,
Der kauft sich nicht mit seinen Tränen los,
So heiß und rasch sie ihm entströmen mögen,
Es gilt sein Blut.
GUNTHER. Ich geh einmal zu ihr. *(Ab)*

Fünfte Szene

VOLKER. Dort kommt Kriemhild mit Hagen. Ganz verstört,
Wie er sichs dachte. Gehn wir auch! *(Alle ab).*

Sechste Szene

Hagen und Kriemhild treten auf

HAGEN. So früh
Schon in der Halle?
KRIEMHILD. Ohm, ich halt es drinnen
Nicht länger aus.
HAGEN. Wenn ich nicht irrte, ging
Dein Gatte eben von dir. Ganz erhitzt,
Als ob er zornig wäre. Ist der Friede
Noch zwischen euch nicht wiederhergestellt?
Will er vielleicht sein Mannesrecht mißbrauchen?
Sags mir, so rede ich mit ihm.
KRIEMHILD. O nein!
Wenn mich nichts andres an den bösen Tag
Mehr mahnte, wär er schon ein Traum für mich:
Mein Gatte hat mir jedes Wort erspart!
HAGEN. Mich freuts, daß er so mild ist.
KRIEMHILD. Lieber hätt ichs,
Wenn er mich schölte, doch er mag wohl wissen,
Daß ich es selber tu!
HAGEN. Nur nicht zu hart!
KRIEMHILD. Ich weiß, wie schwer ich sie gekränkt und werde
Mirs nie vergeben, ja ich möchte eher,
Daß ichs erlitten hätte als getan.
HAGEN. Und treibt dich das so früh aus deiner Kammer?
KRIEMHILD. Das? Nein! Das triebe eher mich hinein!
Mich quält die Angst um ihn.
HAGEN. Die Angst um ihn?
KRIEMHILD. Es gibt ja wieder Streit.
HAGEN. Ja, das ist wahr.
KRIEMHILD. Die falschen Buben!
HAGEN. Sei nicht gleich so bös,
Daß du im Packen unterbrochen wirst!

Fahr ruhig fort und laß dich gar nicht stören,
Du legst nachher den Panzer oben auf.
Was schwatz ich da! Er trägt nicht einmal einen
Und hats ja auch nicht nötig.
KRIEMHILD. Glaubst du das?
HAGEN. Fast möcht ich lachen. Wenn ein andres Weib
So greinte, spräch ich: Kind, von tausend Pfeilen
Kommt einer nur auf ihn, und der zerbricht!
Doch deiner muß ich spotten und dir raten:
Fang eine Grille ein, die klüger singt!
KRIEMHILD. Du sprichst von Pfeilen! Pfeile eben sinds,
Die ich so fürchte. Eines Pfeiles Spitze
Braucht höchstens meines Daumennagels Raum,
Um einzudringen, und er tötet auch.
HAGEN. Besonders, wenn man ihn vergiftet hat,
Und diese Wilden, die den Damm durchstachen,
Wohinter wir uns alle angebaut,
Und den wir selbst im Krieg noch heilig halten,
Sind wohl imstande, dies wie das, zu tun.
KRIEMHILD. Du siehst!
HAGEN. Was geht das deinen Siegfried an?
Er ist ja fest. Und wenn es Pfeile gäbe,
Die sichrer, wie die Sonnenstrahlen, träfen,
Er schüttelte sie ab wie wir den Schnee!
Das weiß er auch, und dies Gefühl verläßt
Ihn keinen Augenblick im Kampf. Er wagt,
Was uns, die wir doch auch nicht unter Espen
Geboren wurden, fast zum Zittern bringt.
Wenn ers bemerkt, so lacht er, und wir lachen
Von Herzen mit. Das Eisen kann ja ruhig
Ins Feuer gehn: es kommt als Stahl heraus.
KRIEMHILD. Mich schaudert!
HAGEN. Kind, du bist zu kurz vermählt,
Sonst freut' ich mich, daß du so schreckhaft bist.
KRIEMHILD. Hast dus vergessen oder weißt du nicht,
Was doch in Liedern schon gesungen wird,
Daß er an einem Fleck verwundbar ist?
HAGEN. Das hatt ich ganz vergessen, es ist wahr,
Allein ich weiß, er sprach uns selbst davon.

Es war von irgendeinem Blatt die Rede,
Doch frag ich mich umsonst, in welchem Sinn.
KRIEMHILD. Von einem Lindenblatt.
HAGEN. Jawohl! Doch sprich:
Wie hat ein Lindenblatt ihm schaden können?
Das ist ein Rätsel, wie kein zweites mehr.
KRIEMHILD.
Ein rascher Windstoß warfs auf ihn herab,
Als er sich salbte mit dem Blut des Drachen,
Und wo es sitzenblieb, da ist er schwach.
HAGEN. So fiel es hinten, weil ers nicht bemerkte!
Was tuts! Du siehst, daß deine nächsten Vettern,
Ja, deine Brüder, die ihn schützen würden,
Wenn nur ein Schatten von Gefahr ihn streifte,
Den Fleck nicht kennen, wo er sterblich ist:
Was fürchtest du? Du marterst dich um nichts.
KRIEMHILD. Ich fürchte die Valkyrien! Man sagt,
Daß sie sich stets die besten Helden wählen,
Und zielen die, so trifft ein blinder Schütz.
HAGEN. Da wär ihm denn ein treuer Knappe nötig,
Der ihm den Rücken deckte. Meinst du nicht?
KRIEMHILD. Ich würde besser schlafen.
HAGEN. Nun, Kriemhild!
Wenn er – du weißt, er war schon nah daran –
Aus schwankem Nachen in den tiefen Rhein
Hinunterstürzte und die Rüstung ihn
Herniederzöge zu den giergen Fischen,
So würde ich ihn retten oder selbst
Zugrunde gehn.
KRIEMHILD. So edel denkst du, Ohm?
HAGEN. So denk ich! Ja! – Und wenn der rote Hahn
Bei dunkler Nacht auf seine Burg sich setzte
Und er, schon vorm Erwachen halb erstickt,
Den Weg nicht fände, der ins Freie führt,
Ich trüge ihn heraus auf meinen Armen,
Und glückt' es nicht, so würden zwei verkohlt.
KRIEMHILD *(will ihn umarmen)*. Dich muß ich –
HAGEN *(wehrt ab)*. Laß. Doch schwör ichs, daß ichs täte.
Nur setze ich hinzu: seit kurzem erst!

KRIEMHILD. Er ist seit kurzem erst dein Blutsverwandter!
Und hab ich dich verstanden? Wolltest du,
Du selbst? –
HAGEN. So meint ichs! Ja! Er kämpft für mich
Und tritt das kleinste von den tausend Wundern
Mir ab, die er vollbringt, sobald er zieht,
Ich aber schirme ihn!
KRIEMHILD. Das hätt ich nie
Von dir gehofft!
HAGEN. Nur mußt du mir den Fleck
Bezeichnen, daß ichs kann.
KRIEMHILD. Ja, das ist wahr!
Hier! In der Mitte zwischen beiden Schultern!
HAGEN. In Scheibenhöhe!
KRIEMHILD. Ohm, Ihr werdet doch
An ihm nicht rächen, was nur ich verbrach?
HAGEN. Was träumst du da.
KRIEMHILD. Es war die Eifersucht,
Die mich verblendete, sonst hätt ihr Prahlen
Mich nicht so aufgebracht!
HAGEN. Die Eifersucht!
KRIEMHILD.
Ich schäme mich! Doch wenns auch in der Nacht
Bei Schlägen blieb und glauben will ichs ja,
Selbst seine Schläge gönnte ich ihr nicht!
HAGEN. Nun, nun, sie wirds vergessen.
KRIEMHILD. Ist es wahr,
Daß sie nicht ißt und trinkt?
HAGEN. Sie fastet immer
Um diese Zeit. Es ist die Nornenwoche,
Die man in Isenland noch heilighält.
KRIEMHILD. Es sind drei Tage schon!
HAGEN. Was kümmerts uns?
Nichts mehr. Man kommt.
KRIEMHILD. Und?
HAGEN. Scheint es dir nicht gut,
Ihm aufs Gewand ein feines Kreuz zu sticken?
Das Ganze ist zwar töricht, und er würde
Dich arg verhöhnen, wenn dus ihm erzähltest,

Doch da ich nun einmal sein Wächter bin,
So möcht ich nichts versehn.

KRIEMHILD. Ich werd es tun!

(Schreitet Ute und dem Kaplan entgegen)

Siebente Szene

HAGEN *(ihr nach).*
Nun ist dein Held nur noch ein Wild für mich!
Ja, hätt er Strich gehalten, wär er sicher,
Doch wußt ich wohl, es werde nicht geschehn.
Wenn man durchsichtig ist wie ein Insekt,
Das rot und grün erscheint wie seine Speise,
So muß man sich vor Heimlichkeiten hüten,
Denn schon das Eingeweide schwatzt sie aus! *(Ab)*

Achte Szene

Ute und der Kaplan treten auf

KAPLAN. Es gibt dafür kein Bild auf dieser Welt!
Ihr wollt vergleichen, und Ihr wollt begreifen,
Doch hier gebrichts am Zeichen wie am Maß.
Werft Euch vor Gott darnieder im Gebet,
Und wenn Ihr in Zerknirschung und in Demut
Euch selbst verliert, so werdet Ihr vielleicht,
Und wärs nur für so lange, als der Blitz
Auf Erden weilt, zum Himmel aufgezückt.

UTE. Kann das geschehn?

KAPLAN. Der heilge Stephanus
Sah, als das grimmentbrannte Volk der Juden
Ihn steinigte, des Paradieses Tore
Schon offen stehn und jubelte und sang.
Sie warfen ihm den armen Leib zusammen,
Ihm aber wars, als rissen all die Mörder,
Die ihn in blinder Wut zu treffen dachten,
Nur Löcher in sein abgeworfnes Kleid.

UTE *(zu Kriemhild, die sich hinzugesellt hat).*
Merk auf, Kriemhild!

KRIEMHILD. Ich tus.

KAPLAN. Das war die Kraft
Des Glaubens! Lernt nun auch den Fluch
Des Zweifels kennen! Petrus, der das Schwert
Der Kirche trägt und ihre Schlüssel führt,
Erzog sich einen Jünger, welchen er
Vor allen liebte. Dieser stand einmal
Auf einem Felsen, den das wilde Meer
Umbrauste und bespülte. Da gedacht er
Der Zuversicht, mit der sein Herr und Meister
Auf unsres Heilands ersten Wink das Schiff
Verließ und festen Schritts die See betrat,
Die ihn bedrohte mit dem sichren Tod.
Ein Schwindel faßte ihn bei dem Gedanken
An diese Probe, und das Wunder schien
Ihm so unmöglich, daß er eine Zacke
Des Felsens packte, um nur nicht zu fallen,
Und ausrief: Alles, alles, nur nicht dies!
Da blies der Herr, und plötzlich schmolz der Stein
Zu seinen Füßen ein, er sank und sank
Und schien verloren, und vor Furcht und Grauen
Sprang er hinunter in die offne Flut.
Doch diese hatte, von demselben Hauch
Des Ewgen still getroffen, sich verfestigt,
Sie trug ihn, wie die Erde mich und Euch,
Und reuig sprach er: Herr, das Reich ist dein!
UTE. In Ewigkeit!
KRIEMHILD. So bete, frommer Vater,
Daß er, der Stein und Wasser so verwandelt,
Auch meinen Siegfried schützt. Für jedes Jahr,
Das mir beschieden wird an seiner Seite,
Erbau ich einem Heilgen den Altar. *(Ab)*
KAPLAN. Du staunst das Wunder an. Laß dir noch sagen,
Wie ich zu meiner Priesterkutte kam.
Ich bin vom Stamm der Angeln und als Heide
Geboren unter einem Volk von Heiden.
Wild wuchs ich auf und ward mit funfzehn Jahren
Schon mit dem Schwert umgürtet. Da erschien
Der erste Bote Gottes unter uns.
Er ward verhöhnt, verspottet und zuletzt

Getötet. Königin, ich stand dabei
Und gab ihm, von den andern angetrieben,
Mit dieser Hand, die ich seitdem nicht brauche,
Obgleich der Arm nicht lahm ist, wie Ihr glaubt,
Den letzten Schlag. Da hört ich sein Gebet.
Er betete für mich, und mit dem Amen
Verhaucht' er seinen Geist. Das wandte mir
Das Herz im Busen um. Ich warf mein Schwert
Zu Boden, hüllte mich in sein Gewand
Und zog hinaus und predigte das Kreuz.

UTE. Dort kommt mein Sohn! O, daß es dir gelänge,
Den Frieden, welcher ganz von hier entwich,
Zurückzuführen! *(Beide ab)*

Neunte Szene

Gunther tritt mit Hagen und den andern auf

GUNTHER. Wie ich Euch gesagt:
Sie rechnet auf die Tat wie wir auf Äpfel,
Wenns Herbst geworden ist. Die Alte hat,
Um sie zu reizen, hundert Weizenkörner
In ihrer Kammer still herumgestreut:
Sie liegen unberührt.

GISELHER. Wie ist es möglich,
Daß sie so Leben gegen Leben setzt?

HAGEN. So möcht ich selber fragen.

GUNTHER. Und dabei
Kein Treiben und kein Drängen, wies bei Dingen,
Die doch an Ort und Zeit und Menschenwillen
Gebunden sind, natürlich ist, kein Fragen,
Kein Wechsel in den Zügen, nur Verwundrung,
Daß man den Mund noch öffnet und nicht meldet:
Es ist vollbracht!

HAGEN. So sage ich dir eins:
Sie liegt in seinem Bann, und dieser Haß
Hat seinen Grund in Liebe!

GUNTHER. Meinst dus auch?

HAGEN. Doch ists nicht Liebe, wie sie Mann und Weib
Zusammenknüpft.

GUNTHER. Was dann?
HAGEN. Ein Zauber ists,
Durch den sich ihr Geschlecht erhalten will,
Und der die letzte Riesin ohne Lust
Wie ohne Wahl zum letzten Riesen treibt.
GUNTHER. Was ändert das?
HAGEN. Den löst man durch den Tod!
Ihr Blut gefriert, wenn seins erstarrt, und er
War dazu da, den Lindwurm zu erschlagen
Und dann den Weg zu gehn, den dieser ging.
(Man hört Tumult)
GUNTHER. Was ist denn das?
HAGEN. Das sind die falschen Boten,
Die Dankwart hetzt. Er macht es gut, nicht wahr?
Auch der wirds hören, der gerade küßt!

Zehnte Szene

Siegfried kommt; als Hagen ihn bemerkt:

HAGEN. Bei Höll und Teufel: Nein! und zehnmal: Nein!
Es wäre Schmach für uns, und Siegfried denkt
Gewiß wie ich. Da kommt er eben her.
Nun sprich, du magst entscheiden! *(Als Dankwart auftritt)*
Freilich ändert
Dein Wort nichts mehr, die Antwort ist gegeben!
(Zu Dankwart) Du hast die Peitsche sicher nicht geschont?
(Zu Siegfried) Doch setze immerhin dein Siegel bei!
SIEGFRIED. Was gibts?
HAGEN. Die Hunde bitten jetzt aufs neue
Um Frieden, doch ich ließ die lumpgen Boten
Vom Hof herunterhetzen, ehe sie
Noch ausgesprochen hatten.
SIEGFRIED. Das war recht!
HAGEN.
Der König schilt mich zwar, er meint, man könne
Nicht wissen, was geschehn –
SIEGFRIED. Nicht wissen! Ha! –
Ich weiß es, ich! Packt einen Wolf von hinten,
So gibt er Ruh von vorn!

HAGEN. Das wird es sein!
SIEGFRIED. Was sonst! Es wimmelt ja in ihrem Rücken
Von wilden Stämmen. Nun, die säen nicht
Und wollen dennoch ernten.
HAGEN. Seht ihrs nun?
SIEGFRIED. Nur werdet ihr den Wolf nicht schonen wollen,
Weil er nicht grade Zeit hat, sich zu wehren –
HAGEN. Gewiß nicht.
SIEGFRIED. Stehen wir den Füchsen bei
Und treiben ihn ins letzte Loch hinein,
In ihren Magen, mein ich.
HAGEN. Tun wir das,
Doch scheints nicht nötig, daß wir uns erhitzen,
Drum rat ich heut zur Jagd.
GISELHER. Ich zieh nicht mit.
GERENOT. Ich wahrlich auch nicht.
SIEGFRIED. Seid ihr jung und keck
Und wollt von einer Jagd zu Hause bleiben?
Mich hätt man binden müssen, und ich hätte
Den Strick noch abgenagt. O Jägerlust!
Ja, wenn man singen könnte!
HAGEN. Ists dir recht?
SIEGFRIED. Recht? Freund, ich bin so voll von Wut und Groll,
Daß ich mit einem jeden zanken möchte,
Drum muß ich Blut sehn.
HAGEN. Mußt du? Nun, ich auch!

Eilfte Szene

Kriemhild kommt

KRIEMHILD. Ihr geht zur Jagd?
SIEGFRIED. Jawohl! Bestell dir gleich
Den Braten!
KRIEMHILD. Teurer Siegfried, bleib daheim.
SIEGFRIED. Mein Kind, eins kannst du nicht zu früh erfahren,
Man bittet einen Mann nicht: Bleib daheim!
Man bittet: Nimm mich mit!
KRIEMHILD. So nimm mich mit!
HAGEN. Das wird nicht gehn!

SIEGFRIED. Warum nicht? Wenn sies wagt?
Es wird ja wohl das erstemal nicht sein!
Den Falken her! Ihr, was da fliegt, und uns,
Was hüpft und springt. Das gibt die beste Lust.
HAGEN. Die eine sitzt voll Scham in ihrer Kammer,
Die andre zöge in den Wald hinaus?
Es wär wie Hohn!
SIEGFRIED. Das hab ich nicht bedacht.
Jawohl, es kann nicht sein.
KRIEMHILD. So wechsle nur
Das Kleid!
SIEGFRIED. Noch einmal? Jeden deiner Wünsche
Erfüll ich, kleine Grille.
KRIEMHILD. Du bist herb.
SIEGFRIED. Laß mich hinaus! Die Lust nimmt alles weg,
Und morgen abend bitte ich dir ab!
HAGEN. So kommt!
SIEGFRIED. Jawohl. Nur noch den Abschiedskuß.
(Er umarmt Kriemhild)
Du sträubst dich nicht? Du sagst nicht: Morgen abend!
Wie ich? Das nenn ich edel.
KRIEMHILD. Kehr zurück!
SIEGFRIED. Ein wunderlicher Wunsch! Was hast du nur?
Ich zieh hinaus mit lauter guten Freunden,
Und wenn die Berge nicht zusammenbrechen
Und uns bedecken, kann uns nichts geschehn!
KRIEMHILD. O weh! Gerade das hat mir geträumt.
SIEGFRIED. Mein Kind, sie stehen fest.
KRIEMHILD *(umschließt ihn nochmals)*. Kehr nur zurück!
(Die Recken ab)

Zwölfte Szene

KRIEMHILD. Siegfried!
SIEGFRIED *(wird noch einmal sichtbar)*. Was ist?
KRIEMHILD. Wenn du nicht zürnen wolltest –
HAGEN *(folgt Siegfried rasch)*.
Nun, hast du deine Spindel schon?
SIEGFRIED *(zu Kriemhild)*. Du hörst,

Daß sich die Hunde nicht mehr halten lassen,
Was soll ich?

HAGEN. Warte doch auf deinen Flachs!
Du sollst im Mondschein mit den Druden spinnen.

KRIEMHILD. Geht! Geht! Ich wollte dich nur noch mal sehn!

(Hagen und Siegfried ab)

Dreizehnte Szene

KRIEMHILD. Ich finde nicht den Mut, es ihm zu sagen,
Und rief ich ihn noch zehnmal wieder um.
Wie kann man tun, was man sogleich bereut!

Vierzehnte Szene

Gerenot und Giselher treten auf

KRIEMHILD. Ihr noch nicht fort? Die schickt mir Gott hieher!
Ihr lieben Brüder, laßt euch herzlich bitten,
Gewährt mir einen Wunsch, und wenn er euch
Auch törigt scheint. Begleitet meinen Herrn
Auf Schritt und Tritt und bleibt ihm stets im Rücken.

GERENOT. Wir gehn nicht mit, wir haben keine Lust.

KRIEMHILD. Ihr keine Lust!

GISELHER. Wie sprichst du? Keine Zeit!
Es gibt soviel für diesen Zug zu ordnen.

KRIEMHILD. Und eure Jugend ward damit betraut?
Wenn ich euch teuer bin, wenn ihr es nicht
Vergessen habt, daß eine Milch uns nährte,
So reitet nach.

GISELHER. Sie sind ja längst im Wald.

GERENOT. Und einer deiner Brüder ist ja mit.

KRIEMHILD. Ich bitte euch!

GISELHER. Wir müssen Waffen mustern,
Du wirst es sehn. *(Will gehen)*

KRIEMHILD. So sagt mir nur noch eins:
Ist Hagen Siegfrieds Freund?

GERENOT. Warum denn nicht?

KRIEMHILD. Hat er ihn je gelobt?

GISELHER. Er lobt ja schon,

Wenn er nicht tadelt, und ich hörte nie,
Daß er ihn tadelte. *(Beide ab)*
KRIEMHILD. Dies ängstigt mich
Noch mehr als alles andre. Die nicht mit!

Funfzehnte Szene

Frigga tritt auf

KRIEMHILD. Du, Alte? Suchst du mich?
FRIGGA. Ich suche niemand.
KRIEMHILD. So willst du etwas für die Königin?
FRIGGA. Auch nicht. Die braucht nichts.
KRIEMHILD. Nichts und immer nichts!
Kann sie denn nicht verzeihn?
FRIGGA. Ich weiß es nicht!
Sie hatte keinen Anlaß, es zu zeigen,
Sie wurde nie gekränkt! Ich hörte Hörner,
Gibts heute Jagd?
KRIEMHILD. Hast du sie wohl bestellt?
FRIGGA. Ich? – Nein! *(Ab)*

Sechszehnte Szene

KRIEMHILD. O hätte ichs ihm doch gesagt!
Du teurer Mann, du hast kein Weib gekannt,
Jetzt seh ichs wohl! Sonst hättst du nimmermehr
Dem zitternden Geschöpf, das sich aus Furcht
Verrät, ein solch Geheimnis anvertraut!
Noch höre ich den Scherz, mit welchem dus
Mir in die Ohren flüstertest, als ich
Den Drachen pries! Ich ließ dich schwören,
Es keinem Menschen weiter zu entdecken,
Und jetzt – Ihr Vögel, die ihr mich umkreist,
Ihr weißen Tauben, die ihr mich begleitet,
Erbarmt euch meiner, warnt ihn, eilt ihm nach! *(Ab)*

FÜNFTER AKT

Odenwald

Erste Szene

Hagen, Gunther, Volker, Dankwart und Knechte treten auf

HAGEN. Dies ist der Ort. Den Brunnen hört ihr rauschen,
Die Büsche decken ihn. Und steh ich hier,
So spieß ich jeden, der sich bückt und trinkt,
An das Gemäuer.
GUNTHER. Noch befahl ichs nicht.
HAGEN. Du wirst es tun, wenn du dich recht bedenkst,
Es gibt kein andres Mittel, und es kommt
Kein zweiter Tag wie dieser. Darum sprich,
Und wenn du lieber willst, so schweig! *(Zu den Knechten)* [Holla!
Hier die Rast!
(Die Knechte ordnen ein Mahl)
GUNTHER. Du warst ihm immer gram.
HAGEN. Nicht leugnen will ichs, daß ich meinen Arm
Mit Freuden leihe und mit einem jeden
Erst kämpfen würde, der sich zwischen mich
Und ihn zu drängen suchte, doch ich halte
Die Tat darum nicht minder für gerecht.
GUNTHER. Und dennoch rieten meine Brüder ab
Und wandten uns den Rücken.
HAGEN. Hatten sie
Zugleich den Mut, zu warnen und zu hindern?
Sie fühlens wohl, daß wir im Rechte sind,
Und schaudern nur, wies ihrer Jugend ziemt,
Vor Blut, das nicht im offnen Kampfe fließt.
GUNTHER. Das ists!
HAGEN. Er hat den Tod ja abgekauft
Und so den Mord geadelt. *(Zu den Knechten)* Stoßt ins Horn,
Daß man sich sammelt, denn wir müssen ja
Erst essen. *(Es wird geblasen)*
Nimm die Dinge, wie sie stehn,
Und laß mich machen. Fühlst du selbst dich nicht
Gekränkt und willst vergeben, was geschehn,

So tus, nur wehre deinem Diener nicht,
Dein Heldenweib zu rächen und zu retten!
Sie wird den Eid nicht brechen, den sie schwur,
Wenn ihre stille Zuversicht auf uns
Sie täuscht, daß wir ihn lösen werden,
Und alle Lust des Lebens, die sich wieder
In ihren jungen Adern regen mag,
Sobald die Todesstunde sie umschattet,
Wird sich nur noch in einem Fluch entladen,
In einem letzten Fluche über dich!
GUNTHER. Es ist noch Zeit!

Zweite Szene

Siegfried tritt auf mit Rumolt und mit Knechten

SIEGFRIED. Da bin ich! Nun, ihr Jäger,
Wo sind die Taten? Meine würden mir
Auf einem Wagen folgen, doch er ist
Zerbrochen!
HAGEN. Nur den Löwen jag ich heut,
Allein, ich traf ihn nicht.
SIEGFRIED. Das glaub ich wohl,
Ich hab ihn selbst erlegt! – Da wird gedeckt!
Ein Tusch für den, der das geordnet hat,
Jetzt spürt man, daß mans braucht. Verfluchte Raben,
Auch hier? Laßt blasen, daß die Hörner springen!
Mit jeglichem Getiere warf ich schon
Nach diesem Schwarm, zuletzt mit einem Fuchs,
Allein sie weichen nicht, und dennoch ist
Mir nichts im frischen Grün so widerwärtig,
Als solch ein Schwarz, das an den Teufel mahnt.
Daß sich die Tauben nie so um mich sammeln!
Hier bleiben wir wohl auch die Nacht?
GUNTHER. Wir dachten –
SIEGFRIED. Ei wohl, der Platz ist gut gewählt. Dort klafft
Ein hohler Baum! Den nehm ich gleich für mich
Denn so bin ichs von Jugend auf gewohnt,
Und Beßres kenn ich nicht als eine Nacht,
Den Kopf ins mürbe Glimmholz eingewühlt,

So zwischen Schlaf und Wachen zu verdämmern,
Und an den Vögeln, wie sie ganz allmählich,
Der eine nach dem andern, munter werden,
Die Stunden abzuzählen. Tick, tick, tick!
Nun ist es zwei. Tuck, tuck! Man muß sich recken.
Kiwitt, Kiwitt! Die Sonne blinzelt schon,
Gleich öffnet sie die Augen. Kikriki!
Springt auf, wenn ihr nicht niesen wollt.

VOLKER. Jawohl!
Es ist, als ob die Zeit sie selber weckte,
Indem sie sich im Dunkeln weiterfühlt,
Um ihr den Takt zu ihrem Gang zu schlagen.
Denn in gemeßnen Pausen, wie der Sand
Dem Glas entrinnt, und wie der lange Schatten
Des Sonnenweisers fortkriecht, folgen sich
Der Auerhahn, die Amsel und die Drossel,
Und keiner stört den andern, wie bei Tage,
Und lockt ihn einzufallen, eh er darf.
Ich hab es oft bemerkt.

SIEGFRIED. Nicht wahr? – Du bist
Nicht fröhlich, Schwäher.

GUNTHER. Doch, ich bins!

SIEGFRIED. O nein!
Ich sah schon Leute auf die Hochzeit gehn
Und hinter Särgen schreiten, und ich kann
Die Mienen unterscheiden. Machts wie ich,
Und tut, als hätten wir uns nie gekannt
Und uns zum erstenmal, der eine so,
Der andre so versehn, im Wald getroffen.
Da schüttet man zusammen, was man hat,
Und teilt mit Freuden mit, um zu empfangen.
Wohlan, ich bringe Fleisch von allen Sorten,
So gebt mir denn für einen Auerstier,
Fünf Eber, dreißig oder vierzig Hirsche
Und soviel Hühner, als ihr sammeln mögt,
Des Löwen und der Bären nicht zu denken,
Nur einen einzgen Becher kühlen Weins.

DANKWART. O weh!

SIEGFRIED. Was gibts?

HAGEN. Das Trinken ist vergessen.
SIEGFRIED. Ich glaubs. Das kann dem Jäger wohl begegnen,
Der statt der Zunge eine Feuerkohle
Im Munde trägt, wenns Feierabend ist.
Ich soll nur selber suchen wie ein Hund,
Obwohl mir seine Nase leider mangelt,
Es sei darum, ich störe keinen Spaß. *(Er sucht)*
Hier nicht! Auch dort nicht! Nun, wo steckt das Faß?
Ich bitt dich, Spielmann, rette mich, sonst werd ich
Euch aus dem lautesten der stillste Mann.
HAGEN. Das könnte kommen, denn – Es fehlt am Wein.
SIEGFRIED. Zum Teufel eure Jagden, wenn ich nicht
Als Jäger auch gehalten werden soll!
Wer hatte denn für das Getränk zu sorgen?
HAGEN. Ich! – Doch ich wußte nicht, wohin es ging,
Und schickt es in den Spessart, wos vermutlich
An Kehlen mangelt.
SIEGFRIED. Danke dir, wer mag!
Gibts hier denn auch kein Wasser? Soll man sich
Am Tau des Abends letzen und die Tropfen
Der Blätter lecken?
HAGEN. Halt nur erst den Mund,
So wird das Ohr dich trösten!
SIEGFRIED *(horcht)*. Ja, es rauscht!
Willkommen Strahl! Ich liebe dich zwar mehr,
Wenn du, anstatt so kurz vom Stein heraus
Zu quellen und mir in den Mund zu springen,
Den krausen Umweg durch die Rebe nimmst,
Denn du bringst vieles mit von deiner Reise,
Was uns den Kopf mit muntrer Torheit füllt,
Doch sei auch so gepriesen. *(Er geht auf den Brunnen zu)*
Aber nein,
Erst will ich büßen, und ihr sollts bezeugen,
Daß ichs getan. Ich bin der Durstigste
Von allen, und ich will als letzter trinken,
Weil ich ein wenig hart mit Kriemhild war.
HAGEN. So fang ich an. *(Er geht zum Brunnen)*
SIEGFRIED *(zu Gunther)*. Erheitre dein Gesicht,
Ich hab ein Mittel, Brunhild zu versöhnen,

Du hast es nicht mehr weit zum ersten Kuß,
Und ich will mich enthalten wie du selbst.

HAGEN *(kommt wieder und entwaffnet sich).*
Man muß sich bücken, und das geht nicht so. *(Wieder ab)*

SIEGFRIED. Kriemhild will sie vor allem deinem Volk,
Bevor wir ziehen, um Verzeihung bitten,
Das hat sie frei gelobt, nur will sie gleich
Mit dem Erröten fort.

HAGEN *(kommt wieder).* So kalt wie Eis.

SIEGFRIED. Wer folgt?

VOLKER. Wir essen erst.

SIEGFRIED. Wohlan! *(Er geht auf den Brunnen zu, kehrt aber wieder um)* Ja so! *(Er entwaffnet sich und geht)*

HAGEN *(auf die Waffen deutend).*
Hinweg damit.

DANKWART *(trägt die Waffen fort).*

HAGEN *(der seine Waffen wieder aufgenommen und Gunther fortwährend den Rücken zugewendet hat, nimmt einen Anlauf und wirft seinen Speer).*

SIEGFRIED *(schreit auf).* Ihr Freunde!

HAGEN *(ruft).* Noch nicht still? *(Zu den andern)*
Kein Wort mit ihm, was er auch sagen mag!

SIEGFRIED *(kriecht herein).*
Mord! Mord! – Ihr selbst? Beim Trinken! Gunther, Gunther,
Verdient ich das um dich? Ich stand dir bei
In Not und Tod.

HAGEN. Haut Zweige von den Bäumen,
Wir brauchen eine Bahre. Aber starke,
Ein toter Mann ist schwer. Rasch!

SIEGFRIED. Ich bin hin,
Doch noch nicht ganz! *(Er springt auf)* Wo ist mein Schwert geblieben?
Sie trugens fort. Bei deiner Mannheit, Hagen,
Dem toten Mann ein Schwert! Ich fordre dich
Noch jetzt zum Kampf heraus!

HAGEN. Der hat den Feind
Im Mund und sucht ihn noch.

SIEGFRIED. Ich tropfe weg,
Wie eine Kerze, die ins Laufen kam,

Und dieser Mörder weigert mir die Waffe,
Die ihn ein wenig wieder adeln könnte.
Pfui, pfui, wie feig! Er fürchtet meinen Daumen,
Denn ich bin nur mein Daumen noch.
(Er strauchelt über seinen Schild) Mein Schild!
Mein treuer Schild, ich werf den Hund mit dir!
(Er bückt sich nach dem Schilde, kann ihn aber nicht mehr heben und richtet sich taumelnd wieder auf)
Wie angenagelt! Auch für diese Rache
Ists schon zu spät!

HAGEN. Ha! wenn der Schwätzer doch
Die lose Zunge, die noch immer plappert,
Zermalmte mit den Zähnen, zwischen denen
Sie ungestraft so lange sündigte!
Da wär er gleich gerächt, denn die allein
Hat ihn so weit gebracht.

SIEGFRIED. Du lügst! Das tat
Dein Neid!

HAGEN. Schweig! Schweig!

SIEGFRIED. Du drohst dem toten Mann?
Traf ichs so gut, daß ich dir wieder lebe?
Zieh doch, ich falle jetzt von selbst, du kannst
Mich gleich bespein wie einen Haufen Staub,
Da lieg ich schon – *(Er stürzt zu Boden)*
Den Siegfried seid ihr los!
Doch wißt, ihr habt in ihm euch selbst erschlagen,
Wer wird euch weiter traun! Man wird euch hetzen,
Wie ich den Dänen wollte –

HAGEN. Dieser Tropf.
Glaubt noch an unsre List!

SIEGFRIED. So ists nicht wahr?
Entsetzlich! Furchtbar! Kann der Mensch so lügen!
Nun wohl! Da seid ihrs ganz allein! Man wird
Euch immer mit verfluchen, wenn man flucht,
Und sprechen: Kröten, Vipern und Burgunden!
Nein, ihr voran: Burgunden, Vipern, Kröten,
Denn alles ist für euch dahin, die Ehre,
Der Ruhm, der Adel, alles hin wie ich!
Dem Frevel ist kein Maß noch Ziel gesetzt,

Es kann der Arm sogar das Herz durchbohren,
Doch sicher ist es seine letzte Tat!
Mein Weib! mein armes, ahnungsvolles Weib,
Wie wirst dus tragen! Wenn der König Gunther
Noch irgend Lieb und Treu zu üben denkt,
So üb er sie an dir! – Doch besser gehst du
Zu meinem Vater! – Hörst du mich, Kriemhild? *(Er stirbt)*

HAGEN. Jetzt schweigt er. Aber jetzt ists kein Verdienst.

DANKWART. Was sagen wir?

HAGEN. Das Dümmste! Sprecht von Schächern,
Die ihn im Tann erschlugen. Keiner wirds
Zwar glauben, doch es wird auch keiner, denk ich,
Uns Lügner nennen! Wir stehn wieder da,
Wo niemand Rechenschaft von uns verlangt,
Und sind wie Feuer und Wasser. Wenn der Rhein
Auf Lügen sinnt, warum er ausgetreten,
Ein Brand, warum er ausgebrochen ist,
Dann wollen wir uns quälen. Du, mein König,
Hast nichts befohlen, des erinnre dich,
Ich hafte ganz allein. Nun fort mit ihm!
(Alle ab mit der Leiche)

Dritte Szene

Kriemhilds Gemach. Tiefe Nacht

KRIEMHILD. Es ist noch viel zu früh, mich hat mein Blut
Geweckt und nicht der Hahn, den ich so deutlich
Zu hören glaubte. *(Sie tritt zum Fenster und öffnet einen Laden)*
Noch erlosch kein Stern,
Zur Messe ists gewiß noch eine Stunde!
Heut sehn ich mich nach dem Gebet im Dom.

Vierte Szene

Ute tritt leise ein

UTE. Schon auf, Kriemhild?

KRIEMHILD. Das wundert mich von dir,
Du pflegst ja erst des Morgens einzuschlafen
Und auf dein Mutterrecht, von deiner Tochter

Geweckt zu werden, wie sie einst von dir,
Dich zu verlassen.

UTE. Heute konnt ich nicht,
Es war zu laut.

KRIEMHILD. Hast du das auch bemerkt?

UTE. Ja, wie von Männern, wenn sie stille sind.

KRIEMHILD. So irrt ich nicht?

UTE. Das hält den Odem an,
Doch dafür fällt das Schwert! Das steht auf Zehen
Und stößt den Ofen um! Das schweigt den Hund
Und tritt ihn auf den Fuß!

KRIEMHILD. Sie sind vielleicht
Zurück.

UTE. Die Jäger?

KRIEMHILD. Einmal kams mir vor,
Als ob man bis an meine Tür sich schliche,
Da dacht ich, Siegfried seis.

UTE. Und gabst du ihm
Ein Zeichen, daß du wachtest?

KRIEMHILD. Nein.

UTE. So kann
Ers auch gewesen sein! Nur wäre das
Doch fast zu schnell.

KRIEMHILD. So wills mich auch bedünken!
Auch hat er nicht geklopft.

UTE. Sie zogen ja,
Soviel ich weiß, nicht für die Küche aus,
Sie wollen unsern Meiern Ruhe schaffen,
Die ihre Pflüge zu verbrennen drohn,
Weil stets der Eber erntet, wo sie sän!

KRIEMHILD. So?

UTE. Kind, du bist schon völlig angekleidet
Und hast nicht eine Magd um dich?

KRIEMHILD. Ich will
Die kennenlernen, die die Frühste ist,
Auch hat es mich zerstreut.

UTE. Ich hab sie alle
Der Reihe nach beleuchtet mit der Kerze.
Ein jedes Jahr schläft anders! Funfzehn, sechszehn

Noch ganz wie fünf und sechs. Mit siebzehn kommen
Die Träume und mit achtzehn die Gedanken,
Mit neunzehn schon die Wünsche –

Fünfte Szene

KÄMMERER *(vor der Tür, schreit).* Heilger Gott!
UTE. Was ists? Was gibts?
KÄMMERER *(tritt ein).* Ich wäre fast gefallen.
UTE. Und darum dies Geschrei?
KÄMMERER. Ein toter Mann!
UTE. Wie? Was?
KÄMMERER. Ein toter Mann liegt vor der Tür.
UTE. Ein toter Mann?
KRIEMHILD *(fällt um).* So ists auch mein Gemahl!
UTE *(sie auffangend).*
Unmöglich! *(Zum Kämmerer)* Leuchte!
KÄMMERER *(tut es und nickt dann).*
UTE. Siegfried? – Mord und Tod!
Auf, auf, was schläft!
KÄMMERER. Zu Hülfe!

(Die Mägde stürzen herein)

UTE. Ärmstes Weib!
KRIEMHILD *(sich erhebend).*
Das riet Brunhild, und Hagen hats getan! –
Ein Licht!
UTE. Mein Kind! Er –
KRIEMHILD *(ergreift eine Kerze).* Ists! Ich weiß, ich weiß!
Nur, daß man ihn nicht tritt. Du hörtest ja,
Die Kämmrer stolpern über ihn. Die Kämmrer!
Sonst wichen alle Könge aus.
UTE. So gib.
KRIEMHILD. Ich setz es selber hin.

(Sie stößt die Tür auf und fällt zu Boden)

O Mutter, Mutter,
Warum gebarst du mich! – Du teures Haupt,
Ich küsse dich und such nicht erst den Mund,
Jetzt ist er überall. Du kannst nicht wehren,

Sonst tätest dus vielleicht, denn diese Lippen – –
Es tut zu weh.
KÄMMERER. Sie stirbt.
UTE. Ich könnt ihr wünschen,
Es wäre so!

Sechste Szene

Gunther kommt mit Dankwart, Rumolt, Giselher und Gerenot

UTE *(Gunther entgegen).* Mein Sohn, was ist geschehn?
GUNTHER. Ich möchte selber weinen. Doch wie habt
Ihrs schon erfahren? Durch den heilgen Mund
Des Priesters sollte euch die Kunde werden,
Ich trugs ihm in der Nacht noch auf.
UTE *(mit einer Handbewegung).* Du siehst,
Der arme Tote meldete sich selbst!
GUNTHER *(heimlich zu Dankwart).* Wie ging das zu?
DANKWART. Mein Bruder trug ihn her!
GUNTHER. O pfui!
DANKWART. Er war davon nicht abzubringen,
Und als er wiederkehrte, lacht' er auf:
Dies ist mein Dank für seinen Abschiedsgruß.

Siebente Szene

Kaplan tritt ein

GUNTHER *(ihm entgegen).* Zu spät!
KAPLAN. Und solch ein Mann im Tann erschlagen!
DANKWART. Der Zufall hat des Schächers Speer gelenkt,
Daß er die Stelle traf. So können Riesen
Durch Kinder fallen.
UTE *(fortwährend mit den Mägden um Kriemhild beschäftigt).*
Steh nun auf, Kriemhild.
KRIEMHILD. Noch eine Trennung? Nein! Ich faß ihn so,
Daß ihr mich mit begraben oder mir
Ihn lassen müßt. Ich hab den Lebenden
Nur halb umarmt, das lern ich jetzt am Toten,
O wär es umgekehrt! Ich küßt ihn noch

Nicht einmal auf die Augen! Alles neu!
Wir glaubten, Zeit zu haben.
UTE. Komm, mein Kind!
Er kann doch nicht im Staub so liegenbleiben.
KRIEMHILD. O, das ist wahr! Was reich und köstlich ist,
Muß heute wohlfeil werden. *(Sie steht auf)*
Hier die Schlüssel!
(Sie wirft die Schlüssel von sich)
Es gibt ja keinen Festtag mehr! Die Seide,
Die goldnen Prachtgewänder und das Linnen,
Bringt alles her! Vergeßt die Blumen nicht,
Er liebte sie! Reißt alle, alle ab,
Sogar die Knospen derer, die erst kommen,
Wem blühten sie wohl noch! Das tut hinein
In seinen Sarg, mein Brautkleid ganz zu oben,
Und legt ihn sanft darauf, dann mach ich so
(sie breitet die Arme aus)
Und deck ihn mit mir selber zu!
GUNTHER *(zu den Seinigen).* Ein Eid!
Ihr tut kein Mensch mehr weh.
KRIEMHILD *(wendet sich).* Die Mörder da?
Hinweg! Damit er nicht aufs neue blute!
Nein! Nein! Heran! *(Sie faßt Dankwart)*
Damit er für sich zeuge!
(Sie wischt sich die Hand am Kleide ab)
O pfui, nun darf ich ihn mit meiner Rechten
Nicht mehr berühren! Kommt das arme Blut?
Mutter, sieh hin! Ich kann nicht! Nein? So sinds
Nur noch die Hehler, und der Täter fehlt.
Ist Hagen Tronje hier, so tret er vor,
Ich sprech ihn frei und reiche ihm die Hand.
UTE. Mein Kind –
KRIEMHILD. Geh nur hinüber zu Brunhild,
Sie ißt und trinkt und lacht.
UTE. Es waren Schächer –
KRIEMHILD. Ich kenne sie.
(Sie faßt Giselher und Gerenot bei der Hand)
Du warst nicht mit dabei! –
Du auch nicht!

UTE. Hör doch nur!
RUMOLT. Wir hatten uns
Im Wald verteilt, es war sein eigner Wunsch,
Auch ist es Brauch, und fanden ihn im Sterben,
Als wir zusammentrafen.
KRIEMHILD. Fandet ihr?
Was sprach er da? Ein Wort! Sein letztes Wort!
Ich will dir glauben, wenn dus sagen kannst,
Und wenns kein Fluch ist. Aber hüte dich,
Denn leichter wächst dir aus dem Mund die Rose,
Als dus ersinnst, wenn du es nicht gehört. *(Da Rumolt stockt)*
Du logst!
KAPLAN. Doch kanns so sein! Die Elstern ließen
Schon Messer fallen, welche töteten,
Was Menschenhänden unerreichlich war,
Und was ein solcher Dieb der Lüfte trifft,
Weil ihm sein blanker Raub zu schwer geworden,
Das trifft wohl auch der Schächer.
KRIEMHILD. Frommer Vater!
Du weißt nicht – !
DANKWART. Fürstin, heilig ist dein Schmerz,
Doch blind zugleich und ungerecht. Dir zeugen
Die ehrenwertsten Recken –

(Inzwischen ist die Tür zugemacht worden und die Leiche nicht mehr sichtbar)

KRIEMHILD *(als sie dies bemerkt).* Halt! Wer wagts –

(Eilt zur Türe)

UTE. Bleib! Bleib! Er wird nur leise aufgehoben,
Wie du es selber wünschtest –
KRIEMHILD. Her zu mir!
Sonst wird er mir gestohlen und begraben,
Wo ich ihn nimmer finde.
KAPLAN. In den Dom!
Ich folge nach, denn jetzt gehört er Gott! *(Ab)*

Achte Szene

KRIEMHILD. Wohl! In den Dom! *(Zu Gunther)*
Es waren also Schächer?
So stell dich dort mit allen deinen Sippen
Zur Totenprobe ein.
GUNTHER. Es mag geschehn.
KRIEMHILD. Mit allen, sag ich. Aber alle sind
Hier nicht versammelt. Ruft auch den, der fehlt!
(Alle ab, aber Männer und Frauen aus verschiedenen Türen)

Neunte Szene

Dom

Fackeln. Der Kaplan mit anderen Priestern seitwärts vor einer eisernen Tür. Im Portal sammeln sich Hagens Sippen bis zu sechzig. Zuletzt Hagen, Gunther und die übrigen (Es klopft)

KAPLAN. Wer klopft?
ANTWORT VON DRAUSSEN. Ein König aus den Niederlanden
Mit so viel Kronen, als er Finger hat.
KAPLAN. Den kenn ich nicht. *(Es klopft wieder)* Wer klopft?
ANTWORT VON DRAUSSEN. Ein Held der Erde,
Mit so viel Trophäen, als er Zähne hat.
KAPLAN. Den kenn ich nicht. *(Es klopft wieder)* Wer klopft?
ANTWORT VON DRAUSSEN. Dein Bruder Siegfried,
Mit so viel Sünden, als er Haare hat.
KAPLAN. Tut auf!
(Die Tür wird geöffnet und Siegfrieds Leichnam auf der Bahre hereingetragen. Ihm folgen Kriemhild und Ute mit den Mägden)
KAPLAN *(gegen den Sarg)*. Du bist willkommen, toter Bruder,
Du suchst den Frieden hier!
(Zu den Frauen, die er vom Sarge abschneidet, indem er, während dieser niedergesetzt wird, zwischen sie und ihn tritt)
Auch ihr willkommen,
Wenn ihr den Frieden sucht, wie er ihn sucht.
(Er hält Kriemhild das Kreuz vor)
Du kehrst dich ab von diesem heilgen Zeichen?

KRIEMHILD. Ich suche hier die Wahrheit und das Recht.
KAPLAN. Du suchst die Rache, doch die Rache hat
Der Herr sich vorbehalten, er allein
Schaut ins Verborgne, er allein vergilt!
KRIEMHILD. Ich bin ein armes, halb zertretnes Weib,
Und kann mit meinen Locken keinen Recken
Erdrosseln: Welche Rache bliebe mir?
KAPLAN. Was brauchst du denn nach deinem Feind zu forschen,
Wenn du an ihm nicht Rache nehmen willst,
Ists nicht genug, daß ihn sein Richter kennt?
KRIEMHILD. Ich möchte dem Unschuldigen nicht fluchen.
KAPLAN. So fluche keinem, und du tust es nicht! –
Du armes Menschenkind, aus Staub und Asche
Geschaffen und vom nächsten Wind zerblasen,
Wohl trägst du schwer und magst zum Himmel schrein,
Doch schau auf den, der noch viel schwerer trug!
In Knechtsgestalt zu uns herabgestiegen,
Hat er die Schuld der Welt auf sich genommen
Und büßend alle Schmerzen durchempfunden,
Die von dem ersten bis zum letzten Tage
Die abgefallne Kreatur verfolgen,
Auch deinen Schmerz und tiefer als du selbst!
Die Kraft des Himmels saß auf seinen Lippen,
Und alle Engel schwebten um ihn her,
Er aber war gehorsam bis zum Tode,
Er war gehorsam bis zum Tod am Kreuz.
Dies Opfer bracht er dir in seiner Liebe,
In seinem unergründlichen Erbarmen,
Willst du ihm jetzt das deinige verweigern?
Sprich rasch: Begrabt den Leib! Und kehre um!
KRIEMHILD. Du hast dein Werk getan, nun ich das meine!
(Sie geht zum Sarg und stellt sich zu Häupten)
Tritt jetzt heran wie ich, und zeuge mir!
KAPLAN *(geht gleichfalls zum Sarg und stellt sich zu Füßen. Drei Posaunenstöße).*
HAGEN *(zu Gunther).* Was ist geschehn?
GUNTHER. Es ward ein Mann erschlagen.
HAGEN. Und warum steh ich hier?
GUNTHER. Dich trifft Verdacht.

HAGEN. Den werden meine Sippen von mir nehmen,
Ich frage sie. – Seid ihr bereit, zu schwören,
Daß ich kein Meuchler und kein Mörder bin?
ALLE SIPPEN *(bis auf Giselher)*. Wir sind bereit.
HAGEN. Mein Giselher, du schweigst?
Bist du bereit, für deinen Ohm zu schwören,
Daß er kein Meuchler und kein Mörder ist?
GISELHER *(die Hand erhebend)*. Ich bin bereit.
HAGEN. Den Eid erlaß ich euch.

(Er tritt in den Dom zu Kriemhild)

Du siehst, ich bin gereinigt, wann ich will,
Und brauche mich am Sarg nicht mehr zu stellen,
Allein ich tus und will der erste sein!

(Er schreitet langsam hinauf zum Sarg)

UTE. Schau weg, Kriemhild.
KRIEMHILD. Laß, laß! Er lebt wohl noch!
Mein Siegfried! O, nur Kraft für einen Laut,
Für einen Blick!
UTE. Unglückliche! Das ist
Nur die Natur, die sich noch einmal regt.
Furchtbar genug!
KAPLAN. Es ist der Finger Gottes,
Der still in diesen heilgen Brunnen taucht,
Weil er ein Kainszeichen schreiben muß.
HAGEN *(neigt sich über den Sarg)*.
Das rote Blut! Ich hätt es nie geglaubt!
Nun seh ich es mit meinen eignen Augen.
KRIEMHILD. Und fällst nicht um? *(Sie springt auf ihn zu)*
Jetzt fort mit dir, du Teufel.
Wer weiß, ob ihn nicht jeder Tropfen schmerzt,
Den deine Mördernähe ihm entzapft!
HAGEN. Schau her, Kriemhild. So siedets noch im Toten,
Was willst du fordern vom Lebendigen.
KRIEMHILD. Hinweg! Ich packte dich mit meinen Händen,
Wenn ich nur einen hätte, der sie mir
Zur Reingung dann vom Leib herunterhiebe,
Denn Waschen wäre nicht genug, und könnt es
In deinem Blut geschehn. Hinweg! Hinweg!

So standest du nicht da, als du ihn schlugst,
Die wölfschen Augen fest auf ihn geheftet
Und durch dein Teufelslächeln den Gedanken
Voraus verkündigend! Von hinten schlichst
Du dich heran und miedest seinen Blick,
Wie wilde Tiere den des Menschen meiden,
Und spähtest nach dem Fleck, den ich – Du Hund,
Was schwurst du mir?

HAGEN. Ihn gegen Feuer und Wasser
Zu schirmen.

KRIEMHILD. Nicht auch gegen Feinde?

HAGEN. Ja.
Das hätt ich auch gehalten.

KRIEMHILD. Um ihn selbst
Zu schlachten, nicht?

HAGEN. Zu strafen!

KRIEMHILD. Unerhört!
Ward je, solange Himmel und Erde stehn,
Durch Mord gestraft?

HAGEN. Den Recken hätte ich
Gefordert, und mir ists wohl zuzutraun,
Allein er war vom Drachen nicht zu trennen,
Und Drachen schlägt man tot. Warum begab sich
Der stolze Held auch in des Lindwurms Hut!

KRIEMHILD. Des Lindwurms Hut! Er mußt ihn erst erschlagen,
Und in dem Lindwurm schlug er alle Welt!
Den Wald mit allen seinen Ungeheuern
Und jeden Recken, der den grimmgen Drachen
Aus Furcht am Leben ließ, dich selber mit!
Du nagst umsonst an ihm! Es war der Neid,
Dem deine Bosheit grause Waffen lieh!
Man wird von ihm und seinem Adel sprechen,
Solange Menschen auf der Erde leben,
Und ganz solange auch von deiner Schmach.

HAGEN. Es sei darum!
(Er nimmt dem Leichnam den Balmung von der Seite)
Nun hörts gewiß nicht auf!
(Er umgürtet sich mit dem Schwert und geht langsam zu den Seinigen zurück)

KRIEMHILD. Zum Mord den Raub! *(Gegen Gunther)*
Ich bitte um Gericht.
KAPLAN. Gedenke dessen, der am Kreuz vergab!
KRIEMHILD. Gericht! Gericht! Und wenns der König weigert,
So ist er selbst mit diesem Blut bedeckt.
UTE. Halt ein! Du wirst dein ganzes Haus verderben –
KRIEMHILD. Es mag geschehn! Denn hier ists überzahlt!
(Sie wendet sich gegen den Leichnam und stürzt an der Bahre nieder)

Dritte Abteilung

KRIEMHILDS RACHE

Ein Trauerspiel in fünf Akten

Personen

KÖNIG GUNTHER
HAGEN TRONJE
VOLKER
DANKWART
RUMOLT
GISELHER
GERENOT
KAPLAN
KÖNIG ETZEL
DIETRICH VON BERN
HILDEBRANT, sein Waffenmeister
MARKGRAF RÜDEGER

IRING THÜRING	nordische Könige
WERBEL SWEMMEL	Etzels Geiger

UTE
KRIEMHILD
GÖTELINDE, Rüdegers Gemahlin
GUDRUN, deren Tochter
EIN PILGRIM

EIN HEUNE OTNIT, ein Kind ECKEWART	stumm

ERSTER AKT

Worms. Großer Empfangssaal

Erste Szene

König Gunther auf dem Thron. Alle Burgunden. Hagen. Dankwart. Gerenot. Giselher. Etzels Gesandte. Rüdeger

GUNTHER. Gefällt es Euch, hochedler Rüdeger,
 So mögt Ihr Eures Auftrags Euch entledgen,
 Denn die Burgunden sind um mich vereint.
RÜDEGER. So werb ich denn im Namen meines Herrn,
 Der überall gebietet und befiehlt
 Und nur vor Euch als Bittender erscheint,
 Um Kriemhild, deine königliche Schwester.
 Denn sie allein ist würdig, der zu folgen,
 Die er mit bittrem Schmerz verloren hat,
 Und Witwer muß er bleiben, wenn Ihr ihm
 Die einzige verweigert, welche Helke
 Ersetzen und das Volk, das sie betrauert,
 Als hätt ein jeder teil an ihr gehabt,
 Mit einer neuen Wahl versöhnen kann.
GUNTHER. Wenn du von deinem königlichen Herrn
 Vermelden kannst, daß er nur selten bittet,
 So merk dir auch, daß wir nur selten danken!
 Doch Etzel hat den dunklen Heunenthron
 So hoch erhöht und seinen wilden Namen
 So manchem Völkerrücken eingekerbt,
 Daß ich mich gern erhebe und dir sage:
 Wir danken ihm und fühlen uns geehrt.
RÜDEGER. Und welche weitre Antwort bring ich ihm?
GUNTHER. Wenn wir nicht die Trompeten schallen lassen
 Und die Johannisfeuer vor der Zeit
 Auf allen Bergen weit und breit entzünden,
 So glaube nicht, daß unser Fürstenstolz

Den Ausbruch unsers Jubels unterdrückt,
Und daß wir mehr verlangen, als du bietest,
Das weißt du wohl, daß Kriemhild Witwe ist?
RÜDEGER. Wie Etzel Witwer, ja! Und eben dies
Verbürgt dem Bund der beiden Heil und Segen
Und gibt ihm Weihe, Adel und Bestand.
Sie suchen nicht, wie ungeprüfte Jugend
Im ersten Rausch, ein unbegrenztes Glück,
Sie suchen nur noch Trost, und wenn Kriemhild
Den neuen Gatten auch mit Tränen küßt,
Und ihn ein Schauder faßt in ihren Armen,
So denkt sich jedes still: Das gilt dem Toten!
Und hält das andre doppelt wert darum.
GUNTHER. So sollt es sein! Doch trotz der langen Frist,
Die seit dem unglückselgen Tag verstrich,
Der ihr den Gatten raubte, mir den Bruder,
Weilt meine Schwester bis zur Stunde mehr
An ihres Siegfrieds Gruft im Kloster Lorsch
Als unter uns. Sie meidet jede Freude
So ängstlich wie ein andrer Missetat,
Und wärs auch nur ein Blick ins Abendrot
Oder aufs Blumenbeet zur Zeit der Rosen:
Wie schlösse sie den neuen Ehebund?
RÜDEGER. Ists Euch genehm? Und werdet Ihr gestatten,
Daß ich ihr selbst die Wünsche meines Herrn
Zu Füßen legen darf?
GUNTHER. Wir gönnen ihr
Das neue Glück und uns die neue Ehre
Und werden über alles andre Euch
Bescheiden, wenn wir Rat gehalten haben.
Fürs erste nehmt noch einmal unsern Dank!
(Rüdeger ab)

Zweite Szene

HAGEN. Nicht um die Welt!
GUNTHER. Warum nicht, wenn sie will?
HAGEN. Wenn sie nicht wollte, könntest du sie zwingen,
Denn auch der Witwe Hand vergibst du frei.

Doch eher ließ ich sie in Ketten schmieden
Als zu den Heunen ziehn.

GUNTHER. Und warum das?

HAGEN. Und warum das! Die bloße Frage schon
Macht mich verrückt. Habt Ihr denn kein Gedächtnis?
Muß ich dich erst erinnern, was geschah?

GUNTHER *(deutet auf Ute).* Vergiß nicht –

HAGEN. Deine Mutter? Gleisnerei!
Sie weiß es längst! Ei, wenn sie mir die Hand
Seit unsrer Jagd nicht einmal wieder reichte,
So hat sie dich ja auch wohl nicht geküßt.

GUNTHER. So ists. Und da du selbst in deinem Trotz
Den dünnen Nebel zu zerblasen wagst,
Der das Geheimnis unsres Hauses deckt;
Da du das kümmerliche Grün zertrittst,
Das diese blutge Gruft besponnen hat,
Und mir die Knochen in das Antlitz schleuderst;
Da du den letzten Rest von Scham erstickst,
Und höhnend auf die giftge Ernte zeigst,
Die aufgeschossen ist aus deiner Saat:
So habs denn auch, daß ich einmal die Brust
Mir lüfte, daß ich dich und deinen Rat
Verfluche und dir schwöre: Wär ich nicht
So jung gewesen, nimmer hättst du mich
So arg betört, und jetzt, jetzt würd ich dir
Mit Abscheu das verbieten, was ich damals
Aus Schwachheit, nicht aus Haß, geschehen ließ.

HAGEN.
Ich glaubs, denn jetzt ist Brunhild längst dein Weib.

GUNTHER. Mein Weib! Jawohl! Sie ist so weit mein Weib,
Als sie mir wehrt, ein anderes zu nehmen,
Doch sonst –

HAGEN. Gibts ein Geheimnis hier für mich?

GUNTHER. Kann sein! Wie sie uns nach der Tat empfing,
Als ich den ersten Becher Weins ihr brachte,
Das weißt du wohl noch selbst: sie fluchte uns
Noch grauenvoller als Kriemhild uns fluchte,
Und loderte in Flammen auf wie nie,
Seit sie im Kampf erlag.

HAGEN. Sie brauchte Zeit,
Um sich hineinzufinden.
GUNTHER. Als ich sie
Nun mahnte, daß sie selbst es ja geboten,
Goß sie den Wein mir ins Gesicht und lachte,
Wie ich die Menschheit noch nicht lachen hörte –
Wars so? Sonst straf mich Lügen!
HAGEN. Allerdings,
Dann aber fiel sie um, und alles war
Für immer aus.
GUNTHER. Jawohl! So völlig aus,
Als hätt sie ihre ganze Ewigkeit
In diesem einzgen kurzen Augenblick
Durch ihren Feuerfluch voraus verzehrt,
Denn nur als Tote stand sie wieder auf!
HAGEN. Als Tote?
GUNTHER. Ja, obgleich sie ißt und trinkt
Und in die Runen stiert. Du hattest recht,
Nur Siegfried war im Weg.
HAGEN. Ich glaubte – – Nein!
GUNTHER. Das mildste Wort entlockt ihr nie ein Lächeln,
Und hätt ichs Volkers frischem Liedermund
In einer goldnen Stunde abgefangen,
Das härteste noch minder eine Träne,
Sie kennt den Schmerz und auch die Lust nicht mehr.
UTE. So ists! Die alte Amme deckts nur zu!
GUNTHER. Stumpf blickt sie drein, als wär ihr Blut vergraben
Und wärme eines Wurmes kalt Gedärm,
Wie mans in alten Mären hört. Der ist
Jetzt mehr als seinesgleichen, und sie selbst
Ist weniger, unendlich weniger,
Bis ihn in hundert oder tausend Jahren,
Wies blind der Zufall fügt, ihr Fuß zertritt.
Du magst dich freuen, Gerenot, dir ist
Die Krone der Burgunden schon gewiß,
Sie bringt mir keinen Erben.
HAGEN. Steht es so!
GUNTHER. Du wunderst dich, daß dus erst jetzt erfährst?
Ich trug das alles still, doch heute hast

Du selbst das Licht ja auf den Tisch gestellt:
Nun reiß die Augen auf und sieh dich um!
Im Hause Groll und Zwiespalt, draußen Schmach,
Entdeckst du mehr in irgendeinem Winkel,
So zeig mir deinen Fund.

HAGEN. Ein andermal.

GUNTHER. Doch von der Schmach kann diese Werbung uns
Erlösen, und so wahr ein Schwan sich taucht,
Wenn er das klare Wasser vor sich sieht,
Und sich den Staub aus dem Gefieder wäscht,
So wahr auch will ich dieses Werk betreiben,
Wie ich noch nichts auf dieser Welt betrieb.

HAGEN. Mein König, eins von beiden kann nur sein:
Entweder liebte Kriemhild ihren Gatten,
Wie nie ein Weib den ihren noch geliebt –

GUNTHER. Ich bin der letzte, der dir dies bestreitet,
Ich kenne Unterschied!

HAGEN. Dann muß sie uns
Auch hassen, wie ein Weib noch niemals haßte –

GUNTHER. Uns? Dich vielleicht!

HAGEN. Sie unterscheidet wohl!
Und wenn sie uns so haßt, so muß sie brennen,
Es darzutun, denn selbst die Liebe ist
So gierig nicht nach Kuß und nach Umarmung,
Wie grimmger Haß nach Mord und Blut und Tod,
Und wenn der Liebe langes Fasten schadet,
So wird der Haß nur immer hungriger.

GUNTHER. Du kannst es wissen.

HAGEN. Ja, ich weiß es auch,
Und darum warn ich dich!

GUNTHER. Wir sind versöhnt.

HAGEN. Versöhnt! Nun, bei den namenlosen Göttern!
Wenn ich dein Mann, dein treuster Mann nicht wäre,
Wenn jeder Tropfen meines Blutes nicht
So für dich pochte wie das ganze Herz
Der übrigen, wenn ich, was du erst fühlst,
Wenn es dich trifft, nicht immer vorempfände
Und tiefer oft wie du in Wirklichkeit:
Jetzt würd ich schweigen und nicht einmal lachen,

Denn selbst die Warnung, die im Hohn noch liegt,
Verdient solch eine Rede nicht! Versöhnt!
Ja, ja, sie bot die Wange endlich dar,
Weil *(er deutet auf Giselher und Ute)* dieser täglich bat und diese [weinte,
Und – Trankt Ihr auch? Ich glaube nicht einmal,
Doch damit war die Rechnung nicht zerrissen,
Nein, die Versöhnung kam als neuer Posten
Hinzu, und nur noch größer ward die Schuld.
UTE. Du denkst von meiner Tochter wie von dir!
Du magst die Wange bieten und nur fühlen,
Daß ihr des Mundes giftge Zähne mangeln,
Sie wird das heilge Zeichen nicht entweihn,
Das allem Hader unter Menschenkindern
Ein Ende setzte, seit die Erde steht.
HAGEN. Die Nibelungen haben ihren Vater
Um Gold erschlagen, um dasselbe Gold,
Das Siegfried an den Rhein gebracht. Wer hätte
Sichs wohl gedacht, bevor sies wirklich taten?
Doch ists geschehn und wird noch oft geschehn.
GERENOT. Ich hör in allen Stücken gern auf dich,
Nur nicht in dem. Du übertrugst den Haß
Von Siegfried auf Kriemhild.
HAGEN. Du kennst mich schlecht!
Zeig mir das Land, wovon kein Weg zurück
In unsres führt, ich wills für sie erobern
Und ihr den Thron erbaun, so hoch sie mag:
Nur gebt ihr keine Waffen, muß ich raten,
Wenn sie euch selbst damit erreichen kann.
Glaubt ihr, ich habe ihr den Hort geraubt,
Um ihr aufs neue weh zu tun? O pfui!
Ich ehre ihren Schmerz und zürn ihr nicht,
Daß sie mir flucht. Wer wünschte sich denn nicht
Ein Weib wie sie, wer möchte nicht ein Weib,
Das blind für alles ist, solang man lebt,
Und wenn man stirbt, noch mit der Erde hadert,
Weil sie nicht strahlt und leuchtet, wo man liegt?
Ich tats nur, weil es nötig war.
UTE. Das hätte
Nicht mehr geschehen sollen.

HAGEN. Die Versöhnung
Ward schlecht dadurch besiegelt, das ist wahr, *(zu Gunther)*
Und ob sie dich entschuldigt, weil du kurz
Vorher das Land verließest, weiß ich nicht
Und zweifle fast daran, da du versäumtest,
Den Räuber zu bestrafen, als du kamst!
Doch unterbleiben durft es nicht, sie hätte
Ein Heer damit erworben.
UTE. Sie ein Heer!
Sie dachte nicht daran.
HAGEN. Noch nicht, ich weiß.
Sie füllte links und rechts die offnen Hände
Mit Siegfrieds Gold und kümmerte sich nicht,
Ob einer einmal oder zehnmal kam.
Das war das Mittel, Freunde zu erwerben
Und zu erhalten.
UTE. Das geschah allein
Zu Siegfrieds Angedenken, und man wird
Auf dieser Welt das Bild nicht wiedersehn,
Wie sie in ihrem schwarzen Trauerkleide,
Das schöne, stille Auge immer feucht,
Die Edelsteine und das rote Gold
Verteilte unter die Verlangenden
Und es nicht selten wusch mit ihren Tränen,
Der höchste Jammer, vom Geschick erlesen,
Des höchsten Glückes Spender hier zu sein.
HAGEN. Dies meint ich eben. Ja, es war ein Bild,
Den Stein zu rühren! Und da Wohltat drückt
Und jeder, um die Last sich zu erleichtern,
Auf irgendeine Art zu danken wünscht,
So hätte von den vielen Tausenden,
Die sich allmählich um sie sammeln mußten,
Zuletzt wohl einer sie gefragt: Was weinst du?
Um auf den kleinsten Wink das Schwert zu ziehn
Und den zu rächen, der den Wurm erschlagen
Und auch den reichen Hort ins Land gebracht.
UTE. Und diesen Wink – den hätte Kriemhild je
Gegeben, glaubst du? Ist sie nicht ein Weib?
Bin ich nicht ihre Mutter? Ist der König

Ihr Bruder nicht? Und sind ihr Gerenot
Und Giselher nicht wert bis diesen Tag?

HAGEN. Mir ist, als ob ich Siegfried reden hörte!
Die Raben kreisen warnend um ihn her,
Er aber denkt: Ich bin bei meinem Schwäher,
Und wirft sie mit dem Fuchs und jagt sie fort!

GUNTHER. Ei was! – Es fragt sich nur, aus welchem Mund
Vernimmt sie wohl das erste Wort am liebsten! *(Zu Ute)*
Aus deinem, denk ich. Sprich denn du mit ihr.

(Alle ab)

Dritte Szene

Kriemhilds Kemenate

KRIEMHILD *(füttert ihre Vögel und ihr Eichkätzchen)*.
Ich hab so oft mich über alte Leute
Gewundert, daß sie so an Tieren hängen,
Jetzt tu ichs selbst.

Vierte Szene

Ute tritt ein

UTE. Schon wieder deine Hand
Im Weizenkorb?

KRIEMHILD. Du weißt, ich bin dazu
Noch eben reich genug und hab sie gern.
Sie sind mit mir zufrieden, jedes kann
Entfliehn, sobald es will, denn offen steht
Der Käfig wie das Fenster, doch sie bleiben,
Sogar das Kätzchen, dieses Sonntagsstück
Des arbeitsmüden Schöpfers, das er lieblich,
Wie nichts, gebildet hat, weil ihm der schönste
Gedanke erst nach Feierabend kam,
Und das bei mir zum *Kind* geworden ist,
Wie sollt ich sie nicht lieben!

UTE. Immerhin,
Nur tust du Menschen weh. Denn uns entziehst du,
Was du an sie verschwendest, und wir sind
Doch mehr als sie.

KRIEMHILD. Wer weiß das? Ist von Menschen
Dem edlen Siegfried einer nachgestorben?
Nicht einmal ich, doch wohl sein treuer Hund.
UTE. Kind!
KRIEMHILD. Der verkroch sich unter seinen Sarg
Und biß nach mir, da ich ihm Speise bot,
Als wollt ich ihn zu Missetat verleiten,
Ich flucht und schwur, doch aß ich hinterher.
Vergib mir, Mutter, aber unter Menschen
Ergings mir wohl zu schlecht, als daß ich nicht
Versuchen sollte, ob der wilde Wald
Nicht beßre Arten birgt.
UTE. Hör davon auf,
Ich hab dir was zu sagen!
KRIEMHILD *(ohne auf sie zu hören).* Und ich glaubs.
Der grimmge Leu verschont den Schlafenden,
Zu edel hat ihn die Natur gebildet,
Als daß er würgt, was sich nicht wehren kann.
Den Wachenden zerreißt er zwar, doch nur
Aus Hunger, aus dem nämlichen Bedürfnis,
Das auch den Menschen auf den Menschen hetzt,
Nicht, weil er ihm das Angesicht beneidet
Und ihm den freien stolzen Gang nicht gönnt,
Was unter uns aus Helden Mörder macht.
UTE. Die Schlange aber sticht und fragt nicht lange,
Ob hinten oder vorn.
KRIEMHILD. Wenn man sie tritt.
Auch kann sie mit der Zunge, die sie braucht,
Um ihren Feind zu töten, ihm nicht schwören,
Daß sie ihn küssen will. Sie führen Krieg
Mit uns, weil wir den heilgen Gottesfrieden
Gebrochen haben, und versöhnen sich
Mit jedem einzelnen, sobald er mag.
Zu ihnen hätt ich, meinen Sohn im Arm,
Mich flüchten sollen, denn den nackten Menschen,
Den Ausgestoßnen und Verlassenen,
Den sein Geschlecht verleugnet und verrät,
Beschützen sie, uralter Brüderschaft
Gedenkend, aus der Morgenzeit der Welt.

In Eurer Sprache hätt ich ihm vertraut,
Was man an mir verübt, und sie in ihrer
Ihm zugeflüstert, wies zu rächen sei.
Und wär er dann, zum Mann herangewachsen,
Die wuchtge Eichenkeule in der Hand,
Hervorgeschritten aus dem dunklen Wald,
So hätten sie ihn alle, wie den König
Die Seinen, in gedrängter Schar begleitet,
Vom Leuen an bis zu dem scheusten Wurm.

Ute. Man wird ihm auch am Rhein das Fluchen lehren,
Denn Siegfrieds Vater hat das Recht dazu,
Und Siegfrieds Mutter kann es nicht mehr hindern,
Doch besser wärs gewesen, wenn du ihn
Bei dir behalten hättest.

Kriemhild. Schweig, o schweig,
Wenn ich nicht auch an dir noch zweifeln soll.
Ha! Siegfrieds Sohn am Hof der Nibelungen!
Man hätte nicht zu seinem dritten Zahn
Ihn kommen lassen.

Ute. Du bezahlst es teuer,
Daß du den Trost, den die Natur dir bot,
Von dir gestoßen hast.

Kriemhild. Mir ists genug,
Daß ich das Kind den Mördern doch entzog,
Sobald ich seinen ersten Laut vernahm,
Und nimmer werd ichs Giselher vergessen,
Daß er so treu dazu geholfen hat.

Ute. Du hast die Strafe, denn du mußt dich jetzt
An die da hängen. *(Deutet auf die Vögel)*

Kriemhild. Warum quälst du mich?
Du weißt doch wohl, wies stand. Leg einer Toten
Den Sohn ans Herz und fordre Milch von ihr:
Die heilge Quelle der Natur wird eher
In ihrer starren Brust aufs neue springen
Als meine Seele aus dem Winterschlaf
Zu wecken war, der nie ein Tier so tief
Bis in das Herz beschlichen hat wie mich.
Ich war so weit, daß meine Träume sich
Ins Wachen mischten und dem Morgenruf

Des muntren Hahnes trotzten: Konnte ich
Wohl Mutter sein! Ich will auch nichts von ihm,
Er wurde nicht geboren, mich zu trösten,
Er soll den Mörder seines Vaters töten,
Und wenn ers tat, so wollen wir uns küssen
Und dann auf ewig auseinandergehn.

Fünfte Szene

Giselher und Gerenot treten ein

GERENOT. Nun, Mutter, nun?
UTE. Ich sprach noch nicht davon.
GISELHER. So sprechen wir.
KRIEMHILD. Was ist denn für ein Tag,
Daß alle meine Sippen sich so sammeln?
Treibt ihr den Tod aus?
GERENOT. Das ist längst geschehn!
Man spart ja schon auf das Johannisfeuer
Und steckt den Lauch mit Nächstem an den Balken,
Entfiel dir der Kalender denn so ganz?
KRIEMHILD. Seit mir die Kuchen nicht so viel mehr sind,
Vergeß ich jedes Fest. Seid ihr dafür
Nur um so fröhlicher.
GERENOT. Das sind wir nicht,
Solange du die schwarzen Kleider trägst,
Auch kommen wir, um dir sie abzureißen,
Denn – *(Zu Ute)* Mutter, nein, es ist doch besser, du!
KRIEMHILD. Was gibts, daß dieser sich so plötzlich wendet?
UTE. Mein Kind, wenn du noch einmal so wie einst
An meiner Brust dein Haupt verbergen wolltest –
KRIEMHILD. Gott spare dir und mir den bittren Tag,
An welchem das noch einmal nötig wird!
Vergaßest du?
GERENOT. Ach, davon heute nichts!
UTE. Ich dachte an die Kinderzeit.
GISELHER. Ihr könnt
Nicht fertig werden. Nun, ich half Euch oft
Und will Euch wieder helfen, ob Ihr mich
Nun tadelt oder lobt. *(Zu Kriemhild)* Vernahmst du nicht

Die schallenden Trompeten und den Lärm
Der Waffen und der Pferde? Das bedeutet:
Ein edler König wirbt um deine Hand.

UTE. So ists.

KRIEMHILD. Und meine Mutter hält für nötig,
Es mir zu melden? Hätt ich doch gedacht,
Die stumpfste Magd, die uns im Stalle dient,
Wär Weib genug, das Nein für mich zu sagen,
Wie ist es möglich, daß du fragen kannst!

UTE. Sie bietens dir.

KRIEMHILD. Zum Hohn.

UTE. Ich werde doch
Nicht ihres Hohnes Botin sein?

KRIEMHILD. Dich kann
Ich eben nicht verstehn. *(Zu den Brüdern)* Ihr seid zu jung,
Ihr wißt nicht, was ihr tut, euch will ich mahnen,
Wenn eure Stunde auch geschlagen hat. *(Zu Ute)*
Doch du – – Ich sollte meinen edlen Siegfried
Im Tode noch verleugnen? Diese Hand,
Die er durch seinen letzten Druck geheiligt,
In eine andre legen? Diese Lippen,
Die, seit er hin ist, nur den Sarg noch küßten,
In dem er ruht, beflecken? Nicht genug,
Daß ich ihm keine Sühne schaffen kann,
Sollt ich ihn auch noch um sein Recht verkürzen
Und sein Gedächtnis trüben? Denn man mißt
Die Toten nach dem Schmerz der Lebenden,
Und wenn die Witwe freit, so denkt die Welt:
Sie ist das letzte unter allen Weibern,
Oder sie hat den letzten Mann gehabt.
Wie kannst dus glauben!

UTE. Ob dus nun verschmähst,
Ob du es annimmst: immer zeigt es dir,
Daß deine Brüder dirs von Herzen gönnen,
Wenn du noch irgend Freude finden kannst.

GISELHER. Ja, Schwester, das ist wahr. Auch gilts so gut
Vom König wie von uns. Hättst du gehört,
Wie er den Tronjer schalt, als dieser sich
Dagegen stemmte, und wie unbekümmert

Um seinen Rat er tat, was ihm gefiel,
Du würdest ihm von Herzen jetzt verzeihn,
Wie du ihm mit dem Munde längst verziehst.
KRIEMHILD. So riet der Tronjer ab?
GISELHER. Wohl riet er ab.
KRIEMHILD. Er fürchtet sich.
UTE. Er tut es wirklich, Kind.
GERENOT. Er glaubt, du könntest Etzel, denn kein andrer
Als Etzel ists, mit allen seinen Heunen
Auf die Burgunden hetzen.
UTE. Denke dir!
KRIEMHILD. Er weiß, was er verdient.
GERENOT. Doch weiß er nicht,
Daß er in unsrer Mitte sicher ist,
Wie einer von uns selbst!
KRIEMHILD. Er mag sich wohl
Erinnern, wie es einem Bessern ging,
Der auch in eurer Mitte war.
UTE. O Gott,
Hätt ichs geahnt!
GERENOT. Und wären wir nicht alle
So jung gewesen!
KRIEMHILD. Ja, ihr wart zu jung,
Um mich zu schützen, aber alt genug,
Den Mörder zu beschirmen, als ihn Himmel
Und Erde zugleich verklagten.
UTE. Sprich nicht so!
Du hast den Tronjer ganz wie sie geehrt
Und auch geliebt! Wenn dich als Kind im Traum
Das wilde Einhorn jagte oder auch
Der Vogel Greif erschreckte, war es nicht
Dein Vater, der das Ungetüm erlegte:
Du sprangst dem Ohm des Morgens an den Hals
Und danktest ihm für Taten, die er selbst
Nicht kannte, durch den ersten Kuß.
GISELHER. Ja, ja!
Und wenn die alten Knechte uns im Stall
Vom Donnrer Thor erzählten, daß wir glaubten,
Er dräue selbst beim falben Schein der Blitze

Durchs Bodenloch hinein, so sah er aus,
Wie Hagen, wenn er seine Lanze wirft.
GERENOT. Laß, ich beschwör dich, was vergangen ist,
Doch endlich auch einmal vergangen sein.
Du hast genug geklagt um deinen Helden,
Und hättst du dir im ersten Schmerz gelobt,
Jedweder seiner edlen Eigenschaften
Ein ganzes volles Tränenjahr zu widmen:
Du wärst herum und deines Eides quitt.
Nun trockne dir denn auch die Augen ab
Und brauche sie zum Sehen, statt zum Weinen,
Herr Etzel ist des ersten Blicks schon wert:
Den Toten kann dir keiner wiedergeben,
Hier ist der beste aller Lebenden.
KRIEMHILD. Ihr wißt, ich will nur eins noch auf der Welt,
Und nimmer laß ich ab, es zu verlangen,
Bis ich den letzten Odemzug getan.

Sechste Szene

Gunther tritt ein

GUNTHER *(zu den Brüdern).* Wie stehts?
KRIEMHILD *(kniet vor ihm nieder).*
Mein Herr, mein Bruder und mein König,
Ich bitte dich in Demut um Gehör.
GUNTHER. Was soll das heißen?
KRIEMHILD. Wenn du wirklich heut,
Wie man mir sagte, dich zum erstenmal
Als Herrn erwiesen hast –
GUNTHER. Zum erstenmal!
KRIEMHILD. Wenn du die Krone und den Purpur nicht
Zum bloßen Staat mehr trägst und Schwert und Zepter
Zum Spott –
GUNTHER. Du redest scharf.
KRIEMHILD. Das wollt ich nicht!
Doch wenns so ist und wenn auf deine Krönung
Die Thronbesteigung endlich folgen soll –
GUNTHER. Nimms immer an.
KRIEMHILD. Dann ist ein großer Tag

Für die gekommen, welche schweres Unrecht
Erlitten haben, und als Königin
Von allen, welche Leid im Lande tragen,
Bin ich die erste, die vor dir erscheint
Und Klage über Hagen Tronje ruft.

GUNTHER *(stampft).* Noch immerfort!

KRIEMHILD *(erhebt sich langsam).* Der Rabe, der im Wald
Den öden Platz umflattert, wos geschah,
Hört nimmer auf zu kreisen und zu krächzen,
Bis er den Rächer aus dem Schlaf geweckt.
Wenn er das Blut der Unschuld fließen sah,
So findet er die Ruh nicht eher wieder,
Bis das des Mörders auch geflossen ist.
Soll mich ein Tier beschämen, das nicht weiß,
Warum es schreit, und dennoch lieber hungert
Als seine Pflicht versäumt? Mein Herr und König,
Ich rufe Klage über Hagen Tronje,
Und Klage werd ich rufen bis zum Tod.

GUNTHER. Das ist umsonst!

KRIEMHILD. Entscheide nicht so rasch!
Wenn du denn auch mit deiner armen Schwester
Und ihrem Jammer schneller fertig wirst,
Wie sie in beßrer Zeit mit deiner Hand,
Als sie der wütge Hirsch dir aufgeschlitzt;
Wenn du dem Schmerz, der ruhig sagen kann:
Ist meinesgleichen irgend noch auf Erden,
So will ich lachen und mich selbst verspotten,
Und alle segnen, die ich sonst verflucht!
Wenn du ihm kalt den kleinsten Trost verweigerst
Und ihn von hinnen schreckst mit finstern Brauen:
Erwäg es doch und nimm dein Wort zurück.
Ich bins ja nicht allein, die Klage ruft,
Es ruft das ganze Land mit mir, das Kind
Braucht seinen ersten Odemzug dazu,
Der Greis den letzten, Bräutigam und Braut
Den köstlichsten, du wirst es schaudernd sehn,
Wenns dir gefällt, sie vor den Thron zu laden,
Daß jedes Alter, jeder Stand erscheint.
Denn, wie die brechend-schwere Donnerwolke,

Hängt diese Blutschuld über ihnen allen
Und dräut mit jedem Augenblicke mehr.
Die schwangern Weiber zittern, zu gebären,
Weil sie nicht wissen, ob kein Ungeheuer
In ihrem Mutterschoß herangereift,
Und daß uns Sonn und Mond noch immer leuchten,
Gilt manchem schon als Wunder der Natur.
Wenn du dein königliches Amt versäumst,
So könnten sie zur Eigenhülfe greifen,
Wies einst geschah, bevors noch Könge gab,
Und wenn sich alle wild zusammenrotten,
So dürften sie, da du nun einmal fürchtest,
Noch fürchterlicher als der Tronjer sein!

GUNTHER. Sie mögens tun.

KRIEMHILD. Du sprichst, als zeigt ich dir
Einen Rock mit trocknem Blut, als hättest du
Den Helden nie gesehn, in dessen Adern
Es kreiste, seine Stimme nie gehört,
Noch seiner Hände warmen Druck gefühlt.
Kann das denn sein? So färbe du, o Erde,
Dich überall, wie dich der grause Mord
Bei den Burgunden färbte! Tauche dich
In dunkles Rot! Wirfs ab, das grüne Kleid
Der Hoffnung und der Freude! Mahne alles,
Was lebt, an diese namenlose Tat,
Und bringe, da man mir die Sühne weigert,
Sie vor das ganze menschliche Geschlecht.

GUNTHER. Genug! Ich kam in einer Absicht her,
Die Dank verdient. *(Zu Ute)* Hast du mit ihr gesprochen?
(Auf ein bejahendes Zeichen Utes)
Gut! Gut! – Ich will dich nicht um Antwort fragen,
Der Bote mag sie selbst entgegennehmen,
Damit er sieht, daß du dich frei bestimmst.
Ich hoffe, du gestattest ihm Gehör,
Es ist der alte Markgraf Rüdeger,
Die Sitte will es, und er bittet drum.

KRIEMHILD. Der Markgraf Rüdeger ist mir willkommen.

GUNTHER. So send ich ihn. *(Zu Ute und den Brüdern)*
Laßt ihr sie auch allein! *(Alle ab)*

Siebente Szene

KRIEMHILD. Er fürchtet sich! Er fürchtet Hagen Tronje,
Und Hagen Tronje, hör ich, fürchtet mich! –
Du könntest Grund erhalten! Mag die Welt
Mich anfangs schmähn, sie soll mich wieder loben,
Wenn sie das Ende dieser Dinge sieht!

Achte Szene

Rüdeger mit Gefolge tritt ein

KRIEMHILD. Seid mir willkommen, Markgraf Rüdeger! –
Doch sprecht, ists wirklich wahr, was man mir meldet,
Ihr seid als Bote hier?
RÜDEGER. So ists! Doch nur
Als Bote Etzels, der kein einzges Zepter
In Königshänden unzerbrochen ließ,
Als das der Nibelungen.
KRIEMHILD. Einerlei,
Ich bin darum nicht weniger erstaunt!
Ihr seid mir längst gerühmt. Ein Abenteuer
Und Rüdeger, ders andern weggenommen,
Die wurden stets zugleich bei uns genannt,
Und wenn man Euch als Boten schicken kann,
So sollte man Euch doch so lange sparen,
Bis man ums Beste dieser Erde schickt.
RÜDEGER. Das hat mein Herr und König auch getan.
KRIEMHILD. Wie, Rüdeger, du wirbst um eine Witwe
Und suchst sie in der Mördergrube auf?
RÜDEGER. Was sagst du, Königin?
KRIEMHILD. Die Schwalben fliehen
Von dannen, und die frommen Störche kehren
Ins hundertjährge Nest nicht mehr zurück,
Doch König Etzel spricht als Freier ein.
RÜDEGER. Unselig sind die Worte, die du redest.
KRIEMHILD. Unselger noch die Taten, die ich sah! –
Verstell dich nicht! Du weißt, wie Siegfried starb,
Und hättst du nur das Ammenlied behorcht,
Womit man jetzt am Rhein die Kinder schreckt.

RÜDEGER. Und wenn ichs weiß?
KRIEMHILD. Herr Etzel ist noch Heide,
Nicht wahr?
RÜDEGER. Wenn dus verlangst, so wird er Christ!
KRIEMHILD. Er bleibe, was er ist! – Ich will dich nicht
Betrügen, Rüdeger, mein Herz ist tot,
Wie der, für den es schlug, doch meine Hand
Hat einen Preis!
RÜDEGER. Ich biet ein Königreich,
Das auf der Erde keine Grenzen hat.
KRIEMHILD. Ein Königreich ist wenig oder viel,
Wie wirds bei Euch verteilt? Dem Mann das Schwert,
Nicht wahr, die Krone und der Herrscherstab,
Dem Weib die Flitter, das gestickte Kleid?
Nein, nein, ich brauche mehr.
RÜDEGER. Was es auch sei,
Es ist gewährt, noch eh dus fordern kannst.
KRIEMHILD. Herr Etzel wird mir keinen Dienst versagen?
RÜDEGER. Ich bürge dir.
KRIEMHILD. Und du?
RÜDEGER. Was ich vermag,
Ist dein bis auf den letzten Odemzug.
KRIEMHILD. Herr Markgraf, schwört mir das!
RÜDEGER. Ich schwör es Euch!
KRIEMHILD *(für sich)*.
Sie kennen meinen Preis, ich bins gewiß! *(Zu den Dienern)*
Die Könige!
RÜDEGER. So hab ich denn dein Wort?
KRIEMHILD. Herr Etzel ist auch in Burgund bekannt,
Wer seinen Namen hört, der denkt zuerst
An Blut und Feuer, dann an einen Menschen! –
Jawohl, du hast mein Wort! – Man sagt: die Krone
Muß ihm ums Angesicht zusammenschmelzen,
Der glühnde Degen aus den Händen tröpfeln,
Eh er im Stürmen innehält! Das ist
Der Mann dafür, dem wird es Wollust sein!

Neunte Szene

Ute und die Könige treten ein

KRIEMHILD. Ich habs mir überlegt und füg mich Euch!
Herr Markgraf Rüdeger, reicht mir die Hand,
Ich fasse sie, als ob es Etzels wäre,
Und bin von jetzt der Heunen Königin.
RÜDEGER. Ich huldge Euch!

(Er zieht nebst den Seinigen das Schwert dabei)

UTE. Und ich, ich segne dich.
KRIEMHILD *(weicht vor ihr zurück).*
Laß! Laß! Dein Segen hat ja keine Kraft!

(Zu den Königen)

Doch ihr – Geleitet ihr mich selbst hinab,
Wies König Dankwarts Tochter fordern darf,
Und wies der Herr der Welt erwarten kann?
GUNTHER *(schweigt).*
RÜDEGER. Wie! Nein?
KRIEMHILD. Ihr weigert mir mein Fürstenrecht?

(Zu Rüdeger)

Herr Markgraf, fragt bei König Gunther an,
Wodurch ich es verwirkt.
GUNTHER. Ich weigre nichts,
Doch hab ich Gründe, jetzt den Rhein zu hüten,
Und bitte Euch, Herr Markgraf, meine Schwester
Dem Herrn, den sie gewählt, in meinem Namen
Zu übergeben und mich zu entschuldgen,
Ich sehe später nach, wie er sie setzt.
KRIEMHILD. Du gibst dein königliches Wort darauf?
GUNTHER. Ich tat es schon.
RÜDEGER. So übernehm ich sie!
KRIEMHILD. Nun noch ein letzter Gang zu Siegfrieds Gruft!
Beredet ihr indes das übrige!

(Eckewart tritt hervor)

Mein treuer Eckewart hat mich gewiegt,
Und ob auch alle andern mich verlassen,
Er fehlt gewiß nicht hinter meinem Sarg. *(Ab)*

ZWEITER AKT

Donauufer

Erste Szene

Gunther, Volker, Dankwart, Rumolt und ein großes Gefolge. Werbel und Swemmel vor dem König. Später wird das Schiff mit Hagen, dem Kaplan usw. sichtbar

WERBEL. Nun gib uns endlich Urlaub, hoher König,
Sie brauchen uns zu Hause, denn sie wissen
Den Fiedelbogen höchstens von der Lanze
Zu unterscheiden, aber nicht zu führen,
Und die als steife Boten Abschied nehmen,
Wirst du als flinke Geiger wiedersehn,
Wenn du den feierlichen Einzug hältst.
GUNTHER. Ihr habt noch Zeit. Ich denke in Bechlarn
Beim alten Rüdeger die Rast zu halten,
Und so weit haben wir den gleichen Weg.
WERBEL. Wir kennen einen nähern, und wir müssen
Uns sputen.
GUNTHER. Nun so zieht.
WERBEL. Wir danken dir. *(Will mit Swemmel ab)*
RUMOLT. Vergeßt Ihr die Geschenke? Wartet doch,
Bis sie herüberkommen.
WERBEL *(kehrt mit Swemmel um).* Das ist wahr!
RUMOLT. Schon naht das Schiff.
VOLKER. Das find ich wunderlich,
Erst schlagen sie die reichen Gaben aus,
Dann lassen sie sie liegen! *(Rasch zu Werbel)* Ist Kriemhild
Noch immer traurig?
WERBEL. Sagten wir Euch nicht,
Daß sie so fröhlich scheint, als hätte sie
Den Kummer nie gekannt?
VOLKER. Das sagtet Ihr.
WERBEL. Nun denn.
VOLKER. Es muß ein Land der Wunder sein,
Wo Etzel herrscht. Wer weiße Rosen pflanzt,
Pflückt rote, denk ich, oder umgekehrt.

WERBEL. Warum?
VOLKER. Weil sie sich so verändert hat.
Als fröhlich haben wir sie nie gekannt,
Sie war sogar als Kind nur stillvergnügt
Und lachte mit den Augen.
RUMOLT. Hagen kommt
Mit seiner letzten Fracht.
VOLKER. Worin denn zeigt
Sich ihre Fröhlichkeit?
WERBEL. Das seht Ihr ja:
Sie liebt die Feste und sie ladet Euch
Zum größten ein. Ihr fragt uns sonderbar!
Ists nicht natürlich, daß sie Boten schickt,
Wenn Ihr nicht, wie Ihr doch versprochen habt,
Von selbst erscheint? So sehr sie unsre Frauen
An Majestät und Schönheit übertrifft,
So seltsam finden die's, und das mit Recht,
Daß ihr Geschlecht sich nicht um sie bekümmert,
Als wär sie seine Schmach und nicht sein Stolz.
Wenn das nicht anders wird, so wird der Neid
Ihr noch die fürstliche Geburt bezweifeln,
Und darum mahnt sie Euch an Euer Wort.
VOLKER. Ei nun, wir kommen um die Sonnenwende
Und, wie Ihr seht, *(deutet auf das Gefolge)* mit unserm ganzen Staat!
WERBEL. Mit einem Heer, jawohl. Auf so viel Gäste
Ist Etzel kaum gefaßt, drum müssen wir
Voran! *(Sie gehen zu dem Schiff, das eben anlegt, und verschwinden rasch)*
VOLKER. Die reden falsch! Das ist gewiß!
Doch wahr ists auch, daß Kriemhild wünschen muß,
Uns dort zu sehn.
RUMOLT. Und töricht wärs, zu glauben,
Daß sie den zweiten Mann beredet hätte,
Für ihren ersten Thron und Kopf zu wagen:
Das widerspricht sich selbst und ist zum Lachen,
Doch mag geschehn, was heimlich möglich ist!
VOLKER. Und da wir unsre Augen für uns selbst
Nicht brauchen, denn was hätten wir zu fürchten,

So ists, als ob der Tronjer tausend hätte,
Und die sind auch um Mitternacht genug.

HAGEN *(der gleich bei der Ankunft des Schiffes herausgesprungen ist und dem Ausladen zugeschaut hat).*
Ist alles hier?

DANKWART. Bis auf den Priester dort! *(Deutet auf den Kaplan)*
Der packt sich erst sein Meßgerät zusammen.

HAGEN *(springt wieder ins Schiff und stürzt auf den Kaplan los).*
Steh fest! *(Er stößt ihn über Bord)* Da liegt er, wie ein junger Hund,
Und meine ganze Mannheit kehrt mir wieder!

VOLKER *(ist ihm nachgesprungen).*
Pfui, Hagen, pfui, das war kein Stück für dich.

HAGEN *(heimlich).*
Meerweiber traf ich, grün wie Schilf das Haar,
Und blau die Augen, die mir prophezeiten – *(Bricht ab)*
Was? Kannst du schwimmen, trotz des lahmen Armes?
Die Ruderstange her!

VOLKER *(ergreift sie und hält sie fest).*

HAGEN. Die Ruderstange!
Sonst spring ich nach, gepanzert, wie ich bin!
(Er nimmt sie und schlägt ins Wasser)
Zu spät! – Das ist ein Fisch! – So ists denn wahr
Und nicht bloß Bosheit!

KAPLAN *(ruft herüber).* König, fahre wohl!
Ich geh zurück!

HAGEN. Und ich –*(Zieht sein Schwert und zertrümmert das Schiff)*

GUNTHER. Bist du von Sinnen,
Daß du das Schiff zerschlägst?

HAGEN. Frau Ute hat
Zu schlecht geträumt, als daß dir jeder Knecht
Zu Etzels Gastgebot mit Freuden folgte,
Doch nun ist auch der letzte dir gewiß.

GUNTHER. Und halt ich einen, den ein Traum erschreckt?

VOLKER. Das war es nicht. Was hast du?

HAGEN. Tritt beiseite,
Damit uns keiner hört. Denn dir allein
Will ichs vertraun. *(Heimlich)* Meerweiber traf ich an,
Als ich vorhin das Schiff zu suchen ging,

Sie schwebten über einem alten Brunnen
Und glichen Vögeln, die im Nebel hüpfen,
Bald sichtbar, bald vom blauen Qualm verschluckt.
Ich schlich heran, da flohn sie scheu von dannen,
Allein die Kleider riß ich ihnen ab,
Und schmeichelnd riefen sie, in ihre Locken
Sich wickelnd und in einer Lindenkrone
Sich bergend: Gibst du uns den Raub zurück,
So wollen wir dir prophezein, wir wissen,
Was euch begegnen wird, und meldens treu!
Ich ließ die Kleider hoch im Winde flattern
Und nickte, da begannen sie zu singen,
Und nie vernahm ich noch ein schönres Lied
Von Glück und Sieg und allem, was man wünscht.

VOLKER. Das ist ein beßres Zeichen, als du denkst!
Wie das Insekt von Sonnenschein und Regen,
So haben sie vom Schicksal Witterung,
Nur reden sie nicht gern, denn jedes Wort
Bezahlen sie mit einem Lebensjahr,
Und uralt werden sie, wie Sonn und Mond
Am Himmel, doch unsterblich sind sie nicht.

HAGEN. Um so verfluchter denn! Ich warf die Kleider
Mit Freuden wieder hin und stürzte fort.
Doch da erscholl ein Lachen hinter mir,
So widerwärtig und entsetzlich-häßlich,
Als käms aus einem Sumpf von tausend Kröten
Und Unken, und ich sah mich schaudernd um.
Was wars? Die Weiber abermals, doch nun
In scheußlicher Gestalt. Sie schnitten mir
Gesichter und in seltsam-schnalzgem Ton,
Als spräche, statt des Vogels, jetzt der Fisch,
In dem ihr schlanker Leib sich endgen soll,
Höhnten sie mich: Wir haben dich betrogen,
Ihr alle seht, wenn ihr ins Heunenland
Hinunterzieht, den grünen Rhein nicht wieder,
Und nur der Mann, den du am allermeisten
Verachtest, kommt zurück.

VOLKER. Doch nicht der Pfaff?

HAGEN. Du siehst es ja. Ich rief zwar spöttisch drein:

Das heißt: die Fremde wird uns so gefallen,
Daß wir die Heimat über sie vergessen,
Und lacht und pfiff, und fragte nach dem Schiff.
Doch trafs mich wie ein Schlag, und glaubs mir nur,
Es endet nimmer gut. *(Laut)* Man wirds erfahren,
Daß man, wenn Hagen Tronje einmal warnt,
Auf Hagen Tronje hören darf.

GUNTHER. Warum
Hört Hagen Tronje denn nicht selbst auf sich
Und bleibt zurück? Wir haben Mut genug,
Auch ohne ihn das grause Abenteuer
Zu wagen, das in einer Schwester Armen
Sein Ende finden wird, wenn uns nicht gar
Zuletzt ein Kuß von unserm Schwäher droht.

HAGEN. Hoho! Ich bin wohl noch zu jung zum Sterben! –
Es ist mir nur um dich und nicht um mich.

DANKWART *(zu Hagen).* Was ist denn das für Blut?

HAGEN. Wo hätt ich Blut?

DANKWART *(taucht den Finger hinein und zeigt es ihm).*
Ei, von der Stirne träufts dir hell herunter,
Fühlst dus nicht selbst?

HAGEN. So sitzt mein Helm nicht fest.

GUNTHER. Nein, sprich, was ists?

HAGEN. Ich trug den Donauzoll
Im stillen für dich ab, du wirst nicht mehr
Gemahnt, der Mautner hat sein Teil. Doch wußte
(er nimmt den Helm ab)
Ich selber nicht, daß ich so reichlich gab.

GUNTHER. So hast du doch den Fährmann –

HAGEN. Allerdings.
Ich sehs jetzt, Lügen haben kurze Beine:
Er grüßte mich mit seinem dicken Ruder,
Ich dankte ihm mit meinem scharfen Schwert.

GUNTHER. Gelfrat, den Riesen!

HAGEN. Ja, den Stolz der Bayern!
Er treibt im Fluß, verhauen wie sein Schiff!
Doch unbesorgt. Ich trag euch auf dem Rücken
Hinüber, wenn ihr hier zum zweitenmal
Die Fähre sucht.

GUNTHER. So brauchts nur fortzugehn,
Und deine Rabenweisheit kommt zu Ehren –
HAGEN. Das tut sie auch, wenn Ihr die Fiedel streicht!
So oder so, wir sind im Netz des Todes –
VOLKER. Gewiß! Doch ist das neu? Wir warens stets.
HAGEN. Das ist ein Wort, mein Volker, habe Dank.
Jawohl, wir warens stets, es ist nicht neu,
Und einen Vorteil haben wir voraus
Vor all den andern, welche sterben müssen:
Wir kennen unsern Feind und sehn das Netz –
GUNTHER *(unterbricht ihn scharf und schroff).*
Fort! Fort! Sonst läßt der Bayernherzog sich
Den toten Mautner zahlen wie die Maut,
Und König Etzel kommt um seinen Spaß.
(Ab mit den Seinigen bis auf Hagen und Volker)
HAGEN. Und bei den Namenlosen seis geschworen:
Wer mich hinunterstößt, den reiß ich nach.
VOLKER. Ich helf dabei! Doch sagen muß ich dir:
Bis diese Stunde hab ich wie die andern
Gedacht.
HAGEN. Ich auch. Doch weiß ichs selber erst,
So ist der Mensch, pfui über ihn und mich,
Seit ich die Weiber prophezeien hörte!
VOLKER. Und jetzt noch möcht ich zweifeln –
HAGEN. Nein, mein Volker,
Das wär verkehrt. Die Probe ist gemacht.
VOLKER. Doch ist auch alles wahr, was Ute sagte:
Sie ist ein Weib und müßte, um den Gatten
Zu rächen, ihre eignen Brüder töten
Und ihre alte Mutter mit!
HAGEN. Wie das?
VOLKER. Die Könge decken dich, und Ute deckt
Die Könge wieder, oder trifft man sie
Nicht auch, wenn man die Söhne trifft?
HAGEN. Gewiß.
VOLKER. Und wird ein Weib wohl einen Pfeil versenden,
Der, eh er dir die Haut nur ritzen kann,
Durch alle diese Herzen gehen muß?
HAGEN. Komme, was kommen mag, ich bin bereit.

VOLKER. Ich hab uns alle bluten sehn im Traum,
Doch jeder hatte seine Wunde *hinten*,
Wie sie der Mörder, nicht der Held, versetzt,
Drum fürchte nichts als Mäusefallen, Freund! *(Beide ab)*

Zweite Szene

Bechlarn. Empfangssaal
Götelinde von der einen Seite mit Gudrun, Rüdeger von der andern mit Dietrich und Hildebrant. Hinter ihnen Iring und Thüring

GÖTELINDE. Es freut mich, edler Dieterich von Bern,
Euch in Bechlarn zu sehn, nicht minder gern
Erblick ich Euch, Herr Hildebrant. Ich habe
Nur *eine* Zunge, und ich kann mit ihr
Zwei tapfre Recken nicht auf einmal grüßen,
Allein ich hab zwei Hände, die dem Herzen,
Das euch gleich stark entgegenschlägt, gleich willig
Gehorchen und *(sie streckt ihre Hände aus)*
verbeßre so den Fehl.
DIETRICH *(während der Begrüßung)*.
Zu milde Worte für so alte Knochen!
HILDEBRANT. Das find ich nicht. Ich küß sie noch einmal,
(er küßt auch Gudrun)
Da sie nun einmal doppelt vor mir steht.
DIETRICH. Die Ähnlichkeit ist wirklich groß genug,
Um die Verwechslung zu entschuldigen.
(Er küßt Gudrun gleichfalls)
RÜDEGER. Nur immer zu!
DIETRICH. Ich und mein Waffenmeister,
Wir spielen heut: Wer ist der größte Narr?
Mit braunen Köpfen haben wir gerauft,
Mit weißen küssen wir!
GÖTELINDE *(zu Iring und Thüring)*. Euch, edle Herrn
Von Dänemark und Thüring, hab ich schon
So oft gesehn, daß ich euch wohl als Freunde
Behandeln darf!
IRING *(während der Begrüßung)*. Herrn Dietrich gebührt

Der Rang auch ohne das. Wo er erscheint,
Tritt alles gern zurück.
DIETRICH. Wenn wir uns so
Zusammenfinden, wir, die Amelungen,
Und ihr, die ihr aus fernstem Norden stammt,
Ein jeder mehr als hundertmal gekerbt
In blutgen Kämpfen, wie ein Eichenbaum,
Den sich der Jäger für die Axt bezeichnet,
Doch nie gefällt wie der, so möcht ich glauben,
Wir haben, ohne selbst darum zu wissen,
Das Kraut gepflückt, das vor dem Tode schützt.
IRING. Ein Wunder ists.
THÜRING. Das Wunder ist nicht groß!
Einst saßen wir auf unsren eignen Thronen,
Jetzt sind wir hier, um für den Heunenfürsten
Die blutgen Nibelungen zu begrüßen,
Und tragen unser Diadem zum Spott.
Herr Etzel hat sich seinen stolzen Hof
Aus Königen gebildet, und er sollte
Für sich auf einen neuen Namen sinnen,
Bei dem man gleich an dreißig Kronen denkt:
Wir aber hätten wohlgetan, das Zepter
Mit einem Bettelstabe zu vertauschen,
Der Stock, das schnöde Mittelding, entehrt.
DIETRICH. Auch ich bin unter euch und kam von selbst.
THÜRING. Jawohl, doch keiner ahnt, warum, und Etzel,
Das glaube nur, ist so erstaunt wie wir.
Wärst du von meinem Holz, so würd ich glauben,
Du hättst dich eingefunden, um den Löwen
Zu spielen und ihn selber zu verschlingen,
Nachdem er Bär und Wolf im Magen hat.
Doch dies liegt deinem Wesen fern, ich weiß,
Und da du ganz aus freien Stücken tust,
Was wir aus Klugheit und aus halbem Zwang,
So mußt du wunderbare Gründe haben,
Die unser plumpe Kopf nicht fassen kann.
DIETRICH. Ich habe Gründe, und der Tag ist nah,
Wo ihr sie kennenlernt,
IRING. Ich brenne drauf,

Sie zu erfahren, denn daß du dich beugst,
Wo du gebieten könntest, ist so seltsam,
Daß es, ich sag es frei, an Schande grenzt,
Besonders *dieser* Weg.

THÜRING. Das mein ich auch!

RÜDEGER. Vergeßt nicht Etzels Sinn und edle Art!
Ich würd ihm willig dienen, wenn ich auch
So frei wie Dietrich wäre, denn er ist
Uns gleich an Adel, doch wir hattens leicht,
Wir erbtens mit dem Blut von unsern Müttern,
Er aber nahm es aus der eignen Brust!

THÜRING. So fühl ich nicht, ich folge, weil ich muß,
Doch wäre ich wie der –

IRING. Ich tröste mich
Mit unsern Göttern, denn derselbe Sturm,
Der uns die Kronen raubte, hat auch sie
Gestürzt, und wenns mich auch einmal verdrießt,
Daß dieser *(er faßt an sein Diadem)*
Reif nicht länger blitzt als sonst,
So tret ich rasch in Wodans Eichenhain,
Und denk an den, der mehr verloren hat!

DIETRICH. So machst dus recht! – Das große Rad der Welt
Wird umgehängt, vielleicht gar ausgetauscht,
Und keiner weiß, was kommen soll.

RÜDEGER. Wie das?

DIETRICH. Ich saß einst eine Nacht am Nixenbrunnen
Und wußte selbst nicht, wo ich war. Da hab ich
Gar viel erlauscht.

RÜDEGER. Was denn?

DIETRICH. Wer sagts dir an?
Du hörst ein Wort und kannst es nicht verstehn,
Du siehst ein Bild und weißt es nicht zu deuten,
Und erst, wenn was geschieht, besinnst du dich,
Daß dirs die Norne schon vor Jahr und Tag
In Schattentänzen vorgegaukelt hat!

(Trompeten)

IRING. Die Helden nahn!

THÜRING. Die Mörder!

RÜDEGER. Davon still!

DIETRICH. So blieb ein Rätsel mir im Ohre hängen,
Das lautete: Der Riese soll den Riesen
Nicht fürchten, nur den Zwerg! Hättst dus gelöst?
Seit Siegfrieds Tod versteh ichs nur zu wohl.
GÖTELINDE *(am Fenster. Die Trompeten ganz nahe).*
Da sind sie.
GUDRUN. Welche muß ich küssen, Mutter?
GÖTELINDE. Die Kön'ge und den Tronjer!
RÜDEGER *(zu den Recken).* Kommt denn, kommt!
DIETRICH. Ihr, um zu grüßen, um zu warnen ich.
RÜDEGER. Wie?
DIETRICH. Ja! Wenn sie auf meine Winke achten,
So trinken sie mit dir und kehren um! *(Im Abgehen)*
Halt Feuer und Schwefel auseinander, Freund,
Denn löschen kannst du nicht, wenns einmal brennt.
(Alle ab)

Dritte Szene

GÖTELINDE. Tritt her zu mir, Gudrun, was zögerst du?
So edlen Gästen dürfen wir uns nicht
Gleichgültig zeigen.
GUDRUN *(tritt gleichfalls ans Fenster).* Mutter, sieh doch den,
Den Blassen mit den hohlen Totenaugen,
Der hats gewiß getan.
GÖTELINDE. Was denn getan?
GUDRUN. Die arme Königin! Sie war doch gar
Nicht lustig auf der Hochzeit.
GÖTELINDE. Was verstehst
Denn du davon? Du bist ja eingeschlafen,
Bevor sies werden konnte.
GUDRUN. Eingeschlafen!
Ich schlief in Wien nicht einmal ein, so jung
Ich damals auch noch war! – So saß sie da,
Den Kopf gestützt, als dächte sie an alles,
Nur nicht an uns, und wenn Herr Etzel sie
Berührte, zuckte sie, wie ich wohl zucke,
Wenn eine Schlange uns zu nahe kommt.
GÖTELINDE. Pfui, pfui, Gudrun!

GUDRUN. Du kannst mirs sicher glauben,
Ihr habts nur nicht bemerkt. Du lobst mein Auge
Doch sonst –
GÖTELINDE. Wenns Nadeln aufzuheben gibt.
GUDRUN. Der Vater nennt mich seinen Hauskalender –
GÖTELINDE. Es soll nicht mehr geschehn, du wirst zu keck.
GUDRUN. So war sie lustig?
GÖTELINDE. Wies der Witwe ziemt!
Nichts mehr davon! *(Sie tritt vom Fenster zurück)*
GUDRUN. Es fiel mir ja nur ein,
Als ich – *(Schreit auf)* Da ist er!

Vierte Szene

Rüdeger tritt mit seinen Gästen und den Nibelungen ein. Giselher folgt später und hält sich abseits

HAGEN. Wir erschrecken hier? *(Allgemeine Begrüßung)*
(Zu Gudrun)
Man hat mich wohl verleumdet und verbreitet,
Daß ich nicht küssen kann? Hier der Beweis.
(Er küßt sie, dann zu Götelinde)
Verzeiht mir, edle Frau! Ich war besorgt
Für meinen Ruf und mußte eilig zeigen,
Daß ich kein Lindwurm bin. Doch wär ichs auch,
So hätt ein Kuß von diesem Rosenmund
Mich so gewiß zum Schäfer umgewandelt,
Als es im schönsten Märchen je geschah.
Was soll ich? Veilchen suchen? Lämmer fangen?
Ich wette um den zweiten Kuß mit dir:
Die Blumen sollen nicht ein Blatt verlieren,
Die Lämmer nicht ein Haar! Sprich, gehst dus ein?
RÜDEGER. Zum Imbiß jetzt! Im Grünen ist gedeckt.
HAGEN. Erst laß uns deine Waffen doch besehn!
(Tritt vor einen Schild)
Das ist dein Schild! Den Meister möcht ich kennen,
Der ihn geschmiedet hat. Doch hast du selbst ihn
Gewiß nicht aus der ersten Hand.

RÜDEGER. Versuchs,
Ob du errätst, wer ihn vor mir besaß.
HAGEN *(nimmt den Schild von der Wand).*
Ei, der ist schwer. Nur wenge gehn herum,
Die solch ein Erbstück nicht verschmähen müßten.
GÖTELINDE. Hörst du, Gudrun?
HAGEN. Du kannst ihn liegenlassen,
Wie einen Mühlenstein, wos dir gefällt,
Er schützt sich selbst.
GÖTELINDE. Habt Dank für dieses Wort.
HAGEN. Wie, edle Frau?
GÖTELINDE. Habt Dank, habt tausend Dank,
Es war mein Vater Nudung, der ihn trug.
VOLKER. Dann hatt er recht, als er Euch schwören ließ,
Euch keinem andern Recken zu vermählen
Als dem, der seine Waffe brauchen könne,
Man denkt zum Schild sich leicht das Schwert hinzu.
HAGEN. Das hab ich nie gehört. Was solch ein Fiedler
Doch alles weiß!
RÜDEGER. Es war so, wie er sagt.
HAGEN *(will den Schild wieder aufhängen).*
Nun, ich beklage seinen Tod von Herzen,
Ich hätt – verzeiht – ihn selbst erschlagen mögen,
Es muß ein trotzger Held gewesen sein.
GÖTELINDE. Laßt ihn nur stehn.
HAGEN. Das tut kein Knecht für mich.
RÜDEGER. Schon gut. Wir wissen jetzt, was dir gefällt!
HAGEN. Meinst du? Zum Balmung würd er freilich passen,
Den mir der wackre Siegfried hinterließ,
Und daß ich Waffen sammle, leugn ich nicht.
RÜDEGER. Nur nimmst du keine aus der ersten Hand.
HAGEN. Ich liebe die erprobten, das ist wahr! *(Alle ab)*

Fünfte Szene

VOLKER *(hält Giselher zurück).*
Mein Giselher, ich muß dir was vertraun.
GISELHER. Du mir?
VOLKER. Auch bitt ich dich um deinen Rat.

GISELHER. Wir ritten fast die ganze Zeit zusammen
Und jetzt auf einmal? Nun, so faß dich kurz!
VOLKER. Sahst du das Mägdlein? Doch, was frag ich noch,
Sie hielt ja keinen Becher in der Hand.
GISELHER.
Sprich nicht so dumm, ich hab sie wohl gesehn.
VOLKER. Du hast ja aber doch den Kuß verschmäht,
Den sie dir schuldig war –
GISELHER. Was höhnst du mich?
VOLKER. Ich muß dich prüfen, eh ichs glauben kann,
Denn das vom Becher ist dein eignes Wort.
Wie alt erscheint sie dir?
GISELHER. Nun laß mich aus!
VOLKER. Du hast noch Zeit. Führt sie den Mädchentitel
Schon unbestritten?
GISELHER. Kümmerts dich?
VOLKER. Jawohl:
Ich will hier werben, und ich muß doch wissen,
Daß sie den Bräutigam nicht stehen läßt,
Wenn sie zum Blindekuh gerufen wird.
GISELHER. Du willst hier werben? *Du?*
VOLKER. Nicht für mich selbst!
Mein Helm ist, trotz der Beulen, die er hat,
Noch blank genug, mir mein Gesicht zu zeigen,
O nein, für Gerenot.
GISELHER. Für Gerenot?
VOLKER. Nun frag ich dich im Ernst: Ists euch genehm?
Dann tu ichs gern! Hab ichs doch selbst gesehn,
Daß ihns durchfuhr, als ob der Blitz ihn träfe,
Wie er dies Kind am Fenster stehen sah.
GISELHER. Ihn? Er hat nicht einmal hinaufgeschaut! –
Das war ja ich.
VOLKER. Das wärest du gewesen?
Sprachst du denn auch zu mir?
GISELHER. Das glaub ich nicht,
Doch dafür sprech ich jetzt. Ihr habt ja immer
Gedrängt, ich sollte frein, und Gerenot
Am allermeisten – nun, es wird geschehn!
VOLKER. Auf einmal?

GISELHER. Wenn sie will. Ich hab den Kuß
Der Höflichkeit verschmäht –
VOLKER. Ists wirklich so?
GISELHER. Verpaßt, wenns dir gefällt, wie meinen Teil
Vom großen Kuchen, doch es ist mir gleich,
Einen andern oder keinen! *(Rasch ab)*

Sechste Szene

VOLKER. Ei, das kommt
Wies Fieber! Aber ganz zur rechten Zeit,
Drum blies ich auch hinein mit vollen Backen,
Denn, wenn wir uns mit Rüdeger verschwähern,
Ist Etzels redlichster Vasall uns Freund. *(Ab)*

Siebente Szene

Garten

Rüdeger und seine Gäste. Bankett im Hintergrund

HAGEN. Hast du ihr im geheimen nichts gelobt?
RÜDEGER. Hätt ichs getan, so müßt ichs wohl verschweigen.
HAGEN. Ich glaub es doch. Der Umsprung war zu rasch!
Erst war sie durch die Werbung tief gekränkt,
Dann wars ihr plötzlich recht.
RÜDEGER. Und wenn es wäre:
Kann sie verlangen, was man weigern muß?
HAGEN. Wer weiß! Doch mir ists gleich!
RÜDEGER. Ich kenne das!
Wohl mag ein Weib, das schwer beleidigt ist,
Auf Rache sinnen und in blutgen Plänen
Uns alle überbieten: Kommt der Tag,
Wo sich ein Arm für sie erheben will,
So hält sie selbst mit Zittern ihn zurück
Und ruft: Noch nicht!
HAGEN. Kann sein! – Wo bleibst du, Volker?

Achte Szene

Volker tritt auf

VOLKER. Ich hatte Krankendienst! – Die Luft bei euch
Ist nicht gesund. Hier brechen Fieber aus,
Die über zwanzig Jahre ruhig schliefen,
Und das so heftig, wie ichs nie gesehn.
RÜDEGER. Wo ist dein Kranker denn?
VOLKER. Da kommt er just!

Neunte Szene

Giselher tritt auf

RÜDEGER. Zu Tisch! Dort lösen wir dies Rätsel auf,
Wenn wir die Nüsse und die Mandeln knacken.
GISELHER. Mein edler Markgraf, erst erlaubt ein Wort.
RÜDEGER. Soviel der Küchenmeister noch gestattet,
Nicht mehr noch weniger.
GISELHER. Ich bitte Euch
Um Eurer Tochter Hand.
GERENOT. Ei, Giselher!
GISELHER. Ists dir nicht recht? Sprich auch! Und laß uns schwören.
Wie uns das Los auch fällt, wir grollen nicht!
Du lachst? Du sprachst wohl schon und hast dein Ja?
Nun wohl, ich halt auch dann, was ich gelobt,
Doch nehm ich nie ein Weib!
GERENOT. Was fällt dir ein!
RÜDEGER *(winkt Frau und Tochter).* Tritt her, Gudrun!
HAGEN *(schlägt Giselher auf die Schulter).* Du bist ein braver Schmied! –
Das wird ein Ring! – Ich leg mein Fürwort ein!
GUNTHER. Das tu auch ich. Es wird mich hoch erfreun,
Wenn ich auf diese reine Jungfraunstirn
Die Krone setzen darf.
GISELHER *(zu Gudrun).* Und du?
GÖTELINDE *(da Gudrun schweigt).* O weh!
So wißt Ihrs nicht schon längst durch das Gerücht?
Mein Kind ist taub und stumm.

RÜDEGER. Ich geb Euch gern
Euer Wort zurück.
GISELHER. Ich habs noch nicht verlangt,
Sie wäre ohne das zu gut für mich.
HAGEN. Recht, hämmre tüchtig zu! Denn solch ein Ring
Paßt ganz in unsre Kette. *(Zu Volker)* Wenn sies wagt,
So soll sie zehnmal blutger sein, wie ich!
GISELHER. Gudrun – Ach, ich vergesse! Lehrt mich rasch
Die Zeichen, die ihr braucht, mit ihr zu reden,
Und diesmal fragt für mich.
GUDRUN. Ei, glaubts doch nicht,
Ich schämte mich ja nur.
VOLKER. Du liebes Kind!
Auf deinen Lippen muß ein Zauber wohnen,
Wer sich beim ersten Kuß was wünscht, der hats.
GISELHER. So sprich!
GUDRUN. Mein Vater sprach ja auch noch nicht.
HAGEN *(zu Rüdeger)*.
Da hast du Vollmacht! Siegle! Denn dein Koch
Wird ungeduldig.
RÜDEGER *(gegen Gunther)*. Braucht es meiner noch?
Muß ich die Rolle jenes Narren spielen,
Dem eine Krone auf den Scheitel fiel,
Und der gen Himmel rief: Ich nehm sie an?
Es sei, und also sag ich ja! *(Zu Hagen)* Nun weißt du,
Wie tief ich gegen euch verschworen bin.
HAGEN. So gebt euch denn die Hände! Brav! Der Ring
Ist fertig! Keinen Schlag mehr, Schmied! Die Hochzeit
Erst bei der Wiederkehr!
GISELHER. Warum?
GÖTELINDE. Ei wohl!
RÜDEGER. Ich harrte sieben Jahr.
HAGEN. Doch darfst du nicht
Zurückgewiesen werden, wenn dir auch
Ein paar von deinen Gliedern fehlen sollten, *(zu Gudrun)*
Ich steh dafür, er kommt nicht ohne Kopf.
RÜDEGER. Das gehn wir ein. Es gilt ja nur ein Fest.
DIETRICH *(tritt plötzlich hinzu)*.
Wer weiß! Frau Kriemhild weint noch Tag und Nacht.

HAGEN. Und Etzel duldets? Pah! Da schellt der Koch.
DIETRICH. Ich bin gekommen, um euch das zu sagen.
Es ist geschehn, nun achtets, wie ihr wollt.

(Geht mit Rüdeger zum Bankett)

Zehnte Szene

HAGEN. Hört Ihrs? Das sprach Herr Dieterich von Bern.
DIETRICH *(kehrt wieder um).*
Seid auf der Hut, ihr stolzen Nibelungen,
Und wähnt nicht, daß ein jeder, der die Zunge
Jetzt für euch braucht, den Arm auch brauchen darf.

(Folgt Rüdeger)

Eilfte Szene

VOLKER. Das sprach ein König, der gewiß zuletzt
Auf Erden Argwohn schöpft.
HAGEN. Sie kennen ihn.
VOLKER. Und weise Nixen, die dem Zauberborn
Entstiegen –
HAGEN. Willst du schwatzen?
GUNTHER. Nun, was ists?
HAGEN. Sie meinten, gute Panzer täten not –
VOLKER. Und nützten doch zu nichts.
GUNTHER. Was tuts? Die Hülfe
Ist bei der Hand.
HAGEN. Wie das?
GUNTHER. Du gehst zurück!
HAGEN. Zurück?
GUNTHER. Jawohl! Du meldest meiner Mutter,
Was hier geschah, damit sie Betten stopft,
Und freust dich, daß du uns gerettet hast.
Denn die Gefahr, vor der du ewig warnst,
Ist nur für dich und nicht für uns vorhanden,
Wir sind gedeckt, sobald du selbst nur willst,
Und deinen Auftrag hast du! Kehr denn um!
HAGEN. Gebeutst dus mir?

GUNTHER. Wenn ich gebieten wollte,
So hätt ichs schon zu Worms am Rhein getan!
HAGEN. Dann ists ein Dienst, den ich dir weigern muß.
GUNTHER. Siehst du? Es ist dir nicht allein um mich!
Du willst nicht fehlen, wo man spotten könnte:
Wo bleibt er denn? Er fürchtet sich doch nicht?
Nun, was dich treibt, das treibt auch mich! Ich will
Nicht warten, bis der Heunenkönig mir
Ein Spinnrad schickt. Ja, wenn die Norne selbst
Mit aufgehobnem Finger mich bedräute,
Ich wiche keinen Schritt zurück! Und du
Bist unser Tod, wenns drunten wirklich steht,
Wie dus uns prophezeist. Doch –
(Er schlägt Hagen auf die Schulter)
Komm nur, Tod!
(Folgen den andern)

DRITTER AKT

Heunenland. König Etzels Burg. Empfangssaal

Erste Szene

Kriemhild. Werbel. Swemmel

KRIEMHILD. So wagt ers ungeladen? Hagen Tronje,
Ich kannte dich!
WERBEL. Er zieht voran und führt.
KRIEMHILD. Greift gleich nach ihren Waffen, wenn sie kommen,
Ihr wißt, mit List.
WERBEL. Es liegt uns selbst daran.
KRIEMHILD. Habt Ihr denn auch noch Mut, nun Ihr sie kennt?
WERBEL. Dem Hornißschwarm erlag schon mancher Leu! –
Weiß Etzel etwas?
KRIEMHILD. Nein! – Und doch wohl: Ja.
WERBEL. Es ist nur –
KRIEMHILD. Was?
WERBEL. Auch in der Wüste ehren
Wir einen Gast.

KRIEMHILD. Ist Gast, wen keiner lud?
WERBEL. Bei uns sogar der Feind.
KRIEMHILD. Vielleicht ist alles
Nicht nötig. Hier wird König Gunther frei,
Und wenn sich in Burgund der Henker findet,
So brauche ich die Heunschen Rächer nicht.
WERBEL. Doch Königin –
KRIEMHILD. Euch halte ich auch dann,
Was ich Euch schwur. Der Nibelungen Hort
Ist Euer, wenn er liegt. Ich frage nicht,
Durch wen er fiel!
WERBEL. Auch wenn wir nichts getan?
Trotz Etzels Zorn, dein bis zum Tod dafür!
KRIEMHILD. Habt Ihr die Königin Burgunds gesehn?
WERBEL. Die sieht kein Mensch.
KRIEMHILD. Auch nicht von ihr gehört?
WERBEL. Die wunderlichsten Reden gehen um.
KRIEMHILD. Was denn für Reden?
WERBEL. Nun, es wird geflüstert,
Daß sie in einem Grabe haust.
KRIEMHILD. Und doch
Nicht tot?
WERBEL. Sie hat es gleich nach dir bezogen,
Fort in der Nacht, nach Wochen erst entdeckt,
Und nicht mehr wegzubringen.
KRIEMHILD. Sie – Brunhild –
In Siegfrieds heilger Ruhestatt?
WERBEL. So ists.
KRIEMHILD. Vampir.
WERBEL. Am Sarge kauernd.
KRIEMHILD. Teufelskünste
Im Sinn.
WERBEL. Kann sein. Allein im Auge Tränen,
Und mit den Nägeln bald ihr Angesicht
Zerkratzend, bald das Holz.
KRIEMHILD. Da seht Ihrs selbst!
WERBEL. Der König gab Befehl, sie einzumauern,
Doch eilig setzte ihre graue Amme
Sich in die Tür.

KRIEMHILD. Dich treib ich wieder aus! – *(Nach langer Pause)*
Und meine Mutter schickt mir diese Locke
Und fügte nicht ein einzges Wort hinzu?
WERBEL. So ists.
KRIEMHILD. Sie soll mich mahnen, denk ich mir,
Daß ich die Brüder nicht zu lange halte.
WERBEL. Es mag wohl sein.
KRIEMHILD. Sie ist so weiß wie Schnee.
WERBEL. Doch hätte sie gewiß nicht dran gedacht,
Wenn sie ihr Traum nicht so geängstigt hätte,
Denn sie betrieb die Reise selbst mit Fleiß.
KRIEMHILD. Was für ein Traum?
WERBEL. Sie sah die Nacht, bevor
Wir ziehen sollten, alle Vögel tot
Vom Himmel fallen.
KRIEMHILD. Welch ein Zeichen!
WERBEL. Nicht?
Die Kinder scharrten sie mit ihren Füßen
Zusammen, wie im Herbst die dürren Blätter –
KRIEMHILD. Und ihre Träume gehen immer aus! –
Das ist ein Pfand!
WERBEL. Du jubelst? Sie erschrak
Und schnitt, als wir zu Pferde steigen wollten,
Vom greisen Haupt die Locke sich herunter,
Und gab sie mir, wie einen Brief für dich.
KRIEMHILD. Nun richtet euch!
WERBEL. Das Netz ist schon gestellt.
(Werbel und Swemmel ab)

Zweite Szene

KRIEMHILD *(die Locke erhebend).*
Ich kann dich wohl verstehn! Doch fürchte nichts!
Mir ists nur um den Geier, deine Falken
Sind sicher bis auf ihre letzte Feder,
Es wäre denn – Doch nein, sie hassen sich!

Dritte Szene

ETZEL *(tritt mit Gefolge ein).*
Nun wirst du doch mit mir zufrieden sein?
Und wenn dus noch nicht bist, so wirst dus werden,
Bevor ich dich verlasse. Sag nur an,
Wie ich die Deinigen begrüßen soll.
KRIEMHILD. Mein König –
ETZEL. Stocke nicht! Bedinge dirs,
Wies dir gefällt! Ich ging bis an das Tor,
Als ich den alten Dieterich von Bern
Zuerst empfing, und trug ein Diadem.
Dies war bis jetzt mein Höchstes, aber heut
Bin ich zu mehr bereit, damit sie sehn,
Daß auch der Heune dich zu schätzen weiß.
Bis an die fernsten Marken meines Reichs
Hab ich die Könige vorausgesandt,
Die mehr aus Wahl mir dienen als aus Zwang,
Und Freudenfeuer, die von Berg zu Berg
Entzündet werden, flammen ihnen zu,
Daß sie an Etzels Hof willkommen sind
Und uns, auf welcher Straße sie sich nahn.
Soll ich nun auch noch Kronenprobe halten
Und meinen Purpur einmal wieder lüften,
So sprichs nur aus, und kehr dich nicht daran,
Daß mich ein Zentner Eisen nicht so drückt
Wie eine Unze Gold. Ich wähle mir
Die leichteste, und wenn du danken willst,
So kannst du sie mit einem roten Band
Mir für das Fest der Sonnenwende merken,
Damit ich sie sogleich zu finden weiß.
KRIEMHILD. Mein Herr und mein Gemahl, das wär zu viel.
ETZEL. Zu viel vielleicht für sie, doch nicht für dich!
Denn du erfülltest mir den letzten Wunsch,
Der mir auf Erden noch geblieben war,
Du schenktest mir den Erben für mein Reich,
Und was ich dir im ersten Vaterrausch
Gelobte, halt ich auch: Du kannst nicht fordern,
Was ich versagte, seit ein Sohn mir lebt.

Und wenn du nichts für dich verlangen magst,
So laß michs an den Deinigen beweisen,
Daß es mir ernst mit dieser Rede ist.

KRIEMHILD. Vergönne denn, daß ich sie nach Verdienst
Und Würdigkeit empfange und behandle,
Ich weiß am besten, was sich für sie schickt,
Und sei gewiß, daß jeder das erhält,
Was ihm gebührt, wie seltsam ich das Fest
Auch richten und die Stühle setzen mag.

ETZEL. So seis! Ich lud ja nur auf deinen Wunsch,
Denn Vettern, die mich sieben Jahr verschmähn,
Kann ich im achten, wie sie mich, entbehren,
Drum ordne alles, wie es dir gefällt.
Wenn du mein halbes Reich verschwenden willst,
So stehts dir frei, du bist die Königin,
Und wenn du deine Kuchen lieber sparst,
So ists mir recht, du bist des Hauses Frau!

KRIEMHILD. Mein Herr und König, edel bist du stets
Mit mir verfahren, doch am edelsten
In dieser Stunde. Habe Dank dafür.

ETZEL. Um eins nur bitt ich: Laß mich deiner Huld
Den alten Dieterich von Bern empfehlen,
Wenn du ihn ehrst, so tust du, was mich freut.

KRIEMHILD. Es soll geschehn und das von Herzen gern.

ETZEL. Die Herrn von Thüring und von Dänemark
Schickt ich hinab, die Gäste zu begrüßen,
Doch Dietrich zog aus freien Stücken mit.

KRIEMHILD. Er wird sie kennen!

ETZEL. Nein, er kennt sie nicht.

KRIEMHILD. Sie ehren oder fürchten!

ETZEL. Auch nicht! Nein!

KRIEMHILD. Dann ist es viel!

ETZEL. Weit mehr noch, als du glaubst.
Denn sieh: Es sind drei Freie auf der Welt,
Drei Starke, welche die Natur, wies heißt,
Nicht schaffen konnte, ohne Mensch und Tier
Vorher zu schwächen und um eine Stufe
Herabzusetzen –

KRIEMHILD. Drei?

ETZEL. Der erste ist –
Vergib! Er war! Der zweite bin ich selbst,
Der dritte und der mächtigste ist *er*!
KRIEMHILD. Dietrich von Bern!
ETZEL. Er hält es gern geheim
Und rührt sich nur, wie sich die Erde rührt,
Wenn er nicht anders kann, doch sah ichs selbst.
Du kennst die Heunen: tapfer, wie sie sind,
Muß ich den Übermut gewähren lassen,
Der sie erfüllt vom Wirbel bis zur Zeh!
Wers Handwerk kennt, der weiß, daß der Soldat
Im Feld nur darum unbedingt gehorcht,
Weil er im Stall zuweilen trotzen darf,
Und willig läßt er ihm das kleine Recht,
Die Feder so, die Spange so zu tragen,
Das er mit seinem Blut so teuer zahlt.
Drum kann ich auch die edlen Könige
Nicht so vor aller Ungebühr bewahren,
Wie ichs wohl möchte, auch mein letzter Knecht
Will seinen Teil von Etzels Macht und Ruhm,
Die er als allgemeines Gut betrachtet,
Und zeigts, indem er pfeift, wenn andre beten,
Und schnalzt, wenn er sie höflich grüßen sieht.
So wagte einer hinter Dietrichs Rücken
Denn auch ein freches Wort, und das den Tag,
An dem er kam, er sah sich schweigend um
Und schritt zu einer Eiche, riß sie aus
Und legte sie dem Spötter auf den Rücken,
Der knickte unter ihrer Last zusammen,
Und alles schrie: Der Berner lebe hoch!
KRIEMHILD. Das ahnt ich nicht!
ETZEL. Er schwört sein Lob so ab,
Wie andre ihre Schande, und er würde
Die Taten gern verschenken wie die Beute,
Wenn sich nur Nehmer fänden. Doch so ists!
KRIEMHILD. Und dennoch? – Über allem Menschenkind,
Und dein Vasall?
ETZEL. Ich selbst erschrak, als er
Mit abgelegter Krone vor mich trat

Und seinen Degen senkte. Was ihn trieb,
Das weiß ich nicht, allein er dient mir treuer,
Wie viele, die ich überwand im Feld,
Und schon an sieben Jahr! Ich hätt ihn gern
Mit meinen reichsten Lehen ausgestattet,
Doch nahm er nichts als einen Meierhof,
Und auch von diesem schenkt er alles weg,
Bis auf ein Osterei, das er verzehrt.

KRIEMHILD. Seltsam!

ETZEL. Errätst auch du ihn nicht? Er ist
Ja Christ wie du, und eure Bräuche sind
Uns fremd und unverständlich. Kriecht doch mancher
Von euch in Höhlen und verhungert da,
Wenn ihm kein Rabe Speise bringt, erklettert
In heißer Wüste schroffe Felsenklippen
Und horstet drauf, bis ihn der Wirbelwind
Herunterschleudert –

KRIEMHILD. Heilige und Büßer,
Doch Dietrich trägt ein Schwert.

ETZEL. Gleichviel! Gleichviel! –
Ich möcht ihm endlich danken, und mir fehlt
Die Gabe, die er nimmt. Tu dus für mich!
Du bist uns noch das erste Lächeln schuldig:
Schenks ihm.

KRIEMHILD. Du sollst mit mir zufrieden sein!

Vierte Szene

Werbel und Swemmel treten auf

WERBEL. Mein Fürst, es flammt schon von den nächsten Bergen!
Die Nibelungen nahn!

ETZEL *(will hinunter).*

KRIEMHILD *(hält ihn zurück).*
Ich geh hinab
Und führ sie in den Saal. Du aber bleibst
Und wartest ihrer, mag die Treppe ihnen
Auch länger werden als der ganze Weg
Vom Rhein bis in die Heunenburg.

ETZEL. Es sei.
Sie hatten auch ja Zeit. Ich will derweil
Die Helden durch das Fenster mir betrachten;
Komm, Swemmel, zeig mir einen jeden an.

(Ab. Swemmel folgt)

Fünfte Szene

KRIEMHILD. Nun hab ich Vollmacht – Sie ist weit genug!
Er braucht mir nicht zu helfen, ich vollbringe
Es schon allein, wenn er mich nur nicht hindert,
Und daß er mich nicht hindert, weiß ich jetzt! *(Ab)*

Sechste Szene

Schloßhof

Die Nibelungen mit Dietrich, Rüdeger, Iring und Thüring treten auf

HAGEN. Da sind wir denn! Hier siehts ja prächtig aus!
Was ist das für ein Saal?
RÜDEGER. Der ist für euch,
Du wirst ihn noch vor Abend kennenlernen,
Er hat für mehr als tausend Gäste Raum.
HAGEN. Wir glaubten auch, in keiner Bärenhöhle
Zu sitzen, weil wir nicht vom Rauch mehr leiden
Wie unsre Väter in der alten Zeit,
Doch das ist ganz was andres! *(Zu den Königen)* Hütet euch,
Den asiatschen Schwäher einzuladen:
Der schickt sein Pferd in euer Prunkgemach
Und fragt euch dann, wo Obdach ist für ihn.
RÜDEGER. Herr Etzel sagt: Die Völker denken sich
Den König wie das Haus, worin er wohnt!
Drum wendet er auf dieses all die Pracht,
Die er an seinem Leibe stolz verschmäht.
HAGEN. Dann denken sie sich ihn mit so viel Augen,
Als ihnen Fenster hier entgegenfunkeln,
Und zittern schon von fern. Doch hat er recht!
RÜDEGER. Da kommt die Königin!

Siebente Szene

Kriemhild mit großem Gefolge tritt auf

HAGEN. Noch immer schwarz!
KRIEMHILD *(Zu den Nibelungen).*
Seid ihr es wirklich? Sind das meine Brüder?
Wir glaubten schon, es käm ein Feind gezogen,
So groß ist euer Troß. Doch seid gegrüßt!
(Bewillkommnung, aber ohne Kuß und Umarmung)
Mein Giselher, den Herren von Burgund
Entbot die Heunenkönigin den Gruß,
Dich küßt die Schwester auf den treuen Mund.
Herr Dieterich, mir trug der König auf,
Euch Dank zu sagen, daß Ihr seine Gäste
Empfangen habt. Ich sag Euch diesen Dank!
(Reicht ihm die Hand)
HAGEN. Man grüßt die Herren anders als die Mannen,
Das ist ein Zeichen wunderlicher Art,
Das manchen dummen Traum zu Ehren bringt.
(Bindet seinen Helm fester)
KRIEMHILD. Auch du bist da? Wer hat denn dich geladen?
HAGEN. Wer meine Herren lud, der lud auch mich!
Und wem ich nicht willkommen bin, der hätte
Auch die Burgunden nicht entbieten sollen,
Denn ich gehör zu ihnen wie ihr Schwert.
KRIEMHILD. Dich grüße, wer dich gerne sehen mag:
Was bringst du mir, daß dus von mir erwartest?
Ich habe dich des Abschieds nicht gewürdigt,
Wie hoffst du jetzt auf freundlichen Empfang!
HAGEN. Was sollt ich dir wohl bringen als mich selbst?
Ich trug noch niemals Wasser in das Meer
Und sollte neue Schätze bei dir häufen?
Du bist ja längst die Reichste von der Welt.
KRIEMHILD. Ich will auch nichts als das, was mir gehört,
Wo ists? Wo blieb der Hort der Nibelungen?
Ihr kommt mit einem Heer! Es war wohl nötig,
Ihn herzuschaffen. Liefert ihn denn aus!
HAGEN. Was fällt dir ein? Der Hort ist wohl bewahrt,
Wir wählten einen sichren Ort für ihn,

Den einzigen, wo's keine Diebe gibt,
Er liegt im Rhein, wo er am tiefsten ist.
KRIEMHILD. So habt ihr das nicht einmal gutgemacht,
Was doch noch heut in eurem Willen steht?
Dich, sagst du, hielt man nötig für die Fahrt
Und nicht den Hort? Ist das die neue Treu?
HAGEN. Wir wurden auf das Fest der Sonnenwende
Geladen, aber nicht zum Jüngsten Tag,
Wenn wir mit Tod und Teufel tanzen sollen,
So sagte mans uns nicht zur rechten Zeit.
KRIEMHILD. Ich frage nicht für mich nach diesen Schätzen,
Ich hab an meinem Fingerhut genug,
Doch Königinnen werden schlecht geachtet,
Wenn ihre Morgengabe gar nicht kommt.
HAGEN. Wir trugen allzu schwer an unserm Eisen,
Um uns auch noch mit deinem Gold zu schleppen,
Wer meinen Schild und meinen Panzer wiegt,
Der bläst das Sandkorn ab und nicht hinzu.
KRIEMHILD. Ich bin hier noch die Brautgeschenke schuldig,
Doch das ist Etzels Sache, meine nicht,
So legt denn ab und folgt mir in den Saal,
Er wartet längst mit Ungeduld auf euch.
HAGEN. Nein, Königin, die Waffen nehm ich mit,
Dir ständen Kämmrerdienste übel an!
(Zu Werbel, der auf Kriemhilds Wink Hagens Schild ergreift)
Auch du bist gar zu höflich, süßer Bote,
Die Klauen sind dem Adler nie zur Last.
KRIEMHILD. Ihr wollt in Waffen vor den König treten?
So hat Euch ein Verräter auch gewarnt,
Und kennt ich ihn, so sollt er selbst erleiden,
Womit er Euch aus Hinterlist bedroht.
DIETRICH *(tritt ihr gegenüber)*.
Ich bin der Mann, ich, Dietrich, Vogt von Bern!
KRIEMHILD. Das würd ich keinem glauben als Euch selbst!
Euch nennt die Welt den edlen Dieterich
Und blickt auf Euch, als wärt Ihr dazu da,
Um Feuer und Wasser einen Damm zu setzen
Und Sonne und Mond den rechten Weg zu zeigen,
Wenn sie einmal verirrten auf der Bahn:

Sind das die Tugenden, für die's der Zunge
An Namen fehlt, weil sie kein Mensch vor Euch
Besessen haben soll, daß Ihr Verwandte,
Die sich versöhnen wollen, neu verhetzt
Und Euren Mund zum Blasebalg erniedrigt,
Der tote Kohlen anzufachen sucht?

DIETRICH. Ich weiß, worauf du sinnst, und bin gegangen,
Es zu verhüten.

KRIEMHILD. Und was wär denn das?
Wenn du den Wunsch in meiner Seele kennst,
Den du als Mann und Held verdammen darfst,
So nenn ihn mir und schilt mich, wie du magst.
Doch wenn du schweigen mußt, weil du nicht wagst,
Mich eines Unrechts zu beschuldigen,
So fordre diesen ihre Waffen ab.

HAGEN. Das braucht er nur zu tun, so hat er sie.

DIETRICH. Ich steh dir für sie ein!

KRIEMHILD. Für Etzel auch,
Daß er die Doppelschmach nicht grimmig rächt?
Mit meinen Perlen schmückt die Nixe sich,
Mit meinem Golde spielt der plumpe Fisch,
Und statt sich hier zum Pfand des Friedens jetzt
Den Arm zu binden, blitzt ihr Schwert als Gruß.

HAGEN. Herr Etzel war noch nimmer in Burgund,
Und wenn du selbst es ihm nur nicht verrätst,
So weiß er viel, was Brauch ist unter uns.

KRIEMHILD. Ein jeder wählt sein Zeichen wie er will,
Ihr tretet unter dem des Blutes ein,
Doch merkt euch: wer da trotzt auf eignen Schutz,
Der ist des fremden quitt und damit gut.

HAGEN. Wir rechnen immer nur auf uns allein
Und achten alles übrige gering.

DIETRICH. Ich werde selbst das Salzfaß überwachen,
Damit kein Zank entsteht.

KRIEMHILD. Du kennst sie nicht
Und wirst noch viel bereun!

HAGEN *(zu Rüdeger)*. Herr Markgraf, stellt
Euch doch als Blutsfreund vor. Da sieht sie gleich,
Daß wir ein friedliches Geschäft betreiben,

Denn Hochzeitsstifter suchen keinen Streit.
Ja, Königin, wir gehen zwar in Eisen,
Allein wir haben Minnewerk gepflogen
Und bitten dich, den neugeschloßnen Bund,
Der Giselher vereinigt mit Gudrun,
Mit deinem Segen zu bekräftigen.

KRIEMHILD. Ists so, Herr Rüdeger, und kanns so sein?

GISELHER. Ja, Schwester, ja!

KRIEMHILD. Ihr seid vermählt?

GISELHER. Verlobt.

HAGEN. Die Hochzeit erst, wenn du gesegnet hast! *(Zu Gunther)*
Jetzt aber, scheint mir, wird es endlich Zeit,
Zu Hof zu gehn! Was sollen wir uns länger
Begaffen lassen?

DIETRICH. Ich geleite Euch! *(Ab mit den Nibelungen)*

KRIEMHILD *(im Abgehen zu Rüdeger).* Herr Rüdeger, gedenkt Ihr [Eures Schwurs?
Die Stunde naht, wo Ihr ihn lösen müßt.

(Beide ab, es erscheinen immer mehr Heunen)

Achte Szene

RUMOLT. Wie dünkt Euch das?

DANKWART. Wir wollen unser Volk
Zusammenhalten und das Übrige
Erwarten.

RUMOLT. Seltsam ists, daß König Etzel
Uns nicht entgegenkam. Er soll doch sonst
Von feinen Sitten sein.

DANKWART. Und wie das glupt
Und stiert und heimlich an den Arm sich stößt
Und wispert! *(Zu einigen Heunen, die zu nahe kommen)*
Halt! Der Platz ist schon besetzt!
Auch der! Und der! Schon zwanzig Schritt von hier
Fängt meine große Zehe an. Wer wagts,
Mir draufzutreten?

RUMOLT *(nach hinten rufend).* Ebensoviel Raum
Brauch ich für meinen Buckel, und er ist
Empfindlich wie ein Hühnerei.

DANKWART. Das hilft! –

Sie knurren zwar, doch ziehn sie sich zurück;
Unheimliches Gesindel, klein und frech.

RUMOLT. Ich guckt einmal in eine finstre Höhle
Durch einen Felsenspalt hinein. Da glühten
Wohl dreißig Augenräder mir entgegen,
Grün, blau und feuergelb, aus allen Ecken
Und Winkeln, wo die Tiere kauerten,
Die Katzen und die Schlangen, die sie zwinkernd
In ihren Kreisen drehten. Schauerlich
Sahs aus, es kam mir vor, als hätt sich eine
Gestirnte Hölle tief im Mittelpunkt
Der Erde aufgetan, wie all die Funken
So durcheinandertanzten, und ich fuhr
Zurück, weil ich nicht wußte, was es war.
Das kommt mir in den Sinn, nun ich dies Volk
So tückisch glupen sehe, und je dunkler
Der Abend wird, je besser triffts.

DANKWART. An Schlangen
Und Katzen fehlts gewiß nicht. Ob auch Löwen
Darunter sind?

RUMOLT. Die Probe muß es lehren,
In meiner Höhle fehlten sie. Ich suchte
Den Eingang auf, sobald ich mich besann,
Denn draußen war es hell, und schoß hinein.
Auch traf gar mancher Pfeil, wie das Geächz
Mir meldete, doch hört ich kein Gebrüll
Und kein Gebrumm, es war die Brut der Nacht,
Die dort beisammen saß, die feige Schar,
Die kratzt und sticht, anstatt zu offnem Kampf
Mit Tatze, Klau und Horn hervorzuspringen,
Und ebenso erscheinen mir auch die.
Gib acht, wenn sie uns nicht beschleichen können,
So hats noch keine Not.

DANKWART. Verachten möcht ich
Sie nicht, denn Etzel hat die Welt mit ihnen
Erobert.

RUMOLT. Hat ers auch bei uns versucht?
Er mähte Gras und ließ die Arme sinken,
Als er auf deutsche Eichen stieß!

Neunte Szene

Werbel, schon vorher mit Swemmel unter den Heunen sichtbar, ihnen unbemerkt gefolgt von Eckewart

WERBEL. Nun, Freunde,
Verlangt euch nicht ins Nachtquartier?
DANKWART. Es ist
Uns noch nicht angewiesen.
WERBEL. Alles steht
Schon längst bereit. *(Zu den Seinigen)*
Kommt! Mischt euch, wie sichs ziemt.
DANKWART. Halt! Wir Burgunden bleiben gern allein.
WERBEL *(ermuntert die Seinigen zu kommen).* Ei was!
DANKWART. Noch einmal! Das ist unser Brauch.
WERBEL. Im Krieg! Doch nicht beim Zechgelag!
DANKWART. Zurück!
Sonst laß ich ziehn!
WERBEL. Wer sah noch solche Gäste!
RUMOLT. Sie gleichen ihren Wirten auf ein Haar!
(Es wird geklatscht)
DANKWART. Man klatscht uns zu. Wer ists?
RUMOLT. Errätst dus nicht?
DANKWART. Ein unsichtbarer Freund.
RUMOLT. Ich sah vorhin
Den alten Eckewart vorüberschleichen,
Der Frau Kriemhild hinabgeleitet hat.
DANKWART. Glaubst du, daß der es war?
RUMOLT. Ich denk es mir.
DANKWART. Der hat ihr Treu geschworen bis zum Tode
Und war ihr immer hold und dienstbereit,
Das wär ein Wink für uns.

Zehnte Szene

Hagen kommt mit Volker zurück

HAGEN. Wie stehts denn hier?
DANKWART. Wir halten uns, wie dus befohlen hast.
RUMOLT. Und Kriemhilds Kämmrer klatscht uns Beifall zu.
HAGEN. Nun, Etzel ist ein Mann nach meinem Sinn.

DANKWART. So?
RUMOLT. Ohne Falsch?
HAGEN. Ich glaubs. Er trägt den Rock
Des besten Recken, den sein Arm erschlagen,
Und spielt darin des Toten Rolle fort.
Das Kleid ist etwas eng für seine Schultern,
Auch platzt die Naht ihm öfter als ers merkt,
Doch meint ers gut.
DANKWART. Warum denn kein Empfang?
VOLKER. Mir kam es vor, als wär er angebunden,
Und hätte uns nur darum nicht begrüßt.
HAGEN. So war es auch. Sein Weib hat ihm gewehrt,
Hinabzusteigen, doch das bracht er reichlich
Durch seine Milde wieder ein.
VOLKER. Ich dachte
An meinen Hund, als er so überfreundlich
Die Hand uns bot. Der wedelt immer doppelt,
Wenn ihn sein Strick verhindert, mir entgegen
Zu springen bis zur Tür.
HAGEN. Ich dachte nicht
An deinen Hund, ich dachte an den Leuen,
Der Eisenketten, wie man sagt, zerreißt
Und Weiberhaare schont. *(Zu Dankwart und Rumolt)*
Nun eßt und trinkt!
Wir habens hinter uns und übernehmen
Die Wacht für euch!
DANKWART *(zu Werbel und Swemmel).*
So führt uns, wenns gefällt.
WERBEL *(zu Swemmel).*
Tu dus! *(Heimlich)* Ich muß sogleich zur Königin.
(Alles zerstreut sich. Werbel geht in den Palast, Eckewart wird wieder sichtbar)

Eilfte Szene

VOLKER. Was meinst du?
HAGEN. Nimmer wirds mit Etzels Willen
Geschehen, daß man uns die Treue bricht,
Denn er ist stolz auf seine Redlichkeit,

Er freut sich, daß er endlich schwören kann,
Und füttert sein Gewissen um so besser,
Als ers so viele Jahre hungern ließ.
Doch sicher ist der Boden nicht, er dröhnt,
Wohin man tritt, und dieser Geiger ist
Der Maulwurf, der ihn heimlich unterwühlt.

VOLKER. O, der ist falsch, wies erste Eis! – Auch wollen
Wir überall des zahmen Wolfs gedenken,
Der plötzlich unterm Lecken wieder beißt.
Was nicht im Blut liegt, hält nicht vor. Doch sieh,
Wer schiebt sich da mit seinem weißen Haar
So wunderlich vorbei?

(Eckewart schreitet langsam vorüber, wie einer, der in Gedanken mit sich selbst redet. Seine Gebärden in Einklang mit Volkers Schilderung)

HAGEN *(ruft)*. Ei, Eckewart!

VOLKER. Er raunt, er murmelt etwas in die Lüfte
Und stellt sich an, als sähe er uns nicht,
Ich will ihm folgen, denn er rechnet drauf.

HAGEN. Pfui, Volker, ziemt es sich für uns, zu lauschen?
Schlag an den Schild und klirre mit dem Schwert!

(Er rasselt mit seinen Waffen)

VOLKER. Jetzt macht er Zeichen.

HAGEN. Nun, so kehr dich um. *(Sie tun es; sehr laut)*
Wer was zu melden hat, der meld es dort,
Wo man es noch nicht weiß.

VOLKER. Das ist –

HAGEN. Schweig still,
Willst du dem Heunenkönig Schmach ersparen?
Er sehe selbst zu. *(Eckewart schüttelt den Kopf und verschwindet)*

VOLKER. Das ist mir zu kraus!

HAGEN *(faßt ihn unter den Arm)*.
Mein Freund, wir sind auf deinem Totenschiff,
Von allen zweiunddreißig Winden dient
Uns keiner mehr, ringsum die wilde See
Und über uns die rote Wetterwolke.
Was kümmerts dich, ob dich der Hai verschlingt,
Ob dich der Blitz erschlägt? Das gilt ja gleich,

Und etwas Beßres sagt dir kein Prophet!
Drum stopfe dir die Ohren zu wie ich,
Und laß dein innerstes Gelüsten los,
Das ist der Totgeweihten letztes Recht.

Zwölfte Szene

Die Könige treten auf mit Rüdeger

GUNTHER. Ihr schöpft noch frische Luft?
HAGEN. Ich will einmal
Die Lerche wieder hören.
GISELHER. Die erwacht
Erst mit der Morgenröte.
HAGEN. Bis dahin
Jag ich die Eule und die Fledermaus.
GUNTHER. Ihr wollt die ganze Nacht nicht schlafen gehn?
HAGEN. Nein, wenn uns nicht Herr Rüdeger entkleidet.
RÜDEGER. Bewahr mich Gott!
GISELHER. Dann wache ich mit euch.
HAGEN. Nicht doch! Wir sind genug und stehn euch gut,
Für jeden Tropfen Bluts, bis auf den einen,
Von dem die Mücke lebt.
GERENOT. So glaubst du –
HAGEN. Nichts!
Es ist nur, daß ich gleich zu finden bin,
Wenn man mich sucht. Nun kriecht in euer Bett,
Wies Zechern ziemt.
GUNTHER. Ihr ruft?
HAGEN. Seid unbesorgt,
Es wird euch keiner rufen als der Hahn.
GUNTHER. Dann gute Nacht! *(Ab in den Saal mit den andern)*

Dreizehnte Szene

HAGEN *(ihm nach)*. Und merk dir deinen Traum,
Wies deine Mutter bei der Abfahrt tat! *(Zu Volker)*
Wir passen auf, daß er sich nicht erfüllt,
Bevor du ihn erzählen kannst! – Der ahnt
Noch immer nichts.

VOLKER. Doch! Er ist nur zu stolz,
Es zu bekennen.
HAGEN. Nun, er wär auch blind,
Wenn ers nicht sähe, wie sich die Gesichter
Um uns verdunkeln, und die besten eben
Am meisten. *(Viele Heunen sind zurückgekehrt)*
VOLKER. Schau!
HAGEN. Da hast du das Geheimnis
Des Alten! Doch ich hatt es wohl gedacht! –
Komm, setz dich nieder! Mit dem Rücken so!

(Sie setzen sich, den Heunen ihre Rücken wendend)

Fängts hinter dir zu trippeln an, so huste,
Dann wirst dus laufen hören, denn sie werden
Als Mäuse kommen und als Ratten gehn!

Vierzehnte Szene

Kriemhild erscheint mit Werbel oben auf der Stiege

WERBEL. Siehst du! Dort sitzen sie!
KRIEMHILD. Die sehn nicht aus,
Als wollten sie zu Bett!
WERBEL. Und wenn ich winke,
Stürzt meine ganze Schar heran.
KRIEMHILD. Wie groß
Ist die?
WERBEL. An Tausend.
KRIEMHILD *(macht gegen die Heunen eine ängstliche zurückweisende Bewegung).*
WERBEL. Was bedeutet das?
KRIEMHILD. Geh, daß sie sich nicht regen.
WERBEL. Tun die Deinen
Dir plötzlich wieder leid?
KRIEMHILD. Du blöder Tor,
Die klatscht der Tronjer dir allein zusammen,
Indes der Spielmann seine Fiedel streicht.
Du kennst die Nibelungen nicht! Hinab!

(Beide verschwinden)

Funfzehnte Szene

VOLKER *(springt auf).*
So gehts nicht mehr! *(Geigt eine lustige Melodie)*
HAGEN *(schlägt ihm auf die Fiedel).* Nein, das vom Totenschiff!
Das letzte, wie der Freund den Freund ersticht,
Und dann die Fackel – Das geht morgen los.

VIERTER AKT

Tiefe Nacht

Erste Szene

Volker steht und geigt. Hagen sitzt wie vorher. Die Heunen in verwunderten und aufmerksamen Gruppen um beide herum. Man hört Volkers Spiel, bevor der Vorhang sich erhebt. Gleich nachher entfällt einem der Heunen sein Schild

HAGEN. Hör auf! Du bringst sie um, wenn du noch länger
So spielst und singst. Die Waffen fallen schon.
Das war ein Schild! Drei Bogenstriche noch,
So folgt der Speer. Wir brauchen weiter nichts
Als die Erzählung dessen, was wir längst
Vollbrachten, eh wir kamen, neuer Taten
Bedarf es nicht, um sie zu bändigen.
VOLKER *(ohne auf ihn zu achten, visionär).*
Schwarz wars zuerst! Es blitzte nur bei Nacht,
Wie Katzen, wenn man sie im Dunkeln streicht,
Und das nur, wenns ein Hufschlag spaltete.
Da rissen sich zwei Kinder um ein Stück,
Sie warfen sich in ihrem Zorn damit,
Und eines traf das andere zu Tod.
HAGEN *(gleichgültig).*
Er fängt was Neues an. Nur zu, nur zu!
VOLKER. Nun ward es feuergelb, es funkelte,
Und wers erblickte, der begehrte sein
Und ließ nicht ab.
HAGEN. Dies hab ich nie gehört! –
Er träumt wohl! Alles andre kenn ich ja!

VOLKER. Da gibt es wilden Streit und giftgern Neid,
Mit allen Waffen kommen sie, sogar
Dem Pflug entreißen sie das fromme Eisen
Und töten sich damit.
HAGEN *(immer aufmerksamer)*. Was meint er nur?
VOLKER. In Strömen rinnt das Blut, und wies erstarrt,
Verdunkelt sich das Gold, um das es floß,
Und strahlt in hellerm Schein.
HAGEN. Hoho! Das Gold!
VOLKER. Schon ist es rot, und immer röter wirds
Mit jedem Mord. Auf, auf, was schont ihr euch?
Erst wenn kein einzger mehr am Leben ist,
Erhälts den rechten Glanz, der letzte Tropfen
Ist nötig wie der erste.
HAGEN. O, ich glaubs.
VOLKER. Wo bliebs? – Die Erde hat es eingeschluckt,
Und die noch übrig sind, zerstreuen sich
Und suchen Wünschelruten. Töricht Volk!
Die giergen Zwerge habens gleich erhascht
Und hütens in der Teufe. Laßt es dort,
So habt ihr ewgen Frieden! *(Setzt sich und legt die Fiedel beiseite)*
HAGEN. Wachst du auf?
VOLKER *(springt wieder auf, wild)*.
Umsonst! Umsonst! Es ist schon wieder da!
Und zu dem Fluch, der in ihm selber liegt,
Hat noch ein neuer sich hinzugesellt:
Wers je besitzt, muß sterben, ehs ihn freut.
HAGEN. Er spricht vom Hort. Nun ist mir alles klar.
VOLKER *(immer wilder)*.
Und wird es endlich durch den Wechselmord
Auf Erden herrenlos, so schlägt ein Feuer
Daraus hervor mit zügelloser Glut,
Das alle Meere nicht ersticken können,
Weil es die ganze Welt in Flammen setzen
Und Ragnaroke überdauern soll. *(Setzt sich)*
HAGEN. Ist das gewiß?
VOLKER. So haben es die Zwerge
In ihrer Wut verhängt, als sie den Hort
Verloren.

HAGEN. Wie geschahs?
VOLKER. Durch Götter-Raub!
Odin und Loke hatten aus Versehn
Ein Riesenkind erschlagen, und sie mußten
Sich lösen.
HAGEN. Gabs denn einen Zwang für sie?
VOLKER. Sie trugen menschliche Gestalt und hatten
Im Menschenleibe auch nur Menschenkraft.

Zweite Szene

Werbel erscheint unter den Heunen, flüsternd

WERBEL. Nun! Seid ihr Spinnen, die man mit Musik
Verzaubert und entseelt? Heran! Es gilt!

Dritte Szene

Kriemhild mit Gefolge steigt herunter. Fackeln

HAGEN. Wer naht sich da?
VOLKER. Es ist die Fürstin selbst.
Geht die so spät zu Bett? Komm, stehn wir auf!
HAGEN. Was fällt dir ein? Nein, nein, wir bleiben sitzen.
VOLKER. Das brächt uns wenig Ehre, denn sie ist
Ein edles Weib und eine Königin.
HAGEN. Sie würde denken, daß wir uns aus Furcht
Erhöben. Balmung, tu nicht so verschämt!
(Legt den Balmung übers Knie)
Dein Auge funkelt dräuend durch die Nacht,
Wie der Komet. Ein prächtiger Rubin!
So rot, als hätt er alles Blut getrunken,
Das je vergossen ward mit diesem Stahl.
KRIEMHILD. Da sitzt der Mörder!
HAGEN. Wessen Mörder, Frau?
KRIEMHILD. Der Mörder meines Gatten.
HAGEN. Weckt sie auf,
Sie geht im Traum herum. Dein Gatte lebt,
Ich habe noch zur Nacht mit ihm gezecht
Und stehe dir mit diesem guten Schwert
Für seine Sicherheit.

KRIEMHILD. O pfui! Er weiß
Recht wohl, von wem ich sprach, und stellt sich an,
Als wüßt ers nicht.
HAGEN. Du sprachst von deinem Gatten,
Und das ist Etzel, dessen Gast ich bin.
Doch, es ist wahr, du hast den zweiten schon,
Denkst du in seinem Arm noch an den ersten?
Nun freilich, diesen schlug ich tot.
KRIEMHILD. Ihr hört!
HAGEN. War das hier unbekannt? Ich kanns erzählen,
Der Spielmann streicht die Fiedel wohl dazu! –
(Als ob er singen wollte)
Im Odenwald, da springt ein muntrer Quell –
KRIEMHILD *(zu den Heunen).*
Nun tut, was euch gefällt. Ich frag nicht mehr,
Ob ihrs zu Ende bringt.
HAGEN. Zu Bett! Zu Bett!
Du hast jetzt andre Pflichten.
KRIEMHILD. Deinen Hohn
Erstick ich gleich in deinem schwarzen Blut:
Auf, Etzels Würger, auf, und zeigt es ihm,
Warum ich in das zweite Ehbett stieg.
HAGEN *(steht auf).* So gilts hier wirklich Mord und Überfall?
Auch gut! *(Klopft an den Panzer)*
Das Eisen kühlt schon allzu stark,
Und nichts vertreibt den Frost so bald wie dies.
(Zieht den Balmung)
Heran! Ich seh der Köpfe mehr als Rümpfe!
Was drückt ihr euch da hinten so herum?
Der Helme Glanz verriet euch längst. *(Legt aus)* Sie fliehn!
Noch ist Herr Etzel nicht dabei! – Zu Bett!
KRIEMHILD. Pfui! Seid ihr Männer?
HAGEN. Nein, ein Haufen Sand,
Der freilich Stadt und Land verschütten kann,
Doch nur, wenn ihn der Wind ins Fliegen bringt.
KRIEMHILD. Habt ihr die Welt erobert?
HAGEN. Durch die Zahl!
Die Million ist eine Macht, doch bleibt
Das Körnchen, was es ist!

KRIEMHILD. Hört ihr das an
Und rächt euch nicht?
HAGEN. Nur zu! Brauch deinen Hauch,
Ich blase nicht hinein! *(Zu den Heunen)*
Kriecht auf dem Bauch
Heran und klammert euch an unsre Beine,
Wie ihrs in euren Schlachten machen sollt.
Wenn wir ins Stolpern und ins Straucheln kommen
Und durch den Purzelbaum zugrunde gehn,
Um Hülfe schrein wir nicht, das schwör ich euch!
KRIEMHILD. Wenn ihr nur wenge seid, so braucht ihr auch
Mit wengen nur zu teilen!
HAGEN. Und der Hort
Ist reich genug, und käm die ganze Welt.
Ja, er vermehrt sich selbst, es ist ein Ring
Dabei, der immer neues Gold erzeugt,
Wenn man – Doch nein! Noch nicht! *(Zu Kriemhild)*
Das hast auch du
Vielleicht noch nicht gewußt? Ihr könnt mirs glauben,
Ich habs erprobt und teile das Geheimnis
Dem mit, der mich erschlägt! Es mangelt nur
Der Zauberstab, der Tote wecken kann! *(Zu Kriemhild)*
Du siehst, es hilft uns allen beiden nichts,
Wir können diesen spröden Sand nicht ballen,
Drum stehn wir ab. *(Setzt sich nieder)*
KRIEMHILD *(zu Werbel).* Ist das der Mut?
WERBEL. Es wird
Schon anders werden.
VOLKER *(mit dem Finger deutend).* Eine zweite Schar!
Die Rüstung blitzt im ersten Morgenlicht,
Und abermals ein Geiger, der sie führt.
Hab Dank, Kriemhild, man siehts an der Musik,
Zu welchem Tanz du uns geladen hast.
KRIEMHILD. Was siehst du? Wenn der Zorn mich übermannte,
So tragt ihr selbst durch euren Hohn die Schuld,
Und wenn der Gast nicht schläft, so wird doch auch
Wohl für den Wirt das Wachen rätlich sein.
HAGEN *(lacht).* Schickt Etzel die?
KRIEMHILD. Nein, Hund, ich tat es selbst,

Und sei gewiß, du wirst mir nicht entkommen,
Wenn du auch noch die nächste Sonne siehst.
Ich will zurück in meines Siegfrieds Gruft,
Doch muß ich mir das Totenhemd erst färben,
Und das kann nur in deinem Blut geschehn.
HAGEN. So ist es recht! Was heucheln wir, Kriemhild?
Wir kennen uns. Doch merke dir auch dies:
Gleich auf das erste Meisterstück des Hirsches,
Dem Jäger zu entrinnen, folgt das zweite,
Ihn ins Verderben mit hinabzuziehn,
Und eins von beiden glückt uns sicherlich!

Vierte Szene

Gunther im Nachtgewand; Giselher, Gerenot usw. folgen

GUNTHER. Was gibt es hier?
KRIEMHILD. Die alte Klägerin!
Ich rufe Klagen über Hagen Tronje
Und fordre jetzt zum letztenmal Gericht.
GUNTHER. Du willst Gericht und pochst in Waffen an?
KRIEMHILD. Ich will, daß ihr im Ring zusammentretet,
Und daß ihr schwört, nach Recht und Pflicht zu sprechen,
Und daß ihr sprecht und euren Spruch vollzieht.
GUNTHER. Das weigre ich.
KRIEMHILD. So gib den Mann heraus!
GUNTHER. Das tu ich nicht.
KRIEMHILD. So gilt es denn Gewalt.
Doch nein, erst frag ich um. Mein Giselher
Und Gerenot, ihr habt die Hände rein,
Ihr dürft sie ruhig an den Mörder legen,
Euch kann er der Genossenschaft nicht zeihn!
So tretet ihr denn frei von ihm zurück
Und überlaßt ihn mir! – Wer zu ihm steht,
Der tuts auf seine eigene Gefahr.
GERENOT und GISELHER *(treten Hagen mit gezogenen Schwertern zur Seite).*
KRIEMHILD. Wie? In den Wald seid ihr nicht mit geritten
Und habt die Tat verdammt, als sie geschah,
Jetzt wollt ihr sie verteidigen?

GUNTHER. Sein Los
Ist unsres!
KRIEMHILD. Doch!
GISELHER. O Schwester, halte ein,
Wir können ja nicht anders.
KRIEMHILD. Kann denn ich?
GISELHER. Was hindert dich? Wir häuften ewge Schmach
Auf unser Haupt, wenn wir den Mann verließen,
Der uns in Not und Tod zur Seite stand.
KRIEMHILD. Das habt ihr längst getan! Ihr seid mit Schmach
Bedeckt, wie niemals noch ein Heldenstamm.
Ich aber will euch an die Quelle führen,
Wo ihr euch waschen könnt. *(Stößt Hagen vor die Brust)*
Hier sprudelt sie.
HAGEN *(zu Gunther).* Nun?
GUNTHER. Ja, du hättst zu Hause bleiben sollen,
Doch, das ist jetzt gleichviel.
KRIEMHILD. Ihr habt die Treue
Gebrochen, als es höchste Tugend war,
Nicht einen Finger breit von ihr zu wanken,
Wollt ihr sie halten, nun es Schande ist?
Nicht die Verschwägrung und das nahe Blut,
Nicht Waffenbrüderschaft noch Dankbarkeit
Für Rettung aus dem sichren Untergang,
Nichts regte sich für ihn in eurer Brust,
Er ward geschlachtet wie ein wildes Tier,
Und wer nicht half, der schwieg doch, statt zu warnen
Und Widerstand zu leisten – *(Zu Giselher)* Du sogar!
Fällt alles das, was nicht ein Sandkorn wog,
Als es Erbarmen mit dem Helden galt,
Auf einmal, wie die Erde, ins Gewicht,
Nun seine Witwe um den Mörder klopft? *(Zu Gunther)*
Dann siegelst du die Tat zum zweitenmal
Und bist nicht mehr durch Jugend halb entschuldigt.
(Zu Giselher und Gerenot) Ihr aber tretet bei und haftet mit.
HAGEN. Vergiß dich selbst und deinen Teil nicht ganz!
Du trägst die größte Schuld.
KRIEMHILD. Ich!
HAGEN. Du! Ja, du!

Ich liebte Siegfried nicht, das ist gewiß,
Er hätt mich auch wohl nicht geliebt, wenn ich
Erschienen wäre in den Niederlanden,
Wie er in Worms bei uns, mit einer Hand,
Die alle unsre Ehren spielend pflückte,
Und einem Blick, der sprach: Ich mag sie nicht!
Trag einen Strauß, in dem das kleinste Blatt
An Todeswunden mahnt, und der dich mehr
Des Blutes kostet, als dein ganzer Leib
Auf einmal in sich faßt, und laß ihn dir
Nicht bloß entreißen, nein, mit Füßen treten,
Dann küsse deinen Feind, wenn dus vermagst.
Doch dieses auf dein Haupt! Ich hätts verschluckt,
Das schwör ich dir bei meines Königs Leben,
So tief der Groll mir auch im Herzen saß.
Da aber kam der scharfe Zungenkampf,
Er stand, du selbst verrietst es uns im Zorn,
Auf einmal eid- und pflichtvergessen da,
Und hätt Herr Gunther ihm vergeben wollen,
So hätt er auch sein edles Weib verdammt.
Ich leugne nicht, daß ich den Todesspeer
Mit Freuden warf, und freue mich noch jetzt,
Doch deine Hand hat mir ihn dargereicht,
Drum büße selbst, wenn hier zu büßen ist.

KRIEMHILD. Und büß ich nicht? Was könnte dir geschehn,
Das auch nur halb an meine Qualen reichte?
Sieh diese Krone an und frage dich!
Sie mahnt an ein Vermählungsfest, wie keins
Auf dieser Erde noch gefeiert ward,
An Schauderküsse zwischen Tod und Leben,
Gewechselt in der fürchterlichsten Nacht,
Und an ein Kind, das ich nicht lieben kann!
Doch meine Hochzeitsfreuden kommen jetzt,
Wie ich gelitten habe, will ich schwelgen,
Ich schenke nichts, die Kosten sind bezahlt.
Und müßt ich hundert Brüder niederhauen,
Um mir den Weg zu deinem Haupt zu bahnen,
So würd ichs tun, damit die Welt erfahre,
Daß ich die Treue nur um Treue brach. *(Ab)*

Fünfte Szene

HAGEN. Nun werft euch in die Kleider, aber nehmt
Die Waffen, statt der Rosen, in die Hand.
GISELHER. Sei unbesorgt! Ich halte fest zu dir,
Und nimmer krümmt sie mir ein Haar, auch hab
Ichs nicht um sie verdient.
HAGEN. Sie tuts, mein Sohn,
Drum rat ich, reite nach Bechlarn zurück!
Daß sie dich ziehen läßt, bezweifl ich nicht,
Doch mehr erwarte nicht von ihr, und eile,
Sie hat ja recht, ich tat ihr grimmig weh!
GISELHER. Du hast schon manchen schlechten Rat gegeben,
Dies ist der schlechteste! *(Ab mit Gunther und Gerenot ins Haus)*

Sechste Szene

HAGEN. Begreifst du den?
Er hat kein mildes Wort mit mir gesprochen,
Seit wir zurück sind aus dem Odenwald,
Und jetzt –
VOLKER. Ich habe nie an ihm gezweifelt,
So finster seine Stirn auch war. Gib acht:
Er flucht dir, doch er stellt sich vor dich hin,
Er tritt dir mit der Ferse auf die Zehen
Und fängt zugleich die Speere für dich auf!
Des Weibes Keuschheit geht auf ihren Leib,
Des Mannes Keuschheit geht auf seine Seele,
Und eher zeigt sich dir das Mägdlein nackt,
Als solch ein Jüngling dir das Herz entblößt.
HAGEN. Es tut mir leid um dieses junge Blut! –
Der Tod steht aufgerichtet hinter uns,
Ich wickle mich in seinen tiefsten Schatten,
Und nur auf ihn fällt noch ein Abendrot! *(Beide ab)*

Siebente Szene

Etzel und Dietrich treten auf

DIETRICH. Nun siehst du selbst, wozu Kriemhild sie lud.
ETZEL. Ich sehs.
DIETRICH. Mir schien sie immer eine Kohle,
 Die frischen Windes in der Asche harrt.
ETZEL. Mir nicht.
DIETRICH. Hast du denn nichts gewußt?
ETZEL. Doch, doch!
 Allein ich sahs mit Rüdegers Augen an
 Und dachte, Weiberrache sei gesättigt,
 Sobald sie ausgeschworen.
DIETRICH. Und die Tränen?
 Das Trauerkleid?
ETZEL. Ich hörte ja von dir,
 Daß eure Weise sei, den Feind zu lieben
 Und mit dem Kuß zu danken für den Schlag:
 Ei nun, ich habs geglaubt.
DIETRICH. So sollt es sein,
 Doch ist nicht jeder stark genug dazu.
ETZEL. Auch dacht ich mir, als sie so eifrig trieb,
 Die Boten endlich doch hinabzusenden,
 Es sei der Mutter wegen, denn ich weiß,
 Daß sie nicht allzu kindlich von ihr schied,
 Und auch, daß sies bereut!
DIETRICH. Die Mutter ist
 Daheim geblieben, und ich zweifle selbst,
 Daß man sie lud. Die andern aber haben
 Den Hort, um den sie doch soviel gewagt,
 Die Nacht vor ihrer Fahrt bei Fackelschein
 Auf Nimmerwiedersehn im Rhein versenkt.
ETZEL. Warum denn blieben sie nicht auch daheim?
 Sie fürchteten doch nicht, daß ich den Geigern
 Mit Ketten und Schwertern folgte?
DIETRICH. Herr, sie hatten
 Kriemhild ihr Wort gegeben, und sie mußten
 Es endlich lösen, denn wen gar nichts bindet,
 Den bindet das nur um so mehr, auch war

Ihr Sinn zu stolz, um die Gefahr zu meiden
Und Rat zu achten. Du bist auch gewohnt,
Dem Tod zu trotzen, doch du brauchst noch Grund,
Die nicht! Wie ihre wilden Väter sich
Mit eigner Hand nach einem lustgen Mahl
Bei Sang und Klang im Kreise ihrer Gäste
Durchbohrten, wenn des Lebens beste Zeit
Vorüber schien, ja, wie sie trunknen Muts
Wohl gar ein Schiff bestiegen und sich schwuren,
Nicht mehr zurückzukehren, sondern draußen
Auf hoher See im Brudermörderkampf,
Der eine durch den anderen, zu fallen
Und so das letzte Leiden der Natur
Zu ihrer letzten höchsten Tat zu stempeln,
So ist der Teufel, der das Blut regiert,
Auch noch in ihnen mächtig, und sie folgen
Ihm freudig, wenn es einmal kocht und dampft.

ETZEL. Seis, wie es sei, ich danke dir den Gang,
Denn nimmer möcht ich Kriemhilds Schuldner bleiben,
Und jetzt erst weiß ich, wie die Rechnung steht.

DIETRICH. Wie meinst du das?

ETZEL. Ich glaubte viel zu tun,
Daß ich mich ihrer nach der Hochzeitsnacht
Sogleich enthielt –

DIETRICH. Das war auch viel.

ETZEL. Nein, nein,
Das war noch nichts! Doch so gewiß ichs tat,
Und noch gewisser, tu ich mehr für sie,
Wenn sies verlangt. Das schwör ich hier vor dir!

DIETRICH. Du könntest –

ETZEL. Nichts, was du verdammen wirst,
Und doch wohl mehr, als sie von mir erwartet,
Sonst hätt sie längst ein andres Spiel versucht. *(Im Abgehen)*
Ja, ja, Kriemhild, ich schlage meine Schwäher
Nicht höher an, wie deine Brüder du,
Und wenn sie nur noch Mörder sind für dich,
Wie sollten sie für mich was Beßres sein!

(Beide ab)

Achte Szene

Dom

Viele Gewappnete auf dem Platz. Kriemhild tritt mit Werbel auf

KRIEMHILD. Hast du die Knechte von den Herrn getrennt?
WERBEL. So weit, daß sie sich nicht errufen können.
KRIEMHILD. Wenn sie in ihrem Saal beisammensitzen
Und essen, überfallt ihr sie und macht
Sie alle nieder.
WERBEL. Wohl, es wird geschehn.
KRIEMHILD *(wirft ihren Schmuck unter die Heunen).*
Da habt ihr Handgeld! – Reißt euch nicht darum,
Es gibt genug davon, und wenn ihr wollt,
So regnets solche Steine noch vor Nacht. *(Jubelgeschrei)*

Neunte Szene

Rüdeger tritt auf

RÜDEGER. Du schenkst das halbe Königreich schon weg?
KRIEMHILD. Doch hab ich dir das Beste aufgehoben.
(Zu den Heunen)
Seid tapfer! Um den Hort der Nibelungen
Kauft ihr die Welt, und wenn von euch auch tausend
Am Leben bleiben, braucht ihr nicht zu zanken,
Es sind noch immer tausend Könige!
(Die Heunen zerstreuen sich in Gruppen)
KRIEMHILD *(zu Rüdeger).*
Hast du nicht was zu holen aus Bechlarn?
RÜDEGER. Nicht, daß ich wüßte!
KRIEMHILD. Oder was zu schicken?
RÜDEGER. Noch wenger, Fürstin.
KRIEMHILD. Nun, so schneide dir
Mit deinem Degen eine Locke ab,
Da stiehlt sich eine unterm Helm hervor –
RÜDEGER. Wozu?
KRIEMHILD. Damit du was zu schicken hast.
RÜDEGER. Wie! Komm ich denn nicht mehr nach Haus zurück?
KRIEMHILD. Warum?
RÜDEGER. Weil du ein Werk wie dies verlangst.

Das tut bei uns die Liebe an dem Toten,
Wenn sich der Tischler mit dem Hammer naht,
Der ihn in seinen Kasten nageln soll.
KRIEMHILD. Die Zukunft kenn ich nicht. Doch nimms nicht so!
Zu deinem Boten wähle Giselher
Und gib ihm auf, an keinem Blumengarten
Vorbeizureiten, ohne eine Rose
Für seine Braut zu pflücken. Ist der Strauß
Beisammen, steckt er ihn in meinem Namen
Ihr an die Brust und ruht sich aus bei ihr,
Bis sie aus deiner Locke einen Ring
Für mich geflochten hat. Daß ich den Dank
Verdiene, wird sich zeigen.
RÜDEGER. Königin,
Er wird nicht gehn.
KRIEMHILD. Befiehl es ihm mit Ernst,
Du bist ja jetzt sein Vater, er dein Sohn,
Und wenn er den Gehorsam dir verweigert,
So wirfst du ihn zur Strafe in den Turm.
RÜDEGER. Wie könnt ich das?
KRIEMHILD. Lock ihn mit List hinein,
Wenns mit Gewalt nicht geht. Dann ists so gut,
Als wär er auf der Reise, und bevor
Er sich befreien kann, ist alles aus,
Der Jüngste Tag ist auch der kürzeste!
Erwidre nichts! Wenn deine Tochter dir
Am Herzen liegt, so tust du, was ich sage,
Ich machte dir ein königlich Geschenk,
Denn – – Doch du kannst wohl selber prophezein!
Die blutigen Kometen sind am Himmel
Anstatt der frommen Sterne aufgezogen
Und blitzen dunkel in die Welt hinein.
Die guten Mittel sind erschöpft, es kommen
Die bösen an die Reihe, wie das Gift,
Wenn keine Arzenei mehr helfen will,
Und erst, wenn Siegfrieds Tod gerochen ist,
Gibts wieder Missetaten auf der Erde,
So lange aber ist das Recht verhüllt
Und die Natur in tiefen Schlaf versenkt. *(Ab)*

Zehnte Szene

RÜDEGER. Ist dies das Weib, das ich in einem See
Von Tränen fand? Mir könnte vor ihr grauen,
Doch kenn ich jetzt den Zauber, der sie bannt.
Ich Giselher verschicken! Eher werf ich
Des Tronjers Schild ins Feuer.

Eilfte Szene

Die Nibelungen treten auf

RÜDEGER. Nun, ihr Recken,
So früh schon da?
HAGEN. Es ist ja Messezeit,
Und wir sind gute Christen, wie ihr wißt.
VOLKER *(deutet auf einen Heunen).*
Wie? Gibt es so geputzte Leute hier?
Man sagt bei uns, der Heune wäscht sich nicht,
Nun läuft er gar als Federbusch herum? *(Zu Hagen)*
Du frugst mich was.
HAGEN. Ei wohl, es geht zum Sterben,
Da muß ich dich doch fragen: Stirbst du mit?
VOLKER *(wieder gegen den Heunen).*
Ists aber auch ein Mensch und nicht ein Vogel,
Der rasch die Flügel braucht, wenn man ihn schreckt?
(Wirft seinen Speer und durchbohrt ihn)
Doch! – Hier die Antwort! Lebt ich nicht auch mit?
HAGEN. Brav, doppelt brav!
WERBEL *(zu den Heunen).* Nun? Ist es jetzt genug?
(Großes Getümmel)

Zwölfte Szene

Etzel tritt rasch mit Kriemhild und seinen Königen auf und wirft sich zwischen die Heunen und die Nibelungen

ETZEL. Bei meinem Zorn! Die Waffen gleich gestreckt!
Wer wagt es, meine Gäste anzugreifen?
WERBEL. Herr, deine Gäste griffen selber an:
Schau her!

ETZEL. Das tat Herr Volker aus Versehn!
WERBEL. Vergib! Hier steht der Markgraf Rüdeger –
ETZEL *(wendet ihm den Rücken).*
Seid mir gegrüßt, ihr Vettern! Doch warum
Noch jetzt im Harnisch?
HAGEN *(halb gegen Kriemhild).* Das ist Brauch bei uns,
Wenn wir auf Feste gehn. Wir tanzen nur
Nach dem Geklirr der Degen, und wir hören
Sogar die Messe mit dem Schild am Arm.
ETZEL. Die Sitte ist besonders.
KRIEMHILD. Die nicht minder,
Den größten Unglimpf ruhig einzustecken
Und sich zu stellen, als ob nichts geschehn.
Wenn du dafür von mir den Dank erwartest,
So irrst du dich.
DIETRICH. Ich bin heut Kirchenvogt,
Wer in die Messe will, der folge mir.
(Er geht voran, die Nibelungen folgen in den Dom)

Dreizehnte Szene

KRIEMHILD *(faßt Etzel währenddem bei der Hand).*
Tritt auf die Seite, Herr, recht weit, recht weit,
Sonst stoßen sie dich um, und wenn du liegst,
So kannst du doch nicht schwören, daß du stehst.
ETZEL. Herr Rüdeger, keine Waffenspiele heut.
KRIEMHILD. Vielleicht dafür ein allgemeines Fasten?
ETZEL. Ich bitt Euch, sagts den Herrn von Dänemark
Und Thüring auch. Der alte Hildebrant
Weiß schon Bescheid.
KRIEMHILD. Herr Rüdeger, noch eins:
Was habt Ihr mir zu Worms am Rhein geschworen?
RÜDEGER. Daß dir kein Dienst geweigert werden soll.
KRIEMHILD. Geschah das bloß in Eurem eignen Namen?
ETZEL. Was Rüdeger gelobte, halte ich.
KRIEMHILD. Nun: König Gunther wandte still den Rücken,
Als Hagen Tronje seinen Mordspieß warf,
Hättst du den deinen heute auch gewandt,
So wärst du quitt gewesen gegen mich,

Doch da dus hinderst, daß ich selbst mir helfe,
So fordre ich des Mörders Haupt von dir!
ETZEL. Ich brings dir auch, wenn er dir nicht das meine
Zu Füßen legt. *(Zu Rüdeger)* Nun geh!
KRIEMHILD. Wozu denn noch?
Bei Waffenspielen gibt es immer Streit,
Und nie vollbringt ihr euer Werk so leicht,
Als wenn die wilde Flamme einmal lodert
Und alles grimmig durcheinanderrast.
Ich kam, weil ich mich hier erraten glaubte,
Verstehst du mich noch heute nicht? Darauf!
ETZEL. Nein, Kriemhild, nein, so ist es nicht gemeint!
Solang er unter meinem Dach verweilt,
Wird ihm kein Haar gekrümmt, ja, könnt ich ihn
Durch bloße Wünsche töten, wär er sicher:
Was soll noch heilig sein, wenn nicht der Gast?
(Er winkt Rüdeger, dieser geht)

Vierzehnte Szene

KRIEMHILD. So redest du? Das wird dir schlecht gedankt!
Man hält dich für den Brecher und Verächter
Von Brauch und Sitte, für den Hüter nicht,
Und wundert sich noch immer, wenn ein Bote
Von dir erscheint, daß er mit dir gesprochen
Und doch nicht Arm und Bein verloren hat.
ETZEL. Man sieht mich, wie ich war, nicht wie ich bin! –
Ich ritt einmal das Roß, von dem dir nachts
In dem gekrümmten, funkelnden Kometen
Am Himmel jetzt der Schweif entgegenblitzt.
Im Sturme trug es mich dahin, ich blies
Die Throne um, zerschlug die Königreiche
Und nahm die Könige an Stricken mit.
So kam ich, alles vor mir niederwerfend,
Und mit der Asche einer Welt bedeckt,
Nach Rom, wo euer Hoherpriester thront.
Den hatt ich bis zuletzt mir aufgespart,
Ich wollt ihn samt der Schar von Königen
In seinem eignen Tempel niederhauen,

Um durch dies Zorngericht, an allen Häuptern
Der Völker durch dieselbe Hand vollstreckt,
Zu zeigen, daß ich Herr der Herren sei,
Und mit dem Blute mir die Stirn zu salben,
Wozu ein jeder seinen Tropfen gab.

KRIEMHILD. So hab ich mir den Etzel stets gedacht,
Sonst hätt Herr Rüdeger mich nicht geworben:
Was hat ihn denn verwandelt?

ETZEL. Ein Gesicht
Furchtbarer Art, das mich von Rom vertrieb!
Ich darf es keinem sagen, doch es hat
Mich so getroffen, daß ich um den Segen
Des Greises flehte, welchem ich den Tod
Geschworen hatte, und mich glücklich pries,
Den Fuß zu küssen, der den Heilgen trug.

KRIEMHILD.
Was denkst du denn zu tun, den Eid zu lösen?

ETZEL *(deutet gen Himmel).*
Mein Roß steht immer noch gesattelt da,
Du weißt, es ist schon halb zum Stall heraus,
Und wenn sichs wieder wandte und den Kopf
In Wolken tief versteckte, so geschahs
Aus Mitleid und Erbarmen mit der Welt,
Die schon sein bloßer Schweif mit Schrecken füllt.
Denn seine Augen zünden Städte an,
Aus seinen Nüstern dampfen Pest und Tod,
Und wenn die Erde seine Hufe fühlt,
So zittert sie und hört zu zeugen auf.
Sobald ich winke, ist es wieder unten,
Und gern besteig ichs in gerechter Sache
Zum zweitenmal und führe Krieg für dich.
Ich will dich rächen an den Deinigen
Für all dein Leid, und hätt es längst getan,
Hättst du dich mir vertraut, nur müssen sie
In vollem Frieden erst geschieden sein.

KRIEMHILD. Bis dahin aber dürfen sie beginnen,
Was sie gelüstet, und den Bart dir rupfen,
Wenns ihnen so gefällt?

ETZEL. Wer sagt dir das?

KRIEMHILD. Sie stechen deine Mannen tot, und du
Erklärst es für Versehn.
ETZEL. Sie glaubten sich
Verraten, und ich mußte ihnen zeigen,
Daß sies nicht sind. In dieser letzten Nacht
Geschah gar viel, was ich nicht loben kann
Und sie entschuldigt. Sonst verlaß dich drauf:
Wie ich die Pflichten eines Wirtes kenne,
So kenn ich die des Gastes auch, und wer
Den Spinnwebsfaden, der uns alle bindet,
Wenn wir das Haus betreten, frech zerreißt,
Der trägt die Eisenkette, eh ers denkt.
Sei unbesorgt und harre ruhig aus,
Ich bringe dir für jeden Becher Wein,
Den sie hier trinken, eine Kanne Blut,
Wenn ich auch jetzt die Mücken für sie klatsche,
Nur duld ich nicht Verrat und Hinterlist. *(Ab)*

Funfzehnte Szene

KRIEMHILD. Krieg! Was soll mir der Krieg! Den hätt ich längst
Entzünden können! Doch das wäre Lohn,
Anstatt der Strafe. Für die Schlächterei
Im dunklen Wald der offne Heldenkampf?
Vielleicht sogar der Sieg? Wie würd er jubeln,
Wenn ers erlangen könnte, denn er hat
Von Jugend auf nichts Besseres gekannt!
Nein, Etzel, Mord um Mord! Der Drache sitzt
Im Loch, und wenn du dich nicht regen willst,
Als bis er dich gestochen hat wie mich,
So soll ers tun! – Jawohl, so soll ers tun! *(Ab)*

Sechszehnte Szene

Werbel zieht mit den Seinigen vorüber

WERBEL. Sie sind bei Tisch! Nun rasch! Besetzt die Türen!
Wer aus dem Fenster springt, der bricht den Hals.
(Die Heunen jubeln und schlagen die Waffen zusammen)

Siebzehnte Szene

Großer Saal. Bankett
Dietrich und Rüdeger treten ein

DIETRICH. Nun, Rüdeger?
RÜDEGER. Es steht in Gottes Hand,
Doch hoff ich immer noch.
DIETRICH. Ich sitze wieder
Am Nixenbrunnen, wie in jener Nacht,
Und hör in halbem Schlaf und wie im Traum
Das Wasser rauschen und die Worte fallen,
Bis plötzlich – Welch ein Rätsel ist die Welt!
Hätt sich zur Unzeit nicht ein Tuch verschoben,
So wüßt ich mehr wie je ein Mensch gewußt!
RÜDEGER. Ein Tuch?
DIETRICH. Ja, der Verband um meinen Arm,
Denn eine frische Wunde hielt mich wach.
Sie pflogen drunten Zwiesprach, schienen selbst
Den Mittelpunkt der Erde auszuhorchen,
Den Nabel, wie ich sie, und flüsterten
Sich zu, was sie erfuhren, zankten auch,
Wer recht verstanden oder nicht, und raunten
Von allerlei. Vom großen Sonnenjahr,
Das über alles menschliche Gedächtnis
Hinaus in langen Pausen wiederkehrt.
Vom Schöpfungsborn und wie er kocht und quillt
Und überschäumt in Millionen Blasen,
Wenn das erscheint. Von einem letzten Herbst,
Der alle Formen der Natur zerbricht,
Und einem Frühling, welcher beßre bringt.
Von alt und neu und wie sie blutig ringen,
Bis eins erliegt. Vom Menschen, der die Kraft
Des Leuen sich erbeuten muß, wenn nicht
Der Leu des Menschen Witz erobern soll.
Sogar von Sternen, die den Stand verändern,
Die Bahnen wechseln und die Lichter tauschen,
Und wovon nicht!
RÜDEGER. Allein das Tuch! Das Tuch!
DIETRICH. Sogleich! Du wirst schon sehn. Dann kamen sie

Auf Ort und Zeit, und um so wichtiger
Die Kunde wurde, um so leiser wurde
Das Flüstern, um so gieriger mein Ohr.
Wann tritt dies Jahr denn ein? So fragt ich mich
Und bückte mich hinunter in den Brunnen
Und horchte auf. Schon hört ich eine Zahl
Und hielt den Odem an. Doch da erscholl
Ein jäher Schrei: Hier fällt ein Tropfen Bluts,
Man lauscht! Hinab! Husch, husch! Und alles aus.

RÜDEGER. Und dieser Tropfen?

DIETRICH. War von meinem Arm,
Ich hatte, aufgestützt, das Tuch verschoben,
Und kam so um das Beste, um den Schlüssel,
Jetzt aber, fürcht ich, brauch ich ihn nicht mehr!

Achtzehnte Szene

Die Nibelungen treten ein, von Iring und Thüring geführt. Zahlreiches Gefolge

RÜDEGER. Sie kommen.

DIETRICH. Wie zur Schlacht.

RÜDEGER. Nur nichts bemerkt.

HAGEN. Ihr lebt hier still, Herr Dietrich. Wie vertreibt
Ihr Euch die Zeit?

DIETRICH. Durch Jagd und Waffenspiel.

HAGEN. Doch! Davon hab ich heut nicht viel erblickt.

DIETRICH. Wir haben einen Toten zu begraben.

HAGEN. Ists der, den Volker aus Versehn erstach?
Wann wird das sein? Da dürfen wir nicht fehlen,
Um Reu und Leid zu zeigen.

DIETRICH. Wir erlassens
Euch gern.

HAGEN. Nein, nein! Wir folgen!

DIETRICH. Still! Der König!

Neunzehnte Szene

Etzel tritt mit Kriemhild ein

ETZEL. Auch hier in Waffen?
HAGEN. Immer.
KRIEMHILD. Das Gewissen
Verlangt es so.
HAGEN. Dank, edle Wirtin, Dank!
ETZEL *(setzt sich).* Gefällt es Euch?
KRIEMHILD. Ich bitte, wie es kommt.
GUNTHER. Wo sind denn meine Knechte?
KRIEMHILD. Wohl versorgt.
HAGEN. Mein Bruder steht für sie.
ETZEL. Und ich, ich stehe
Für meinen Koch.
DIETRICH. Das ist das Wichtigste!
HAGEN. Der leistet wirklich viel. Ich hörte oft,
Der Heune haue vom lebendgen Ochsen
Sich eine Keule ab und reite sich
Sie mürbe unterm Sattel –
ETZEL. Das geschieht,
Wenn er zu Pferde sitzt und wenns an Zeit
Gebricht, ein lustges Feuer anzumachen.
Im Frieden sorgt er auch für seinen Gaumen
Und nicht bloß für den undankbaren Bauch.
HAGEN. Schon gestern abend hab ich das bemerkt.
Und solch ein Saal dabei! Auf dieser Erde
Kommt nichts dem himmlischen Gewölb so nah,
Man sieht sich um nach dem Planetentanz.
ETZEL. Den haben wir nun freilich nicht gebaut! –
Es ging mir wunderlich auf meinem Zug:
Als ich ihn antrat, war ich völlig blind,
Ich schonte nichts, ob Scheune oder Tempel,
Dorf oder Stadt, ich warf den Brand hinein.
Doch als ich wiederkehrte, konnt ich sehn,
Und halbe Trümmer, um die letzte Stunde
Mit Sturm und Regen kämpfend, drangen mir
Das Staunen ab, das ich dem Bau versagt,
Als er noch stand in seiner vollen Pracht.

VOLKER. Das ist natürlich. Sieht man doch den Toten
Auch anders an als den Lebendigen,
Und gräbt ihm mit demselben Schwert ein Grab,
Mit dem man kurz zuvor ihn niederhieb.
ETZEL. So hatt ich auch dies Wunderwerk zerstört
Und fluchte meiner eignen Hand, als ichs
Im Schutt nach Jahren wieder vor mir sah.
Da aber trat ein Mann zu mir heran,
Der sprach: Ich habs das erstemal erbaut,
Es wird mir auch das zweitemal wohl glücken!
Den nahm ich mit und darum steht es hier.

Zwanzigste Szene

Ein Pilgrim tritt ein, umwandelt die Tafel und bleibt bei Hagen stehen

PILGRIM. Ich bitt Euch um ein Brot und einen Schlag,
Das Brot für Gott den Herrn, der mich geschaffen,
Den Schlag für meine eigne Missetat.
(Hagen reicht ihm ein Brot)
Ich bitt! Mich hungert, und ich darfs nicht essen,
Bevor ich auch den Schlag von Euch empfing.
HAGEN. Seltsam! *(Gibt ihm einen sanften Schlag. Pilgrim geht)*

Einundzwanzigste Szene

HAGEN. Was war denn das?
DIETRICH. Was meint Ihr wohl?
HAGEN. Verrückt?
DIETRICH. Nicht doch! Ein stolzer Herzog ists.
HAGEN. Wie kann das sein?
DIETRICH. Ein hoher Thron steht leer,
Solang er pilgert, und ein edles Weib
Sieht nach ihm aus.
HAGEN *(lacht)*. Die Welt verändert sich.
RÜDEGER. Man sagt, er sei schon einmal heimgezogen
Und an der Schwelle wieder umgekehrt.
HAGEN. Fort mit dem Narren! Käm er noch einmal,

So weckt ich rasch mit einem andern Schlag
Den Fürsten in ihm auf.

DIETRICH. Es ist doch was!
Zehn Jahre sind herum, und endlich kommt er
Des Abends auf sein Schloß. Schon brennt das Licht,
Er sieht sein Weib, sein Kind, er hebt den Finger,
Um anzupochen, da ergreift es ihn,
Daß er des Glückes noch nicht würdig ist,
Und leise, seinem Hund, der ihn begrüßt,
Den Mund verschließend, schleicht er wieder fort,
Um noch einmal die lange Fahrt zu machen,
Von Pferdestall zu Pferdestall sich bettelnd
Und, wo man ihn mit Füßen tritt, verweilend,
Bis man ihn küßt und an den Busen drückt.
Es ist doch was!

HAGEN *(lacht)*. Ha, ha! Ihr sprecht, wie unser
Kaplan am Rhein!

ETZEL. Wo bleiben aber heut
Die Geiger nur?

KRIEMHILD. Es ist ja einer da,
Der alle andern zum Verstummen bringt.
So spielt denn auf, Herr Volker!

VOLKER. Seis darum,
Nur sagt mir, was Ihr hören wollt.

KRIEMHILD. Sogleich! *(Sie winkt einem Diener, welcher abgeht)*

GISELHER *(erhebt den Becher und trinkt)*. Schwester!

KRIEMHILD *(gießt ihren Becher aus, zu Rüdeger)*.
Du hast dein Haar zu lieb gehabt,
Jetzt wirst du mehr verlieren!

Zweiundzwanzigste Szene

Otnit wird von vier Reisigen auf goldenem Schild hereingetragen

ETZEL. Das ist recht!

KRIEMHILD. Seht Ihr dies Kind, das mehr der Kronen erbt,
Als es auf einmal Kirschen essen kann?
So singt und spielt zu seinem Ruhm und Preis.

ETZEL. Nun, Vettern? Ist der Junker groß genug
Für seine Jahre?
HAGEN. Gebt ihn erst herum,
Daß wir ihn recht besehn.
KRIEMHILD *(zu Otnit).* Mach du den Hof,
Bis man ihn dir macht.
(Otnit wird herumgegeben; wie er zu Hagen kommt:)
ETZEL. Nun?
HAGEN. Ich möchte schwören,
Er lebt nicht lange!
ETZEL. Ist er denn nicht stark?
HAGEN. Ihr wißt, ich bin ein Elfenkind und habe
Davon die Totenaugen, die so schrecken,
Doch auch das doppelte Gesicht. Wir werden
Bei diesem Junker nie zu Hofe gehn.
KRIEMHILD. Ist dies das Lied? Da spricht wohl nur dein Wunsch!
Macht Ihr es gut, Herr Volker, stimmt nicht länger,
Der junge König nimmts noch nicht genau.

Dreiundzwanzigste Szene

Dankwart tritt in blutbedecktem Panzer ein

DANKWART. Nun, Bruder Hagen, nun? Ihr bleibt ja lange
Bei Tische sitzen! Schmeckts denn heut so gut?
Nur immer zu, die Zeche ist bezahlt!
GUNTHER. Was ist geschehn?
DANKWART. Von allen den Burgunden,
Die Ihr mir anvertrautet, ist nicht einer
Am Leben mehr. Das war für Euren Wein.
HAGEN *(steht auf und zieht. Getümmel).* Und du?
KRIEMHILD. Das Kind! Mein Kind!
HAGEN *(sich über Otnit lehnend, zu Dankwart).*
Du triefst von Blut!
KRIEMHILD. Er bringt es um!
DANKWART. Das ist nur roter Regen, *(er wischt sich das Blut ab)*
Du siehst, es quillt nicht nach, doch alle andern
Sind hin.
KRIEMHILD. Herr Rüdeger! Helft!

HAGEN *(schlägt Otnit den Kopf herunter).* Hier, Mutter, hier! – Dankwart, zur Tür!

VOLKER. Auch da ist noch ein Loch!

(Dankwart und Volker besetzen beide Türen des Saales)

HAGEN *(springt auf den Tisch).*
Nun, laßt denn sehn, wer Totengräber ist.

ETZEL. Ich! – Folgt mir!

DIETRICH *(zu Volker).* Platz dem König!

(Etzel und Kriemhild schreiten hindurch, Rüdeger, Hildebrant, Iring und Thüring folgen; als sich auch andere anschließen:)

VOLKER. Ihr zurück!

ETZEL *(in der Tür).*
Ich wußte nichts vom Mord an Euren Knechten
Und hätt ihn so bestraft, daß Ihr mir selbst
Ins Schwert gefallen wärt. Dies schwör ich Euch!
Dies aber auch: Jetzt seid Ihr aus dem Frieden
Der Welt gesetzt und habt zugleich die Rechte
Des Kriegs verwirkt! Wie ich aus meiner Wüste
Hervorbrach, unbekannt mit Brauch und Sitte,
Wie Feuer und Wasser, die vor weißen Fahnen
Nicht stehenbleiben und gefaltne Hände
Nicht achten, räch ich meinen Sohn an Euch
Und auch mein Weib. Ihr werdet diesen Saal
Nicht mehr verlassen, Ihr, Herr Dieterich,
Bürgt mir dafür, doch was den Heunenkönig
Auf dieser Erde einst so furchtbar machte,
Das sollt Ihr sehn in seinem engen Raum!

(Ab. Allgemeiner Kampf)

FÜNFTER AKT

Vor dem Saal

Brand, Feuer und Rauch. Er ist rings mit Amelungenschützen umstellt. Zu dem Saale führen von beiden Seiten breite Stiegen hinauf, die in einem Balkon zusammenstoßen

Erste Szene

Hildebrant, Dietrich

HILDEBRANT. Wie lange soll der Jammer denn noch dauern?
DIETRICH. So lange, fürcht ich, bis der letzte fiel.
HILDEBRANT. Sie werden Herr des Feuers. Seht nur, seht!
Schon schluckt der Rauch die lichte Flamme ein.
DIETRICH. Dann löschen sie mit Blut.
HILDEBRANT. Sie waten drin
Bis an das Knie und können ihre Helme
Als Eimer brauchen.

Zweite Szene

Die Tür des Saals wird aufgerissen, Hagen erscheint

HAGEN. Puh! *(kehrt sich um)*
Wer lebt, der ruft!
HILDEBRANT. Der edle Hagen, dem Ersticken nah!
Er taumelt!
DIETRICH. Etzel, du bist fürchterlich!
Das Schreckgesicht, das du gesehn am Himmel,
Das stellst du wohl auf Erden vor uns hin.
HAGEN. Komm, Giselher, hier gibt es frische Luft!
GISELHER *(von innen)*. Ich finde nicht!
HAGEN. So taste an der Mauer
Und folge meiner Stimme. *(Tritt halb in den Saal zurück)*
Falle nicht,
Da ist der Totenberg! *(Führt Giselher heraus)*
GISELHER. Ha! – Das erquickt!
Ich lag schon! Dieser Qualm! Noch eher Glut!

Dritte Szene

Gunther, Dankwart und Gerenot erscheinen mit Rumolt in ihrer Mitte

GUNTHER. Da ist das Loch.
DANKWART. Schnell! Schnell!
GERENOT *(aufatmend).* Das ist was wert!
GUNTHER *(zu Rumolt, der zu fallen anfängt).*
Dem hilfts nicht mehr.
HAGEN. Tot?
DANKWART. Küchenmeister, auf! –
Vorbei!
GISELHER. Durst! Durst!
HAGEN. Ei, geh doch in die Schenke
Zurück, an rotem Wein gebrichts ja nicht,
Noch sprudelt manches Faß.
HILDEBRANT. Versteht Ihr das? *(Deutet auf den Totenwinkel)*
Die ausgelaufnen Fässer liegen dort!
DIETRICH. Gott helfe uns!
HAGEN. Ein Glück nur, daß der Saal
Gewölbt ist. Ohne diesen Ziegelrand,
Der uns beschirmte vor dem Kupferregen,
Hätt alles nichts geholfen.
GUNTHER. Brätst du nicht
In deinem Eisen?
HAGEN. Stell dich an den Wind,
Jetzt können wir ihn brauchen.
GUNTHER. Wehts denn noch?

Vierte Szene

KRIEMHILD *(aus einem Fenster).* Nun, Waffenmeister?
HILDEBRANT. Schießt! *(Die Schützen erheben ihre Bogen)*
HAGEN. Ich decke euch!
(Er erhebt seinen Schild, dieser entfällt ihm und rollt die Treppe herunter)
Hinein! *(Ruft herab)* Beseht den Schild, bevor ihr lacht!
Er ward nur schwerer, doch mein Arm nicht schwächer,
Denn alle eure Speere stecken drin. *(Folgt den übrigen)*

Fünfte Szene

HILDEBRANT. Ich halt es nicht mehr aus. Wollt Ihr denn nicht
Ein Ende machen?
DIETRICH. Ich? Wie könnt ich das?
Ich bin des Königs Mann und um so mehr
Verpflichtet, treu zu bleiben, als ich mich
Freiwillig und aus bloßem Herzensdrang
Ihm unterwarf!
HILDEBRANT. Vergeßt nicht!
DIETRICH. Davon nichts.
HILDEBRANT. Die Zeit ist abgelaufen, die Ihr selbst
Euch setztet, im Gehorsam Euch zu üben,
Und Eure Zeugen leben!
DIETRICH. Heute das?
HILDEBRANT. Heut oder nie! Die Helden können sterben,
Die Gott bis jetzt so wunderbar verschont.
DIETRICH. Dann soll ich eben bleiben, was ich bin!
Das setzt ich mir zum Zeichen, wie du weißt,
Ob ich die Krone wieder tragen oder
Bis an den Tod zu Lehen gehen soll,
Und ich, ich bin zu beidem gleich bereit.
HILDEBRANT. Nun, wenn Ihr selber schweigt, so rede ich!
DIETRICH. Das tust du nicht! Auch bessertest du nichts!
(Legt ihm die Hand auf die Schulter)
Mein Hildebrant, wenn eine Feuersbrunst
Im Haus entsteht, so kehrt der Knecht noch um,
Der seiner Pflicht gerade ledig ward,
Und hätt er schon die Schwelle überschritten:
Er zieht die Feierkleider wieder aus
Und wirft sein Bündel hin, um mit zu löschen,
Und ich, ich zöge ab am Jüngsten Tag?
HILDEBRANT. Sie werfen wieder Tote aus den Fenstern,
Herr, endigt jetzt! Der Teufel hat genug!
DIETRICH. Wenn ich auch wollte, wie vermöcht ichs wohl?
Hier hat sich Schuld in Schuld zu fest verbissen,
Als daß man noch zu einem sagen könnte:
Tritt du zurück! Sie stehen gleich im Recht.
Wenn sich die Rache nicht von selbst erbricht

Und sich vom letzten Brocken schaudernd wendet,
So stopft ihr keiner mehr den grausen Schlund.

HILDEBRANT *(ist auf die Seite gegangen und kehrt zurück).*
Nun folgen unsre Edlen endlich auch
Den armen Knechten nach. Die meisten sind
Nur noch an ihrem Panzer zu erkennen,
Der tapfre Iring flog der Schar voran.
Herr, geht nicht hin, Ihr könnt ihn doch nicht küssen,
Sein Kopf ist ganz verkohlt.

DIETRICH. Das treue Blut!

(Hagen wird oben wieder sichtbar)

HILDEBRANT. Hagen noch einmal.

Sechste Szene

Kriemhild tritt auf

KRIEMHILD. Schießt!

(Hagen verschwindet wieder)

Wie viele leben
Denn noch?

HILDEBRANT *(deutet auf den Totenwinkel).*
Wie viele tot sind, siehst du hier!

DIETRICH. Alle Burgunden, die ins Land gezogen,
Sind auch gefallen –

KRIEMHILD. Aber Hagen lebt!

DIETRICH. An siebentausend Heunen liegen dort –

KRIEMHILD. Und Hagen lebt!

DIETRICH. Der stolze Iring fiel.

KRIEMHILD. Und Hagen lebt!

DIETRICH. Der milde Thüring auch,
Irnfried und Blödel und die Völker mit.

KRIEMHILD. Und Hagen lebt! Schließt eure Rechnung ab,
Und wärt ihr selbst darin die letzten Posten,
Die ganze Welt bezahlt mich nicht für ihn.

HILDEBRANT. Unhold!

KRIEMHILD. Was schiltst du mich? Doch schilt mich nur!
Du triffst, was du gewiß nicht treffen willst,
Denn was ich bin, das wurde ich durch die,
Die ihr der Strafe gern entziehen möchtet,

Und wenn ich Blut vergieße, bis die Erde
Ertrinkt, und einen Berg von Leichen türme,
Bis man sie auf dem Mond begraben kann,
So häuf ich ihre Schuld, die meine nicht.
O, zeigt mir nur mein Bild! Ich schaudre nicht
Davor zurück, denn jeder Zug verklagt
Die Basilisken dort, nicht mich. Sie haben
Mir die Gedanken umgefärbt. Bin ich
Verräterisch und falsch? Sie lehrten mich,
Wie man den Helden in die Falle lockt.
Und bin ich für des Mitleids Stimme taub?
Sie warens, als sogar der Stein zerschmolz.
Ich bin in allem nur ihr Widerschein,
Und wer den Teufel haßt, der spuckt den Spiegel
Nicht an, den er befleckt mit seiner Larve,
Er schlägt ihn selbst und jagt ihn aus der Welt.

Siebente Szene

Hagen erscheint wieder

HAGEN. Ist König Etzel hier?
KRIEMHILD. Ich sprech für ihn.
Was wollt Ihr?
HAGEN. Offnen Kampf in freier Luft.
KRIEMHILD. Das weigr ich Euch, und wärs nach mir gegangen,
So gäbs auch drinnen keinen Kampf als den
Mit Hunger und Durst und Feuer!
DIETRICH. Der König selbst!

Achte Szene

Etzel tritt auf

HAGEN. Herr Etzel, ists geschehn mit Eurem Willen,
Daß man den Saal in Brand gesteckt, als wir
Die Wunden uns verbanden?
ETZEL. Habt Ihr uns
Die Toten ausgeliefert? Habt Ihr mir
Nicht selbst mein Kind verweigert?
DIETRICH. Das war schlimm!

ETZEL. Wir pflegen unsre Toten zu verbrennen!
Wenn Euch das unbekannt gewesen ist,
So wißt Ihrs jetzt.
HAGEN. Dann seid Ihr quitt mit uns!
Gewährt uns denn, was Ihr nicht weigern könnt,
Wenn Ihr den größten Schimpf nicht wagen wollt.
KRIEMHILD. Der größte Schimpf ist, Euch das Ohr zu leihn.
Schießt! Schießt!
HAGEN. Trägt sie die Krone?
ETZEL. Was wollt Ihr mehr?
Ich legte Euer Los in Schwesterhand.
KRIEMHILD. Die Toten hielten sie als Pfand zurück,
Um auch die Lebenden hineinzulocken,
Die nicht aus Torheit kamen.
ETZEL. Stamm um Stamm!
Sie haben meinen ausgelöscht, sie sollen
Auch selbst nicht fortbestehn.
KRIEMHILD. Was gibts denn hier?
Der alte Rüdeger in Wut?

Neunte Szene

Rüdeger jagt einen Heunen über die Bühne und schlägt ihn mit der Faust zu Boden

RÜDEGER. Da liege
Und spei noch einmal Gift.
ETZEL. Herr Rüdeger,
Ihr helft dem Feind? Wir haben der Erschlagnen
Auch ohne Euch genug.
KRIEMHILD. Was hat der Mann
Getan?
RÜDEGER *(zu Etzel)*. Bin ich dein bloßer Zungenfreund?
Schnapp ich nach Gaben, wie der Hund nach Fleisch?
Trag ich den Sack, der keinen Boden hat,
Und obendrein ein festgeleimtes Schwert?
ETZEL. Wer sagt denn das?
RÜDEGER. Wenn mans nicht sagen darf,
So schilt mich nicht, daß ich den Buben strafte:
Der warf mir das soeben ins Gesicht,

Als ich mit Tränen all des Jammers dachte,
Den diese Sonnenwende uns beschert,
Und brüllend stimmte ihm sein Haufe bei.

KRIEMHILD. So stand ein ganzer Haufe hinter ihm?
Herr Rüdeger, die Strafe war zu hart,
Denn viele, wenn nicht alle, denken so,
Und eine beßre Antwort wärs gewesen,
Wenn Ihr sogleich das Schwert gezogen hättet,
Um auf die Nibelungen einzuhaun.

RÜDEGER. Ich? Hab ich sie nicht selbst ins Land gebracht?

ETZEL. Drum eben ists an dir, sie fortzuschaffen.

RÜDEGER. Nein, König, das begehrst du nicht von mir!
Du hast mir kaum gestattet, dir die Dienste
Zu leisten, die ich dir entgegentrug,
Und solltest fordern, was ich weigern müßte,
Und hinge Haut und Haar und alles dran?
Ich kann und will sie nicht verteidigen,
Doch hab ich sie auf Treue hergeführt,
Und darf ich sie nicht schützen gegen dich,
So leih ich dir doch auch nicht meinen Arm.

KRIEMHILD. Du tust, als wärst du noch ein freier Mann
Und könntest dich entscheiden, wie du willst?

RÜDEGER. Kann ichs denn nicht? Was hindert mich, wenn ich
Die Lehen niederlege?

KRIEMHILD. Was? – Dein Eid!
Du bist bis an den letzten Odemzug
Mein Knecht und darfst mir keinen Dienst verweigern,
Wohlan denn, dieser ist es, den ich will.

RÜDEGER. Ich kann nicht sagen, daß du lügst, und doch
Ists nicht viel besser, denn ein andres Weib
Hat meinen Eid gefordert und erhalten,
Ein andres aber legt ihn heute aus.

ETZEL. Du sprichst von Treue, Rüdeger. Ich darf
Dich wohl zum Zeugen nehmen, daß ich sie
Heilig zu halten weiß. Doch, gilt das hier?
Sie stehen jenseits der Natur und brauchen
Als Waffe, was im Abgrund still versank,
Eh sich der Bau der Welt zusammenschloß.
Sie werfen uns den Kot der Elemente,

Der, ausgeschieden, unten sitzenblieb,
Als sich die Kugel rundete, hinein.
Sie reißen alle Nägel aus und sägen
Die Balken durch. Da mußt auch du den Damm
Wohl überspringen, wenn du helfen willst.

KRIEMHILD. So ists. Der giftge Degen ist die Schande
Des ersten, doch der zweite schwingt ihn frei!

RÜDEGER. Es mag so sein, es ist gewiß auch so,
Ich will mit Euch nicht streiten. Doch bedenkt:
Ich habe sie mit Wein und Brot begrüßt,
Als sie die Donaugrenze überschritten,
Und sie geleitet bis zu Eurer Schwelle,
Kann ich das Schwert wohl gegen sie erheben,
Nun sie in ihren größten Nöten sind?
Wenn alle Arme, die man zählt auf Erden,
Im allgemeinen Aufstand der Natur
Sich gegen sie bewaffneten, wenn Messer
Und Sensen blitzten und die Steine flögen,
So fühlte ich mich immer noch gebunden,
Und höchstens stände mir ein Spaten an.

ETZEL. Ich hab dich auch geschont, solang ich konnte,
Und ruf dich ganz zuletzt.

RÜDEGER. Barmherzigkeit!
Was soll ich sagen, wenn mein Eidam mir,
Der junge Giselher, entgegentritt
Und mir die Hand zum Gruße beut? Und wenn
Mein Alter seine Jugend überwindet,
Wie tret ich wohl vor meine Tochter hin? *(Zu Kriemhild)*
Dich treibt der Schmerz um den Verlorenen,
Willst du ihn auf ein Kind, das liebt, wie du,
Und nichts verbrach, vererben und es töten?
Das tust du, wenn du mich zum Rächer wählst,
Denn, wie das blutge Los auch fallen mag,
Ihr wird der Sieger immer mit begraben,
Und keiner von uns beiden darf zurück.

KRIEMHILD. Das alles hättest du erwägen sollen,
Bevor der Bund geschlossen ward. Du wußtest,
Was du geschworen!

RÜDEGER. Nein, ich wußt es nicht,

Und, beim allmächtgen Gott, du hast es selbst
Noch weniger gewußt. Das ganze Land
War deines Preises voll. In deinem Auge
Sah ich die erste Träne und zugleich
Die letzte auch, denn alle andern hattest
Du abgewischt mit deiner milden Hand.
Wohin ich trat, da segnete man dich,
Kein Kind ging schlafen, ohne dein zu denken,
Kein Becher ward geleert, du hattest ihn
Gefüllt, kein Brot gebrochen und verteilt,
Es kam aus deinem Korb: wie konnt ich glauben,
Daß diese Stunde folgte! Eher hätt ich
Bedächtig vor dem Eid den eignen Hals
Mir ausbedungen, als die Sicherheit
Der Könge, deiner Brüder. Wärs dir selbst
Wohl in den Sinn gekommen, wenn du sie
Im Kreis um deine alte graue Mutter
Versammelt sahst, um in den Dom zu gehn,
Daß du dereinst ihr Leben fordern würdest?
Wie sollte *ichs* denn ahnen und den ersten
Und edelsten der Jünglinge verschmähn,
Als er um meine Tochter warb?

KRIEMHILD. Ich will
Ihr Leben auch noch heute nicht! Die Tür
Steht offen für sie alle, bis auf einen:
Wenn sie die Waffen drinnen lassen wollen
Und draußen Frieden schwören, sind sie frei.
Geh hin und rufe sie zum letztenmal.

Zehnte Szene

Giselher erscheint oben

GISELHER. Bist du es, Schwester? Habe doch Erbarmen
Mit meinem jungen Leib.

KRIEMHILD. Komm nur herab!
Wer jetzt beim Mahle sitzt, und wär er noch
So hungrig, soll dir weichen, und ich selbst
Kredenze dir des Kellers kühlsten Trunk!

GISELHER. Ich kann ja nicht allein.

KRIEMHILD. So bringe mit,
Was Ute wiegte, daß sie nicht mit Schmerz
Begraben muß, was sie mit Lust gebar.
GISELHER. Wir sind noch mehr.
KRIEMHILD. Du wagst, mich dran zu mahnen?
Nun ist die Gnadenzeit vorbei, und wer
Noch Schonung will, der schlage erst das Haupt
Des Tronjers ab und zeigs!
GISELHER. Mich reut mein Wort! *(Verschwindet wieder)*

Eilfte Szene

RÜDEGER. Du siehst!
KRIEMHILD. Das eben ists, was mich empört!
Heut sind sie untreu, morgen wieder treu:
Das Blut des Edelsten vergießen sie
Wie schmutzges Wasser, und den Höllengischt,
Der in den Adern dieses Teufels kocht,
Bewachen sie bis auf den letzten Tropfen,
Als wär er aus dem Heilgen Gral geschöpft.
Das konnt ich auch nicht ahnen, als ich sie
So miteinander hadern sah. Mein Grab
Im Kloster war nicht still genug, daß ich
Den ewgen Zank nicht hörte: konnt ich denken,
Daß sie, die sich das Brot vergifteten,
Sich hier so dicht zusammenknäueln würden,
Als hingen sie an einer Nabelschnur?
Gleichviel! Der grimmge Mörder sprach am Sarg
In bittrem Hohn zu mir: Dein Siegfried war
Vom Drachen nicht zu trennen, und man schlägt
Die Drachen tot. Das wiederhol ich jetzt!
Ich schlag den Drachen tot und jeden mit,
Der sich zu ihm gesellt und ihn beschirmt.
ETZEL. Ihr habt den Kampf verlangt, als ich gebot,
Sie mit den stillen Schrecken einzuschließen,
Die nach und nach aus allen Wänden kriechen
Und wachsen, wie der Tag – Ihr habt den Hunger
Beneidet um sein Totengräberamt,
Als ichs ihm übertrug, und statt zu lachen,

Wie die Verlornen Euch aus List verhöhnten,
Um Euch hineinzulocken, Eure Wappen
Emporgehalten und durchs erste Murren
Ein Ja von mir ertrotzt. Nun fechtets aus!
Ich werds auch an mir selbst nicht fehlen lassen,
Wenn mich die Reihe trifft, denn Wort ist Wort.

RÜDEGER. So schwer wie ich ward noch kein Mensch geprüft,
Denn was ich tun und was ich lassen mag,
So tu ich bös und werde drob gescholten,
Und laß ich alles, schilt mich jedermann.

(Aus dem Saal heraus Becherklang)

KRIEMHILD. Was ist denn das? Es tönt wie Becherklang!

(Hildebrant steigt hinauf)

Mich dünkt, sie höhnen uns! Das ist die Art
Der Fröhlichen. Sie scheppern mit den Helmen
Und stoßen an.

HILDEBRANT. Nur einen Blick hinein,
So bist du stumm! Sie sitzen auf den Toten
Und trinken Blut.

KRIEMHILD. Sie trinken aber doch!

HILDEBRANT. Rührt dich denn nichts?
Noch niemals standen Männer
Zusammen wie die Nibelungen hier,
Und was sie auch verbrochen haben mögen,
Sie habens gutgemacht durch diesen Mut
Und diese Treue, die sie doppelt ehrt,
Wenns ist, wie du gesagt!

RÜDEGER. Mein Herr und König,
Du hast mich so mit Gaben überschüttet
Und mir den Dank dafür so ganz erlassen,
Daß dir kein Knecht verpflichtet ist wie ich.
Kriemhild, ich habe dir den Eid geschworen
Und muß ihn halten, das erklär ich laut
Für meine Pflicht und mäkle nicht daran.
Wenn Ihr mich dennoch niederknieen seht,
So denkt des Hirsches, der in höchster Not
Sich auch noch gegen seinen Jäger wendet,
Und ihm die einzge blutge Träne zeigt,
Die er auf dieser Erde weinen darf,

Ob er vielleicht Erbarmen in ihm weckt.
Ich flehe nicht um Gold und Goldeswert,
Nicht um mein Leben oder meinen Leib,
Nicht einmal um mein Weib und um mein Kind,
Das alles fahre hin, ich fleh zu Euch
Um meine Seele, die verloren ist,
Wenn Ihr mich nicht von diesem Eide löst. *(Zu Etzel)*
Ich biete nicht, was dir von selbst verfällt,
Wenn des Vasallen Zunge auch nur stockt,
Und wenn sein Auge nicht vor Freuden funkelt,
Sobald du winkst: mein Land ist wieder dein! *(Zu Kriemhild)*
Ich sage nicht: wenn du mein Leben willst,
So nimm es hin, und wenn du meinen Leib
Verlangst, so spann mich morgen vor den Pflug! *(Zu beiden)*
Ich biete mehr, obgleich dies alles scheint,
Was einer bieten kann: wenn ihr es mir
Erlaßt, den Arm in diesem Kampf zu brauchen,
Soll er mir sein, als hätt ich ihn nicht mehr.
Wenn man mich schlägt, so will ich mich nicht wehren,
Wenn man mein Weib beschimpft, sie nicht beschützen
Und wie ein Greis, den die gewaltge Zeit
Von seinem Schwerte schied, in voller Kraft
An einem Bettelstab die Welt durchziehn.

KRIEMHILD. Du tust mir leid, allein du mußt hinein!
Glaubst du, daß ich die Seele rettete,
Als ich nach einem Kampf, dem keiner gleicht,
Mit Etzel in das zweite Ehbett stieg?
O sei gewiß, der kurze Augenblick,
Wo ich den Frauengürtel lösen sollte,
Und fest und immer fester um mich knüpfte,
Bis er ihn zornig mit dem Dolch zerschnitt,
Der Augenblick enthielt der Martern mehr,
Als dieser Saal mit allen seinen Schrecken,
Mit Glut und Brand, mit Hunger, Durst und Tod.
Und wenn ich endlich überwand im Kampf
Und, statt den Dolch zu rauben und zu töten,
Gleichviel, ob mich, ob ihn, sein Bett beschritt,
So wars dein Eid, der mir die Kraft verlieh,
So war es dieser Tag, auf den ich hoffte,

Und diese Stunde, die ihn krönen muß.
Nun sollt es enden wie ein Possenspiel,
Ich hätt mich selbst als Opfer dargebracht
Und sollte doch verzichten auf den Preis?
Nein, nein, und müßte ich der ganzen Welt
Zur Ader lassen, bis zur jüngsten Taube
Herunter, die das Nest noch nicht verließ,
Ich schauderte auch davor nicht zurück.
Drum, Markgraf Rüdeger, besinnt Euch nicht,
Ihr müßt wie ich, und wenn Ihr fluchen wollt,
So flucht auf die, sie zwingen Euch wie mich.

RÜDEGER *(zu den Seinen).* So kommt!

KRIEMHILD. Erst noch die Hand.

RÜDEGER. Beim Wiedersehn.

HILDEBRANT. Herr Dieterich von Bern, jetzt mahn ich Euch!
Werft Euren schnöden Wächterspieß beiseite
Und schreitet ein, wies einem König ziemt.
Zurück noch, Rüdeger, er darfs und kanns,
Er trat auf sieben Jahr in Etzels Dienst,
Und die sind um, es galt nur ein Gelübde,
Und wers nicht glaubt, dem stell ich Zeugen auf.

ETZEL. Dein Wort genügt.

DIETRICH *(der die Schwurfinger in die Höhe hob, während Hildebrant sprach).* So wars, mein Herr und König.
Doch weiß mein alter Waffenmeister nicht,
Daß ichs im stillen neu beschworen habe,
Indem er sprach, und diesmal bis zum Tod.

HILDEBRANT *(tritt Rüdeger aus dem Wege).*
So zieht! Doch reicht mir noch zum letztenmal
Die Hand, denn niemals wird es mehr geschehn,
Ob Ihr nun siegen oder fallen mögt.

RÜDEGER. Herr Etzel, Euch befehl ich Weib und Kind
Und auch die armen Landsvertriebenen,
Denn, was Ihr selbst an mir getan im großen,
Das hab ich Euch im kleinen nachgemacht.

Zwölfte Szene

Hagen und die Nibelungen schauen aus, wie Rüdeger mit den Seinigen emporsteigt

GISELHER. Es gibt noch Frieden. Seht Ihr? Rüdeger!
HAGEN. Es gilt den letzten und den schwersten Kampf,
Jetzt soll sich würgen, was sich liebt.
GISELHER. Du meinst?
HAGEN. Trat die Versöhnung je in Eisen auf?
Braucht man den Panzer, um sich zu umarmen,
Treibt man die Küsse mit den Schwertern ein,
Und nimmt man all sein Volk als Zeugen mit?
GISELHER. Wir tauschten alle in Bechlarn die Waffen,
Ich trag die seinen, er die meinigen,
Und das geschieht in aller Welt doch nur,
Wenn man sich niemals wieder schlagen will.
HAGEN. Hier gilt das nicht. Nein, reicht euch nur die Hände
Und sagt euch gute Nacht. Wir sind am Ziel.
GISELHER *(tritt Rüdeger entgegen).* Willkommen!
RÜDEGER. Ich bin taub! – Musik! Musik!
(Rauschende Musik)
HAGEN. Hätt ich nur einen Schild!
RÜDEGER. Dir fehlt der Schild?
An einem Schilde solls dir nimmer fehlen,
Hier ist der meinige. *(Reicht Hagen seinen Schild, während Hildebrant ihm den seinigen wiedergibt)* Musik! Musik!
Schlagt an die Panzer, rasselt mit den Speeren,
Ich habe jetzt das letzte Wort gehört!
(Tritt mit den Seinigen in den Saal. Kampf)

Dreizehnte Szene

ETZEL. Bringt mir den Helm!
HILDEBRANT *(in den Saal schauend, ballt die Hand gegen Kriemhild).*
Du, du!
KRIEMHILD. Wer ist gefallen?
HILDEBRANT. Dein Bruder Gerenot.
KRIEMHILD. Er hats gewollt.
HILDEBRANT. Was ist das für ein Licht, das mich so blendet?

Ich seh nicht mehr! – Der Balmung! – Hagen schreitet
In einem Meer von Funken, wo er haut;
In Regenbogenfarben tanzen sie
Um ihn herum und beißen in die Augen,
Daß man sie schließen muß. Das ist ein Schwert!
Es schlägt die tiefsten Wunden, und es macht
Sie unsichtbar durch seinen Blitz. Jetzt hält
Der Schnitter ein! Wie stehts? Der hat gemäht!
Wie wenig Halme heben noch ihr Haupt!
Auch Giselher –

KRIEMHILD. Was ist mit Giselher?

HILDEBRANT. Er liegt.

KRIEMHILD. Er liegt? Nun wohl, so ist es aus.

HILDEBRANT. Der Tod hat wieder Odem, und es bricht
Von neuem los. Wie wütet Rüdeger!
Der löst den Eid so treu, als tät ers gern,
Doch ist er jetzt schon ganz allein!

KRIEMHILD. So hilf!

HILDEBRANT. Man schlägt die Nibelungen ohne mich! –
Dankwart, du lehnst dich müßig in die Ecke,
Statt deine Pflicht zu tun? Siehst dus denn nicht,
Daß Volker stürzt? – Ach, er hat guten Grund,
Die Mauer hält ihn aufrecht, nicht der Fuß,
Der ihn durch tausend schwere Kämpfe trug! –
O Gott!

KRIEMHILD. Was gibts?

HILDEBRANT. Sie liegen Brust an Brust!

KRIEMHILD. Wer?

HILDEBRANT. Rüdeger und der Tronjer!

KRIEMHILD. Schmach und Tod!

HILDEBRANT. Spar dir den Fluch! Sie waren beide blind
Vom angespritzten Blut und tasteten
Herum, um nicht zu fallen.

KRIEMHILD. Da verzeih ich s.

HILDEBRANT. Jetzt wischen sie die Augen, schütteln sich,
Wie Taucher, küssen sich und – Willst du mehr,
So steige selbst herauf und schau hinein.

KRIEMHILD. Was könnt es nun noch geben, das mich schreckte?

(Steigt empor)

HAGEN *(ihr entgegen, als sie die Treppe halb erstiegen hat).*
Der Markgraf Rüdeger bittet um sein Grab!
ETZEL *(greift nach dem Helm, den ihm ein Diener reicht).*
Nun ists an mir, und keiner hält mich mehr!
DIETRICH. Es ist an mir, der König kommt zuletzt.
(Geht in den Saal)
HILDEBRANT. Dem Herrn sei Preis und Dank! Die Kraft der
Ward in zwei Hälften unter uns verteilt, [Erde
Die eine kam auf all die Millionen,
Die andre kam auf Dietrich ganz allein.

Vierzehnte Szene

DIETRICH *(bringt Hagen und Gunther gefesselt).* Da sind sie!
HAGEN *(deutet auf seine Wunden).* Alle Hähne stehn schon auf,
Man braucht nicht erst zu drehn.
GUNTHER. Ich möchte mich
Ein wenig setzen. Gibts hier keinen Stuhl?
HAGEN *(wirft sich auf Hände und Füße nieder).*
Hier, edler König, hier, und einer, der
Dir selbst sogar gehört.
DIETRICH. Begnadigt sie
So weit, daß Ihrs dem Tode überlaßt,
Ob er ein Wunder dulden will.
ETZEL. Sie sollen
Bis morgen sicher sein! Dann stehts bei ihr!
Führt sie ins Haus.
(Hagen und Gunther werden abgeführt)
KRIEMHILD. Herr Hagen Tronje, hört!
HAGEN *(kehrt um).* Was wollt Ihr, Frau?
KRIEMHILD. Sogleich! – Ist König Etzel
Der einzge Heunenrecke, der noch lebt?
(Deutet auf den Totenwinkel)
Mir deucht, dort rührt sich was!
ETZEL. Jawohl! Ein zweiter
Kriecht mühsam aus dem Totenberg hervor,
Er braucht sein Schwert als Krücke.
KRIEMHILD. Tritt heran,
Verstümmelter, wenn die gebrochnen Glieder

Dich tragen wollen, daß ich dich bezahle,
Denn ich bin deine Schuldnerin!

EIN HEUNE *(tritt heran).*

KRIEMHILD. Herr Hagen,
Wo ist der Hort? Ich frag das nicht für mich,
Ich frags für diesen Mann, dem er gehört.

HAGEN. Als ich den Hort versenkte, mußt ich schwören,
Ihn keiner Menschenseele zu verraten,
Solange einer meiner Könge lebt.

KRIEMHILD *(heimlich zu dem Heunen).*
Kannst du das Schwert noch brauchen? Nun, so geh
Und haue den gefangnen König nieder
Und bringe mir sein Haupt.

HEUNE *(nickt und geht).*

KRIEMHILD. Der Schuldigste
Von Utes Söhnen soll nicht übrigbleiben,
Das wär ein Hohn auf dieses Weltgericht!

HEUNE *(kommt mit Gunthers Haupt zurück).*

KRIEMHILD *(deutet darauf).*
Kennst du dies Haupt? Nun sprich, wo ist der Hort?

HAGEN. Da ist das Ende! Wie ichs mir gedacht!
(Klatscht in die Hände)
Unhold, ich hab dich wieder überlistet,
Nun ist der Ort nur Gott und mir bekannt,
Und einer von uns beiden sagts dir nicht.

KRIEMHILD. Dann, Balmung, leiste deinen letzten Dienst!
(Reißt ihm den Balmung von der Seite und erschlägt ihn, ohne daß er sich wehrt)

HILDEBRANT. Kommt hier der Teufel doch noch vor dem Tod?
Zurück zur Hölle! *(Er erschlägt Kriemhild)*

DIETRICH. Hildebrant!

HILDEBRANT. Ich bins.

ETZEL. Nun sollt ich richten – rächen – neue Bäche
Ins Blutmeer leiten – Doch es widert mich,
Ich kanns nicht mehr – mir wird die Last zu schwer –
Herr Dietrich, nehmt mir meine Kronen ab
Und schleppt die Welt auf Eurem Rücken weiter –

DIETRICH. Im Namen dessen, der am Kreuz erblich!

ANHANG

Zur vorliegenden Ausgabe

Die Texte folgen der Historisch-kritischen Ausgabe von Richard Maria Werner aus dem Jahre 1911 ff. (»Säkularausgabe«) unter vergleichender Benützung der Ausgaben von Hermann Krumm (1913 ff.) und Paul Bornstein (1911 ff.). Ergänzungen und Berichtigungen, die sich aus dem kritischen Apparat und den Anmerkungen der genannten Ausgaben ergaben, wurden eingearbeitet. Die Anmerkungen sind der fünfbändigen Ausgabe von Hebbels Werken, hg. v. G. Fricke, W. Keller u. K. Pörnbacher, München (C. Hanser) 1963–67 dankbar verpflichtet.

Unter Wahrung des ursprünglichen Lautstandes (etwa: eilf, fodern, Hülfe) wurde Hebbels Schreibweise behutsam der modernen Orthographie angeglichen (einschließlich der Groß- und Klein-, Getrennt- und Zusammenschreibung), die Zeichensetzung wurde nur dort dem heutigen Gebrauch angepaßt, wo nicht satzrhythmisch bedingte Eigenheiten vorliegen.

GEDICHTE

Hebbels Gedichte erschienen 1842 in einer ersten Sammlung im Verlag Hoffmann & Campe, Hamburg, unter dem Titel »Gedichte von Friedrich Hebbel« (zitiert als: Gedichte 1842). 1848 veröffentlichte er im Verlag J. J. Weber, Leipzig, »Neue Gedichte von Friedrich Hebbel« (zitiert als: Gedichte 1848). 1857 folgten im Verlag J. G. Cotta, Stuttgart »Gedichte von Friedrich Hebbel. Gesammt-Ausgabe, stark vermehrt und verbessert«, gewidmet »dem ersten Dichter der Gegenwart Ludwig Uhland« (zu Uhlands Einfluß auf Hebbel vgl. die zahlreichen Hinweise im Tagebuch – Seitenangaben im Register). (Die Ausgabe von 1857 wird zitiert als: Gedichte 1857.)

Lyrische Gedichte

1 *Nachtlied:* Entstanden in Heidelberg am 6. 5. 1836; Erstdruck: Stuttgarter »Morgenblatt« Nr. 294, 8. 12. 1836, S. 1175 f.

1 *Sturmabend:* Entstanden in Hamburg am 19. 5. 1841; Erstdruck: »Der Pilot«, 1842, Nr. 35.

2 *Der junge Schiffer:* Entstanden in München am 17. 11. 1836; Erstdruck zusammen mit »Bubensonntag« unter dem Titel »Jugendbilder« im »Morgenblatt« Nr. 125, 25. 5. 1838, S. 498. – Mit leichten Veränderungen in »Maria Magdalena« aufgenommen (vgl. I, 321 ff.). Mörike schrieb an Hebbel: »Die beiden ersten Strophen sind so angenehm, daß sich die leichte Modificirung des Schlusses wohl verlohnen würde. ›Da ist mirs nur ums Fahren‹: so unbedingt, scheint mir, könnte er nur sprechen, wenn er wirklich in das Schiff gesprungen wäre, und das Ganze endigt nun mit abgebrochener Spitze.«

3 *Requiem:* Entstanden in Hamburg am 15. 8. 1840; Erstdruck: Gedichte 1842, S. 213 f.

4 *Scheidelieder:* Nr. 1: Entstanden in München am 31. 1. 1837; Nr. 2: Entstanden bei Hebbels Abschied von München am 10. 3. 1839; Erstdruck: »Rheinisches Odeon«, III, 1840, S. 40 f. – Hebbel zählte die »Scheidelieder« zu seinen besten Gedichten.

5 *Bubensonntag:* Entstanden im Dom zu Speyer am 24. 5. 1836; Erstdruck: »Morgenblatt« Nr. 125, 25. 5. 1838, S. 497 (vgl. »Der junge Schiffer«, S. 2). – Hebbel am 23. 11. 1838 im Tagebuch: »Wenn ich Gedichte, wie *Bubensonntag*, *Letztes Glas* usw. betrachte, so kann ich gar nicht umhin, mich für einen Dichter zu halten; ich würde sie, auch wenn sie ein andrer gemacht hätte, für sehr schön halten. Ich habe übrigens wirklich in meiner Kindheit einmal geträumt, den lieben Gott zu sehen;

es war ein schwankes Seil hoch am Himmel aufgeknüpft, auf das setzte er mich und schaukelte mich.« An Elise Lensing am 30. 9. 1838: »*Bubensonntag* ist vielleicht das Beste, was ich jemals gemacht habe.«

6 *Liebesprobe:* Entstanden in Marienbad am 24. 7. 1854; Erstdruck: »Humorist« hg. v. Saphir, 10. 8. 1854, S. 808 mit dem Titel »An ein Mädchen«.

7 *Einziges Geschiedensein:* Entstanden in München am 7. 1. 1837; Erstdruck: Gedichte 1842, S. 79.

7 *Sie sehn sich nicht wieder:* Entstanden in Hamburg am 24. 9. 1841; Erstdruck: Gedichte 1842, S. 189 f.

8 *Ich und du:* Entstanden in Kopenhagen, 1843; Erstdruck: »Das Vaterland, Zeitschrift für Unterhaltung, Literatur und Öffentliches Leben«, Nr. 158, 6. Juli 1843, S. 628.

Abendgefühl: Entstanden in München am 17. 10. 1838; Erstdruck: Gedichté 1842, S. 159. – Hebbel schrieb am 14. 11. 1838 an Charlotte Rousseau: »Das Andenken an meinen Emil [...] hat neulich ein paar Gedichte in meiner Seele geweckt [...] das eine, auf einem träumerischen Spaziergang in der Dämmerung entstanden, hat mich – ich mögte sagen – selbst gewissermaßen beruhigt.«

9 *Nachtgefühl:* Entstanden in Heidelberg am 31. 5. 1836; Erstdruck: Gedichte 1842, S. 42. – Vgl. Mörikes Brief an Hebbel: »Die Härte in der 3tletzten Zeile wäre leicht zu verbessern.«

10 *Sommerbild:* Entstanden in Paris am 31. 8. 1844; Erstdruck: »Das Vaterland« (vgl. »Ich und du«, S. 8) Nr. 180, 26. 11. 1844. S. 717.

Ein Bild aus Reichenau: Entstanden am 8./9. 7. 1848; Erstdruck vermutlich in »Der Humorist«, dann Gedichte 1857, S. 164.

Herbstgefühl: Entstanden in Heidelberg am 2. 9. 1836; Erstdruck: Gedichte 1842, S. 36.

11 *Spaziergang am Herbstabend:* Entstanden in München am 13. 11. 1836; Erstdruck: Gedichte 1842, S. 107 f.

12 *Herbstbild:* Entstanden in Wien im Oktober 1852; Erstdruck: Gedichte 1857, S. 168.

Höchstes Gebot: Entstanden in München am 31. 12. 1836; Erstdruck: »Neue Pariser Modeblätter«, hg. v. A. Schoppe, Nr. 15, 1837, S. 113. – Entstanden auf dem Hintergrund von Selbstanklagen Hebbels wegen seines Verhältnisses zu Beppi Schwarz (vgl. Anm. zu »Maria Magdalena«).

13 *Mahnung:* Entstanden 1836 in Heidelberg; Erstdruck: Gedichte 1842, S. 12 mit dem Titel: »Vorbereitung«.

An die Jünglinge: Entstanden in Hamburg am 22. 6. 1839; Erstdruck: Gedichte 1842, S. 15.

14 *Adams Opfer:* Entstanden in Hamburg am 14. 6. 1839; Erstdruck: »Deutscher Musenalmanach« 1 (1840), S. 129. – Vgl. »Maria Magdalena« I,3 (I, 279).

15 *Der Baum in der Wüste:* Entstanden in Hamburg am 2. 5. 1839; Erstdruck: »Neue Pariser Modeblätter«, Nr. 38, 1838, S. 297.

In das Album meiner Frau: Entstanden in Wien am 9. 3. 1853; Erstdruck: »Deutsches Museum«, hg. v. Robert Prutz, Nr. 1, 1. 1. 1854, S. 32.

16 *Zwei Wandrer:* Entstanden in München am 20. 11. 1837; Erstdruck: Gedichte 1842, S. 177.

17 *Erleuchtung:* Entstanden 1836 in Heidelberg; Erstdruck: Gedichte 1842, S. 97, im Zyklus »Gott. Mensch. Natur« als 4. Gedicht mit dem Titel »Offenbarung«.

Dämmerempfindung: Entstanden in Kopenhagen am 2. 2. 1843; Erstdruck: »Das Vaterland« (vgl. »Ich und du«, S. 8), Nr. 156, 4. 7. 1843, S. 620.

18 *An den Tod:* Entstanden in München Anfang Juni 1837; Erstdruck: »Morgenblatt« Nr. 47, 24. Februar 1840, S. 187. – Die letzte Strophe lautete in der ersten Fassung:

Wandle noch oft an mir hin,
Tod, wenn ich zweifelnd zerrinne,
Bis ich das Höchste gewinne,
Durch das Gefühl, das ich bin.

19 *Auf ein schlummerndes Kind:* Entstanden 1835 in Hamburg; Erstdruck: »Morgenblatt«, Nr. 255, 24. 10. 1835, S. 1017.

Gebet: Entstanden in Kopenhagen am 6. 2. 1843; Erstdruck: »Das Vaterland« (vgl. »Ich und du«, S. 8), Nr. 156, 4. 7. 1843, S. 621. – Hebbel am 20. 3. 1843 an Elise Lensing: »Daß ich bei dem ›Gebet‹ nur an *Dich* gedacht habe, hast Du doch gewiß erraten?«

20 *Meeresleuchten:* Entstanden in Rom am 18. 1. 1845; Erstdruck: Gedichte 1848, S. 81.

Die Weihe der Nacht: Entstanden in Hamburg am 17. 8. 1840; Erstdruck: Gedichte 1842, S. 154 mit dem Titel »An meine Seele«. Hier Abdruck der überarbeiteten Fassung in Gedichte 1857, S. 265.

21 *Dem Schmerz sein Recht:* Der Zyklus wurde erst für Gedichte 1857 zusammengestellt. Die Gedichte sind zu ganz verschiedener Zeit entstanden:

1. Entstanden in Hamburg 1840; Erstdruck: Gedichte 1842, S. 207 mit dem Titel: »Gebet für den Genius«. – Nieder-

schrift unter dem Eindruck des Bruches mit Amalie Schoppe (vgl. II, 417 ff.) und der (erwarteten) Geburt seines Kindes von Elise Lensing.

22 2. Entstanden in Heidelberg am 22. 6. 1836; Erstdruck: Gedichte 1842, S. 196.

23 3. Entstanden in Paris am 16.1.1844 unter dem Eindruck des Todes seines Sohnes Max am 2. 10. 1843. Titel der Handschrift: »Im tiefsten Schmerz«; Erstdruck: Gedichte 1848, S. 54 f.

24 4. Entstanden in München am 20. 11. 1836; Erstdruck: Gedichte 1842, S. 199, mit dem Titel »Lebens-Momente«. – Vergleiche Brief an Elise Lensing vom 29. 11. 1836: »Das ist auch ein Gedicht so recht aus meinem innersten Gemüt hervorgegangen; es atmet die Wollust des Todes, jene Wollust, die uns nur in unsern *schönsten* und in unsern *bängsten* Stunden beschleicht.«

5. Entstanden in Hamburg am 24. 7. 1841; Erstdruck: Gedichte 1842, S. 206.

6. Entstanden in Paris am 24. 1. 1844; Erstdruck: Gedichte 1848, S. 56 mit dem Titel »Letztes Gebet«. – Hebbel zählt das Gedicht zum Schlechtesten, was er je gemacht habe (an Elise Lensing am 6. 3. 1844) und begründet dies an Elise am 24. 3. 1844 (vgl. II, S. 567 f.)

25 7. Entstanden 1836 in Heidelberg; Erstdruck: Gedichte 1842, S. 203.

8. Entstanden in Hamburg am 1. 5. 1839; Erstdruck: »Neue Pariser Modeblätter«, 1839, Nr. 38, S. 297.

26 9. Entstanden in München am 5. 1. 1837; Erstdruck: Gedichte 1842, S. 30.

10. Entstanden in Hamburg am 21. 9. 1841; Erstdruck: Gedichte 1842, S. 204 f.

27 11. Entstanden 1856 (oder 1857) in Wien; Erstdruck: Gedichte 1857, S. 285.

Die Freiheit der Sünde: Entstanden in Neapel am 4. 10. 1845; Erstdruck: »Thalia. Taschenbuch für das Jahr 1847«, hg. v. J. N. Vogl, 34. Jg., S. 72 mit dem Titel »Des Sünders Wahn«.

28 *An Christine Engehausen:* Entstanden in Wien am 11. 8. 1846; Erstdruck: Gedichte 1848, S. 113.

Unsere Zeit: Entstanden in Hamburg am 4. 9. 1841; Erstdruck: Gedichte 1842, S. 229. – Vgl. Tgb. 1841 (Bd. II, 431): »Wir leben in den Zeiten des Weltgerichts, aber des stummen, wo die Dinge von selbst zusammenbrechen.«

29 *Welt und Ich:* Entstanden in Hamburg im Frühjahr 1842; Erstdruck: Gedichte 1842, S. 238.

30 *Mann und Weib:* Entstanden in Hamburg im Frühjahr 1842; Erstdruck: Gedichte 1842, S. 241.

Das Heiligste: Entstanden in Hamburg im Frühjahr 1842; Erstdruck: Gedichte 1842, S. 245. – Vgl. Tagebucheintragung vom 21. 9. 1840: »Lebenspuls, Mittelpunkt, Born der innern Strömungen. Kind, zusammengeflossenes Leben: ich, du, Gott!« und vom 20. 10. 1841: »Bei der Begattung wird die Tiefe der Natur im Individuum erschlossen.«

31 *An den Äther:* Entstanden in Hamburg im Frühjahr 1842; Erstdruck: Gedichte 1842, S. 247. – Vgl. Tagebuchnotiz vom 18. 4. 1842: »Der Druck meiner Gedichte, mit dem es jetzt ernst wird, preßt meinem Geist noch manches ab, soeben das Sonett: An den Äther, welches gut ist.«

Die Sprache: Entstanden in Rom am 23. 5. 1845; Erstdruck: Gedichte 1848, S. 115.

32 *Juno Ludovisi:* Entstanden in Rom am 18. 9. 1845; Erstdruck: »Morgenblatt« Nr. 295, S. 1179, am 10. 12. 1846. – Vgl. Hebbel an Elise Lensing am 30. 3. 1845: »Ich war nun schon zwei Mal in der Villa Ludovisi ... und habe dort gesehen, was über alles, was man sehen kann, selbst in Rom hinaus geht, die Juno.«

Das Geheimnis der Schönheit: Entstanden in Wien am 2. 6. 1859; Erstdruck: postum, »Sämmtliche Werke«, 1865/67, Bd VIII, S. 19 f. – Hebbel bezieht sich auf das Eichkätzchen Herzi, Lampi, Schatzi (vgl. Tagebucheintrag vom 11. 11. 1861, II, 480 ff.).

34 *Der letzte Baum:* Entstanden am 28. 8. 1860; Erstdruck: postum, »Sämmtliche Werke«, 1865/67, Bd VIII, S. 24.

Aus dem Wiener Prater: Entstanden in Wien am 6. 5. 1862; Erstdruck: »Unterhaltungen am häuslichen Herd«, 1864.

35 *Stammbuchblatt:* Entstanden in Heidelberg am 3. 9. 1836; Erstdruck: Werner, Hist.-krit. Ausgabe Bd VII, S. 141.

Liebesgeheimnis: Entstanden in München am 6. 11. 1836; Erstdruck: »Morgenblatt« Nr. 298 vom 13. 12. 1836, S. 1191. – Vgl. Hebbel an J. Franz vom 6. 11. 1836: »Ich lege ein kleines Gedicht bei, das erste, das ich in München gemacht habe.«

36 *Licht in der Nacht:* Entstanden in München am 8. 12. 1836; Erstdruck: Gedichte 1842, S. 75. – Vgl. Hebbels Brief an Elise Lensing am 8. 12. 1836: »Wie gefällt Dir ... dies Leichenlicht, das aus *schmalem* Fenster, in unendlicher Dunkelheit das *einzige*, hervorzittert? Ich denke, es gibt nichts Gespenstischeres, und so mag ich denn wohl mit Recht dies Gedicht, als

einen Zustand bis ins Tiefste ausschöpfend, für eins meiner vollendetsten letzter Zeit halten.«

Vor dem Wein: Entstanden in München am 22. 1. 1837; Erstdruck: Gedichte 1842, S. 25.

37 *Der blinde Orgelspieler:* Entstanden in München am 23. 11. 1837; Erstdruck: »Neue Pariser Modeblätter«, hg. v. A. Schoppe, 12. Jg., 1838, Nr. 13, Sp. 193.

38 *Winterlandschaft:* Entstanden in München am 3. 1. 1839; Erstdruck: Gedichte 1842, S. 24.

Kleist: Entstanden in Hamburg am 6. 9. 1841; Erstdruck: Gedichte 1842, S. 235 mit der Jahreszahl 1840.

Balladen und Verwandtes

39 *Liebeszauber:* Entstanden in Paris am 18. 1. 1844; Erstdruck: »Morgenblatt«, Nr. 74, S. 293 f. vom 27. 3. 1846 mit dem Titel: Aus Fr. Hebbels italienischen Gedichten. Liebeszauber. – Vgl. Hebbels Tagebuchnotiz vom 19. 1. 1844: »Mein Talent hat sich in der letzten Zeit wieder so schön geregt, ich habe die Ballade Liebeszauber geschrieben, mir doppelt willkommen, da Töne, die das Leben ausklingen lassen, bei mir so sparsam sind, aber wie soll man sich solcher Eindrücke erwehren!« – Am 21. 1. 1844 Brief an Elise Lensing: »Neulich dichtete ich eine Ballade: *Liebeszauber,* die zu dem Allersüßesten gehört, das ich je gemacht habe.« – Am 26. 1. 1844 schreibt er an Elise über die Ballade, daß in ihr »ein unendlicher Gehalt niedergelegt ist – Liebe, Raserei, die höchste Süßigkeit, der bitterste Schmerz, alles auf einmal, äußeres und inneres Gewitter, milder Regen und linde Tränen!« – Am 29. 7. 1845 aus Neapel an Elise: »Ein Gedicht, wie *Liebeszauber* hat die ganze deutsche Literatur nicht aufzuzeigen; das ist die Krone von allem, was ich gemacht habe. Wer ihn lies't, ist entzückt.«

43 *Ein Dithmarsischer Bauer:* Entstanden in Wien am 9. 3. 1853; Erstdruck: »Unterhaltungen am häuslichen Herd«, hg. v. K. Gutzkow, 1853, Nr. 46, S. 726 f.

Dem Kaiser: Als im Jahre 1447 Kaiser Friedrich III. Holstein, Stormarn und Dithmarschen zum Herzogtum erhob und dem dänischen König Christian I. zu Lehen gab, protestierten die Diethmarschen, die bis dahin meist dem Bistum Bremen zugehört hatten, beim Papst. In der Schlacht bei Hemmingstedt (1500) vernichteten die Dithmarschen das Dänenheer unter König Johann.

44 *Quatemberwende:* Quartalswende – hier der 1. Oktober.

Windelbaum: Holzstange, die auf den Erntewagen gelegt wird, um die Garben zusammenzuhalten.

47 *flämisch:* böse, verdrossen, mürrisch.

48 *Schlüteramt:* Kirchspielamt, dem auch das Deichwesen unterstand.

Der Heideknabe: Entstanden in Paris am 8. 3. 1844; Erstdruck: »Sonntags-Blätter«, hg. v. Ludwig Aug. Frankl), 5. Jg., Wien, 18. 1. 1846, Nr. 3, S. 52. – Hebbel notierte das Motiv bereits am 6. 5. 1839 und am 10. 12. 1841 im Tagebuch. – An Robert Schumann schrieb Hebbel am 30. 11. 1853 über dessen melodramatische Vertonung der Ballade (vgl. II, S. 617).

51 *Das Kind am Brunnen:* Entstanden in Hamburg am 23. 9. 1841; Erstdruck: Gedichte 1842, S. 219 f.

52 *Das abgeschiedene Kind an seine Mutter:* Entstanden in Paris am 17. 12. 1843; Erstdruck: Gedichte 1848, S. 30–35. – Zur Entstehung vgl. Hebbels Brief an Elise Lensing vom 17. 12. 1843 (vgl. II, 564 f.). Hebbels Söhnchen Max war am 2. 10. 1843 gestorben, doch hatte der Dichter die Nachricht erst am 22. 10. erhalten. Er hoffte, durch seine Verse Elise trösten zu können.

Epigramme und Verwandtes

57 *Bilder . . :* Als Motto für seine Epigramme geschrieben und in Gedichte 1857, S. 326 erstmals gedruckt. Hebbel verwahrt sich gegen die pedantische Erfüllung des griechischen Metrums durch Johann Heinrich Voß und August Graf von Platen, die Verse Schillers und Goethes gerügt hatten.

Auf den Dom . . .: Erstdruck: »Der Wanderer«, 16. 3. 1851, Nr. 127.

58 *Der Lorbeer in Italien:* Erstdruck: Gedichte 1848, S. 203.

In Albano: Erstdruck: Gedichte 1848, S. 165.

Villa reale a Napoli: Erstdruck: Gedichte 1848, S. 126. – Vgl. Brief an Elise Lensing am 25. 7. 1845: »Köstliche Abende verlebte ich in der Villa reale, von Murat angelegt; drei Mal die Woche ist dort Militär-Musik, die schöne Welt versammelt sich, die Straußischen Walzer ertönen, das Meer braust dazwischen.«

Der Lorbeer um ein Menschenhaupt: Eintrag Hebbels am 20. 5. 1854 in das Album der Schauspielerin Sophie Schröder, die er sehr bewunderte und mit der er gerne seine Frau verglich: »Erinnern Sie sich bei diesem Vers eines Ihrer aufrichtigsten Verehrer; Sie haben ein Recht auf denselben, denn Sie sind ein Typus deutscher Kunst geworden, und wenn ein königlicher Dichter den Ausspruch über Sie tat, daß Sie einzig seien, so haben Sie die Wahrheit seines Wortes jetzt bei uns abermals bewiesen!« Erstdruck: Gedichte 1848, S. 137.

Das Höchste und das Tiefste: Erstdruck: »Deutscher Musenalmanach« für 1853, hg. v. Christian Schad, 3. Jg., S. 47–71.

59 *Der Wirbel des Seins:* Erstdruck: »Der Wanderer« Nr. 111, 7. 3. 1851.

An die Erde: Erstdruck: Gedichte 1848, S. 179.

Jedermann ins Album: Erstdruck: »Für den Friedhof der evangelischen Gemeinde in Gratz i. St. 1857«, S. 78.

Bedingtes Vertrauen: Erstdruck: Gedichte 1848, S. 196.

An den Menschen: Erstdruck: »Der Wanderer«, 16. 3. 1851.

Blumen und Dornen: Entstanden Anfang 1853 (?); Erstdruck: Gedichte 1857, S. 381.

Der Weg zur Bildung: Entstanden in Wien Anfang 1847 (?); Erstdruck: Gedichte 1848, S. 174.

60 *Selbsterkenntnis:* Erstdruck: Gedichte 1848, S. 161.

Idee und Gestalt: Erstdruck: Gedichte 1848, S. 141.

Die deutsche Sprache: Erstdruck: »Die Gegenwart«, 2. Jg., 1. 9. 1846, Nr. 201, S. 949. – Vgl. Hebbel an Elise Lensing am 29. 5. 1845: »Unter meinen Sonetten und Epigrammen sind die bedeutendsten die über die Sprache.«

61 *Die Regel:* Erstdruck: »Der Wanderer«, 16. 3. 1851.

Vor einem Rembrandt: Erstdruck: Gedichte 1848, S. 144.

Grundbedingung des Schönen: Erstdruck: »Der Wanderer«, 16. 3. 1851.

Schiller in seinen ästhetischen Aufsätzen: Erstdruck: Gedichte 1848, S. 191.

Goethes Biographie: Erstdruck: »Der Wanderer«, 7. 3. 1851.

62 *Platen:* Erstdruck: Gedichte 1848, S. 136.

Die Komödie: Erstdruck: Gedichte 1848, S. 157.

Lüge und Wahrheit: Erstdruck: »Der Wanderer«, 16. 3. 1851. – Vgl. Tagebucheinträge vom 13. 9. 1840: »Die Lüge ist viel teurer, als die Wahrheit. Sie kostet den ganzen Menschen.« und vom 3. 4. 1838: »Du mußt bedenken, daß eine Lüge dich nicht bloß eine Wahrheit kostet, sondern die Wahrheit überhaupt.«

Letzter Wunsch: Erstdruck: Gedichte 1848, S. 134. – Hebbel wünschte für sich in seinem »Letzten Willen« die Feuerbestattung.

63 *An die Götter:* Erstdruck: Gedichte 1848, S. 198.

Conditio sine qua non: Erstdruck: Gedichte 1848, S. 169. – Vgl. Brief an Elise Lensing vom 16. 9. 1843 aus Paris: »Was

bin ich für ein Mensch! Die stille friedliche Muschel, in der ich die Brandung nur von fern höre, ist mir zu eng und das Meer mit seinem gewaltigen Wogenschlag ist mir zu weit!«
Zwölf Jahre später: Entstanden im Dezember 1856; Erstdruck: Gedichte 1857, S. 438. – Vgl. Hebbels Tagebucheintragung im Jahre 1856: »Meinen Epigrammen ›An die Götter‹ und ›Conditio sine qua non‹, die einen unbefriedigten Zustand scharf und spitz aussprechen, fügte ich im neuen Mspt Nachstehendes hinzu: [folgt das Epigramm]. Ich wiederhole dies Gebet hier aus innerster Seele!«
Verschiedene Konsequenzen: Erstdruck: »Der Wanderer«, 16. 3. 1851. – Vgl. Tagebucheintrag vom 6. 9. 1850: »Als Brutus ausrief: die Tugend ist ein leerer Name! da entschloß er sich nicht zum Lasterleben, sondern durchstach sich die Brust, um in seinem Blut den letzten Funken der Tugend auszulöschen.«
Das Vaterunser: Erstdruck: Gedichte 1848, S. 162. – Vgl. Tagebuchnotiz vom 24. November 1838 in II, 394 über das Vaterunser sowie den Brief an L. W. Luck vom 31. 3. 1861: »Auch ich halte es für schwerer, das Vaterunser zu beten, als alle Schlachten Napoleons zu gewinnen, ja, ich bezweifle es stark, daß es auf Erden schon je gebetet worden ist, aber freilich nur wegen seiner ethischen Voraussetzungen ...«
Eine Antwort sondergleichen: Erstdruck: Gedichte 1848, S. 159. – Vgl. Hebbels Tagebucheintrag vom 8. 9. 1842 über Adolf Ebeling (1827–97): »Der junge Hamburger Dichter, Herr Ebeling, von Campe mir zugeschickt, der mir sagte: er fände seine Gedichte, wenn er sie wieder durchläse, allerdings gut, *denn, wenn er sie nicht gut fände, so würde er sie ja besser gemacht haben.«*
64 *Cäsar und sein Schneider:* Erstdruck: Gedichte 1857, S. 450.
Die Sonne und mein Kind: Erstdruck: »Der Wanderer«, 7. 3. 1851.
Das Urgeheimnis: Erstdruck: »Phönix« 1853, Nr. 8 – Vgl. Hebbels Tagebuchnotiz vom 20. 4. 1845 in Rom: »Wenn in uns das Einzelgefühl des Teils das Gemein-Gefühl des Organismus überragt, entsteht Schmerz. Könnten wir nicht in diesem Sinne Schmerzen Gottes sein?«
Ausgleichung: Erstdruck: »Thalia für 1849«, S. 344 mit dem Titel: »Ein edles Gemüt.« – Vgl. Hebbels Tagebuchnotiz vom 17. 2. 1840: »Einer wirft beim Schiffbruch dem andern ein Brett zu, worauf er sich rettet. Angekommen am Lande, frägt dieser: wie viel kostet das Brett?«

Zur Erinnerung: Erstdruck: »Westermanns Illustrierte Deutsche Monatshefte«, Nr. 17, Februar 1858, S. 1. – Vgl. Tagebucheintrag Hebbels vom 12. 7. 1843: »Jedem Gebet an die Gottheit sollte man hinzufügen: schenke mir die Sache, aber nicht erst dann, wenn sie mir nicht mehr ist, als die von dem Kinde heiß ersehnte Klapper dem Mann.« und vom 10. 3. 1847: »Es ist der größte Fehler des Menschen, die Dinge erst leidenschaftlich zu erstreben und *dann* zu untersuchen, was sie wert sind.«

An die Exakten: Erstdruck: »Westermanns Illustrierte Deutsche Monatshefte«, 1858, S. 466.

65 *An den Tragiker:* Erstdruck: »Westermanns Illustrierte Deutsche Monatshefte«, 1858, S. 466.

Auf das Nibelungenlied: Erstdruck: »Unterhaltungen am häuslichen Herd«, 1858, S. 381 f. – Vgl. Hebbels Tagebucheintrag vom 2. 11. 1855: »Das Nibelungenlied kommt mir jetzt, wo ich mich viel damit beschäftigen muß, wie ein taubstummes Gedicht vor, das nur durch Zeichen redet.«

66 *Das Glück:* Vgl. »Gyges und sein Ring«, I, 613 (Schluß des III. Akts).

Unterschied der Lebensalter: Erstdruck: Dichterbuch aus Oesterreich, 1863, S. 240. – Vgl. Tagebuchnotiz Hebbels vom 1. 4. 1859: »Der Jüngling fordert vom Tag, daß er etwas bringt, der Mann ist zufrieden, wenn er nur nichts nimmt.«

DRAMEN

69

Judith

Entstehung: Beginn der Niederschrift am 2. 10. 1839; vgl. Tagebuchnotiz vom 3. Oktober 1839; »Gestern fing ich meine Tragödie *Judith* an und schrieb ein paar Szenen, die mir gefielen. Heute schrieb ich fort und es glückte wieder. Leben, Situation und Charaktere springen in körniger Prosa ohne lange bauschige Adjektiva, die den Jambus so oft ausfüllen helfen müssen, frisch und kräftig hervor.« – Abschluß der Arbeit am 28. 1. 1840: »Heute habe ich die letzte Szene meiner Judith vollendet.«

Am Beginn stand Hebbels Auseinandersetzung mit Schillers »Jungfrau von Orleans«. Er schrieb am 17. 1. 1837 darüber an Elise Lensing: »Du wirst Dich wundern, wenn ich Dir sage, daß ich, zwar noch nicht ausführend, aber doch im Kopf entwerfend, an einer dramatischen Komposition, und zwar – an einer neuen Jungfrau von Orleans arbeite. Die Schillersche gehört ins Wachsfigurenkabinett ...« Am 15. Februar 1837 präzisierte er seine Vorstellung von der »Jungfrau von Orleans« im Brief an Elise als eines »einfach-edlen Mädchens«, »das, nachdem Gott durch seinen schwachen Arm ein Wunder ins Leben gerufen, vor sich selbst, wie vor einem dunklen Geheimnis, zurückschauderte ...«. Dieser Gedanke erscheint auch in einer Tagebuchnotiz vom 6. 3. 1838 (vgl. Bd II, 389 oben). Eine Darstellung der biblischen Judith in der Münchner Pinakothek, die zunächst Giulio Romano, dann Franz Floris zugeschrieben wurde, regte Hebbel an, das Motiv auf Judith zu übertragen. Das Motiv der wider ihre Natur handelnden Jungfrau (vgl. Vorwort in Bd II, 273 f.) verband sich mit dem der »ungeheuerlichen« männlichen Größe, das Hebbel in Alexander und Napoleon (vgl. Tagebuchnotiz in Bd II, 389) verkörpert fand.

Die Figur der Judith, wie sie in der Bibel dargestellt ist, erschien ihm für seine Konzeption nicht geeignet (vgl. Tagebuchnotiz vom 3. 1. 1840 in Bd II, 413 f.).

Erstdruck: Im Frühjahr 1840 veröffentlichte Hebbel den Bühnendruck in einer Auflage von 50 Exemplaren: »Judith/ Ein Trauerpiel (sic) in drei Acten/ von/ Friedrich Hebbel./ (Als Manuscript gedruckt.) 1840.« Zwischen 25. 3. und 4. 7. 1841 erschien bei Campe in Hamburg die Buchausgabe (2500 Exemplare gegen ein Honorar von 10 Louisdors): »Judith./ Eine Tragödie in fünf Acten/ von/ Friedrich Hebbel.« Gegenüber dem Bühnendruck wurde die Buchausgabe um zwei Szenen erweitert.

Die *Handschrift* ist nicht erhalten. Elise Lensing scheint sie, bevor sie 1847 nach Wien reiste, auf Grund einer mißverstandenen Weisung Hebbels verbrannt zu haben. Erhalten blieb lediglich eine Manuskriptseite (jetzt im Besitz der Stadtbibliothek Hannover), die Hebbel an Hermann Harrys, dem Herausgeber der »Hannoverschen Posaune« im November 1841 als Autograph übersandt hatte.

Uraufführung: Die Uraufführung fand am Königl. Hoftheater in Berlin am 6. Juli 1840 statt mit Frau Stich-Crelinger in der Hauptrolle. Hebbel mußte beträchtliche Änderungen, vor allem in den Schlußszenen vornehmen und »dabei erfahren, daß es die schwerste Aufgabe ist, etwas *Gutes* schlecht zu machen!« (Tagebuchnotiz vom 4. 3. 1840).

Quelle: Quelle ist das apokryphe biblische Buch Judith, dem sich Hebbel in der Führung der äußeren Handlung und in vielen Einzelheiten anschließt. Vgl. Hebbels Tagebuchnotiz vom 24. 12. 1839: »Kaffee steht auf meinem Tisch, die aufgeschlagene Bibel und meine Judith liegen vor mir.«

70 *Trabanten:* Leibwächter.

71 *Baal:* oberste Gottheit der Westsemiten (bes. der Phöniker u. Moabiter); wurde durch einen grausamen Kult verehrt.

Gott, den ich am meisten verehre: Holofernes meint sich selbst.

73 *ich sehe im Leben:* Vgl. Tagebuchnotiz vom Dezember 1839: »Das Leben ist nie etwas, es ist nur die Gelegenheit zu einem Etwas.« – Den Anspruch, als einziger Gott verehrt zu werden, stellt Nebukadnezar im Buch Judith 3, 11.

Vom Aufgang bis zum Niedergang: vgl. Ps. 113, 3.

75 *was ich angebetet habe:* Nach der Taufe des Frankenkönigs Chlodwig soll Bischof Remigius zu ihm gesagt haben: »Beuge dein Haupt, stolzer Sicamber, bete an, was du bisher verfolgt (bzw. verbrannt) hast und verfolge (bzw. verbrenne), was du bisher angebetet hast.«

77 *versteckt:* verborgen, zurückgezogen.

Moabiter: Bewohner von Moab (östl. des Roten Meeres).

Ammoniter: ein den Israeliten nahe verwandter Stamm (Ostjordan).

Was ist das für ein Volk: Figur des Achior und die Fragen des Holofernes stimmen mit dem Buch Judith überein.

78 *ungefährdet:* ohne ihn in Gefahr zu bringen.

79 *Leider ists gegen das Gesetz:* Vgl. 3. Mos. 19,31.

80 *Geheimnis:* Das seltsame Verhalten des Menasses ist Hebbels Erfindung; im Buch Judith wird Menasses nur beiläufig erwähnt.

Narden: wohlriechendes Öl aus Baldriangewächsen (Valeriana celtica).

81 *drei Lichter:* Vgl. Hebbels Brief an Elise am 27. 2. 1843: »Vor allem aber sind Deine Träume (ich meine die früheren) im höchsten Sinne dichterisch, so daß ich den einen ja auch nur ganz einfach in die Judith hineinzusetzen brauchte.« (Bd II, 550)

83 *Ein Weib ist ein Nichts:* Die Gestalt des Ephraim ist ohne Vorbild im Alten Testament. – Zu Judiths Handlungsweise vgl. Tagebuchnotiz vom 18. 3. 1840 in W II, 414 (»Meine Judith sagt ...«).

85 *Freiwerber:* einer, der für den andern wirbt.

88 *Gott! Mir ist:* mit ähnlichen Worten betete Hebbel am Totenbett seines Vaters.

90 *Die Röhren ...:* Davon berichtet Judith 7,6.

91 *Witz:* Verstand.

93 *Singet dem Herrn:* Beginn von Ps. 96, 98, 149.
denn seine Güte ...: Vgl. Ps. 106, 107, 118, 136.
Jonas: Jonas (vgl. Jona 1 und 2) hatte versucht, auf einem Schiff Gottes Berufung zum Propheten zu entfliehen.

94 *Leviathans:* Meerungeheuer, riesiges Wassertier, das mehrmals in der Bibel genannt wird.
Samuel ...: Im Buch der Richter (4,21) tötet Jael den feindl. Anführer Sisera mit einem Nagel. Hebbel übertrug dieses Bild auf seine Samuel-Gestalt, die mit der biblischen nichts gemein hat.
Auge um Auge: Vgl. 2. Moses 21, 24.

95 Die Figur des Daniel, auf die sich Hebbel auch später noch viel zugute tat, ist von ihm erfunden.
Ihr sollt gedenken an Moses: Vgl. 2. Moses 17,11 und Judith 4,12.

98 *Aber Kain darf sich selbst töten:* Diese Folgerung aus dem Verbot, an Kain Hand anzulegen (1. Moses 4,15) wurde von Hebbel selbst gezogen.

101 *Er hat geschworen:* Vgl. Judith 6,11.

102 *Auch David aß ...:* Vgl. 1. Samuel 21.
aß sich den Tod: Vgl. 1. Kor. 11, 29.

133 *Ich soll dich nach Jerusalem führen:* Vgl. Judith 11, 13.

116 *Bel:* babylonisches Wort für Baal.

121 *Kraft! Kraft!:* Vgl. Hebbel an Elise im März 1843: »Kraft! Kraft! Darin hat Holofernes recht, es gibt nichts Zweites.«

123 *Er führt Judith mit Gewalt ab:* In Judith 12, 21 trinkt Holofernes »so viel, wie er nie getrunken hatte sein Leben lang«. Der trunkene Holofernes wird von Judith im Schlaf enthauptet (Judith 13, 1–9).

128 *Warum ich kam:* Vgl. dazu die Tagebuchnotiz über die Verschiebung der Motive während der Tat vom 28. 10. 1839 in Bd II, 412: »Die Motive vor einer Tat ...«.

130 *Sag mir ...:* Vgl. dazu Hebbels Tagebuchnotiz vom 15. 12. 1839: »Endlich einmal wieder eine Szene an der Judith geschrieben. Im momentanen Wahnsinn sagt sie zur Mirza: sag du mir, was ich sein soll! Das halt ich für gut.«

132 *Moses' Stab:* Vgl. 2. Moses 17,6 ff.: Die Israeliten wurden am Horeb aus einem Felsen getränkt.

135 *Dies Haupt soll ... begraben werden:* In Judith 14, 2 dagegen: »... hänget den Kopf über die Mauer hinaus.«

136 *So sollt ihr mich töten ...:* In Judith 16, 23 ff. dagegen lebt

Judith, vom Volk geehrt, hundertundfünf Jahre in Gesetzestreue und Gottesfurcht.

136 *Genoveva*

Entstehung: Beginn der Niederschrift am 13. 9. 1840; vgl. Tagebuchnotiz vom 21. 9. 1840 in Bd II, 430 (»Tränen des Danks...«). Vollendung des 1. Akts am 25. 9., Vollendung des 2. Akts am 23. 10.; Anfang 1841 Fertigstellung des 3. Akts; (vgl. Tagebuchnotiz vom 11. 1. 1841: »Gestern, Sonntag, den 10ten, habe ich den dritten Akt der Genoveva mit großer Zufriedenheit geschlossen. Er ist sehr lang geworden, aber er scheint mir im *dramatischen* Sinne das Beste, was ich bis jetzt machte, denn er stellt alles, was geschieht, rein *werdend* dar. In Golo schildere ich die innerste Natur der Leidenschaft, die, wenn sie auch die bösen Triebe, die sie unterstützen könnten, nicht geradezu entfesselt, doch wenigstens die guten, die sich ihr entgegenstellen, so lange unterdrückt und hemmt, bis das Übel da ist.«). Am 11. 2. 1841 Vollendung des 4. Akts. Am 1. 3. 1841 notierte Hebbel im Tagebuch den Abschluß: »Heute morgen, den ersten März, schloß ich die Genoveva.« – Dann Überarbeitung des Manuskripts; vgl. Tagebuchnotiz vom 29. 5. 1841: »Genoveva liegt noch immer unfertig da. Ändern muß ich, aber kaum weiß ich, was, noch weniger, wie. Das Drama hat den Fehler seiner Idee möchte ich sagen, und das ist freilich der ärgste Fehler, den es haben kann. Die Idee ist die christliche Sühnung und Genugtuung durch Heilige. Das Menschliche hat sich in die Charaktere hineingerettet.«

Erstdruck: Teile des 2. und 3. Aktes erschienen im April und Mai 1841 im »Morgenblatt«. Die Buchfassung erschien 1843 bei Hoffmann und Campe in Hamburg. Auf Rat des Verlegers schrieb Hebbel ein »Vorwort«:

> Von mehr, als einer Seite bin ich aufgefordert worden, dies mein zweites Drama mit einem einleitenden Vorwort zu begleiten. Ich kann mich nicht dazu entschließen, denn ich müßte zu weit ausholen, wenn ich auch nur darlegen wollte, in welcher tiefen Beziehung dasselbe zu meiner individuellen Lebens-Entwickelung steht. Einen Fingerzeig glaube ich mir jedoch erlauben zu dürfen.
>
> Wer die Idee des Stückes aufgefaßt hat, dem wird nicht entgehen, daß hier eine Handlung dargestellt wurde, die vieler Träger bedurfte, weil sie zwischen Tat und Begebenheit in der Mitte schwebt und schweben muß; ihn wird daher die schärfere Entfaltung der Nebencharaktere, wozu

indes die alte Margaretha keineswegs gehört, überhaupt der architektonische Zuschnitt des Ganzen, nicht befremden. Noch weniger wird er fragen: was soll der Jude? was soll Fatime? oder gar: was soll der Tolle? Daß Golos Selbstverstümmelung am Schluß, dies einfache Ergebnis seines Charakters und der ungeheuren Situation, so wenig den tragischen Donner verstärken, als der poetischen Gerechtigkeit genug tun soll, versteht sich wohl von selbst.

Übrigens ist ein jedes Drama nur so weit lebendig, als es der Zeit, in der es entspringt, d. h. ihren höchsten und wahrsten Interessen, zum Ausdruck dient, und auch ich hoffe, trotz der aus dem Mythen- und Sagenkreise entlehnten Stoffe, in meiner Genoveva, wie in meiner Judith, der Zeit, wie ich sie in Bedürfnis, Richtung und Bewegung auffasse, ein künstlerisches Opfer dargebracht zu haben.

Hamburg, den 7. Oktober 1842.

Friedrich Hebbel

Die *Handschrift* ist nicht erhalten.

Uraufführung: Die Uraufführung fand am 13. 5. 1849 in Prag in tschechischer Sprache statt, ohne Wissen Hebbels; die deutsche Erstaufführung erfolgte am 20. 1. 1854 unter dem Titel »Magellona« durch das Hofburgtheater in Wien

Quellen: Das Volksbuch der Genoveva: Genoveva von Brabant, Gemahlin des um 750 lebenden Pfalzgrafen Siegfried, wird auf Betreiben des ihr verfallenen, von ihr aber zurückgewiesenen Bösewichts Golo des Ehebruchs angeklagt und zum Tode verurteilt. Sie entgeht der Hinrichtung, vegetiert mit ihrem Sohn Schmerzenreich in der Wildnis und wird schließlich, von ihrem Manne wiederentdeckt, als Schuldlose heimgeführt.

Maler Müller: »Golo und Genoveva« (1780); vgl. Tagebuchnotiz Anfang 1839 (Bd. II, S. 400 ff.); Ludwig Tieck: »Leben und Tod der heiligen Genoveva« (1799).

140 *Verzug:* Verzögerung.

143 *nur gaukelnd:* gleich dem Schmetterling.

144 *faß:* verstehe.

146 *nimm mich mit!:* Diese Bitte auch bei Müller und Tieck.

151 *Beelzebubs:* des Teufels. Ursprünglich war Baal Zebub ein phönikischer Fliegengott, der für die Juden zum Inbegriff des Götzen und später zum Anführer der widergöttlichen Gewalten wurde. Bei Mark. 3, 22 wird er als Oberster der bösen Geister genannt.

157 *Und soll der Durstge ....* Vgl. Tagebuchnotiz vom Januar

1840: »Schwimmend im Meer der Lust, den Mund fest zuhaltend, daß auch kein Tropfen den brennenden Gaumen kühlt: das heißt Resignation. Der Mensch ist überhaupt ein Geschöpf, das sich selbst zugrunde richten soll.«

163 *stimmend:* einstimmend.

164 *Ein alter Jude:* Vgl. Brief an Fr. Dingelstedt vom 2. 9. 1851: »Den Juden ... lege ich Ihnen noch einmal ans Herz. Ich glaube, was in diesem Stück wirkt, ist die konzentrierte Darstellung des Mittelalters, und dieses ist gewissermaßen in den Juden verkörpert.«
grindigsten: mit dem größten Ausschlag, Schorf.

171 *Heidelberg – Straßburg:* Hebbels Route nach Süden; vgl. Zeittafel.

172 *Blocksberg:* Im Volksmund Name des Brockens als der Versammlungsstätte der Hexen in der Walpurgisnacht.

179 *junge Tochter:* Die Gestalt der Fatime wurde vielleicht durch Tiecks Zulma angeregt, die, eine Mahnung für Siegfried, der Zeuge ihres Todes ist, dem Mohrenkönig nachstirbt, um Übergriffen christlicher Ritter zu entgehen.

196 *vorm Beten:* Nach dem Abendgebet mußte Friede eingehalten werden.

197 *Philax:* beliebter Hundename nach griech. Phylax der Wächter.

198 *Ältervater:* Urgroßvater, Vorfahre.

208 *seine Finger:* in Lessings »Hamb. Dramaturgie«, Schluß des 13. Stücks, las Hebbel wohl die Notiz: »Es ist eine Bemerkung an Sterbenden, daß sie mit den Fingern an ihren Kleidern oder Betten zu rupfen anfangen.«

210 *den Münster:* Mask. noch im 19. Jh. üblich (so auch bei Goethe).

214 *Monde:* Monate (zunächst Nebenform zu Monat).

215 *Satisfaktion:* Genugtuung.

216 *Stümper:* wegen der Erschaffung der Welt.

219 Die 6. Szene wohl durch Tieck und Goethes »Faust« angeregt.

226 *Denn bös ...:* Vgl. die Hexen in Shakespeares »Macbeth« I, 1: »Fair is foul and foul is fair.«

232 *Else:* Else ist bei Tieck die Tochter von Golos Amme Gertrud.

233 *Und nicht mit Worten bloß:* Vgl. Tagebuchnotiz vom Mai 1840: »Auch mit Taten kann man sich *schminken.* Wenn der wahre Mensch manches einzelne durch die Totalität seines Lebens und Wesens zu entschuldigen glaubt, so wähnt der falsche umgekehrt, durch ein löbliches Einzelnes die Schlechtigkeit des Ganzen zu rechtfertigen.«

236 *fein:* schützen

238 *mein Herz sich von ihm kehrt:* Vgl. Tagebuchnotiz vom Februar 1840: »Elise sagte: sei nicht immer so hart gegen mich; ich fürchte, daß ich dann aufhören könnte, dich zu lieben! Und mit einer Angst!«

240 *Grabscheit:* Spaten.

241 *zwar:* hier in der ursprüngl. Bedeutung: fürwahr.

255 *Wer eine solche Tat:* Im Nachspiel werden diese Verse wiederholt (vgl. S. 261).
Urlaub: Erlaubnis.

256 *durch des Kaisers Gnade:* Das Lehen konnte nur vom Kaiser neu vergeben werden.

258 *Nachspiel zur Genoveva*
Niederschrift im Januar 1851 auf Drängen von K. v. Holtei; Hebbel berichtet diesem am 5. 2. 1851, daß »der Epilog ursprünglich im Plane lag, wie sich denn auch im vierten und fünften Akt unabgesponnener Flachs findet, der mir jetzt gut zustatten kam. Golo wurde mir im Jahre 1842 zu mächtig, er wuchs mir über den Kopf.«
Die *Handschrift* befindet sich im Goethe-Schiller-Archiv in Weimar.

263 *jene Heiligen:* Anspielung auf Daniel 3: »Gesang der drei Männer im Feuerofen«.

271 *Maria Magdalena*

Entstehung: Im Februar 1839 erste Erwähnung des Dramenstoffes im Tagebuch (vgl. Bd II, 406): »Durch Dulden Tun: Idee des Weibes« und »*Klara* dramatisch«. Im März 1842 Niederschrift autobiographischer Notizen in Verbindung mit dem Plan zu einem bürgerlichen Trauerspiel. Vgl. Brief an Elise Lensing vom 26. 3. 1843: »Der erste Akt ist fast fertig und mir gelungen, wie je Etwas. Der Meister Anton, ein Held im *Kamisol,* der, wie er sagt, die ›*Mühlsteine* als *Halskrausen* trägt, statt damit ins Wasser zu gehen‹, gehört vielleicht zu meinen höchsten Gestalten.« Am 1. 5. 1843 in Hamburg Tagebuchnotiz: »Heute morgen den ersten Akt vom ›bürgerlichen Trauerspiel‹ geschlossen.« Am 17. 10. 1843 in Paris: »Heute morgen den zweiten Akt am bürgerlichen Trauerspiel geschlossen.« Am 4. 12. 1843 in Paris: »Heute habe ich mein viertes Drama: ›Ein bürgerliches Trauerspiel!‹ geschlossen!«

Erstdruck: 1844 bei Hoffmann und Campe in Hamburg mit

dem Druckfehler »Maria Magdalene« auf dem Titelblatt.
Die *Handschrift* ist nicht erhalten.

Uraufführung: Uraufführung am 13. 3. 1846 im Königsberger Stadttheater zusammen mit einem »Lustspiel in 2 Akten nach dem Französischen« von W. Friedrich, »Drei Feen von Paris«. Das Berliner Hoftheater hatte eine Aufführung wegen Klaras Schwangerschaft abgelehnt.

Quellen: 1. Erinnerungen an die eigene Kindheit: Angst der Kinder vor der Strenge des Vaters; Armut und Hunger; Verlust des Vermögens durch die Bürgschaft des Vaters; Milde und Güte der Mutter, die ihren Ältesten vor dem Vater in Schutz nimmt.

2. Die Familie des Schreinermeisters Anton Schwarz in München und dessen Tochter Josepha (Beppi) Schwarz, geb. 1814. Hebbel hatte sie am 5. 10. 1836 kennengelernt und bald ein intimes Verhältnis zu ihr unterhalten. Sie starb am 21. 2. 1863, im gleichen Jahr wie Hebbel.

3. Eindrücke vom Katholizismus, wie Hebbel ihn durch Beppi kennenlernte. Sie war zwar katholisch, hatte jedoch seltsame Ansichten, und Hebbel scheint ihr auch Unmögliches geglaubt zu haben. Er begleitete Beppi mehrmals zu den Gottesdiensten und verhielt sich dem Katholizismus gegenüber wie einem Zauberglauben.

4. Schuldgefühle gegenüber Elise Lensing, die von ihm im Sommer 1840 ein Kind erwartete, während er sie mit der Beschreibung seiner Liebe zur Senatorentochter Emma Schröder quälte.

5. Beschäftigung mit sozialkritischen Themen im Jahre 1840.

272 Zur *Widmung:* Hebbel wollte seinen Dank ausdrücken für das Reisestipendium, das ihm der dänische König im April 1843 gewährt hatte. An Elise schrieb er am 7. 9. 1844 über das Gedicht, es sei »metaphysisch, also schlecht«.

274 *Personen: Meister Anton* ist ein Porträt von Hebbels Vater und von dem Münchner Schreinermeister Anton Schwarz. – *Seine Frau* spiegelt Züge von Hebbels Mutter. Unmittelbares Vorbild für *Klara* war Beppi Schwarz. Den Namen für *Karl* übernahm Hebbel von Beppis Bruder Karl, der im Februar 1837 aus der Arbeitsanstalt entlassen und im Mai 1837 wegen Diebstahls in Untersuchungshaft genommen wurde. In einigen Charakterzügen (Jähzorn, Unzufriedenheit mit den häuslichen Verhältnissen) hat sich Hebbel selbst porträtiert. – Für die Charakterisierung Leonhards verwendete Hebbel autobiographische Züge, vor allem sein Verhältnis zu Beppi und Elise.

– Der Sekretär ist ein liter. Denkmal für Hebbels Studienfreund Emil Rousseau (1816–38).

275 *Myrtenbaum:* Seit dem 16. Jh. galt der Myrtenkranz, ein Zeichen der Reinheit, in Deutschland als bräutlicher Schmuck.
Scherben: Blumentopf.
die alten Weiber: die Leichenfrauen.

276 *Furcht des Herrn:* Vgl. Psalm 111, 10.
sauren Schweiß: Metapher für: kargen Lohn.
verdrießlich war: persönliches Erlebnis Hebbels in München.

277 *Fahnenstück:* Kleidungsstück.
Brummbär: der Vater.
die Folgen: zu ergänzen: einer allzu nachsichtigen Erziehung.

278 *zur Ader gelassen:* Vgl. Hebbels Brief vom 25. 7. 1839 an den Wesselburener Kirchspielschreiber Voß: »Anfangs kam kein Blut und Assing [Hebbels Arzt] ward (ich beobachtete ihn sorgfältig) totenbleich.«
Docke: Puppe.
machten das Bier teuer: trieben wegen ihres guten Verdienstes die Preise hoch.
Nun danket alle Gott!: Vgl. Jes. Sir. 50, 24; Anfang eines Chorals, den Martin Rinckart (1586–1649) zur Verherrlichung der Augsburger Konfession im Jubiläumsjahr 1630 gedichtet hatte.
Opfer: Vgl. Tagebuchnotiz vom Herbst 1837: »Den Göttern kannst du nur schenken, was von ihnen selbst ausgeht.«

280 *Angezogen:* zum Ausgehen umgezogen.
So frei ...: Anspielung auf sein intimes Verhältnis zu Klara.
Zahnweh: Vermutlich Klaras Unwohlsein wegen ihrer Schwangerschaft.
das letzte Band: die völlige Hingabe.

281 *Soldatenzeichen:* Barttracht der Soldaten.

283 *ohne Falsch ...:* Vgl. Matth. 10, 16.

285 *Er weiß also:* von der Beförderung.

287 *Beinhaus:* Aufbewahrungsort für die ausgegrabenen Knochen auf Friedhöfen.
auszuschmälen: auszuschelten.

288 *Mühlstein:* Vgl. zur Entstehung.

289 *nicht durchsichtig:* damit Leonhard sehen kann, ob eine Mitgift in der Kommode liegt.
Mahlschatz: hier: Mitgift.
Jakob: Vgl. 1. Moses 29, 18 ff.
Nase und Ohren: Vgl. Tagebuchnotiz vom 22. 11. 1838 in Bd II, 393 (»Den Keim meines Unglücks ...«).

Rad: Spinnrad.
291 *Vater Abraham:* Vgl. 1. Moses 22, 17.
292 *apart:* besonders.
293 *Tort:* Kränkung, Verdruß.
Teufel: Vgl. Hebbels Brief vom 17. 5. 1848 an Rötscher über die Zensurstriche: »Nur die Flöhe, die der Teufel aus dem Ärmel schüttet, sind weggeblieben.«
König Saul: Vgl. 1. Sam. 9, 2.
294 *bosseln:* Kegel schieben.
Leute im roten Rock: Gerichtsdiener.
herauspraktiziert: unvermerkt, insgeheim wegbringt.
295 *ob die Tochter nicht –:* ebenfalls ein Unrecht begangen hat und bereits verführt wurde.
296 *Bist du –:* verführt.
Suchet ...: Anklang an Matth. 7, 7.
297 *Nur einer darf:* leidend aussehen: Meister Anton.
sich selbst köpft: Vgl. Tagebuchnotiz vom Oktober 1841 in Hamburg: Elise »sieht einen, der sich selbst köpft, dann kriecht der Rumpf zum Kopf und begräbt ihn.«
Hippe: sichelartiges Messer, seit dem 18. Jh. Attribut des Todes.
299 *Ja, Arzt:* Anrede an Klara.
300 *Boden:* Dachboden.
Gaudieb. Gauner.
301 *Mann mit der goldenen Kette:* Bürgermeister mit der Amtskette.
305 *Fallmeister:* Abdecker.
306 *Justinian:* byzantin. Kaiser (527–65), der dem Rechtsleben durch seine Sammlung röm. Rechtsquellen und durch die Aufzeichnungen des gesamten röm. Rechts eine feste Grundlage gab.
Gajus: röm. Jurist (117–180), veröffentlichte um 161 ein Lehrbuch »Institutionum commentarii IV« für Privat- und Prozeßrecht, das die Grundlage für Justinians Werk bildete.
Lex Julia: ironische Anspielung auf ein Ehegesetz vom Jahre 18 v. Chr., das Verheirateten mit Kindern Vorteile sicherte.
desparat: verzweifelt, hoffnungslos.
308 *wird und muß:* mich heiraten.
309 *Gott im Himmel:* In seiner »Geschichte der Jungfrau von Orléans« (1840) zitiert Hebbel das Gebet la Hires: »Lieber Gott, tu du für la Hire, was du mögtest, daß la Hire für dich täte, wenn la Hire Gott wäre, und du la Hire.«
310 *Beelzebubs:* Vgl. Anm. zu S. 151.

311 *das Recht:* Bevor sie nicht alle Möglichkeiten versucht hat, hat sie nicht das Recht zum Selbstmord.
312 *mit dem kleinen Buckel:* der Tochter des Bürgermeisters.
Journal: hier: Rechnungsbuch.
wenn ich: ein Kind bekomme.
314 *erste und letzte:* die ein uneheliches Kind bekommt.
Nickel: Scheltwort, auch in der Bedeutung von Hure.
wovon: von wem.
315 *Recht:* Leonhard legte Klaras Schweigen auf seinen Brief als Einverständnis aus.
Lektion: Verweis.
316 *Wurm:* Schlange.
gestochen: gebissen.
daß du –: etwas verrätst.
319 *Martini:* 11. November, Fest des hl. Martin.
Rotrock: der Gerichtsdiener Adam.
Boßel: Kegelkugel.
320 *im Wein sitzt der liebe Gott:* Spott auf das Abendmahl.
321 *zusammenschauernd:* Klara denkt an ihren Selbstmord.
Fische zu essen: aus Furcht, Karl könnte bei einem Sturm umgekommen sein.
322 *Weiberschicksal:* ein uneheliches Kind.
323 *vorher:* Karl denkt an die Abrechnung mit dem Gerichtsdiener Adam.
325 *Er hat ihr –:* mit seinem Selbstmord gedroht.

327 *Herodes und Mariamne*

Entstehung: Erster Hinweis auf den neuen Stoff am 12. 12. 1846 im Tagebuch: »Herodes und Mariamne. Tragödie, aber natürlich das ganze Leben des Herodes umfassend.« Beginn der Arbeit am 23. 2. 1847: »Heute ... die Mariamne begonnen. Nicht ohne die Gunst der Musen, nach dem Anfang zu urteilen.« Am 24. 3. ist der 1. Akt abgeschlossen, dann folgt »eine erbärmliche Pause elendester Ohnmacht« (Tagebuchnotiz vom 11. 4.) und erst gegen Ende des Jahres Abschluß des 2. Akts. Im Sommer 1848 Weiterarbeit (vgl. Brief an E. Janinski vom 14. 8. 1848 in Bd II, 596) und in einem Zug entstehen der 3. und 4. Akt und im Oktober der 5. Akt (vgl. Brief an G. Kühne vom 21. 11. 1848 in Bd II, 596). Am 14. 11. 1848 notierte Hebbel im Tagebuch den Abschluß der Arbeit: »Heute mittag um halb 12 Uhr habe ich endlich die Mariamne geschlossen. Die Haupt-Szene des 5ten Akts, die sechste, zwischen Mariamne und Titus wurde während der

Wiener Schreckenszeit geschrieben. Ja, das Werk war mir im Element des nach jeder Seite hin Widerwärtigen die einzige Rettung und es stand mir auch mit Frau und Kind, für die ich zitterte, in gleicher Linie. Ich glaube, einen Fortschritt gemacht zu haben. Angefangen wurde sie den 23. Februar 1847.«

Erstdruck: Den ersten Akt veröffentlichte Hebbel 1849 in H. Th. Rötschers »Jahrbüchern für dramatische Kunst und Literatur«. Der Erstdruck erschien 1850 im Verlag Carl Gerold in Wien.

Das Originalmanuskript wird im Goethe-Schiller-Archiv in Weimar aufbewahrt.

Uraufführung: Die Tragödie wurde am 19. 4. 1849 im Wiener Hofburgtheater mit Christine Hebbel als Mariamne uraufgeführt. Die Aufnahme charakterisierte Hebbel im Tagebuch als »im höchsten Grade kühl«.

Quellen: Von Josephus Flavius (37–100), jüdischer Geschichtsschreiber:

Jüdische Altertümer (bes. das 15. Buch, Kap. 3 und 7) mit der Darstellung von Aufstieg und Niedergang des Herodes und dem Bericht von der zweimaligen Weisung des Herodes, daß Mariamne sein Ende nicht überleben dürfe.

Geschichte des Jüdischen Krieges mit ausführlichen Berichten über den Kampf zwischen Antonius und Octavian.

Bei Josephus haßt Mariamne ihren Mann, bei Hebbel wird sie zur liebenden Frau.

329 *Zion:* Herodes erbaute im 18. Jahr seiner Regierung eine Festungsburg und nannte sie Antonius zu Ehren »Antonia«.

durch die Gassen schleicht: bei Josephus 15, 10, 4: »man sagt, daß er sich oft selbst in der Kleidung eines Privatmannes zur Nachtzeit unter das Volk gemischt habe, um die Stimmung desselben über seine Regierung auszukundschaften.«

330 *Synedrium:* der Hohe Rat in Jerusalem.

332 *Zenturionen:* Soldaten einer römischen Hundertschaft.

Kohorte: der 10. Teil der römischen Legion.

Wölfin: das durch Blitzstrahl versehrte Erzbild der säugenden Wölfin.

333 *Moses:* Vgl. 2. Moses 34.

334 *Auguren:* altrömische Priester, die den Willen der Götter u. a. aus dem Vogelflug vorhersagten.

Bild: Nach Josephus 15, 2, 4 sandte Alexandra Bilder ihrer Kinder Mariamne und Aristobolus an Antonius, um diesen zur Hilfe gegen Herodes zu veranlassen.

336 *Fabel:* Vielleicht Anspielung auf Friedrich Rückerts »Parabel«: »Es ging ein Mann im Syrerland«.

337 *erkenntlich:* dankbar.
Leviathan: Vgl. Anm. zu S. 94.

340 *Ruth:* Die ährenlesende Ruth (Buch Ruth 2) auf den Feldern des Boas erscheint als Sinnbild des sanften bescheidenen Frauentums; im Gegensatz zu ihr steht die leidenschaftliche Makkabäerin, benannt nach dem Geschlecht des Judas Makkabäus, der seit 166 v. Chr. den jüdischen Befreiungskampf gegen die Syrer leitete.
fassen: verstehen.

341 *Jugurtha:* von Marius besiegter numidischer König, der 104 v. Chr. im unterirdischen Kerker am Kapitol den Hungertod starb.

342 *Pharisäer:* die Pharisäer glaubten an die Unsterblichkeit der Seele, während die Sadduzäer meinten, daß mit dem leiblichen Tod auch die Seele sterbe.

345 *Sarg:* Alexandra ließ nach Josephus 15, 3, 2 für sich und ihren Sohn Särge anfertigen, um darin nach Ägypten zu fliehen.

346 *Saul:* Vgl. 1. Sam. 18, 10 f.

347 *Einmal:* Nach der Schlacht bei Philippi (42 v. Chr.) machte sich der angeklagte Herodes bei Octavian rasch genehm.

350 *Synedrium:* Nach Josephus 14, 9 hatte Herodes den Ezechias und seine Begleiter töten lassen, ehe sie vom Hohen Rate zum Tode verurteilt waren. Hyrkan ließ ihn vor den Hohen Rat fordern, doch hatte außer Sameas niemand den Mut zur Anklage.
Fechterspiele: Josephus erwähnt die Einführung dieser Spiele in 15, 8.

351 *Sklaven:* Josephus betont, daß es keine Sklaven gab.

352 *Pompejus:* Josephus erwähnt in 14, 4 das Eindringen des Pompejus in das Allerheiligste des Tempels.

353 *Wer setzte den Herodes ... ein?:* Gegen den Willen der Juden wurde Herodes nach der Schlacht bei Philippi zum »Tetrarchen« ernannt.
Ops: Göttin der Fruchtbarkeit; Isis war deren ägypt. Entsprechung.

354 *Hirkan:* Josephus schildert in 15, 6, 4 den Hohenpriester Hirkan, Alexandras Vater, als mild und gemäßigt.

355 *tot:* Josephus berichtet in 15, 3, 7, daß in Jerusalem die Nachricht verbreitet war, Antonius habe den Herodes mit dem Tode bestraft.

zwölf Stämme: die zwölf Stämme, von denen die Juden ihre Abstammung herleiteten.

Jonas: der durch die Stadt Ninive gezogen war und zur Buße aufgerufen hatte; vgl. Jona 3.

357 *Ältermütter:* Vorfahren.

358 *Judiths Schwert:* Die Heldin des apokryphen Buchs »Judith« erschlug den Holofernes im Schlaf. Sie war die Heldin von Hebbels erstem Drama.

Rahabs Nagel: irrtümlich für Jael (Richter 4, 21), die den Hauptmann Sisera in ihrer Hütte im Schlafe tötete.

Edoms Schwert: hier: Herodes.

Perle Zions: Mariamne.

360 *Aarons:* Aaron, der Bruder des Moses, war der erste Hohepriester Israels.

362 *Eifersucht:* Salomes Eifersucht wird von Josephus erwähnt.

363 *Liktorenbeil:* Liktoren, Amtsdiener der hohen Beamten in Rom, trugen als Zeichen der Strafgewalt des Magistrats Rutenbündel, aus denen ein Beil hervorragte.

364 *Alexandra:* Alexandra Salome, Witwe des Königs und Hohenpriesters Alexander Jannäus, regierte als Königin von 78–69 v. Chr.

370 *Wie hab ich mich verstrickt:* Bei Josephus verrät Joseph der Königin seinen Auftrag nicht in halben Andeutungen und aus Angst, sondern allein um die Liebe des Königs zu erklären.

Jakob warb um Rahel: sieben Jahre lang; vgl. 1. Moses 29, 20.

372 *Soemus:* bei Hebbel Galiläer, nach Josephus ein Ituräer (Landschaft im Nordosten Palästinas).

373 *Scythen:* grausames Reitervolk.

374 *Muränen:* Aalfische.

Falerner: Wein aus Kampanien.

376 *Gespenst:* Hinweis auf den toten Bruder.

379 *Führ ihn hinweg!:* Auch nach Josephus ist Joseph ohne Verhör hingerichtet worden.

383 *Platz des Urias:* Vgl. 2. Sam. 11, 15: Urias erhielt von König David ein Kommando zugewiesen, das ihm den Tod bringen mußte.

387 *Kinder:* Nach Josephus hatte Mariamne zwei Kinder.

390 *Dampf- und Feuersäule:* Vgl. 2. Moses 13, 21.

391 *Irren:* Vgl. Hebbels Tagebuchnotiz vom 30. 6. 1846: »Es gibt auch Irren unter den Völkern.«

399 *Satrape:* Statthalter einer Provinz im alten Persien.

Uhr: Vielleicht Anregung durch Jean Pauls »Siebenkäs«, wo das 13. Kap. des 3. Bändchens den Titel »Die Uhr aus Menschen« trägt. – Vgl. dazu auch Hebbels Tagebuchnotiz vom 5. 5. 1853: »Auf dem Markusturm mein Artaxerxes, ein Mann, der die Stunden auf der Glocke anschlägt.«

405 *Titus, du siehst:* Vgl. Tagebuchnotiz vom 22. 8. 1848: »Sonderbar ist es, daß ich ... immer Melodieen höre, und das, was ich schreibe, darnach absinge; so diesmal vorzüglich die Stelle: ›Titus, du siehst, wie meine Tochter trauert!‹«
Jesabel: Vgl. 1. Könige 21, 23; 2. Könige 9, 33 ff.

408 *Arabien:* Der Kriegszug ist historisch verbürgt.
zum Oktavian: Das Gespräch wird in der Quelle berichtet.

409 *Zwei Menschen:* Vgl. Tagebuchnotiz vom 22. Januar 1847: »Einen Zauber sollte wahre Liebe ausüben, den, daß zwei Herzen, die ineinander aufgehen, nicht getrennt werden, sondern nur zusammen sterben könnten; das sollte ihre Probe sein und so sehr, daß auch der Entfernte stürbe in dem Moment, wo der oder die andere gestorben wäre.«

414 *die drei Männer:* Gesang im Feuerofen, vgl. Daniel 3, 22 f.

415 *Elias' Flammenwagen:* Vgl. 2. Könige 2, 11.

416 *Golgatha:* Von Josephus nicht erwähnt.

419 *Salomo:* Vgl. 1. Könige 3, 16 ff.
Dies nenn ich kein Gericht!: Josephus (15, 7) betont, daß Herodes bei der Anklage heftiger war, als es sich für eine gerichtliche Verhandlung gebührte.

421 *zu sterben habe:* Josephus berichtet, Mariamne sei unverzagt und ohne auch nur ihre Gesichtsfarbe zu ändern in den Tod gegangen und habe so noch in ihrem letzten Ende die Art ihres Geschlechts offenbart.

426 *Drei Könige:* In den Quellen nicht belegt; vgl. Matth. 2, 1.

432 *Moses:* Vgl. 2. Moses 1, 22 und 2,9.

433 *Der Rubin*

Entstehung: Erste Notiz zu dem Lustspiel im Oktober 1836 im Tagebuch: »›Wirf weg, damit du nicht verlierst!‹ ist die beste Lebensregel.« Im Frühjahr 1837 in München Niederschrift der Märchenhandlung des »Rubin«, die er »der Idee nach« als beste Prosadichtung seiner Münchner Zeit wertete, die »sich herrlich für eine Oper eignen möchte«. Zwischen 1839 und 1843 entstehen Notizen zu einem dramatischen Märchen (»Die Poesie und ihre Werber«) mit dem Vermerk: »Das Rubinmärchen damit in Verbindung gebracht: die Poesie hat die Prinzessin verzaubert, um ihre Verbindung mit Assad möglich zu machen.«

Am 5. April 1849 Eintrag ins Tagebuch: »Heute morgen habe ich den ersten Akt eines phantastischen Lustspiels: *der Rubin* geschlossen, welches ich am 1sten April anfing.« Am 15. April ist der 2. Akt fertiggestellt, am 19. Mai vermerkt er den Abschluß: »d. 19 Mai habe ich den dritten Akt des Rubin geschlossen, und zwar in Penzing, und dem Stück den Titel: Märchen-Lustspiel gegeben. Auch dieser Akt hat mir höchstens acht Tage gekostet; nie arbeitete ich so rasch.«

Erstdruck: Veröffentlichung des 1. Akts in G. Kühnes Zeitschrift »Europa«, am 6. Februar 1850, Nr. 11, S. 81–87. – Erstdruck des gesamten Stückes 1851 bei Carl Geibel in Leipzig. *Urschrift* und *Abschrift* (der dritte Akt von Hebbels Hand) liegen im Goethe-Schiller-Archiv in Weimar.

Uraufführung: 21. 11. 1849 im Wiener Hofburgtheater. In einer Selbstrezension schrieb Hebbel: »Der Rubin ist nicht günstig, sondern mit entschiedener Kälte vom Publikum aufgenommen worden ... Es ist ... alles mögliche für das Stück geschehen, und wenn das Resultat kein anderes war, so ist der Grund allein in ihm selbst und in dem Verhältnis, worin es zum Publikum und zu den Begriffen des Publikums von der Märchen- und Lustspieldichtung steht, zu suchen.«

Quelle: Erfindung Hebbels.

434 *Kalif:* arab. Stellvertreter; Titel der Nachfolger Mohammeds in der Herrschaft über die islam. Gesamtgemeinde.

Wesir: arab. Träger, Stütze; erster Staatsminister in den islam. Staaten; im Lustspiel heißt er Abubeker (vgl. V. 984, S. 471).

Pascha: Titel der obersten Rangstufen der Offiziere und Beamten; zunächst Ehrenbezeichnung der Prinzen von Geblüt.

Emir: arab. Befehlshaber; Titel der arab. Stammeshäuptlinge und der angeblichen Nachkommen Mohammeds.

Babeck: Vielleicht Anspielung auf Hebbels Jugendfreund Barbeck.

435 *Minarett:* Turm der Moschee, die oben mit Galerien für den Muezzin versehen ist.

Früchte: Vgl. Tagebuchnotiz vom Februar 1843: »... Für ein Märchen: ein Wunderbaum mit allen Blüten und Früchten.«

437 *Filz:* Geizhals.

438 *Hökerin:* Krämerin, Händlerin.

439 *Popanz:* vermummte Schreckgestalt.

Halbscheid: Hälfte.

440 *Derwisch:* mohammed. Bettelmönch.
stach: biß.

441 *Denare:* röm. Silbermünze; die Araber übernahmen den röm. Golddenar und nannten ihn Dinar.

442 *Mahomeds:* ältere abendl. Schreibweise für Mohammed.
Houri: Paradiesjungfrau mit unvergänglicher Schönheit zur Belohnung der Seligen.

443 *Paschalik:* Paschawürde; die einem Pascha unterstehende Provinz.

448 *Bastonade:* Stockprügel, besonders auf die Fußsohlen.

449 *Taubheit:* Hebbels Großmutter litt aus diesem Grund fünf Jahre lang an Schwerhörigkeit.

454 *Omar:* Gemeint ist der Kalif, der in Vers 752 Harun heißt (in Anlehnung an »Tausendundeine Nacht«).
Abubeker: der Name des Wesirs.

460 *faß:* verstehe.

461 *Salomonis Siegel:* Salomos Siegelring galt als Talisman der Weisheit und Zauberei.

463 *wunde Füße:* Anspielung auf die Bastonade (s. S. 448), die Assad aber gar nicht erhalten hat.

464 *Burnus:* Beduinenmantel aus weißer Wolle.

467 *dies Amt:* Vgl. Tagebuchnotiz vom September 1840: »Viele Menschen zeichnen sich dadurch aus, daß sie, wo es irgend an einem Scharfrichter fehlt, gern gleich den Dienst versehen.«

470 *Arzeneien:* Vgl. Tagebuchnotiz vom 6. Mai 1849: »Friedrich Wilhelm III. und Schönlein, wie jener gegen den Arzt den Absolutismus kehrt und keine Medizin nehmen will, die schlecht schmeckt.«

473 *Ich zittre:* Vgl. Tagebuchnotiz vom 12. Juni 1849: »In Despotieen zittert ein jeder, aber keiner so sehr, wie der Despot selbst.«

474 *Brauch:* Vgl. Tagebuchnotiz vom 15. November 1846: »... Bei Besetzung der Ämter spielen wir Blindekuh, und wen wir packen, erhälts Amt.«

475 *Firman:* Befehl, Verordnung des Staatsoberhaupts in mohammed. Ländern; hier: Bestallungsurkunde.
Luft: Vgl. Tagebuchnotiz vom 26. Mai 1856: »Die griechischen Kaiser in Konstantinopel setzten einen Tribut auf das Einatmen der Luft.«

476 *zollen:* hier: erzählen.

483 *Ein treuer Diener:* Vielleicht Anspielung auf Grillparzers 1826 f. geschriebenes Drama: »Ein treuer Diener seines Herrn«.

Jetzt öffn ich: Diese Amnestieerklärung nahmen manche Zuschauer der Uraufführung zum Anlaß einer Demonstration.

485 *Agnes Bernauer*

Entstehung: Seit Beginn des Jahres 1845 plante Hebbel eine Tragödie der Schönheit. Außerdem befaßte er sich in einem weiteren Gedankenkreis mit Tragik und Problematik des Königtums, dargestellt an der Möglichkeit der Überheblichkeit, des Machtmißbrauchs und der Verführung zum Unrecht. Die Auseinandersetzung mit Joseph August Graf von Törrings Bernauer-Drama brachte ihn vermutlich auf den Gedanken, die Motivkreise: Schönheit und Liebe sowie Notwendigkeit und Problematik der Staatsraison zu verbinden. Am 30. 9. 1851 notierte Hebbel im Tagebuch: »Eben, abends um 8 Uhr, schließe ich den ersten Akt der *Agnes Bernauer*, den ich vor acht Tagen begann. Längst hatte ich die Idee, auch die Schönheit einmal von der tragischen, den Untergang durch sich selbst bedingenden Seite darzustellen, und die *Agnes Bernauer* ist dazu wie gefunden.« Am 14. 10. hatte Hebbel den 2. Akt, am 26. 10. den 3. Akt und am 25. 11. den 4. Akt vollendet. Am 17. 12. war das Drama abgeschlossen.

Erstdruck: Der erste Akt erschien am 9. Dezember 1852 in G. Kühnes Zeitschrift »Europa«. Der Erstdruck des Dramas erschien im November 1852 bei K. Ueberreuter in Wien als Manuskript für Bühnen ohne Szeneneinteilung.

Die *Handschrift* befindet sich im Goethe-Schiller-Archiv in Weimar.

Uraufführung: Die Uraufführung fand am 25. 3. 1852 im Hoftheater in München statt.

Quellen: Für den historischen Ablauf: »Die Geschichte Bayerns« aus den Quellen und andern vorzüglichen Hülfsmitteln bearbeitet von Konrad Mannert, Leipzig 1826.

»Agnes Bernauerin« historisch geschildert von Felix Joseph Lipowsky ... München 1801.

Weiterhin entnahm Hebbel Anregungen aus:

Johann Heinrich von Falckenstein: »Vollständige Geschichten ... des grossen Herzogthums ... Bayern«. München, Ingolstadt und Augspurg 1763.

»Geschichte der ... Stadt Augspurg ...: an das Licht gegeben durch Paul von Stetten.« Franckfurt und Leipzig 1743.

486 Die adligen Namen übernahm Hebbel von Mannert und Lipowsky.

488 *Schnepper:* chirurgisches Instrument, bei welchem mittels einer

Stahlfeder eine oder mehrere in einer Kapsel verborgene scharfe Klingen vorgeschnellt werden können.
wunderlich: wunderbar.

489 *Geck:* Narr.

490 *Blattern:* Pocken.
Freiknechten: Abdecker.

491 *gern möglich:* hier in der Bedeutung von: leicht möglich.

492 *Bärenzwinger:* Anspielung auf Schillers Ballade »Der Handschuh«.
geh ins Kloster: Hebbel notierte im Januar 1845 in Rom eine *»Idee zu einer Tragödie.* Ein wunderschönes Mädchen, noch unbekannt mit der Gewalt ihrer Reize, tritt ins Leben ein aus klösterlicher Abgeschiedenheit. Alles schart sich um sie zusammen, Brüder entzweien sich auf Tod und Leben, Freundschafts-Bande zerreißen, ihre eignen Freundinnen, neidisch oder durch Untreue ihrer Anbeter verletzt, verlassen sie. Sie liebt einen, dessen Bruder seinem Leben nachzustellen anfängt, da schaudert sie vor sich selbst und tritt ins Kloster zurück.«

493 *Fronhof:* Platz vor der bischöfl. Residenz in Augsburg.
ausbleiben: wegbleiben, fehlen.
Hippokrates: von Kos (um 460 bis um 377 v. Chr.), berühmtester Arzt der Antike, Begründer der wissenschaftlichen Medizin.

494 *Besteck:* chirurgische Geräte.

495 *Reichsknechte:* kaiserliche Söldner, Soldaten.
drei Tropfen: Von Hebbel aus der Selbstbiographie von Johann Christian Edelmann (1698–1767) übernommen.
Liquor: flüssige Substanz.
Ratsweibel: untergeordneter Beamter, Diener.
Schönbartlaufen: Maskenlaufen; das Gesicht wurde mit dem schwarz bemalten oder angekohlten Korkstöpsel bemalt.
Syndikus: Rechtsberater der Stadt.

496 *Sparren:* er ist nicht ganz richtig im Kopf.
Turmbau: vgl. 1. Moses 11.
Einhorntier: Fabeltier mit Pferdegestalt und einem Horn in der Mitte der Stirn.
Phönix: Heiliger Vogel in der Mythologie der Ägypter, der sich alle 500 Jahre verbrannte und dann verjüngt aus der Asche hervorstieg.
Alräunchen: Wurzel der Alraune; galt vom Mittelalter bis weit in die Neuzeit als Glücksbringer für Krankheiten, Prozesse, Geburten und alchimistische Versuche. Es mußte aus der Wurzel der Alraune geschnitzt werden, die unter dem

Galgen aus dem Samen eines unschuldig Gehenkten entstanden war.

497 *Geschlechtertanz:* Tanz der Patrizier von adligem Geschlecht.
Werdenberg: Elisabeth, die Tochter des Grafen Eberhard von Württemberg, war mit Herzog Albrecht verlobt gewesen, doch hatte sie eine heimliche Ehe mit Graf Johann III. von Werdenberg Sargans zu Trochtelfingen geschlossen. Für den Fall eines Zerwürfnisses war ein *Reugeld* in Höhe von 10 000 Gulden festgesetzt.

498 *schäl mich ab:* zieh mir die Rüstung aus.
Da liegt: die prächtige Herzogskleidung.
Mannrausch: Vgl. Goethes Maximen und Reflexionen: »Mannräuschlein nannte man im siebzehnten Jahrhundert gar ausdrucksvoll die Geliebte.«

499 *Panieren:* Bannern.
Katharinenabend: 24. November; am 24. 11. 1368 verlangten die Zünfte die Aufnahme in den Rat der Stadt.

502 *Dank:* Preis im Turnier.
sieben Hauptstücken: die Zahl 7 spielt in vielen Religionen eine wichtige Rolle. Die röm.-kath. Kirche zählt z. B. 7 Sakramente, die 7 Freuden und Schmerzen Mariens.

503 *Juliana Peutinger:* Anspielung auf ein späteres Ereignis, das Stetten in Bd I, S. 258 zum Jahre 1504 erzählt: »Als der Kayser [Maximilian] zu diesem Rechts-Tag nach Augspurg gekommen, wurde er von des berühmten D. Conrad Peutingers 4jährigen Töchterlein Juliana mit einer Lateinischen Rede bewillkommet, worüber er ein besonderes Wohlgefallen bezeiget.«

504 *gestäupt:* mit Ruten geschlagen (als öffentliche Strafe).
Unehrlichen: Leute, die nicht frei sind von bürgerlicher Schande oder die nicht anständig und geziemend leben.

505 *steht ... auf zwei Augen:* beruht auf dem Leben eines einzelnen.

506 *Mutter:* Herzog Ernst hatte sich 1396 mit Elisabeth Visconti (gest. 1432), einer Tochter des Herzogs von Mailand, Barnabo Visconti (1354–85) verheiratet.
Eidam: Schwiegersohn.
ich bringe ... ins gleiche: ich stelle die ursprüngliche Ordnung wieder her.
faulen Wenzel: Albrecht wurde in Prag von seiner Tante Sophia (Herzog Ernsts Schwester), der Gemahlin Wenzels IV. (1361–1419, von 1378–1411 röm.-dt. Kaiser) erzogen. Die

Königin legte besonderen Wert auf die musische Erziehung Albrechts.

507 *Alling:* Am 19. 9. 1422 wurde Herzog Ludwig der Gebartete von Bayern-Ingolstadt von Herzog Ernst (Bayern-München) und Heinrich dem Reichen (Bayern-Landshut) besiegt, wobei Herzog Ernst den Sohn durch persönlichen Einsatz vor der Gefangennahme rettete.

508 *Spruch:* Urteilsspruch.

Bavaren: lat. für die Baiern; abgeleitet von Baiovarii = Männer aus Baia (womit vielleicht Böhmen gemeint ist).

Karl: Karl der Große (742–814), seit 768 dt. König, begraben in Aachen.

509 *Kranzwindenszeit:* Vorbereitungszeit vor der Hochzeit, hergeleitet von der Zeit, in der die Myrtenkränze der Braut und der Brautjungfern gebunden wurden.

510 *was Gott ...:* Vgl. Matth. 19, 6.

roter Erde: Anspielung auf die westfälischen Freigerichte, die sich weit über die Grenzen Westfalens ausdehnten.

Priester: für die Einsegnung der Ehe.

bessere Brust: einer von höherem Stand.

511 *gegen die Sterne:* gegen das Schicksal, wie es durch die Sterne bestimmt ist.

Mutter aller Gnaden: Maria.

Honigreime: wohlklingende, schmeichelhafte Reime.

Heinrichs von Ofterdingen: sagenhafter mhd. Dichter, der im »Wartburgkrieg« genannt wird, biographisch aber nicht nachweisbar ist. In der Romantik (Novalis, E. T. A. Hoffmann) und von Wagner (»Tannhäuser«) wird er literarisch dargestellt.

Wulframs: Wolfram von Eschenbach (um 1170 bis um 1220), mhd. Dichter, Verfasser des »Parzival« »Wilehalm« und »Titurel«.

Bademädchen: Der böhm. Geschichtsschreiber Wenzel Hagek berichtet 1541, daß sich der gefangene König Wenzel IV. die Erlaubnis zu einem Bad geben ließ. Vier Stadtdiener begleiteten ihn, zwei badeten mit ihm und ließen ihn dann an die frische Luft. Wenzel sah einen Fischerkahn und ließ sich nackt, wie er war, von dem Bademädchen Susanna übersetzen und gelangte mit ihr auf sein Schloß. Er gab ihr 100 böhm. rote Gulden und behielt sie längere Zeit bei sich. 1406 erinnerte er sich ihrer, ließ ihr eine neue Badestube bauen und sprach das Baderhandwerk ehrlich. Die Verbrennung Susannas als Hexe während der Gefangenschaft des Königs ist eine Erfindung Hebbels.

512 *Lande der Geigen:* Böhmen.
Reim: Gedicht, Volkslied.

513 *Johannisfeuer:* 24. Juni, Fest Johannis des Täufers.
schöne Güter: Albrecht hatte von seiner Mutter Vohburg als Privateigentum geerbt und nannte sich Graf von Vohburg.

514 *Sturmhaube:* Helm ohne Visier, mit festem Stirn- und Genickschirm und bweglichen Backenstücken.
Strick und ... Dolch: Zur Feme vgl. Anm. zu S. 510 (»roter Erde«).

515 *Himmelswagen:* Anspielung auf den feurigen Wagen des Elias im Alten Testament, 2. Kön. 2, 11.

516 *Tochter des Kaisers:* Anklang an Kleists »Käthchen von Heilbronn«.

518 *Württembergerin:* Elisabeth von Württemberg; vgl. Anm. zu S. 497.
Leibgeding: Grundvermögen, das der Ehefrau vom Ehemann zugewiesen wird und das ihr nach seinem Tod zur lebenslänglichen Nutzung zusteht.

519 *Sie sollen Vater und Mutter ...:* Vgl. Matth. 19, 5.
Karten: anachronistisch; aus dem MA sind nur Handzeichnungen als Versuche der Landkartenherstellung bekannt. Den ersten brauchbaren Atlas in Deutschland schuf Philipp Apian (1531–89) mit seinen 24 Bairischen Landtafeln.
Rudolf: Rudolf von Habsburg (1218–91), seit 1273 dt. König, der 1278 nach der Schlacht auf dem Marchfeld gegen Ottokar II. v. Böhmen seine Söhne mit Österreich belieh und seine Hausmacht durch kluge Politik stärkte.
Kaiser Ludwig: Ludwig II., der Baier (1287–1347), seit 1314 dt. König.

520 *den letzten:* den Tod.
Kurfürstenmantel: Kaiser Karl IV. hatte in der Goldenen Bulle 1356 die baierischen Wittelsbacher aus dem Mitbesitz an der alternierenden Kurstimme der Pfalz verdrängt.
Giftmischer: Die Vermutung, daß Kaiser Ludwig bei einer Mahlzeit vergiftet worden sei, wurde zwar mehrfach berichtet, doch ist sie durch keinerlei Fakten zu belegen.

521 *Himmelskönigin:* Maria.
scharwenzeln: sich durch Dienstbeflissenheit angenehm zu machen suchen.
zur Erde werden: vgl. 1. Moses 3, 19.

522 *Herzog Wilhelm:* (1375–1435), Bruder von Herzog Ernst, der

mit ihm während der 40jähr. gemeinsamen Herrschaft keine Meinungsverschiedenheiten hatte.

Kurhuts: Kaiser Rudolf hatte Baiern auf dem Reichstag zu Augsburg (1275) die Kurstimme zuerkannt, sie aber später seinem Schwiegersohn Wenzeslaus von Böhmen zuerkannt.

aufknöpfen: Geld hergeben, freigebig sein.

523 *Sieger von Alling:* Herzog Albrecht.

Jugendsünden: Herzog Ernst hatte selbst uneheliche Kinder.

Andechs: Herzog Ernst richtete erst im Jahre 1438 die Propstei Andechs ein.

gemacht: gebraucht.

524 *apart:* besonders.

525 *In Braunschweig:* Huldigung für Hebbels Frau Christine, die aus Braunschweig stammte.

Walpurgis: die Nacht zum 1. Mai, wenn die Hexen mit dem Teufel auf dem Blocksberg zusammenkommen.

Burggraf ...: Vielleicht ist Ludwig der Bucklige (1403–45), seit 1443 Herzog von Bayern-Ingolstadt, gemeint.

twatsche: närrische.

Welf und Wittelsbach: 1180 wurde Otto von Wittelsbach (1180–83) von Kaiser Barbarossa mit dem bayer. Herzogtum belehnt, das Heinrich dem Löwen nach seiner Ächtung aberkannt worden war.

526 *Luginsland:* Aussichtspunkt, Wachtturm.

Hochselige: Albrechts Mutter.

529 *Tannenbaum:* anachronistisch. Der Brauch des geschmückten Tannenbaums bildete sich im 16./17. Jh. und war erst seit dem 19. Jh. allgemein verbreitet.

der rote Wein: Zitat aus Veit Arnpecks Chronik: »Man sagt, daß sie so hübsch gewesen sey, wann sie roten wein getrunckhen hett, So hett man ihr den Wein in der khel hinab sehen gehen.«

530 *Salomo:* König von Israel (993–935 v. Chr.), berühmt durch seine kluge Regierung.

532 *Hampelmann:* anachronistisch; erst seit dem 16. Jh. nachgewiesen.

Ächtung: Vgl. Anm. zu S. 525.

zehn Gebote: Vgl. 5. Moses 5, 4.

Ludwig: Ludwig der Brandenburger (1315–61), seit 1347 Herzog von Baiern, heiratete am 10. 2. 1342 aus dynastischen Erwägungen Margarete Maultasch (1318–69), mit der er einen Sohn Meinhard (1344–63) hatte.

535 *etwas anderes:* für Albrechts zeitweilige Geliebte, weil niemand von der Eheschließung wissen sollte.
536 *raschen:* unbesonnenen.
537 *schwächte:* schändete.
Krippenreiter: armer Ritter, der schmarotzend herumreitet.
Schwieger: Schwiegertochter.
539 *sieben Siegel:* Wendung aus der »Geheimen Offenbarung« 5, 1.
armen Prinzen: Adolf, der Sohn Herzog Wilhelms.
Schranne: Verkaufsplatz in München (Marienplatz).
540 *Nürnberger Klapperbüchse:* Nürnberger Spielwaren gehörten schon früh zu den wichtigen Handelsartikeln der Stadt.
Wer hat ... unterschrieben: Ein schriftliches Urteil über Agnes Bernauer ist nicht erhalten. Bei den Rechtsgelehrten, die Hebbel nennt, handelt es sich nicht um Zeitgenossen der Agnes Bernauer.
Justinianus: Vgl. Anm. zu S. 306.
541 *Augen:* Vgl. Tagebuchnotiz Hebbels Anfang November 1843 nach dem Tod seines Sohnes Max: »Die Erde könnte mit lauter Augen, wie mit Perlen, übersät werden, wenn man überzählt, wie viele Augen in ihr schon zu Staub zerfallen sind.«
542 *Schwabenspiegel:* süddt. Rechtsbuch, vermutlich um 1275 von einem Augsburger Rechtskundigen auf der Grundlage des »Deutschenspiegels« (Umarbeitung des »Sachsenspiegels«) geschrieben.
hohlen Hand: aufgehaltenen Hand.
Schweißpfenning: Lohn, der ihnen für ihre Anstrengung zukam.
zehn Plagen Ägyptens: Vgl. 2. Moses 7 ff.
543 *Hohenstaufe:* Konradin (geb. 1252) wurde am 29. 10. 1268 von Karl von Anjou auf dem Marktplatz von Neapel hingerichtet.
faßt: versteht.
544 *Tag des Zornes:* Jüngstes Gericht.
Barbarossa: trennte sich ohne Befragen des Papstes von seiner ersten Gemahlin.
Ludwig der Bayer: schied nicht seinen Sohn, sondern trennte die Ehe zwischen Margarete Maultasch und Johann Heinrich von Mähren.
545 *Abraham:* Vgl. 1. Moses 22, 1–6.
Totengruft: Vgl. Hebbels Brief an Dingelstedt vom 26. 1. 1852, in dem er den ganzen Charakter der Agnes darin fin-

det, daß sie gleich nach ihrer Krönung die Grabkapelle zu bauen anfängt.

546 *Das schwache Kind:* Herzog Wilhelms Sohn Adolf.
Siegmund: (1368–1437), 1411 zum dt. König gewählt.
Podagra: Gicht.

548 *Geburtstagsgeschenk:* Vgl. Tagebuchnotiz vom November 1846: »Auf dem Lande wird der Geburtstag eines Bauerkindes so gefeiert, daß die Mutter z. B. sagt: heute ist dein Geburtstag, darum verschone ich dich mit der Tracht Prügel, die du verdient hast und gebe sie dir erst morgen!«

550 *die schwarzbraunen Ägypter:* Zigeuner.

553 *Brücke:* Zugbrücke.

554 *Wen sucht Ihr?:* Vgl. Joh. 18, 4 ff.
weghabt: gebannt seid von ihrem Zauber.
Borsten: Anklang an die Verwandlung der Gefährten des Odysseus in Schweine durch die Zauberin Kirke im X. Buch der »Odyssee«.

555 *verlassen:* Vgl. Matth. 27, 46.

560 *Hebe Dich:* Anlehnung an Matth. 4, 10.

562 *Das große Rad:* Anspielung auf das Schicksals- oder Glücksrad, das vom 12. bis zum 16. Jh. in zahlreichen Handschriften und in Kirchen (Radfenster über den Portalen) dargestellt wurde.

563 *Eitelkeiten:* Nichtigkeiten.
die letzten Dinge: die Lehre von Tod und Auferstehung, vom Jüngsten Gericht und vom Weiterleben im Jenseits.

564 *Abgetan:* Erledigt.

565 *Der im Bart:* Ludwig der Gebartete (um 1368–1447), von 1413–1443 Herzog von Baiern-Ingolstadt.
Richter: Emeran Nusperger.
fühlst dus denn nicht auch?: daß der Sohn nicht seinen eigenen Vater gefangennehmen kann.

566 *Ohm:* Ludwig der Gebartete.

567 *damit sie wieder erhöhe ...:* Anklang an Matth. 23, 12.
Würgengel: Vgl. 2. Moses 12.

568 *Schranke:* Gerichtsschranke.

569 *Kerze:* Vgl. Tagebucheintrag vom 20. 2. 1837: »Bei Verkündigung des päpstlichen Bannfluchs wurden 3 Kerzen, eine nach der andern, ausgelöscht.«

570 *wegstehlen:* durch Selbstmord.
Bube: Schurke.

571 *Cherub mit dem Flammenschwert:* Vgl. 1. Moses 3, 24.
vor dem: vor Gott.

ich habe gesündigt: Anklang an Luk. 15, 8.
nimm den da: Herzog Ernst regierte bis zu seinem Tod (1438); Albrecht wurde 1436 nach seiner Vermählung mit Anna von Braunschweig Mitregent.

573 *Gyges und sein Ring*

Entstehung: Der Bibliothekar des Wiener Polizeipräsidiums, Karl Braun von Braunthal, wies Hebbel auf die Fabel Herodots von Gyges und Kandaules in »Pierers Universallexikon« hin. Noch am gleichen Tag schrieb Hebbel die erste Szene des 2. Akts nieder, um das Motiv zu erproben. Am 14. 12. 1853 notierte er im Tagebuch: »Heute den 1sten Akt der Rhodope geendigt. Braun von Braunthal machte mich auf Herodots alte Fabel vom Gyges aufmerksam, ich las sie nach und fand, daß allerdings eine Tragödie darin stecke. Freilich wird die Motivierung der Königin schwer sein. –« Am 14. 11. 1854 vermerkte Hebbel im Tagebuch den Abschluß der Arbeit: »Heute habe ich das Trauerspiel Gyges und sein Ring vollendet; ich fing es im Frühling an und brachte bis zur Abreise nach Marienbad $2^{1}/_{2}$ Akte fertig, die anderen $2^{1}/_{2}$ Akte sind im Herbst entstanden.«
Erstdruck: Der Erstdruck erschien 1856 bei Tendler und Comp. in Wien. – Die *Handschrift* befindet sich im Goethe-Schiller-Archiv in Weimar.
Uraufführung: Die Uraufführung fand am 25. 4. 1889 im Wiener Hofburgtheater statt.
Quellen: Der »Gyges«-Artikel in »Pierers Universallexikon« (vermutlich in der Ausgabe von 1835). – Herodot in der Logoi seiner »Historien«. – Plato im 2. Buch, 3. Kapitel des »Staat«.
574 *Rhodope:* Hebbel fand den Namen vielleicht bei Herodot II, 134, wo eine schöne Buhlerin namens Rhodopis, von Geburt Thrakerin, nach Ägypten verkauft wird. – Entgegen der antiken Betonung liegt bei Hebbel der Ton auf der vorletzten Silbe.
575 *Lydien:* Im Altertum Königreich an der mittleren Westküste Kleinasiens.
Seit fünf Jahrhunderten: Vgl. Herodot I, 6: »Dieser Krösos war der erste von den Barbaren, so viel ich weiß, welcher der Hellenen etliche unterwarf zur Zinsbarkeit, mit etlichen aber einen Bund machte. Er unterwarf nämlich die Ioner, Äoler und Dorier, und einen Bund machte er mit den Lakedämoniern. Vor des Krösos Herrschaft waren die Hellenen freie Männer, allzumal.«

576 *Herakliden:* Nachkommen des Herakles.
Hephästos: griech. Gott des Feuers und der Schmiede.
Thetis: Meergöttin; bei Homer Mutter des Achill.

577 *Giganten:* Söhne der Gäa (= Erdgöttin), Geschlecht von Riesen, mit den Giganten gleichgesetzt. Angestachelt von ihrer Mutter empörten sie sich gegen die olympischen Götter, wurden von ihnen besiegt und unter Vulkanen und Inseln begraben (vgl. auch Anm. zu S. 632).
Minotaurus: kretisches Ungeheuer, der Stier des kret. Königs Minos. Er ließ ihn in der Mitte eines Labyrinths gefangensetzen und ihn mit jungen Athenern füttern, bis er von Theseus getötet wurde.

578 *sitzen:* Vgl. Herodot I, 88: »Kyros ließ ihn [= Krösos] sich neben ihn setzen und erwies ihm große Ehre.«
Kennst du die Lyder: Vgl. Herodot I, 79: »Kein Volk in ganz Asien war zu derselbigen Zeit tapferer und rüstiger zum Kampf, denn die Lyder.«
Spiele: Vgl. Herodot I, 94: »Auch sagen die Lyder, die Spiele, die jetzo bei ihnen und bei den Hellenen im Schwange sind, wären ihre Erfindung; diese hätten sie zu derselbigen Zeit erfunden, da sie auch nach Tyrrhenien Anbauer ausgesandt.«

579 *Medea:* kolchische Zauberin.

580 *Räuber:* Der Kampf mit den Räubern ist eine Erfindung Hebbels.

581 *Kerze:* anachronistisch; Kerzen gab es erst seit dem 2. Jh. n. Chr.

582 *Erinnyen:* Rachegöttinnen.

585 *Hermenwächter:* Hermen sind vierkantige Pfeiler, die das Bild eines Götter- oder Menschenkopfes krönten. Ursprünglich hatten Hermen mit dem Kult des Hermes zu tun, später wurden sie als Wegzeichen und Meilensteine verwendet. Hier ist der Ausdruck als Spott über den friedliebenden Kandaules gedacht.
Alkäos ...: Schon bei Herodot I, 7 finden sich die Namen Alkäos und Agron, doch ist Alkäos hier der Sohn des Herakles und Agron der Urenkel des Alkäos; beide sind also Ahnherren des Kandaules.

586 *Dike:* eine der griech. Horen (vgl. Anm. zu S. 607), die Göttin der vergeltenden Gerechtigkeit.
Wenn ich wo bin: Vgl. Tagebuchnotiz vom 20. 1. 1839: »Ich pflege (heute abend bemerke ichs zum ersten Mal) immer unbewußter Weise zu husten oder zu räuspern, wenn ich mich

irgendwo befinde, wo meine Mit-Hausbewohner mich nicht vermuten.«

589 *Drachenhäute:* Herakles hatte den Drachen erschlagen, der die goldenen Äpfel der Hesperiden bewachte.

590 *Thyrsosstab:* leichter, oben mit Efeu umwundener, mit einem Pinienzapfen geschmückter Stab: Zeichen des Dionysos.

Dionys: In dem verhältnismäßig späten Mythos vom Zug des Dionysos nach dem Ganges wird der Gott häufig mit Tigern in Verbindung gebracht.

591 *Dem Auge soll man trauen:* Vgl. Herodot I, 8: »Gyges, ich sehe schon, du glaubst mir doch nicht, was ich dir von meiner Frauen Schönheit sage, weil die Ohren der Leute ungläubiger sind, denn ihre Augen.«

Schmach: Vgl. Herodot I, 10: »Bei den Lydern und fast bei allen andern Barbaren schämet selber ein Mann sich sehr, wenn man ihn nacket sieht.«

593 *Zither:* Nach Herodot war das Zitherspiel bei den Lydern unbekannt; erst Kyros führte es auf den Rat des Krösos ein, um sie zu verweichlichen.

594 *sie schrie:* Vgl. Herodot I, 10: »Und die Frau sah ihn hinausgehn. Sie merkte aber, daß ihr Mann dies angestiftet, und schrie nicht auf, denn sie schämte sich.«

595 *Aktäons:* Sohn des Aristäus und der Autonoe; Jäger, der Artemis im Bad erblickte. Um ihn daran zu hindern, anderen von der Schmach zu erzählen, die sie erlitten hatte, verwandelte sie ihn in einen Hirsch, den seine eigenen Hunde zerrissen.

596 *Jünglingsopfer:* Vgl. Tagebuchnotiz vom 27. 9. 1846: »Antonius Selbstaufopferung für Hadrian, um diesem seinen Lebensrest zu schenken.«

Parze: göttliches Wesen, das in Vergangenheit, Gegenwart und Zukunft die Ereignisse im menschlichen Leben bestimmte.

597 *Helios:* Sonnengott.

604 *Tyndaridentochter:* Klytämnestra, Tochter des Tyndareus. Erschreckt durch Traumgesichte läßt sie am Grab des von ihr ermordeten Gatten Agamemnon Totenspenden niederlegen.

605 *innerlich besiehst:* Vgl. Tagebuchnotiz vom 2. 2. 1849: »›Ich besehe mich nach innen, wenn ich nachmittags so dämmre‹: Außerordentlich schönes Wort von Tine.«

goldnen Gürtel: Anspielung auf die Ilias (14. Gesang, V. 198 ff.).

606 *Schleier:* Vgl. an Emil Kuh am 24. 8. 1855: »Meine Frau be-

zeichnete Rhodope neulich außerordentlich gut, sie sagte, sie sei aus lauter Schleiern gewebt.«

607 *Horen:* Töchter des Zeus und der Themis; ursprünglich Göttinnen der sittlichen Ordnung.

608 *Allverknüpferin:* Aphrodite.

609 *verkürzt:* benachteiligt.

616 *erebscher Schatten:* Schatten in der Unterwelt.

618 *Los:* Schicksal.

619 *den kastalschen Quell:* heilige Quelle in Delphi; Symbol dichterischer Begeisterung. Die besonderen Eigenschaften des Quells in den folgenden Versen von Hebbel fingiert.
Parnaß: Berg, an dessen Hang Delphi liegt: Sitz des Apoll und der Musen.

620 *Blödheit:* Schüchternheit.

631 *Gäa:* Göttin der Erde.
Schlaf: Ähnliche Gedankengänge finden sich mehrfach im Tagebuch, z. B. am 28. 5. 1851: »Der Schlaf ist die Nabelschnur, durch die das Individuum mit dem Weltall zusammenhängt.«

632 *laß:* müde, matt.
Briareus: gehört zu den Riesen, die in den Tiefen des Okeanos leben und den Eingang zum Kerker der von den olympischen Göttern besiegten Titanen bewachen.

633 *Hestia:* Göttin des häuslichen Herdes und des Opferfeuers.

634 *Hymenäus:* Gott der Ehe und Hochzeitsgesangs.

635 *Nachbarn:* Auch bei Herodot (I, 14) muß Gyges gegen feindliche Nachbarn kämpfen.

636 *Lethe:* Strom der Unterwelt, aus dem die Toten Vergessen trinken.

637 *Die Nibelungen*

Entstehung: Im Januar 1853, nach einer Aufführung von Ernst Raupachs »Nibelungenhort« mit seiner Frau Christine in der Rolle der Kriemhild erste Hinweise einer Auseinandersetzung Hebbels mit dem Nibelungenstoff. In einer Rezension erwähnt er den Wunsch, den er längst »auf dem Herzen« habe: »Welch ein Gewinn für die Nation wäre es, wenn der ›dramatische Nibelungenhort‹ endlich einmal wirklich gehoben würde!« Als Hauptaufgabe sieht er die Zeichnung des Weges »von der zaghaften, schüchternen Jungfrau, die sich schamhaft vor dem heimlich Geliebten verbirgt, bis zu dem furchtbaren Rachedämon, der das Haupt des eigenen Bruders, wie einen Distelkopf, abschlägt.« Im Sommer 1854 bespricht er während des Aufenthalts in Marienbad mit Friedrich von Uechtritz den Plan einer »Umdichtung der Nibelungen zur Tragödie«.

Nach der Vollendung des »Gyges« im Herbst 1855 Beginn der Niederschrift. Am 18. 10. 1855 notierte er im Tagebuch: »Ich fange an, mich ernstlicher mit den Nibelungen zu beschäftigen, mit denen ich bisher in Gedanken nur spielte. Der erste Akt (von *zehnen* vermutlich!) wird bald fertig sein und verspricht eine gute Exposition. Hagen und Siegfried stehen schon da, Kriemhild soll mir, wenn es ihr gefällt, heute das erste Wort anvertrauen.« Am 2. November ist der 1. Akt des 1. Teils, zunächst mit »Kriemhildens Leid« überschrieben, abgeschlossen. Am Jahresende sind zwei Akte fertig. Hebbel ist »zufrieden mit dem Fertigen, jedoch ohne Vertrauen zu dem Ganzen und zweifelnd, ob ich fortfahren werde«. Erst im Herbst 1856, nach der Beschäftigung mit dem Epos »Mutter und Kind« Weiterarbeit an den »Nibelungen«. Er plant eine neue Aufteilung der vorgesehenen zehn Akte auf fünf große, wie er am 3. Oktober im Tagebuch notierte: »Mich leitet hiebei die Überzeugung, daß ich, wenn das Werk einmal vollendet ist, eher einen beherzten Metzger unter den Theater-Direktoren finden werde, einen solchen nämlich, der Arme und Beine abhackt, als einen Mann, der sich auf eine Bilogie einläßt. Und das Theater ist hier doch Hauptsache, denn es kann sich absolut nur um die dramatische Vermittlung des Gedichts mit der Nation handeln.« Allmählich sah er, wie er am 13. 10. 1856 an Emil Kuh schrieb, durch »das Dickigt hindurch«. Beim Jahresrückblick am 31. 12. 1856 erwähnt er die Niederschrift eines weiteren Aktes, der »wenn ich nicht sehr irre, schon etwas Zaubergold des versunkenen Horts enthält«. Am 18. 2. 1857 schloß Hebbel den dritten Akt: »Heute abend um halb sechs Uhr auf der Mariahilfer Hauptstraße habe ich den dritten Akt der Nibelungen-Tragödie und damit die erste Abteilung (Siegfrieds Tod) geschlosssen ... Nie habe ich ein reineres Manuskript gehabt, fast kein Wort ist ausgestrichen und auch jetzt glaube ich nicht, daß ich viel zu korrigieren nötig habe; ich blicke mit vollkommen ruhigem ästhetischen Gewissen auf das Ganze, wie aufs Detail. Hiebei fällt mir der Moment ein, wo ich das Nibelungen-Epos zum erstenmal zu Gesicht bekam. Es war in Hamburg, als ich Amalie Schoppe zum erstenmal, aus Dithmarschen zu dem Zweck herübergekommen, besuchte.«

Für zwei volle Jahre unterbrach Hebbel die Arbeit an den »Nibelungen«. Bei Cotta brachte er 1857 eine Gesamtausgabe

seiner Gedichte heraus und außerdem schloß er die Arbeit an dem Epos »Mutter und Kind« ab. Heinrich Laubes Ablehnung, »Siegfrieds Tod« am Burgtheater einzustudieren, vergrößerte die Distanz zu dem halbfertigen Werk. Erst nach langen Gesprächen im Herbst 1859 mit Hermann Hettner wandte er sich wieder dem Nibelungen-Stoff zu. Bereits am 26. 10. konnte er im Tagebuch vermerken: »Heute abend den ersten Akt von ›Kriemhilds Rache‹ geschlossen. So gibts am Ende wirklich noch eine Trilogie. Ich glaube, das düstre Familien-Gemälde, womit die Tragödie wieder beginnt, ist mir nicht übel gelungen, wie es denn überhaupt bei diesem ungeheuren Stoff merkwürdig ist, daß alles, wenn der große Maßstab des Ganzen nur nicht außer acht gelassen wird, aus den menschlichsten Motiven hervorgeht.« Am 22. 11. notierte er: »Heute abend den zweiten Akt von Kriemhilds Rache geschlossen. Ich fing ihn acht Tage nach Abschluß des ersten an, habe also ungefähr drei Wochen dazu gebraucht. Die Prophezeiung der Meerweiber, die eine furchtbare Perspektive für die Zukunft eröffnet und Siegfrieds Geburt [später wieder ausgeschieden], die ein mystisches Licht auf die Vergangenheit wirft, dürften gelungen sein, wenigstens sinds Dinge, auf die man sich sowenig vorbereiten kann, wie aufs Träumen.« Schließlich beendet er am 17. 12. den 3. Akt: »Den dritten Akt von Kriemhilds Rache geschlossen. Nie arbeitete ich mehr in einem Zuge, nie hat mich ein Werk aber auch so angegriffen, ich habe abends ordentlich Fieber. Ich habe nicht ganz drei Wochen gebraucht.«
Der Gedanke, daß aus dem gewaltigen Stoff eine Trilogie zu formen sei, nimmt feste Gestalt an. Am 7. 3. 1860 vermerkt Hebbel im Tagebuch: »Heut vormittag den 4ten Akt von Kriemhilds Rache geschlosssen. Von Weihnachten bis Anfang Februar konnte ich nichts tun, wegen furchtbar konsequenter Migräne.« Vierzehn Tage später erfolgt der Abschluß: »d. 22. März. Eben, abends 7 Uhr, schreibe ich die letzten Verse des fünften Akts von Kriemhilds Rache nieder. Draußen tobt das erste Frühlings-Gewitter sich aus, der Donner rollt und die blauen Blitze zucken durch das Fenster, vor dem mein Schreibtisch steht. Beendet, wenn nicht vollendet.«
Erstdruck: Der Erstdruck erschien 1862 bei Hoffmann und Campe in Hamburg. – Die *Handschrift* verwahrt das Goethe-Schiller-Archiv in Weimar.
Uraufführung: Uraufführung des ersten und zweiten Teils der Trilogie am 31. 1. 1861 in Weimar. Uraufführung des dritten

Teils am 18. Mai 1861 ebenfalls in Weimar. Christine Hebbel spielte im zweiten Teil die Brunhild, im dritten die Kriemhild.

Quelle: Hebbel benutzte das mittelhochdeutsche Nibelungenlied in der Übersetzung von Ludwig Braunfels (1846). Er wandte sich gegen Lachmanns Liedertheorie; im April 1857 notierte er im Tagebuch: »Die Nibelungen auf viele Dichter zurückführen, heißt behaupten, ein Apfel sei nicht das Produkt eines Baums, sondern eines Waldes.« Außerdem wandte er sich gegen die These von Franz Pfeiffer, der Kürenberger sei der Verfasser des Nibelungenliedes; er schrieb am 3. 2. 1863 im Tagebuch: »Prof. Peiffer hat den Verfasser des Nibelungen-Liedes entdeckt. Es ist ein gewisser Kürenberger, von dem man noch ein paar Strophen hat, die im Nibelungen-Versmaß gedichtet sind. Daß der Mann Eigentümer dieser Strophen ist, steht hypothekarisch fest; daß ihm auch das Nibelungen-Lied gehört, weiß man nicht, aber Prof: Pfeiffer schreibt es ihm im Germanisten-Grundbuch zu, weil das Versmaß übereinstimmt. Napoleons sämtliche Schlachten werden nach dieser Analogie einst vergessen sein, aber der graue Rock und der dreieckigte Hut werden leben.«

638 *altes Buch:* Anspielung auf den Besuch bei Amalie Schoppe, an den sich Hebbel in der Tagebuchnotiz vom 18. 2. 1857 erinnerte.

erschienst: Christine Hebbel in der Rolle der Kriemhild in Raupachs »Nibelungenhort«.

639 *Typhon:* im griech. Mythos Sohn der Gäa und des Tartaros: ein Riese mit 100 Schlangenköpfen. Er machte Zeus die Weltherrschaft streitig und wurde von diesem mit einem Blitz bezwungen. – Hebbel dachte wohl an den Drachen Python, ebenfalls ein Sohn der Gäa, der von Apoll bei der Gründung Delphis getötet wurde.

642 *Schweiß:* Blut (Jägersprache).

643 *Runen:* germ. Schriftzeichen.

645 *Tor:* auch Donar; germ. Donner- und Kriegsgott.

648 *Reim:* anachronistische Anspielung auf Schillers »Lied von der Glocke«: »Der Wahn ist kurz, die Reu' ist lang.«

655 *Kuckuck:* den eigenen Namen wiederholen, d. h. von den eigenen Taten berichten.

657 *Wurm:* Schlange, Drache.

662 *Odin:* nord. Form für Wotan, oberster germ. Gott.

664 *Hekla:* der größte Vulkan auf Island.

665 *Fafners:* Riese, der, in einen Drachen verwandelt, den Goldhort hütete.

668 *Einst kommt der Morgen:* Vgl. Tagebucheintrag vom 23. 1. 1863: »Ich erschrak, als ich merkte, daß mir Norne und Valkyre zusammenrannen und konnte sie doch nicht auseinanderhalten, war und blieb aber höchst unzufrieden. Da ging ich einmal in Grimms Deutscher Mythologie spazieren, denn so muß mans wohl nennen, wenn man sich mit diesem konfusen Buch beschäftigt, und entnahm daraus, daß Nornen und Valkyrien ursprünglich wirklich eins sind.«
Seeschlange: Midgardschlange, deren Leib die Erde umspannt.

670 *Alf:* nord. Form für Alb: gespenstisches Wesen, Dunkelelfe.

672 *blöde:* schüchtern.

674 *Roland:* gemeint ist nicht der Roland der Karlssage, sondern Hebbel denkt an die Rolandsäulen, die ihm das linkische Wesen Siegfrieds vor Kriemhild gut zu charakterisieren schienen.

681 *Wittum:* Brautgeschenk; urspr. der Kaufpreis, den der Bräutigam dem Vater oder Vormund der Braut zu zahlen hatte.
Alraunen: Vgl. Anm. zu S. 496.

685 *Tod:* wer darüber spricht, ist des Todes.

700 *Bracken:* kurzhaarige Jagdhunde.

701 *zehntet:* zwingt den Feind durch Unterwerfung zur Abgabe des Zehnten.

707 *greinte:* weinte.

710 *Der heilge Stephanus ...:* Vgl. Apostelgeschichte 7, 55.

711 *Dieser stand einmal:* Vgl. Matth. 14, 28–36.

714 *die säen nicht ...:* Vgl. Matth. 15, 24 und Luk. 19, 21.

716 *Druden:* den Alfen verwandte Nachtgeister, die nach dem Volksaberglauben als Alp und Mahr Schlafende plagen.

720 *Schwäher:* Schwager.

724 *Schächern:* Straßenräubern.

725 *schweigt:* bringt ihn zum Schweigen.

730 *Wer klopft:* Vgl. Tagebuchnotiz von Anfang 1855: »Wenn die Kaiser von Österreich begraben werden, so werden sie auf dem nächsten Wege aus der Burg zur Kapuzinergruft geführt. Angelangt mit dem Sarg, klopft der Zeremonienmeister mit seinem Stabe an die verschlossene Pforte und verlangt Einlaß. ›Wer ist da?‹ antwortet von innen der Guardian, ohne zu öffnen. ›Se Majestät, der allerdurchlauchtigste usw.‹ Stimme von innen: ›Den kenn' ich nicht!‹ Der Zeremonienmeister klopft zum zweiten Mal. ›Wer ist da?‹ – Der Kaiser von Österreich! – ›Den kenn' ich nicht!‹ Der Zeremonienmeister

klopft zum dritten Mal. ›Wer ist da?‹ – Unser Bruder Franz! – Augenblicklich rasselt die Pforte auf und der Sarg wird versenkt.«

738 *Lorsch:* Kloster Lorsch bei Worms, der Sage nach von Ute gegründet.

743 *Wurm:* Drache.

747 *Treibt ihr den Tod aus!:* Alte Volkssitte, nach der der winterliche Vegetationsdämon in Gestalt einer Strohpuppe, die man Tod nannte, umhergetragen und dann verbrannt oder ins Wasser geworfen wurde.

steckt den Lauch: Am Walpurgisabend (1. Mai), zu Pfingsten oder Johanni wurden Kräuter oder Zweige zum Schutz gegen schädigende Dämonen und besonders gegen den Blitz an den Dachbalken befestigt.

760 *Mautner:* Zollbeamter.

Gelfrat: Irrtum Hebbels: im Nibelungenlied heißt nicht der erschlagene Ferge Gelfrat, sondern der bayrische Graf, der ihn rächen will und dann von Dankwart getötet wird.

761 *Maut:* Zoll.

763 *Amelungen:* ostgotisches Königsgeschlecht, dem Theoderich der Große entstammt; 536 ausgestorben; als Amelungen leben sie in der Sage um Dietrich von Bern weiter.

764 *Nixenbrunnen:* Vgl. dazu die Tagebuchnotiz vom 22. 11. 1859 (Zur Entstehung).

784 *glupt:* blickt heimtückisch, versteckt.

788 *Totenschiff:* Motiv aus dem nordischen Sagenkreis.

792 *Teufe:* unterirdische Räume.

Ragnaroke: zurückgehend auf das altnordische ›ragna rök‹ (›Götterschicksal‹); später mit ›ragna rökkr‹ (= ›Götterverfinsterung‹) vermischt und mit ›Götterdämmerung‹ irreführend übersetzt.

793 *Loke:* nach der »Edda« Blutsbruder und Helfer Odins; tötete das Riesenkind Baldr und wurde von den Angehörigen des Getöteten gefangen, doch kaufte er sich mit dem Geld los, das er dem Zwerge Andwari raubte.

807 *Rom:* Papst Leo I. bestimmte 452 König Attila durch Verhandlungen und durch Geschenke des Kaiserhofes zum Abzug. Die spätere Legende berichtete, daß der Apostel Petrus mit gezücktem Schwert über Leos Haupt erschienen sei.

811 *auf meinem Zug:* Vgl. Tagebuchnotiz vom 16. 4. 1856: »Jener römische Konsul, der seinen Soldaten gebot, die griechischen Statuen nicht zu zerbrechen, weil sie sie sonst wieder machen lassen müßten, sprach ein prophetisches Wort aus. Denn aller-

dings muß der Barbar das Buch, das er zerreißt usw. wieder schreiben, freilich erst nach Jahrhunderten.«

812 *Pilgrim:* Hebbel notierte sich das Motiv schon am 30. 10. 1836 in München aus Ludwig Tiecks »Dichterleben«.

825 *Gral:* aus der Parzivalsage: Schale mit dem Blut des Erlösers.

ÜBERSCHRIFTEN UND ANFÄNGE DER GEDICHTE

Abendgefühl 8
Adams Opfer 14
Alles Herrliche trieb in diesem Lande die Erde 58
Allewiger und unbegrenzter Äther 31
Alle Wunden hören auf zu bluten 23
Als höchstes Wunder, das der Geist vollbrachte 31
Altehrwürdiges Symbol der wahren Freiheit u. Eintracht 57
An Christine Engehausen . . 28
An den Äther 31
An den Menschen 59
An den Tod 18
An den Tragiker 65
An die Erde 59
An die Exakten 64
An die Götter 63
An die Jünglinge 13
Anfangs ist es ein Punkt, der leise zum Kreise sich öffnet 61
Auf das Nibelungenlied . . . 65
Auf den Dom zu Sankt Stephan in Wien 57
Auf einer Blume rot und brennend saß 10
Auf ein schlummerndes Kind 19
Aus dem Wiener Prater 34
Aus des Meeres dunklen Tiefen 20
Ausgleichung 64
Bedingtes Vertrauen 59
Bilder, wie sie im Fluge sich haschen lassen, Gedanken . . 57
Blumenkränze entführt dem Menschen der leiseste Westwind 59
Blumen nur hätt ich gemalt und Bäume und Kräuter, nichts weiter 60
Blumen und Dornen 59
Bubensonntag 5

Caesar und sein Schneider . 64
Caesar wurde ermordet, da schrie sein Schneider nach Waffen 64
Conditio sine qua non 63

Dämmerempfindung 17
Danke den Göttern, o Mensch, wenn diese, worum du am Morgen 64
Das abgeschiedene Kind an seine Mutter 52
Das Geheimnis der Schönheit 32
Das Glück 66
Das Heiligste 30
Das Höchste und das Tiefste 58
Das ist ein eitles Wähnen . . 4
Das ist ein Herbsttag, wie ich keinen sah 12
Das Kind am Brunnen 51

Das Urgeheimnis 64
Das Vaterunser 63
Dem Schmerz sein Recht . . . 21
Dem Weibe ist ein schönes Los beschieden 30
Den bängsten Traum begleitet 27
Denke dir einmal das Nichts! Du denkst es dir neben dem Etwas 59
Der Baum in der Wüste . . . 15
Der blinde Orgelspieler 37
Der Heideknabe 48
Der junge Schiffer 2
Der Knabe träumt, man schicke ihn fort 48
Der letzte Baum 34
Der Lorbeer in Italien 58
Der Lorbeer um ein Menschenhaupt 58
Der warme Sommer scheidet 43
Der Weg zur Bildung 59
Der Wirbel des Seins 59
Die deutsche Sprache 60
Die du, über die Sterne weg 19
Die Freiheit der Sünde 27
Die Komödie 62
Die Regel 61
Die schönsten Früchte, frisch gepflückt 14
Die Sonne und mein Kind . . 64
Die Sprache 31
Die Weihe der Nacht 20
Dort bläht ein Schiff die Segel 2
Du lässest uns die Blüte alles Schönen 32
Du nennst die Liebe ein entzückend Träumen 35
Dunkler, heiliger Wein 36
Du tränkst des Dichters dämmernde Gestalten 28

Ein Bild aus Reichenau 10
Ein dithmarscher Bauer 43
Eine Antwort sondergleichen 63
Einem warf ich im Schiffbruch ein Brett zu. Vom Tode gerettet 64
Ein Stummer zieht durch die Lande 16
Einziges Geschiedensein 7
Er war ein Dichter und ein Mann wie keiner 38
Es grüßt dich wohl ein Augenblick 26
Es ist die Zeit des stummen Weltgerichts 28
Es steht ein Baum im Wüstensand 15
Ewiger, der du in Tiefen wohnest 21
Ewige Sonne; empfingest du je ein reineres Opfer 64

»Finden Sie selber sie gut?« So frug ich in Hamburg den Jüngling 63
Frau Amme, Frau Amme, das Kind ist erwacht 51
Friedlich bekämpfen 8
Fromm verlangt ihr mich, Götter? So macht mich glücklich! Ich werd euch 63

Gebet 19
Geht stumm an dir vorbei die Welt 25

Gönne dem Baum die Freude, gen Himmel zu wachsen, o Erde 59
Goethes Biographie 61
Götter, ich fordre nicht viel! Ich will die Muschel bewohnen 63
Götter, öffnet die Hände nicht mehr, ich würde erschrecken 63
Gott weiß, wie tief der Meeresgrund 24
Grünen, Blühen, Duften, Glänzen 10
Grundbedingung des Schönen 61

Hab Achtung vor dem Menschenbild 12
Halb aus dem Schlummer erwacht 18
Halte das Glück, wie den Vogel: so leise und lose, wie möglich 66
Hat dir der Tag was gebracht? So fragt sich am Abend der Jüngling 66
Herbstbild 12
Herbstgefühl 10
Heute trau ich dir noch, doch morgen nimmer, du bist nur 59
Höchstes Gebot 12
Horch, die geigenden Zigeuner 34

Ich bin in der Nacht gegangen 36
Ich sah des Sommers letzte Rose stehn 10
Ich und du 8
Idee und Gestalt 60
Im großen ungeheuren Ozeane 29
In Albano 58
In andächtiger Stille 37
In das Album meiner Frau 15
In deiner Seele unbeflecktem Adel 15
Ins Unermeßliche verschweben 35
In unermeßlich tiefen Stunden 17

Jedermann ins Album 59
Juno Ludovisi 32

Kein Gewissen zu haben, bezeichnet das Höchste und Tiefste 58
Kein Lebewohl, kein langes Scheiden 4
Kleist 38

Laß den Jüngling, der dich liebt 6
Letzter Wunsch 62
Licht in der Nacht 36
Liebesgeheimnis 35
Liebesprobe 6
Liebeszauber 39
Liegt einer schwer gefangen 22
Lüge und Wahrheit 62

Mahnung 13
Mancherlei Wünsche hatt ich, und mancherlei hab ich fürs Leben 62
Mann und Weib 30
Meeresleuchten 20

Mensch, ergründe die Welt und nicht die Bücher, wieviel sie 59

Nächtliche Stille 20
Nachtgefühl 9
Nachtlied 1
Natur, du kannst mich nicht vernichten 24
Nur vom Überfluß lebt das Schöne, dies merke dir, Dichter 61

Ob du dich selber erkennst? Du tust es sicher, sobald du 60
O glaube nicht, daß du durch deine Sünde 27
O meine Mutter, schwer war unser Scheiden 52

Packe den Menschen, Tragödie, in jener erhabenen Stunde 65
Platen 62

Quellende, schwellende Nacht 1

Rasselt nur nicht zu viel mit Kette und Messer und Waage 64
Rausche nur vorüber, Wind 1
Regel, wie gleichst du der Kette, die Benjamin Franklin erfunden 61
Requiem 3

Scheidelieder 4
Schiller in seinen ästhetischen Aufsätzen 61
Schilt nimmermehr die Stunde hart 13
Schlafen, schlafen, nichts als schlafen 24
Schlummernd im schwellenden Grün 7
Schön erscheint sie mir nicht, die deutsche Sprache, doch schön ist 60
Schwül wird diese Nacht. Am Himmelsbogen 39
Selbsterkenntnis 60
Seele, vergiß sie nicht 3
Sie sehn sich nicht wieder . . 7
Sommerbild 10
So wie die Sonne untergeht 34
Spaziergang am Herbstabend 11
Stammbuchblatt (für Emil Rousseau) 35
Sturmabend 1

Taubstumm scheinst du mir ja, du redest öfter durch Zeichen 65
Trinkt des Weines dunkle Kraft 13
Tugend, du bist nur ein Name! spricht Brutus und tötet sich selber 63

Und mußt du denn, trotz Kraft und Mut 25
Unendlich dehnt sie sich, die weiße Fläche 38
Unergründlicher Schmerz . . 26
Unsere Zeit 28
Unter den Richtern der Form bist du der erste, der einzge 61
Unter duftigen Bäumen, vom Hauch des Abends durchsäuselt 58

Unterschied der Lebensalter 66
Unvergeßliches Bild! Ein Esel wollte verschmachten 58
Unverwelklicher Lorbeer in schnell verbleichender Locke 58

Verschiedene Konsequenzen 63
Vieles hast du getan, man soll es mit Liebe dir danken 62
Villa reale a Napoli 58
Von dunkelnden Wogen . . . 7
Vor dem Wein 36
Vor einem Rembrandt 61

Was die Komödie sei? Die höchste und reichste der Formen 62
Was du teurer bezahlst, die Lüge oder die Wahrheit. . . . 62
Was ich dir wünsche, mein Freund? Ich wünsche allen dasselbe 59
Was ist es, das an alle deine Schritte 32
Was treibt mich hier von hinnen 17
Welt und Ich 29
Wenn ich abends einsam gehe 11
Wenn ich einst, ein kleiner Bube 5
Wenn ich mich abends entkleide 9
Wenn ich, o Kindlein, vor dir stehe 19
Wenn zwei sich ineinander still versenken 30
Wie der Schmerz entsteht? Nicht anders, mein Freund, als das Leben 64
Wir träumten von einander 8
Wilde, riesige Züge, hervor aus der Finsternis brechend 61
Winterlandschaft. 38
Wollt ihr beten, so betet, wie Jesus die Jünger es lehrte. . 63
Wünsche dir nicht zu scharf das Auge, denn wenn du die Toten 59

Zur Erinnerung 64
Zwei Wanderer 16
Zwölf Jahre später 63